GESCHICHTE FRANKREICHS

BAND 6

Frankreich im 20. Jahrhundert

ERSTER TEIL

1918–1958

Geschichte Frankreichs

HERAUSGEGEBEN VON
JEAN FAVIER

Beratung der deutschen Ausgabe
Karl Ferdinand Werner

DEUTSCHE VERLAGS-ANSTALT
STUTTGART

GESCHICHTE FRANKREICHS

BAND 1 KARL FERDINAND WERNER
Die Ursprünge Frankreichs
bis zum Jahr 1000

BAND 2 JEAN FAVIER
Frankreich im Zeitalter der Lehnsherrschaft
1000–1515

BAND 3 JEAN MEYER
Frankreich im Zeitalter des Absolutismus
1515–1789

BAND 4 JEAN TULARD
Frankreich im Zeitalter der Revolutionen
1789–1851

BAND 5 FRANÇOIS CARON
Frankreich im Zeitalter des Imperialismus
1851–1918

BAND 6 RENÉ RÉMOND
Frankreich im 20. Jahrhundert
ERSTER TEIL 1918–1958
ZWEITER TEIL 1958 bis zur Gegenwart

Geschichte Frankreichs

BAND 6

Frankreich im 20. Jahrhundert

ERSTER TEIL

1918–1958

VON RENÉ RÉMOND

Aus dem Französischen übertragen
von Jochen Grube und Wolfgang Stammler

DEUTSCHE VERLAGS-ANSTALT
STUTTGART

NOTRE SIÈCLE DE 1918 À 1991
erschien als sechster Band der
HISTOIRE DE FRANCE
erstmals 1988 bei Fayard, Paris.
Die in zwei Bände geteilte deutsche Ausgabe beruht
auf der neuen, vermehrten Ausgabe von 1991.

Die Kapitel X (erster Teil) und VI (dritter Teil) wurden
von Jean-François Sirinelli verfaßt.

Die Deutsche Bibliothek – CIP-Einheitsaufnahme

GESCHICHTE FRANKREICHS /
hrsg. von Jean Favier. Beratung d. dt. Ausg.
Karl Ferdinand Werner. –
Stuttgart : Deutsche Verlags-Anstalt
Einheitssacht.: Histoire de France ⟨dt.⟩
NE: Favier, Jean [Hrsg.]; EST

Bd. 6. Frankreich im 20. Jahrhundert
Teil 1. 1918–1958. – 1994

FRANKREICH IM 20. JAHRHUNDERT /
von René Rémond. Aus d. Franz. übertr.
von Jochen Grube und Wolfgang Stammler. –
Stuttgart : Deutsche Verlags-Anstalt
(Geschichte Frankreichs ; Bd. 6)
Einheitssacht.: Notre siècle ⟨dt.⟩
NE: Rémond, René; EST

Teil 1. 1918–1958 [die Kapitel
X (erster Teil) und VI (dritter Teil) wurden
von Jean-François Sirinelli verf.] – 1994
ISBN 3-421-06456-3

Lektorat: Wolfgang Stammler und Werner Stingl
Typographische Gestaltung:
Brigitte und Hans Peter Willberg, Eppstein
Gesamtherstellung: Wilhelm Röck, Weinsberg
Printed in Germany

INHALTSVERZEICHNIS

KAPITEL III DAS KARTELL DER LINKEN

KAPITEL IV VON POINCARÉ BIS TARDIEU DER POINCARISMUS UND DIE *UNION NATIONALE*

KAPITEL V 1930 – EIN GLANZJAHR?

KAPITEL VI DIE KRISE

KAPITEL VII VOM 6. FEBRUAR 1934 BIS ZU DEN WAHLEN VON 1936

KAPITEL VIII DIE VOLKSFRONT

KAPITEL IX EIN AUFBRUCH?

KAPITEL X EIN KULTURELLES ZWISCHENSPIEL? 1919–1939

ZWEITER TEIL

DIE ZEIT DER PRÜFUNGEN 1939–1946

KAPITEL I FRANKREICH AM BODEN

KAPITEL II VICHY UND DIE »NATIONALE REVOLUTION«

KAPITEL III NIEDERGANG UND RETTUNG

KAPITEL IV DIE BEFREIUNG FRANKREICHS UND DIE PROVISORISCHE REGIERUNG

KAPITEL V EINE NEUE POLITISCHE LANDSCHAFT

DRITTER TEIL

DIE VIERTE REPUBLIK 1947–1958

KAPITEL I DAS JAHR DER KRISEN

KAPITEL II FRANKREICH ERHOLT SICH

KAPITEL III DIE NEUORDNUNG DER POLITISCHEN LANDSCHAFT

KAPITEL IV DIE REGIERUNG GUY MOLLET

KAPITEL V EINE REPUBLIK GEHT UNTER

KAPITEL VI KRIEGS- UND NACHKRIEGSKULTUR 1940 – 1958

(Ende des ersten Teilbandes)

EINFÜHRUNG

Der sechste, aufgrund seines Umfangs in zwei Teilbände gegliederte Band »Frankreich im 20. Jahrhundert« beschließt die »Geschichte Frankreichs«, für die Jean Favier als Gesamtherausgeber verantwortlich zeichnet. Er unterscheidet sich von den vorangegangenen Bänden durch zwei Besonderheiten: Die Geschichte, die darin, insbesondere im zweiten Teilband, dargestellt wird, wirkt als erlebte noch in die Gegenwart fort und ist noch nicht abgeschlossen. Er behandelt also Zeitgeschichte im wörtlichen Sinn und nicht in dem Sinn, den ihr die französische Geschichtsschreibung für gewöhnlich beilegt, wenn sie die Tore zur Gegenwart bereits im Jahre 1789 sich öffnen sieht. Im Gegensatz dazu ist die Zeitspanne, die wir in diesen beiden Teilbänden durchmessen, jedoch uneingeschränkt als Gegenwartsgeschichte zu verstehen; denn unter uns weilt noch eine große Zahl von Männern und Frauen, die alles, was hier bereits unter dem Etikett »historisch« erscheint, noch am eigenen Leibe erfuhren. Diese Tatsache rückt uns das Geschehen nahe – man könnte auch sagen, dadurch lebt es in gewisser Weise fort. Kein einziges der hier dargestellten siebzig und mehr Jahre hat schon unwiderruflich jene unsichtbare, aber entscheidende Linie überschritten, die das endgültig Vergangene für immer von dem Geschehen trennt, welches noch im Gedächtnis einzelner weiterlebt.

Im letzten Jahrzehnt dieses Jahrhunderts leben in Frankreich noch Millionen von Männern und Frauen, die vor 1918 geboren wurden. Ihr bewußtes Erleben deckt sich genau mit der Periode, deren wichtigste Ereignisse die beiden Teilbände des sechsten Bandes nachzuzeichnen versuchen. Immer noch nehmen Hunderte von Kriegsveteranen des Ersten Weltkriegs an den jährlichen Gedenkfeiern für den Waffenstillstand am 11. November 1918, mit dem wir diesen Band beginnen, teil. Je mehr wir uns der Gegenwart nähern, desto größer wird die Zahl derer, die mit dieser geschichtlichen Darstellung persönliche Erfahrungen verknüpfen und sie mit ihrer eigenen Interpretation vergleichen, zum Beispiel die Zeitgenossen der Volksfront im Jahre 1936, die Augenzeugen des Dramas im Jahre 1940 oder jene, die den Jubel über die Befreiung von der deutschen Besatzung erlebten. Das ist eine wahrhaft einmalige, aber für den Historiker auch recht schwierige Situation.

Zwar hat auch der Autor seine Erinnerungen, wenngleich er nicht den gesamten Zeitraum persönlich erlebt hat; aber die Erinnerungen machen ihn nicht etwa sicherer, was die Zuverlässigkeit seines Berichtes anlangt, sondern verstärken eher noch sein Unbehagen. Läuft er denn nicht Gefahr, seine subjektiven Eindrücke als allgemein gültige zu betrachten? Droht nicht seine notwendigerweise beschränkte Erfahrung seinen Blick zu trüben und sein Urteil zu verfärben? Ist es überhaupt möglich, die Geschichte der eigenen Lebenszeit zu schreiben, ohne dabei die Rolle des Memoirenschreibers mit der des Historikers zu vermischen, die beide unbedingt zu trennen sind? Gerade um dieser Gefahr zu begegnen, habe ich Jean-François Sirinelli um seine Mitarbeit gebeten, denn er zählt zu den sachkundigsten Historikern der jüngeren Generation. Unser sich gegenseitig überschneidender Blick auf die Geschichte und die Gegenüberstellung unserer Urteile sollte, so war unsere Absicht, eine zuverlässigere Darstellung ermöglichen. Dennoch bleibt die grundsätzliche Frage bestehen, ob man die eigene Zeit als Historiker beschreiben kann.

Das zweite Charakteristikum dieses Zeitraums liegt darin, daß er noch nicht zu Ende, sein Ausgang noch offen ist. Das macht unsere Aufgabe nicht leichter, aber da wir uns nun einmal auf das Risiko eingelassen haben, unsere Darstellung bis an die Schwelle der Gegenwart zu führen, läßt sich noch kein Schlußstrich unter dieser Periode ziehen.

In dieser Hinsicht gleicht dieser sechste Band dem riesigen Bogen im Pariser Stadtteil »La Défense«: Er beendet den Blick über die französische Geschichte, die die Bände dieser Reihe über die Jahrhunderte hinweg nachzeichnen. Sie begann im Herzen des mittelalterlichen Paris, dem Louvre und einstigen Sitz der französischen Könige, der als das Symbol der Geburt des französischen Staates erscheint und zur Zeit der Normanneneinfälle im 9. Jahrhundert eine Burg war, deren Bergfried archäologische Grabungen vor kurzem freilegten. Der Blick von diesem Bogen reicht bis zum Montmartre, wo das Denkmal zu Ehren der »Nationalen Verteidigung« an die Tapferkeit und Leiden der Pariser Bevölkerung während der Belagerung durch deutsche Truppen im Jahr 1870/71 erinnert. Aber der Bogen öffnet sich auch in unendliche Weiten.

Wie dieser Bogen, so beschließen auch diese beiden Teilbände den Bericht meiner Vorgänger, der uns aus den Anfängen der französischen Geschichte bis zur Schwelle unserer Gegenwart führt. Dieser Bericht ist aber noch nicht fertig; er steht vielmehr am Anfang einer unbestimmten Zukunft. Jede Periode findet die Antwort auf ihre Fragen nämlich erst in der Zeit, die nach ihr kommt. Ihren letzten Sinn aber erhält sie erst lange Zeit nach ihrem Ende. So besiegelte die Niederlage der französischen Truppen gegen die deutsche Wehrmacht im Jahre 1940 das Ende der Dritten Republik. Unser Jahrhundert ist aber noch nicht vorbei. Noch sind seine sämtlichen Implikationen nicht enthüllt, oder hat die Geschichte gar ihr letztes Wort gesprochen. Ist es deshalb nicht verfrüht, schon jetzt ein Urteil über die wenigen Dezennien abzugeben? Wäre es nicht viel vernünftiger und vor allem wissenschaftlicher Forderung angemessener, die Zeit ihr Werk vollenden zu lassen, anstatt es zu antizipieren? Verwandelt sich der Historiker nicht eher in einen wegen der Vergänglichkeit der aktuellen Nachrichten allzu hastigen Chronisten, wenn er sich der unmittelbaren Gegenwart so rasch bemächtigt?

Bisher pflegten Historiker lieber Journalisten oder anderen Vielschreibern die Schilderung der Zeit zwischen der endgültig abgeschlossenen Vergangenheit und einer ungewissen Gegenwart zu überlassen. Wenn sich nun dennoch so viele Historiker an die Bearbeitung einer Periode heranwagen, die sie selbst bewußt miterlebt haben, so wird man ihnen glauben dürfen, daß sie dies nicht aus »unsauberen« Motiven tun – aus billiger Publizitätshascherei, zur Erfüllung verlegerischer Forderungen oder weil sie der Verführung der Medien erlegen sind. Nichts davon trifft zu; eher schon die Überzeugung, unter vielleicht schwierigeren Bedingungen als für einen Historiker üblich, auch ihre Pflicht erfüllen zu müssen. Schließlich setzen sie sich der Gefahr eines doppelten Dementis aus – dem ihrer Zeitgenossen und dem der künftigen Ereignisse. Aber sie können ihren Zeitgenossen helfen, ihre Gegenwart oder jüngste Vergangenheit zu verstehen, indem sie ihre Komplexität mit den Methoden der Geschichtswissenschaft entschlüsseln und künftigen Historikern den Weg bereiten.

Auch aus diesen Gründen darf sich ein Historiker zur Gegenwartsgeschichte äußern, und ich persönlich wollte mich nach der Einladung

Jean Faviers zur Mitwirkung an dieser »Geschichte Frankreichs« dem Risiko einer Synthese aus den über siebzig Jahren Vergangenheit nicht entziehen, die uns vom Ende des Ersten Weltkriegs trennen. Ich tat dies in dem Bewußtsein, daß ich mich bei diesem Versuch auf eine beträchtliche Anzahl bereits vorliegender Publikationen stützen konnte, und mich reizte diese Gelegenheit, die Früchte von dreißig Jahren wissenschaftlicher Forschung aus der Feder von einzelnen oder Autorenkollektiven vor der Öffentlichkeit auszubreiten. Die Zahl »dreißig« kommt nicht von ungefähr, denn 1957 veröffentlichte ich einen Aufsatz mit dem Titel »Plädoyer für eine vernachlässigte Geschichte«; darin stellte ich fest, daß damals keinerlei wissenschaftliche Aufarbeitung der Jahre nach dem Ersten Weltkrieg existierte. Vierzig Jahre nach dem Ende des ersten großen Krieges der Neuzeit in Europa hatte sich tatsächlich noch niemand an eine wirklich wissenschaftliche Aufarbeitung dieses langen historischen Teilabschnitts gewagt! Seither hat sich die Situation jedoch grundlegend gewandelt, das heißt, dem Mangel folgte die Fülle und danach der Überfluß. Französische und ausländische Historiker, Soziologen, Wirtschaftswissenschaftler, Politologen und Juristen rodeten das wissenschaftliche Dickicht und bestellten danach ein weites Feld in allen Richtungen. Die Bibliographie am Ende des zweiten Teilbandes zeugt davon.

Entgegen einer weitverbreiteten, gerne gepflegten und sich allen Beweisen widersetzenden Vorstellung ist kein Abschnitt dieser bewegten, krisenreichen und dramatischen Geschichtsperiode jemals einem stillschweigenden Tabu unterworfen gewesen. Es stimmt einfach nicht, daß französische Historiker nicht den Mut aufgebracht hätten, die wirren Jahre des Zweiten Weltkriegs und der deutschen Besatzung zu erörtern und statt dessen ihren ausländischen Kollegen die Mühe des eingehenden Studiums überlassen hätten. Wenn also europäische und amerikanische Historiker ihren bedeutenden und von der französischen Historiographie dankbar angenommenen Beitrag zu diesem Jahrzehnt leisteten und sich das französische Urteil in Teilgebieten aufgrund ihrer Hinweise modifiziert haben mag, so gibt es doch kaum einen Abschnitt der französischen Geschichte, der so kurz nach den entsprechenden Ereignissen so sorgfältig und um Wahrheitsfindung bemüht erforscht worden wäre und so viele Arbeiten inspiriert hätte wie diese Periode.

Dabei wurde kein Gebiet ausgenommen. Die Politik, Sozialgeschichte, Religion und Außenpolitik wurden mit den Fragen und Kriterien einer in ihren Zielen und Methoden gründlich erneuerten Geschichtsschreibung konfrontiert. Da ich glaube, gelesen zu haben, daß die Geschichte der französischen Kolonien in Übersee und ihrer späteren Loslösung vom französischen Mutterland noch der grundlegenden historischen Bearbeitung bedarf, möchte ich hier die unbestreitbare wissenschaftliche Bedeutung der vorliegenden Studien über diesen Teil der französischen Geschichte im zwanzigsten Jahrhundert nachdrücklich hervorheben.

Es ist im Rahmen der vorliegenden Buchreihe üblich, den Text nicht durch ausführliche Hinweise auf jene Studien zu belasten, denen man Anregungen verdankt oder deren Thesen man folgt. Auch ich bin diesem Grundsatz treu geblieben. Wie hätte ich auch sämtliche Publikationen erwähnen sollen, die ich gelesen habe, und die mir vielfältige Anregungen vermittelten? Aber dieses »Schweigen« bedeutet nicht Unkenntnis und noch viel weniger Undankbarkeit; dieses Buch wäre ohne die Grundlage ausgedehnter wissenschaftlicher Forschung nicht geschrieben worden.

Es braucht eigentlich nicht besonders erwähnt zu werden, daß wir von diesem Zeitraum auch künftig nicht alles wissen, denn die bisherige Forschung ist zwischen den einzelnen historischen Zeiträumen und Themen ungleich verteilt – einzelne Zeitabschnitte wurden bisher sogar weitgehend vernachlässigt. So muß die Geschichte der zwanziger Jahre erst noch geschrieben werden; die Legislaturperiode des »Nationalen Blocks« harrt noch ihres Historikers. Es gibt auch noch weitere Forschungslücken – aber ist das nur für unser Jahrhundert typisch? Manches ist umstritten, anderes Gegenstand lebhafter wissenschaftlicher Kontroversen. Aber die wesentlichen Züge dieses Zeitraums sind bekannt, und unter diesem Aspekt ist der Versuch einer Synthese möglich. Ob sie gelingt, ist nicht gesichert – das Urteil darüber liegt allein beim Leser –, aber der Versuch als solcher hat durchaus seine Berechtigung.

Die größte Schwierigkeit jeder historischen Darstellung einer erst kürzlich vergangenen Zeit ist nicht die, die man sich vielleicht allgemein vorstellt. Sie besteht nicht so sehr in der Feststellung der Fakten oder im Erreichen der nötigen Objektivität als vielmehr darin, Ereignisse und Personen entsprechend ihrer Bedeutung einzuordnen. Die Objektivität ist erste Standespflicht eines jeden Historikers; darauf hat ihn die strenge

Disziplin seiner Wissenschaft vorbereitet, und zu ihr tendiert er aus ethischen und erkenntnistheoretischen Gründen. Die eigentliche Schwierigkeit liegt darin, aus der Überfülle an Informationen, die den Faktenberg noch einmal verdoppelt, dasjenige auszuwählen, was im Hinblick auf die Zukunft bedeutsam erscheint, die wichtigsten Weichenstellungen oder Vorzeichen zu erkennen, die Kraftlinien in einem ob seiner Nähe unscharfen Bild auszumachen.

Eine weitere Schwierigkeit liegt in der Urteilsbildung. Dabei geht es freilich nicht um ein moralisches Urteil; denn das setzte voraus, daß der Historiker die innersten Absichten kennt, die geheimen Beweggründe aufdeckt, eine Prüfung auf Herz und Nieren vornimmt. Selbst wenn ein Historiker einmal die Chance erhält, bis in die geheimen Räume hineinzuleuchten, wo Entscheidungen getroffen werden, so bemißt sich die daraus resultierende Aktion doch immer an ihren Ergebnissen.

Betrachtet man historisches Handeln jedoch unter einer längerfristigen Perspektive, verändert sich unser Bild von den Zeitgenossen beträchtlich. Und genau an diesem Punkt erwächst die sehr unangenehme Verantwortung des Zeithistorikers, Menschen, Politiker und Generationen zu beurteilen. Er kann sich dem kaum entziehen, ohne die in ihn gesetzten Erwartungen zu enttäuschen. Deshalb habe ich mich stets bemüht, mir die Umgebung, die Handlungszwänge und -möglichkeiten der politisch Verantwortlichen gründlich zu vergegenwärtigen. Der Leser wird an mehr als einer Stelle bemerken, daß ich mich von herrschenden Meinungen distanziert, historische Legenden korrigiert und Interpretationen richtiggestellt habe. Zum Beispiel tendierten die Abgeordneten des »Nationalen Blocks« gar nicht so weit nach rechts, wie es meist dargestellt wird; auch der seltsame »Sitzkrieg« *(»drôle de guerre«)* nach der englisch-französischen Kriegserklärung am 3. September 1939 besaß seine Logik, um nur ein weiteres Beispiel zu nennen.

Als ich am Ende des langen Weges durch siebzig Jahre Zeitgeschichte angelangt war und auf die gesamte Strecke zurückblickte, wurde mir klar, daß das permanente Bemühen um ein Verständnis der Menschen und das unaufhörliche Vergegenwärtigen der komplexen Situationsgefüge ein unfreiwilliges Resultat erbracht hatte: die strengsten Urteile aus Historikermund wurden gemildert, allzu positive Einschätzungen relativiert. Der Kontrast zwischen einem weitsichtigen, mutigen und prinzipientreuen Politiker wie Pierre Mendès-France und dem opportunistischen, seine Überzeugungen verratenden Guy Mollet gerät beispielsweise nicht mehr so scharf, wenn man die objektiv unterschiedliche Situation zwischen einem Mann, dem der Handlungsspielraum entzogen wurde, und einem anderen vergleicht, der die Regierungsverantwortung zwar nur mit begrenzten, aber doch vorhandenen Mitteln ausüben konnte. Diese Feststellung schmälert die allgemeine Bewunderung für die Qualitäten eines Mendès-France nicht im geringsten. – Ähnliches gilt für den Vergleich der fünfjährigen Amtszeit von Georges Pompidou als französischer Staatspräsident mit der sieben Jahre dauernden Präsidentschaft Giscard d'Estaings.

Hier ein Zoll weniger und dort etwas radiert, hier ein Bleistiftstrich mehr, um ein Porträt günstiger erscheinen zu lassen, und dort eine kleine Retusche – und schon verändert sich die ganze Perspektive. Oder, um ein anderes Bild zu verwenden, das Pendel schlägt nicht mehr so weit aus. Damit wird die Schwarz-Weiß-Sicht der Dinge, die der Einbildungskraft entgegenkommt, durch eine eher abgestufte Beschreibung ersetzt; sie betont die Nuance mehr als den Kontrast. Natürlich bleibt die Frage, ob diese Form nicht die Unterschiede einebnet, die einer Geschichte Sinn verleihen, ob die Nivellierung nicht in banaler Uniformität oder der Verwässerung von Gegensätzen mündet. Dieses Risiko besteht durchaus. Liegt aber nicht auch die Aufgabe des Historikers darin, Legenden zurechtzurücken, polemische Vereinfachungen zu relativieren und die komplexe Mannigfaltigkeit des Lebens wiederherzustellen?

Ein wichtiges Charakteristikum dieses Buches betrifft die Dauer des Zeitraumes, den es beschreibt: Ein wenig mehr als siebzig Jahre, von 1918 bis 1991, werden hier erzählt. Das ist ungefähr so lange wie die Zeit zwischen dem Tod Ludwigs XIV. und dem Wetterleuchten der Revolution von 1789 oder die zwischen dem Sturz Napoleons I. und der krisenhaften Zuspitzung des Boulangismus. Selbst wenn über diese Zeit schon viel publiziert wurde, so konzentrierten sich die meisten Studien doch nur auf bestimmte Zeitabschnitte. Sie behandelten entweder das Ende der Dritten Republik oder die Jahre des Zweiten Weltkriegs in Frankreich, die Vierte Republik, den *»prinzipat«* de Gaulles oder die siebziger Jahre. Der vorliegende Band verknüpft hingegen historische Einzelabschnitte miteinander und fügt Fragmente zusammen. Indem sie wieder in den allgemeinen Strom der geschichtlichen Entwicklung integriert werden, erscheinen sie in einem anderen Licht und nehmen bisweilen eine andere Bedeutung an. Dafür aber zeigen sich plötzlich bisher verborgene Zusammenhänge, Zyklen, Rhythmen oder Wiederholungen. Zum Beispiel taucht das stets wiederkehrende Phänomen auf, daß die Linksbündnisse in Frankreich immer wieder zusammenbrechen. Das läßt sich wohl ein Halbdutzendmal und in aufeinanderfolgenden Staats- und Regierungsformen in den Jahren 1926, 1934, 1938, 1977 und 1984 beobachten. Ähnliches gilt für die großen Reformwellen – nicht weniger als acht in fünfzig Jahren –, die an das gleichmäßige Wogen der Dünung erinnern: Die Reform des Regierungssystems zur Zeit der »Volksfront« und die Reformen der Vichy-Regierung visierten zwar unterschiedliche Ziele an, führten aber teilweise nur fort, was schon früher ins Werk gesetzt worden war. Auch die Reformansätze nach der Befreiung Frankreichs von der deutschen Besatzung, die »Modernisierung« zu Beginn der Fünften Republik durch die »Ordonnanzen« de Gaulles, die Pläne der Regierung Chaban-Delmas' zur Errichtung einer »Neuen Gesellschaft«, das liberale Reformpaket unter dem Etikett des »fortschrittlichen Liberalismus« zu Beginn der Amtszeit Giscard d'Estaings, Pierre Mauroys »Sockel der Veränderung« und schließlich die Reformansätze einer rechtsliberalen Mehrheit – wie könnte man da noch behaupten, die französische Gesellschaft sei zum Immobilismus verdammt und unfähig zur Fortentwicklung, selbst wenn die eine oder andere dieser Initiativen nur dazu dienen sollte, die vorhergehende rückgängig zu machen?

Obwohl diese sieben Jahrzehnte in ihrer gesamten Kontinuität abzubilden waren, bedurften sie doch der Ein- und Unterteilung; das ist ein unverzichtbares Hilfsmittel jeder historischen Darstellung und jedes Interpretationsversuchs. Das Leben einer Gesellschaft verläuft nicht in gleichmäßigem Rhythmus, sondern mal schneller, mal langsamer, im Wechsel von Beharrung und Beschleunigungen, die man mit einem wenig glücklichen Ausdruck als »Wendepunkte« zu bezeichnen pflegt. Wo soll man sie ansetzen? Das Problem wird noch zusätzlich dadurch kompliziert, daß sich die verschiedenen Lebensbereiche, aus denen die Wirklichkeit besteht, nicht synchron entwickeln, sondern ihrem je eigenen gemächlichen oder hastigen Rhythmus folgen. Wie also soll man Geschichtssegmente, die sich in unterschiedlichem Tempo entwickeln, »im Gleichschritt« vorrücken lassen?

Ein gründlich wägender Vergleich macht deutlich, daß unsere Darstellung ihre wesentlichen Gliederungsprinzipien aus den Annalen einer umfassend verstandenen politischen Geschichte bezieht. Damit sind nicht die oft sehr kurzlebigen Kabinette oder die Reihenfolge der Wahlen gemeint, sondern die großen Wellen des Kampfes um die Macht. Das geschieht weder aus Bequemlichkeit noch gar aus träger Zustimmung zu einer überholten Methode der Historiographie. Ich hoffe vielmehr, daß unsere Bemerkungen über die Konjunkturzyklen der Wirtschaft, die sozialen Veränderungen, die Lebensbedingungen unterschiedlicher sozialer Gruppen, die Anmerkungen über die Sitten und die ganz neuen Kapitel von Jean-François Sirinelli über die künstlerisch-kulturellen Aktivitäten in Frankreich unser Bemühen erkennen lassen, die gesamte Lebenswirklichkeit der Franzosen in möglichst umfassender Weise anschaulich zu machen.

Die Wahl der politischen Zäsuren ist das Resultat methodischer Überlegungen, die klarmachen, wie überflüssig die Konfrontation zwischen »Gesamtgeschichte« *(histoire globale)* und Politikgeschichte ist. Müssen wir unsere Entscheidung noch eigens rechtfertigen und ein Plädoyer für Politikgeschichte halten, wo doch Historiker, deren Werke ursprünglich durch das Ausblenden politischer Geschichte – die sie etwas vorschnell mit Ereignisgeschichte gleichsetzten – gekennzeichnet waren, inzwischen das Gewicht des Politischen und ihr Interesse daran neu entdecken und ihrerseits zu der Erkenntnis gelangt sind, daß die Politik der Ordnungsrahmen der Realität ist, der zweifellos die meisten Verbindungen zu allen anderen Teilaspekten der Gesellschaft unterhält? Die Politik drückt Zusammenhänge aus und läßt sie zutage treten, und gleichzeitig wirkt sie bestimmend und prägend. Sie führt uns vieles vor Augen: So läßt beispielsweise das politische Verhalten des Individuums Rückschlüsse auf den Grad der allgemeinen sozialen Integration innerhalb eines Volkes zu, und so gesehen sind Wahlen das Resultat einer Kombination, in der kein Faktor fehlt, weder der soziale und berufliche Status, noch die Erziehung, das Alter, das Geschlecht, die Religionszugehörigkeit, noch das Lebens- und kulturelle Niveau.

Die politische Entscheidung berücksichtigt also eine Fülle von Fakten, und die politische Debatte bringt jede Art von Fragestellungen und Gesichtspunkten an den Tag. Umgekehrt bleiben alle anderen Komponenten des sozialen Lebens abhängig von der Politik. Ihre Verbote oder Gebote beeinflussen das Verhalten der Menschen. Ob beispielsweise der Gesetzgeber die Abtreibung als Verbrechen verfolgt und bestraft, wie im

Jahr 1920 beschlossen, oder ob er, wie 1975, den freiwilligen Schwangerschaftsabbruch legalisiert, bleibt nicht ohne Folgen auf das persönliche Verhalten. Das gilt noch viel mehr für das Leben einer Volksgemeinschaft. Der Staat verändert durch seine Eingriffe in die Wirtschaft, durch die Steuergesetzgebung, die Anpassung seiner Geldpolitik, die Kreditkontrolle und die Subventionspolitik die Aktivitäten seiner Bürger, das kulturelle Leben und das Gedeihen von Wirtschaftsunternehmen. Und wer könnte nach den Erfahrungen der Jahre 1939 bis 1945 behaupten, daß die internationalen Beziehungen und die Außenpolitik nicht stark auf das Leben von Staaten und Individuen einwirken?

Schließlich geht es auch auf die Beobachtung der Politik und nicht etwa auf eine a-priori-Entscheidung zurück, wenn in diesem Band Einzelpersonen soviel Platz eingeräumt wird. Das sollte jedoch ebenfalls nicht die Rückkehr zu klassischen Darstellungsformen noch gar die Konzession an irgendeine Form von Psychologismus bedeuten. Es geschieht vielmehr aus der Erkenntnis heraus, daß Charakter, Bildung und Überzeugungen von Individuen nicht ohne Folgen auf den Gang der Ereignisse bleiben. Auch wenn Geschichte sich eher kollektiven Phänomenen zuwendet, so betrachtet sie doch auch den einzelnen, der ja Teil der Gesellschaft ist und in ihr soziale Verantwortung trägt. So erklärt sich das häufige Verweilen bei Einzelpersonen, deren Porträt entweder nur skizziert oder gegebenenfalls deutlicher ausgeführt wird.

Historiker der Gegenwart wissen um die Unerreichbarkeit der absoluten Objektivität; aber das befreit sie nicht von der Verpflichtung, sich mit ganzer Kraft darum zu bemühen. Gleichzeitig verbietet es ihnen, ihre subjektiven Eindrücke als Teil der objektiven Wahrheit auszugeben. Aber Objektivität bedeutet nicht Gleichgültigkeit gegenüber den Menschen noch Unparteilichkeit in bezug auf ihre Entscheidungen und Verhaltensweisen. Der Historiker verrät das Prinzip der Objektivität nicht, wenn er bestimmte Handlungen als im Gegensatz zu den Grundwerten der Zivilisation stehend bezeichnet, die dem Leben des einzelnen wie dem eines Volkes Sinn verleihen. Vor allem aber schließt Objektivität nicht den Willen zum Verständnis und zur Sympathie aus, denn sie schärft das Gefühl für Situationen, Ereignisse und Menschen.

Die lange Wanderschaft durch die Geschichte Frankreichs in diesem Jahrhundert weckte in mir eine beinahe brüderliche Zuneigung für die etwa achtzig oder neunzig Millionen Männer und Frauen, die während dieser siebzig Jahre in Frankreich lebten, litten, arbeiteten und liebten. Ich spürte, wie das Gefühl des Mit-Leidens und manchmal sogar des tiefen Kummers, aber auch der Bewunderung für dieses Volk in mir wuchs. Als Erbe einer mehr als tausendjährigen Geschichte fügte es ihr in den vergangenen siebzig Jahren einige weitere Seiten hinzu. In ihnen mischt sich Gutes und Böses so unteilbar, daß es einfach anmaßend wäre, beides mit souveräner Hand voneinander trennen zu wollen.

Der 11. November

In Frankreich braucht der 11. November keine Jahreszahl. Wer ihn erlebte und schon alt genug war, um seine Tragweite zu ermessen – die jüngsten dieser Zeitzeugen weilen als mindestens Achtzigjährige noch unter uns –, wird diesen Tag bis an sein Lebensende nicht vergessen. Im Bewußtsein der Bevölkerung errang er sofort einen Platz in einer Reihe jener Gedenktage der französischen Geschichte, die den Charakter des Landes prägten, und diesen Rang hat ihm später kein Ereignis streitig gemacht. Nicht einmal der Zweite Weltkrieg vermochte das; der Jubel um den 8. Mai 1945 stand stets im Schatten der Feierlichkeiten zum 11. November. Angesichts dieser so ungleich verteilten Begeisterung hat Valéry Giscard d'Estaing sogar einmal beide Gedenkfeiern auf den 11. November zusammengelegt. Das Mißfallen, das dies bei den Veteranen des Zweiten Weltkriegs auslöste, zwang ihn freilich, diese Abwertung des 8. Mai rückgängig zu machen; daß er jedoch überhaupt daran gedacht hat, zeigt deutlich genug, daß der 11. November in der gemeinsamen Erinnerung der Franzosen einen unerreichten Platz einnimmt.

Seit über siebzig Jahren steht dieses Datum in allen Kalendern. Seine Bedeutung in der Hierarchie der Fest- und Feiertage nähert sich der des 14. Juli – ein Zeichen dafür, daß das Ereignis dieses Tages – das Ende eines Krieges, den die Zeitgenossen spontan und, mit einem absoluten Superlativ, den Großen nannten – stets im Bewußtsein dreier Generationen von Franzosen lebendig geblieben ist.

Der 11. November war unbestritten ein großer Augenblick der nationalen Einheit: Der Kanonenschuß, der dem Land die Einstellung der Kampfhandlungen ankündigte, bildete das Gegenstück zum Sturmgeläut der Augusttage des Jahres 1914, und wie diese ließ er mit einem Schlag ein ganzes Volk sich als Gemeinschaft empfinden, vor deren Geschlossenheit einen Moment lang alles Trennende dahinschwand. Die Einmütigkeit entsprang der Macht von Gefühlen, die alle miteinander teilten.

Es herrschte Erleichterung darüber, daß dieses Gemetzel, dessen Ende sich von Jahr zu Jahr hinauszögerte, endlich vorüber war. Front und Hinterland verband derselbe Freudentaumel, der zur selben Stunde in den Schützengräben ausbrach und die Menschenmassen in Paris auf der Place de la Concorde und vor der Oper zu einer gewaltigen Menge zusammenführte, die später nur noch von dem riesigen Auflauf übertroffen wurde, der am 26. August 1944 zur Feier der Befreiung auf den Champs Élysées zusammenströmte. Noch das entlegenste französische Dorf wurde vom Jubel erfaßt; eine Freudenwoge fegte über Frankreich hinweg. Für die Frontsoldaten, die *Poilus*, deren Name seine ursprüngliche Bedeutung »Beharrte« verloren hatte und inzwischen zum Synonym für Tapferkeit geworden war, bedeutete der Waffenstillstand das Ende der ständigen Angst, der täglichen Konfrontation mit ihrem eigenen Tod oder dem der Kameraden; und schließlich bedeutete er auch die unmittelbar bevorstehende Rückkehr ins normale Leben. Für die Zivilbevölkerung war nun die Zeit des angstvollen Wartens auf Nachrichten vorüber, die der Postbote brachte oder die am Gemeindeaushang angeschlagen wurden. Die Menschen hörten auf, sich ständig um das Leben des Ehemanns, des Sohns, des Bruders oder Verlobten zu sorgen. Was danach auch kommen mochte und trotz aller späteren Enttäuschungen – die Erinnerung an diese Stunde, wo sich Stille über die Feuerlinie senkte, blieb für immer in der Erinnerung der Franzosen haften und lebte dort weiter.

Der Jubel, der sich Bahn brach, war auch Ausdruck des Stolzes: Der Waffenstillstand besiegelte den Sieg. Von nun an galt der 11. November gleichermaßen als Tag des Waffenstillstands wie des Sieges. Die leidvollen Prüfungen der vergangenen Jahre waren nicht vergeblich gewesen, und wie jedes Volk an eine natürliche Gerechtigkeit glauben möchte, so fand man in diesem Sieg die Bestätigung für die Gerechtigkeit der eigenen Sache. »Unsere Helden«, so hieß es in Frankreich, »sind nicht umsonst gestorben.«

Seine volle Stärke erreichte der Siegestaumel am 14. Juli 1919: Am Tag nach der Unterzeichnung des Vertrages, der die Niederlage Deutschlands festschrieb, feierte ganz Frankreich den Sieg und sonnte sich in seinem Ruhm. Abordnungen der Kampfverbände und Delegationen aller ausländischen Armeen, die dem unsterblichen Frankreich die Huldigung seiner Verbündeten und der Welt überbrachten, marschierten hinter den drei großen Heerführern durch den Arc de Triomphe, der seine Benennung zum ersten Mal zu Recht führte, denn bisher hatte er nur der Verherrlichung Victor Hugos gedient. Die drei Oberbefehlshaber, deren Namen jedermann im Munde führte und die Seite an Seite den Zug zu Pferde anführten, waren Marschall Foch, der Oberkommandierende aller alliierten Armeen, General Joffre, der Sieger der Marne-Schlacht, und Marschall Pétain, der Held von Verdun, dem Millionen von Poilus das Ende unnötiger und blutiger Offensiven verdankten. An diesem Tag genossen alle Franzosen die Genugtuung der Revanche und gedachten in ehrender Weise der zähen Tapferkeit des Infanteristen, der ausdauernden Beharrlichkeit des Bauern und der inneren Geschlossenheit eines ganzen Volkes, das siegreich aus der härtesten und längsten Prüfung seiner Geschichte hervorgegangen war.

Aber dieser Jubel in den Straßen, der die Herzen überquellen ließ, war nicht ungetrübt; denn nicht alle vermochten ihn zu teilen. Tausende von Wohnungen und Häusern hatten ihre Fensterläden wegen der Trauer ihrer Bewohner geschlossen; Hunderttausende hatten einen oder mehrere der Ihren verloren. Alle Gemeinden zählten ihre Toten. Das Gedenken an sie verband sich untrennbar mit dem Sieg, für den sie mit ihrem Leben bezahlt hatten. Viele fanden eine vorübergehende Linderung ihres Schmerzes in der Überzeugung, daß der, den sie beweinten, nicht umsonst gestorben war, und sie empfanden Stolz, wenn es hieß: »Gefallen für Frankreich«. Die Freude und die Tränen flossen in einer großen, kollektiven Gefühlsbewegung zusammen. Eine Aufnahme aus dem Film, den Claude Autant-Lara viele Jahre später (1947) nach dem Roman *»Le diable au corps«* (»Den Teufel im Leib«) von Raymond Radiguet gedreht hat, veranschaulicht die Unterschiedlichkeit der Gefühle, die der 11. November freisetzte: Eine jubelnde Volksmenge umringt den jungen, den Tod Marthes beweinenden Helden mit ihrer lärmenden Freude. Gewiß, diese Frau war kein Opfer des Krieges, aber diese verkürzte Zusammenfassung veranschaulicht sehr geschickt die Verschiedenartigkeit der Situationen und die sich überkreuzenden Gefühlslagen: Neben denen, deren Leben für immer von Trauer überschattet war, standen diejenigen, denen das Leben mit all seinen Hoffnungen neu geschenkt worden war.

Als im Laufe der Zeit der Stolz über den Sieg zu verblassen begann und seine Früchte bitter zu schmecken anfingen, verdrängten Trauer und

Schrecken des Krieges den Stolz und die Genugtuung über den Sieg. Die Erinnerung an die Toten überschattete die anderen Gefühle. Ihr Andenken verwandelte den Festtag der Freude in einen Tag der Trauer, und das Geläut der Totenglocken übertönte die Siegesfanfaren.

Das Gedächtnis an die Toten des Ersten Weltkriegs ist seit den zwanziger Jahren in Frankreich überall und ständig gegenwärtig. Die ehemaligen Kämpfer kehren an die Schauplätze ihrer Schlachten zurück. Im Norden und Osten Frankreichs erstrecken sich endlos weite Soldatenfriedhöfe mit ihren regelmäßigen Reihen aus Totenkreuzen. Die sterblichen Überreste der vielen unbekannten Gefallenen wurden in riesigen Beinhäusern zusammengetragen. Selbst die kleinsten Gemeinden betrachteten es als ihre moralische Pflicht, ihren auf dem Feld der Ehre gefallenen Söhnen ein Ehrenmal zu errichten. In den Verwaltungsgebäuden und Schulen wurden Gedenktafeln mit den Namen der Kollegen und ehemaligen Schüler angebracht, die ihr Leben für Frankreich geopfert hatten, und alljährlich am 11. November versammelten sich die Mitarbeiter der öffentlichen Dienststellen und die Schüler, um die Namen der Toten zu verlesen und Kränze niederzulegen. Eine ganze Generation wuchs im Geiste dieses Heldenkultes heran. Vom Arc de Triomphe als dem Zentrum des patriotischen Kultes breitete sich nach und nach eine Totenliturgie aus: Unter seinem Gewölbe liegt das Grabmal des Unbekannten Soldaten, die »heilige Grabplatte«; dort brannte auch die Flamme, die niemals, nicht einmal während der deutschen Besatzungszeit, erlosch und die jeden Abend neu entzündet wurde. Zu diesem Totenkult gehörten auch die Schweigeminute als weltlicher Ersatz für das Totengebet und das Läuten der Glocken.

Lauter einzelne Riten, die zusammen eine nationale Religion formten. Der Arc de Triomphe wandelte seine Bedeutung: Von überall her zog er die Menschen an und wurde zum Symbol der nationalen Einheit. Bei jedem Besuch eines ausländischen Staatsoberhauptes stand von nun an eine Kranzniederlegung und eine kurze Gedenkminute vor dem Grabmal des Unbekannten Soldaten auf dem Programm – eine Ehrenbezeugung an die Nation im Gedenken an einen ihrer Söhne. Die Grabplatte zog Versammlungen magnetisch an. Früher hatte das Pariser Rathaus diese Rolle des nationalen Symbols gespielt, und am 11. November waren die Bewohner von Paris spontan zur Place de la Concorde oder zur Oper geströmt. Nach 1920 kehrten sie jedoch wieder zu den

Champs Élysées zurück. Dort hielten in den dreißiger Jahren die Ligen ihre Paraden ab; am 26. August 1944 marschierte sie General de Gaulle, der *Premier Résistant*, hinunter, und am 30. Mai 1968 »die Armee derer, die de Gaulle unterstützen wollten«. Am Abend seiner Beisetzung in Colombey-les-deux-Églises erwiesen ihm Hunderttausende Pariser Bürger die letzte Ehre, als sie schweigend in strömendem Regen auf den Champs Élysées zum Arc de Triomphe marschierten: dies alles indirekte Folgen des Totenkultes, der den Gefallenen des Ersten Weltkriegs gewidmet war. Von nun an erlebte die Nation alljährlich im Herbst dieses Gemisch aus Stimmungen und Emotionen, das gleichsam zur Folie wurde, auf der sich die jeweiligen Befindlichkeiten des Nationalbewußtseins abzeichneten.

Waren die Franzosen also einig in der Pflege der Erinnerung an den Krieg und der Totenverehrung, so waren sie es nicht mehr, was die Bedeutung des Krieges anging, und erst recht nicht hinsichtlich der Lehren, die es zu ziehen galt. Schon darüber, wie man das Ende der Kämpfe zu interpretieren habe, gingen die Meinungen auseinander. Für religiös angehauchte Schwärmer etwa, die aus dem Gang der Ereignisse die Pläne der Vorsehung abzulesen pflegten, konnte es kein Zufall sein, daß die Unterzeichnung des Waffenstillstandsvertrags ausgerechnet auf den Tag des Sankt Martin, des Apostels der Gallier und Namenpatrons der meisten französischen Pfarrgemeinden, fiel; vielmehr galt dies als sicheres Zeichen dafür, daß Gott »allezeit die Franken liebt«. Er, Gott, hatte Frankreich seine zur offiziellen Politik erhobene Gottlosigkeit verziehen und ihm weiterhin eine große geistige Führungsrolle zugedacht.

Für die Republikaner hingegen bedeutete der Sieg Frankreichs den Sieg der unsterblichen Prinzipien von 1789, den Sieg der Demokratie über die alten Monarchien: Die Abdankung der Monarchen, der Untergang der Kaiserreiche Deutschland, Österreich-Ungarn, Rußland und der Türkei schienen ihnen dafür Beweis genug. Für sie vollendete der Sieg von 1918 das Werk der großen Revolution. Diese beiden Lesarten ein und desselben Ereignisses faßte Clemenceau bei der Bekanntgabe der Unterzeichnung des Waffenstillstandes vor der Abgeordnetenkammer, einer emotionalen Eingebung folgend, in der großartigen Formulierung zusammen: »Frankreich, gestern noch der Soldat Gottes, heute der Streiter für das Recht, wird immer der Kämpfer für das Ideal sein« – zwei Sichtweisen der Nationalgeschichte, die sich lange

Zeit befehdet hatten und sich nun im Geiste nationaler Einmütigkeit verbrüderten.

Doch bald zerstritten sich die Franzosen von neuem, diesmal über die Frage, wer für den Ausbruch des Konfliktes verantwortlich war, sowie über die Kriegführung, noch mehr allerdings über die Konsequenzen für die Zukunft. Selbst wenn die Feindseligkeiten nun zu Ende waren, ihre zahllosen Nachwehen waren es nicht. Es gab kaum einen Bereich oder eine Tätigkeit, die der Krieg nicht mehr oder weniger verändert hatte. Diese Folgen waren noch lange Zeit spürbar und widersetzten sich dem natürlichen Verlangen nach Rückkehr zu den früheren Lebensbedingungen. Manche davon konnte man noch bis zum Beginn des Zweiten Weltkriegs wahrnehmen. Am 11. November 1918 hatte die Öffentlichkeit allenfalls eine erste Ahnung vom Ausmaß des Geschehens. Seine ganze Tragweite zeigte sich erst nach und nach, als es möglich wurde, eine ungefähre Bilanz zu erstellen.

DIE NACHWEHEN

Die sichtbarsten und schmerzvollsten Folgen waren die Menschenverluste: Nahezu 1,4 Millionen Menschen wurden bei den Kämpfen getötet, starben an ihren Verwundungen und den Krankheiten, die sie sich im Felde zugezogen hatten, kamen in der Gefangenschaft um oder waren einfach verschollen. Eine Neuheit dieses Krieges war der hohe Anteil der Soldaten, deren sterbliche Überreste nicht mehr gefunden oder nicht mehr identifiziert werden konnten. Ihre armseligen Überreste wurden in riesigen Friedhöfen gesammelt, für die Douaumont zum Sinnbild wurde. Diese an sich schon hohe Zahl gewinnt im Vergleich noch größere Dimensionen: 17,6 Prozent aller 8,5 Millionen Einberufenen waren tot, das heißt jeder sechste kehrte aus dem Krieg nicht mehr zurück. Dabei handelte es sich immerhin um 10,5 Prozent der erwerbstätigen Bevölkerung, oder – wiederum in Vergleichszahlen – jeder zehnte Arbeiter fehlte in dem neu anlaufenden Wirtschaftsprozeß, als man jede Hand dringend brauchte, um die Ruinen zu beseitigen. In Prozentzahlen ausgedrückt erlitt Frankreich die schwersten Verluste aller kriegführenden Parteien. Einen solchen Aderlaß hatte das Land in seiner neueren Geschichte noch nicht erlebt; die Verluste des Ersten Weltkriegs waren größer als die der Revolutionskriege und des Kaiserreichs zusammengenommen.

Diese ungleich verteilten Verluste störten das soziale Gleichgewicht in dreifacher Hinsicht: Zum einen betrafen sie natürlich viel eher Männer als Frauen, aber sie zwangen Tausende junger Frauen, allein zu leben und auf Mutterfreuden zu verzichten, und das zu einer Zeit, wo Kinder nur selten außerhalb einer Ehe in die Welt gesetzt wurden; zum anderen war das Ungleichgewicht zwischen den verschiedenen sozialen Gruppen zwar nicht so stark ausgeprägt, aber die Bauern hatten einen erheblich höheren Blutzoll zu entrichten als die Arbeiter, waren doch von einer Landbevölkerung von 5,4 Millionen nicht weniger als 538 000 tot oder vermißt. Damit wird nicht behauptet, daß sich die Arbeiter ihrer solidarischen Verpflichtung entzogen hätten, aber die Zwänge einer industriell gesteuerten Kriegsmaschinerie erforderten eine große Zahl »unabkömmlicher« Spezialisten; dieses Ungleichgewicht konnte leicht Zwietracht zwischen Stadt- und Landbevölkerung säen.

Das am meisten beklagte und beunruhigendste Mißverhältnis aber betraf die Alterspyramide. Der Krieg hatte seine größten Opfer bei den Jüngeren gefordert. Wenn – auf alle Soldaten bezogen – etwa jeder sechste zum Kriegsdienst Eingezogene nicht zurückkam, so lag der Anteil bei den zwischen Zwanzig- und Siebenundzwanzigjährigen bei eins zu drei. Diese Verluste wären damals weniger alarmierend gewesen, wenn sie nicht eine Bevölkerung getroffen hätten, die seit längerer Zeit eine zunehmend schwächere Geburtenrate aufwies und bezüglich ihrer Kopfzahl Deutschland hoffnungslos unterlegen war. Eine derartige Situation mußte Konsequenzen nach sich ziehen, zum Beispiel in Form »schwacher Jahrgänge«. Dieses Phänomen resultierte aus dem Geburtendefizit der Jahrgänge 1915–1919, als mehrere hunderttausend Kinder im Vergleich zum statistischen Mittelwert zu wenig geboren wurden. Als 1935 der erste geburtenschwache Jahrgang, das heißt alle 1915 Geborenen, zum Wehrdienst anstanden, mußten sie angesichts der Wiedereinführung der allgemeinen Wehrpflicht im Dritten Reich zwei Jahre dienen. Und zwanzig Jahre später, um 1955, gingen die Kinder dieser »schwachen Jahrgänge« in der Menge der Kinder unter, die aus dem Babyboom hervorgingen. Diese neuerliche Asymmetrie trug ihren Teil zum Verfall des Bildungssystems bei. So wirkte sich das Ausbluten der Jahre 1914–1918 generationenlang bis heute aus; seine wiederholt auftretenden Folgen hinterließen als demographische Einschnitte deutliche Spuren, die die Alterspyramide verzerrten.

Die demographische Situation wurde 1918 zusätzlich durch eine Grippewelle verschlimmert, die bis 1919 dauerte und als »spanische Grippe« traurige Berühmtheit erlangte. Sie suchte eine Bevölkerung heim, die durch die kriegsbedingten Entbehrungen ohnehin schon geschwächt war. Diese Epidemie trieb die Sterbeziffern weiter in die Höhe und hinterließ im Denken und Fühlen der Franzosen tiefe Spuren: Sie vermochte sogar beinahe die Erinnerung an vier Jahre Krieg zu verdrängen. Vor dem Aufkommen von Aids rief sie die letzte Massenpanik im Gefolge einer Epidemie hervor.

Politiker, Bevölkerungswissenschaftler und Ärzte begannen sich zunehmend Sorgen zu machen über das, was man damals – ohne rassistischen Beigeschmack – die Zukunft der Rasse zu nennen pflegte: Die »Allianz gegen die Entvölkerung« alarmierte die öffentliche Meinung. Das Parlament, das heißt die Abgeordnetenkammer und der Senat, verabschiedeten im Jahre 1920 ein Gesetz, das die Werbung für Antikonzeptiva streng unterdrückte und die Abtreibung unter schwere Strafen stellte – die Vichy-Regierung ließ 1943 eine Frau, die abgetrieben hatte, sogar durch die Guillotine hinrichten. Seit 1935 überstieg die Zahl der Sterbefälle die Ziffer der Lebendgeborenen bei weitem, oder, wie man damals sagte, »die Särge übertreffen die Wiegen«. Man sorgte sich um die Zukunft Frankreichs. Die Unruhe, die lange Zeit auf kleinere Kreise beschränkt geblieben war, erfaßte die herrschenden Klassen. Alfred Sauvy, der Pionier der modernen Bevölkerungswissenschaft und 1938 Mitglied im Kabinett Paul Reynaud, verschaffte sich Gehör. Die Regierung Daladier setzte schließlich mit Hilfe von *»décrets-lois«* (Dekreten mit Gesetzeskraft) im Juli 1939 ein Bündel von Maßnahmen durch, deren gemeinsames Anliegen ihnen die Bezeichnung *»Code de la famille«* eintrug. Auch die folgenden Kabinette wichen nicht von diesem Weg ab. Eine familienfreundliche Politik und die Ermutigung, Kinder zu zeugen, wurde ungeachtet aller Regimewechsel zum Ausdruck für die Kontinuität französischer Staatspolitik. Den *»Code de la famille«*, den eine der letzten Regierungen der Dritten Republik beschlossen hatte, rührten weder die Vichy-Regierung noch die »Erlasse« der Provisorischen Regierung im Jahre 1945 an – auch er also eine ferne Konsequenz aus dem Erbe des Ersten Weltkriegs.

Wenn Zahlen das tiefe Leid auch nur unvollkommen ausdrücken können, das der Tod Hunderttausender Menschen hervorrief, so vermitteln sie doch eine Größenvorstellung von der Zahl der Franzosen, deren Lebensbedingungen und Existenzniveau, ja sogar deren Status von dem Tod eines geliebten Wesens für lange Zeit berührt wurde – 900 000 Greise hatten ihre Altersstütze verloren und 600 000 Frauen ihren Mann. Das Leben dieser Kriegerwitwen war für immer von der Trauer gezeichnet, denn die meisten dachten nicht mehr an eine Wiederverheiratung; und gar nicht zu vergessen die sogenannten »weißen Witwen«, jene jungen Mädchen, deren Verlobter nicht mehr zurückkam und die dem Andenken ihrer ersten Liebe bis heute treu geblieben sind. Mehr als 700 000 Kinder wuchsen in Halbfamilien ohne die väterliche Autorität auf. Die Last ihrer Erziehung ruhte allein auf den Schultern ihrer Mütter, und sie wuchsen unter der Photographie eines Mannes heran, den sie nie gekannt hatten. Kurz: Das Leben von weit mehr französischen Männern und Frauen als den 8,5 Millionen Kriegsteilnehmern war in nicht wiedergutzumachender Weise gestört.

Auch wenn der größte Teil der Soldaten wieder zurückkehrte – in welchem Zustand kamen viele von ihnen zurück? Etwa drei Millionen hatten schwere oder leichtere Verwundungen davongetragen, und 1,1 Millionen waren zu Invaliden geworden, verstümmelt für den Rest ihres Lebens; sie hatten ein oder mehrere Gliedmaßen verloren, sie waren entstellt als sogenannte »zerschlagene Schnauzen«, blind oder vom Gas vergiftet. Wie hätte man dieses schlimme Erbe des Krieges vergessen können? Sie waren ein alltäglicher Anblick, man traf sie auf der Straße, und ihrer wurde bei Gedenkfeierlichkeiten als erste gedacht. Aus ihren Bedürfnissen entstand eine ganze Gesetzgebung, eine Fülle von Verwaltungsbestimmungen. In den öffentlichen Verkehrsmitteln erhielten sie reservierte Plätze. Die Unternehmen waren gehalten, sie zu beschäftigen; sie hatten Anspruch auf besondere Verwendung im öffentlichen Dienst Frankreichs. Für den Staatshaushalt waren sie eine Last, für die Wirtschaft ein Handicap.

Man kann sich leicht vorstellen, daß selbst für diejenigen, denen das Glück der unversehrten Rückkehr beschieden war, diese Jahre als von ihrem normalen Leben abgetrennt erschienen. Vier oder fünf Jahre hatte der Krieg für sie gedauert, denn die Demobilisierung setzte erst einige Monate nach dem Waffenstillstand ein. Für andere wiederum, die schon

1913 wegen der damals dreijährigen Wehrpflicht einrücken mußten, hatte sich die Militärzeit sogar über sieben Jahre erstreckt. Diese vielen Jahre hatten ihr Gewissen, ihre Erinnerung und ihr Verhalten geprägt. Für viele von ihnen war es nicht leicht, die eheliche Gemeinschaft mit einer Frau wieder aufzunehmen, die in ihrer Abwesenheit die Kinder erziehen, einen Laden oder Hof führen oder einem Beruf nachgehen mußte, noch gar den Weg zu den Kindern zu finden, für die sie Unbekannte waren. Dabei konnten sie noch von Glück sagen, wenn sich ihre Frau nicht mit einem anderen ein neues Leben aufgebaut hatte. Es war auch nicht leicht, das geregelte Alltagsleben wieder aufzunehmen, jeden Morgen wieder um acht Uhr mit der Arbeit zu beginnen oder einem kleinlichen Chef zu gehorchen, nachdem sie jahrelang im Dunstkreis des Todes gelebt hatten. Der Krieg hatte die Existenz der meisten Franzosen derart durcheinandergebracht, daß er ihren Schlaf noch lange mit bösen Träumen heimsuchte und ihr Denken oder ihr Unterbewußtsein beherrschte.

Auch die materiellen Verluste des Krieges waren beträchtlich; obwohl sich ihre Auswirkungen weniger schmerzhaft darboten, bestimmten sie das Lebensgefühl vieler Franzosen doch nicht minder.

Der gesamte Krieg hatte sich auf französischem Boden abgespielt. Die Front hatte sich im Herbst 1914 stabilisiert; der Bewegungskrieg wurde erst im Sommer 1918 wieder aufgenommen, kurz bevor der Feind wieder über die Grenze abrückte. Etwa fünfzehn französische Departements wurden so vom restlichen Teil Frankreichs abgetrennt. Unter ihnen befanden sich die bevölkerungsstärksten und die an Landwirtschaft und Industrie reichsten Verwaltungsbezirke; sie lebten unter dem Regime der deutschen Kommandantur; das heißt, sie hatten eine fremde Militärverwaltung zu ertragen. Hunderte von Dörfern wurden in dieser Zeit genommen, verlassen und wieder gestürmt. Sie wechselten mehrfach den Besitzer und wurden unter dem Beschuß der einen oder anderen Artillerie zerstört. Die Bilanz wiegt schwer; erst die dürren Zahlen zeigen ihr ganzes Gewicht: 230 000 Gebäude mußten wieder aufgebaut und nahezu drei Millionen Hektar anbaufähiger Flächen rekultiviert werden. 62 000 Straßen- und Wege-, sowie 5500 Eisenbahnkilometer waren auszubessern und zahlreiche Ingenieurbauten wie Brücken, Viadukte und Tunnel wieder in einen betriebsfähigen Zustand zu setzen. Dieser Wiederaufbau sollte riesige Summen verschlingen und unzählige Energien mobilisieren. Es gab sogar ein eigenes Ministerium, das den Wiederaufbau in den »befreiten Gebieten« *(régions libérées)* leitete. Die allgemeine Wirtschaftskrise schränkte den Umfang der verfügbaren Kredite ein, so daß der Wiederaufbau eigentlich erst um die Mitte der dreißiger Jahre abgeschlossen war. Im Juli 1937 fand die feierliche Einweihung der Kathedrale von Reims im Beisein des französischen Staatspräsidenten statt. Diese Kirche war mit großzügiger finanzieller Unterstützung aus den USA restauriert worden; sie symbolisierte sowohl die ungebrochene historische Kontinuität der Nation als auch die Barbarei der Deutschen, die sie in Brand gesteckt hatten. Die Einweihung markierte das glückliche Ende des großen allgemeinen Wiederaufbaus, kurz bevor es zu einem anderen Krieg kam, der auf französischem Boden erneut Ruinen und Zerstörungen aufhäufen sollte.

Die Kriegsschäden belasteten das Nationalvermögen außerordentlich schwer. Die von Einzelpersonen oder Körperschaften erlittenen materiellen Verluste mußten zur Festlegung der Reparationssumme bewertet werden, die der Besiegte zu zahlen hatte: sie belief sich auf 55 Milliarden Goldfrancs! Diese Franc-Währung hatte sich seit ihrer Einführung im Germinal des Jahres VIII (April 1800) nicht nennenswert verändert. Die Summe sagt uns heute nicht viel; es bedarf deshalb einiger Vergleiche mit zeitgenössischen Größen, um ihre Dimension zu begreifen. So belief sich der gesamte französische Staatshaushalt im letzten Friedensjahr (1913) vor dem großen Krieg auf fünf Milliarden Goldfrancs – die Summe der Zerstörungen war also mit elf Jahresbudgets gleichzusetzen. Dabei ist allerdings zu beachten, daß die Aufgaben des Staates damals relativ beschränkt waren und desgleichen der Staatshaushalt.

Dehnen wir also den Vergleich auf andere Daten aus: Die gesamte Produktion Frankreichs wurde für dasselbe Jahr 1913 auf 32 Milliarden Goldfrancs geschätzt, das heißt, die gesamte französische Produktion von fast zwei Jahren war in Rauch aufgegangen! Dabei enthält diese Zahl noch nicht einmal die Kosten der Kriegsfinanzierung: Für die vier vollständigen Haushaltsjahre 1915 bis 1918 und die restlichen fünf Monate des Jahres 1914 hatte man mehr als 150 Milliarden Goldfrancs hauptsächlich auf dem Wege der öffentlichen Anleihe innerhalb und außerhalb Frankreichs aufbringen müssen. Durch diese Geldaufnahme hatte sich die Staatsschuld vervierfacht. Zwischen 1914 und 1918 stieg sie von 32 auf etwa 170 Milliarden Goldfrancs – eine wahrhaft erdrückende Schuldenlast für die französische Staatskasse: Allein der Zinsendienst ohne die geringste Tilgung verschlang den größten Teil der Steuereinnahmen. Dieses schwere Erbe drückte auf die öffentlichen Finanzen und sollte später schlimme Folgen zeitigen, zum Beispiel das chronische Haushaltsdefizit, die Erhöhung der Steuerbelastung (so wurde Anfang 1924 ein doppelter zehnprozentiger Steuerzuschlag erhoben, der eine generelle Steuermehrbelastung von 20 Prozent nach sich zog), Inflation und in ihrem Gefolge die üblichen Sekundäreffekte wie steigende Lebenshaltungskosten, soziale Unruhen und eine monetäre Krise.

Diese schwierige Situation der öffentlichen Finanzen erklärt die Bedeutung der Reparationen in den Beziehungen zu Deutschland: Frankreich wollte die Last des Wiederaufbaus möglichst vollständig dem ehemaligen Feind aufbürden, der nach französischer Ansicht für den Krieg und seine Folgen verantwortlich war. Deshalb legte die französische Verhandlungsdelegation so großen Wert darauf, daß ein Artikel des Versailler Vertrages (Art. 231) die alleinige Verantwortung für den Krieg Deutschland aufbürdete. Die französischen Regierungen sollten dann darauf achten, daß die Deutschen ihrer Verpflichtung regelmäßig nachkämen. Doch Deutschland konnte nicht zahlen, sei es wegen seiner tatsächlichen Zahlungsunfähigkeit – dieser Meinung neigten Frankreichs Alliierte zu – oder weil es nicht wollte, wie die Franzosen argwöhnten. Auf alle Fälle zog die unvollständige Begleichung der Reparationsleistungen im Januar 1923 die Besetzung des Ruhrgebiets nach sich, da die französische Regierung sich ein Faustpfand sichern wollte. Die Reparationsfrage lastete schwer auf den Beziehungen zwischen den beiden Völkern und verhinderte jeglichen Versuch einer Aussöhnung. Außerdem brachte sie Frankreich – mit Ausnahme Belgiens, das sich an der Ruhrbesetzung beteiligte – auch in Schwierigkeiten mit seinen Verbündeten.

Gerade die finanziellen Schwierigkeiten erklären auch die Erbitterung in den Verhandlungen Frankreichs mit amerikanischen Banken und der Regierung in Washington wegen der Rückzahlung seiner Kriegsschulden. Daraus resultierte eine dauerhafte Abkühlung der franco-amerikanischen Beziehungen, sowie in Frankreich eine derartige Animosität gegen die Vereinigten Staaten, daß die Abgeordnetenkammer im Dezember 1932 den Antrag der Regierung Herriot auf Rückzahlung der Schulden abwies und das Kabinett darüber stürzte.

Doch wir wollen hier nicht vorgreifen: Wen bedrückten am 11. November 1918 schon die Last und Dauer dieser Folgen? In der Euphorie nach dem Ende der Kämpfe tauchte Frankreich vollständig unter im Gefühl der Erleichterung und des Stolzes über einen Sieg, den es für die gesamte Welt errungen hatte: Hatte es nicht dem Recht zum Triumph über die brutale Gewalt verholfen? Der Sieg Frankreichs befreite die unterdrückten Völker und dehnte die Herrschaft der Demokratie aus. Die Franzosen hatten sich in ihren Augen für eine uneigennützige Sache geschlagen und erwarteten nun den Dank der Welt. In der Tat hatte das Prestige Frankreichs seinen Höhepunkt erreicht. Niemand bezweifelte, daß ihm die Krone am Sieg der Alliierten zukam, selbst wenn ihm diese in beachtlicher Weise geholfen hatten. Der Schauplatz der heftigsten Kämpfe lag in Frankreich, und Frankreich hatte die schlimmsten Zerstörungen erduldet. Auf seinen Soldaten hatte die Hauptlast der Kämpfe geruht. Die französische Armee galt bis zum Frühjahr 1940 als die beste in der Welt, weil sie den deutschen Truppen getrotzt hatte. Verdun versinnbildlichte den Opfermut des französischen Frontsoldaten ebenso wie später Stalingrad die Kampfmoral der sowjetischen Truppen. Schon die Wahl der Orte für die Friedensgespräche zwischen den ehemaligen Gegnern war voller Symbolik: Die Friedenskonferenz tagte in Paris, und im Spiegelsaal von Versailles, der den Ruhm des Sonnenkönigs verewigte, wurde am 28. Juni 1919 der Vertrag unterzeichnet, der die Niederlage des deutschen »Erbfeindes« und damit die Revanche für 1871 besiegelte.

Die Aufzählung aller Verträge, die das Schicksal der besiegten Staaten regelten, liest sich wie ein Almanach der großen Schlösser westlich von Paris – Saint-Germain, Sèvres, Trianon. Der Ruhm, der den Sieg der französischen Fahnen umglänzte, strahlte noch lange Zeit; er verlieh der französischen Diplomatie eine überragende Position nicht nur in Europa sondern in der ganzen Welt, auch wenn sich ihre schwankende Basis in der Folge gezeigt hat. Einige hellsichtige Köpfe erkannten denn auch sofort die Brüchigkeit der Situation und erahnten ihre Schwächen. Aber kurz nach einem so sehnlich erwarteten Sieg konnten sich weder Franzosen noch Ausländer vorstellen, daß Frankreich vielleicht einen zu hohen Preis dafür bezahlt hatte.

Durch den Sieg fielen auch das Elsaß und ein Teil Lothringens, die ihm 1871 gewaltsam entrissen worden waren, wieder an Frankreich zurück; im Unterschied zum Nordosten Frankreichs waren sie unversehrt geblieben, und die französischen Truppen zogen kurz nach dem Waffenstillstand in Metz und Straßburg ein. Der begeisterte Empfang, den die Bevölkerung ihnen bereitete, zeigte ihren Wunsch nach Rückkehr in das französische Vaterland überdeutlich. »Das Volk hat gesprochen!« hieß es. Die Wiedereingliederung dieser Gebiete befriedigte die Wünsche Frankreichs, das künftig keine territorialen Forderungen mehr stellte. Nur einige Schwarmgeister träumten noch von der Rückeroberung der seit dem Wiener Kongreß verlorenen Gebiete und rührten ihre Trommel für die Angliederung der Saar.

Größeren Anklang fanden dagegen Pläne, die linksrheinischen Teile vom deutschen Staatsverband zu trennen und sie in einem rheinischen Separatstaat (natürlich unter direktem französischem Einfluß) zusammenzuschließen. Die Nationalisten der *Action française*, für die ein geeintes Deutschland eine ständige Bedrohung darstellte, mußten allerdings bald die Undurchführbarkeit ihres Vorhabens einsehen, Deutschland in machtlose Kleinstaaten aufzusplittern. Erst nach dem Zweiten Weltkrieg und als Folge der Niederlage des Dritten Reiches und des Kalten Krieges zwischen Ost und West, also unter ganz anderen Umständen, wurden ihre Wünsche durch die Teilung Deutschlands in zwei Staaten erhört.

Die beiden vom Deutschen Reich seinerzeit annektierten und von Frankreich seit einem halben Jahrhundert getrennten Provinzen hatten sich unterschiedlich entwickelt. In Fragen der Religionsausübung regelte das Konkordat Napoleons die Beziehungen zwischen Kirche und Verwaltung. Darüber hinaus gab es noch viele Besonderheiten, die den Elsässern am Herzen lagen, zum Beispiel das Bildungswesen, die Sprachenregelung, die moderne Bismarcksche Sozialgesetzgebung sowie ein eigenes Boden- und ein besonderes Forstrecht.

Die französische Regierung war klug genug, dieses System aus Gewohnheitsrecht und geltenden Vorschriften zunächst zu belassen. Sie berücksichtigte diese Besonderheiten und ernannte mit Alexandre Millerand einen eigenen Hochkommissar für Elsaß-Lothringen. Außerdem war sie zu beträchtlichen Anstrengungen für die beiden Provinzen bereit. In diesem Sinn förderte sie die Pläne Maurice Barrès', die Universität Straßburg zu einem Zentrum des geistigen Lebens auszubauen, dessen Licht weit in die rheinangrenzenden Gebiete hinausstrahlen sollte. Die Universität ihrerseits wollte so rasch wie möglich die Tatsache vergessen machen, daß sie in den protzigen Gebäuden des wilhelminischen

Deutschlands untergebracht war. Sie versammelte bald einige der originellsten und produktivsten französischen Gelehrten. So lernten sich dort Lucien Febvre, Marc Bloch und Gabriel Le Bras kennen. Sie lehrten zwar unterschiedliche Fächer, aber aus ihrer interdisziplinären Zusammenarbeit resultierte im Jahre 1929 das erste Heft der Zeitschrift *»Les Annales«*. Sie erneuerte die Schule der französischen Historiographie von Grund auf, die seit der französischen Niederlage von 1870, dem Verlust Elsaß-Lothringens und den Erfolgen des Deutschen Reiches um eine Neuorientierung gerungen hatte.

Die Wiedereingliederung der beiden Departements »Elsaß« und »Mosel« veränderte auch das innenpolitische Gleichgewicht Frankreichs: Ihr politisches Kräftesystem war dem Deutschen Reich Wilhelms II. viel näher als dem radikalsozialistischen Frankreich und wies eine starke Sozialdemokratie, zahlreiche disziplinierte Gewerkschaften und ein katholisches Zentrum auf, durch das in Frankreich das bislang unbekannte Phänomen einer konfessionellen politischen Partei, die von einer dynamischen Geistlichkeit geführt wurde, Einzug hielt. Diese Interessengruppen, Berufsverbände und Kartelle stellten für ihre Schwesterorganisationen auf gesamtfranzösischer Ebene eine wertvolle Hilfe dar: Die SFIO *(Section Française de l'Internationale Ouvrière)* erhielt die Unterstützung der gemäßigten Sozialisten. Die elsässisch-lothringischen Volksvertreter verstärkten die kleine Gruppe demokratischer Kräfte mit deutlich christlichem Einschlag, und die christlichen Gewerkschaften Elsaß-Lothringens trugen 1919 maßgeblich zur Entstehung der *Confédération française des travailleurs chrétiens* (CFTC) bei.

Die französische Linke mit ihrer jakobinisch-laizistischen Tradition machte dagegen keinen Unterschied zwischen zentralistischer Gleichschaltung und Demokratie. Sie gewöhnte sich nur schwer an die Bewahrung regionaler Sonderinteressen, weil sie in ihnen nur längst überholte Überreste und Konzessionen an den Klerikalismus erblickte. Deshalb war es nur logisch, wenn sie die Einführung laizistischer Gesetze in den beiden Departements in ihr Wahlprogramm von 1924 aufnahm. Dabei hegte sie auch noch die Überzeugung, die Elsässer ehrenvoll behandelt und beschenkt zu haben.

Der Wahlsieg der Linken löste eine sehr lebhafte Reaktion aus, in der sich die spezifischen Traditionen und die konfessionelle Richtung dieser

Provinz miteinander verbanden und vor der die Regierung schließlich zurückwich. Der Widerstand gegen ein Aufgehen der spezifisch elsässischen Lebensart in einem allgemeinen Konformismus und das Gefühl, in die besondere Position des Vermittlers zwischen Frankreich und dem Europa längs des Rheins berufen zu sein, drückten sich in der Zeit zwischen den beiden Weltkriegen in einem gewissen elsässischen Autonomiestreben aus; es stellte allerdings die Wiederanbindung an Frankreich selten ernsthaft in Frage. Nur die Kommunisten akzeptierten die Möglichkeit des elsässischen Separatismus, was zur Gründung einer selbständigen kommunistischen Partei im Elsaß führte. Noch 1933 – Hitler war gerade Reichskanzler geworden – forderte Maurice Thorez für die Elsässer das Recht der Wahl zwischen Frankreich und Deutschland.

Der Krieg hatte nicht nur das Leben vieler Franzosen von Grund auf verändert, Zerstörungen angerichtet und schwere finanzielle Lasten aufgebürdet – er hatte auch alle möglichen anderen Veränderungen ausgelöst. Nach Kriegsende gestaltete sich das Verhältnis zwischen Staat und Gesellschaft neu, wenn auch eher aus Notwendigkeit als aus ideologischen Gründen. Der liberale Staat mußte nun auf allen Gebieten intervenieren, die sich bisher außerhalb seiner Kompetenz befunden hatten. Wo die Privatinitiative versagte oder den Anforderungen eines modernen Industriekrieges nicht genügte, trat nun die öffentliche Hand an ihre Stelle. Die Regierung hatte sich von den beiden Kammern außerordentlich weitreichende Vollmachten übertragen lassen, um den Wirtschaftsprozeß zu regulieren, den Nachschub an Grund- und Fertigprodukten zu organisieren, Preise und Löhne festzulegen und für jeden einzelnen Bürger die tägliche Lebensmittelration sicherzustellen. Behörden statt privatwirtschaftlicher Organisationen erteilten nun die Aufträge, finanzierten die Investitionen und bauten Fabriken. Der Staat wurde Bankier, Unternehmer, Produzent und Arbeitgeber in einem. Die Kriegswirtschaft hob die Gesetze einer funktionierenden freien Wirtschaft auf, wobei die Frage im Raum stand, ob es sich um eine auf die Dauer des Krieges begrenzte Aufhebung handelte oder um einen unwiderruflichen Verzicht. Auch hier hinterließ der Krieg ein brisantes Erbe.

Die Rollenverteilung zwischen den Geschlechtern hatte sich ebenfalls geändert. Weil die gesunden und kräftigen Männer fehlten, waren die Frauen bei der Verrichtung der täglichen Arbeit auf sich allein gestellt. Auf dem Land kamen ihnen dabei nur Männer zu Hilfe, die für den Wehrdienst zu alt oder Heranwachsende, die dafür noch zu jung waren. So blieb die Männerarbeit allein an den Frauen hängen, zum Beispiel das Anspannen, Pflügen, Mähen und das Einbringen der Ernte. Aus dem Umstand, daß die Landwirtschaft ganz in ihrer Hand lag, leiteten sie später ihr Wahlrecht zu den Landwirtschaftskammern ab.

Im Groß- und Einzelhandel lagen die Dinge ähnlich. In den Waffenfabriken arbeiteten die Frauen neben den Facharbeitern, aber nicht nur dort. Im Jahre 1918 waren insgesamt 425 000 Frauen in der Rüstungsindustrie beschäftigt. Frauen steuerten auch Straßenbahnen oder Omnibusse und trugen die Post aus. Sie verdienten für sich und ihre Familien den Lebensunterhalt, sie verfügten über ihr eigenes Geld und hatten sich angewöhnt, es auch für ihre eigenen Wünsche auszugeben, zum Beispiel beim Friseur oder beim Kauf von Strümpfen. Auf dem Lande sorgten die staatlichen Renten für Ehefrauen zum ersten Mal für regelmäßige Einkünfte und beschleunigten den Übergang von der traditionellen Hauswirtschaft zu einer Wirtschaftsform, in der das Geld den Warenaustausch regelte.

Außerdem hatten die Franzosen das Gefühl, als habe der Krieg auch eine Revolution in den Sitten bewirkt. Die zeitgenössische Literatur war jedenfalls voll von derartigen Beobachtungen: empört oder eher mitleidig die einen, andere wiederum zustimmend, ja sogar begeistert über die Freiheit der Sitten, deren äußere Züge sich vor allem an der Mode der Frauen ablesen ließen. Der Historiker muß in seinem Urteil allerdings unterscheiden; denn es verhielt sich keineswegs so, daß Frankreich sofort im *Bœuf sur le toit* (Name eines bekannten Bar-Kabaretts in Paris) speiste und alle Frauen sich in dem Bild wiedererkannt hätten, das Victor Margueritte in seinem Roman *»La Garçonne«* (»Die Junggesellin«, 1924) entworfen hatte, so wie auch nicht ganz Frankreich im Jahr 1945 in den Kellerlokalen von Saint-Germain-des-Prés zu den Klängen des Orchesters von Claude Luter tanzte.

Im Gegenteil, die große Masse der Kriegsentlassenen suchte nach Arbeit, und Millionen von Hausfrauen hatten sich mit den Sorgen um das teure Leben herumzuschlagen. Die bäuerlichen Familien, die noch immer die Mehrheit der französischen Bevölkerung stellten, war von der Pariser Mode kaum berührt und hatte keinerlei Ahnung von den Ideen, die dort kursierten.

Alles in allem hatte es nicht den Anschein, als ob diese Veränderungen, so bedeutsam und auf künftige Umwälzungen hinweisend sie auch schienen, die Denk- und Lebensgewohnheiten sofort tiefgreifend verändert hätten; sie stießen auf das Beharrungsvermögen der französischen Gesellschaft. Weder die Werteskala, ob sie sich nun an dem katholischen Moralkodex oder an einer weltlichen Moral orientierte, die sich beide ja gar nicht so sehr voneinander unterschieden, noch die traditionellen Verhaltensweisen oder gar die überkommenen Vorstellungen schienen sich substantiell verändert zu haben.

Die Frauenemanzipation wurde auf später verschoben; bis 1939 fand sich keine parlamentarische Mehrheit, die das Stimmrecht auch auf die weibliche Bevölkerung ausgedehnt hätte. Die Familienstrukturen wurden nicht erschüttert; die Beziehungen zwischen Eltern und Kindern blieben unverändert. Frankreich war vor dem Krieg und nach dem Krieg eine überwiegend agrarisch bestimmte Gesellschaft, die weiterhin nach den Prinzipien ihrer langen Geschichte lebte.

Im Grunde genommen wurden die Franzosen wie nach jedem Ereignis, das eine tiefe Zäsur in den Zeitläuften hinterlassen hatte, abwechselnd von zwei einander entgegengesetzten Tendenzen umgetrieben, zwischen denen sie hin- und hergerissen wurden, wenn sie nicht gerade gegen beide ankämpften: Beinahe alle wollten im Grunde ihres Herzens das gewohnte Leben wieder aufnehmen, diese unglückliche Episode abschließen, die verlorene Zeit wiederfinden und an die Vorkriegszeit mit ihrem süßen Leben wieder anknüpfen, das ihnen um so begehrenswerter erschien, als der Kontrast zu den Schrecken des Krieges den Hang zur Idealisierung der Vergangenheit noch verstärkte. Damals entstand der Mythos der *»Belle Epoque«*, auf deren Zwiespältigkeit griesgrämige oder weitblickende Köpfe später deutlich hinweisen sollten. Diese Sehnsucht nach dem *status quo ante bellum* – selten war der Begriff passender – erstreckte sich auf die gesamte Gesellschaft. Man bezog sich immer wieder auf das Jahr 1913, das somit mehr und mehr den Rang eines Symbols einnahm.

Das zeigte sich besonders in der Gesetzgebung. Sie legte beispielsweise fest, daß die Kriegsentschädigungsgelder dazu verwendet werden sollten, die zerstörten Gebäude am alten Platz und in der ursprünglichen Form wieder aufzubauen. Diese Bestimmung verhinderte jeden Fortschritt und blockierte die französische Gesellschaft der zwanziger Jahre. Immerhin handelte es sich um keine nutzlose Erfahrung, denn im Jahre

1945 brach die inzwischen klüger gewordene Politik mit dieser Rechtsprechung.

Dem Hang zur restaurativen Beharrung stand ein deutlich ausgeprägter Wille zur Veränderung gegenüber. Er erschütterte in periodischen Intervallen die Öffentlichkeit und zeigte sich – ungleich heftig zwar – in unterschiedlichen Umständen und aus sehr verschiedenen Gründen in den Jahren 1936, 1940, 1944, 1968, 1981 und vielleicht sogar 1986. Aber wie hätte man im Jahre 1919, nach einer solchen Katastrophe, annehmen sollen, daß all das sich noch einmal wiederholen würde, daß all die vielen Leiden nicht zur Errichtung einer gerechteren Welt beigetragen hatten, keine bessere Gesellschaft und vor allem keine neue Ordnung geschaffen hatten, die den Krieg für immer aus sich verbannte?

Der Wunsch nach Veränderung zeigte sich in vielerlei Gestalt. Die einen hofften auf Ausgleich und Versöhnung zwischen den Franzosen und auf das Ende ihrer Spaltung, denn das Gefühl der Einigkeit, das im Schützengraben geherrscht hatte, war im Denken der ehemaligen Kriegsteilnehmer fest verhaftet. Andere wiederum erhofften sich die soziale Revolution, die eine gesellschaftliche Ordnung hinwegfegen würde, die man für all die Ungerechtigkeit, Armut und das Verhängnis der Kriege verantwortlich machte. So vermischten sich sozialistische Utopie und Pazifismus.

Bewahren oder erneuern – diese Alternative beherrschte die Nachkriegszeit. Sie ist einer der Schlüssel für die Geschichte dieser Epoche. In ihr sind teilweise die ideologischen Auseinandersetzungen vereint, die sich die Franzosen lieferten, und sie erklärt auch einen großen Teil der Konfrontation jener Jahre, die man die Zwischenkriegszeit nennt.

ERSTER TEIL

Zwischen zwei Kriegen
1918–1939

GAB ES EINE ZWISCHENKRIEGSZEIT?

Seit der Zweite Weltkrieg den Ersten im allgemeinen Bewußtsein in weite Ferne rückte, bezeichnen wir den Zeitraum, der am 11. November 1918 begann und am 3. September 1939 endete, als »Zwischenkriegszeit«. Obwohl sich dieser Begriff zeitlich exakt bestimmen läßt und durch den allgemeinen Sprachgebrauch gerechtfertigt ist, weckt er wie jede im nachhinein geprägte Redensart Vorbehalte wegen seiner Unzulänglichkeiten.

Zunächst gaukelt er den Eindruck der Einheitlichkeit in einer sehr kontrastreichen Periode vor, in der sich radikale Richtungswechsel, oft auch noch überstürzt, vollzogen. Sodann verkennt er die Veränderungen, die sich im politischen Kräfteverhältnis auf nationaler wie internationaler Ebene ebenso wie im Denken der Zeitgenossen abspielten. Außerdem stellt er jene zwanzig Jahre nur als Zwischenakt zweier Kriege dar – oder auch als zwei Akte eines insgesamt dreißigjährigen Krieges. Selbst wenn wir die Meinung akzeptieren, wonach der Erste Weltkrieg auch in der nachfolgenden Friedenszeit noch lange auf das persönliche Schicksal vieler drückte, und auch die Möglichkeit eines neuen Konflikts von hellsichtigen Zeitgenossen als stets latent vorhanden betrachtet wurde, obwohl dafür erst gegen Ende dieser Periode einige handfeste Beweise vorlagen, ergibt sich die eigentliche Bedeutung dieser zwanzig Jahre doch nicht erst aus ihrem Zusammenhang mit den beiden Weltkriegen. Der Zeitraum trägt durchaus eigenständigen Charakter. Für Frankreich verliefen diese zwanzig Jahre im großen und ganzen im üblichen Rahmen. Die Franzosen arbeiteten in dieser Zeit wie gewöhnlich; sie produzierten, erfanden und schufen Neues. Im Bereich der Politik stritten sie leidenschaftlich um vorwiegend ideologische Gegensätze; im übrigen aber liebten, litten, lebten und starben sie nach ihrer Art.

Das Ende des Ersten und den Beginn des Zweiten Weltkriegs in der Weise miteinander zu verknüpfen, wie es der fragliche Begriff tut, bedeutet, daß dem Erleben der Zeitgenossen die Sichtweise der späteren Generationen übergestülpt wird – diese Periode konnte logischerweise erst seit 1939 als Zwischenkriegszeit angesehen werden. Deshalb mißdeutet man mit diesem Begriff die Denkweise der französischen Bevölkerung im Jahre 1918 und den Folgejahren: Sie betrachtete den soeben beendeten Völkermord als den letzten aller Kriege! Niemand konnte sich ein zweites Gemetzel vorstellen wie das, dem die Franzosen mit knapper Not entronnen waren – warum also sollte man ihn mit einer Ordnungszahl versehen? Er würde für immer der »Große Krieg« bleiben. In Großbuchstaben geschrieben, erreichte er den Rang des Außerordentlichen und Einzigartigen. Er war der Kampf der Giganten, ein Epos von übermenschlichem Ausmaß, und übertraf alle bisher bekannten Kriege durch seine Wucht, seine Dauer und seine Tiefe. Jedermann war fest entschlossen, einen weiteren Kampf dieser Art zu verhindern. Erst zwanzig Jahre später deklassierte die Hinzufügung einer Ordnungszahl nach angelsächsischem Muster – World War One, World War Two – diesen einzigartigen Krieg und »reduzierte« ihn künftig auf die Dimension eines »ersten« in einer Reihe weiterer Kriege, die man durch Zahlwörter näher bezeichnen mußte. Wenn ich mich dennoch diesem mißverständlichen Sprachgebrauch hin und wieder beuge und ebenfalls den Terminus »Zwischenkriegszeit« verwende, so geschieht dies nur, um mir viele Umschreibungen zu ersparen. Dabei hoffe ich auf das Verständnis des Lesers.

Betrachtet man diese zwanzig Jahre von Krieg zu Krieg als symmetrisches Gebilde, so erscheinen sie wie die beiden Seiten eines Hausdachs, wobei der »Dachfirst« die zwanziger von den dreißiger Jahren trennt. Die aufstrebende Seite des Daches steht für eine Nachkriegszeit: Frankreich beseitigte damals alle Kriegsfolgen. Es ebnete die Ruinen ein und verband seine Wunden – kurz: das Leben nahm wieder seinen gewöhnlichen Verlauf. Die Regierenden zogen mit mehr oder weniger Glück und Geschick die Konsequenzen aus dem Sieg. Der Krieg verschwand von Jahr zu Jahr weiter aus dem Bewußtsein der Menschen; sein Andenken verwischte sich immer mehr.

Je weiter man jedoch in die dreißiger Jahre vordrang, um so mehr verdunkelte sich der Horizont; das innen- wie außenpolitische Klima wurde immer frostiger. Das ganze Leben schien wie von einer neuen Vorkriegszeit überschattet. Die Weltwirtschaftskrise erreichte Frankreich Ende des Jahres 1931. Sie erschütterte die Gesellschaft, sie schwächte die demokratischen Einrichtungen, und die innenpolitischen Auseinandersetzungen erreichten ihren Höhepunkt. Die internationale Spannung steigerte sich zunehmend im Verlauf der aufeinanderfolgenden militärischen und außenpolitischen Krisen und rückten die Möglichkeit eines neuen Krieges mit jedem Mal mehr in den Bereich der Wahrscheinlichkeit. Deshalb ist es gerechtfertigt, diese zwanzig Jahre unter dem Vorbehalt der bereits beschriebenen Beobachtungen als »Nachkriegsgeschichte« zu beschreiben, der eine neue »Vorkriegsgeschichte« folgte. Wann vollzog sich der Übergang von der einen zur andern? Die Frage läßt sich nicht eindeutig beantworten, denn es ist keineswegs sicher, daß die Öffentlichkeit den Richtungswechsel genau in dem Moment bemerkte, in dem Europa auf den Zweiten Weltkrieg zuzusteuern begann.

KAPITEL I

Die Republik Clemenceaus

Der Waffenstillstand bedeutete noch nicht den Frieden, sondern nur die Einstellung der unmittelbaren Kampfhandlungen. Die Diplomatie setzte diesen Prozeß fort, indem sie den Kriegszustand durch langwierige Verhandlungen verlängerte. Der Waffenstillstand bedeutete auch nicht die sofortige Rückkehr zum zivilen Leben, denn die Truppen wurden erst nach und nach demobilisiert. Solange der Friedensvertrag nicht unterzeichnet war, erhielt Frankreich seine militärische Wachsamkeit aufrecht. Außerdem brauchte es ein Druckmittel, um Deutschland die Bedingungen zu diktieren, die ihm Sicherheit und den Ersatz aller erlittenen Schäden garantierten. Vor allem aber bedeutete das Ende der Kämpfe noch nicht die Wiederaufnahme des zu Friedenszeiten üblichen politischen Lebens. Der seit den ersten Kriegstagen bestehende Ausnahmezustand wurde bis zum 12. Oktober 1919, das heißt fast noch ein ganzes Jahr beibehalten. Bis dahin standen der Regierung noch alle Möglichkeiten der innenpolitischen Kontrolle, Überwachung und Repression zur Verfügung. Aus diesem Grunde bestand bezüglich der staatlichen Machtausübung und der behördlichen Funktionsweise kein großer Unterschied zwischen der Kriegszeit und den ihr unmittelbar folgenden Monaten; in dieser Hinsicht bildete der 11. November 1918 keine echte Zäsur. Das Kabinett Georges Clemenceau amtierte auch danach so weiter wie bisher: Es herrschte über das Land durch eine Diktatur, die nur formal den Respekt vor den parlamentarischen Institutionen wahrte. Clemenceau regierte in der Friedenszeit (14 Monate) länger als im Krieg, wo er zwölf Monate lang die Geschicke Frankreichs gelenkt hatte; erst am 20. Januar 1920 trat er als Regierungschef zurück. Bis dahin hatte er sich auf eine Mehrheit der rechten Mitte gestützt, nachdem die SFIO im November 1917 in die Opposition gerückt war. Sie riskierte allerdings keinen Konflikt mit dem Ministerpräsidenten, dessen Autorität durch den Sieg über Deutschland erheblich gestärkt wurde. Er erfreute sich einer ungewöhnlich großen Popularität, wie schon aus seinem Beinamen »Vater des Sieges« hervorging.

Drei Themen beherrschten das Jahr 1919 in Frankreich: der Friedensvertrag, ein diffuser Drang nach politischer Veränderung und das Erwachen sozialer Unruhen sowie die Rückkehr zum normalen politischen Leben.

DER FRIEDENSVERTRAG

In den Besprechungen mit den Alliierten, hauptsächlich mit dem amerikanischen Präsidenten Woodrow Wilson, der nach seiner Reise über den Atlantik in Paris begeistert empfangen worden war, und dem englischen Premier Lloyd George, genoß Georges Clemenceau ein großes Maß an Handlungsfreiheit. Er leitete die französische Verhandlungsdelegation selbst und regelte die strittigen Punkte in Gesprächen unter vier Augen mit seinen Partnern; Staatspräsident Raymond Poincaré beteiligte er nicht an den Gesprächen. Für seine Verhandlungsführung hatte er im Januar 1919 ein Vertrauensvotum erhalten, das am 16. April mit großer Mehrheit (345 gegen 121 Stimmen) erneuert wurde. In Fragen der Unterordnung der militärischen Führung unter die zivile blieb er unnachgiebig. Deshalb setzte er sich auch über die Einwände Marschall Fochs hinweg, der die im Friedensvertrag vorgesehenen Garantien für die französische Sicherheit für unzureichend hielt.

Durch die Wiedereingliederung der beiden Provinzen, die ihm das Deutsche Reich 1871 entrissen hatte, war Frankreich saturiert. Es hatte keine territorialen Ansprüche mehr, und den Franzosen galt die Einheit der Nation als vollendet. Das Handeln der französischen Diplomatie wurde in Übereinstimmung mit dem allgemeinen Gefühl im Lande von zwei Hauptsorgen geleitet, der Wiedergutmachung der erlittenen Schäden und der Durchsetzung von Sicherheitsgarantien.

Hinsichtlich des ersten Punktes bot ihr der Versailler Vertrag in Artikel 231 zumindest prinzipielle Genugtuung. Darin erkannten Deutschland und seine Verbündeten an, daß sie »als Urheber für alle Verluste und Schäden verantwortlich sind, welche die alliierten und assoziierten Regierungen und ihre Angehörigen infolge des ihnen durch den Angriff Deutschlands und seiner Verbündeten aufgezwungenen Krieges erlitten haben«. Die deutschen Vertreter unterzeichneten den Vertrag unter Zwang, denn dieser Artikel bürdete ihnen die ausschließliche Verantwortung für den Krieg auf. Er stachelte einen Teil der öffentlichen Meinung jenseits des Rheins gegen das Diktat auf und nährte revanchistische Gefühle bei den Deutschen. Frankreich bekam erst mit der Zeit Zweifel an der alleinigen Verantwortlichkeit des ehemaligen Deutschen Reiches, als es die Hintergründe des Ersten Weltkriegs genauer analysierte. Alfred Fabre-Luce und mit ihm die kommunistische Partei Frankreichs verdächtigten Poincaré später der Kriegshetze, weil er sich der Beurteilung der europäischen Situation durch die zaristische Diplomatie zu eng angeschlossen hätte.

Im Jahr 1919 hingegen waren sich so gut wie alle Franzosen darin einig, dem besiegten Feind die Hauptverantwortung für den Krieg anzulasten und daraus das Recht zur Wiedergutmachung abzuleiten. Selbst wenn Frankreich im Prinzip recht behalten sollte, so sagte der Vertrag doch weder etwas über die Höhe noch über die Modalitäten der Reparationszahlungen aus, und das aus gutem Grund. Zunächst war nämlich eine Schätzung der Kriegsschulden notwendig. Eine Kommission wurde beauftragt, eine Bilanz zu erstellen und sie samt Empfehlungen im Jahr 1921 vorzulegen. Doch angesichts der tatsächlichen oder vorgetäuschten Unfähigkeit des Deutschen Reiches, eine Schuldsumme zurückzuzahlen, die einen astronomischen Betrag erreichte, lösten sich die Reparationen allmählich in Rauch auf. Diese Erkenntnis hinterließ in Frankreich tiefe Erbitterung, denn dort hegte man den Verdacht, daß der besiegte Gegner in Wirklichkeit gar nicht bezahlen wolle.

Bezüglich der Sicherheitsgarantien folgten viele Franzosen der Meinung von Marschall Foch, der unter dem Deckmantel strategischer Argumente die Rückkehr zu den Grenzen von 1814, die Eingliederung des Saargebiets und die Bildung eines Sicherheitsgürtels jenseits des Rheins forderte, der Frankreich gegen jeden Überraschungsangriff schützen sollte. Die französischen Maximalisten hätten dieses Glacis mit Hilfe einer zeitlich unbegrenzten Besetzung des gesamten linken Rheinufers am liebsten als politische Grenze gesehen. Es stellte sich aber rasch heraus, daß die französischen Unterhändler ihre Ansprüche auf das Saarland fallen lassen mußten, da sich dieser Plan nicht mit den »vierzehn Punkten« Wilsons in Übereinstimmung bringen ließ. Dafür erhielt Frankreich aber das Recht der Besetzung des Saarlands für fünfzehn Jahre, das im übrigen aber unter die Verwaltung des Völkerbunds gestellt wurde. 1935 sollte es per Volksabstimmung unter drei Möglichkeiten – Anschluß an Frankreich, Anschluß an Deutschland oder Verlängerung seines autonomen Status – entscheiden. Inzwischen aber durfte Frankreich die saarländischen Kohlegruben ausbeuten.

Bezüglich des linken Rheinufers wurde ein ähnlicher Kompromiß ausgehandelt. Clemenceau verzichtete zwar auf die Loslösung des Rheinlands von Deutschland, erreichte dafür aber, daß es ebenfalls fünfzehn Jahre lang von alliierten Truppen besetzt wurde. Außerdem durfte Deutschland zur Aufrechterhaltung seiner nationalen Verteidigung nur ein Berufsheer von 100 000 Mann unterhalten, dessen Bewaffnung und Feuerkraft jedoch stark eingeschränkt wurden. Darüber hinaus erlangte Clemenceau als Ersatz für seinen Verzicht auf die vom französischen Generalstab als unerläßlich bezeichneten militärischen Garantien von Wilson und Lloyd George das Versprechen der automatischen und sofortigen militärischen Hilfe, wenn Deutschland den Versailler Vertrag verletzen sollte. Aber auch in diesem Punkt sah er sich letztendlich bitter enttäuscht. Der Senat der Vereinigten Staaten von Amerika weigerte sich, das Vertragswerk von Versailles zu ratifizieren, so daß die persönliche Zusage Präsident Wilsons und damit auch die des britischen Premiers hinfällig wurde.

Gerade weil die spätere Entwicklung in den beiden Hauptpunkten – Recht auf Reparationen und Sicherheitsgarantien – nicht hielten, was die Verhandlungen versprochen hatten, kamen in Frankreich Enttäuschung und Verbitterung auf. Man hegte allgemein die Überzeugung, daß Frankreich ebenso wie Italien nur einen »verstümmelten Frieden« und eine verratene Hoffnung erhalten hatte. Kritik wurde laut; sie beklagte, daß man sich habe prellen lassen und leere Versprechungen gegen effektive Garantien getauscht habe.

Aber solche und ähnliche Vorwürfe wurden erst später laut. Als Clemenceau den Vertragstext, der nach sechsmonatigen Verhandlungen am 28. Juni 1919 in Versailles unterzeichnet wurde, den beiden Kammern zur Ratifizierung vorlegte, erhob sich nur gemäßigte Kritik, die allerdings von beiden Seiten kam. Auf dem linken Flügel der Abgeordnetenkammer hielt ein Teil der SFIO die Deutschland auferlegten Vertragsbedingungen für zu hart. Diese Abgeordneten fürchteten, daß sie die Zukunft der Weimarer Republik und die Chancen einer deutsch-französischen Annäherung schwer belasten würden.

Auch die Rechte war nicht zufrieden. Ihre Nationalisten unterstellten dem besiegten Feind den eindeutigen Willen zur Revanche und vertrauten nur den Maßnahmen seiner Überwachung, um ihn in Schach zu halten. Jacques Bainville bündelte diese Einwände später in einem Aperçu: »Der Vertrag war zu hart für seine Schwächen und zu weich für seine Härten.« Damals aber, 1919, ratifizierte eine breite Mehrheit von 372 gegen 53 Stimmen bei 74 Enthaltungen den Vertrag, weil sie glaubte, daß Clemenceau wahrscheinlich die am wenigsten schlechten Bedingungen ausgehandelt habe, oder weil sie mit dem Vertragswerk in seiner vorliegenden Form schlicht einverstanden waren.

Die Sozialisten stimmten mehrheitlich entweder gegen den Vertrag oder enthielten sich der Stimme. Ihnen schlossen sich auch einige Gemäßigte, und mit Louis Barthou, Louis Marin, Jean Ybarnegaray und Franklin-Bouillon nicht eben die unbedeutendsten politischen Köpfe an. Die Kontroverse um den Friedensvertrag flammte in der Zwischenkriegszeit bei jeder Veränderung der inneren Situation in Deutschland und je nach dem Zustand der beiderseitigen Beziehungen immer wieder auf.

Georges Clemenceau, dem die Kammern in der Gestaltung seiner Außenpolitik freie Hand ließen, ergriff anderweitig wichtige Initiativen: Er schaltete sich in den Bürgerkrieg ein, der seit der bolschewistischen Machtergreifung in Rußland tobte, und dies ebensosehr aus Gründen der Vergeltung gegen eine Regierung, die ihre Verpflichtungen verleugnete, wie aus Sorge um die soziale Ordnung und die abendländische Zivilisation. So leistete Frankreich mit seinen Verbündeten den weißrussischen Streitkräften Hilfe, die die Sowjets bekämpften. Ein französisches Geschwader kreuzte im Schwarzen Meer. Aber jede Art der Einmischung in den Bürgerkrieg eines anderen Landes provozierte in Frankreich innenpolitische Spannungen, wie übrigens später auch im Falle des spanischen Bürgerkriegs.

Im Jahr 1919 stieß Clemenceaus Intervention jedenfalls auf harsche Kritik. Die einen fürchteten dabei, daß Frankreich erneut in einen bewaffneten Konflikt hineingezogen würde, während die Linke die Russische Revolution als eine Hoffnung und ein Beispiel für die Welt betrachtete. Einige ihrer Vertreter erregten sich über die französische Unterstützung der russischen Konterrevolutionäre, ebenso wie sich ihre Väter 1849 empört hatten, als die Zweite Republik der »Römischen Republik« Mazzinis nicht beigestanden hatte, sondern auf das Hilfeersuchen von Papst Pius IX. mit ihren Streitkräften in Rom einmarschiert war. Ein Teil der französischen Mannschaften meuterte unter der Führung von Männern wie André Marty, der bei dieser Gelegenheit zu recht zweifelhaftem Ruhm gelangte. Das trug ihm zwar die Mißbilligung der Rechten, aber zunächst die Bewunderung der radikalen Linken ein, bis er allerdings dreißig Jahre später bei den Führern der kommunistischen Partei ebenfalls sein Ansehen verspielt hatte. Unter dem Druck der öffentlichen Meinung mußte die Regierung auf die direkte Intervention in Rußland verzichten. Sie versuchte deshalb das neue Regime zu isolieren, indem sie die Errichtung eines *»cordon sanitaire«* in Osteuropa propagierte, um Mittel- und Westeuropa vor dem revolutionären Bazillus zu schützen.

In der Praxis unterstützte Frankreich die Völker in Osteuropa, die sich gegen das Eindringen des Kommunismus zur Wehr setzten. Im Jahr 1920 schickte es unter Führung von General Weygand eine Militärmission nach Warschau; ihr gehörte auch ein neunundzwanzigjähriger Hauptmann namens Charles de Gaulle an. Ihre Ratschläge trugen dazu bei, die Reiterei des sowjetischen Marschalls Semjon M. Budjonny zurückzudrängen und den neu entstandenen polnischen Staat aus einer schwierigen Krise zu retten. Diese Unterstützung stand am Anfang einer langen und oft turbulenten Geschichte der Beziehungen zwischen Frankreich und der Sowjetunion. Hier trat zum ersten Mal eine Frage in Erscheinung, die auch in Zukunft in der französischen Innenpolitik umstritten blieb und stets für ideologischen Dissens sorgte.

DAS ERWACHEN SOZIALER UNRUHEN

In der Chronologie der französischen Arbeitskämpfe nimmt das Jahr 1919 einen wichtigen Platz ein; dazu trugen mehrere innen- und außenpolitische Faktoren bei. Ihr wichtigster war ganz einfach die Rückkehr zum Frieden. Nach der unglaublichen Kriegsanspannung, unter der das

Land vier endlose Jahre geächzt hatte, schnellte die Feder wieder zurück. Die kollektiven Zwänge lockerten sich, und jeder versuchte, wieder für sich zu leben. Noch kurz zuvor hatte man aus Patriotismus die größten Opfer gebracht, nun aber entzog der Sieg den geringsten Einschränkungen plötzlich die Berechtigung. War denn nun nicht der Augenblick da, um sich für die erlittenen Prüfungen schadlos zu halten und Ausgleich für die Entbehrungen zu fordern? Diese Forderung gewann in dem Maße an Legitimität, wie die Forderung nach nationalem Zusammenhalt ihren imperativen Charakter verlor.

Die wirtschaftliche Lage bot großen Anlaß zur Sorge und vermehrte die Gründe der allgemeinen Unzufriedenheit. Die Rückführung einer Kriegswirtschaft in die zu Friedenszeiten übliche Produktionsweise ließ sich eben nicht reibungslos bewerkstelligen. Mehr als ein Unternehmen, dem über Nacht die Regierungsaufträge entzogen wurden, fand sich in scharfem Konkurrenzkampf wieder und mußte die gesamte Belegschaft oder wenigstens einen Teil davon entlassen; darüber hinaus taten sich viele Kriegsheimkehrer schwer, eine neue Arbeit zu finden. Das Ungleichgewicht des französischen Staatshaushalts und die Unterbewertung des Franc erzeugten inflationäre Tendenzen, die die Lebensmittelpreise (auch für Grundnahrungsmittel) in die Höhe trieben; darunter litten die meisten Franzosen. Die zeitgenössische Presse wurde nicht müde, über das Thema der teuren Lebenshaltung zu berichten. Im Vergleich zur unmittelbaren Vorkriegszeit (Index: 100) schnellte der Preisindex im Oktober 1919 auf 412. Die von der Regierung festgesetzten Gehälter hielten mit dieser Preisentwicklung nicht Schritt; hinsichtlich ihrer Kaufkraft lagen sie durchschnittlich um 15 Prozent unter ihrem Wert von 1914. Die Bezieher gleichbleibender Einkünfte, besonders die Rentner, litten schwer unter der Inflation. Im Herbst 1917 und im Frühjahr 1918 wurde besonders in der Gegend von Paris und an der Loire ein Teil der Rüstungsbetriebe bestreikt; diese Streiks bedrohten für kurze Zeit sogar den Nachschub für die kämpfende Truppe. Die Bewegung lebte in den ersten Monaten des Jahres 1919 in vermehrtem Umfang wieder auf, besonders in jenen Branchen, in denen Arbeitskämpfe eine lange Tradition hatten: bei den Eisenbahnern, Bergleuten und Metallarbeitern.

Die Gewerkschaften, die der Kriegsdienst hart getroffen hatte, erwachten aus ihrer Lethargie und machten wieder mobil. Es gelang ihnen rasch, das Vertrauen der Arbeitnehmer wiederzugewinnen. Der CGT

(Confédération Générale du Travail) strömten so viele Sympathisanten zu, daß ihre Mitgliederzahl den Vorkriegsstand übertraf – sie bewegte sich um die Millionengrenze. Außerdem litt Frankreich auch unter den Nachwirkungen der sozialen und politischen Krise, die ganz Europa erschütterte. Die Arbeitsbewegung knüpfte die im Kriege abgerissenen Fäden zum Ausland neu. Ihr prinzipieller Internationalismus und ihre innere Solidarität mit den Arbeitern anderer Länder ermöglichten es ihnen, mit ihren ausländischen Kollegen in Kontakt zu treten. Nun gärte es bekanntlich im Jahre 1919 bei allen europäischen Völkern – die russische Revolution übte einen machtvollen Einfluß besonders auf die besiegten Völker aus, die einer doppelten – einer moralischen wie sozialen – Krise ausgesetzt waren. Im Januar 1919 lieferten sich in Berlin Spartakisten und Freikorps Straßenkämpfe. In München hatte Kurt Eisner die Räterepublik ausgerufen, und in Ungarn triumphierte die Revolution hundert Tage lang, bevor sie von den Truppen Admiral Horthys niedergekämpft wurde. Sogar Großbritannien, wo die Navy meuterte, entrann dem Strudel nicht.

Der Zustrom jüngerer Elemente in die Gewerkschaften, die, ungeduldig und in gewerkschaftlicher Arbeit unerfahren, ihre Forderungen auf der Stelle durchsetzen wollten, veränderte das Kräfteverhältnis zwischen den verschiedenen Strömungen und ließ die Auseinandersetzungen über den Kurs wiederaufleben, den die Führer der Arbeiterschaft bei Kriegsbeginn eingeschlagen hatten. Hatten sie richtig gehandelt, als sie sich der *Union sacrée* anschlossen? Nach dem Krieg warf man ihnen häufig vor, die Arbeiterklasse damals verraten und der Bourgeoisie in die Hände gespielt zu haben, wobei man sich allerdings an die Stimmung jener Augusttage des Jahre 1914 nicht mehr erinnerte. Außerdem warfen die neuen Gewerkschafter ihren altgedienten Kollegen vor, eine Politik der Zusammenarbeit zwischen den Klassen betrieben und damit die proletarische Solidarität geopfert zu haben. Der Syndikalismus knüpfte an seine revolutionären Neigungen wieder an, und ähnliches ließ sich auch bei der SFIO feststellen. Auch dort hatten sich die bisherigen Machtverhältnisse schon vor dem Sieg in ihr Gegenteil verkehrt, als die Parteileitung in die Hände von Pazifisten übergegangen war. Auch wenn sich nicht alle Sozialisten der im März 1919 von bolschewistischer Seite gegründeten III. Internationale anschließen wollten, so verurteilten sie doch einstimmig die französische Intervention gegen die Sowjets. Nicht alle Syndikalisten oder Sozialisten unterstützten die Thesen des revolutionären Defätismus und des Marxismus-Leninismus, aber die meisten von ihnen entwickelten zur russischen Revolution ein positives Verhältnis und hielten ihren Erfolg in bezug auf das Fortkommen der Menschheit für wichtig.

Das Zusammenwirken dieser Umstände und Zielsetzungen erfüllte die Forderungen der französischen Sozialisten mit geradezu explosiver Gewalt; sie brach sich in den Arbeitskämpfen des Frühjahrs 1919, die das Land erschütterten, Bahn und erklärte die revolutionären Erscheinungsformen dieser Kämpfe. Um sie einzudämmen, verfolgte die Regierung Clemenceau gleichzeitig zwei Ziele: Zunächst versuchte sie, gewisse Forderungen der Arbeiter dadurch zu befriedigen, daß sie die Folgen der Teuerung zu mildern suchte und Tarifvereinbarungen anerkannte. Vor allem gab sie einer alten Forderung der Arbeiterbewegung nach, für die sich die CGT bereits 1906, in der Amtszeit des ersten Kabinetts Clemenceau, eingesetzt hatte, nämlich der nach Begrenzung der täglichen Arbeitszeit auf acht Stunden. Dabei setzte sich Clemenceau über die Beschwerden der Arbeitgeber hinweg, die für die Herstellungskosten ihrer Produkte fürchteten. Im April 1919 setzte er den Achtstundentag dank seiner Mehrheit in der Kammer durch.

Gleichzeitig aber leitete er vorsorglich Ordnungsmaßnahmen beim Herannahen des 1. Mai ein, den die CGT in eine Demonstration der gewerkschaftlichen Macht und der Kampfkraft der Arbeiterschaft umfunktionieren wollte. Damals besaß dieser Tag noch eine quasi revolutionäre Bedeutung. Er war kein Feiertag: Jede Arbeitsniederlegung wurde von Arbeitnehmern wie Arbeitgebern als Herausforderung interpretiert. Am 1. Mai kam es häufig zu gewalttätigen Ausschreitungen zwischen Streikenden und Streikbrechern, Demonstranten und Ordnungskräften. Deshalb ließ Clemenceau 1919 vor diesem schicksalsträchtigen Tag jede Art von öffentlicher Kundgebung verbieten und versetzte alle Ordnungskräfte in Alarmzustand. Die Demonstrationen fanden trotzdem statt und wurden energisch unterdrückt, wobei es sogar Tote gab. Ein Teil der Franzosen glaubte, von der Ähnlichkeit mit den sozialen Krisen und Ausbrüchen in anderen Ländern beeindruckt, an den unmittelbar bevorstehenden Ausbruch einer Revolution im eigenen Land, die das soziale Gefüge, die staatlichen Einrichtungen und die gesamte Zivilisation schlechthin bedrohte. Sie hatten darin nicht ganz unrecht; ein Teil der extremen Linken glaubte tatsächlich, daß nun der Zeitpunkt zum Handeln gekommen sei, weil sich die Situation in ihren Augen in typisch revolutionärer Weise entwickelt hatte. Die Lage ließ jede – auch widersprüchliche – Folgen zu und wirft ein Licht auf die Entwicklung der französischen Innenpolitik und vor allem die Ergebnisse der ersten Wahlen nach dem Krieg.

DIE RÜCKKEHR ZUM POLITISCHEN ALLTAG UND DIE WAHLEN

Der Krieg hatte sämtliche Regeln des politischen Lebens außer Kraft gesetzt und mithin auch die Abhaltung von Wahlen verhindert. Die Abgeordnetenkammer war im April/Mai 1914 zum letzten Mal gewählt worden, ihr Mandat wäre folglich im Frühjahr 1918 abgelaufen; infolge der Kriegswirren hatte es sich aber verlängert. Der Waffenstillstand brachte keine sofortige Wiederherstellung der Grundlagen eines normalen politischen Lebens: Der Belagerungszustand wurde beibehalten; die Soldaten als künftige Wähler wurden nur nach und nach entlassen, so daß sich die Rückkehr zum üblichen politischen Leben bis zum Herbst 1919 hinauszögerte. Infolgedessen bestand nahezu ein Jahr lang ein Schwebezustand zwischen Krieg und Frieden.

Vor der Abhaltung von Wahlen mußten jedoch noch zwei grundsätzliche Fragen gelöst werden: Die eine betraf das voraussichtliche Datum der Wahlgänge und die andere ihren Modus. Sämtliche Repräsentativorgane mußten neu gewählt werden, sowohl auf lokaler wie auf regionaler Ebene, denn sie alle hatten mittlerweile die im Gesetz vorgesehene Amtsperiode überschritten. Die Frage war nun, ob man mit den Wahlen zum Gemeinderat, also an der Basis, beginnen und danach die gesetzgebenden Körperschaften wählen sollte oder umgekehrt. Die Regierung entschied sich für die zweite Möglichkeit und legte einen äußerst engen Zeitrahmen für die Wahlen vor: Am 16. November sollten die Abgeordneten der Kammer, am 30. November beziehungsweise 7. Dezember die Gemeinderäte aller Kommunen, am 14. und 21. Dezember schließlich die Generalräte in den Departements und Arrondissements gewählt werden. Innerhalb von sechs Wochen wurden die Franzosen also fünfmal zur Urne gerufen! Für den 14. Januar 1920 schließlich standen zwei Drittel der Senatoren zur Neuwahl an. Unter der Voraussetzung, daß sich dieser Zeitplan einhalten ließ, konnten die frisch gekürten Abgeordneten und Senatoren gerade rechtzeitig den künftigen französischen Staatspräsidenten wählen, wenn die siebenjährige Amtszeit des im Januar 1913 gewählten Raymond Poincaré ablief.

Die zweite Frage betraf den Modus der Wahlen. Seit 1889 hatten die Wähler ihre Kandidaten siebenmal hintereinander mit einfacher Mehrheit aus der Wahlliste des Arrondissements gekürt. Diesem Verfahren hatten sich die Republikaner, die traditionellerweise eher die Wahl auf Departementsebene bevorzugten, seit der Krise des Boulangismus angeschlossen; damals hatten sie nämlich die Risiken der Departementsliste erkannt. Dennoch wurde das Wahlverfahren seit Beginn des Jahrhunderts von rechts und links hart kritisiert. Die Sozialisten bemängelten, daß es den Wählerwillen verzerre und neue Gruppierungen benachteilige. Für die Rechte genügte allein schon die Tatsache, daß sich die Radikalsozialisten daran gebunden fühlten, um es zu bekämpfen. Beide gemeinsam aber beklagten die Abhängigkeit, in die es den Kandidaten von seinen Wählern stellte und die daraus resultierende Gefahr von Demagogie und eines wahltaktischen Opportunismus. Schon im Jahr 1911 hatte Aristide Briand in Périgueux die »stehenden Gewässer« angeprangert und ein Wahlrecht gefordert, das die Interessengegensätze mildern, die Erneuerung des politischen Lebens begünstigen und die Beziehungen zwischen den Abgeordneten und ihren Wählern auf eine neue moralische Grundlage stellen sollte. Weite Kreise verlangten die Einführung des Verhältniswahlrechts. Sie wollten einen Wettbewerb der politischen Ideen und nicht die interessengebundene Wahlliste. Der Bürger sollte sich mehr für ein politisches Programm entscheiden als für einzelne Personen oder Forderungen. Da der Krieg wie jeder Krieg den zwar nur vorübergehenden, aber aufrichtigen Wunsch nach Neuerungen hervorrief, gewann die Frage des Verhältniswahlrechts im Jahre 1919 noch zusätzlich an Bedeutung. Die Initiative für die Durchsetzung der Verhältniswahl kam aber nicht von der Regierung, die in dieser Frage keinerlei Stellung bezog. Sie hielt sich streng an die republikanische Doktrin, daß sich die Kammer, von niemand beeinflußt, selbst die Regeln ihrer Wahl wie ihrer Arbeitsweise geben sollte.

Das Wahlgesetz wurde am 12. Juli 1919, zwei Tage vor der großen

Siegesfeier, verabschiedet; dabei stand der Wahltermin noch gar nicht fest. Das Gesetz führte ein Wahlverfahren ein, das das Prinzip der Verhältniswahl mit dem entgegengesetzten Grundsatz der Mehrheitswahl vereinte, indem es eine Art Prämie auf absolute Mehrheiten aussetzte. Kein Wunder, daß es die Verfassungsdogmatiker verächtlich als »Zwitter- oder Bastardgesetz« abqualifizierten. Es sah vor, daß die Wähler eines Departements oder eines kleineren Wahlkreises in den acht am dichtesten bevölkerten Departements, wo mindestens sechs Sitze zur Auswahl standen, nach Listen abstimmten, die nicht vollständig zu sein brauchten. Die Gesamtzahl der Sitze sollte im Verhältnis der gewonnenen Stimmen unter ihnen aufgeteilt werden – dies die Anwendung des Verhältniswahlrechts –, allerdings mit einer wichtigen Ausnahme: Erreichte eine Liste die absolute Mehrheit der Stimmen, so fielen ihr sämtliche Sitze zu. Diese Bestimmung wies den Weg zur Neugruppierung der politischen Parteien, weil sie Wahlbündnisse begünstigte, die über eine breite Basis verfügten.

Gerade wegen der Verbindung von Wahlmechanik und dem Wunsch nach politischer Erneuerung trug die Wahlrechtsänderung zu einer Neuverteilung der politischen Kräfte und zur Umbildung der Parteibündnisse bei. Die Initiative kam von der *Alliance républicaine démocratique,* deren Republikanismus über jeden Verdacht erhaben war. In ihr hatten sich 1901 die Erben Gambettas, die fortschrittlichen Republikaner, zusammengeschlossen, die seinerzeit den Entschluß gefaßt hatten, keine Feinde auf der Linken zu haben. Ihr Vorsitzender war Adolphe Carnot, der aus einer der großen republikanischen Dynastien stammte, die auch Männer wie Lazare (1753–1823), Hippolyte (1801–1888) und Sadi Carnot (1837–1894) hervorgebracht hatte. Carnot warb im Namen seiner Partei, die inzwischen in Richtung Zentrum gerückt war, für eine gemeinsame Wahlplattform all jener Kräfte, die die republikanische Staatsform ohne Hintergedanken akzeptierten und den Laizismus aufrichtig unterstützten, aber gleichzeitig alles Sektierertum bei seiner Anwendung verabscheuten. Er wandte sich auch an jene, die eine Neuauflage der *Union sacrée* befürworteten und einen Damm gegen die bolschewistische Gefahr errichten wollten. Damit beseitigte er die Barriere, die jeden Konservativen von der Macht fernhielt und den Zugang zu ihr eifersüchtigerweise ausschließlich den Gründern der republikanischen Partei vorbehielt. Das Angebot wurde von der Mehrheit der bisherigen Rechten akzeptiert. Sie hatten inzwischen auf jeden Gedanken an eine monarchische Restauration verzichtet; auch für sie hatten die Zeit und mehr noch der Sieg die Republik als Staatsform legitimiert, indem er einen ihrer wichtigsten Einwände widerlegte: Die Nationalisten hatten, wie Charles Maurras in seiner Schrift »Kiel und Tanger« ausführte, den Parlamentarismus bis dahin für unfähig gehalten, eine entschlossene Außenpolitik und erst recht einen Krieg zu führen. Mehr als ein Angehöriger der Linken, der diese Ansicht teilte, fand in diesem Buch einen weiteren Grund, den Frieden zu wünschen. Gleichsam als Beweis dieser These steht der Titel des Buches aus der Feder des Sozialisten Marcel Sembat: »Schließen Sie Frieden oder wählen Sie einen König«. Da nun die Republik gerade dort triumphiert hatte, wo das Zweite Kaiserreich zerbrochen war, hatten Krieg und Sieg die Haltlosigkeit des nationalistischen Vorurteils erwiesen, wonach ein Krieg erfolgreich nur von einem autoritären Regime geführt werden könne; denn nicht die parlamentarisch geführte Republik war zusammengebrochen, sondern das Deutsche Kaiserreich; die parlamentarische Republik hatte den größten aller Kriege gewonnen! Dieses Fazit überzeugte die meisten Nationalisten; sie sahen nun keinen Grund mehr, der Republik ihre Loyalität zu verweigern.

Die Sammlungsbewegung, die sich nach dem Appell Adolphe Carnots abzeichnete, war ziemlich weit gespannt. Sie reichte vom konservativen Flügel des republikanischen Lagers bis zu einem Teil der Radikalsozialisten. Sie knüpfte an jenen großen Zentrumsblock an, der von 1893 bis 1898 regiert hatte, womit der seit der Dreyfus-Affäre offene Konflikt zwischen den beiden progressiven Fraktionen wieder beigelegt wurde. Sie bedeutete zugleich auch die Vollendung der seinerzeit von Papst Leo XIII. propagierten Annäherung des politischen Katholizismus an die Politik *(Ralliement):* Da die »Demokratische Allianz» *(Alliance démocratique)* die Gesetze zur Säkularisierung von Staat und Gesellschaft zwar nicht antastete, aber großzügig zu handhaben versprach, stand der Annäherung zwischen Katholiken und Republikanern sowie dem Anschluß von Politikern der Rechten, die nicht von einer Beseitigung der 1789 entstandenen Gesellschaftsordnung träumten, an die Regierungsmacht nichts mehr im Wege. Der »Nationale Block«, so die spätere Bezeichnung dieser Sammlungsbewegung, verweigerte sich nur der äußersten Rechten, die sich in der *Action française* zusammengeschlossen hatten. Nach links war die Grenze weniger klar gezogen. Die Sozialisten – seit

1917 in der Opposition – lagen sicherlich jenseits dieser Linie. Die Radikalsozialisten zersplitterten ihre Kräfte; sie fühlten sich zwischen ihrer Neigung nach links und ihrer Zugehörigkeit zu einer Mehrheit hin- und hergerissen, die sie mitgetragen hatten und die ein Mann führte, der einst einer der Ihrigen gewesen war. Außerdem machte sich in ihren Reihen eine hartnäckige Strömung breit, die davon träumte, den Radikalsozialismus durch die Rückbesinnung auf seine Grundlagen neu zu beleben. An ihrer Spitze stand Édouard Herriot, der im September 1919 die Leitung der Gesamtpartei übernommen hatte, und die Annäherungsversuche der *Alliance démocratique* zurückwies. Dennoch beteiligten sich einzelne Radikalsozialisten an den Wahlbündnissen des »Nationalen Blocks«. Die genaue Bezeichnung der Koalition lautete *Bloc républicain national* (»Nationalrepublikanischer Block«). Sie führte somit einen Namen, der für sich allein genommen schon ein ganzes Programm darstellte. Die Vokabel »Block« kam aus der Geschichte der Linken. Vor 1914 verstand man darunter die Koalition der Linksparteien, die unter Führung von Pierre Waldeck-Rousseau und Émile Combes die republikanische Ordnung verteidigt hatten. Die Besetzung des »Block«-Begriffs durch den republikanisch konservativen Flügel erwies sich zweifelsohne als geschickter Schachzug, denn er raubte seinen weiter links angesiedelten Gegnern eine traditionsreiche Bezeichnung; im weiteren Sinn signalisierte er vor allem den Willen, den »Nationalen Block« in eine demokratische Tradition zu stellen. Im Alltagsgebrauch verschwand das Attribut »republikanisch« relativ rasch, was um so seltsamer war, als es die Intentionen seiner führenden Köpfe verletzte, die ausdrücklich den Anschluß der gemäßigten Rechten an die Republik dokumentieren wollten. Das Wort »national« unterstrich das langsame Hinübergleiten des Nationalgedankens vom linken in das rechte Lager. Es nahm schon bei der Gründung des »Blocks« seine zukünftige Inbeschlagnahme durch die Rechtsparteien vorweg, wie sich bei der »Nationalen Union« 1926 deutlich zeigen sollte. Im Jahr 1919 umfaßte der »Block« jedoch noch eine Koalition, deren Achse sich zwar deutlich nach rechts verschoben hatte, aber noch nicht rechtskonservativ geworden war. Deshalb wäre es falsch, den Wahlerfolg des »Nationalen Blocks« als Revanche des rechten Lagers am linken zu werten. Es handelte sich vielmehr um die Fortsetzung der *Union sacrée* aus dem Jahre 1914, deren Kern die Zeitumstände überlebt, aber sich inzwischen von seinem linken Rand getrennt hatte und einigermaßen geschrumpft war. Urteilt man nach den Wahlergebnissen, so war die Erinnerung an die »Union« in den Köpfen der Wähler offenbar viel lebendiger geblieben als in den Hirnen der Parteistrategen.

Selbst wenn diese Wahl am 16. November 1919 eindeutig entschieden wurde, so ist ihre Bedeutung doch nicht so leicht festzustellen. Hinzu kommt, daß sie im Gegensatz zu anderen Wahlgängen auf nationaler Ebene bisher nicht gründlich analysiert wurde, obwohl sie es durchaus verdient hätte. Es gab damals auch keine Stichwahl (zweiter Wahlgang), was das nachträgliche Erkennen des Wählerwillens auch nicht gerade erleichtert.

Der parteipolitische Facettenreichtum zeigte sich an den Kandidatenlisten: Auf einigen erschienen die Namen von Radikalen, auf anderen nicht; manche umfaßten ausschließlich Kandidaten traditionell republikanischer Provenienz, während andere den alten Graben zwischen rechts und links beseitigten. Das läßt Verallgemeinerungen gewagt erscheinen und macht Vergleiche problematisch. Der Anteil der Stimmenthaltungen wird mit etwa 30 Prozent wahrscheinlich zu hoch angesetzt; man griff auf die alten Wählerlisten zurück, ohne sie den einschneidenden demographischen Veränderungen anzupassen. Dennoch darf als gesichert gelten, daß der Anteil der Stimmenthaltungen das normale Maß bei weitem überstieg. Vielleicht drückte sich darin das Desinteresse der Bevölkerung an Rededuellen und Problemen aus, die sich neben der soeben überstandenen Heimsuchung eher läppisch ausnahmen. Möglicherweise aber war auch der Antiparlamentarismus als zweite Natur im politischen Wesen der Franzosen wieder erwacht, neu belebt durch die Verachtung der einstigen Kämpfer für die »zivilen Drückeberger«, den Widerwillen der Front gegen die Etappe.

Das Durchschnittsalter der Wähler lag so hoch wie bei keiner anderen Wahl in der ganzen Geschichte der Dritten Republik. Es war von 42 auf 45 Jahre gestiegen, und der Prozentsatz der unter Fünfundzwanzigjährigen war um einen Punkt von 12,5 Prozent auf 11,5 Prozent zurückgegangen; schließlich waren mehr als 1,4 Millionen Jungwähler an der Front gefallen.

Die SFIO trat bei dieser Wahl auf der Stelle. Ihr Zuwachs von 300 000 Stimmen (1,4 Millionen im Jahr 1914) im Jahr 1919 kam letztlich nur durch die sozialdemokratische Wählerschaft im Elsaß zustande; außerdem verdankte er sich dem Umstand, daß die Wahlen zur Abgeordnetenkammer auf der Ebene von Departements und nicht im Rahmen der (kleineren) Arrondissements abgehalten wurden. Da sie dort überall vertreten war, flossen ihr Stimmen zu, die sie sonst nicht bekommen hätte. Die Kandidaten der Radikalsozialisten oder der unabhängigen Sozialisten brachten es auf insgesamt 1,8 Millionen Stimmen; die gesamte Linke erreichte so etwa 3,5 Millionen Stimmen.

Demgegenüber vereinigten die Kandidaten des »Nationalen Blocks« annähernd 4,3 Millionen Stimmen auf sich, deren genaue Aufteilung zwischen den Konservativen, dem Zentrum und den Radikalsozialisten sich jedoch nur schwer ermitteln läßt. Fest steht nur, daß sich die Trennlinie zwischen den beiden Lagern nach links verschoben hatte – so erschien zum Beispiel ein Mann wie Marc Sangnier, der Gründer der reformkatholischen Zeitschrift »Sillon« auf der Liste des Nationalen Blocks –, und fest steht auch die Umkehrung des bisherigen Kräfteverhältnisses zugunsten der Rechtskoalition, die jetzt ungefähr um etwa 800 000 Stimmen (ungefähr 10 Prozent) vor der eigentlichen Linkskoalition lag. Eine vergleichbare Entwicklung hatte es seit vierzig Jahren nicht mehr gegeben, so daß die neue Sitzverteilung der Kammer eindeutig zu den Veränderungen gerechnet werden muß, die der Krieg ausgelöst hatte.

Aufgrund des Wahlmodus setzte sich dieser Stimmenvorsprung in ein noch größeres Übergewicht an Sitzen um. Der Nationale Block erreichte dank der politischen Spannweite seiner Kandidatenlisten in mehreren Departements die absolute Mehrheit der Stimmen und gewann nach dem neuen Wahlgesetz folglich sämtliche Sitze. Dies sicherte ihm allein schon 60 Mandate, so daß er bei etwas mehr als 55 Prozent der Wählerstimmen nahezu 70 Prozent der Sitze erhielt: In der neuen Kammer zählte er etwa 400 Abgeordnete gegenüber der auf die Zahl von 68 geschrumpften Gruppe der Sozialisten.

Die Abgeordnetenkammer hatte sich nicht nur hinsichtlich der Sitzverteilung gründlich verändert, sondern auch in ihrer personellen Zusammensetzung. Die fünfeinhalb Jahre, die seit der Wahl von 1914 verstrichen waren, die Umwälzungen des Krieges, die Änderung des Wahlrechts und der allgemeine Wunsch nach politischer Erneuerung hatten die Verdrängung eines Teils der früheren Abgeordnetenschaft und das Erscheinen neuer Parlamentarier begünstigt; etwa drei Fünftel von ihnen hatten noch nie ein parlamentarisches Mandat bekleidet. Auch das muß als eine der entscheidendsten Veränderungen in der Geschichte des französischen Parlamentarismus gelten. Die meisten der neuen Abgeordneten hatten im Krieg gekämpft und verbreiteten in dem ehrwürdigen Halbrund einen Hauch des ehemaligen Kampfgeists. Darüber hinaus erschienen die meisten von ihnen in Uniform zu den Sitzungen, weshalb man die neue Kammer bald *La Chambre bleu horizon* nannte.

Die anschließenden Kommunal- und Arrondissementswahlen bewiesen rasch, daß der Sieg des Nationalen Blocks keine Revanche der Rechten bedeutet hatte, denn die Wähler entschieden sich auf dieser Ebene eindeutig für radikalsozialistische Kandidaten. Zum Teil, weil sie Platzvorteile genossen, zum Teil wahrscheinlich aber auch, weil die Mehrheit der Wähler die demokratischen Errungenschaften der Vorkriegszeit nicht rückgängig machen wollte. In den Vororten der Industriestädte verzeichneten die Sozialisten beachtliche Fortschritte. Es sollte nicht das letzte Mal gewesen sein, daß die Wähler, anstelle eines regelmäßigen Machtwechsels zwischen rechts und links, auf eine originelle Weise die Balance zwischen den beiden Lagern herstellten.

Die Senatswähler blieben, da sie für die Strömungen der politischen Meinungsbildung weniger empfänglich waren, in ihrer Mehrheit nach links orientiert, und die turnusmäßige Erneuerung der zweiten Kammer (übrigens die umfassendste ihrer Geschichte, weil sie zwei Drittel aller Departements betraf) kostete die Radikalsozialisten nur etwa zwanzig Sitze. Das reichte nicht aus, um ihre Vorherrschaft zu brechen; während der Legislaturperiode von 1919 bis 1924 blieb der Senat stärker links orientiert als die Kammer.

Die letzte Etappe der Erneuerung aller politischen Instanzen nach dem Ersten Weltkrieg bildete die Wahl des Staatspräsidenten. Die Amtszeit Raymond Poincarés lief im Januar 1920 aus, denn er stellte sich für ein zweites Septennat nicht mehr zur Verfügung. Alles schien darauf hinzudeuten, daß ihm der seit zwei Jahren regierende Georges Clemenceau im Amt nachfolgen würde. Er hätte damit seine mehr als fünfzigjährige Karriere gekrönt und darin den verdienten Lohn für seinen Anteil am Sieg gefunden. Außerdem verfügte der Ministerpräsident zu diesem Zeitpunkt über ein unvergleichliches Prestige in der Bevölkerung und eine geradezu erdrückende moralische Autorität. Hätte man den Staatschef damals durch Volkswahl ermittelt, hätte er mit ziemlicher Sicherheit ein überwältigendes Plebiszit zu seinen Gunsten verbucht. Aber gerade davor schreckten die Parlamentarier aller politischen Richtungen zurück: Sie wollten keine derart populäre Persönlichkeit an der Spitze der Republik. Sie ertrugen nur schwer Clemenceaus Autorität, die sie unter dem Druck der Umstände und der öffentlichen Meinung erdulden mußten. Deshalb war die Gelegenheit zu verführerisch, dieser Art von Diktatur ein Ende zu setzen und die politische Herrschaft wieder vollständig in die Hände der beiden Kammern zu legen. Mehrere Persönlichkeiten des parlamentarischen Lebens, unter ihnen Aristide Briand, die die Leitung der Regierungsgeschäfte für sich reklamierten und genau wußten, daß sie ihnen ein Staatspräsident Clemenceau glatt verweigern würde, stachelten den Widerstand der Abgeordneten an. Sie trafen dort auf offene Ohren, denn die Sozialisten hatten den »Tiger« schon seit der Zeit bekämpft, als ihm Jean Jaurès entgegengetreten war. Die extreme Linke fürchtete seine Herrschsucht, und die Katholiken dachten mit Schrecken an die Möglichkeit eines Staatsbegräbnisses ohne christliche Riten, wenn er etwa im Amt sterben sollte. In der Probeabstimmung der Kammer am 16. Januar 1920 erhielt deshalb Paul Deschanel, seines Zeichens Kammerpräsident und ein gewandter Redner, den Vorzug. Er verfügte zwar über keinerlei Erfahrung in der Führung eines Ministeriums, aber dieser Mangel wurde durch die Zusicherungen mehr als aufgehoben, die er der Rechten gegeben hatte. Er bekam deshalb etwa zwanzig Stimmen mehr als Clemenceau, der daraufhin seine Kandidatur sofort zurückzog. Am 17. Januar 1920 wurde Deschanel mit einer der größten Mehrheiten gewählt, die je ein Kandidat für das Amt des Staatspräsidenten erhalten hat.

So rächten sich die Abgeordneten auf ihre Weise an Georges Clemenceau, dem es nicht anders erging als vor ihm Jules Ferry im Jahre 1887, Pierre Waldeck-Rousseau 1895 und wie es Léon Gambetta wahrscheinlich auch ergangen wäre. Die Mehrheit wollte einen Mann aus ihrer Mitte, der ihre politische Vormacht nicht antastete. Dabei konnte sie allerdings nicht ahnen, daß Deschanel sein Amt aus gesundheitlichen Gründen bereits nach einigen Monaten wieder zur Verfügung stellen mußte. So also endete die »Republik Clemenceaus«!

Gekränkt über diesen Affront, der ihn bei seiner Menschenverachtung nicht überraschen konnte und zweifellos nur in seiner Geringschätzung bestätigte, die er den Menschen im allgemeinen und seinen Kollegen im besonderen entgegenbrachte, trat Clemenceau zurück. Er wartete nicht einmal das Ende der Amtszeit seines Intimfeindes Poincaré ab, der, dem ungeschriebenen Gesetz des Parlamentarismus folgend, den Führer der Mehrheit, der bereits über ein festes politisches Programm verfügte, zum Nachfolger Clemenceaus berief; es handelte sich um Alexandre Millerand. Clemenceau zog sich in seine Heimatprovinz Vendée zurück und hüllte sich seinem Charakter entsprechend in hochmütiges Schweigen. Unversöhnt starb er zehn Jahre nach seinem Rücktritt und nur wenige Monate nach Marschall Foch.

Frankreich vergaß ihn nicht. Erstaunlicherweise war dieser Mann, der in seiner aktiven politischen Laufbahn zu den bestgehaßten Politikern zählte und unauslöschlichen Haß provoziert hatte, einer der wenigen Staatsmänner, deren Person und politisches Wirken posthum eine Art nationalen Konsens stifteten und ins nationale Pantheon eingingen. Noch heute legen viele Franzosen am 11. November ehrfürchtig Blumen an seiner Statue auf den Champs Élysées nieder. Die Verehrung für sein Wirken und die Konsequenzen seiner Politik überdauerten auch seinen Rücktritt und Tod. Einige Politiker wie Jules Jeanneney und Georges Mandel, die von 1917 bis 1920 eng mit zusammengearbeitet hatten, blieben seinen Lehren treu. Ihr Ansehen gründete sich auf die Fortführung der politischen Methoden und Ziele, die man vom »Vater des Sieges« kannte. Jeanneney und Mandel personifizierten im Auf und Ab der folgenden Jahre eine Linie, die sich durch unbeugsamen Patriotismus, Staatsbewußtsein, Souveränität über dem Parteienhader und die Verweigerung jeglicher Konzessionen auszeichnete. Sie erkannten als erste die Gefahr, die von Hitler ausging; kein Wunder also, wenn sie sich in die Front der entschlossenen Gegner des Münchner Abkommens einreihten. Georges Mandel bezahlte die Treue zu seinem politischen Ziehvater 1944 mit dem Leben. Jules Jeanneney hingegen überlebte im Stab Charles de Gaulles. Er stellte die Kontinuität zwischen dem Chef des französischen Widerstandes im Zweiten Weltkrieg und dem Mann her, der 1917 sein »Ich führe Krieg« zum politischen Programm erhoben hatte.

Noch heute wirkt das Beispiel Clemenceau auch in anderer Weise im politischen Leben Frankreichs nach: Die Rolle, die er in fortgeschrittenem Alter spielte, bestärkte die Franzosen in ihrer Neigung, in Zeiten des nationalen Notstands nach dem »grand old man« in der Politik zu rufen. Diese Tradition hatte einst mit Adolphe Thiers 1871 begonnen, und Clemenceau zeichnete den Weg François Poincarés 1926 über Gaston Doumergue 1934, Marschall Pétain im Jahre 1940 bis zu General de Gaulle im Jahre 1958 vor. Er förderte die Bereitschaft, einem Manne Vertrauen zu schenken, der reich war an Jahren und Erfahrung und den sein fortgeschrittenes Alter nach allgemeinem Urteil vor selbstsüchtigem Ehrgeiz bewahrte. Nach ihm richtete sich die Aufmerksamkeit der Öffentlichkeit immer wieder auf einen Politiker, von dem sie hoffte, in ihm den Mann wiederzuentdecken, dessen sie dankbar gedachte, weil er Frankreich in den schwierigsten Zeiten des Ersten Weltkriegs vor der Verzweiflung bewahrt hatte: Die Welle des Vertrauens, die Edouard Daladier im Jahre 1938 entgegenschlug, verdankte er der Tatsache, daß die Franzosen glaubten, in ihm einen zweiten Clemenceau gefunden zu haben.

KAPITEL II

Der Nationale Block

DIE VERKANNTE LEGISLATIVE

Die Franzosen pflegen historische Epochen mit ungleichem Wohlwollen zu betrachten, und das ist ihnen oft nicht einmal bewußt. Dabei fällt ihr Urteil über die unmittelbare Nachkriegszeit nicht besonders günstig aus. Die Jahre von 1920 bis 1925 gelten ihnen allgemein als besonders frivol – ein Vorurteil, das sich bis heute hartnäckig gehalten hat. Sie blieben in der Rückschau als »verrückte Jahre« haften. Der Begriff geht auf einige Schriftsteller zurück, und das Kino hatte ihn populär gemacht. Man sollte sich allerdings hüten, ihn wörtlich zu nehmen. Es ist zwar unbestritten, daß Paris damals in einer gewissen schöpferischen Unruhe lebte, die manchmal exzentrische Formen annahm. Kein Zweifel auch, daß die *École de Paris* viele Maler und Schriftsteller auf den Montparnasse lockte, weil sie sonst nirgends Inspiration und den Geist des Neuen zu finden glaubten, und wenn es auch richtig ist, daß eine müßiggehende und begüterte Minderheit sich für die verlorenen Jahre schadlos halten wollte, so charakterisieren dieser Lebenshunger und diese Extravaganz weder das Lebensgefühl noch das Verhalten der Masse des französischen Volkes.

Auch die Historiker beurteilen diese Nachkriegszeit nicht sehr günstig, obwohl sie normalerweise nicht dazu neigen, einen Zeitraum nach solchen Äußerlichkeiten zu wägen. Ihre Aufmerksamkeit richtet sich mehr auf die hohe Politik oder die Entwicklung des politischen Kräftespiels als auf Erscheinungsformen der Kunst oder die Veränderung der Sitten. Im Gegensatz zur Herrschaft des »Linkskartells« oder erst recht zu den Jahren 1934 bis 1936, die den Anstoß zu einer Fülle wissenschaftlicher Arbeiten gaben, hat man die Jahre nach dem Ersten Weltkrieg vernachlässigt. Bisher (Stand: 1988) fehlt jedenfalls eine gründliche Studie über die Legislaturperiode von 1919 bis 1924. In Historikerkreisen interessierte man sich für sie nur im Hinblick auf die deutsch-französischen Beziehungen oder im Zusammenhang mit ihren sozialen Konflikten.

Dieses überraschende Desinteresse hat mehrere Gründe: Zum einen unterscheiden sich Historiker grundsätzlich nicht von ihren Mitmenschen; auch sie interessieren die dramatischen Phasen und farbigen Episoden der Geschichte mehr als der historische Alltag.

Zum anderen ließen die politischen Kämpfe nach einer Phase heftiger Agitation zwischen 1919 und Mitte 1920 nach; ihr Höhepunkt fiel in das Frühjahr 1920. Die folgenden Jahre verliefen – politisch gesehen – relativ ruhig. Man sorgte sich um den inneren Frieden und suchte nach Lösungen, die breite Zustimmung fanden. Gerade aus diesem Grund interessierten sich die Historiker bisher vor allem für die parteipolitischen Extreme. So beschreiben sie auf der äußersten Linken vor allem die Spaltungstendenzen innerhalb der Arbeiterbewegung, das heißt die Trennung von Sozialisten und Kommunisten Ende 1920 in Tours und die Spaltung der Gewerkschaftsbewegung. Auf der äußersten Rechten wurde bisher der Entwicklung der *Action française* und dem französischen Nationalismus die größte Aufmerksamkeit gewidmet. Gewiß handelt es sich dabei um keineswegs unbedeutende Phänomene, aber sie sind doch weit davon entfernt, repräsentativ zu sein für das Denken und Handeln der Franzosen.

Die Regierungen dieser Zeit und die sie tragenden Mehrheiten in der Kammer litten ebenfalls unter der Diskrepanz zwischen den – etwas verrückt anmutenden – Hoffnungen weiter Kreise der Bevölkerung und der harten politischen Realität. Am Ende der entbehrungsreichen Kriegsjahre glaubte nämlich ganz Frankreich, ein besseres Leben verdient zu haben, und sehnte sich nach dem scheinbar leichten Leben der Vorkriegszeit zurück. Die meisten Franzosen rechneten fest mit dem pünktlichen Eintreffen der deutschen Reparationszahlungen, die sie von den notwendigsten Anstrengungen des Wiederaufbaus entlasten würden. Sie erwarteten von der Regierung und den Diplomaten, daß sie sie ein für allemal von den Greueln des Krieges befreien würden; aber die Realität fügte ihnen manche herbe Enttäuschung zu. Frankreich mußte feststellen, daß die Nachwehen des Krieges und die Schwierigkeiten des Alltags noch lange nicht vorüber waren und die Reparationszahlungen auf sich warten ließen. Am Ende der Legislatur des »Nationalen Blocks« kam Ministerpräsident Raymond Poincaré nicht einmal mehr um eine zwanzigprozentige Steuererhöhung herum, und die Alliierten erwiesen sich gegenüber den Forderungen Frankreichs als wenig zugänglich. Es ließ sich gar nicht vermeiden, daß die regierenden Staatsmänner die allgemeine Enttäuschung zu ertragen hatten und die Öffentlichkeit ihnen die Verantwortung in die Schuhe schob.

Schließlich kommt es auch häufig vor, daß Historiker aus Bequemlichkeit abschreiben und nicht selbst überprüfen. Deshalb nahmen viele unter ihnen genau das für bare Münze, was die linke Opposition der Regierung in ihren Wahlkampagnen vorwarf – und sie merkten es nicht einmal! Damit sehen wir sechzig Jahre später die Kabinette nach Clemenceau und das legislative Werk des »Nationalen Blocks« durch genau dieselbe Brille wie die damalige Linke. So entstand die Vorstellung, daß eine parlamentarische Mehrheit mit konservativen Neigungen die Kräfte des sozialen Fortschritts bekämpft, eine reaktionäre Politik betrieben und die historischen Gelegenheiten versäumt habe, Frankreich im Bereich der Beziehungen zwischen Arbeitgebern und Arbeitnehmern, in der Lenkung der Volkswirtschaft, in der Außenpolitik und besonders in den Beziehungen zur Weimarer Republik auf ein neues Gleis zu heben. Selbst wenn diese Anklagen zu einem Teil berechtigt sein mögen, so verdient diese Epoche doch Besseres als derartige Pauschalurteile. Vielleicht ist nun die Zeit gekommen, um solchen Simplifizierungen und Legenden eine wahrheitsgemäße Beurteilung entgegenzustellen.

EINE REPUBLIKANISCHE MEHRHEIT

Die Umstände, die zur Bildung des »Nationalen Blocks« führten, die Zusammensetzung seiner Kandidatenlisten, die Persönlichkeit und Herkunft seiner Führer, der Inhalt seines Wahlprogramms und vielleicht auch die Gründe, warum seine Politiker teilweise solche Stimmengewinne erzielten, verbieten es, diese Mehrheit einfach der Rechten zuzuordnen.

Von den Ministerpräsidenten des Nationalen Blocks entstammte keiner dem »Ralliement«. Alle hatten ihre politische Karriere in der republikanischen Partei begonnen und sich innerhalb des linken Lagers entfaltet. Zwei kamen sogar vom äußersten linken Flügel: Alexandre Millerand und Aristide Briand. Sonst aber bekleideten Radikalsozialisten in allen Regierungen des »Nationalen Blocks« sogenannte Schlüsselministerien, zum Beispiel stets das Innenministerium. Dort lösten die Minister Steeg, Maraud und Maunoury einander ab. Die Berufung Steegs hatte übrigens die scharfe Kritik der äußersten Rechten provoziert, das heißt jener Volksvertreter, die die Französische Revolution von 1789 noch immer nicht akzeptierten, und Millerand mußte sich höchstpersönlich für seine Ernennung zum Minister einsetzen.

Die verschiedenen Gruppierungen der Mehrheit waren innerhalb der Regierung nicht entsprechend ihrer numerischen Bedeutung vertreten. Ihr Gewicht wuchs in dem Maße, wie sie zur Mitte tendierten. Die mit 183 Abgeordneten stärkste Gruppe der *Entente républicaine démocratique* stellte nur einen bescheidenen Anteil an Kabinettsmitgliedern. Dieses Beispiel beweist, daß die konservativen Republikaner zwar die meisten Volksvertreter des »Nationalen Blocks« stellten, sich aber die eher linksgerichteten Kräfte innerhalb des »Blocks« die Machtpositionen zu sichern wußten.

Auch wäre es falsch, sich von dieser Kammer ein ähnliches Bild zu machen wie von jener des Jahres 1871; sie folgte weder reaktionären noch klerikalen Zielen und beseitigte kein einziges Gesetz aus der Zeit vor dem Krieg. Sie stellte auch kein Verfassungsorgan zur Disposition: Die republikanische Staatsform wurde von allen Parlamentariern bis auf eine kleine Gruppe auf der äußersten Rechten um Charles Maurras getragen, und diese Formation bezeichnete sich als »unabhängig«, weil das weniger kompromittierend klang als ein explizites Bekenntnis zur Monarchie. Insgesamt gesehen war dieser »Nationale Block« viel weniger konservativ als beispielsweise die Republikaner der Vereinigten Staaten von Amerika zur gleichen Zeit.

Die Institutionen funktionierten korrekt. Die Legislaturperiode erlebte nur vier Regierungschefs, von denen der erste – Alexandre Millerand – nur deshalb zurücktrat, weil er sich mit Erfolg um den Posten des Staatspräsidenten bewarb, der seit der Demission Paul Deschanels vakant geworden war. In einem Zeitraum von etwas weniger als vier Jahren provozierten die Abgeordneten nur zwei Regierungskrisen. Im Jahr 1921 verweigerten sie Georges Leygues ihr Vertrauen, weil sie ihm vorwarfen, die politische Initiative zu sehr dem Staatspräsidenten zu überlassen, und im Jahre 1924 ließen sie Raymond Poincaré wegen seiner Finanzpolitik einige Wochen vor Ablauf der Legislaturperiode im Stich. Kurz nach seinem Rücktritt bildete er jedoch sofort ein neues Kabinett. Zwischen diesen beiden Rücktritten regierte und demissionierte Aristide Briand, letzteres aber nur, um einem Mißtrauensvotum zuvorzukommen und mehr noch, weil er nicht mehr das Vertrauen des Staatspräsidenten genoß. Man kann also keineswegs von instabilen Regierungen sprechen.

Doch obgleich die Institutionen des Staates zufriedenstellend funktionierten, formierte sich in der Öffentlichkeit eine Strömung, welche die Vormachtstellung des Parlaments einschränken und die Autorität der Exekutive stärken wollte. Noch vor der Wahl der neuen Kammer hatte sich Clemenceau in einer aufsehenerregenden Rede am 4. November 1919 für Verfassungsänderungen eingesetzt, um jene Regierungsweise, die er selbst unter Ausnutzung der außergewöhnlichen Zeitumstände eingeführt hatte, institutionell verankern zu lassen.

Auch der designierte Ministerpräsident Millerand hatte sich in seiner Rede im Ba-Ta-Clan [Name eines bekannten Tanzcafés in Paris. Anm. d. Ü.] für einige Reformen ausgesprochen, die in die gleiche Richtung zielten, und sie in seiner Regierungserklärung im Januar 1920 wiederholt. Auch nach seiner Wahl zum Staatspräsidenten forderte er in einer Botschaft an die beiden Kammern abermals, »mit behutsamer Hand wünschenswerte Modifikationen an den Verfassungsgesetzen anzubringen«. Eine entsprechende Initiative kam nicht zustande; dennoch gelang es ihm wegen der blassen Amtsführung von Ministerpräsident Georges Leygues, eine aktive politische Rolle, namentlich in der Außenpolitik, zu spielen. Als Aristide Briand in London mit dem englischen Premierminister wegen der deutschen Reparationszahlungen verhandelte, leitete Millerand während seiner Abwesenheit den Ministerrat. Er mißbilligte die Konzessionen Briands an seinen englischen Gesprächspartner und schickte ihm ein in drohendem Ton gehaltenes Telegramm mit den Bedingungen, die für die Gewährung eines Reparationsmoratoriums in den Augen Frankreichs erfüllt werden mußten. Briand trat zurück. Weiter war Staatspräsident Mac-Mahon 1877 auch nicht gegangen – und hatte damit die Entrüstung der Republikaner erregt.

Warum aber blieb Millerands Einmischung ohne vergleichbare Reaktion? Der Unterschied erklärt sich vielleicht aus den verschiedenen Problembereichen: Mac-Mahon hatte seinerzeit die Schwäche der Regierung angesichts des antiklerikalen Feldzugs kritisiert, während das Recht der Präsidenten, zu außenpolitischen Fragen Stellung zu nehmen, weniger umstritten war. Vor allem aber war der Zeitgeist jeweils ein anderer: Millerand entsprach dem in der Bevölkerung weit verbreiteten und während des Krieges geprägten Wunsch nach einer starken Regierung. Die beabsichtigten Reformen kündigten eine Strömung an, die man in den dreißiger Jahren als »rationalen Parlamentarismus« umschrieb und die später in einem erweiterten Sinn die Grundlagen für die Verfassung von 1958 bilden sollte.

Aber das Pendel schlug in die andere Richtung aus. Schon zu Beginn der zwanziger Jahre konnte man einige der Fehlentwicklungen erahnen, die später die Arbeit der Verfassungsorgane schwer beeinträchtigen sollten, in erster Linie die permanent tagenden Kommissionen. Sie übten, wie Poincaré aufdeckte, einen übermächtigen Einfluß aus und stellten insofern ein gefährliches Gegengewicht dar. Zum andern war es der erstmalige Rückgriff – ausgerechnet von seiten Poincarés – auf die Praxis der *décrets-lois* (Dekrete mit Gesetzeskraft), welche die Gewaltenteilung durchkreuzte und schließlich die Regierungsform verändern sollte.

Mit Ausnahme einiger Doktrinäre, die sich mit den Prinzipien von 1789 noch immer nicht abgefunden hatten, wollte die Mehrheit der Kammer mit »weltanschaulichen« Streitigkeiten, wie wir sie nennen wollen, nichts mehr zu tun haben; sie zog es vor, Politik auf der Basis des Möglichen oder der »Realität«, eines damals häufig verwendeten Wortes, zu betreiben. Die Zeit des »Nationalen Blocks« kennzeichneten deshalb das Bemühen um Pragmatismus und der Wunsch nach Effizienz. Das zeigte sich vor allem im Respekt vor Sachkompetenz und in der Suche nach fachmännischem Rat: Ein Hauch von Modernismus strich durch diese Kammer – auch das eine Auswirkung des Krieges, der den Franzosen die Bedeutung objektiver Zwänge eingebleut hatte. Auch die Einrichtung neuer Ministerien zeugte von dem Wunsch, konkrete Probleme energisch anzupacken. So schuf Millerand ein »Ministerium für den Wiederaufbau der befreiten Regionen« (Elsaß und Lothringen), das die Tätigkeit der verschiedenen Verwaltungszweige in den beiden Departements koordinieren sollte, die vier Jahre lang von der nationalen Gemeinschaft abgetrennt gewesen waren. Darüber hinaus ließ er, der seine Laufbahn in Regierungsämtern als Minister für Handel und Industrie begonnen und schon damals die Loslösung des Arbeitsministeriums angestrebt hatte, eine Behörde mit dem Namen »Ministerium für Volksgesundheit, soziale Dienste und Sozialfürsorge« installieren, an der auch Poincaré festhielt. Die Errichtung einer Unterabteilung für Luftfahrt drückte den Wunsch der Regierung aus, auch die technischen Neuerungen in staatliche Regie zu übernehmen. Während der Regierungszeit Poincarés (Januar 1922 bis Juni 1924) erschien ein neues Untersekretariat im Geschäftsplan der Ministerien, das dem Ministerpräsidenten direkt zugeordnet war und zum Vorläufer einer Stabsabteilung zur Koordinierung der Regierungsgeschäfte werden sollte.

Die Wahl der Amtsleiter verdeutlichte den Wunsch, Sachfragen zu entpolitisieren und technokratischen Praktiken den Vorzug zu geben vor ideologischen Kontroversen. Deshalb beriefen die Ministerpräsidenten des »Nationalen Blocks« Fachleute in Regierungsämter, die sich aufgrund ihres Könnens einen guten Ruf erworben hatten; sie brauchten keine Parlamentarier zu sein. Während der Ministerpräsidentschaft Millerands wurde ein Bankier zum Finanzminister ernannt, ein Präfekt mit der Leitung des »Ministeriums für den Wiederaufbau der befreiten Regionen« betraut und ein Agraringenieur in das Landwirtschaftsministerium berufen. Man denkt unwillkürlich an die Zusammensetzung jener Regierung, die General de Gaulle im Juni 1958 bilden sollte.

DER STREIT UM RELIGIÖSE FRAGEN FLAUT AB

Die neue Kammer wollte den während des Krieges herrschenden »Burgfrieden« auch in den Nachkriegsjahren erhalten. Deshalb entschloß man sich zur Versöhnung der beiden Frankreich mittels zweier symbolischer Gesten. Man beschloß die feierliche Überführung des Herzens von Léon Gambetta ins Panthéon und ehrte auf diese Weise den Gründer der Dritten Republik und die Seele des nationalen Widerstands im Krieg von 1870/71. Zum andern aber wurde der alljährliche Gedenktag der Befreiung Orléans' durch Jeanne d'Arc zum nationalen Feiertag erklärt. Gleichzeitig sandte man eine Delegation von vierundzwanzig Parlamentariern zur feierlichen Heiligsprechung des Mädchens durch Papst Benedikt XV. nach Rom, obwohl die diplomatischen Beziehungen zum Heiligen Stuhl noch nicht wiederhergestellt waren.

Der Wunsch nach innerer Befriedung kam auch in der Behandlung der religiösen Frage deutlich zum Ausdruck; sie leitete eine neue Politik gegenüber der katholischen Kirche ein. Die Annäherung wurde ebenso von der Macht der Tatsachen begünstigt wie vom Wandel des Zeitgeistes. Mit der Rückkehr der verlorenen Provinzen zum Mutterland wurde ein Stück Land wieder in die Nation eingegliedert, das noch unter den Bestimmungen des Konkordats von 1801 lebte. Was sollte mit ihm geschehen? Höchste Repräsentanten des Staates hatten den Elsässern feierlich versprochen, daß es keine Veränderung ihres Sonderstatus' ohne ihre ausdrückliche Einwilligung geben sollte. Andererseits hatte die Regierung Viviani bei Kriegsbeginn im Geiste der *Union sacrée* beschlossen, die antikirchlichen Gesetze aus den Jahren 1901 bis 1905 nicht mehr anzuwenden. Unter diesen Beschluß fielen auch alle jene Gesetze, die Ordensleute, deren Kongregation nicht mehr lehren durfte – und das waren beinahe alle – gezwungen hatten, dem geistlichen Stand zu entsagen oder ins Exil zu gehen. Sollte man nun nach dem Ende des Krieges tatsächlich diese diskriminierenden Gesetze wieder in Kraft setzen und dadurch jene Tausende von Geistlichen wieder ins Ausland treiben, die auf den Ruf des Vaterlandes nach Frankreich geeilt waren? Außerdem schuf die Präsenz einer französischen Besatzungsmacht im Rheinland mit ihren zahlreichen Zivilbeamten ein heikles Problem; solange diese keinen eigenen Bischof besaßen, fiel ihre geistliche Betreuung automatisch in den Zuständigkeitsbereich des deutschen Episkopats. Die einzige Möglichkeit, sie dessen Aufsicht zu entziehen, bestand in der Ernennung eines französischen Bischofs, dessen Amtsbereich die französischen Staatsangehörigen in Deutschland umfassen würde. Das setzte aber ein Übereinkommen mit dem Vatikan voraus, zu dem die Dritte Republik 1904 die Beziehungen abgebrochen hatte.

Die Einstellung der Öffentlichkeit zu den geistlich-religiösen Streitfragen war nicht mehr die gleiche wie vor dem Krieg. Der Schmelztiegel der Mobilmachung und das gemeinsame Leid im Schützengraben hatten die schwelenden Vorurteile abgeschwächt und staatliche wie geistliche Lehrer, Katholiken und Antiklerikale einander angenähert. Wer glaubte nach diesen Erfahrungen denn noch an die Gefahren des Klerikalismus?

Als die radikalsozialistische *»Dépêche de Toulouse«* im Jahre 1915 das sogenannte »infame Gerücht«, das heißt die Verdächtigung ausstreute, daß die Kirche auf den Ausbruch des Krieges hingearbeitet habe, man aber keinen Priester in vorderster Linie sehe, zeigte sich an der Reaktion der Leserschaft bereits, daß sich das Blatt gewendet hatte. Im Krieg unterhielten Geistliche auf allen Ebenen enge Beziehungen zu den staatlichen Organen. Priester und gläubige Katholiken hatten überzeugende Beweise ihres Patriotismus geliefert, indem sie sich der päpstlichen Politik des Kompromißfriedens verweigerten. Sie hatten zahlreiche Tapferkeitsauszeichnungen erhalten; ihr Mut und ihre Vaterlandsliebe waren über jeden Zweifel erhaben.

Deshalb gestalteten sich die Bedingungen für eine zweite Annäherung günstig, die gerade dort zum Erfolg führte, wo die erste gescheitert war. Auch Benedikt XV. wünschte dieses *Ralliement* und sparte dafür nicht mit ermutigenden Zeichen. 1921 wurden die diplomatischen Beziehungen zwischen Frankreich und dem Vatikan wieder aufgenommen, und das päpstliche Sekretariat versprach als Beweis seines guten Willens, die französische Regierung vor jeder Bischofsernennung zu konsultieren. Zum Abschluß der Unterredungen über eine Beilegung des Konflikts, der seinerzeit durch die Trennung von Staat und Kirche und durch die Weigerung der Kirche von Frankreich entstanden war, »Kultgemeinschaften« *(associations cultuelles)* zu gründen, stimmte die Regierung der Gründung kirchlicher Verbände auf Diözesanebene zu, deren Gliederung und Aufbau der Hierarchie der katholischen Kirche entsprachen. Die Beilegung dieses Konflikts gehörte durchaus zu den bedeutsameren Veränderungen als Folgen des Krieges.

Die neue Religionspolitik war deshalb jedoch keineswegs klerikal. Die Mehrheit in der Kammer wies jeden Antrag zugunsten einer proportionalen Aufteilung der Unterrichtsbefugnis zwischen Staat und Kirche in den Schulen zurück, weil das die besonderen Beziehungen zwischen Staat und öffentlichem Schulwesen stark belastet hätte.

DIE SOZIALE KRISE UND DIE SPALTUNG DER ARBEITERBEWEGUNG

In der Sozialpolitik kam der Prozeß der inneren Befriedung Frankreichs nicht so erfolgreich voran. Dort stießen die staatlichen Institutionen auf den Widerstand der ökonomischen Gegebenheiten und auf eine unnachgiebige Opposition. Die Regierungen des »Nationalen Blocks« fanden eine desolate sozialpolitische Situation vor: Clemenceaus brutale Energie hatte weder die Agitation zum Schweigen gebracht noch gar die soziale Entspannung erleichtert. Die wirtschaftliche Lage hatte sich inzwischen nicht entspannt; weiterhin liefen die Preise den Gehältern davon. Der Franc fiel, und die Arbeitslosigkeit erreichte ein alarmierendes Niveau. Im April 1921 stieg die – geschätzte – Zahl der Arbeitslosen auf über eine halbe Million; eine genauere Angabe war damals nicht möglich, weil es noch keine systematischen Erhebungen gab.

Im Jahr 1920 wurde Frankreich von einer Streikwelle überrollt, deren Heftigkeit einen Teil der Bevölkerung in Angst und Schrecken versetzte. Sie glaubte ernsthaft an eine leibhaftige Revolution. Aber entgegen ihrer Befürchtung, die von der Rechten auch noch geschürt wurde, handelte es sich zumeist um spontane Aktionen. Sie entstanden an der Basis, und die Gewerkschaften, die sich vor vollendete Tatsachen gestellt sahen, mußten wohl oder übel mitmachen, wenn sie nicht ins Abseits geraten wollten. So geschah es bei der Eisenbahn: Dort setzte die Streikbewegung im Februar 1920 bei der P. L. M. *(Compagnie des chemins de fer de Paris à Lyon et à la Méditerranée)* ein und griff auch bald auf andere Streckennetze über. Die Eisenbahngesellschaften waren indes zu keinerlei Konzessionen bereit, denn sie waren sich ihres Rückhalts bei der Regierung Millerand sicher. Die Bewegung flaute vorübergehend ab, gewann aber mit dem Herannahen des 1. Mai, der wie ein Katalysator wirkte, erneut an Kraft. Die Gewerkschaft der Eisenbahner innerhalb des Dachverbands CGT votierte für den unbegrenzten Generalstreik und forderte dafür die Unterstützung der CGT. Deren Führer zögerten jedoch. Sie fürchteten eine Niederlage, die einen harten Schlag für die gesamte Arbeiterbewegung bedeuten würde. Aber der wegen ihrer Haltung im Krieg gegen sie laufende Prozeß schwächte ihre Position gegenüber den Hitzköpfen der Eisenbahner. Deshalb folgte Léon Jouhaux widerstrebend der Aufforderung nach Unterstützung der Eisenbahner durch den Dachverband. Nach und nach schlossen sich alle bedeutenden Arbeitervertretungen dem Kampf an, zuerst die Bergleute, danach die Seeleute, die Dockarbeiter (am 3. Mai), die Metall- und Bauarbeiter (am 7. Mai) und die Beschäftigten der Gas- und Elektrizitätswerke am 11. Mai. Damit war übrigens eine Situation entstanden, die sich im Jahre 1947 wiederholen sollte. Zum ersten Mal in seiner Geschichte rang Frankreich mit einem Streik von solchen Ausmaßen. Die Frage war nur, ob es sich tatsächlich um den Generalstreik handelte, mit dem die Gewerkschaften schon vor dem Krieg gedroht hatten.

Millerand reagierte mit dem Einsatz der letzten Kräfte, wie Clemenceau im Jahre 1907 oder Briand im Jahre 1910. Die Exekutive wurde darin von Bürgerinitiativen unterstützt, die sich die Niederringung des Streiks zum Ziel gesetzt hatten: Gymnasiasten und Studenten boten ihre Hilfe an, um die Eisenbahner zu ersetzen und das Funktionieren des öffentlichen Dienstes zu gewährleisten. Auch folgten nicht alle Arbeitnehmer dem Streikaufruf. Die Streikbereitschaft war auf den verschiedenen Netzen unterschiedlich groß und verteilte sich nach einem Muster, das sich mit nur geringen Veränderungen bis in unsere Tage erhalten hat und das weder die Verstaatlichungsmaßnahmen des Jahres 1938 noch die technologischen Umwälzungen entscheidend zu modifizieren vermochten. Ende Mai mußte die CGT einsehen, daß der Ausstand an der Entschlossenheit der Eisenbahngesellschaften gescheitert war, und blies zum Rückzug.

Diese Niederlage kam die gesamte französische Gewerkschaftsbewegung teuer zu stehen. Nicht nur ihre Führer wurden zur Rechenschaft gezogen, wie das Beispiel des Ingenieurs Lucien Midol zeigte, der sich später der kommunistischen Partei anschloß; vielmehr erhielten ca. 15 000 Eisenbahner ihre Kündigung. Im Jahre 1924 setzte die linke Mehrheit der Kammer zwar eine Amnestie zu ihren Gunsten durch, aber dieser Beschluß hatte allenfalls symbolische Bedeutung. Die Kammer vermochte nämlich die privaten Eisenbahngesellschaften nicht zur Wiedereinstellung der entlassenen Arbeiter zu zwingen. Viele von ihnen büßten noch im Jahre 1936 für ihr Verhalten im Jahre 1920.

Die Gewerkschaften gingen aus dem Abenteuer geschwächt und entzweit hervor, und die Regierung nützte diese Schwäche der Streikenden aus. Der Arbeitsminister leitete ein gerichtliches Verfahren im Departement Seine ein, dessen zuständiger Gerichtshof am Ende die Auflösung der CGT verfügte. Das Kabinett hingegen war klug genug, diese Entscheidung nicht zu vollstrecken, und die Gewerkschaften hatten die Zeichen der Zeit wohl verstanden. Ihre Agitation erstarb, die wirtschaftliche Konjunktur besserte sich, und jedermann half bei der Wiederherstellung der sozialen Ordnung mit. Solange der »Nationale Block« noch regierte, kam es zu keiner Krise mehr, die der des Jahres 1920 mit ihrem Aufruhr und ihrer Revolutionsangst vergleichbar gewesen wäre.

Wie jede Niederlage löste auch das Scheitern der Streikbewegung interne Zwistigkeiten aus. In den Reihen der SFIO und der Gewerkschaften kam es zu verschärften Auseinandersetzungen. In der sozialistischen Partei verflocht sich die Debatte über die Strategie der Linken während des Krieges mit der Frage der Beziehungen zu Sowjetrußland und des Beitritts zu einer Internationalen. Sollte man sich der von Moskau ins Leben gerufenen III. Internationale anschließen, was die Anerkennung der bolschewistischen Revolution als Vorbild und Modell bedeutet hätte, oder die II. Internationale wiederbeleben, die wegen ihrer Machtlosigkeit bei Kriegsausbruch in Verruf gekommen war? Oder sollte man auf gleiche Distanz zu beiden gehen?

Zur Klärung dieser beiden Probleme schickte die SFIO zwei ihrer führenden Mitglieder, Marcel Cachin und Ludovic-Oscar Frossard nach Moskau, um sich aus erster Hand zu informieren. Beide kehrten äußerst beeindruckt zurück und empfahlen den Anschluß an die III. Internationale. Die gegenüber den sozialistischen Vorkriegsveteranen erdrückende Zahl der neuen Parteimitglieder unterstützte dieses Votum. Ihre Meinung besaß Gewicht, denn der Mitgliederstand der SFIO, der im Krieg auf eine unbedeutende Zahl abgesunken war, näherte sich der Grenze von 180 000 Mitgliedern. Die innergewerkschaftliche Spannung erreichte ihren Höhepunkt und entlud sich auf einem Parteitag, den die SFIO kurz nach Weihnachten 1920 nach Tours einberufen hatte. Am 29. Dezember beschloß sie mit der Mehrheit von rund 75 Prozent aller Teilnehmer den Beitritt zur kommunistischen III. Internationale zu den von Moskau genannten Bedingungen. Diese verlangten nicht mehr und nicht weniger als die bedingungslose Unterwerfung der französischen Sozialisten unter die Moskauer Zentrale. Die Minderheit in Tours fand in Léon Blum einen beredten und klarsichtigen Anwalt.

L.-O. Frossard wurde der Generalsekretär der neuen Partei, die sich analog zur SFIO *(Section française de l'Internationale ouvrière)* als SFIC *(Section française de l'Internationale communiste)* bezeichnete. Diese Umbenennung sollte die Verbundenheit der neuen Partei mit dem internationalen Kommunismus herausstreichen und blieb ihre offizielle Bezeichnung bis Mitte der dreißiger Jahre, als sie sich in *Parti communiste français* (PCF) umbenannte. Ein ehemaliger Angehöriger der Kommune von 1870, Camélinat, brachte in die SFIC seine Anteile an der Zeitung »*L'Humanité*« ein, die Jean Jaurès 1904 gegründet hatte und die aufgrund dieser Tatsache zum Organ des Zentralkomitees wurde.

Die neue Partei konstituierte sich ohne eindeutige Konturen; sie war eher ein Konglomerat aus verschiedenen Strömungen, die sich aus im Grunde einander widersprechenden Denkrichtungen speisten. Neben einer Minderheit, die ihren Lenin gründlich studiert hatte und bereit war, das bolschewistische Vorbild nachzuahmen, fanden sich unbedingte Pazifisten, sodann Mitglieder, die das Neue einfach um seiner selbst willen wollten und von den unerhörten Zielen des neuen russischen Regimes beeindruckt waren. Daneben gab es andere, die mit jeder Revolution sympathisierten oder jegliche Autorität zerstören wollten, aber auch Linke, die die Sowjetregierung wegen ihrer Kühnheit bewunderten. In ihren Augen hatte sie etwas vollbracht, was die Französische Revolution nicht hatte vollenden können oder wollen. Doch allmählich verschwand die Konfusion. Die Führung der Komintern war mit Erfolg bemüht, aus diesem zusammengewürfelten Haufen aus Sozialisten und Anarchisten eine straff organisierte Kaderpartei professioneller Revolutionäre zu formen. Die Bolschewisierung der Partei, die viele Ausschlußverfahren nach sich zog, bildete aus der SFIC schließlich eine Partei neuen Typs, zu der es keinerlei Gegenstück gab und die seit mehr als sechzig Jahren einen geradezu beispiellosen Einfluß auf die gesamte französische Politik ausübt. Die Kongreßteilnehmer von Tours hatten sich nicht getäuscht: Sie waren Zeugen der Geburt einer großen Bewegung, die das politische Leben in Frankreich von Grund auf verändern sollte.

Das begann mit der Spaltung der Gewerkschaftsbewegung. Ein Teil der CGT eignete sich die Lehren des Leninismus hinsichtlich der Verbindungen zwischen Gewerkschaften und Einheitspartei an, wonach jede Arbeitnehmervertretung sich einer marxistisch-leninistischen Gesamtstrategie zu unterwerfen hatte. Die Vertreter dieser Theorie gründeten im Herbst 1920 revolutionäre Gewerkschaftskomitees *(Comités syndica-*

listes révolutionaires, CSR), die sich eine gemeinsame Organisation gaben und deren Gewicht innerhalb des Gewerkschaftsverbandes im Zuge der sozialen Auseinandersetzungen rasch zunahm. Ende 1920 ließ sich der Zeitpunkt absehen, an dem die Mehrheit der Gewerkschaftler auf ihre Seite kippen und die noch unabhängige CGT mit in die rote Gewerkschaftsinternationale ziehen würde, wie es die sozialistische Mehrheit mit der SFIC bereits schon einmal vorexerziert hatte. Aber die Führung der CGT hielt weiterhin an der Erklärung von Amiens und damit an der gewerkschaftlichen Unabhängigkeit fest und traf ihre Vorsichtsmaßnahmen. Sie forderte die CSR auf, ihre Separatorganisation aufzulösen und beschloß, als diese sich weigerte, im Dezember 1921 wegen mangelnder gewerkschaftlicher Disziplin deren Ausschluß aus dem Dachverband. Die Spaltung der Gewerkschaften verstärkte die politische Spaltung. Die russische Revolution hatte somit die beiden Zweige der Arbeiterbewegung entzweit, deren Kräftespaltung sich jedoch in beiden Fällen zu ihrem Nachteil auswirkte: Letztlich war es nur eine Minderheit, die einen Dissidentenverband gründete – den sie natürlich anschließend als »Einheitsverband« bezeichnete, getreu der Regel, die besagt, daß abtrünnige Minderheiten die Idee der Einheit für sich zu beanspruchen pflegen und davon träumen, diese Einheit durch ihre eigene Organisation wiederherzustellen. Daher der Name CGTU *(Confédération Générale du Travail Unitaire)*.

Die fehlgeschlagenen Streiks und die doppelte Teilung schwächten die extreme Linke und die Gewerkschaftsbewegung gleichermaßen. Der französische Sozialismus brauchte mehrere Jahre, um wieder auf den Stand des Jahres 1920 zu kommen, und die Gewerkschaftsbewegung fand ihre Kraft erst zwölf Jahre später wieder, als die ersten Vorboten der wirtschaftlichen Krise auftauchten und im linken Lager angesichts der wachsenden Gefahren die Sammlung einsetzte.

MODERNISIERUNG UND WIRTSCHAFTLICHER WIEDERAUFBAU

Die Geschichte der sozialen Beziehungen in der Nachkriegszeit beschränkt sich nicht, wie eine bestimmte Geschichtsschreibung einzureden versucht, auf die Krise von 1919/1920, auf die Spaltung der Arbeiterbewegung oder auf eine von Unternehmern und Regierung gemeinsam betriebene Unterdrückungspolitik. Der »Nationale Block« zählte in seinen Reihen Männer, denen die Verbesserung der Arbeitsbedingungen ein aufrichtiges Anliegen bedeutete. Sie standen der katholischen Soziallehre aufgeschlossen gegenüber und erkannten den sozialen Vorbehalt des Eigentums grundsätzlich an. Unternehmer in Nord- und Ostfrankreich, die sich von den Ideen Frédéric Le Plays oder von ihren Besuchen im Pariser *Musée sociale* inspirieren ließen, starteten in ihren Betrieben soziale Experimente. Am Rande der zerstörten Städte wurden im Grünen Siedlungen für Arbeiter gebaut, um ihre Wohnverhältnisse zu verbessern. Die sozialistischen Stadtverwaltungen in den Vororten der Großstädte bauten Häuser und sorgten für Wohnungen zu erschwinglichen Preisen. Sie nahmen eine Vielzahl von sozialen Reformen in Angriff, gründeten Polikliniken, organisierten Beratungsstellen und bekämpften die für Arbeiter typischen Krankheiten wie die allgemein gefürchtete Tuberkulose. Damals erschienen auch die ersten weiblichen Beamten in der kommunalen Fabrikaufsicht und Sozialhilfe.

Diese Öffnungsversuche wurden nicht immer zurückgewiesen. Auch wenn sich die Historiker der Arbeiterbewegung vorzugsweise auf die beiden Organisationen konzentrierten, die aus der Spaltung CGT hervorgingen, so geschah dies häufig im Vorgriff auf deren spätere Bedeutung oder aus persönlicher Affinität. Dennoch bleibt festzuhalten, daß die SFIC und CGTU keineswegs die ganze Arbeiterschaft repräsentierten; sogar die CGT hatte kurz vor der Spaltung auf dem Höhepunkt ihrer Macht nicht mehr als eine Million Mitglieder gezählt. Neben den Nachkommen des sogenannten »gelben« Syndikalismus, der in einer paternalistischen Soziallehre wurzelte, erhielten die sogenannten »freien« Gewerkschaften, die der kirchlichen Soziallehre folgten, kräftige Unterstützung durch die elsässisch-lothringischen Gewerkschaften. Aus ihrem Zusammenschluß entstand 1919 die *Confédération française des tra-*

vailleurs chrétiens. So bot die Gewerkschaftsbewegung insgesamt ein recht differenziertes Bild. Strittig waren vor allem die Haltung zum Klassenkampf und die Frage des Einsatzes der Streikwaffe. Die weitere Entwicklung der französischen Gesellschaft war in den zwanziger Jahren also durchaus noch offen.

Im Gegensatz zu einem Bild, das, durch die Krisenjahre verstärkt, die französische Wirtschaft zwischen den beiden Kriegen als wenig flexibel zeichnet, bleibt festzuhalten, daß in ihr nach Beendigung des Konflikts ein frischer Wind zu wehen begann. Zwar machte er sich in der Landwirtschaft kaum bemerkbar, mit Ausnahme der Großbetriebe im Osten und Norden des Pariser Beckens, wo die Konzentration der Agrarflächen, die durch die Rekultivierung der Anbauflächen für Getreide und Zuckerrüben noch zusätzlich gefördert wurde, weit überdurchschnittliche und besonders lohnende Erträge ermöglichte. Dagegen erlebten verschiedene Industriezweige einen rapiden Aufschwung, zum Beispiel der Maschinenbau, die Autoindustrie, der Flugzeugbau und die chemische Industrie. Der Krieg hatte alle Unternehmen zur Produktion von kriegswichtigen Gütern unter starken Druck gesetzt. Ihnen blieb nichts anderes übrig, als wirksamere Produktionsmethoden zu übernehmen, ihre Herstellungskosten zu senken und ihre Produktivität zu erhöhen. Die Methoden der rationellen Arbeitsorganisation, die man in den Vereinigten Staaten entwickelt hatte, drangen in die führenden Unternehmen der französischen Wirtschaft ein. Der Taylorismus fand in Frankreich viele Nachahmer, und auch das Bedaux-System wurde in diesen Jahren zum ersten Mal angewandt. Henri Fayol schuf eine originelle Organisationsstruktur. Die Verbindung von Zeittakt, strikter Handlungsabfolge, Aufteilung der einzelnen Arbeitsgänge und der Festsetzung von Industrienormen ermöglichten der französischen Industrie die Konkurrenz mit den Amerikanern in bezug auf Serienproduktion, Produktstandardisierung und Kostensenkung. Neue Namen tauchten in der Großindustrie auf. André Citroën, Louis Renault und mehrere Flugzeugkonstrukteure führten die im Krieg erprobten Methoden zur Fabrikation von Granaten oder Panzerwagen in die Friedensindustrie ein und investierten einen Teil ihrer Gewinne in den Erwerb neuer Werkzeugmaschinen. Sie bewirkten auch Neuerungen im Kreditwesen, in der Vorratshaltung und der Werbewirtschaft.

Nachdem der Wohlstand wieder zurückgekehrt war, regten der gewaltige Bedarf an Wiederaufbauleistungen und das Gesetz aus dem Jahre 1919 das gesamte Baugewerbe an. Dieses Gesetz stellte jedem Franzosen einen Wechsel auf die künftigen Reparationszahlungen der Deutschen aus und garantierte ihm den vollständigen Ersatz aller Kriegsschäden. Unter Privatleuten und der öffentlichen Hand brach ein wahres Baufieber aus; ganz Frankreich lobte die Konjunktur in den höchsten Tönen.

Der Staat hielt sich dabei nicht zurück, sondern ermutigte im Gegenteil in der Person des auch nach dem Kriege einflußreichen Handelsministers Clémentel zur Modernisierung, um den technologischen Rückstand der französischen Industrie auszugleichen. Clémentel kannte diesen Rückstand nur zu genau und war überzeugt, daß sie ihn nur mit staatlicher Hilfe aufholen konnte. Insoweit ist er als Vorläufer jener Verwaltungsbeamten zu sehen, die nach 1945 die Modernisierung Frankreichs in die Tat umsetzten. Er stand entweder persönlich oder wenigstens indirekt hinter den meisten Plänen zur Rationalisierung der wirtschaftlichen Aktivitäten, um die französische Wirtschaft wieder wettbewerbsfähig zu machen. Es gelang ihm vor allem, die bislang rivalisierenden Unternehmerverbände 1919 in der *Confédération générale de la production française* (CGPF) zusammenzuschließen. Sie war der erste Versuch, die Unternehmerschaft aller Industriebereiche auf nationaler Ebene zu vereinigen. Außerdem förderte Clémentel die Entwicklung von Industrie- und Handelskammern durch Bildung von regionalen Zusammenschlüssen *(régions économiques).*

Auch die Einführung des Postschecksystems war das Werk Clémentels. Damit erhielt der französische Staat bedeutende, kurzfristig verfügbare Kassenmittel, mit denen er einzelnen Gemeinden Kredite eröffnen oder Modernisierungsvorhaben finanzieren konnte. Bezeichnend war auch, daß in der Phase des Wiederaufbaus ein Kreditinstitut wie der *Crédit national* entstand und die *Caisse des dépôts et consignations* eine neue Rolle übernahm, indem sie einen Teil des künftigen Wiederaufbaus finanzierte.

Während die Wirtschaft allmählich zu einem normalen Rhythmus zurückfand, nachdem der allgemeine Produktionsindex im Jahre 1924 wieder den Stand von 1913 erreicht hatte, boten die öffentlichen Haushalte ein weniger erfreuliches Bild. Der Staatshaushalt blieb chronisch defizitär, und der Franc erlitt mehr als einen Schwächeanfall. Keine Regierung des »Nationalen Blocks« vermochte die finanziellen und monetären Probleme Frankreichs zu lösen, denn die doppelte Erblast des Krieges bestand darin, daß die enorme Schuldenlast der öffentlichen Hand allein für den Zinsendienst einen übermäßig hohen Teil der staatlichen Einkünfte verschlang und gleichzeitig den Staat die Last seiner gewachsenen Verpflichtungen bedrückte. Die Franzosen waren nämlich einhellig der Meinung, daß die Gemeinschaft, das heißt der Staat, alle Entschädigungen für die Kriegsopfer zu übernehmen hatte. Dieses Prinzip ist in Frankreich seit damals bis heute in Kraft geblieben: Die Nation hat für den Unterhalt der am ärgsten von den Kriegsfolgen betroffenen Menschen zu sorgen, vor allem dann, wenn der Schaden aus ihrer patriotischen Pflichterfüllung resultiert. »Sie haben ein Anrecht auf unsere Hilfe«, hatte Clemenceau erklärt, als er sich zur Lebenssituation der ehemaligen Frontkämpfer äußerte; aber diese »Pensionen« verschlangen auch ansehnliche Summen des Haushalts. Noch im Jahre 1939 erhielt ein Zehntel der französischen Bevölkerung aus diesem Grund regelmäßige Zuwendungen. Der größte Brocken dieser – außerordentlichen – Ausgaben entfiel auf ein getrenntes Budget, das unter dem Titel »einzutreibende Ausgaben« *(dépenses recouvrables)* geführt wurde: Man betrachtete sie als Vorauszahlung des französischen Schatzamtes, die durch die Reparationszahlungen der Weimarer Republik gedeckt würde; inzwischen aber sorgten wiederholt ausgegebene Schatzanweisungen kurzfristig für die notwendige Deckung. Durch kräftige Einsparungen in anderen Bereichen führte man das zu erwartende Defizit auf ein vertretbares Maß zurück.

Anfang 1924 beendeten Regierungschef Poincaré und sein Finanzminister Lasteyrie kurz vor dem Ende der Legislaturperiode und ohne Rücksicht auf die absehbaren Folgen im anlaufenden Wahlkampf die Fiktion der Rückerstattung aus den Mitteln der deutschen Reparationszahlungen. Gleichzeitig gliederten sie die *dépenses recouvrables* wieder in den ordentlichen Haushalt ein – eine Entscheidung, die dort natürlich ein großes Loch riß. Die Regierung wollte es mit einem Sanierungsplan stopfen, der unter anderem eine Steuererhöhung von 20 Prozent vorsah, doch die Mehrheit der Kammer zögerte natürlich mit ihrer Zustimmung zu so unpopulären Maßnahmen. Dennoch ließ sie die Vorlage bereits bei der ersten Lesung passieren. Widerstand regte sich hingegen im Senat, wo die Linke über eine Mehrheit verfügte und zur Oppositionsrolle tendierte. Zur Überwindung dieses Hindernisses griff Poincaré zum ersten

Mal zu einer Maßnahme, die seine Nachfolger im Amt des Ministerpräsidenten nach 1930 noch häufig anwandten und deren Quasi-Institutionalisierung den schleichenden Konkurs des parlamentarischen Systems verdeutlichte: Die Exekutive ließ sich von beiden Kammern das Recht übertragen, auf dem Erlaßwege Entscheidungen zu treffen, die normalerweise der gesetzlichen Zustimmung bedurften. Gewiß erhielt sie dieses Recht nur auf begrenzte Zeit und für genau definierte Aufgaben, wobei sich die Legislative durchaus die Möglichkeit vorbehielt, nach Ablauf der vorgesehenen Frist einzelne Erlasse außer Kraft zu setzen; aber sie machte von diesem Recht niemals Gebrauch. Damit war de facto eines der entscheidenden Prärogative des Parlaments, nämlich über ein Gesetz abzustimmen, aufgehoben. Im März 1924 scheuten die meisten Parlamentarier noch vor dieser neuartigen Regelung zurück; der Regierung fehlten deshalb einige Stimmen an der Verabschiedung des überaus heiklen Pensionsgesetzes. Poincaré trat daraufhin zurück, bildete aber dann, gemäß der Aufforderung des Präsidenten der Republik, Millerand, ein neues Kabinett. Immerhin hatten die Budgetprobleme eine Regierungskrise ausgelöst. Sie vermittelte einen Vorgeschmack auf die wachsende Bedeutung der Haushalts- und Währungsprobleme in der folgenden Legislaturperiode.

FRIEDEN UND SICHERHEIT

Auch die offenen Fragen der Außenpolitik, das heißt die wechselnden Beziehungen zu anderen Staaten, zu ehemaligen Feinden wie zu traditionellen oder gelegentlichen Verbündeten, spielten eine bedeutende Rolle in der Nachkriegszeit. Allein schon die Tatsache, daß vier Regierungschefs in Folge das Außenressort persönlich übernahmen, bewies die herausragende Bedeutung dieser Fragen innerhalb der Regierungsgeschäfte. Aber nicht nur das. Diese Fragen und Probleme, die man früher dem zuständigen Minister überlassen hatte, gerieten in den Nachkriegsjahren zum Gegenstand grundsätzlicher Kontroversen. Die öffentliche Meinung fing Feuer, Parteien und Presse griffen sie auf, und ein Kabinett trat ihretwegen sogar zurück. Die Außenpolitik wurde auch ein wichtiges Wahlkampfthema und trug ganz sicher ihren Teil zum Sturz der bisherigen Mehrheit bei den Maiwahlen 1924 bei. Die so lange Zeit unüberwindliche Grenze zwischen der Innen- und Außenpolitik wurde durchlässig. Wenn die eine auf die andere einwirkte, kam in der Öffentlichkeit mehr als einmal ernsthafte Krisenstimmung auf.

Im Jahre 1920 befaßte sich die französische Außenpolitik hauptsächlich mit dem Schicksal des besiegten Deutschland, dem man allgemein Revanchegelüste unterstellte. Aus dieser Prämisse schien jede Maßnahme gerechtfertigt, um den früheren Feind, der im Laufe eines Jahrhunderts dreimal in Frankreich eingefallen war, für immer in Schach zu halten. Handelte es sich also um ein nationalistisches Programm? Immerhin erhob Frankreich keinerlei territoriale Ansprüche in Europa, höchstens in Übersee, denn es wünschte nichts mehr als den Frieden. Das Land hatte von den Strapazen, die man ihm bis an die Grenze seiner Leistungsfähigkeit zugemutet hatte, gründlich genug und wollte nur Ruhe. Die Franzosen wußten nun aus eigener Erfahrung, daß der Krieg eine Geißel war und nichts Gutes bringen konnte. In diesem Punkt waren sie von all ihren Illusionen kuriert. Nach 1918 wagte es kein Schriftsteller mehr, den Krieg, wie vor 1918, als Schule zur Erprobung der nationalen Tugenden zu verherrlichen. Das vorherrschende Gefühl war nackter Schrecken! Man durfte um keinen Preis versäumen, den Krieg künftig zu verhindern. In diesem Punkt herrschte unter den Franzosen völlige Übereinstimmung. Konnte man die Idee der Revanche in den Jahren vor 1914 als die ungekrönte Königin Frankreichs bezeichnen, so kann man mit noch größerem Recht behaupten, daß die Sehnsucht nach Frieden in den Jahren zwischen 1918 und 1939 eine unumschränkte Herrschaft über die Franzosen ausgeübt hat. Waren sie deshalb weniger patriotisch gesinnt? Nein, sie waren es nur auf andere Weise.

Zwei Denkschulen machten dabei eine Ausnahme. Die eine sah im Frieden einen Wert an sich und schätzte ihn so hoch ein, daß sie sich sogar mit der Beherrschung Frankreichs durch eine ausländische Macht im voraus abfand und dem Krieg die Unterwerfung vorzog mit der Begründung, keine Sache lohne das Opfer des eigenen Lebens, des höchsten aller Güter, während die andere – auf ihre besondere Weise – die traditionelltheologische Unterscheidung von gerechtem und ungerechtem Krieg wieder aufgriff: Die französischen Marxisten-Leninisten legitimierten auf diese Weise die Befreiungskämpfe des Proletariats oder der kolonialen Völker. Der wahrscheinlichste Anlaß für einen Krieg in Europa bestand jedoch in einer neuerlichen Konfrontation zwischen Deutschland und Frankreich: Im Falle einer solchen Konstellation machte ihr Internationalismus durchaus gemeinsame Sache mit dem Pazifismus.

In ihrer Sehnsucht nach Frieden waren sich die Franzosen so gut wie einig, nicht aber über den besten Weg, ihn zu erhalten. Nach und nach zeichneten sich in dieser Frage Unterschiede ab, die sich zunehmend deutlicher akzentuierten und durch die äußeren Ereignisse so verschärft wurden, daß sie schließlich zu einem Bruch führten, der sich als ebenso gravierend erwies wie die traditionelle Kluft zwischen Links und Rechts, auch wenn sie damit – allen vergröbernden oder polemischen Gleichsetzungen zum Trotz – nicht ganz in einen Topf zu werfen war. Der Gegensatz zwischen diesen beiden Denkweisen zieht sich wie ein roter Faden durch die Geschichte dieser beiden Jahrzehnte, ja vielleicht durch eine noch längere Geschichte, denn sein Ursprung reicht weit zurück. Im Grunde setzt er eine Linie fort, die durch die ganze Geschichte der französischen Nation verläuft und an der sich zwei Grundauffassungen von Politik, zwei Temperamente, aber auch zwei Gefühlslagen, vielleicht sogar zwei verschiedene Vorstellungen vom richtigen Handeln und vom Wesen menschlicher Beziehungen voneinander schieden: Die einen weigerten sich um jeden Preis, unter Zwang zu verhandeln, und begegneten der Drohung mit Festigkeit und Entschlossenheit; die anderen glaubten, daß selbst ein dürftiger Kompromiß besser sei als ein offener Konflikt, und waren bereit, selbst um einen hohen Preis, einen Vergleich herbeizuführen. Die Unbeugsamen auf der einen Seite und die eher Beschwichtigenden auf der anderen, dieser fundamentale Gegensatz durchzieht mehr als nur eine Phase der französischen Geschichte und erklärt die oft überraschenden Kehrtwendungen.

Um Beispiele dafür zu finden, muß man kein halbes Jahrhundert zurückgehen: Man findet es bereits 1870/71 in der unterschiedlichen Haltung der Republikaner, von denen die einen, die Anhänger Gambettas, entschlossen waren, den Kampf fortzusetzen, während die Gruppe um Thiers den Frieden wollte. Der Gegensatz brach jedesmal erneut auf, wenn Deutschland Forderungen stellte: so 1905 zwischen Delcassé und Rouvier anläßlich der ersten und 1911 zwischen Clemenceau und Caillaux während der zweiten Marokkokrise. Er steckte auch hinter dem Streit um jene Politiker, vertreten durch Aristide Briand und Joseph Caillaux, die man im Ersten Weltkrieg als Befürworter eines Friedens ohne Sieger und Besiegte verdächtigte, und den Vertretern einer harten Linie, vertreten durch Raymond Poincaré und Georges Clemenceau, die den Krieg bis zum Sieg fortführen wollten.

Dieselbe Trennlinie schied auch am Vorabend des Zweiten Weltkriegs die Anhänger und Gegner des Münchner Abkommens wie auch die Befürworter und Gegner des deutsch-französischen Waffenstillstands im Jahre 1940, oder, mit anderen Worten, die Abwartenden und Widerstandskämpfer. Vielleicht werden wir dieser Polarisierung später bei dem Problem der Entkolonialisierung oder der französisch-sowjetischen Beziehungen, oder, naheliegender noch, anläßlich der durch den Golfkrieg neu aufgeflammten Kontroversen begegnen. Nach 1918 bestand das Problem jedenfalls darin, den richtigen Kurs gegenüber dem besiegten Deutschland zu finden.

Zwei Tendenzen zeichneten sich dabei ab, die zunächst zwar nur Möglichkeiten darstellten, aber mit der Zeit immer festere Gestalt annahmen. Für die eine galt Deutschland immer als eine Beutenation, für die der Krieg zur zweiten Natur und zu einem gleichsam nationalen Gewerbe geworden war. In ihren Augen gab es keine Hoffnung auf eine Änderung; für sie spielte es keine Rolle, welches Regime in Deutschland an der Macht war. Die Deutschen waren und blieben in ihrer Vorstellung die ewigen Germanen. Deutschland würde immer der Feind Frankreichs sein; zwischen Galliern und Germanen sei kein Zusammenleben möglich. Das deutsche Volk würde niemals freiwillig seine Niederlage akzeptieren; es würde nicht ruhen, bis es Rache genommen hatte. Für jene Franzosen bedeutete der Glaube an ein sogenanntes »gutes« Deutschland und an die Versöhnung zwischen den beiden Völkern eine bloße Schimäre. Diese Denkweise basierte auf einem pessimistischen Weltbild, das für sich beanspruchte, realistisch zu sein. Sie berief sich auf die »Lektionen der Geschichte« und stellte fest, daß die Menschen schon seit Jahrhunderten ständig ihre Kriege führten. Warum sollte es in Zukunft anders sein? Die Geschichte lehrte auch, daß das einzig bewährte Mittel, um sich vor den hegemonialen Ansprüchen des Nachbarn zu schützen, darin bestünde, stärker zu sein als er. Das Sprichwort der Römer *Si vis pacem, para bellum* (Willst du Frieden, so bereite den Krieg vor) – jedem Oberschüler seit Generationen geläufig – hatte unbestreitbar Konjunktur. Kaum ein anderer Lehrsatz wurde in den politischen Debatten der Zwischenkriegszeit häufiger zitiert.

Stärker zu sein als die anderen setzte Verschiedenes voraus. Zunächst dies: Frankreich mußte eine Armee unterhalten, die der Reichswehr, wie sie der Versailler Vertrag bestimmte, überlegen war; die Vertreter dieser Politik wachten denn auch streng über die militärischen Kräfteverhältnisse zwischen den beiden Ländern und neigten dazu, die Anstrengungen der eigenen Nation für ihre Verteidigung als unzureichend einzuschätzen. Des weiteren gehörte dazu, daß Frankreich sich stets der buchstabengetreuen und vollständigen Einhaltung des Versailler Vertrages vergewisserte; daß die Besetzung des linken Rheinufers auch künftig gewährleistet wurde und daß Deutschland gegenüber den Siegermächten isoliert blieb. Der französischen Diplomatie stellte sich somit die Aufgabe, mit all jenen Ländern Bündnisse abzuschließen, die eine deutsche Hegemonie fürchteten. Ein starkes Heer, eine wirksame Landesverteidigung, die strikte Erfüllung des Vertrags und ein Netz von Bündnissen: In diesem bewährten Rezept lag das Geheimnis, um mit dem Frieden auch die Früchte des Sieges zu genießen.

Diese Sichtweise blieb ganz und gar klassischen Vorstellungen verhaftet und rühmte sich dessen sogar; sie fand in Jacques Bainville, einem Journalisten und vielgelesenen Historiker, einen ihrer fähigsten Verfechter. Daneben bildete sich noch eine andere Sehweise heraus, die ihr in nahezu allen Punkten zuwiderlief. Auch sie wollte den Frieden, suchte ihn aber auf völlig anderen Wegen. Sie wies zunächst darauf hin, daß es mit den »klassischen« Mitteln bisher noch nie gelungen war, auch nur einen einzigen Konflikt zu vermeiden; sie würden die Deutschen nicht an ihrer Rache hindern. Frankreich aber konnte sich nach ihrer Überzeugung einfach keinen zweiten Aderlaß leisten; er würde das Ende des französischen Volkes bedeuten. Die französische Öffentlichkeit wünschte sich Entlastung von der Bürde neuerlicher Kriegsvorbereitungen: Das Parlament verkürzte zweimal die Dauer des Militärdienstes, im Jahre 1922 auf achtzehn Monate und 1927 auf ein Jahr. Dies bedeutete die kürzeste Zeit, die man in Frankreich jemals zu dienen hatte – und das mit Zustimmung konservativer Mehrheiten. Überdies würde Frankreich für eine Politik der Stärke von seiten der Alliierten keine Unterstützung erhalten. Im Gegenteil: Das Land riskierte sogar, den Deutschen dann allein gegenüberzustehen.

Also konnte man es ebensogut mit einer anderen Politik versuchen: mit einer Politik der Aussöhnung und der Überwindung des Streits zwischen den beiden Völkern. Die Vertreter dieser Politik glaubten an ein anderes, ein demokratisches Deutschland, das aus der Niederlage gelernt hatte und auf militärische Machtpolitik verzichtete. Die Völker, meinten sie, wollten keinen Krieg; es seien die Regierenden, die Völker in Kriege stürzten. Sie glaubten nicht an eine jeweils eigenspezifische Natur der Völker und daß manche von Natur aus kriegslüstern seien. Was für sie zählte, war die Überzeugung, daß jeder Regierungsform ein bestimmter Charakter innewohne und daß die Demokratie von Natur aus friedliebend sei. Für sie war die Stunde gekommen, da das demokratische Frankreich der Weimarer Republik die Hand reichen sollte.

Diese Strömung berief sich auch auf andere Überlegungen eher grundsätzlicher Art. Der Krieg hatte seit 1914 sein Gesicht und seine Dimension verändert, und dieser Wandel entwertete alles, was früher über ihn gesagt worden war. War nicht eben dies der richtige Zeitpunkt für die Menschheit, wo man im Bereich der internationalen Beziehungen denselben entscheidenden Schritt wagen sollte wie vordem im Bereich der öffentlichen Ordnung, als man die Privatkriege und Rachefeldzüge einzelner durch eine allgemeine öffentliche Rechtsprechung ersetzte? Würde Frankreich nicht unsterblicher Ruhm als Lohn seiner Bemühungen winken, mit der Zwangsläufigkeit von Kriegen Schluß zu machen und das Recht als beherrschende Größe in den zwischenstaatlichen Beziehungen aufzurichten? Der Krieg als Mittel zur Erledigung von Streitigkeiten zwischen den Völkern mußte geächtet werden. Man brauchte ja nur das Beispiel der nationalen parlamentarischen Institutionen auf die internationale Ebene zu übertragen. In dieser Hinsicht enthielt der Versailler Vertrag ein Novum von historischer Tragweite, denn alle Unterzeichnerstaaten hatten dort ihre Absicht zur Errichtung eines Völkerbundes bekundet. Er sollte als Schiedsgericht fungieren, dem die Völker ihre Streitigkeiten zur Entscheidung vorlegten. Für die Vertreter dieser Denkweise war der Frieden somit untrennbar mit dem Völkerbund verknüpft. Die internationale Schiedsgerichtsbarkeit werde mit der Zeit eine allgemeine Abrüstung ermöglichen und so die Gefahr bewaffneter Konflikte für immer im Keim ersticken und die Menschheit vom Schrekken des Krieges befreien.

Frieden durch eine verstärkte Rüstung und ein umfassendes Bündnissystem oder Frieden durch eine deutsch-französische Annäherung, durch die Schaffung einer internationalen Organisation und die Etablierung einer internationalen Rechtsordnung: das war die Alternative, die die außenpolitischen Debatten beherrschte und die öffentliche Meinung zwischen 1920 und 1935 in zwei Lager spaltete. Während die Rechte eher der ersten Denkschule zuneigte, die besser ihren innersten Überzeugungen entsprach, bevorzugte die Linke den zweiten Weg, der eher mit ihrem Optimismus harmonierte. Dennoch stimmte die Trennlinie zwischen den beiden Denkmodellen nicht exakt mit der weltanschaulich-politischen Grenze zwischen Rechts und Links überein. Außerdem blieben in den ersten Nachkriegsjahren die Unterschiede in diesem Punkt noch relativ verschwommen: Die Positionen waren noch nicht endgültig abgesteckt. So war es nicht etwa Poincaré, der Vorkämpfer der sogenannten Politik der Vertragserfüllung, sondern Briand – der in den folgenden Jahren zum Symbol der Annäherung zwischen den beiden Völkern werden sollte –, der 1921 mit einem harten Vorgehen gegen Deutschland drohte. Zudem gehörten beide Politiker den gleichen Regierungen an. Als Poincaré 1926 zum Ministerpräsidenten avancierte, überließ er die Leitung der Außenpolitik fast vollständig Aristide Briand.

Der Gegensatz zeigte sich zum ersten Mal im Januar 1922, als Briand während der Konferenz von Cannes in seiner Eigenschaft als französischer Ministerpräsident den Vorschlag Lloyd Georges aufgriff, die französische Haltung in der Reparationsfrage im Austausch gegen ein militärisches Beistandsversprechen Großbritanniens zu lockern. Für Staatspräsident Millerand war dies der erste Schritt zur Revision des Versailler Vertrages. Er berief Briand zurück, der aufgrund dieses Affronts unmittelbar danach zurücktrat. Wenn die Kammer nicht gegen diesen eindeutigen Verstoß gegen die parlamentarischen Regeln, die dem Staatspräsidenten den direkten Eingriff in die Regierungsgeschäfte untersagten, protestierte, so zweifellos deshalb, weil die Mehrheit die Befürchtungen Millerands teilte.

Dieser berief daraufhin den Vorgänger Briands, Poincaré, nunmehr zu dessen Nachfolger, da dieser nach dem Ende seiner Amtszeit als Staatspräsident den Vorsitz der wichtigen Senatskommission für Außenpolitik übernommen hatte. Es war bekannt, daß er auf der vorbehaltlosen Erfüllung des Versailler Vertrages durch die Weimarer Republik bestand, besonders aber auf der pünktlichen Zahlung der Reparationen. Penibler Jurist, der er war, ließ er durch die Kommission zur Abwicklung der Reparationszahlungen feststellen, daß die Deutschen ihren Verpflichtungen nicht vollständig nachgekommen waren. Daraufhin beschloß er, das Ruhrgebiet als das Herzstück der deutschen Industrie und Quelle ihrer Macht zu besetzen, um mit diesem Faustpfand die Zahlungen zu erzwingen. Am 11. Januar 1923 rückten die französischen Besatzungstruppen aus ihren Standorten am linken Rheinufer im gesamten Ruhrgebiet ein. Die Berliner Reichsregierung rief daraufhin die Bevölkerung zum passiven Widerstand auf. Indes ließen die Franzosen die stillgelegten Eisenbahnlinien, Fabriken und Bergwerke durch eigene Ingenieure und Techniker wieder in Betrieb setzen, und Reichskanzler Stresemann mußte im September des gleichen Jahres den passiven Widerstand abbrechen und erklärte sich zu Verhandlungen bereit.

Rein technisch gesehen war die Ruhrbesetzung der Franzosen ein Erfolg, weil sie sorgfältig vorbereitet und planmäßig durchgeführt wurde. Der diplomatische Erfolg hingegen schien fragwürdig, denn keiner der Alliierten mit Ausnahme Belgiens beteiligte sich an der Aktion; vom Heiligen Stuhl wurde sie sogar ausdrücklich verurteilt, und Frankreich sah sich plötzlich isoliert. Deshalb nahm Poincaré gerne den Vorschlag des englischen Premiers an, die Lösung der Frage einem Expertengremium zu übertragen.

Diese Strafexpedition zog auch schwerwiegende innenpolitische Konsequenzen nach sich. Zu Anfang wurde sie zwar von einer breiten Zustimmung der Öffentlichkeit begleitet, die Maßnahmen wie die Ruhrbesetzung oder – dreißig Jahre später – den Einsatz französischer Truppen am Suezkanal stets begrüßte, weil sie dem nationalen Selbstbewußtsein schmeichelten. Nur die äußerste Linke und die Kommunisten hatten sich von Anfang an dagegen ausgesprochen. Als sich Frankreich daraufhin zunehmend isoliert sah, wurden zuerst Vorbehalte und dann ablehnende Stimmen laut. Jene Kreise, denen die Freundschaft mit Großbritannien über alles ging, wiesen auf die Wirkungslosigkeit der Zwangsmaßnahmen hin, die Deutschland zur Zahlung bewegen sollten, und gingen zu offener Opposition über. Der Streit um die Ruhrbesetzung wurde zu einem Thema des gerade beginnenden Wahlkampfes und trug seinen Teil zur Wahlniederlage des »Nationalen Blocks« im Mai 1924 bei.

VERNARBTE WUNDEN BRECHEN WIEDER AUF

Mit den Jahren klafften die Hoffnungen aus der Zeit des Kriegsendes und die politischen Realitäten immer weiter auseinander. Die Konfrontation mit den Zwängen der Regierungsverantwortung und Machterhaltung trieb Keile in die einst so geschlossene Front des »Nationalen Blocks«. Die herannahenden Wahlen steigerten die Polemik zwischen seinen einzelnen Parteien und Fraktionen und ließen seit Mitte 1923 die Gegensätze offen zutage treten. Die Auseinandersetzungen erreichten wieder ihre frühere Heftigkeit. Die extremen Parteien erstarrten in unversöhnlicher Feindschaft, die sich bei der *Action française* gegen die parlamentarischen Institutionen, bei den Kommunisten gegen die kapitalistische Gesellschaft richtete. Die verbale Polemik mündete sogar manchmal in der Anwendung physischer Gewalt. So ermordete die Anarchistin Germaine Berton in den Büroräumen der *Action française* einen von deren Funktionären namens Marius Plateau. Die SFIC verwandelte sich unter dem Einfluß des Vertreters der III. Internationale Humbert Droz in eine straff gegliederte bolschewistische Kaderorganisation. Wer dagegen aufmuckte, wurde ausgeschlossen. Sie orientierte sich an einer konsequent klassenkämpferischen Strategie, die unterschiedslos gegen Rechte wie Linke gerichtet war. Als jedoch immer mehr unter ihren Anhängern erkannten, daß sie irregeführt worden waren, schmolz die Zahl der Parteimitglieder zusammen wie Schnee in der Sonne.

So bildete sich im republikanisch-sozialistischen Lager eine Gruppierung heraus, die auf die Unzufriedenheit all jener Kreise setzte, die von der Steuerpolitik Poincarés mehr oder weniger hart betroffen waren: die Steuerzahler, deren Abgaben um mehr als 20 Prozent gestiegen waren, Beamte, die wegen der Einsparungen der öffentlichen Hand auf der Straße standen und Lehrer, die sich über das Schwinden des Laizismus im Bildungswesen beunruhigten. Kurz, das »Kartell der Linken« präsentierte sich als Anwalt der »Kleinen« gegen die »Großen«.

Schließlich prallten Mehrheit und Opposition auch in Verfassungsfragen aufeinander. In ihrer instinktiven Abneigung gegen jedes persönliche Regiment in der Regierung rieb sich die Linke von Mal zu Mal mehr an der Amtsführung von Staatspräsident Millerand, denn die Sozialisten befanden sich auf dem besten Wege, Parlamentsherrschaft und Demokratie in eins zu setzen. Je näher die Wahlen rückten, desto mehr griff Millerand persönlich in den Wahlkampf ein: Er strebte ganz offen die Wiederwahl des Nationalen Blocks an. In einer aufsehenerregenden Rede am 14. Oktober 1923 in Evreux brach er mit dem Brauch der Enthaltung jedweder persönlichen Stellungnahme seitens des Staatspräsidenten, als er sich für eine begrenzte Revision der Verfassung aussprach. Für die Linke reichte das aus, um von einem Staatsstreich und – wie im Jahre 1877 – von einer Gefahr für die Republik zu sprechen. Die Kammerwahlen erlangten dadurch zusätzliche Bedeutung: Die Wähler mußten sich für oder gegen Millerand, für oder gegen eine Verfassungsänderung entscheiden.

Die religiöse Frage und das Verhältnis zur katholischen Kirche überhaupt, die Außenpolitik im allgemeinen und speziell die Beziehungen zur Weimarer Republik und schließlich die künftige Rolle des Parlaments – das waren die Themen, deretwegen sich Radikalsozialisten und Sozialisten als die beiden größten Fraktionen der Linken mit den kleineren, hauptsächlich nur in der Kammer vertretenen republikanischen Gruppen wie den *Républicains socialistes* um Paul Painlevé zusammenschlossen und eine Neuauflage des »Linksblocks« aus der Vorkriegszeit bildeten. Die Achse Léon Blum–Édouard Herriot kam der früheren Verbindung zwischen Jean Jaurès und Joseph Caillaux ziemlich nahe.

Die Gruppierungen orientierten sich wieder an der früheren Grenze zwischen Rechts und Links. Selbst wer sie einmal überschritten hatte, kehrte nun in sein früheres politisches Lager zurück; das zeigte sich gerade am Beispiel jener Radikalsozialisten, die sich 1919 für den »Nationalen Block« hatten wählen lassen und in allen Kabinetten der vergangenen vier Jahre zum Teil hohe Positionen bekleidet hatten. Auch sie rutschten nach und nach wieder in die Opposition zurück. In der Parteiführung hatten sich die Anhänger Édouard Herriots durchgesetzt, die entschieden für den Bruch mit der Rechten eintraten. In diesem Sinne versuchte das Exekutivkomitee, die radikalsozialistischen Minister zum Austritt aus der Regierung zu bewegen – allerdings ohne Erfolg. Gleichzeitig näherten sich die Radikalsozialisten wieder der SFIO an, weil sie die Lektion ihres Mißerfolgs im Jahre 1919 begriffen hatten. Das Wahlrecht war seitdem unverändert geblieben, und sie waren entschlossen, sich diesmal die Prämie auf absolute Mehrheiten nicht entgehen zu lassen und mit Hilfe neuer Parteibündnisse solche Mehrheiten zu sichern. Die Wiederannäherung wurde durch den Läuterungsprozeß der SFIO nach der Zession in Tours erleichtert, da ihre ungestümsten Elemente sie inzwischen verlassen hatten. Radikalsozialisten und Sozialisten teilten dieselben Befürchtungen und vermochten sich daher prinzipiell auf einen gemeinsamen Kurs zu einigen. Die Kirchenpolitik des Nationalen Blocks mißfiel nämlich allen Franzosen, die die Verteidigung der Republik mit einem militanten Laizismus verbanden. So drängten die Freimaurer und die Lehrer zum Zusammenschluß aller antikirchlichen Kräfte gegen den Klerikalismus. Sie wollten weder die Lockerung der für sie unantastbaren laizistischen Gesetze noch die Beibehaltung der Konkordatspolitik in Elsaß-Lothringen, noch gar einen französischen Botschafter am Heiligen Stuhl in Rom dulden. Während das Aufflammen des Antiklerikalismus im Wahlprogramm des Linkskartells jedoch eher als Erbe der Vergangenheit anzusehen war, wies seine Außenpolitik in die Zukunft. Die Linken warfen die traditionelle Außenpolitik über Bord, denn sie wollten am Bau einer neuen internationalen Ordnung mitwirken.

KAPITEL III

Das Kartell der Linken

Die Legislaturperiode des »Nationalen Blocks« (1919–1924) wurde von der Geschichtsschreibung bisher vernachlässigt; auch in der Erinnerung der Franzosen scheint sie ausgelöscht zu sein. Ganz anders dagegen verhielt es sich mit der im Mai 1924 gewählten Kammer, denn an sie sollte man sich später bei verschiedenen Anlässen immer wieder erinnern. Die politischen Experimente der Linken erregen normalerweise mehr Aufmerksamkeit als die konservativen Regierungen, weil sie leidenschaftlichere Gegensätze hervorrufen; daher verliefen auch die Jahre 1924 bis 1926 turbulenter. Das »Linkskartell« und seine verschiedenen Kabinette unter der Führung von Herriot, Painlevé und Briand fügte sich in eine gewisse Kontinuität: Es war ein Glied in einer Kette, die den »Linksblock« zu Beginn des 20. Jahrhunderts mit der »Volksfront« des Jahres 1936 verband, und diesem doppelten Zusammenhang verdankt es zu einem wesentlichen Teil seine historische Einordnung. Die Verwandtschaft mit dem *Bloc des gauches* ist relativ einfach: In gewisser Hinsicht bedeutete der Sieg des »Linkskartells« im Jahre 1924 das Ende der Umwälzungen, die der Krieg in den Denkweisen und Kräfteverhältnissen ausgelöst hatte, sowie eine Rückkehr zur Vorkriegszeit, denn die Wahlen von 1924 ähnelten in manchem den Wahlgängen der Jahre 1906 und 1914 doch sehr.

Komplizierter ist das Verhältnis zur Volksfront des Jahres 1936, deren Elan die Erinnerung an das »Kartell der Linken« verdrängt und verzerrt hat. Nach der Machtübernahme der »Volksfront« im Jahre 1936 betrachtete man das »Linkskartell« nur noch als ihren Vorläufer; dennoch besaß das Experiment der vereinigten Linken im Jahre 1924 durchaus eigenständigen Charakter. Am Beispiel des »Kartells« wird deutlich, wie die Retrospektive ein historisches Ereignis zu entstellen vermag.

DIE WAHL VOM 11. MAI 1924

Wenn man, wie es André Siegfried einmal formuliert hat, die Wahlen vom 16. November 1919 mit einigem Recht als »Befriedungswahlen« *(élections d'apaisement)* bezeichnen kann, so gehören die Wahlen vom 11. Mai 1924 zweifellos in die Kategorie der »Kampfwahlen« *(élections de lutte).* Alles weist darauf hin: Der Wahlkampf wurde leidenschaftlich und polemisch geführt, die Wahlbeteiligung war so hoch wie seit 1871 nicht mehr – nur 16,9 Prozent der Wähler gingen nicht zur Urne, also nur fast halb soviel wie bei den Wahlen von 1919.

Die Verschärfung des Wahlkampfes führte jedoch zu keiner durchgehenden Vereinfachung des politischen Kräftesystems: Dieser Wahlgang hatte nichts mit den dualistischen oder gar bipolaren Frontstellungen späterer Jahre Vergleichbares. Die Konservativen gingen zerstritten in den Kampf: Ihr äußerster rechter Flügel präsentierte eigene Listen, die mit denen des »Nationalen Blocks« konkurrierten; sein Programm war entschlossen reaktionär und klerikal.

Aber auch das Lager der Linken zeigte sich keineswegs geschlossener. Die Kommunistische Partei, die zum ersten Mal kandidierte, sonderte sich ab: Ihre Strategie wandte sich weniger gegen die Rechte als gegen die Sozialdemokratie, weil diese die Arbeiter der wahren Linken zu entziehen drohte und daher als der gefährlichere Gegner galt. In ihren Listen trat sie überall als »Arbeiter- und Bauernblock« auf und bekämpfte unterschiedslos Rechte wie Linke, auch auf die Gefahr hin, die Linke insgesamt zu schwächen. Diese Taktik brachte ihr etwa 875 000 Stimmen ein. Auch die übrige Linke konnte sich nicht überall auf eine gemeinsame Liste einigen. Nur in etwas mehr als der Hälfte der Departements kam es zu Wahlbündnissen zwischen Radikalsozialisten, Sozialisten und Linksrepublikanern.

Am Abend des 11. Mai herrschte der Eindruck eines großen Wahlsieges der Linken vor, ein Gefühl, das heute noch die Erinnerung an dieses Ereignis prägt. Doch eine Prüfung der Ergebnisse bestätigt diese Einschätzung nicht. Es hatte nicht nur keine massiven Stimmenverschiebungen gegeben, sondern man mochte die Zahlen auch drehen und wenden wie man wollte – die Linke insgesamt hatte nicht einmal die Mehrheit der abgegebenen Stimmen erreicht. Die Rechte und das Zentrum, die man berechtigterweise zusammenfassen darf, weil sie gemeinsam die scheidende Mehrheit bildeten, brachten es auf 4,5 Millionen Stimmen gegenüber 4,2 Millionen des »Linkskartells« einschließlich der Kommunisten.

Wie kam es aber dann, daß die öffentliche Meinung und sämtliche Kommentatoren an einen Wahlsieg der Linken glaubten, und wie läßt sich erklären, daß trotz der Wahlniederlage die Macht tatsächlich in ihre Hände gelangte? Die Zeitgenossen beurteilten den Wahlausgang mehr nach der Zahl der Mandate als nach der Stimmenzahl. Ihre Einschätzung gründete sich vor allem auf die Verteilung der Sitze. Das unverändert gültige Wahlsystem bewirkte bei dieser Wahl einen ähnlichen Effekt wie im Jahre 1919, nur mit genau umgekehrten politischen Folgen: Die Rechtsparteien hatten den Wahlkampf getrennt geführt und sich dadurch der »Mehrheitsprämie« beraubt. Während sich die Linke in 28 Wahlkreisen die absolute Mehrheit sichern konnte, in denen sie sämtliche Sitze gewann, war dies der Rechten nur in 18 Wahlkreisen gelungen. Dieser Wahlmechanismus verhalf der Linken in Verbindung mit der Wahlkreiseinteilung, die ihr einen gewissen Startvorteil verschaffte, zu einem glänzenden Wahlsieg.

Die Parteien des »Linkskartells«, die Radikalsozialisten, Sozialisten und Linksrepublikaner, errangen 286 Mandate. Zusammen mit den 41 Abgeordneten der *Gauche radicale*, die den rechten Flügel des Linksbündnisses bildeten, und den 28 Kommunisten kam die Linke damit auf fast 360 Abgeordnete in einer Kammer, der jetzt insgesamt weniger als 600 Deputierte angehörten. Demgegenüber kam die Rechte nur auf 233 Abgeordnete. Der Abstand zwischen den beiden Lagern betrug also mehr als 120 Sitze. Bei diesen Kräfteverhältnissen konnte das »Linkskartell« mit Fug und Recht auf einen großen Wahlsieg verweisen, der die Niederlage von 1919 vergessen ließ. Man hatte diese Scharte glücklicherweise wieder ausgewetzt – mehr noch: Die Linke konnte sich im Glauben wiegen, daß ihr der Wähler das Mandat zur Realisierung eines Programms erteilt hatte, das in allen wichtigen Punkten der Politik der Regierung Poincaré zuwiderlief.

Die erste Konsequenz aus dem Wechsel der Mehrheit bestand in einer personellen Wachablösung. Mit nur wenigen Ausnahmen – die bedeutsamste war der erneute Einzug Aristide Briands in den Quai d'Orsay im Jahre 1925 – verloren alle, die seit 1919 regiert hatten, ihre Ämter, allen voran der Präsident der Republik. Nachdem Alexandre Millerand im Wahlkampf offen Partei für die scheidende Mehrheit ergriffen hatte, machte die Linke keinen Hehl aus ihrer Absicht, die in ihren Augen schwere Verletzung der republikanischen Tradition zu bestrafen. Aber wie konnte man den Präsidenten zum Rücktritt zwingen, da er doch der Kammer nicht verantwortlich und von ihr nicht zu belangen war? Zur Lösung dieses Problems griff man auf ein Verfahren zurück, mit dem schon einmal eine Kammer einen Staatspräsidenten, nämlich Jules Grévy (1879–1887) nach dem Wilson-Skandal [siehe Geschichte Frankreichs, Band 5, Seite 400], zum Rücktritt gezwungen hatte; damals kam es zu einem regelrechten »Streik« der Kandidaten für das Amt des Regierungschefs, die die Zusammenarbeit mit Grévy verweigerten. So erklärten die Radikalsozialisten, mit 139 Abgeordneten die stärkste Fraktion, daß das weitere Verbleiben des gegenwärtigen Staatspräsidenten in seinem Amt »das republikanische Gewissen verletzen würde«. Alle Persönlichkeiten, die Millerand zur Regierungsbildung aufforderte, entzogen sich seinem Auftrag. Nach einigen Tagen erfolglosen Suchens entschloß sich Millerand zur Bildung eines Minderheitskabinetts, das, von vorneherein nur als Übergangslösung gedacht, den einzigen Zweck verfolgte, dem Staatspräsidenten eine Botschaft an das Parlament zu ermöglichen. Darin warf er der neuen Mehrheit vor, sie verletze die Verfassung. Die Parlamentsmehrheit lehnte jedoch eine Grundsatzdebatte ab und bekräftigte ihren Entschluß, die Zusammenarbeit mit einer Regierung zu verweigern, deren Zusammensetzung die »Verneinung der Rechte des Parlaments« bedeute. Nachdem Millerand im Senat nicht die gewünschte Unterstützung gegen den Machtanspruch der Deputiertenkammer gefunden hatte und daher außerstande war, das Parlament aufzulösen, trat er am 11. Juni zurück. So endete eine zehntägige Krise, deren Ausgang das Übergewicht der Abgeordnetenkammer bestätigte und den Niedergang des Präsidentenamtes vollends besiegelte. Somit hat der Sturz Millerands im Juni 1924 bereits indirekt die vollständige Entmachtung Albert Lebruns während der dramatischen Beratungen des Ministerrats im Juni 1940 vorbereitet.

Zwar hatte die Linke einen ersten Erfolg errungen, doch blieb dieser unvollständig, denn der Senat fand sich trotz seiner Weigerung, Millerand zu unterstützen, nicht dazu bereit, an der Unterdrückung der Opposition mitzuwirken. Vielmehr stimmte die Mehrheit der Senatoren gemeinsam mit der Minderheit in der Kammer für den als gemäßigt geltenden Senatspräsidenten Gaston Doumergue (als Nachfolger Millerands) und gegen den Kandidaten des »Kartells«, Paul Painlevé. Das war die erste Enttäuschung für die Sieger des 11. Mai.

Zum Zeitpunkt der Regierungsbildung erlebte das »Kartell« die zweite Enttäuschung: Waren die Linksparteien im Wahlkampf noch solidarisch gewesen, so fielen sie gleich danach wieder auseinander. Gaston Doumergue beauftragte sofort nach seinem Amtsantritt Édouard Herriot, den Führer der Radikalsozialisten als der stärksten Gruppe in der Kammer, mit der Regierungsbildung. Dieser suchte als erstes die Sozialisten zur Mitarbeit zu bewegen und wandte sich an Léon Blum, der zwar offiziell der Parteiführung nicht angehörte, aber dank seiner Leitartikel in der Zeitung *»Le Populaire«* und seiner Position an der Spitze der Parlamentarierfraktion die maßgebende Persönlichkeit innerhalb der SFIO darstellte. Blums Antwort fiel jedoch negativ aus. Für die Sozialisten ging es hier ums Prinzip: Sie waren entschlossen, keine Regierungsverantwortung zu übernehmen, solange sie nicht selbst die Regierung stellten. Bis dahin durfte keine bürgerliche Regierung auf ihre Mithilfe rechnen. Selbst diejenigen, die ihre Beteiligung an den Kriegskabinetten nicht bereuten, gingen jetzt auf Distanz zur Macht. Im übrigen gab es für die SFIO gar keinen anderen Weg, ihre Geschlossenheit zu bewahren und Spaltungen zu vermeiden, als den der Nichtbeteiligung. Zum Ausgleich dafür bot Léon Blum einer radikalsozialistisch geführten Regierung die Unterstützung seiner Partei an.

Es gehört jedoch zu den Gesetzen der Mechanik in den Beziehungen zwischen Parteien, daß die bloße Unterstützung einer Regierung, die nicht in eine echte Beteiligung an der Regierungsverantwortung mündet, schließlich unvermeidbar zum Bruch führt. Die folgenden Jahre lieferten dafür mehr als ein Beispiel. Parlamentarier, die nur darauf beschränkt bleiben, eine Regierung zu unterstützen, ohne deren Entscheidungen beeinflussen zu können und nicht einmal deren Gründe zu kennen, gleiten unvermeidbar von einer bedingten in eine nur noch gelegentliche Unterstützung ab, bevor es nach einer Phase zunehmender Reserviertheit schließlich zum Bruch kommt. Diejenigen hingegen, die wissen, welche Gründe dieser oder jener Entscheidung zugrunde liegen und die täglich mit den Problemen der Macht zu kämpfen haben, werden bald der Kritik von seiten ihrer Bundesgenossen müde und haben es satt, sich – falls sie Männer der Linken sind – ständig den Vorwurf anhören zu müssen, sie betrieben die Politik der Rechten.

Somit befand sich die Regierung Herriot praktisch von Anfang an (seit dem 15. Juni) ungeachtet des Wahlergebnisses in einer prekären Lage. Braucht es noch andere Gründe für das Scheitern des »Kartells«? Da Herriot auf die Mithilfe der zweitstärksten Gruppe im Parlament verzichten mußte – die Sozialisten zählten immerhin über hundert Abgeordnete –, bildete er eine Regierung aus dreizehn Radikalsozialisten und fünf sozialistischen Republikanern oder Mitgliedern der republikanischen Linken *(Gauche républicaine)*, durch die die Regierung zum rechten Flügel des »Kartells« hin abgetrieben wurde. Die im Kabinett vertretenen Gruppierungen stellten zusammen weniger als zweihundert Abgeordnete.

DIE REGIERUNG HERRIOT

Nach den Wahlen übernahm eine neue Generation die Schalthebel der Macht. Édouard Herriot (1872–1957), ein gebildeter und rhetorisch glänzend begabter Politiker, war bei seinem Amtsantritt zweiundfünfzig Jahre alt. Dreißig Jahre lang sollte er von nun an als unbestrittene Autorität im parlamentarisch-politischen Leben Frankreichs fungieren. Er regierte durch das Wort. Mehrere bedeutende Ministerposten vertraute er Männern an, die zum ersten Mal am Kabinettstisch saßen. Er selbst besaß im übrigen auch nur wenig Regierungserfahrung. Wie seine Vorgänger seit Clemenceau übernahm auch er angesichts der großen Bedeutung, die außenpolitischen Fragen zukam, selbst das Außenministerium. Er umgab sich mit lauter neuen Gesichtern: Camille Chautemps leitete das Innen-, Édouard Daladier das Kolonial- und Henri Queuille das Landwirtschaftsministerium. Diese Namen signalisierten einen Generationenwechsel. Er stellte viele bis dahin wenig bekannte Männer in die vorderste Reihe, deren Karriere zum Teil bis in die Vierte Republik hinein andauerte.

Es war auch eine neue Gesellschaft, die sich in dieser Generation verkörpert sah. Ob zu Recht oder zu Unrecht, stets hatte man die frühere Mehrheit, den »Nationalen Block«, mit der herrschenden Klasse gleichgesetzt und ihr von seiten der Linken vorgeworfen, daß sie mit ihrer

Politik deren Interessen vertrete; und in der Tat zählte sie auffallend viele Notabeln, Großgrundbesitzer und Unternehmer in ihren Reihen. Mit dem »Linkskartell« trat im Palais Bourbon eine Mannschaft an, die sich mehr aus den Kreisen der Beamten und Lehrer rekrutierte. Albert Thibaudet, der ebenso subtile Literaturkritiker wie scharfsinnige Analytiker des politischen Lebens, prägte für die Regierung der Linken und mit Blick auf die Führer der drei wichtigsten Gruppen in der Kammer das noch heute bekannte Wort von der »Republik der Lehrer«. Édouard Herriot, Léon Blum und Paul Painlevé hatten alle drei die *École normale supérieure* in der Rue d'Ulm besucht, was die Erinnerung an ein anderes Dreigestirn, das der Julimonarchie, in ihm wachrief: an François Guizot, Abel François Villemain und Victor Cousin. So griffig das Wort von der »Republik der Lehrer« auch erscheinen mag, es charakterisierte eher eine Weltanschauung als eine soziologische Wirklichkeit; denn einige dieser *Normaliens* übten nie einen Lehrberuf aus. Léon Blum zum Beispiel hatte die École normale vor der Abschlußprüfung *(agrégation)* verlassen, und umgekehrt saßen mit André Tardieu oder André François-Poncet kaum weniger Absolventen dieser Eliteschule in den Reihen des »Nationalen Blocks«.

Dennoch läßt sich nicht leugnen, daß die neue Mehrheit das Gefühl vermittelte, daß man es mit einem anderen Frankreich zu tun habe. Männer wie Herriot, Blum, Painlevé, Yvon Delbos und andere, weniger bekannte, aber durchaus repräsentative Persönlichkeiten vom Schlage eines Émile Borel verliehen diesem Eindruck eine gewisse Berechtigung.

Die Wähler der Linken hatten am Abend des 11. Mai das Gefühl, daß nun »die Dinge wieder in Ordnung kommen« würden. Wer in der Republik die Verteidigerin der Kleinen gegen die Großen, des Laizismus gegen den Klerikalismus erblickte, sah nunmehr die Stunde der Wiederaufrichtung einer Ordnung gekommen, die wirklich den Namen Demokratie verdiente. Eine große Hoffnung ergriff Millionen von Wählern, daß die Regierung nun das politische Programm des »Kartells« in die Tat umsetzen werde.

Einige spektakuläre Initiativen des neuen Kabinetts ließen darauf schließen, daß diese Erwartungen nicht enttäuscht werden sollten: Linksregierungen begleiten häufig ihren Auftritt vorzugsweise mit symbolträchtigen Gesten. Am Tag nach der Wahl, am 12. Mai 1924, richtete der *»Quotidien«*, ein zu Wahlkampfzwecken gegründetes Blatt, an die

Adresse der künftigen Regierung die Forderung: »Alle Posten, und zwar sofort.« Dies geschah im Namen eines Demokratiebegriffs, dem die Vorstellung zugrunde lag, daß der Wählerwille auch auf die personelle Besetzung der höheren Beamtenstellen einwirken solle. Die Regierung entließ daraufhin einige hohe Funktionäre und Diplomaten, andere wurden vorzeitig in den Ruhestand versetzt. Die Rechte empörte sich lauthals über dieses »Beutesystem«. Senat und Abgeordnetenkammer amnestierten Joseph Caillaux und Louis Malvy, denen auf Clemenceaus Betreiben wegen geheimen Einverständnisses mit dem Feind der Prozeß gemacht worden war. Dieser Beschluß bedeutete die Rehabilitierung zweier auf Ausgleich bedachter Politiker und entsprach dem Geist der neuen Außenpolitik. Auch die nach den Streiks von 1920 entlassenen Eisenbahner wurden amnestiert.

Der »Nationale Block« hatte die Überführung von Gambettas Herz in das Panthéon beschlossen, um den unermüdlichen Organisator der nationalen Verteidigung im deutsch-französischen Krieg 1870/71 zu ehren. Das »Kartell« hingegen ließ die sterblichen Überreste Jean Jaurès' in die nationale Gedenkstätte überführen; es ehrte damit den Friedensapostel und Verkünder des Internationalismus, vielleicht auch den *spiritus rector* der *Délégation des gauches* [des nach den Wahlen von 1902 in der Kammer gebildeten Verbindungskomitees, das die Zusammenarbeit der Linksparteien koordinieren sollte; vgl. auch Geschichte Frankreichs, Band 5, S. 529] und Repräsentanten eines früheren Linkskartells. Die Überführung im November 1924 bildete den Anlaß einer eindrucksvollen Trauerfeier. Arbeiterdelegationen aus allen Teilen Frankreichs bekundeten ihre Unterstützung für das »Kartell«; die Bergarbeiter aus Carmaux trugen den Sarg auf einem riesigen Schild. Die Kommunisten, die das Gedenken an den großen Tribun nicht allein den linken Parlamentariern überlassen wollten, begleiteten den offiziellen Zug in dicht geschlossener Formation. Es war ihr erster derartiger Auftritt. Ihre Demonstration rief einen tiefen Eindruck im Lager der Rechten hervor, wo man später fast soweit ging, darin einen Vorläufer für den *»grand soir«* (den »Großen Umsturz«) von 1936 zu erblicken.

Zwei Gesetzesinitiativen befriedigten alte gewerkschaftliche Forderungen: Zum einen akzeptierte die Regierung die Ausdehnung des Rechts auf gewerkschaftliche Betätigung auf den öffentlichen Dienst. Bisher tolerierten die Regierungen gemäß dem Grundsatz, daß gewerkschaftliche Organisationen nicht gegen den Staat gerichtet sein durften, höchstens sogenannte *amicales* (Vereinigungen), die jedoch keine der Rechte, wie sie das Gesetz von 1884 den Gewerkschaften zuerkannte, genossen. Das »Kartell« ließ nun auch im Bereich des öffentlichen Dienstes die Gründung von Gewerkschaften zu. Keine der nachfolgenden Regierungen, mit Ausnahme der Vichy-Regierung, ist je wieder von dieser Entscheidung abgewichen; die Verordnung über die Tätigkeit im öffentlichen Dienst im Jahre 1946 gab den Staatsbeamten dann endgültig die gleichen Rechte wie den übrigen Arbeitnehmern. In der Folgezeit gelang es den Gewerkschaften, in den Verwaltungen Positionen zu erreichen, die sie zu ernst zu nehmenden Gesprächspartnern der Regierung machten. Gerade im Bereich des öffentlichen Dienstes war der Grad der gewerkschaftlichen Organisation besonders hoch. Ein Teil der Rechten konnte sich niemals ganz mit diesen Zugeständnissen abfinden und berief sich dabei auf die mit dem öffentlichen Dienst verbundenen Pflichten und auf seine Monopolstellung, aber auch auf die Vorteile, die sich für seine Angehörigen daraus ergaben, wie zum Beispiel die Sicherheit des Arbeitsplatzes. Er erließ deshalb, wenn er an der Macht war, einschränkende Bestimmungen wie etwa ein Streikverbot für bestimmte Beamtengruppen oder Richtlinien zur Sicherstellung eines Minimums an Dienstleistungen durch die Beamten im öffentlichen Dienst.

Die zweite Gesetzesinitiative galt der Schaffung eines Nationalen Wirtschaftsrates *(Conseil national économique)* am 17. Januar 1925. Mit dieser Entscheidung reagierte die Regierung Herriot auf einen früheren Vorschlag der CGT zur Ergänzung der politischen Demokratie durch eine soziale Demokratie. Dieser Wirtschaftsrat, in dem Vertreter aller wirtschaftlichen Produktivkräfte versammelt waren, vor allem die Arbeiterorganisationen, sollte bei allen wirtschaftlich relevanten oder die Arbeitsverhältnisse berührenden Projekten und Maßnahmen konsultiert werden. In diesem Fall teilte ein korporatistisch denkender Teil der Rechten die Wünsche der gewerkschaftlichen Linken. Diese partielle Übereinstimmung ist ein Beispiel für die Ambivalenz bestimmter Reformprojekte, welche die diversen Übergänge von einem Lager ins andere in den dreißiger Jahren erklärt. Der Wirtschaftsrat des Jahres 1925 spielte zwar nur eine bescheidene Rolle, immerhin war er der Vorläufer jener Institution, deren Stellung durch die Verfassungen von 1946 und 1958 wesentlich gestärkt werden sollte.

EINE NEUE AUSSENPOLITIK

Wenn es einen Bereich gab, in dem die Linke sofort ihre Entschlossenheit erkennen ließ, mit der Politik der früheren Mehrheit zu brechen, so war es die Außenpolitik. Das war neu, denn traditionellerweise wurde die Außenpolitik, mit Einverständnis aller Beteiligten, von politischen Kontroversen freigehalten, und die jeweiligen Veränderungen der Mehrheiten in der Kammer übten darauf wenig Einfluß aus. So blieb zum Beispiel die Leitung des Quai d'Orsay auch nach dem Zerfall der Zentrumsmehrheit im Jahre 1898 in den Händen von Théophile Delcassé. Nach 1918 jedoch überlagerten sich innen- und außenpolitische Faktoren immer häufiger, nicht zuletzt als Folge weltanschaulicher Gegensätze zu oder Gemeinsamkeiten mit bestimmten Regimen und der daraus resultierenden Sympathien oder Antipathien gegenüber den betreffenden Ländern. Die Revolution des Jahres 1917 trug wesentlich zu diesem Wandel bei: Das Gefühl der Solidarität oder Feindschaft gegenüber den Sowjets hatte den diplomatischen Umgang mit ihnen oft stark beeinflußt, während noch in den neunziger Jahren des 19. Jahrhunderts die Republikaner keinerlei Skrupel hatten, ein Bündnis mit dem autokratischsten Regime Europas einzugehen. Umgekehrt beeinflußte die Abscheu vor dem Faschismus die Außenpolitik der Volksfrontregierung im Jahre 1936 erheblich.

Was Großbritannien betraf, so hegte die Linke, ob Radikalsozialisten oder Sozialisten, seit jeher eine grundsätzliche Sympathie für dieses Land, ganz gleich, welche Partei dort gerade regierte. Deshalb unternahm Herriot als ersten Akt seiner gerade erst im Amt befindlichen Regierung einen Besuch beim englischen Premierminister Ramsay MacDonald, um die seit der Ruhrbesetzung abgekühlten Beziehungen wieder enger zu gestalten. Herriot besaß keinerlei Erfahrung in diplomatischen Verhandlungen und ebensowenig die Gabe der Intuition, um diesen Mangel wettzumachen; so ließ er sich gegenüber den Briten zu wichtigen Zugeständnissen verleiten, ohne dafür mehr zu bekommen als verbale Zusicherungen. Bei genauem Hinsehen allerdings erwies sich der angekündigte Bruch mit der bisherigen Außenpolitik als keineswegs so eindeutig, wie dies die Absichtserklärungen und die symbolischen Gesten der Regierung glauben machen wollten: Poincaré bewegte sich auf eine Verhandlungslösung zu und hatte bereits seine Zustimmung zu einem Plan erteilt, der das Placet der Briten hatte. Auch einer konservativen Regierung wäre unter diesen Umständen nichts anderes übriggeblieben, als die Folgen dieses nur mäßig erfolgreichen Ruhrabenteuers zu beseitigen.

Seit dieser Zeit bildete das Bemühen um eine enge Zusammenarbeit mit Großbritannien ein konstitutives Element der französischen Außenpolitik. Das abschreckende Beispiel der Ruhrbesetzung, durch die Poincaré Frankreich in die außenpolitische Isolation geführt hatte, und die Einsicht, daß Frankreich immer weniger in der Lage war, einem revisionistisch gesinnten Deutschland seinen Willen direkt aufzuzwingen, verpflichteten fast alle nachfolgenden Regierungen zu einer Politik des Zusammengehens mit London als einer unumstößlichen Bedingung französischer Sicherheit. Da Großbritannien jedoch auch später nie von der Linie seiner eigenen Interessen abwich, war es für gewöhnlich an Frankreich, Zugeständnisse an die, wie man es so hübsch formulierte, »englische Gouvernante« zu machen. Mit nur wenigen Ausnahmen, deren bemerkenswerteste der im April 1934 von Louis Barthou eingeleitete Kurswechsel war, der Barthous Tod jedoch nicht überlebte, paßten sich die französischen Regierungen der Linie des Foreign Office an und hofften auf diese Weise allmählich seine Politik zu beeinflussen. Diese Fügsamkeit bildete später den Hintergrund der französischen Nichteinmischungspolitik im Spanischen Bürgerkrieg 1936 wie auch der schwankenden Haltung Frankreichs in der Sudetenkrise des Jahres 1938. Die Abhängigkeit der französischen von der englischen Außenpolitik war das Werk der Regierung Herriot; jedoch zeigten sich die damit verbundenen Probleme erst später.

Hinsichtlich der Sowjetunion brach das »Linkskartell« mit der Politik seiner Vorgänger. Es waren sowohl Sympathie für die Revolution als auch die Tatsache ihrer Konsolidierung, die Herriot dazu veranlaßten, im Oktober 1924 die sowjetische Regierung *de jure* anzuerkennen, ohne sich dabei um die Wünsche derer zu kümmern, die auf einen Sieg der Gegenrevolution hofften.

In Deutschland traf Herriot auf eine Regierung, die ebenfalls aus dem Ruhrkampf gelernt und ihre Machtlosigkeit erkannt hatte. Ob es sich bei der Berliner Politik nur um eine taktische Kehrtwendung oder um eine aufrichtige Bekehrung zur Politik der Aussöhnung handelte, darüber wurde noch lange gestritten, wobei die nationalistische Rechte gegen Aristide Briand den Vorwurf erhob, er habe sich vom »Finassieren« Gustav Stresemanns an der Nase herumführen lassen. Kurzum: Berlin ging auf die französische Haltung in der Sicherheitsfrage ein und übernahm die Konzeption einer schiedsrichterlichen Klärung strittiger internationaler Fragen mit dem Ziel gleichzeitiger, kontrollierter Abrüstung. Der Vertrag von Locarno (Oktober 1925) krönte die Bemühungen Briands und besiegelte die endgültige Aussöhnung der ehemaligen Kriegsgegner: Deutschland erklärte sich diesmal ohne Zwang dazu bereit, seine Unterschrift unter einen Vertragstext zu setzen, der seine Westgrenzen festschrieb und damit den Verzicht auf die ihm entrissenen Gebiete einschloß. Die Unterschriften Großbritanniens, Italiens und Belgiens erbrachten für Frankreich die Sicherheitsgarantien, die es in den Jahren 1919/1920 nicht bekommen hatte. Der Frieden schien nunmehr dauerhaft besiegelt.

Diese Politik fand die Zustimmung fast aller Abgeordneten in der Kammer, und so wurde der Vertrag mit der breiten Mehrheit von 413 gegen 71 Stimmen gebilligt. Sie erfüllte damit den leidenschaftlichen Wunsch eines Volkes nach Frieden; sie führte zu einer Senkung der Verteidigungslasten und im Gesetz von 1927 zu einer Verkürzung des Militärdienstes auf ein Jahr. Die deutsch-französische Annäherung wurde zu einem beliebten Thema auf seiten der Linken; sie stand vor allem bei jenen in Gunst, die im Nationalismus nur eine schlimme Verkörperung des Kapitalismus erblickten. Auch bei den Katholiken, die aufmerksam die Lehren Pius' XI. verfolgten, fand dieses Thema lebhafte Unterstützung; denn dieser Papst brandmarkte den Nationalismus als moderne Häresie und sparte nicht mit Gesten der Sympathie für die internationalen Institutionen. Und dennoch rührte die Politik der Aussöhnung auch an Empfindlichkeiten: Zehn Jahre nach dem Sieg provozierte die Aufführung des »Siegfried« von Jean Giraudoux auf einer Pariser Bühne feindselige Reaktionen, weil darin ein Offizier in deutscher Uniform auftrat, und breite Kreise der französischen Öffentlichkeit zweifelten auch weiterhin an der Aufrichtigkeit der deutschen Führung.

Dennoch nahm die neue »Friedensbewegung« ihren Fortgang und erfaßte immer weitere Kreise. Auch die Ablösung des »Linkskartells« und die Rückkehr Poincarés änderten nichts am Kurs der französischen Politik gegenüber Deutschland, das im Jahre 1926 in den Völkerbund aufgenommen wurde. Die Regierungen der »Nationalen Union« akzeptierten die Vorschläge der Amerikaner Dawes und Young zur Lösung der deutschen Reparationsprobleme, die für Deutschland Erleichterungen vorsahen, und setzten auch ihre Unterschrift unter den Briand-Kellogg-Pakt vom 27. August 1928, in dem sich sechzig Unterzeichnerstaaten verpflichteten, den Krieg als Mittel zur Lösung zwischenstaatlicher Streitigkeiten zu ächten und ihre Streitfälle einem Schiedsgericht zu unterbreiten. Dieselben Regierungen erhoben auch keine Einwände gegen den von Briand entworfenen Plan für eine europäische Föderation.

In all diesen Jahren bedeutete die ununterbrochene Amtsführung Aristide Briands im Quai d'Orsay Garantie und Symbol der Kontinuität französischer Außenpolitik über alle Mehrheitswechsel hinweg. Der wirkliche Einschnitt in die französische Außenpolitik erfolgte also nicht erst im Jahre 1926, sondern bereits zwei Jahre zuvor. Das Ansehen Aristide Briands im In- und Ausland erreichte enorme Ausmaße und färbte auf Frankreich ab. Durch seine hochherzige Rhetorik wie sein politisches Handeln beherrschte dieser Apostel oder Pilger des Friedens die internationale Bühne und wurde für sein Werk mit dem Friedensnobelpreis geehrt. In Genf gewann er einige der großen europäischen Staatsmänner wie Gustav Stresemann, Austen Chamberlain, den Rumänen Nicolae Titulescu, den tschechischen Staatspräsidenten Edvard Beneš und den Griechen Nikolaos Politis für ein gemeinsames diplomatisches Handeln im Dienste des Friedens. Endlich konnte Europa wieder aufatmen, schien für immer von der Geißel des Krieges befreit. Man glaubte die Zukunft so sicher, daß Faustpfänder oder Garantien nicht mehr nötig schienen. So stimmte Frankreich fünf Jahre vor dem vereinbarten Datum der Räumung des linken Rheinufers zu. Dies bedeutete das Ende der Nachkriegszeit.

DAS KOLONIALREICH

Erste Schwierigkeiten erwuchsen dem Kabinett Herriot aus der Lage in Übersee. Im Ersten Weltkrieg hatten die französischen Kolonien dem Mutterland wertvolle Hilfe in Form von Soldaten, Arbeitern und strategischen Gütern geleistet. Etwa 800 000 Eingeborene aus allen französischen Besitzungen waren zum Kriegsdienst einberufen worden. Ihr Opfermut und die Loyalität der Kolonien hatten die französische Öffentlichkeit in ihrer Überzeugung bekräftigt, daß dies die Gegenleistung für die zivilisatorische Arbeit sei, die Frankreich an ihnen geleistet hatte. Niemand dachte weiter über die Zukunft der Kolonien nach, weder der Mann auf der Straße noch die Politiker. Allenfalls glaubten einige weitsichtige Zeitgenossen, daß man nicht nur die Erschließung der natürlichen Ressourcen in den Kolonien vorantreiben, sondern auch den Lebensstandard der einheimischen Bevölkerung steigern müsse. Durch das Gesetz vom 4. Februar 1919 wurde einigen Tausend Eingeborenen für ihren heldenhaften Einsatz und ihr aufopferndes Verhalten im Krieg die französische Staatsbürgerschaft verliehen, gleichsam ein erster Schritt zur Assimilation und zur Gleichstellung mit den Franzosen des Mutterlandes. Rechte wie Linke zeigten sich gleichermaßen stolz auf das zivilisatorische Werk, das Frankreich gemäß seiner universalistischen Mission vollbracht hatte. Die Öffentlichkeit wurde sich langsam jenes größeren Frankreich bewußt und begann in der Existenz dieses riesigen, außereuropäischen Reiches – der Fläche nach das zweitgrößte der Welt – ein wesentliches Element seiner Größe und Macht zu entdecken.

Während der Regierungszeit des »Linkskartells« kam es zu ersten Alarmzeichen, die diese Selbstgewißheit erschütterten. Die Linke war noch weniger als die Rechte darauf vorbereitet, mit derartigen Schwierigkeiten fertig zu werden, weil es ihr schlimme Skrupel verursachte, zur Unterdrückung von Aufständen zu Gewaltmaßnahmen greifen zu müssen. Die Unruhen brachen an zwei Orten aus, in Marokko und im Nahen Osten. Im Frühjahr 1924 kam es in Marokko unter der Führung von Abd el-Krim zu einer Aufstandsbewegung, die von den Rifkabylen ausging, auf Französisch-Marokko übergriff, die Stadt Fez bedrohte und für kurze Zeit das gesamte Protektorat in Gefahr brachte. Die Regierung betraute daraufhin Marschall Pétain mit einer Sondermission, die zur

Kaltstellung des französischen Generalresidenten Hubert Lyautey und schließlich zu dessen Rücktritt führte. Beträchtliche Truppenkontingente in einer Stärke von über 100 000 Mann wurden in Marsch gesetzt. Es gelang zwar, wenn auch um einen hohen Preis, die Ordnung wiederherzustellen und das Protektorat zu retten, aber die Zeichen hatten auf Sturm gestanden.

Die marokkanische Krise löste in Frankreich erhebliche Erschütterungen aus. Getreu der Definition Lenins, der das marxistische Schema vom Klassenkampf zwischen Kapitalisten und Proletariern auf das Verhältnis zu den Kolonien übertrug, ergriffen die Kommunisten Partei für die Rebellen. Jacques Doriot schickte ein Telegramm an Abd el-Krim und versicherte ihn der Sympathie und Solidarität der Kommunistischen Partei Frankreichs, was ihm freilich in der Kammer heftige Angriffe eintrug.

Der zweite Gefahrenherd loderte im Nahen Osten, wo Frankreich ein Völkerbundsmandat über Syrien und den Libanon verwaltete. Dort brach im Drusengebirge ein Aufstand aus, der Damaskus bedrohte, und auch hier bedurfte es einer beträchtlichen militärischen Anstrengung, um ihn niederzuschlagen.

Einige Intellektuelle und Schriftsteller wie André Gide in »Voyage au Congo« (»Kongoreise«) oder in »Retour du Tchad« (»Rückkehr aus dem Tschad«) und Andrée Viollis erregten sich über bestimmte Verwaltungspraktiken und deckten die Ausbeutung der Eingeborenen durch die großen Handelsgesellschaften auf, die das Recht zur Nutzung der Natur- und Bodenschätze besaßen. Diese nötigten die Eingeborenen zu einer Art von Zwangsarbeit, die häufig an Sklaverei erinnerte, oder deportierten ganze Dörfer, um Straßen oder Schienenwege zu bauen. Im großen und ganzen aber erregte sich in Frankreich kaum jemand über diese Dinge. Die Nachrichten, die von dort über die Leistungen der Verwaltungsbeamten, Kolonialoffiziere, Ärzte und Missionare herüberkamen, erfüllten die Öffentlichkeit mit Stolz und bestärkten sie in dem Gefühl, einer großen Nation anzugehören.

NEUE SPANNUNGEN MIT DEM VATIKAN

Die Beziehungen der Linken zum französischen Katholizismus bilden zweifellos die deutlichste Bestätigung der These, daß die Rückkehr der Linken an die Macht auch die Rückkehr zu den Verhältnissen der Vorkriegszeit bedeutete. Die Rechte und die Zentrumsrepublikaner hatten sich 1919 über gegenseitige Zugeständnisse verständigt: Die Katholiken akzeptierten die Laisierung der öffentlichen Lehranstalten, und die Republikaner verpflichteten sich, die Gesetze, welche das katholische Selbstgefühl am meisten verletzten, auf unbestimmte Zeit zu suspendieren; darunter fielen besonders diejenigen, die Ordensgeistliche einem Sonderstatus unterwarfen.

Als nun die Linke erneut an die Macht kam, bedeutete dies das Ende des Burgfriedens. Radikalsozialisten und Sozialisten erinnerten sich noch allzu gut an die Kämpfe, die ihre Altvorderen fast ein Jahrhundert lang gegen die Kirche ausgefochten hatten, und bezweifelten deshalb die Aufrichtigkeit des katholischen Ausgleichs mit der Republik. In ihren Augen handelte es sich nur um einen weiteren Schachzug der Kirche, auf subtile Weise wieder die Macht über die Gewissen der Franzosen zu erlangen. Standen nicht die Mehrheit des französischen Episkopats, ein großer Teil des Klerus und die meisten katholischen Publizisten unter dem Einfluß der Parolen der *Action française?*

Der Gegensatz war nicht nur politischer, sondern auch philosophischer Art. Hier prallten zwei Weltanschauungen aufeinander, zwischen denen eine beiderseitige Verständigung nicht denkbar war: Vernunft stand gegen Glauben, Wissenschaft gegen Dogma. Mochten die Linken in politischen Fragen untereinander noch so zerstritten sein, ihr gemeinsamer Glaube an den Rationalismus als den Erben der Aufklärung verband sie miteinander. Die Republik hatte in ihren Augen die Aufgabe, die Jugend Frankreichs zur Mündigkeit zu erziehen und ihren kritischen Geist zu wecken, während die Kirche auf ihre Autorität pochte und die Absage an das eigene Urteilsvermögen forderte.

Daneben sprach im Jahre 1924 noch ein weiterer Gesichtspunkt für die Wiederaufnahme der Laisierungspolitik: die jakobinische Leidenschaft für die Einheit der Nation. Für die Linken bedeuteten die Verschiedenheit und Wahrung regionaler Bräuche nur ein Überbleibsel aus der Zeit des Ancien régime, das es auszurotten galt. Der einstige Föderalismus war noch nicht tot. Es gab sie immer noch, die ewiggestrigen Anhänger einer traditionellen Gesellschaft, die sich dem Heimatkult verschrieben hatten und lieber ihre alten Provinzen wollten als die Departements, die auf die Französische Revolution zurückgingen. Stand Charles Maurras nicht der *»Félibrige«* nahe [einer Gesellschaft, die sich die Erhaltung der provenzalischen Mundart zum Ziel gesetzt hatte]? Auch die Geistlichkeit widmete sich der Pflege regionaler Dialekte. Darüber hinaus verletzten auch die Beibehaltung des Konkordats in Elsaß-Lothringen und der dortige Sonderstatus für die Religionsgemeinschaften das republikanische Gewissen. Hatten die konservativen Regierungen diese empörende Situation geduldet, so war nun die Zeit gekommen, diese im übrigen Frankreich glücklicherweise beseitigten Sonderrechte abzuschaffen und die beiden Provinzen endgültig und vollständig in die staatliche Einheit Frankreichs zu integrieren.

Deshalb enthielt das Programm des »Linkskartells« auch einen wichtigen Abschnitt zur religiösen Frage: Darin wurde die Aufhebung des Konkordats und die Einführung der laizistischen Gesetzgebung in Elsaß-Lothringen, die Auflösung der französischen Botschaft beim Vatikan sowie die erneute Inkraftsetzung der Gesetze gegen die Ordensgemeinschaften gefordert. In seiner Regierungserklärung kündigte Herriot die feste Absicht seiner Regierung an, die »laizistischen Gesetze buchstäblich und sinngetreu« anzuwenden.

Diese antiklerikale Offensive löste zwei Reaktionen aus, die sich teilweise überschnitten. In den beiden unmittelbar betroffenen Provinzen forderten Parlamentarier, Generalräte und Gemeinderäte die Einhaltung des Versprechens der französischen Regierung aus dem Jahre 1918, daß ohne ihre Einwilligung nicht an den Bestand ihrer heimischen Institutionen gerührt werden dürfe. Es war dies das erste Mal, daß der Wunsch nach Erhaltung regionaler Identität zu einem größeren politischen Konflikt führte. Erst in der Fünften Republik sollte es wieder zu ähnlichen Auseinandersetzungen kommen, als die Bretagne, Korsika und Okzitanien regionale Sonderrechte für sich beanspruchten.

Zum andern machten nun auch die Katholiken mobil. Die Versammlung der französischen Kardinäle und Erzbischöfe, die höchste Instanz innerhalb des französischen Klerus, verabschiedete im März 1925 eine Erklärung, worin der Gedanke des Laizismus prinzipiell verurteilt wurde. Ferner bestimmte sie, daß die laizistischen Gesetze, da im Widerspruch zu Gottes Geboten stehend, nicht legitim seien und man daher, guten Gewissens, nicht verpflichtet sei, ihnen zu gehorchen. Die erneut von der Vertreibung bedrohten Ordensgeistlichen ließen wissen, daß sie dieses Mal nicht weichen würden: Eine Liga zur Verteidigung der Rechte ehemaliger geistlicher Frontkämpfer *(Ligue de défense des droits des religieux anciens combattants)* appellierte an die Solidarität ihrer Kameraden. Die Bischöfe forderten die Katholiken und alle Menschen guten Willens, die das Wiederaufflammen des antiklerikalen Fanatismus mißbilligten, auf, sich der Möglichkeiten, die das Vereinsgesetz von 1901 bot, zu bedienen und in den Diözesen Vereinigungen zu bilden, die dann zur Koordination ihrer Öffentlichkeitsarbeit und ihres Widerstands in einer »Nationalen Katholischen Vereinigung« (*Fédération nationale catholique*, FNC) zusammengefaßt werden sollten. Ihre Führung wurde General Édouard de Castelnau übertragen, einem ruhmreichen Soldaten, dessen Name mit dem Sieg von Grand-Couronné, durch den Nancy gerettet wurde, verknüpft war. Sein Patriotismus war über jeden Zweifel erhaben. Er hatte drei seiner Söhne im Krieg verloren. Von ihm erzählte man sich, daß er mit Sicherheit den Marschallstab bekommen hätte, wenn Clemenceau ihn nicht für zu klerikal befunden hätte. Castelnau hatte für den »Nationalen Block« einen Sitz in der »blauen Kammer« *(Chambre bleu horizon)* innegehabt und verfügte über eine machtvolle Feder, die er bei mehr als nur einer Gelegenheit wie ein Schwert zu führen verstand.

Die FNC organisierte große Versammlungen, die je nach Diözese Tausende oder Zehntausende von Teilnehmern verzeichneten. In Nantes kamen beispielsweise am 1. März 1925 über 80 000 Menschen zusammen. Die Vereinigung zählte nach eigenen Angaben etwa 1,8 Millionen Anhänger. Die Zahl mochte zwar etwas übertrieben sein, aber sie war ein deutliches Indiz für die Größenordnung dieser Bewegung und wies auf einen grundlegenden Wandel des öffentlichen Bewußtseins. Früher hatten die Katholiken zwar auch mobil gemacht, wenn sie zur Zielscheibe laizistischer Angriffe geworden waren, aber stets ohne Erfolg, da die Öffentlichkeit Sondermaßnahmen ohne größere Aufregung zur Kenntnis nahm. Im Jahre 1925 dagegen war die Stimmung umgeschlagen. Man glaubte nicht mehr an eine ernsthafte klerikale Gefahr, und somit schienen auch die vorgesehenen Maßnahmen nicht mehr gerechtfertigt. Mit dem Thema Antiklerikalismus ließen sich keine Massen mehr mobilisieren. Im Gegenteil, sein Fanatismus schreckte ab. Die gemeinsame Erfahrung des Krieges hatte die beiden Frankreich einander angenähert.

Nach leidenschaftlich geführten Debatten in der Kammer, wo Ministerpräsident Herriot zur Empörung der Rechten das Christentum der Katakomben dem Christentum der Bankiers gegenüberstellte, sah sich die Regierung schließlich doch gezwungen, auf ihre Vorhaben zu verzichten. Das Konkordat in Elsaß-Lothringen behielt seine Gültigkeit, und die Ordensgeistlichen mußten nicht wieder ins Exil; auch die französische Botschaft beim Vatikan, der man zunächst die Kredite gestrichen hatte, blieb bestehen. So endete die letzte große antiklerikale Offensive der III. Republik. Der Streit um die laizistischen Schulgesetze flammte zwar bis in unsere Tage noch einige Male auf, aber die militanten Laizisten zogen dabei jedesmal den kürzeren.

Aus dem Scheitern dieser antiklerikalen Angriffe im Jahre 1925 ging das zweite *»Ralliement«* gestärkt hervor. Papst Pius XI. verpflichtete den Episkopat zu der Klarstellung, daß seine Erklärung nur als Bekräftigung eines Prinzips und nicht als Aufforderung zum Handeln zu verstehen sei. Als Rom ein Jahr später (1926) die *Action française* verurteilte, beschleunigte dies die Wiederannäherung *(Ralliement)* der französischen Katholiken an die Institutionen, die sich Frankreich in seiner Verfassung gegeben hatte, und trug damit wesentlich zur weiteren inneren Befriedung des Landes bei.

DIE FINANZKRISE UND DER ZERFALL DES »LINKSKARTELLS«

Die Regierung des »Linkskartells« mußte in der religiösen Frage einen ersten Fehlschlag hinnehmen und vor der katholischen Opposition zurückweichen; ihre entscheidende Niederlage aber erlitt sie auf dem Gebiet der Finanz- und Währungspolitik.

Die massive Bedrohung des Haushaltsgleichgewichts und die Erschütterung des Franc infolge des Krieges wurden bereits erwähnt. Die Mehrheit des »Nationalen Blocks« hatte sie zur Genüge erfahren. Die neue Mehrheit übernahm somit eine schwierige Situation, zumal ihre

Führer nur geringe Erfahrungen mit der Lösung derartiger Probleme besaßen. Édouard Herriot kannte sich auf diesem Gebiet so gut wie gar nicht aus. Aber es kam noch schlimmer, denn die Finanzpolitik trieb einen Keil zwischen Radikalsozialisten und Sozialisten, obwohl sie in der Außenpolitik ähnliche Ansichten vertraten und der Laizismus sie einte.

Die Radikalsozialisten als Vertreter der Mittelschichten und des Privateigentums teilten die Überzeugung Poincarés und seiner Minister von der Notwendigkeit, den Staatshaushalt auszugleichen und ein Klima des Vertrauens zu schaffen. Die Sozialisten hingegen forderten die Besteuerung der Reichen und schlugen die Erhebung einer Kapitalsteuer vor, getreu ihrem Grundsatz, daß man das Geld dort holen solle, wo man es finde. Deshalb war es für eine Linksregierung unmöglich, für ihre Finanzpolitik eine stabile Mehrheit zu finden, wenn sie sich nicht auf eine Ersatzmehrheit stützen wollte, bei der ein Teil der Rechten den sich verweigernden Teil der Linken als Mehrheitsbeschaffer ablöste. Das mußte gleichbedeutend sein mit dem Zerfall des »Kartells«; der damit verbundene Wechsel der Mehrheitsverhältnisse konnte sich freilich nur allmählich vollziehen. Darin liegt die tiefere Bedeutung der fünfundzwanzig Monate vom Amtsantritt des ersten Kabinetts Herriot im Juni 1924 bis zum Sturz des zweiten im Juli 1926, der das Scheitern des »Kartells« besiegelte.

Die Lage der öffentlichen Finanzen war durch die Ausweitung der schwebenden Staatsschuld äußerst kritisch geworden. Zur Finanzierung der Sonderausgaben während des Krieges und in der Zeit danach hatten nämlich sämtliche Regierungen seit 1914 auf kurzfristige Kassenkredite in Form von Schatzanweisungen mit dreimonatiger Laufzeit zurückgegriffen. Wenn nun aber die Gläubiger alle zur gleichen Zeit die Rückzahlung verlangt oder auf die Erneuerung ihrer Schatzscheine verzichtet hätten, hätte das Schatzamt seine Zahlungen einstellen müssen. Jedesmal, wenn die Höhe der geforderten Rückzahlungen die der Erneuerungen überstieg, pflegte die Regierung bei der Banque de France um Vorauszahlungen nachzusuchen, deren Volumen ein Gesetz auf 41 Milliarden Francs begrenzte.

Im Januar 1925 hatte die Regierung Herriot unter dem Druck umfangreicher Rückzahlungsforderungen die *Banque de France* um Vorauszahlungen ersucht, die zweifellos die gesetzliche Grenze überschritten hatten. Durch allerlei Bilanzierungstricks versuchte man, diesen Vorgang zu vertuschen. Im April entdeckte jedoch der *conseil des régents* (Generalrat der Bank von Frankreich) das Geheimnis. Kurz darauf erfuhr die Öffentlichkeit, daß die Regierung die gesetzlich festgelegte Höchstgrenze überzogen habe. Bleibt jedoch die Frage, ob es sich tatsächlich so verhielt. Heutzutage ist man sich dessen nicht mehr so sicher, aber die Unvorsichtigkeit der Regierung und der Skandal um die Vertuschung dieser vermutlichen Manipulation schwächten ihre Position erheblich.

Die daraus resultierende Vertrauenskrise löste eine noch weit fatalere Währungskrise aus. Die Stabilität des Franc galt seit jeher als Zeichen und Unterpfand der Größe der Nation. Jeder Geldwertverlust mußte daher den Franzosen, die seit über einem Jahrhundert an den konstanten Wert des Franc gewöhnt waren, als nationales Unglück erscheinen. Man maß damals dem Kampf an der Währungsfront nahezu dieselbe Bedeutung zu wie militärischen Erfolgen. Derartige Vergleiche zwischen den Kämpfen des Ersten Weltkriegs und den Wechselkursoperationen flossen den Politikern leicht über die Lippen und den Journalisten hurtig aus der Feder. Unter diesem Aspekt erschien die Verteidigung des Franc als nationale Pflicht; es ging um den Schutz der Kaufkraft der Sparer, die dem Staat vertrauten. Während Großbritannien soeben das Pfund aufgewertet hatte, mußte Frankreich die demütigende Erfahrung machen, wie der Franc einen regelrechten Sturz erlebte. Die Ausländer verkauften ihre Francs, und die Franzosen kauften englische Pfund. Im April 1925 erreichte der Sterling den Wert von 100 Francs; ein Jahr später, am 10. April 1926, entzog ein Teil der radikalsozialistischen Senatoren der Regierung ihr Vertrauen, die daraufhin zurücktrat.

Angesichts der Unmöglichkeit, das Haushaltsgleichgewicht wiederherzustellen, das durch die Sonderausgaben für die militärischen Operationen in Marokko und Syrien noch zusätzlich belastet war, traten die Regierungen reihenweise zurück. In den fünfzehn Monaten von April 1925 bis Juli 1926 regierten vier Kabinette: zwei unter Paul Painlevé, eines unter Aristide Briand und das letzte wiederum unter Édouard Herriot, der den Reigen der Regierungen nach dem Wahlsieg der Linken eröffnet hatte. Die letzte Regierung dauerte gerade so lange, wie man brauchte, um festzustellen, daß das »Linkskartell« die Mehrheit verloren hatte. In dieser Zeit leitete Joseph Caillaux, der sein Comeback als Minister erlebte, zweimal das Finanzministerium. 1925 wollte er einen harten

Sparkurs durchsetzen – das große Bußetun –, der sofort die Opposition unter Herriot auf den Plan rief; Painlevé mußte ihn daraufhin fallen lassen. Im Juli 1926 versuchte es Caillaux noch einmal, diesmal im Kabinett Briand. Doch der Mehrheit fehlte es für die notwendigen Maßnahmen an Mut. Um sie dennoch einleiten zu können, veranlaßte er die Regierung, von der Kammer umfassende Vollmachten für eine Finanzpolitik per Gesetzesdekret *(décrets-lois)* zu fordern – mit dem Erfolg, daß zu der Finanzkrise, die die Linke ohnehin spaltete, auch noch eine Verfassungskontroverse trat. Obwohl auch Poincaré bereits auf dieses Mittel zurückgegriffen hatte, verweigerte die Rechte ihre Zustimmung zu diesem Vorgehen. Sie mißtraute den Politikern, die diese Maßnahmen durchführen sollten und blieb bei ihren Vorbehalten gegen Caillaux.

Die Linke widersetzte sich seinen Vorschlägen aus grundsätzlichen Erwägungen. Sogar Édouard Herriot, zu diesem Zeitpunkt Präsident der Abgeordnetenkammer, legte die Zurückhaltung ab, die ihm sein Amt auferlegte, und prangerte an, was er für einen Bruch der Verfassung hielt. Es gelang ihm, einen Teil der Radikalsozialisten auf seine Seite zu ziehen, die schließlich die Regierung stürzten. Die ständigen Regierungswechsel, die sich verschlimmernde Situation der öffentlichen Finanzen und der Vertrauensverlust der Öffentlichkeit fanden ihren Ausdruck im Zusammenbruch der nationalen Währung. Vor den Wahlen im Jahr 1924 tauschte man ein englisches Pfund noch gegen 96 Francs; im Juli 1926 waren es bereits 240 Francs. Staatspräsident Gaston Doumergue beauftragte daraufhin Herriot mit der Bildung einer Regierung; sie wurde jedoch noch am Tag ihrer Vorstellung gestürzt: Die Mehrheit des Frühjahrs 1924 existierte nicht mehr.

War das »Linkskartell« eines natürlichen Todes gestorben oder war es das Opfer einer Verschwörung aus den Reihen des Besitzbürgertums geworden, das das »linke Experiment« mit allen Mitteln beenden wollte, auch um den Preis eines Währungsverfalls und Staatsbankrotts? Letzteres jedenfalls behauptete Herriot, und die Linke schloß sich seiner Auffassung an. Sie glaubte eisern an ein, wie man es damals nannte, Komplott des *»mur d'argent«* (der »Mauer aus Geld«).

Nun neigen Regierungen stets dazu, ihr Scheitern mit der Böswilligkeit ihrer Gegner zu erklären. Da auch der sogenannte gesunde Menschenverstand in solchen Fällen bereitwillig zu Erklärungen wie Intrigen und geheimen Komplotten von seiten boshafter Minderheiten greift, wurde dieser Erklärung leicht Glauben geschenkt. Natürlich konnte weder die Rechte noch die Linke von ihrem jeweiligen Gegner erwarten, daß er ihnen die Regierungsarbeit erleichterte. Es gehört zum Gesetz des politischen Kampfes, die Schwächen des Gegners auszunutzen. Zweifellos fanden sich die 1924 von der Macht verdrängte Rechte und das ihr nahestehende Besitzbürgertum nur schwer mit der Machtübernahme durch die Linke ab und wünschten ihren baldigen Sturz. Rechtfertigt dies aber die Vorstellung von einer systematischen Aktion, die um des bloßen Machtwechsels willen den Ruin der Staatsfinanzen riskierte? Auch der scheidende »Nationale Block« hatte seine Probleme mit der Geldpolitik gehabt, und der Franc hatte damals manche Schwächeperioden erlebt. Das chronische Haushaltsdefizit und die schwebenden Schulden machten jede Regierung abhängig vom Wohlwollen der Besitzer von Schatzscheinen, also mehr noch der kleinen Sparer als der Großkapitalisten. Was Wunder also, wenn viele von ihnen Alarm schlugen angesichts der Tatsache, daß zur Mehrheit des »Linkskartells« auch die Sozialisten gehörten, die eine Kapitalsteuer erheben wollten? So wie seinerzeit die Gewerkschaften über die politischen Siege der Rechten beunruhigt waren und schließlich zum Mittel des Streiks griffen, so verschlimmerten nunmehr die Gläubiger und Sparer, die ihr Vertrauen nur höchst zurückhaltend vergaben, die Lage der öffentlichen Haushalte. Man braucht sich kein absichtliches und vorausgeplantes Komplott vorzustellen – allein schon die Psychologie spontanen Verhaltens genügt dafür als Erklärung.

Die Regierungszeit des »Kartells« wurde begleitet vom Wiederaufflammen politischer Leidenschaften und erneuter politischer Agitation. Handelte es sich nur um ein zufälliges Zusammentreffen oder um eine Folge der Machtübernahme der Linken? Zweifellos um beides. Mit zunehmendem Abstand zum Kriege verblaßten auch dessen Wirkungen auf die Gemüter und gewannen die Streitfragen ihre volle Schärfe zurück. Aber auch die Unfähigkeit der Regierungen bei der Stabilisierung der öffentlichen Haushalte und ihre Ohnmacht angesichts der Geldentwertung sowie der ständige Wechsel der Kabinette erbitterten viele Franzosen. Der Verfall des Franc gegenüber dem englischen Pfund schuf ein Gefühl nationaler Demütigung: War das die Frucht des Sieges? Der Antiparlamentarismus, ohnehin ein konstanter Bestandteil der politischen Kultur in Frankreich, griff wieder verstärkt um sich. Überall wurden

Klagen über die Abgeordneten laut, daß sie aufs Spiel setzten, was das Land unter schweren Opfern gewonnen hatte.

Ein Teil der Rechten hatte sich nur schwer mit seiner Wahlniederlage abgefunden. Waren sie bei einer Wahl unterlegen, so gingen sie sogar so weit, das demokratische Prinzip des Machtwechsels per Abstimmung als solches in Frage zu stellen. Wie zu allen Krisenzeiten gewann die extreme Rechte zeitweise die Oberhand über die gemäßigten Rechten, die Liberalen oder Konservativen, und oktroyierte ihnen ihren Stil, ihre Themen und ihre Methoden auf. Durch Demonstrationen auf der Straße wollte sie beweisen, daß die Linke nicht den Volkswillen repräsentierte. Dabei griff diese Opposition wieder auf altvertraute Formen politischer Agitation zurück, wie sie etwa in dem Auftreten der Ligen zum Ausdruck kamen, die an die Zeit des Boulangismus oder der Dreyfus-Affäre erinnerten: eine weitere Parallele zur Vorkriegszeit. Es handelte sich um dasselbe nationalistische Fieber wie einst: Das Feuer des Patriotismus, das durch den Kampf gegen den Internationalismus der Arbeiterschaft geschürt wurde, und eine gemeinsame Unruhe und Besorgnis um die nationale Größe schmiedeten für eine kurze Zeit Elemente zusammen, die sonst getrennte Wege gingen. So verbanden den Boulangismus einst enge Interessen mit der *Ligue des patriotes*, und hatte der Nationalismus der Jahre 1898–1900 seinen Ausdruck in der *Ligue de la patrie française* und in der Gründung der *Action française* gefunden. Die Agitation gegen das »Linkskartell« in den Jahren 1924–1926 führte zur Entstehung weiterer Organisationen, deren Spektrum von der *Ligue républicaine nationale*, der Fußtruppe von Ex-Staatspräsident Millerand und in ihrer Zusammensetzung der *Ligue de la patrie française* ähnlich, bis zur *Ligue des chefs des section* von Jean Binet-Valmer reichte. Damals, im Jahre 1925, gründete Georges Valois unter dem Namen *»Faisceau«* nach italienischem Vorbild die erste faschistische Bewegung in Frankreich, deren Ziel es war, Nationalismus und soziale Reform in einem kohärenten System zu vereinen.

Die für diese Jahre typischste Organisation, ja geradezu ihr Symbol und Sinnbild der Reaktion im Lied der sozialistischen Garde, waren die *Jeunesses patriotes* (Junge Patrioten) unter der Führung des rechtsradikalen Abgeordneten Pierre Taittinger. Sie entstanden als Reaktion auf den Sieg des »Kartells« und waren ein Ableger von Déroulèdes alter Patriotenliga. Die *Jeunesses patriotes* zogen die jungen Leute durch ihre Dynamik und ihre Disziplin an. Barett, Abzeichen und ein blauer Regenmantel bildeten eine Art Uniform. Ihre Mitglieder rekrutierten sich aus Gymnasien und Universitäten. Ihre Kolonnen konkurrierten mit den royalistischen *Camelots du roi,* den Stoßtrupps der *Action française,* und lieferten sich im Quartier latin Straßenkämpfe mit den linken Studenten, die sich in der *Ligue d'action universitaire républicaine et socialiste* (LAURS, Republikanische und sozialistische Studentenliga) zusammengeschlossen hatten. Zur LAURS gehörten Namen, die später in Frankreich zu hohem politischen Ansehen gelangen sollten, wie Pierre Mendès-France und Georges Pompidou.

Die Linke glaubte, im Wuchern des Ligawesens die ersten Vorläufer eines französischen Faschismus zu erkennen. Betrachtet man diese Organisationen aber etwas näher und aus zeitlichem Abstand heraus, so gewinnt man den Eindruck, daß sie eher Ausfluß einer bestimmten autoritären und populistischen französischen Tradition waren als von ausländischen Vorbildern angeregt wurden. Der Umstand, daß Pierre Taittinger vor dem Krieg die *Jeunesses bonapartistes* anführte, spricht dafür, in ihnen eher eine neue Verkörperung des französischen Bonapartismus zu sehen. Die meisten dieser Gruppen sannen nicht auf Umsturz; darin unterschieden sie sich von den Mitgliedern der *Action française.* Ihr Ziel war vielmehr eine starke, autoritär geführte Republik. Für die republikanische Linke, für die Demokratie gleichbedeutend war mit absoluter parlamentarischer Herrschaft, genügte dies jedoch, um die Ligen umstürzlerischer Absichten zu verdächtigen.

Diese zwei Jahre verzeichneten auch ein deutliches Anwachsen der Gewalt, wie eine graphische Darstellung, die über Jahre hinweg die Schwankungen dieses Phänomens nachzeichnet, für die Jahre 1924 bis 1926 deutlich erkennen läßt. Zuerst waren es der Wahlkampf, dann die verschiedenen Regierungsvorhaben und der wiederaufflammende Streit um die religiöse Frage, die den Agitationen neuen Auftrieb gaben. Auf allen Seiten machte man mobil; man marschierte, man mißtraute sich gegenseitig, und man bekämpfte sich. Die Kommunistische Partei hatte ihre Kolonnen in Marsch gesetzt, als der Sarg von Jean Jaurès ins Panthéon überführt wurde, und die *Fédération nationale catholique* mobilisierte beachtliche Menschenmassen. Diese Kundgebungen provozierten häufig Gegenaktionen, bei denen es Zusammenstöße und manchmal auch Tote gab: In Marseille wurde anläßlich einer Kundgebung der FNC ein

Katholik getötet, und in der Pariser Rue Damrémont kamen 1925 sechs Mitglieder der *Jeunesses patriotes* ums Leben. Die Erregung und Agitation erreichten ihren Höhepunkt bei der Krise des Franc. Die Stimmung in Paris grenzte an Aufruhr. Tausende von Demonstranten stürmten das Palais Bourbon, in dem die Kammer tagte, und begrüßten die Abgeordneten mit Schimpfworten. Stand Frankreich etwa am Rande einer antiparlamentarischen Explosion und einer Staatskrise?

KAPITEL IV

Von Poincaré bis Tardieu
Der Poincarismus und die *Union nationale*

Kaum hatte Édouard Herriot auf Drängen des Staatspräsidenten eine neue Regierung gebildet, wurde sie auch schon am Tag ihrer Vorstellung, am 21. Juli 1926, wieder gestürzt: Ein englisches Pfund kostete 244 Francs, Panik brach unter den Sparern aus, und auf der Straße regten sich Umtriebe. Gaston Doumergue beauftragte daraufhin Raymond Poincaré mit der Bildung einer neuen Regierung, um die Krise zu beenden, die Währung zu stabilisieren und die Ruhe wiederherzustellen.

Die Rückkehr des letzten Ministerpräsidenten der früheren Mehrheit an die Macht war eines der wichtigsten Ereignisse der Zwischenkriegszeit. Es war zum Teil die Persönlichkeit dieses Mannes, die diesem Ereignis seine besondere Bedeutung verlieh. Poincaré blickte damals bereits auf eine lange Politikerkarriere zurück: 1893 gehörte er als Minister für Unterricht und Kultus unter Dupuy erstmals einem Kabinett an; mit ihm kehrte nun eine Generation an die Macht zurück, die im Durchschnitt älter war als die Führer des »Linkskartells«. Ausgerechnet dieser strenge, zurückhaltende Mann mit seiner trockenen Art zu reden, die eher dazu angetan war, Sympathien zu dämpfen als zu wecken, war zu einem Symbol geworden; genauer gesagt, verband sein Name sogar mehrere Symbole miteinander. Poincaré war ein lothringischer Patriot, geboren in Bar-le-Duc, ein Mann aus den östlichen Grenzgebieten, dessen Wahl zum französischen Staatspräsidenten im Januar 1913 als Zeichen eines wiedererwachenden Nationalgefühls begrüßt worden war. Während des Ersten Weltkriegs verkörperte er im Bunde mit Clemenceau sowohl die Ablehnung eines Kompromißfriedens als auch die entschlossene Kampfbereitschaft bis zum Sieg. Während der Ära des »Nationalen Blocks« vertrat er eine unnachgiebige Politik gegenüber

Deutschland. 1926 überließ er jedoch die Führung der Außenpolitik Aristide Briand, dessen Politik der Verständigung mit dem Feind von einst er deckte. Statt dessen widmete er sich der Haushaltssanierung und wurde dadurch zum Symbol einer Politik des Haushaltsgleichgewichts und der Geldwertstabilität.

Der Name Poincaré fand damals Eingang in das Reich der Legende; er wurde bestimmend für eine Politik, den »Poincarismus«, der ein ganzes Bündel von Prinzipien, Überzeugungen und Wertvorstellungen umschloß, die seine Regierungszeit überlebten und auf die sich nach ihm immer wieder Politiker der unterschiedlichsten Provenienz beriefen. So stellte etwa Mendès-France 1953 seine Kandidatur unter die geistige Schirmherrschaft dreier Namen – einer davon war Poincaré. Später war es Valéry Giscard d'Estaing, der sich zu ihm bekannte. Vor allem Antoine Pinay im Jahre 1952 und vermutlich auch Raymond Barre verdankten das Vertrauen, das sie in der Öffentlichkeit genossen, sicher zum Teil auch der – tatsächlichen oder scheinbaren – Übernahme derjenigen Grundsätze, die Poincaré 1926 zum Inhalt seiner Politik gemacht hatte. Jeder fleißige, sparsame und patriotisch fühlende Franzose erkannte sich wieder in diesem Mann, in dem sich großer Arbeitseifer und die penible Denkweise des Juristen mit absoluter Pflichterfüllung und kompromißloser Vaterlandsliebe verbanden.

Mit Poincaré kehrten noch einige andere Persönlichkeiten auf die politische Bühne zurück, die sich in die Annalen der Dritten Republik eingeschrieben hatten. War es im Jahre 1924 eine völlig neue Generation, welche die Führung der Staatsgeschäfte übernommen hatte, so bedeutete das Jahr 1926 die Rückkehr der vorhergehenden Generation. Nicht weniger als fünf ehemalige Ministerpräsidenten umgaben ihn: Louis Barthou, der ihn 1913 abgelöst, und Aristide Briand, der bereits mehrere Kabinette, einige davon während der Präsidentschaft Poincarés, geführt hatte, sowie Georges Leygues, Édouard Herriot und Paul Painlevé. Als Repräsentanten und Symbolfiguren der Kammern von 1906, 1910, 1914, 1919 und 1924 schlugen sie die Brücke zwischen verschiedenen parlamentarischen Epochen und den verfeindeten Lagern des »Nationalen Blocks« und des »Linkskartells«. Diese Ansammlung illustrer Köpfe verlieh der Regierung einen außergewöhnlichen, der Schwierigkeit der Situation angemessenen Charakter; sie erinnerte an die Kriegskabinette, deren Andenken selbst die Turbulenzen der letzten Jahre nicht ganz hatten verwischen können. In der Tat schwebte dem neuen Ministerpräsidenten und mit ihm der öffentlichen Meinung eine Art Kriegskabinett vor. Zwar stand in dem Krieg, den es diesmal zu gewinnen galt, etwas anderes auf dem Spiel – nämlich die Gesundung des Franc –, aber nach Ansicht der Zeitgenossen ging es hier um einen keineswegs geringeren Einsatz.

Diese Parallele kam nicht von ungefähr, denn der Name *Union nationale,* den sich die neue Mehrheit gab, bezog sich ausdrücklich auf die *Union sacrée* des Ersten Weltkriegs. Wenn man sich daran erinnert, daß kein anderer als Poincaré diesen Begriff in seiner Botschaft an das Parlament vom 4. August 1914 gebraucht hatte, erkennt man, wie er bei der Bildung seiner Regierung und der Schaffung einer neuen Mehrheit bewußt auf diese Erinnerungen anspielte. Die *Union nationale* trat somit bewußt die Nachfolge der *Union sacrée* an. Wie zwölf Jahre zuvor forderte Poincaré angesichts der drohenden Gefahr erneut die Franzosen zum innenpolitischen Burgfrieden auf; doch während es damals um die Rettung des Vaterlandes ging, ging es diesmal um die Rettung des Franc.

Wenn auch die Rückkehr Poincarés das Scheitern des »Linkskartells« besiegelte und den Zerfall der linken Mehrheit bestätigte, so bedeutete seine erneute Machtübernahme keineswegs eine Revanche der Wahlverlierer von 1924 oder einen Triumph der Rechten. Zunächst einmal war Poincaré, einer hartnäckigen Legende zum Trotz, durchaus kein Vertreter der Rechten. Er war ein Republikaner des Zentrums von aufrecht laizistischer Gesinnung und dem Parlamentarismus zutiefst verbunden. 1924 hatte er zu Millerand Distanz gewahrt und sich im Wahlkampf im Hintergrund gehalten. Seine neue Regierung erinnerte aufgrund ihrer Orientierung zur Mitte eher an die Kabinette des »Nationalen Blocks«; rechtskonservative oder klerikale Elemente waren nicht in ihr vertreten. Der am meisten rechts orientierte Minister war Louis Marin, ein Mitglied der *Fédération républicaine,* die von einstigen Anhängern Gambettas gegründet worden war. Er verwaltete allerdings nur ein unbedeutendes Ressort, das Ministerium für Pensionen, das man häufig religiös gesinnten Politikern übertrug, auf deren Unterstützung man bei der Bildung einer Mehrheit der Mitte nicht verzichten konnte. Der rechte Zentrumsflügel entsandte zwei Vertreter ins Kabinett, darunter André Tardieu.

Vor allem aber saßen nicht weniger als vier Radikalsozialisten – und keineswegs die unbedeutendsten – in seiner Regierung: Albert Sarraut als Innenminister und Henri Queuille als Landwirtschaftsminister, wobei dieses Ministerium wie ein zweites Innenministerium angesehen wurde – zwei im Blick auf die Wahlen strategisch wichtige Positionen; Édouard Herriot als Bildungs- und Léon Perrier als Kolonialminister. Vier von insgesamt dreizehn Ministerien wurden also von Radikalsozialisten geführt. Diese auch zahlenmäßig starke Regierungsbeteiligung der Radikalsozialisten und insbesondere die Mitwirkung Herriots, der ja nicht nur als Vorsitzender der radikalsozialistischen Partei fungierte, sondern zur Zeit des »Linkskartells« zweimal Ministerpräsident gewesen war, verbietet entschieden, die neue Mehrheit mit der Rechten gleichzusetzen. Die beiden sozialistischen Republikaner Briand und Painlevé sorgten für eine weitere Ausdehnung der Regierungsbasis nach links. Die Abgeordnetenmehrheit, die sich um Poincaré versammelte, vereinigte Elemente aus den beiden antagonistischen Lagern und überwand somit die Kluft zwischen Rechts und Links. Die Parteien der Mitte hatten sich wieder zusammengefunden; die meisten Radikalsozialisten traten der Regierungsmehrheit bei, und selbst die äußerste Linke mäßigte anfangs ihre Opposition: Obwohl die Sozialisten der neuen Regierung in der Einführungsdebatte ihr Vertrauen verweigerten, enthielten sie sich später der Stimme, als die Regierung für die Behandlung ihrer finanziellen Vorschläge einen Dringlichkeitsantrag stellte. Die *Union nationale* erinnerte also tatsächlich in manchem an die *Union sacrée*.

Aber sie war deshalb noch lange nicht deren Neuauflage. Die Unterschiede sind jedoch nicht allein der gewandelten Situation zuzuschreiben. So prekär die Lage der Staatsfinanzen und so groß die Bedeutung auch war, die die Öffentlichkeit dem Wert des Franc beimaß, so wenig lassen sich die beiden Gefahren miteinander vergleichen. 1914 standen die Unabhängigkeit, ja sogar die Existenz Frankreichs auf dem Spiel, und die Nation erhob sich wie ein Mann und wuchs über sich hinaus. Sämtliche weltanschaulichen und politischen Gruppierungen hatten sich damals hinter die Regierung gestellt, und die *Union sacrée* blieb nahezu drei Jahre lang unangetastet bestehen. Auch die eingefleischtesten Gegner der Dritten Republik, Anarchisten, Revolutionäre, Monarchisten und Konterrevolutionäre hatten ihr damals ihren politischen Beistand nicht verweigert.

1926 lagen die Dinge anders. Hatten sich die Sozialisten 1914 noch an der Regierungsverantwortung beteiligt und mit Jules Guesde die Verkörperung eines starren Dogmatismus in die Regierung entsandt, so gingen sie 1926 nicht mit der Mehrheit zusammen und verhärtete sich auf ihrem linken Flügel die Position der Kommunisten in einer kompromißlosen Opposition. Mochten die Führer der *Union nationale* noch so beredt mit der Erinnerung an die *Union sacrée* spielen, um damit die Opposition zu verunsichern, der sie vorwarfen, ihren Parteistandpunkt nicht dem nationalen Interesse zu opfern, so änderte dies nichts daran, daß die *Union nationale* im Grunde nur ein schwaches Abbild der *Union sacrée* blieb. Für die Zukunft gesehen stellte sie die Verbindung der gemäßigten Rechten mit den Radikalsozialisten dar, die sich gegen die Linke – Sozialisten und Kommunisten – zusammengeschlossen hatten. Die *Union nationale* bedeutete in jedem Fall eine Verlagerung des politischen Schwerpunkts zur rechten Mitte hin.

Entscheidend für diesen wie für alle künftigen Mehrheitswechsel war die Haltung der Radikalsozialisten. Dafür gab es mehrere Gründe: Die Partei nahm sowohl durch ihre 150 Abgeordneten – was etwa einem Viertel der Sitze entsprach und sie zur stärksten Fraktion machte – als auch durch ihren Platz in der linken Mitte, der ihre Stellung im politischen System ausdrückte, eine Schlüsselstellung ein; denn ohne ihre Beteiligung oder zumindest ihre wohlwollende Neutralität war keine Mehrheit vorstellbar oder lebensfähig. Diese Partei war Dreh- und Angelpunkt aller denkbaren parlamentarischen Verbindungen; sie war es, die maßgeblich über den politischen Wechsel entschied. Aufgrund ihres eigenen Abdriftens in Richtung Mitte und des Auftauchens neuer Formationen an ihrem linken Rand fungierte sie bald als linker Flügel einer rechtsgerichteten Mehrheit, der sie eine republikanische Unterstützung lieh, bald als rechter Flügel einer linken Mehrheit, deren Reformüberschwang sie bremste. Diese Schaukelpolitik bestimmte sämtliche Machtverschiebungen während der Jahre 1926–1939; sie bestimmte den politischen Wechsel, sie löste die Krisen aus und legte sie auch wieder bei.

Dabei bot diese Partei keineswegs ein homogenes Bild. Die Grenze zwischen rechts und links verlief quer durch ihre Reihen. Sie besaß einen rechten Flügel, der, nach einem Wort des Innenministers Albert Sarraut im Kabinett Poincaré, im Kommunismus den Gegner erblickte und sämtliche Bündnisse mit den Kollektivisten verurteilte, und einen linken, mit der *Union des gauches* verbundenen Flügel, der alle Konservativen und Klerikalen als unversöhnliche Feinde betrachtete. So geriet die Partei in den Sog widersprüchlicher Tendenzen und Forderungen. Selbst im Juli 1926 stellten sich nicht alle Radikalen hinter Poincaré. Obwohl in seinem Kabinett einige der wichtigen Parteioberen vertreten waren, enthielt sich etwa ein Drittel der Fraktion bei der Vertrauensfrage der Stimme und wollte keine Ruhe geben, bis sich die Radikalen aus der Regierung zurückgezogen hätten. Diese knapp fünfzig Abgeordneten mußten allerdings noch über zwei Jahre bis zu einem Parteikongreß im November 1928 warten, in dessen Verlauf die Vertreter der militanten Strömung über die Minister obsiegten, worauf das Plenum diese zum Rücktritt aufforderte. Ihre parteiinternen Streitigkeiten hatten somit Rückwirkungen auf das politische Leben Frankreichs und sogar auf das Funktionieren der Verfassungsorgane. Nicht ganz zu Unrecht spricht man ihnen einen Teil der Verantwortung für die ministerielle Instabilität zu. Die Unpopularität des Sozialradikalismus nach der Befreiung im Jahre 1944 war eine natürliche Folge der Rolle, die er in den Krisen der dreißiger Jahre gespielt hatte.

DIE BEILEGUNG DER FINANZKRISE

Mit der Rückkehr Poincarés kehrte sofort wieder Ruhe ein; das Fieber ging wie durch ein Wunder zurück. Die Kapitalströme änderten ihre Richtung. Waren sie bisher aus Frankreich abgeflossen, so strömten sie nun wieder ins Land zurück. Das englische Pfund, das noch am 21. Juli 1926, als Herriot der Kammer seine neue Regierung präsentierte, die schwindelerregende Höhe von 244 Francs erreicht hatte, fiel bereits am 23. Juli, dem Regierungsantritt Poincarés, auf 208 Francs; und diese Entwicklung setzte sich fort. Am 26. Juli fiel es unter 200 Francs und nur einen Tag später auf 196 Francs, und dies, bevor das neue Kabinett auch nur das mindeste über seine Pläne hatte verlauten lassen. Allein das Erscheinen des ehemaligen Staatspräsidenten genügte, um die psychologischen Krisenfaktoren zu beeinflussen und die Spekulation zu entmutigen, die wesentlichen Anteil am Fall des Franc gehabt hatte.

Poincaré, weit davon entfernt, auf Zeitgewinn zu spekulieren wie seinerzeit nach der Ruhrbesetzung, war entschlossen, das Eisen zu schmieden, solange es heiß war, und die ihm günstige öffentliche Meinung für seine Vorhaben zu nutzen. Unverzüglich machte er sich an die Lösung der Währungs- und Haushaltskrise. Sein geradezu klassisch anmutender Plan kombinierte verschiedene Maßnahmen zum Abbau des Defizits. Zunächst senkte er die Staatsausgaben durch drastische Streichungen im Haushalt; die Regierung selbst ging dabei mit einem Sparbeispiel voran, indem sie die Planstellen für Unterstaatssekretäre abschaffte. Rigoros verfolgte er seinen Sparkurs weiter. So verringerte er die Kompetenzen der kleineren Unterpräfekturen und Gerichte, was seit 1926 zum Niedergang einer großen Zahl von Kleinstädten und zum Verfall etlicher großer Marktflecken führte, die bis dahin als Sitz von Unterpräfekturen oder Gerichten erheblichen Nutzen aus ihrer Stellung gezogen hatten.

Diese Einsparungsmaßnahmen wurden durch neue Steuererlasse begleitet, in deren Folge auch die Staatseinnahmen wieder anstiegen. So wurden als direkte Steuern eine Steuer auf bewegliche Einkünfte erhoben sowie eine siebenprozentige Abgabe auf den Erlös aus dem erstmaligen Verkauf einer Immobilie, was praktisch einer Kapitalsteuer gleichkam. Daneben wurden indirekte Steuern auf Getränke, Autos und Fahrräder eingeführt. Sämtliche Steuerklassen waren von diesen Maßnahmen betroffen. Wenn auch die Opfer mangels einer umfassenden Steuerreform nicht ganz ausgewogen waren, so bemühte sich die Regierung Poincaré doch, alle sozialen Schichten zur Wiedererlangung der finanziellen Stabilität heranzuziehen.

Ihre Sorge galt vor allem der Rückführung der öffentlichen Schulden auf ein erträgliches Niveau. Als eine wesentliche Hilfe erwies sich dabei die Inflation der beiden vorangegangenen Jahre, die die Belastung in einzigartiger Weise gemildert hatte. Ein Teil dieser neuen Steuerquellen, darunter die Abgabe auf Grundstücksverkäufe und die Erträge aus dem Tabakmonopol, sollte zur Tilgung besagter Schulden herangezogen werden, und um den unwiderruflichen Charakter dieser Entscheidung besonders hervorzuheben, griff Poincaré zu einem außergewöhnlichen Verfahren, wie es sonst nur für Verfassungsänderungen vorgesehen war: Beide Kammern wurden nach Versailles einberufen, um dort in feierlicher Abstimmung das Gesetz über die Bildung einer *Caisse d'Amortissement* zur Tilgung der Schatzgutscheine zu verabschieden. Mit dieser Maßnahme wollte er die Öffentlichkeit beeindrucken und die Sparer überzeugen.

Tatsächlich kehrte das Vertrauen zurück, und der Steigflug des Franc setzte sich fort: Zum Jahresende war der Wert des englischen Pfund auf ungefähr 128 Franc gesunken. Nachdem sich der Wechselkurs auf dieser Stufe eingependelt hatte, stellte sich die Frage, auf welchem Niveau der Franc offiziell festgeschrieben werden sollte. An dieser Frage schieden sich die Geister der Experten ebenso wie die der Politiker. Sollte man es bei diesem Stand bewenden lassen und den bis dahin erlittenen Wertverlust des Franc akzeptieren, oder sollte man die Bemühungen um die Aufwertung des Franc fortsetzen, bis er seinen Vorkriegsstand wieder erreicht hatte? Damit wäre man dem Beispiel Großbritanniens gefolgt, wo Churchill den Wert der englischen Währung wieder auf die Stufe von vor 1914 gehoben hatte. Die nationale Eigenliebe neigte der zweiten Lösung zu.

Poincaré dagegen favorisierte nach zweijährigem Hin und Her die erste Lösung. Das Gesetz vom 25. Juni 1928, das von einer neuen Kammer verabschiedet wurde, setzte den Wert des Franc auf ein Fünftel der Parität von 1914 fest und stellte seine Konvertibilität wieder her. Der *Franc Poincaré* trat somit die Nachfolge des *Franc Germinal* an. Seine Lebensdauer war freilich viel geringer: Sie währte kaum acht Jahre, denn im September 1936 wurde der Franc im Zuge einer Finanzkrise erneut kräftig abgewertet.

Immerhin ersparte Poincarés mutige Entscheidung Frankreich die Schwierigkeiten, in welche die britische Wirtschaft durch eine überzogene Aufwertung des Pfund geriet. Die Neubewertung des Kassenbestandes der *Banque de France* nach dem neuen Kurs machte das Schuldenbündel erheblich leichter und trug wesentlich zu einer raschen Sanierung der öffentlichen Haushalte bei. Damit waren dic Bedingungen geschaffen, um die Wirtschaft wieder in Gang zu bringen. Mit dieser Abwertung des Franc hatte Frankreich eine politisch weitsichtige Entscheidung getroffen, denn sie trug damit nicht nur den Kriegsfolgen Rechnung, sondern verzichtete auch bewußt auf die – ohnehin unerreichbare – Rückkehr zum Goldenen Zeitalter. Allerdings wurden diese Maßnahmen mit beachtlichen Opfern erkauft. Die Franzosen, die dem Staat ihre Ersparnisse zur Verfügung gestellt hatten, verloren vier Fünftel ihrer Gläubigersummen. Das rührte an das Vertrauen und den Sparwillen der Bürger und erschütterte damit einen Grundpfeiler gesellschaftlicher Stabilität. Nichtsdestoweniger beendete die Stabilisierung des Franc ein weiteres Kapitel der Nachkriegsgeschichte, wie dies der Vertrag von Locarno im Jahre 1925 in den internationalen Beziehungen getan hatte. Eine neue Epoche begann, die ihren Blick mehr in die Zukunft richtete als auf die Nachwehen des Krieges.

DIE RUHE NACH DEM STURM

Nach den Turbulenzen zur Zeit des »Linkskartells« und dem Fieber des Sommers 1926 geriet Frankreich wieder in ruhigere Gewässer. Der Amtsantritt Raymond Poincarés beruhigte die Gemüter und löste die Spannung zwischen den politischen Kräften – ein Zeichen dafür, daß die Aufregung der vergangenen Monate keine tieferen Wurzeln besaß: Das war schon ein seltsamer Faschismus, der sich mit der Rückkehr eines Politikers an die Macht zufriedengab, welcher über eine mehr als dreißigjährige Regierungserfahrung verfügte und die höchsten Ämter der parlamentarischen Republik bekleidet hatte. Die rasche Beruhigung ließ vermuten, daß die Erregung eher Ausdruck einer Verärgerung auf seiten der Rechten gewesen war, die sich von der politischen Macht ausgeschlossen sah, sowie der Ängste, die die Wähler angesichts der Beteiligung der Sozialisten am »Linkskartell« beschlichen, als des Willens, das herrschende Regime zu stürzen. Im Grunde wiederholte sich hier ein Phänomen, das man, wenn auch auf einem anderen Terrain, bereits in den Jahren 1918/1919 hatte beobachten können. Vor 1914 verweigerten viele Franzosen der Dritten Republik die Unterstützung, weil sie ihre Fähigkeit zur Führung einer entschlossenen Außenpolitik und mehr noch zum Sieg im Falle eines Krieges bezweifelten. Nachdem er aber gewonnen war, stellten sie sich hinter die Republik – ähnlich wie in den Jahren 1925 und 1926, als ein großer Teil der französischen Bevölkerung Zweifel an der Fähigkeit der parlamentarischen Institutionen zur Überwindung einer Finanzkrise anmeldete: Nachdem Poincaré das Gegenteil bewiesen hatte, faßten diese Kreise wieder Vertrauen zum Staat.

In der Tat funktionierte die Arbeit beider Kammern einwandfrei und bedurfte es keines Rückgriffs auf Verfahrensweisen außerhalb der gewöhnlichen Ordnung. Von Anfang an hatte Poincaré seinen Respekt vor den Rechten des französischen Parlaments bekundet. Vor dem Senat erklärte er am 3. August 1926, er sei überzeugt, »daß der Parlamentarismus weder mit einer straffen Staatsführung noch mit einer raschen Beschlußfassung unumgänglicher Maßnahmen unvereinbar ist«. Mit diesem Bekenntnis machte er deutlich, daß er jegliches Abweichen von der parlamentarischen Praxis vermeiden wollte, wozu insbesondere die *décrets-lois* gehörten, auf die er selbst schon zurückgegriffen und deren beabsichtigte Anwendung den Sturz eines Kabinetts des »Linkskartells« herbeigeführt hatte. Sein Vertrauen wurde erwidert: Die Kammern billigten die vorgeschlagenen Maßnahmen mit breiter Mehrheit.

Die Instabilität der Exekutive war nun beseitigt und mit ihr die Sorge der Öffentlichkeit vor einem Versagen staatlicher Institutionen angesichts der anstehenden Probleme. Die Ausübung der Regierungsgewalt war nun wieder in einem kontinuierlicheren Maße möglich als selbst zu Zeiten des »Nationalen Blocks«. Drei Jahre lang blieb Poincaré an der Spitze der Regierung, von Juli 1926 bis Juli 1929, und als er schließlich zurücktrat, geschah dies allein aus gesundheitlichen Gründen. Auch nach seinem Rücktritt blieb die Regierung unter seinem Nachfolger Briand nahezu unverändert. Im Gegensatz zu den Ereignissen im Vorfeld der Wahlen von 1924 bewirkte die Wahlentscheidung von 1928 keine Schwächung der Staatsmacht, und sie stellte auch die Existenz der Regierung nicht in Frage. Die Radikalsozialisten hatten ihr nicht nur die Stange gehalten, sondern sich im Gegenteil zum größten Teil den Wählern als Gefolgsleute Poincarés präsentiert und ihre Verdienste an der erfolgreichen Wiederaufbauarbeit der Regierung geltend gemacht. Der Flügel der Radikalen, der nichts von einer Regierungsbeteiligung wissen wollte, blieb stumm: Er hatte seinen führenden Kopf verloren, seit Édouard Herriot in die Regierung übergewechselt war; an seine Stelle trat Édouard Daladier.

DER BRUCH ZWISCHEN DER KIRCHE UND DER *ACTION FRANÇAISE*

Fast gleichzeitig mit der Bildung der *Union nationale* trug noch ein weiteres Ereignis zur allgemeinen Befriedung bei: der Bruch zwischen Rom und der *Action française* im Herbst 1926. Dieses Ereignis war zwar auf einer anderen Bühne angesiedelt und interessiert mehr aus dem Blickwinkel der Religionsgeschichte, bewirkte jedoch einige Veränderungen in den Beziehungen zwischen Politik und Religion. Der Bruch entzog der extremen konterrevolutionären Rechten eine der Grundlagen ihrer politischen Legitimation und brachte dadurch mit der Zeit eine wichtige Quelle, aus der sie ihre Mitglieder rekrutierte, zum Versiegen. Zu dieser Entscheidung bewogen den Vatikan weniger politische oder Opportunitätsgründe als vielmehr die Sorge um die Lehre, ganz anders, als dies die Führer der *Action française* ihre Anhänger glauben machen wollten. Papst Pius XI. war besorgt, daß eine Denkschule auf den französischen Klerus und die Gläubigen einen nahezu ausschließlichen Einfluß ausüben und vielen wie der politische Ausdruck der katholischen Glaubenslehre erscheinen könnte. Seine Besorgnis war um so größer, als die Bewegung positivistisch-naturalistisch inspiriert war. Die Verurteilung der *Action française* gründete sich auf mindestens drei Hauptanklagepunkte: zum einen auf das Festhalten der *Action française* am Prinzip des »Politik zuerst«, von dem Charles Maurras und seine Anhänger behaupteten, daß damit nur eine Priorität in der zeitlichen Abfolge und keineswegs ein ethischer Primat gemeint sei, während Pius XI. darin die Ablehnung jeglichen moralisch begründeten Urteils und ein Bekenntnis zu einer moralfreien Politik erblickte; zum anderen darauf, daß in den Augen der *Action française* ein moralischer Zweck den Einsatz unmoralischer Mittel wie Lügen, List und Gewalt rechtfertige; und drittens auf den Vorwurf eines sogenannten »integralen« Nationalismus, der die Staatsräson zum kategorischen Imperativ und das eigene Staatsinteresse zum alleinigen Gesetz des Handelns gegenüber anderen Völkern erhebt, ohne Rücksicht auf deren Rechte und auf ein höheres Recht, dessen genaue Definition sich der Heilige Stuhl zur Aufgabe gemacht hatte.

Als die geistigen Führer dieser Denkschule diese erste Warnung in den Wind schlugen und darin nur ein politisches Manöver des Vatikans zugunsten der deutschen Sache und einer Verständigung mit den Republikanern witterten, sah sich der Papst durch den Widerstand, der ihm aus den Reihen der *Action française* entgegenschlug, und durch das Einverständnis, auf das dieser Widerstand bis in die Kreise des Episkopats stieß, in seinen Befürchtungen bestätigt. Er brannte die Wunde gründlich aus und griff auf seine geistlichen Waffen zurück. Zunächst setzte er die Werke von Charles Maurras, wie ursprünglich schon vor 1914 beabsichtigt, auf den Index und ließ die Lektüre ihrer Tageszeitung *»L'Action française«* bei Strafe der Exkommunikation verbieten; denen, die sich der päpstlichen Weisung widersetzten, wurde die kirchliche Bestattung verweigert. Des weiteren erließ er Sanktionen gegen die kirchlichen Amtsträger, die in ihrem Ungehorsam verharrten oder die Mitglieder der *Action française* zum Widerstand ermutigten, und zwang einige Bischöfe zum Rücktritt; ein Mitglied des Kardinalskollegiums entkleidete er sogar seiner Purpurwürde. Schließlich wurde auch der Chefredakteur des katholischen Sprachrohrs *»La Croix«* ausgewechselt, weil er die wahren Gründe der Verurteilung zu zögernd erläutert hatte. Innerhalb weniger Jahre erneuerte Pius XI. den französischen Episkopat von Grund auf und gab ihm ein völlig neues Gepräge. Als Sinnbild dieser Neuorientierung erhob er den jungen Bischof von Lille, Msgr. Liénart, in den Kardinalsstand, der die christlichen Gewerkschafter gegen die Angriffe der nordfranzösischen Unternehmer in Schutz genommen und die Streikenden in der Textilindustrie unterstützt hatte.

Die Verurteilung der *Action française* und der Haltung Maurras' durch den Papst hatte mehr als nur religionsgeschichtliche Bedeutung. Sie betraf Tausende von Katholiken, die über Generationen hinweg die Verteidigung der Kirche mit dem Kampf gegen die revolutionären Prinzipien von 1789, die Treue zum Stuhl Petri mit der Ablehnung jeglicher Moderne identifiziert hatten. Sie alle standen nun vor einem Gewissenskonflikt, vor der Wahl zwischen zwei Treuebekenntnissen, die bis dahin als Einheit gegolten hatten. Damit erlebte der französische Katholizismus eine Zerreißprobe, vergleichbar nur mit der des Jansenismus im 17. und 18. Jahrhundert oder, in unserer Zeit, mit der Dissidenz Lefebvres nach dem Zweiten Vatikanischen Konzil. Indem er brutal das Band durchschnitt, das die Kirche von Frankreich mit der Schule des organisierten Pragmatismus vereinte, öffnete dieser Bruch den Weg zu einer völligen Umgestaltung der bisherigen Allianzen und, mehr noch, zu einem Wandel der Gesinnungen. Er erschloß einer ganzen Generation neue Formen des Engagements auf religiösem, sozialem oder politischem Gebiet; gleichzeitig gab er den Anstoß zu mancherlei Kurswechseln und mancher neuer Gemeinsamkeit. Jene Minderheit, die seit einem Jahrhundert und oft im Gegensatz zur kirchlichen Lehrmeinung nicht nur auf der generellen Verträglichkeit von Christentum und Demokratie beharrt, sondern auch an die Notwendigkeit einer Annäherung zwischen der Kirche und der modernen Gesellschaft geglaubt hatte, sah sich mit einem Mal legitimiert. Dies setzte eine Entwicklung in Gang, die sich im Gefolge der großen nationalen Krisen noch verstärkte und zu ihrer vollen Entfaltung kam in der entscheidenden Mitwirkung der Katholiken an der sozialen, wirtschaftlichen und kulturellen Umgestaltung der französischen Gesellschaft nach 1945. Die Ereignisse des Jahres 1926 wurden somit zum Ausgangspunkt eines mehr als fünfzig Jahre währenden Kapitels in den Beziehungen zwischen Religion und Gesellschaft.

Der Vatikan machte aus seiner Zustimmung zur französischen Außenpolitik kein Hehl: Am 1. Januar 1927 hielt der apostolische Nuntius anläßlich des Neujahrsempfangs des diplomatischen Korps durch den Staatspräsidenten eine begeisterte Lobrede auf die Außenpolitik Aristide Briands. Zahlreiche Katholiken setzten sich für die deutsch-französische Annäherung, die Sicherung des Friedens und die Unterstützung des Völkerbundes ein. Der große Verband der katholischen Jugend Frankreichs machte 1933 das Thema der christlichen Friedensauffassung sogar zum Hauptgegenstand seines Kongresses in Lyon, sehr zum Mißfallen freilich General de Castelnaus, der sich darüber entrüstete, daß eine Vereinigung, die als eine Schule des Patriotismus galt, zu einer Brutstätte subversiver Ideen werden sollte. Hier wie in anderen Fällen zeigte sich, daß auch die Wiederannäherung der Kirche an die Republik in den Reihen der Katholiken neue Gegensätze hervorrief.

DIE WAHLEN VON 1928 UND DER AUFBRUCH DER RADIKALSOZIALISTEN

Als die für das Frühjahr 1928 vorgesehene Neuwahl der Kammer herannahte, schlug die Regierung Poincaré eine Änderung des Wahlverfahrens vor. Künftig sollte wieder nach Arrondissements wie in den Jahren 1889 bis 1914 gewählt werden: ein Zeichen mehr für die Rückkehr zu den Verhältnissen der Vorkriegszeit. Die Forderung kam von seiten der Radikalsozialisten, und die SFIO, obwohl seitdem stets überzeugte Verfechterin der Verhältniswahl, fügte sich in dieses Vorhaben. Die Wahlreform war zum Teil gegen die Kommunistische Partei gerichtet, da sie erwarten mußten, daß ihre Stimmen im zweiten Wahlgang, in dem ihre Kandidaten im allgemeinen schlecht plaziert waren, auf Sozialisten und Radikalsozialisten übertragen wurden. In der Tat konnten die Kommunisten, die diesmal ihren Wahlkampf auf eigene Faust führten und auch im zweiten Wahlgang – auch auf die Gefahr hin, die Linke auf diese Weise um Sitze zu bringen – an ihren Kandidaten festhielten, zwar ihre Stimmenzahl von 870 000 auf über eine Million Stimmen verbessern, verloren jedoch über die Hälfte ihrer Mandate und waren am Ende nur noch mit 12 statt wie bisher mit 28 Sitzen vertreten.

Die Wahlbeteiligung lag mit 84 Prozent sogar noch höher als bei den Wahlen von 1924. Ob der Grund dafür in der Rückkehr zu dem vertrauteren Wahlverfahren lag oder in dem Wunsch der Wähler, ihre Zustimmung zu Poincarés Politik damit auszudrücken, bleibt unklar; die Interpretation der Wahlergebnisse wurde durch die Änderung der Spielregeln erheblich erschwert. Unterscheidet man nur nach den herkömmlichen Kategorien von Rechts und Links, so erzielten die linken Kandidaten mit 4,8 Millionen Stimmen einen Vorsprung von 300 000 Stimmen gegenüber den Rechten mit 4,5 Millionen.

Die Frage ist aber, ob man alle Stimmen, die auf die Radikalsozialisten entfielen, einfach der Linken zuschlagen darf. Die meisten ihrer Kandidaten hatten ihren Wahlkampf im Namen Poincarés geführt und deshalb die Stimmen von Anhängern der politischen Mitte oder der gemäßigten Rechten auf sich gezogen. Im zweiten Wahlgang erwies sich jedoch, daß überall dort, wo sich nur noch ein Kandidat der Gemäßigten und ein Sozialist gegenüberstanden, ein großer Teil der Wähler, die im ersten Wahlgang den Radikalsozialisten ihre Stimmen gegeben hatten, nun für den Kandidaten der Rechten votierten. François Goguel bezifferte diese Verschiebungen auf 400 000 Stimmen. Sie sind ein Indiz dafür, daß sich die Wählerschaft der Radikalsozialisten nicht mehr ganz dem linken Lager zurechnen ließ. Da man sich damals aber mehr für die unmittelbaren Folgen einer Wahl interessierte als für die Bedeutung des Wählerverhaltens, und da man die Wahlen deshalb mehr nach ihren Konsequenzen für die Sitzverteilung als nach den abgegebenen Stimmen beurteilte, hatte man nicht genügend registriert, daß auf der Linken erstmals die SFIO die Radikalsozialisten überflügelt hatte. Hätte man dies damals zur Kenntnis genommen, wäre 1936 die Überraschung über den Vorsprung der Sozialisten vor den Radikalsozialisten geringer ausgefallen. Denn seit 1928 hatte, wie ein Blick auf die Verschiebungen innerhalb der Wählerlandschaft beweist, die sozialistische Partei begonnen, den Radikalsozialismus zurückzudrängen. Die extreme Rechte mußte starke Einbußen hinnehmen: Von mehr als neun Millionen abgegebenen Stimmen erreichte sie kaum 200 000. Das heißt, daß der Rechtsextremismus von dem Moment an zurückging, wo die Linke nicht mehr an der Macht war. Das Spiel der Kandidatenrücktritte, ob aufgrund von Wahlvereinbarungen oder spontan, die Stimmübertragungen und der besondere Zählmechanismus bei diesem Wahlmodus wirkten sich zugunsten der scheidenden Mehrheit aus; sie kehrte gestärkt ins Palais Bourbon, den Sitz der Abgeordnetenkammer, zurück. Die Linke war geschwächt; sie bestand nur noch aus 12 Kommunisten, 100 Sozialisten und ungefähr 125 Radikalsozialisten. Im Endeffekt beherrschten die gemäßigten Abgeordneten die Kammer.

Diese Mehrheit stellte nunmehr während der gesamten Legislaturperiode die Regierung. Eine völlige Umkehrung der Mehrheit wie noch 1926 fand nicht statt. Dennoch vollzog sich eine Veränderung von großer Tragweite: das Ausscheiden der Radikalsozialisten aus der Regierung kurz nach den Wahlen. Paradoxerweise ergab sich dieser Bruch gerade aus dem überwältigenden Sieg des Poincarismus, an dem sie ja so großen Anteil hatten. Der Erfolg hatte den Machthunger der Rechten geweckt, die nun nicht mehr auf die Radikalsozialisten angewiesen waren, nachdem sich die Notwendigkeit ihrer Unterstützung aus arithmetischen Gründen erübrigt hatte. Künftig bestand die Kammermehrheit allein aus den Abgeordneten der Mitte und der (gemäßigten) Rechten.

Warum also sollte man den Radikalen noch Konzessionen machen? Diese taten sich schwer mit der Fortführung ihrer engen Zusammenarbeit mit der Rechten: Auf lokaler Ebene standen sie den militanten Sozialisten näher als den konservativen Notabeln. So kam es, daß ein Teil der Wähler, die im ersten Wahlgang für einen Kandidaten der Radikalen gestimmt hatten (waren sie wirklich radikal gesinnt?), im zweiten Wahlgang ihre Stimmen auf einen Gemäßigten übertrugen und zwei Drittel der radikalen Abgeordneten ihre Wahl nur Leihstimmen aus dem Lager der Linken verdankten. Dies bedeutete für jeden der 86 auf diese Weise gewählten Deputierten, daß sie sich nicht von ihren linken Wählern trennen durften, wenn sie wiedergewählt werden wollten. Außerdem erlaubten die intellektuellen Vereinigungen wie die Freimaurerlogen und die gewerkschaftlichen Lehrerverbände, die das Gerüst und den Rückhalt der republikanischen Linken bildeten, kein Nachlassen der laizistischen Wachsamkeit.

So war es gerade in der Frage der Trennung von Staat und Kirche, wo sich der Bruch zwischen den Radikalen und der Mehrheit vollzog, und zwar in einem Punkt, der im Hinblick auf die großen Probleme der Zeit vielleicht zweitrangig erscheinen mochte, dessen symbolische Tragweite jedoch genau im umgekehrten Verhältnis zu dem bescheiden anmutenden Einsatz stand, um den es ging. Es handelte sich um zwei Artikel des Staatshaushaltgesetzes für 1929: Der eine sah die Rückgabe der nach 1906 noch unveräußert gebliebenen Liegenschaften an die 1924 gegründeten Diözesanvereinigungen vor; der andere zielte auf die Abschaffung der strengen, fanatischen Auslegung des Combismus und erlaubte den Missionsorden im Interesse der Verbreitung französischer Kultur, ihr Noviziat in Frankreich abzuleisten. Dies bedeutete eine Rückkehr zum Geist des Vereinsgesetzes von 1901.

Die beiden Gesetzesvorlagen brachten die Unruhe innerhalb der laizistischen Kreise zum Sieden. Der Kongreß der Radikalsozialisten machte sich zum Sprachrohr ihrer Gefühle und forderte den Verzicht auf diese beiden Maßnahmen als *conditio sine qua non* für das Verbleiben ihrer Minister in der Regierung. Am Ende des Kongresses, als die Minister sich bereits wieder in Paris befanden, brachte Joseph Caillaux, der Herriot die Torpedierung seiner steuer- und finanzpolitischen Initiativen zwei Jahre zuvor nicht verziehen hatte, am 6. November 1928 mit den Stimmen der Militanten einen Antrag durch, in dem die radikalsozialistischen

Minister zum Rücktritt aufgefordert wurden. Die Minister folgten diesem Beschluß. So ließen die Radikalsozialisten Poincaré innerhalb von fünf Jahren zum zweiten Mal im Stich, diesmal jedoch vor dem Hintergrund eines kurz zuvor gemeinsam errungenen Wahlsieges. Ihr Ausscheiden blieb ohne große Folgen: Poincaré trat zwar zurück, doch nur, um gleich darauf eine neue Regierung ohne Mitwirkung der Radikalen zu bilden, die eine starke Mehrheit von 300 gegen 130 Stimmen fand; die meisten Radikalsozialisten hatten sich der Stimme enthalten. Ihre Fraktion rutschte nach und nach in die Opposition, ohne dabei aber die Mehrheit in Gefahr bringen zu können, die geschlossen hinter dem Ministerpräsidenten stand. Von ihrem radikalen Flügel befreit, orientierte sich diese Mehrheit nun noch mehr nach rechts. Ihre Anführer kamen sämtlich aus den gemäßigten Gruppierungen. Die folgenden Regierungen seit dem Rücktritt Poincarés bis zu den Kammerwahlen von 1932 waren, mit Ausnahme zweier kurzlebiger radikalsozialistischer Kabinette, die »rechtesten« der gesamten Dritten Republik. Die *Union nationale* enthüllte ihre wahre Natur: Da sie sich nur eine kurze Zeit mit Hilfe der Linken, die ihr die Radikalsozialisten verschafften, halten konnte, war sie nichts anderes als eine Etappe auf dem Weg zu einer Regierung der Rechten.

Nach Poincaré wechselten sich zwei Männer an der Spitze der Regierung ab. Die sechs Kabinette, denen sie vorstanden, amtierten 29 von 34 Monaten. Beide stützten sich auf dieselbe Mehrheit, aber sonst trennte sie alles. Der eine, André Tardieu, entstammte einer gutsituierten Pariser Bürgerfamilie und hatte die *École normale supérieure* absolviert; der andere, Pierre Laval, ein echter Sohn des Landes aus dem Bergland der Auvergne, kam aus bescheidenen Verhältnissen und hatte sich sein Studium als Internatsaufseher verdient. Tardieu stand in der Tradition Clemenceaus und hatte an den Verhandlungen des Versailler Vertrages teilgenommen. Pierre Laval kam von der extremen revolutionären Linken; er stand im *»Carnet B«* (der Liste gefährlicher Agitatoren gegen den Krieg, die bei Kriegsausbruch verhaftet werden sollten) und war der Vertrauensanwalt der Gewerkschaften. Während Tardieu in der Außenpolitik eine harte Haltung vertrat, neigte Laval eher zum Kompromiß. Als es zur internationalen Krise kam, stellte sich Tardieu auf die Seite der Schildhalter des Widerstands, während Laval zur Seele der Friedenspartei werden sollte. Im Jahre 1930 zeigte sich dieser Unterschied noch nicht so deutlich, da die Beziehungen zu Deutschland an Schärfe verloren hatten und für eine Zeitlang keinen Anlaß mehr zur Trennung boten; innenpolitisch differierten ihre Ansichten scheinbar nur wenig.

Auch beider Persönlichkeiten hätten kaum verschiedener sein können. Tardieu glänzte durch seine wache, faszinierend schlagfertige Intelligenz. Er erfüllte offenbar alle Voraussetzungen, um die Rolle eines Poincaré seiner Generation zu spielen. Seine Talente trugen ihm auch die Bewunderung derer ein, die seine Ideen nicht teilten, doch beherrschte er die Szene allzusehr, um seinesgleichen nicht zu reizen und Haßgefühle zu wecken. Die *Action française* verfolgte ihn geradezu mit Abscheu, und Léon Daudet fand kaum Kraftausdrücke genug, um den »Paradiesvogel« zu schmähen. Die Kommunisten schließlich warfen ihm vor, in zweifelhafte Spekulationen verstrickt zu sein.

Ganz anderes dagegen Laval. Er war keineswegs weniger intelligent als Tardieu, aber er war es auf eine andere, mehr kombinatorische Art. Er war ein kontaktfreudiger und umgänglicher Mensch und hatte sich eine eigene Klientel geschaffen. Er vermochte aufrichtige Freundschaften zu wecken und verstand es geschickt, hinter den Kulissen zu manövrieren. Kurz: Die Mehrheit sah in beiden die Erben Poincarés und ihre geborenen Führer.

Den weitsichtigen Tardieu befriedigte die Art und Weise nicht, wie die parlamentarischen Institutionen funktionierten. Da er an sie gebunden war, wollte er sie verbessern. Die Reform sollte durch eine Umstrukturierung der politischen Kräfte erfolgen. Ihm schwebte die Bildung einer großen, liberal-konservativen Partei vor, die im Geiste der Aufklärung endgültig jeglicher archaischen Nostalgie abschwor und sich entschieden der Moderne zuwenden sollte. Die Radikalsozialisten hätten darin ihren Platz gefunden, wenn sie den Bruch mit der SFIO riskiert hätten. Der Rhythmus des politischen Lebens sollte durch die Konfrontation oder den Wechsel zwischen einer erneuerten, dem Wandel aufgeschlossenen Rechten und einer sozialistischen Linken bestimmt sein. Der Grundgedanke bestand in der Annäherung zwischen der rechten Mitte und den Radikalsozialisten und in der »Verewigung« der *Union nationale.* Sein Plan ließ bereits die Bipolarisierung erahnen, die dreißig Jahre später durch die Verfassung der Fünften Republik möglich werden sollte. Tardieu, der an die Wirksamkeit institutioneller Mechanismen glaubte, ließ von der Kammer ein neues Wahlgesetz verabschieden, das sich an das angelsächsische System der Persönlichkeitswahl in einem Wahlgang anlehnte, und erhoffte sich davon eine Neugruppierung der Parteienlandschaft. Dieser Versuch blieb ohne Folgen: Die Sozialisten und Radikalsozialisten bekämpften sich, und der Senat begrub die Reform endgültig im Februar 1932.

Der Wahlkampf von 1932 verlief gleichwohl nach bipolarem Muster, allerdings mit einem entscheidenden Unterschied zu der Vorstellung Tardieus: Die Radikalsozialisten standen im gegnerischen Lager; sie hatten sich wieder mit der SFIO zusammengeschlossen und strebten eine Neuauflage des »Linkskartells« an. Tardieu engagierte sich selbst im Wahlkampf, der dadurch den Charakter eines persönlichen Duells zwischen den beiden Führern Herriot und Tardieu annahm. Um sich an seine Wähler zu wenden, benützte Tardieu sogar die Möglichkeiten des Rundfunks, der damit zum ersten Mal für Wahlkampfzwecke eingesetzt wurde. Die Linke nahm an diesem Eingreifen heftigen Anstoß, weil sie darin den reinen Bonapartismus erblickte. Die Niederlage der Rechten zerstörte schließlich die Pläne Tardieus.

EINE REFORMPOLITIK

Die parlamentarische Mehrheit, die Poincaré und seine Nachfolger bis 1932 unterstützte, hatte im Verlauf der sechs Jahre ein bedeutendes gesetzgeberisches Werk vollbracht. In dieser Zeit entstanden mehrere Gesetze, die in der Erdöl- und Filmindustrie bis in die Gegenwart hinein gültig waren. Ob liberal oder konservativ – alle Kabinette zwischen 1926 und 1932 nahmen soziale Reformen in Angriff. So konnte Tardieu mit gutem Grund den Radikalsozialisten auf ihre Vorwürfe entgegnen: »Schießt nicht auf mich, denn ich halte eure Kinder in den Armen.« Die Rückkehr zum Haushaltsgleichgewicht und der Anstieg der Einnahmen, die dank des einsetzenden Wirtschaftsaufschwungs sogar bald die Ausgaben übertrafen, erleichterten eine Politik der Freigebigkeit und des sozialen Fortschritts. Ein Beispiel dafür war die im März gesetzlich verankerte Kriegsrente für die Angehörigen der französischen Streitkräfte im Ersten Weltkrieg. Sie erfüllte mit haushaltspolitischen Mitteln, was Clemenceau den ehemaligen Kriegsteilnehmern versprochen hatte, nämlich die Anerkennung ihrer berechtigten Ansprüche an die Nation, und wenn die Summe auch bescheiden war und eher symbolische Bedeutung besaß, so befriedigte sie damit doch eine Forderung, die den Betroffenen viel bedeutete. Deshalb rief es jedesmal, wenn eine Regierung in den Jahren 1934 bis 1959 daran rühren wollte, die lebhaftesten Proteste hervor.

Im März 1928 hatte die Abgeordnetenkammer mit großer Mehrheit ein Gesetz zur Sozialversicherung verabschiedet; 477 Deputierte stimmten dafür. Nur die äußerste Rechte versagte ihm ihre Zustimmung, doch nicht, weil sie den Gedanken einer Sozialversicherung prinzipiell ablehnte. Vielmehr wollte sie diese Sozialversicherung auf genossenschaftliche Einrichtungen übertragen wissen: Zum einen fürchtete sie nämlich angesichts der Gefahr des Etatismus die Entstehung einer neuen Bürokratie, andererseits fühlte sie sich der katholischen Soziallehre verpflichtet, die auf das Prinzip der Subsidiarität verweist. Ein zweites Gesetz im April 1930 präzisierte und vervollständigte diese Reform, die eine entscheidende Etappe auf dem Weg zur Schaffung eines sozialen Netzes darstellte. Mit diesem Gesetz hatte Frankreich seinen Rückstand gegenüber seinen Nachbarn aufgeholt. Wie alle Initiativen auf diesem Gebiet, die ihren Ursprung nicht in einem Sieg der Linken oder in einem Kraftakt der Gewerkschaften hatten, ist diese Reform durch nachfolgende Reformen in den Schatten gedrängt worden. Dennoch bleibt festzuhalten, daß sie den damaligen Kammermehrheiten einen wichtigen Platz unter jenen Legislaturperioden zuweist, welche die Arbeitsbedingungen der Lohnempfänger verändert haben.

Noch das Kabinett Tardieu hatte 1932 die Einführung eines allgemeinen Kindergeldes verwirklicht. Dabei wurde jedes Unternehmen verpflichtet, einem Netz von Hilfskassen beizutreten, wodurch sämtliche Arbeitnehmer in den Genuß der freiwilligen Initiativen einiger Unternehmer kamen, die dem sozialen Fortschritt gegenüber aufgeschlossen und von der katholischen Soziallehre beeinflußt waren. Ein solches Gesetz hatten die Familienverbände schon seit langem gefordert; es ging auf die Befürchtungen derer ein, die sich um die demographische Zukunft des Landes sorgten, und besänftigte die Sorge der katholischen Rechten um die Institution der Familie. Die Schaffung eines Gesundheitsministeriums in der letzten Regierung Tardieu zeigt, wie groß das Interesse des Staates an der Bekämpfung der Volksseuchen war, allen voran der Tuberkulose, gegen die die Nation alle ihre Kräfte mobilisierte, indem sie in einer alljährlichen Kampagne, an der auch Schulkinder teilnahmen, die Mittel für die Einrichtung und Ausstattung von Tuberkulosekliniken und Sanatorien aufbrachte.

Auch im Bildungswesen wollte die Regierungsmehrheit der Linken nicht allein das Feld überlassen. Deshalb verankerte sie im Haushaltsgesetz von 1930 das Prinzip der schulgeldfreien Gymnasialausbildung, zum Teil wohl auch, um den Plan der Einheitsschule zu verhindern. Die Reform trat 1930 für die sechste Klasse, die Eingangsklasse der Gymnasien, in Kraft; die Schulgeldbefreiung wurde sodann jährlich auf eine weitere Klasse bis zur Abschlußklasse ausgedehnt. Die Folgen für die Demokratisierung des höheren Schulwesens zeigten sich jedoch erst nach einigen Jahren.

Bei Mietstreitigkeiten ergriff die Regierung Poincaré stets Partei für die Mieter. Im Jahre 1928 verfügte sie unter Rückgriff auf ein Gesetz von 1923 und in Fortführung der 1914 begonnenen Politik der Mietfestschreibung eigenmächtig eine Begrenzung der zulässigen Mieterhöhung auf 150 Prozent des Mietpreises von 1914. Diese Politik wollte zwar dem Schutz der Mieter dienen, hatte aber verheerende Auswirkungen auf den Wohnungsmarkt. Da nun keine befriedigende Rendite mehr möglich schien und bisweilen sogar das Geld für die allernotwendigsten Reparaturen fehlte, ließen die Besitzer ihre Häuser verfallen. Die Kapitalisten wandten sich von einem Markt ab, der nichts einbrachte, und investierten nicht mehr in Immobilien. So mußte der Staat für die ausbleibende Privatinitiative die Rolle des Unternehmers übernehmen. Im Juli 1928 verabschiedete die Kammer einstimmig mit 580 Stimmen ein Gesetz, das den Bau von 200 000 preisgünstigen Wohnungen – jenen berühmten *Habitations à Bon Marché* (HBM) – vorsah. Diese Siedlungen trugen später den Namen Louis Loucheurs, des damaligen Arbeitsministers und Vaters dieses Gesetzes.

Loucheur verkörperte einen neuen Typ des Politikers. Durch seinen Aufstieg vom Ingenieur zum Unternehmer brachte er ganz andere Erfahrungen und Kenntnisse in die Politik ein als die Advokaten oder Lehrer. In seiner Person verband sich die Bemühung um das konkret Machbare mit der Forderung nach technischer Effizienz. Von Briand wurde er 1916 mit der Leitung der Rüstungsproduktion betraut und übernahm 1917 in der Regierung Painlevé als Nachfolger von Albert Thomas das Ministerium für Bewaffnung. Nach dem Krieg wurde er Regierungsbeauftragter für die »Befreiten Regionen« Elsaß und Lothringen und für den »Industriellen Wiederaufbau«. Im Juni 1928 kehrte er als Arbeitsminister in die Regierung zurück. Er war der erste in einer Reihe weiterer Minister wie Raoul Dautry, Pierre Guillaumat oder André Giraud, die sämtlich aus technischen Berufen kamen. Ihre Ernennung war eine Reaktion auf die zunehmend spezifischer werdenden Fragen, mit denen die Regierung in dem Maße, wie ihre Zuständigkeiten wuchsen, befaßt wurde.

Tardieu, der einiges von Wirtschaft verstand, stand diesen »Technikern« nahe. Dieser Liberale dachte in Kategorien von Effizienz und Leistung; er sah für Frankreich die Notwendigkeit, seinen Rückstand auf bestimmten Gebieten aufzuholen. Er hatte selbst seine ministerielle Laufbahn in der Regierung Poincaré als Minister für Öffentliche Arbeiten begonnen und bereits 1929 in seiner Regierungserklärung seine Absicht angekündigt, den industriellen Ausbau Frankreichs entschieden voranzutreiben. Einige Wochen später präsentierte er einen umfassenden »Plan zur wirtschaftlichen Erschließung und Entwicklung Frankreichs« *(»plan d'outillage et d'équipement national«)*. Sein Ziel war es, die französische Wirtschaft in Schwung zu bringen und zu erreichen, daß sie mit Amerika, dessen Leistungsfähigkeit er bewunderte, gleichzog. Tardieus Politik und die Resonanz, die er damit in den führenden Wirtschaftskreisen hervorrief, widerlegten die Vorstellung von Frankreich als einer verknöcherten Gesellschaft. Vielmehr stellte diese Phase in der Wirtschaftsgeschichte Frankreichs ein wichtiges Bindeglied dar im Verlauf jener Entwicklung, die mit der Expansion während des Zweiten Kaiserreichs begann, danach von der republikanischen Regierung in den Jahren des »Plan Freycinet« [vgl. Geschichte Frankreichs Band 5, S. 289ff.] fortgeführt wurde und über die technokratischen Vorhaben der Vichy-Regierung bis zu dem großen Unternehmen einer grundlegenden Modernisierung Frankreichs nach 1945 reichte.

EINE GANZ BESONDERE PARTEI: DIE KOMMUNISTEN

In jenen Jahren bildete sich am Rande der Gesellschaft und abseits der übrigen Strömungen ein radikal neuer Typ von Partei heraus: die Kommunistische Partei. Ihre Geburt vollzog sich mühsam, begleitet von Parteiausschlüssen, Rücktritten, Spaltungen, und dies alles unter den argwöhnischen Augen der III. Internationale. Doch schließlich war es ihr in den Jahren von 1926 bis 1932 gelungen, sich aus dem verwirrenden Durcheinander ihrer Anfänge zu befreien. Ihr Ziel war die Bildung einer völlig neuen Partei, die mit dem herkömmlichen Parteientypus und namentlich mit der Sozialdemokratie nichts mehr gemein hatte.

In mindestens drei Punkten schuf sie Neues: Erstens organisierten sich ihre Anhänger nicht mehr wie bisher an ihrem Wohnort, sondern an ihrem Arbeitsplatz; ihre Zellen befanden sich in den Unternehmen. Zweitens kehrte die Bolschewisierung die innerparteilichen Entscheidungsstrukturen um: An die Stelle der basisorientierten sozialistischen Organisation setzte der demokratische Zentralismus den unbedingten Gehorsam gegenüber den Anweisungen der Parteispitze. Drittens war die Partei strikt der globalen Strategie der III. Internationale unterworfen, des Organs des proletarischen Internationalismus.

Mit dieser Partei zog somit ein völlig neues Element in das politische Leben des Landes ein. Zwar hatte es immer schon aktivistische Minderheiten gegeben, die schon deshalb die direkte politische Aktion bevorzugten, weil sie keinerlei Chancen hatten, das Wählerverhalten zu beeinflussen; nun aber gab es eine von professionellen Revolutionären organisierte Partei, die ihr Vorgehen in eine Gesamtstrategie einband und Gewaltaktionen mit den klassischen Formen der Demokratie verknüpfte. So war sie auch bei den Wahlen in sämtlichen Wahlkreisen mit ihren Kandidaten vertreten, was ein Vorteil gegenüber den anderen Parteien bedeutete, da sie im Gegensatz zu diesen über engagiert militante Mitglieder verfügte, die den Wahlkampf allein mit dem Ziel führten, ihr Parteiprogramm zu verbreiten. Daraus aber zu schließen, daß sie an die Prinzipien der bürgerlichen Demokratie geglaubt hätte, wäre falsch. Im Gegenteil: Sie bekundete ihre Verachtung für den »parlamentarischen Kretinismus«, und die sogenannte »formelle Demokratie« galt in ihren Augen nur als Mittel der herrschenden Klasse, ihre Herrschaft über die Volksmassen in verschleierter Form fortzusetzen.

Die Partei brach mit sämtlichen Traditionen und verharrte in grimmiger Isolation. Sie wies die Unterscheidung in Links und Rechts für sich zurück; in ihren Augen gab es nur den Gegensatz zwischen dem Proletariat, als dessen alleinige Verteidigerin sie sich sah, und der Bourgeoisie, deren Interessen von den übrigen Parteien vertreten wurden. Für sie war deshalb die Beachtung der sogenannten republikanischen Wahldisziplin auch keine Frage: 1924 schon hatte sie ihren eigenen Wahlkampf geführt, und 1928 hatte sie ihre Kandidaten auch noch im zweiten Wahlgang belassen, selbst auf die Gefahr hin, die Chancen der Linken zu ruinieren. Aber dieses Risiko schien ihr geringer als die Gefahr, mit der SFIO verwechselt zu werden. Auf jeden Fall aber erwartete sie den Umsturz der Gesellschaft nicht auf dem Wege von Wahlen. Für die SFIO hatte sie nur heftigste Attacken und Beleidigungen übrig: Sozialchauvinisten, Sozialfaschisten, Volksverräter, so lauteten einige der Schimpfwörter, mit denen sie die Sozialisten attackierte. Kein Zweifel, wie wichtig es für sie war, die letzten Brücken zu einer verhaßten Vergangenheit abzureißen.

Sie versäumte keine Gelegenheit, gegen die politische Ordnung aufzutreten und die Gesellschaft herauszufordern. In diesem Sinne brandmarkte sie offen die Besetzung des Ruhrgebietes und den Krieg gegen die Rifkabylen als Ausdruck des französischen Imperialismus, auch auf die Gefahr hin, damit öffentliche Entrüstung hervorzurufen. Skandal zu erregen war nichts, was den Kommunisten mißfiel. Im Gegenteil: Für sie war es ein Mittel, die Lauen von den Guten zu scheiden. Sie verfolgten einen militanten Antimilitarismus, und ihr Blatt *»L'Humanité«* veröffentlichte täglich eine Rubrik *»gueules de vaches«* (»Kuhmäuler«), in der es die Unteroffiziere aufs Korn nahm.

Die Partei dachte nur in Perspektiven des offenen Krieges mit der Bourgeoisie; sie hetzte ihr Parteivolk zu Gewaltaktionen auf und schickte ihre Kämpfer auf die Straße. Am 1. August 1929 organisierte sie einen »Antikriegstag«, aber Polizeipräfekt Jean Chiappe unterdrückte alle Demonstrationen mit eiserner Faust. Die Führer der Kommunistischen Partei verbrachten eine Zeitlang im Gefängnis; sie verließen es nur, um wenig später wieder zurückzukehren, es sei denn, sie konnten sich ihrer Verhaftung entziehen – wie Maurice Thorez, der 1927 zu acht Monaten Gefängnis verurteilt worden war und dem es bis zum Juni 1929 gelang, sich vor der Polizei zu verbergen. Im Gefängnis traf er dann André Marty, Gabriel Péri und Paul Vaillant-Couturier. Im Oktober 1929 standen sogar das gesamte Zentralkomitee und die Leitung der *»Humanité«* wegen Verschwörung gegen die Sicherheit des Staates vor Gericht. Am Vorabend des 1. Mai 1929 wurden etwa 4000 militante Anhänger der Kommunisten in Vorbeugehaft genommen, und vier Monate später, am Vorabend des 1. August, des »Antikriegstages«, wurden zahlreiche Parteifunktionäre Opfer ähnlicher Maßnahmen.

Der Guerillakampf gegen die öffentliche Gewalt, die ständigen Scharmützel mit der Polizei und die oftmals sehr harten und blutigen Zusammenstöße hatten Verhaltensweisen erzeugt, wie man sie vom Untergrund her kennt, einen Geist des Widerstandes gegen die Obrigkeit und des gespannten Mißtrauens gegen die Infiltration der eigenen Reihen durch Polizeispitzel, Gewohnheiten, auf die die älteren Parteimitglieder im Jahre 1939 leicht zurückgreifen konnten. So entsprang die Desertion Maurice Thorez' zu Beginn des *»drôle de guerre«* keinem individuellen Entschluß, sondern stand in einer durch die Umstände wiederbelebten Tradition des revolutionären Kampfes, den eine zum äußersten entschlossene Kerntruppe führte.

Die ständigen »Säuberungen« der Partei und der Kriegszustand, in dem sie sich mit der Gesellschaft befand, hatten zu einer Welle von Austritten vor allem jener geführt, die nur aus spontaner Sympathie oder aus einem Mißverständnis heraus der Partei beigetreten waren: Von den 130 000 Mitgliedern im Dezember 1920 waren 1930 nur noch 30 000 übriggeblieben. Diese 30 000 verfügten jedoch über eine weit größere Geschlossenheit und Schlagkraft als jene viermal so große Mitgliederzahl auf dem Sozialistenkongreß in Tours (1920). So viel der Partei auch ihre Mitgliederstatistik bedeutete, so war sie doch niemals bereit, die Geschlossenheit ihres harten Kerns der Sorge um die Mitgliederzahl zu opfern. Diese Geschlossenheit war für sie Gebot; es erklärt ihr Verhalten und löst auch so manches Rätsel: Nichts war für die Kommunisten so wichtig wie der Erhalt ihrer aus professionellen Revolutionären gebildeten Kampftruppe, Männern, die alles der Partei verdankten und die ihr beigetreten waren, als handle es sich um eine neue Religion.

Dabei waren es sehr unterschiedliche Gründe, die sie dazu bewegten: das Aufbegehren gegen die Ungerechtigkeit, der Abscheu vor dem Krieg, der Wunsch, sich in den Dienst einer großen Sache zu stellen, schlichtes Abenteurertum oder die chiliastische Hoffnung auf die Verwirklichung einer Gesellschaft ohne Konflikte. Daneben stand als ein Erbe des Rationalismus die Vorstellung, im Marxismus die wissenschaftliche Erklärung der Geschichte und der Welt zu finden, die Tradition der Französischen Revolution und die Solidarität mit ihrer »Tochter« und Fortsetzung, der Russischen Revolution, der Zusammenhang von Aufklärungszeitalter und Arbeiterbewegung, der Internationalismus, aber auch eine gewisse Form des Patriotismus, der nicht zulassen wollte, daß Frankreich sich abseits der großen Bewegung hielt, die die Herzen der Völker erhob. Es waren vielfältige Wege, die zum Kommunismus führten, in dem sich Verstand und Gefühl, Utopie und Wissenschaftsgläubigkeit miteinander verbanden. Aus allen diesen Einzelfäden gelang es der Kommunistischen Partei, ein festes Gewebe zu knüpfen, das stark genug war, um alle Spannungen, denen es ausgesetzt war, auszuhalten. Die Entstehung dieses eigentümlichen Organismus stellt eines der markantesten Ereignisse der Jahre 1925–1935 dar. Kein anderes Kollektivunternehmen hat, mit Ausnahme der katholischen Kirche, innerhalb der vergangenen sechzig Jahre soviel Hingabe geweckt, die sogar bis zur Selbstaufopferung reichte.

Im Jahre 1930 war die Bedeutung der Kommunistischen Partei noch gering. Bezeichnend dafür ist, daß selbst ein so versierter politischer Beobachter wie Albert Thibaudet in seiner Beschreibung der politischen Ideen 1932 den Kommunismus nur beiläufig erwähnt und ihn nicht zu den sechs politischen Familien zählte, die er darin unterschied. Noch galten die Kommunisten als Sekte, die ihr Ghetto nicht verlassen hatte.

Dennoch gelang ihnen der Aufbau eines treuen und keineswegs unbeträchtlichen Wählerstamms. Indem sie systematisch bei allen Wahlen ihre Kandidaten präsentierten, erreichten sie mit der Zeit Positionen, die sie methodisch zu nutzen verstanden. Sympathien verschafften sie sich durch eine geschickte Pädagogik, indem sie die Alltagssorgen der Armen oder, bildlich gesprochen, den Einkaufskorb der Hausfrau, auf die Ebene der großen Politik hoben und jede Einzelfrage in einen globalen Zusammenhang stellten. Während die Listen des Arbeiter- und Bauernblocks bei der Wahl von 1924 870 000 Stimmen erhielten, was etwa 10 Prozent der gesamten Wählerstimmen ausmachte, waren es 1928 bereits eine Million Stimmen. In der Pariser Region lag der Prozentanteil am höchsten: in den Departements Seine und Seine-et-Oise erhielt die Partei 26 Prozent aller abgegebenen Stimmen.

Bei den Kommunalwahlen von 1925 eroberten die Kommunisten mehrere Rathäuser, die sie zu uneinnehmbaren Festungen ausbauten; zu ihnen zählten Saint-Denis, wo Jacques Doriot in das Rathaus einzog, oder die Städte Ivry und Vitry. Damals entstand der Mythos der »roten Bannmeile«, die Paris umschloß und aus der sich bei jeder Demonstration die Horden über die Hauptstadt ergossen. Die Karte der kommunistischen Hochburgen deckt sich genau mit der Karte der Industrieschwerpunkte. Dort fand die Partei ihre Arbeiterklientel in jenen Branchen, die auf eine lange Erfahrung im Gewerkschaftskampf zurückschauten und die gleichsam die Aristokratie der Arbeiterbewegung repräsentierten: Bergarbeiter, Eisenbahner und Metallarbeiter. Die Partei drang auch in einige ländliche Gebiete vor, in denen die Auseinandersetzungen mit den Großgrundbesitzern eine gewisse Tradition besaßen, und zwar im Umkreis des Zentralmassivs in den Departements Corrèze, Dordogne, Haute-Vienne, Allier, Cher, Lot-et-Garonne sowie auch in Saône-et-Loire. Hier zeichnete sich ein Agrarkommunismus ab, der die Nachfolge des *»democ-soc«* (demokratischen Sozialismus) von 1849 und des Radikalsozialismus antrat. Der Kommunismus entwickelte sich somit in zwei Bereichen, unter den Arbeitern und unter den Bauern.

Zu Beginn der dreißiger Jahre hatte die Kommunistische Partei die Phase ihrer Mauserung abgeschlossen und ihre Kinderkrankheiten überwunden. Sie konnte auf eine grenzenlos ergebene Gefolgschaft zählen, die sich bedingungslos den aus Moskau kommenden Weisungen fügte. Eine neue Generation übernahm ihre Führung. Drei Namen beherrschten künftig die Geschichte der Partei während der nächsten dreißig oder vierzig Jahre: Maurice Thorez, der, kaum dreißigjährig, ins Zentralsekretariat gewählt wurde, Jacques Duclos, der parlamentarische Führer der Partei, und Benoît Frachon, der künftige Generalsekretär der CGT. Dieses Triumvirat lenkte mehr als dreißig Jahre lang durch härteste Prüfungen hindurch die Geschicke der Partei.

KAPITEL V

1930 – ein Glanzjahr?

EIN HÖHEPUNKT DER FRANZÖSISCHEN GESCHICHTE

Es gibt Augenblicke im Leben der Völker – gleichsam Atempausen auf ihrem Gang durch die Jahrhunderte –, in denen sie nach einer langen Zeit des Leidens und Hoffens das Gefühl verspüren, endlich am Ziel zu sein und den gerechten Lohn für ihre Mühe und Arbeit zu empfangen. So empfand man in Frankreich um das Jahr 1930. Die bewegten Jahre des Übergangs von den zwanziger zu den dreißiger Jahren fielen mit einer solchen »Atempause« im Fortgang der Geschichte zusammen. Die Nachkriegszeit war endgültig vorbei; Frankreich schöpfte wieder Atem und konnte endlich seine Gedanken vom Krieg und seinen Folgen lösen, bevor es zu neuen Horizonten aufbrach.

Mochte der Krieg auch hintergründig im Bewußtsein der Nation stets präsent sein, so rückte er doch in immer weitere Ferne, und der Abgang der drei wichtigsten Architekten des Sieges innerhalb weniger Monate des Jahres 1929 markierte symbolisch das Ende der Nachkriegszeit. Im Juli trat Poincaré von der politischen Bühne ab, im März starb Marschall Foch und im November Clemenceau. Die Begräbnisse der beiden letzteren standen in einem denkbar großen Kontrast zueinander. Während Clemenceau entsprechend seinem letzten Willen ohne kirchliche Riten und in aller Schlichtheit fern der Pariser Bevölkerung in seinem kleinen Dorf in der Vendée beigesetzt wurde, bereiteten das offizielle Frankreich und die Nation Marschall Foch ein Staatsbegräbnis, dessen Prunk an die Siegesparade von 1919 erinnerte. Gekrönte Häupter und ausländische Staatschefs begleiteten zusammen mit den Generälen der verbündeten Armeen den Trauerzug von Notre-Dame bis zum Invalidendom; eine riesige Volksmenge, welche die Presse mit den Menschenmassen anläßlich des Waffenstillstands am 11. November 1918 verglich, drängte sich am Straßenrand. Die Laternen waren mit Trauerflor verhangen und verströmten ein gedämpftes Licht. Von der Kathedrale her ertönten die dunklen Schläge der großen Glocke, und wie zur Antwort donnerte jede Minute ein mächtiger Böllerschuß dazwischen. Ganz Frankreich ehrte mit dem Gedenken an den Mann, der die verbündeten Armeen zum Sieg geführt hatte, die Tapferkeit seiner Söhne und seinen eigenen Ruhm.

Zwei Jahre später starb auch General Joffre. Von den drei Heerführern, die am 14. Juli 1919 den Siegeszug unter dem Arc de Triomphe angeführt hatten, lebte jetzt nur noch Marschall Pétain, der nunmehr den gesamten Ruhm auf sich vereinigte und damit zum »glorreichsten aller Franzosen« wurde. Trotz seiner vierundsiebzig Jahre schien ihm das Alter nichts anhaben zu können. Die *Académie française* machte es sich zur Ehre, ihn in ihre Reihen aufzunehmen, und Paul Valéry, der ihn im Auftrag des erlauchten Kreises empfing, brachte dem ruhmreichen Soldaten die Verehrung des geistigen Frankreich dar. Die unterschiedlichsten Regierungen ersuchten ihn um Rat und Hilfe: Doumergue im Februar 1934, Fernand Bouisson im Juni 1935, und Édouard Daladier entsandte ihn im März 1939 zur Aufnahme von Beziehungen mit der nationalspanischen Regierung nach Burgos.

Der Frieden ruhte nunmehr auf dauerhaften Fundamenten. Deutschland hatte seine Niederlage anerkannt und die Konsequenzen akzeptiert. Im Vertrag von Locarno hatte es freiwillig die neuen Westgrenzen bestätigt und somit auf alle Ansprüche bezüglich Elsaß-Lothringens verzichtet. Der Dawes-Plan, ergänzt durch den Young-Plan, hatte das soviel Ärger bereitende Problem der Reparationszahlungen gelöst. Kurz: die Streitpunkte zwischen den beiden Ländern waren ausgeräumt und machten sogar einem gewissen Gefühl gegenseitiger Solidarität Platz. Im September 1931 reisten Ministerpräsident Pierre Laval und Außenminister Aristide Briand nach Berlin, um mit Reichskanzler Brüning über Möglichkeiten einer französischen Unterstützung des Deutschen Reiches bei der Überwindung der es bedrängenden Wirtschaftskrise zu sprechen. Briand entwickelte dabei den Plan einer europäischen Föderation. Außerdem verzichtete Frankreich, dessen Sicherheitsbedenken ausgeräumt waren, auf gewisse Garantiezusagen des Versailler Vertrages und stimmte, fünf Jahre früher als vorgesehen, der vorzeitigen Räumung des linken Rheinufers zu. Sie wurde in drei Etappen vollzogen, und am 30. Juni überquerte der letzte französische Soldat die Grenze. Frankreich verließ sich auf die Zusage Berlins, die übrigen Klauseln des Versailler Vertrages zu respektieren.

Da jedoch doppelte Vorsichtsmaßnahmen besser sind als einfache, hatte Frankreich zwei Jahre zuvor mit dem Bau einer Verteidigungslinie aus Betonbunkern begonnen, deren Feuerlinien sich überkreuzten und die einen Schutzwall bildeten, der als unüberwindbar galt. Zehn Jahre lang vertrauten die Franzosen der Maginotlinie und ihrer Überzeugung, daß ihr Vaterland nun endgültig vor einer Invasion geschützt sei. Das Syndrom der Maginotlinie bildete fortan einen festen Bestandteil sowohl der französischen Verteidigungsstrategie wie auch des öffentlichen Bewußtseins. Damals allerdings schien diese Vorsicht vielen überflüssig. Hatten die Völker denn nicht 1928 mit der Unterzeichnung jenes Vertrages, der den Namen des französischen Außenministers Briand und seines amerikanischen Kollegen Kellogg trug, das Gespenst des Krieges gebannt? Zum ersten Mal in ihrer langen Geschichte konnte die Menschheit der Zukunft vertrauensvoll entgegensehen. Eine neue Ära brach an; schon zeichnete sich eine allgemeine, fortschreitende und kontrollierte Abrüstung ab, deren einzelne Schritte eine Konferenz im Auftrag des Völkerbunds festlegen sollte.

Seit den Tagen Napoleons war das Ansehen Frankreichs unter den Völkern nicht mehr so groß gewesen wie in dieser Zeit. Seine Größe erschien um so strahlender und reiner, als es allen hegemonialen Bestrebungen abgeschworen hatte. Frankreich verfügte über die beste Armee der Welt, und überall verlangte man nach seinem Rat. Die kleinen Staaten Mittel- und Osteuropas verdankten ihm ihre Wiedererrichtung oder die Erfüllung ihrer territorialen Ansprüche, wie etwa das wiedererstandene Polen, Großrumänien, die Tschechoslowakei und Jugoslawien. In Abwesenheit der Vereinigten Staaten und der UdSSR (bis 1934) besaß Frankreich in der Person Aristide Briands im Völkerbund eine unbestrittene Autorität. Die geistige und künstlerische Ausstrahlung Frankreichs war nahezu unübertroffen. Aus der ganzen Welt, aus Europa und den Vereinigten Staaten, strömten die Schriftsteller und Künstler herbei, die nirgendwo ein günstigeres Klima für ihr Schaffen sahen als hier. Die

Pariser Schule vereinigte nahezu alle Maler, deren Namen Glanz und Ruhm verhieß. Die Werke der französischen Schriftsteller wurden überall gelesen, übersetzt und kommentiert. Die Kunstgewerbeausstellung im Jahre 1925 kreierte einen Stil, das Art déco, der überall Nachahmung fand und weiterentwickelt wurde. In einer Welt, in der sportliche Leistungen zunehmend das Ansehen mitbestimmten, trugen die Boxsiege eines Carpentier, die Glanzleistungen der französischen Piloten und die Tenniserfolge der »vier Musketiere« im Davis-Cup ebensoviel zur französischen Weltgeltung bei wie seine sechs Nobelpreisträger für Literatur.

In Afrika und Asien herrschte Frankreich über ein großes Kolonialreich, dessen Existenz zunehmend in das Bewußtsein der Franzosen rückte und sie mit einigem Stolz erfüllte. Gerade in den Jahren 1930 und 1931 boten sich viele Möglichkeiten zur Inszenierung des kolonialen Epos. 1930 feierte die Dritte Republik mit großem Pomp den hundertsten Jahrestag der Eroberung Algiers: Aus diesem Anlaß besuchte Staatspräsident Doumergue die drei algerischen Departements, in denen er von einer festlich gestimmten Bevölkerung empfangen wurde; Wochenschau und Presse berichteten ausführlich über diese Reise und die arabischen Reiterspiele. 1931 überquerte Doumergue zum zweiten Mal das Mittelmeer, um den Bey von Tunis zu besuchen. Noch bedeutender aber war die glanzvolle internationale Kolonialausstellung im gleichen Jahr, die Marschall Lyautey mit viel Phantasie und Geschick organisierte und auf der alle Kolonialmächte vertreten waren. Sechs Monate lang strömten die Franzosen aus Paris und aus der Provinz in den Bois de Vincennes und bewunderten dort die Nachbildung des Tempels von Angkor, bestaunten den marokkanischen und madegassischen Pavillon und ließen sich trunken machen von Bildern, in denen sich Exotismus und Stolz auf ein großes zivilisatorisches Werk ineinander verwoben. Als die Ausstellung am Abend des 15. November 1931 ihre Pforten schloß, hatten sie 33 Millionen Besucher gesehen, von denen freilich viele mehrmals gekommen waren, so daß man die tatsächliche Besucherzahl etwas niedriger ansetzen muß. Heute streiten sich die Historiker, in welchem Umfang dieses Ereignis die Denkweise der Franzosen beeinflußt hat; sicher ist nur, daß sich dadurch ihre Einstellung änderte, und es scheint keineswegs aus der Luft gegriffen, wenn man die Haltung der Franzosen zum Kolonialreich im Jahre 1940 und später zur Entkolonisierung zum Teil darauf zurückführt. Im Jahr 1930 befand sich die koloniale Expansion noch in einer Phase des Aufschwungs. Die Eroberung Marokkos war noch nicht abgeschlossen: Nach der Krise von 1925 hatte die Armee ihre Befriedungsaktion wieder aufgenommen, bei der Bournazel den Tod fand. Er wurde wie ein Volksheld gefeiert. Die *Ligue maritime et coloniale,* die in den meisten Gymnasien vertreten war, nährte die Flamme der Begeisterung für *»la plus grande France«.*

Obwohl die Größe eines Landes damals noch nicht so sehr an seiner wirtschaftlichen Leistungsfähigkeit gemessen wurde wie heute, hatten die Franzosen im Jahre 1930 allen Grund, sich zu einer vielversprechenden Wirtschaft zu beglückwünschen. Der Wiederaufbau war praktisch abgeschlossen; die Stabilisierung des Franc hatte das Vertrauen wiederhergestellt und dem Land eine weltweit geschätzte Währung beschert. Aus der ganzen Welt flossen die Kapitalströme auf der Suche nach sicheren und gutverzinslichen Anlagemöglichkeiten ins Land. Der Goldbestand der *Banque de France* stieg zwischen Mai 1929 und Mai 1931 von 29 auf 55 Milliarden Francs; der Staatshaushalt wies einen Überschuß von 4 Milliarden Francs aus. Dieser »Sparstrumpf«, wie ihn Finanzminister Henry Chéron nannte, erlaubte es, im Rahmen des Ministeriums für Öffentliche Arbeiten ein weitgespanntes Programm in Höhe von 5 Milliarden Francs aufzulegen und sich auf kostspielige Sozialreformen einzulassen. Die Entscheidung, den Wert des Franc auf relativ niedrigem Niveau zu stabilisieren, hatte den Export erleichtert, während der Tourismus mit seinen unsichtbaren Einnahmen das Handelsbilanzdefizit ausglich.

Die gesamtwirtschaftliche Produktion hatte nicht nur ihr Vorkriegsniveau wieder erreicht, sondern sie sogar noch übertroffen: Der allgemeine Index der industriellen Produktion stieg von 100 (1913) auf 127 Punkte im Jahre 1929. Getragen von einer gut gesteuerten Konjunktur lagen die jährlichen Wachstumsraten zwischen 1924 und 1929 bei fünf Prozent; das war mehr, als das Deutsche Reich oder die Vereinigten Staaten im gleichen Zeitraum erreichten. In mehreren Bereichen, besonders in den technologischen Spitzenbereichen wie Stromerzeugung, Automobil- und Flugzeugbau sowie in der Chemie nahm Frankreich eine führende Stellung ein. Die Förderung von Steinkohle, dem »Brot der Industrie«, erreichte die jährliche Höhe von 55 Millionen Tonnen, und im Bereich der Eisenerzförderung belegte Frankreich mit 48 Millionen Tonnen aus den lothringischen Zechen den ersten Platz in der Welt. Nichts schien den Aufschwung der französischen Wirtschaft ernsthaft gefährden zu können.

Die Wirtschaftskrise, die 1929, von den Vereinigten Staaten ausgehend, auf Österreich, Deutschland und Großbritannien übergegriffen hatte, machte einen Bogen um Frankreich, und diese augenscheinliche Immunität bestärkte die Franzosen in ihrer Voreingenommenheit: War dies nicht der Beweis dafür, daß die französische Wirtschaft im Gegensatz zur amerikanischen, die sich infolge ihrer Abhängigkeit von Krediten und Spekulationsgeschäften als anfällig erwies, auf soliden Fundamenten ruhte, nämlich auf Fleiß und Sparsamkeit? Der Vergleich bewies somit die Richtigkeit der Maximen, die seit Jahrhunderten das Handeln der französischen Wirtschaftspolitik und Unternehmer bestimmten, und bestätigte die bäuerlichen und bürgerlichen Tugenden.

Frankreich kannte auch keine Arbeitslosigkeit: Im Jahre 1929 zählte man dort nicht einmal tausend Arbeitslose. Vielmehr fehlten dem Handwerk Arbeitskräfte. Frankreich hatte zwischen 1921 und 1931 mehr als zwei Millionen Einwanderer ins Land geholt. Trotz seiner liberalen Einbürgerungspolitik seit dem Gesetz von 1927 lag die Zahl der Ausländer bei etwa drei Millionen oder acht Prozent der französischen Gesamtbevölkerung, die damals knapp 40 Millionen Einwohner umfaßte.

Der soziale Frieden wurde kaum gestört. Die Arbeiterbewegung hatte sich nur langsam vom Mißerfolg der Streiks zwischen 1919 und 1920 erholt, und der Syndikalismus blieb infolge der Spaltung von 1921 dauerhaft geschwächt. Die Zahl der Neueintritte war gering, und die CGT als die wichtigste Gewerkschaftsorganisation verharrte in ihrem reformistischen Kurs, den sie nach den Ereignissen zu Beginn der zwanziger Jahre eingeschlagen hatte. Einzig die Kommunisten unternahmen noch Gewaltaktionen, aber ihr Abenteurertum schadete ihnen nur in den Augen der Öffentlichkeit. Die Sowjetunion genoß bei den Volksmassen immer noch ein unverändert hohes Ansehen, aber die politische Bedeutung des sowjetischen Vorbilds begann sich allmählich zu wandeln: Stalins Aufstieg zur Alleinherrschaft und die mit der Entmachtung Leo Trotzkis, des glühenden Propheten der permanenten Weltrevolution, einhergehende Errichtung des Sozialismus in einem einzigen Land wirkten beruhigend: Den Franzosen, die bei allem stets ihre eigene Geschichte im Auge haben, drängte sich der Vergleich mit dem Thermidor oder Konsulat auf. Man zweifelte nicht, daß Moskau auf das Entfachen des großen Weltenbrandes und die Verbreitung des revolutionären Feuers verzichtet hatte. Die westliche Zivilisation schien damit nicht mehr so unmittelbar gefährdet wie noch im Jahre 1920.

Die Bauern erlebten glückliche Jahre. Die Inflation hatte ihre Schuldenlast vermindert; sie konnten wieder Land erwerben, und ihre Einkünfte hoben sich. Das Landwirtschaftsministerium regte auf Veranlassung Henri Queuilles den Bau von Strom- und Wasserleitungen an. Die Landwirte partizipierten am allgemeinen Wohlstand, obwohl die Bodenerträge nur langsam zunahmen: Die Agrarproduktion erreichte erst gegen Ende der zwanziger Jahre wieder ihren Vorkriegsstand.

Was die politischen Verhältnisse anlangt, so sammelten die beiden extremen Lager, Kommunisten und Monarchisten, zwar weiterhin Belastungsmaterial gegen die parlamentarische Demokratie, wenn auch aus höchst unterschiedlichen Motiven, indem sie die politischen Finanzskandale für ihre Zwecke ausschlachteten, führende Persönlichkeiten in Mißkredit brachten und heimliche Absprachen von zweifelhaftem Charakter zwischen Politikern und Betrügern, die allzu vertrauensseligen Sparern an den Beutel gingen, aufdeckten – aber der überwiegende Teil der Öffentlichkeit blieb davon unberührt und entzog den staatlichen Institutionen nicht das Vertrauen. Die politischen Leidenschaften hatten sich seit 1926 beruhigt. Die *Action française* gab sich zwar keineswegs geschlagen, aber sie war in die Jahre gekommen, und ihre großsprecherischen Äußerungen verhallten zunehmend ungehört. Zweimal bereits hatte die Republik eine erstaunliche Fähigkeit bewiesen, Stürme zu überstehen: zuerst während des Ersten Weltkriegs und danach in der Finanzkrise. Sie erschien wie neu geboren. Weder Frankreich als Ganzes noch die Dritte Republik hatten, so schien es im Jahre 1930, irgend etwas zu befürchten, weder von innen noch von außen. Ein Jahrhundert zuvor hatte ein triumphierender Orleanismus die Julimonarchie als Krönung der französischen Geschichte gepriesen; 1930 galt in den Geschichtsbüchern die Dritte Republik als deren dauerhafte Vollendung.

DIE KEHRSEITE DER MEDAILLE

Wir wissen heute, was aus diesen Gewißheiten und Hoffnungen geworden ist: Bei uns rufen die dreißiger Jahre andere Erinnerungen hervor. Was war 1933 von dieser optimistischen Sehweise noch geblieben? Die Weltwirtschaftskrise hatte nun auch Frankreich erfaßt und griff von Jahr zu Jahr weiter um sich. Der Staatshaushalt war wieder ins Defizit geraten. Der Frieden war bedroht: Schon 1932 hatte Japan China angegriffen, und der Völkerbund hatte sich als machtlos erwiesen. Deutschland verließ die Abrüstungskonferenz, und die Spirale der Aufrüstung hatte sich erneut in Gang gesetzt. Seit 1935 rückte mit jedem Jahr die Möglichkeit eines neuen Krieges näher. Die Regierung geriet ins Schlingern; sie war weder fähig, die Wirtschaftskrise zu verhindern, noch in der Lage, die äußeren Gefahren abzuwenden. Der innere Frieden war nach dem Wiederaufbrechen der Gegensätze am Ende.

Uns, die wir um den weiteren Verlauf der Geschichte wissen, fällt es nicht schwer, im Rückblick auf diese Zeit die Vorboten der Katastrophe von 1940 zu erkennen und hinter dem glanzvollen oder schmeichelhaften Erscheinungsbild des Jahres 1930 bereits den Keim der Schwäche wahrzunehmen; wir können im Gegenteil heute die ganze Liste der Gebrechen benennen, die Wohlstand und Stabilität Frankreichs unterminierten. Das Land war durch die Anstrengungen, die schließlich zum Sieg führten, völlig erschöpft aus dem Krieg hervorgegangen; seine demographische Entwicklung war ins Stocken geraten, und seine Landwirtschaft bewegte sich in den althergebrachten Bahnen. Wenn die französische Wirtschaft eine Zeitlang von der großen Krise verschont blieb, so verdankte sie dies zum Teil ihrer Isolierung durch die Zollschranken. Diese schützten zwar die Wirtschaft vor ausländischer Konkurrenz, schotteten sie aber auch von der weltwirtschaftlichen Entwicklung ab und beraubten sie damit der stimulierenden Wirkung des Wettbewerbs.

Frankreich war noch immer überwiegend ländlich geprägt. Bis zur Volkszählung im Jahre 1931 lebte die Mehrheit der französischen Bevölkerung in Gemeinden mit weniger als 2000 Einwohnern. Zu derselben Zeit, als Frankreich sein Kolonialreich feierte, begannen Aufstände seinen Zusammenhalt zu erschüttern: Zehntausend Kilometer von Paris entfernt war in Yen Bay, einem Militärposten im Hochland von Tonkin, eine Meuterei ausgebrochen; später erblickte man darin einen Vorläufer des vietnamesischen Nationalismus. In Algerien hatten sich seit dem Jahre 1926 Angehörige verschiedener Stämme unter dem Zeichen des »Sterns von Nordafrika« um Messali Hadj geschart, der sein Land in die Freiheit führen wollte. Die pazifistische Haltung des überwiegenden Teils der Franzosen hielt die Regierungen bei verschiedenen Gelegenheiten davon ab, Maßnahmen zu ergreifen, die einem Krieg vielleicht hätten vorbeugen können, vorausgesetzt, sie hätten dies gewollt. Es gibt Fakten genug, die uns dies offensichtlich erscheinen lassen.

Warum aber blieben die Zeitgenossen so blind und taub gegenüber den Warnungen, die ihnen die aktuellen Ereignisse signalisierten? Heute ist die Versuchung groß, ihren damaligen Mangel an Einsicht zu kritisieren und ihre Unfähigkeit zu verurteilen, wie Politiker und Öffentlichkeit dies heute für gewöhnlich tun. Der Historiker hingegen weiß, daß er sich vor dem Mißbrauch des Vorteils, den ihm die Kenntnis der weiteren Entwicklung liefert, hüten muß und sich vielmehr in den Bewußtseinsstand der jeweiligen Zeitgenossen versetzen sollte. Die Wirklichkeit des Jahres 1930 hatte durchaus ihre zwei Seiten: Die Anlässe zum Stolz lagen damals eng neben Gründen zur Beunruhigung, aber nirgends stand geschrieben, daß der Keim des Verfalls einmal die Saat der Zukunft erstikken, und noch weniger, daß der Krieg zum unabwendbaren Verhängnis des beginnenden Jahrzehnts werden sollte. Es handelte sich um das Ineinanderwirken verschiedener Kausalketten, die sich dem Einfluß Frankreichs und seiner Regierungen entzogen und die schließlich in der Katastrophe von 1940 endeten.

Wo aber liegt der Zeitpunkt, von dem an die Entwicklung unumkehrbar wurde, und bis wann wäre es möglich gewesen, dem teuflischen Mechanismus Einhalt zu gebieten, der Europa 1939 in den Abgrund stürzte? Über diese Fragen streiten sich die Historiker: Für die einen ist es der 7. März 1936 (Einmarsch der deutschen Wehrmacht in das entmilitarisierte Rheinland), an dem Frankreich die letzte Gelegenheit dazu verstreichen ließ; für die anderen vollendete sich die Tragödie in München (am 29. September 1938 anläßlich des Münchner Abkommens). Demnach war 1930 noch keineswegs alles entschieden und der damals herrschende, vielleicht allzu große Optimismus nicht völlig grundlos.

Wäre Frankreich allein auf der Welt gewesen oder hätte es wenigstens so tun können als ob, hätte es keinen Grund gegeben, daß sich die

Euphorie des Jahres 1930 nicht bis heute hätte fortsetzen sollen. In der Tat kamen fast sämtliche Ursachen, die das Erbe von 1918 in Frage stellten, von außen: die Weltwirtschaftskrise und die Krise in den internationalen Beziehungen. Diese Art der Schlußfolgerung verweist auf den größten Fehler der Franzosen – und nicht nur ihrer Regierungen – in jener Zeit: unbeirrt zu glauben und so zu tun, als lebten sie allein auf der Welt oder als ob es Sache der anderen wäre, ihr Verhalten an den Interessen Frankreichs auszurichten – ein Irrtum ähnlich dem der Vichy-Regierung einige Jahre später, als sie glaubte, ein neues Frankreich erschaffen zu können, so als ob der Krieg bereits zu Ende wäre.

1930 lebten die Franzosen in der keineswegs abwegigen Vorstellung, daß Frankreich mit seinem Mut die Welt gerettet habe, und erwarteten dafür Dankbarkeit. Die Verbündeten dachten jedoch keineswegs daran, ihre Politik an der französischen auszurichten, was den Franzosen bitter aufstieß: Wieder wurden englandfeindliche Gefühle geweckt, und Lord Snowden wurde ebenso verhaßt wie seinerzeit Palmerston. Den Vereinigten Staaten, die auf der Rückzahlung der Darlehen bestanden, die sie den Franzosen gewährten, als sie Deutschland von der Erfüllung der Reparationsleistungen befreiten, warf man vor, die Franzosen auch noch die Mäntel bezahlen zu lassen, in denen ihre Soldaten für die Freiheit der Welt gefallen waren. Die allgemeine Empörung war so groß, daß im Dezember 1932 eine Mehrheit von über 400 Abgeordneten aus Sozialisten, Radikalsozialisten und Gemäßigten eine Regierung stürzte, die entschlossen war, die französische Zusage einzulösen. Wenn die Verantwortung der anderen Länder Frankreich auch nicht von seiner eigenen Verantwortung innerhalb der Verstrickung befreite, die in die Katastrophe von 1939 mündete, so erklärt sie doch teilweise, warum die Franzosen nicht sofort die große Bedrohung erkannten, die sich schon 1930 hinter einer strahlenden Fassade verbarg.

VOM GEIST DER DREISSIGER JAHRE

Trotz der weitverbreiteten Zuversicht gab es schon Ende der zwanziger Jahre klarblickende oder besorgte Gemüter, die ein Gespür für die Unsicherheit der Lage besaßen und ihr keine längere Dauer mehr voraussagten. Kennzeichnend für diese Jahre war das Aufbegehren von Intellektuellen und Politikern, das nichts mit dem üblichen Widerstand gegen die bestehende Ordnung zu tun hatte, sondern der Suche nach einem dritten Weg zwischen einem liberalen Wirtschaftskapitalismus und dem Marxismus galt. Sie partizipierten mehr oder weniger an dem »Geist der dreißiger Jahre«, wie man ihn im Anschluß an Jean Touchard zu nennen pflegt.

Was sich unter dieser Bezeichnung verbirgt, ist ein typisches Beispiel für jene gemeinsamen Gefühlslagen oder gar Sichtweisen, die – jenseits aller tiefgreifenden, traditionsbedingten Gegensätze – unter den Angehörigen der gleichen Generation entstehen können. Sie bedeuten zumeist den Bruch mit den Denkgewohnheiten und Wertvorstellungen der vorhergehenden Generation, ein Phänomen, das sich von Epoche zu Epoche wiederholt. Es ist ein Mysterium in der Geschichte der Völker, daß diese spontan auftretende Einmütigkeit im Ergreifen neuer Ideen, und sei es auch nur durch ein plötzlich eintretendes größeres Ereignis, das eine ganze Generation zusammenschweißt, diese für ein ganzes Leben prägt und einer instinktiven Neigung, sich durch Widerspruch zu artikulieren, einen Inhalt gibt. So hatte die Generation des Jungen Frankreich 1830 in der romantischen Bewegung und in den *»Trois Glorieuses«* [»die drei glorreichen Tage« der Julirevolution; Anm. d. Ü.] ihren Anlaß zum Bruch mit dem Klassizismus und der Restauration gefunden, während sich ihrerseits die jungen Positivisten von 1860 als Reaktion gegen den Optimismus und Idealismus der »alten Bärte« von 1848 betrachteten. Später waren es der Spanische Bürgerkrieg, die Besetzung durch die deutsche Wehrmacht, der Algerienkrieg und die Studentenunruhen von 1968, die einen solchen inneren Zusammenhalt schufen.

Die Generation der dreißiger Jahre war nicht durch die Weltwirtschaftskrise geprägt, sondern vor allem durch die einschneidende Erfahrung des Ersten Weltkriegs. Man neigt dazu, in der Bewegung der dreißiger Jahre die mehr oder weniger passende Antwort auf die drängenden Fragen der Wirtschaftskrise und ihrer Folgen zu sehen, die dann von der Krise der internationalen Beziehungen abgelöst wurde. Aber die Weltwirtschaftskrise erfaßte Frankreich erst in der zweiten Hälfte des Jahres 1931, und es dauerte einige Monate, bis die Öffentlichkeit davon Kenntnis nahm und erste Konsequenzen zog. Die sogenannte Bewegung der dreißiger Jahre hatte erheblich früher begonnen. Einige der Publikationen, in denen der Geist dieser Jahre seinen Ausdruck fand, begannen bereits Ende der zwanziger Jahre zu erscheinen, wie etwa die Zeitschrift *»Réaction«* von Jean de Fabrègues oder die *»Cahiers«* von Jean-Pierre Maxence, die beide erstmals 1928 erschienen. Außerdem gab Maxence seinem autobiographischen Tätigkeitsbericht den Titel *»Histoire de dix ans«* – und diese Dekade läßt er in den späten zwanziger Jahren beginnen.

Ein noch beweiskräftigeres Zeugnis dafür scheint die von Emmanuel Mounier herausgegebene Zeitschrift *»L'Esprit«* zu sein, die den Wirkungszusammenhang zwischen der Krise und dem Nachdenken über sie anschaulich illustriert. Die erste Ausgabe erschien im Oktober 1932, als die Weltwirtschaftskrise bereits auf Frankreich übergegriffen hatte und das Land zu lähmen begann. Eine genauere Untersuchung ihrer Entstehungsgeschichte zeigte jedoch, daß diese Zeitschrift bereits für das Jahr 1930 geplant und nur durch finanzielle Schwierigkeiten verzögert worden war. Der Plan wurde also zu einer Zeit gefaßt, als noch niemand die Krise vorhersehen konnte und allenthalben noch Wohlstand und Zuversicht herrschten. Die Gedanken Mouniers und seiner Freunde waren schon 1929/30 dieselben, die später das berühmte Manifest *»Refaire la Renaissance«* (»Die Wiederholung der Renaissance«) inspirierten: die Ablehnung der »etablierten Unordnung«. Mit dieser »Unordnung«, die die Redaktion von *»L'Esprit«* anprangerte, waren nicht die Folgen der Wirtschaftskrise gemeint, sondern die dem Wohlstand immanente Unordnung. Anders gesagt: Was die »nonkonformistischen« Intellektuellen der dreißiger Jahre kritisierten, wie Loubet del Bayle sie in seinem Buch nennt, war nicht etwa ein durch sein Scheitern in Mißkredit gekommenes System; was sie anprangerten, war auch nicht eine verrückt gewordene oder sich selbst erstickende Wirtschaft, war nicht eine von Auszehrung befallene, ermattete Gesellschaft – ihre Kritik richtete sich vielmehr gegen eine reibungslos funktionierende, Reichtum produzierende Wirtschaft, gegen eine satte, zufriedene Gesellschaft, gegen Institutionen, die korrekt ihre Aufgaben erfüllten.

Das machte ihre Kritik nur noch radikaler; sie begnügte sich nicht damit, einzelne Fehler und Mißstände aufzuzeigen, ihre Angriffe richteten sich gegen die Grundsätze und Antriebskräfte des Systems selbst. Die Kritik war, berücksichtigt man die unterschiedlichen zeitlichen und äußeren Umstände, vergleichbar der des Jahres 1968, als eine bis dahin unangefochtene, Wachstum produzierende Ordnung frontal angegriffen wurde. Wollte man in der Bewegung der dreißiger Jahre – wie es nur allzu oft geschieht – eine Reaktion auf die wirtschaftliche und soziale Krise der nachfolgenden Jahre erblicken, beginge man damit denselben Fehler, wie ihn die Historiker von übermorgen begehen würden, wenn sie die Gründe für die Ereignisse vom Mai 1968 in jener Krise suchten, die erst fünf Jahre später – 1973 – über die Welt hereinbrach. Anders gesagt, der Geist der dreißiger Jahre ist mehr ein Geist der ausgehenden zwanziger als der beginnenden dreißiger Jahre.

Das grundlegende Ereignis, es wurde bereits gesagt, war der Erste Weltkrieg. Auch wenn sich seine Spuren allmählich verwischten und seine Wunden vernarbten, hatte er einer ganzen Generation einen unauslöschlichen Stempel aufgeprägt. Ob sie selbst mitgekämpft hatten oder noch zu jung dafür waren, sie alle waren davon gezeichnet, Henry de Montherlant (1896–1972) in seinem Werk *»Le Chant funèbre en l'honneur des morts de Verdun«* (»Trauergesang auf die Toten von Verdun«) ebenso wie Raymond Radiguet (1903–1923) in *»Le Diable au corps«* (»Den Teufel im Leib«). Sie alle behielten aus dieser Zeit das Gefühl einer Zivilisationskrise. Einige ahnten bereits, daß der Sieg nur eine Illusion war, und sorgten sich um den Niedergang Frankreichs; andere fragten sich nach der Zukunft Europas. Alle beschlich ein Gefühl des Verfalls. Sie stellten das Vertrauen ihrer Väter in die Wissenschaft und den Glauben an den unbegrenzten Fortschritt der Menschheit in Frage.

Der Geist dieser Generation war geprägt von Widerspruch, ja sogar von Auflehnung gegen die bestehende Ordnung. Sie strebte nach radikalen Veränderungen und begnügte sich nicht mit teilweisen oder stufenweisen Reformen. Sie träumte von einem völligen Neuanfang, von grundlegenden Umwälzungen. Für die einen verklärte sich dies zum Mythos des *»Grand soir«* etwa in Gestalt der Oktoberrevolution, an der man vor allem ihre Absicht, einen neuen Menschen zu schaffen, bewunderte. Aber auch die, die den Marxismus bekämpften und nichts weniger wollten als sowjetische Verhältnisse in Frankreich, riefen nach der Revolution. Es gab damals wenig Worte, die so oft gebraucht wurden wie dieses, auch wenn es mit völlig verschiedenen Inhalten gefüllt war. Diese Revolution konnte sehr wohl konservativen Zwecken dienen; dann zielte sie auf die Wiederherstellung der alten Ordnung, die durch die moderne Gesellschaft zerstört worden war, und stand ganz im Geist des Mittelalters oder einer stark idealisierten Vorstellung davon; man sprach damals sogar von der Schaffung eines »neuen Mittelalters«. Wenn nun die Verfechter einer Wiedererrichtung der 1789 beseitigten traditionalistischen Gesellschaft ein Stück Weges mit jenen gemeinsam hatten, die im Geiste des Sozialismus auf den Umsturz der Gesellschaft hinarbeiteten, so deshalb, weil sich beide in der Ablehnung des bürgerlichen Individualismus und der liberalen Gesellschaft als Folge der Französischen Revolution trafen. Die einen lehnten sie ab, weil sie eine legitime, hierarchisch gegliederte Ordnung gestürzt hatte, während die anderen davon überzeugt waren, daß sie die Beseitigung der Ungleichheiten nicht gründlich genug betrieben habe. Den einen war sie zu sehr, den anderen zu wenig demokratisch. Beide aber waren sich einig in dem Vorwurf, daß sie neue, auf Geld und Vermögen basierende Ungleichheiten geschaffen habe.

Der Geist der dreißiger Jahre vereinigte alle diejenigen unter seinem Dach, die, aus welchen Gründen auch immer, dem Liberalismus den Kampf ansagten: von den Kommunisten bis zu den Faschisten, von den Vertretern eines Korporatismus bis hin zu denen eines konstruktiven Sozialismus. Sie kritisierten alles, was auf einen liberalen Ursprung oder liberale Gedanken hinwies, in erster Linie den Wirtschaftsliberalismus, der mit dem Kapitalismus gleichgesetzt wurde. Man warf ihm vor, sich nur am Profit zu orientieren, die Menschen und insbesondere die Arbeiter nur als Ware zu behandeln, und zwischen ihnen ein System von Herrschaft und Entfremdung aufzurichten. Die rechten Intellektuellen machten ihn für den Klassenkampf verantwortlich, die Vordenker der Linken warfen ihm vor, die Herrschaft der Besitzenden über das Proletariat zu verewigen. Von 1931 an argumentierte man auch mit der Wirtschaftskrise, um die Unfähigkeit des Wirtschaftsliberalismus anzuprangern und den Optimismus zu zersetzen, mit dem er auf die natürlichen Mechanismen zur Wiederherstellung des wirtschaftlichen Gleichgewichts vertraute.

Zur Beseitigung der durch die liberale Anarchie verursachten Übelstände formierte sich ein Konsens über eine neue Wirtschaftsform auf organisierter, konzertierter oder dirigistischer Basis. Es galt, dem skandalösen Zustand ein Ende zu setzen, daß riesige Vorräte an Gebrauchsgütern und Lebensmitteln zur Vernichtung bestimmt waren, während daneben die Massen verhungerten. Einige befürworteten die Übertragung gewisser staatlicher Prärogative auf organisierte Berufsverbände, und bekundeten Interesse für die Experimente des italienischen Korporatismus, des *Estado novo* eines Salazar in Portugal oder des christlichsozialen Ständestaates eines Dollfuß in Österreich. Andere wollten dem Staat die Aufgabe der Planung, Entscheidung, Organisation und Umverteilung übertragen. Das sowjetische Planmodell kam in Mode und erlebte mit Hilfe des sowjetischen Films eine regelrechte Mystifizierung der Planbarkeit aller Dinge. Syndikalisten und Sozialisten, vor allem die Gruppe *»Révolution constructive«* um Georges Lefranc und Maurice Deixonne, wandten ihr Interesse der Planwirtschaft zu und suchten nach Wegen zu ihrer Verwirklichung. Diese Gedanken beeinflußten 1935 das Programm der CGT, von dem einiges in dem Experiment der Volksfrontregierung von 1936 seinen Niederschlag fand; zur vollen Geltung gelangten diese Gedanken aber erst nach dem Zweiten Weltkrieg, als sie zu einer der Quellen für den großen Modernisierungsschub nach 1945 wurden.

Die Verurteilung des liberalen Gedankenguts erstreckte sich auch auf das Gebiet der Politik und richtete sich vor allem gegen die parlamentarische Demokratie, der die Dreißiger-Generation Schwäche und die Unfähigkeit vorwarf, weitreichende Ziele zu entwickeln. Die Parteien seien für die Spaltung der Franzosen verantwortlich und hätten die innere Zwietracht geschürt. Sie würden das Gemeinwohl verraten und der Macht des Geldes opfern, die konkreten Realitäten um überholter Ideologien willen vernachlässigen. Die bisherige Unterscheidung der Parteien in rechts und links, die den Rahmen für die Wahlen absteckte, wurde als überholt und schädlich angesehen; alle wünschten sich nichts sehnlicher, als sie hinter sich zu lassen. Immer häufiger begegnete man in Schriften, die sich mit der Ausarbeitung eines neuen Programms beschäftigten, dem Ausdruck *»au-delà«* (darüber hinaus).

Wenn zu den Zielen der damaligen faschistischen Bewegungen auch die Überwindung der alten Spaltung in rechts und links gehörte und der Wille zur Aussöhnung zwischen diesen Gräben eines ihrer konstituierenden Elemente ausmachte, so ist die bloße Infragestellung des herkömmlichen Links-Rechts-Schemas noch kein ausreichender Grund, jede Denkschule oder Gruppierung, die Nationalgefühl und soziales Gewissen zu verbinden suchte, dem Faschismus zuzuordnen. Die Sozialisten, die damals die Entdeckung machten, daß die Nation eine greifbare Realität war und wirklich ein Nationalgefühl existierte, und die die Parole vom vaterlandslosen Proletariat von sich wiesen, waren deshalb noch lange keine Wegbereiter des Faschismus, ebensowenig wie Konservative und Nationalisten, die die Bedeutung der sozialen Frage und die Notwendigkeit einer Integration der Arbeiter in die nationale Gemeinschaft erkannten.

Der Geist der dreißiger Jahre richtete sich nicht zuletzt auch gegen den als typisch bürgerlich angesehenen Individualismus; er hob die Gemeinschaft, ihre Bedürfnis und ihre Größe hervor. »*Communautaire*« wurde zu einem anderen Losungswort dieser Generation, obwohl der Begriff »Gemeinschaft« sehr unterschiedlich definiert wurde: Er konnte ebensogut die Solidarität der Arbeiter meinen wie die nationale Pflichterfüllung; für die einen war es die Gewerkschaft und für die anderen die Jugendbewegung, für die Anhänger La Tour du Pins die berufsständische Vereinigung, die Korporation, für die Christdemokraten die sozialen Vermittlungsinstanzen Familie, Gemeinde und Betrieb.

Dieser Geist der dreißiger Jahre prägte Männer der Rechten wie der Linken, jedoch eher die Extremen als die Gemäßigten. Später trennten sich ihre Wege: Manche fanden wieder zu ihren früheren Überzeugungen zurück, die sie, ihrem eigenen Empfinden nach, ohnehin nie ganz aufgegeben hatten; andere fanden sich weit entfernt von ihrem Ausgangspunkt wieder und hatten ebensowenig das Gefühl, sich selbst untreu geworden zu sein. Es kennzeichnet diese Zeit des Infragestellens der überkommenen Vorstellungen, daß man sich bereitwillig auf alle Arten von Begegnungen oder geistigen Austauschs einließ; manche Lebenswege werden daraus verständlich, und das Geheimnis so manch einer verwirrenden Wendung in den Jahren 1939–1945 oder auch später noch erhellt sich, wenn man seine Spur in die dreißiger Jahre zurückverfolgt.

Dieser Geist war nicht das Privileg einzelner, abseits vom politischen Alltagsgeschäft stehender Intellektueller, er prägte auch jene Menschen, die Politik als ihr Hauptgeschäft oder aus Leidenschaft betrieben. Auch die Parteien blieben nicht von einer selbstkritischen Reflexion über ihre Zweckbestimmung, ihr Programm und ihre Organisationsstruktur verschont. Die meisten von ihnen durchlebten eine Phase großer Unruhen, die bisweilen zu inneren Rissen, Abspaltungen und sogar zu Teilungen führten und deren tiefere Gründe in der Regel intellektueller Natur waren.

Im rechten Lager verliefen diese Krisen eher unauffällig: Die rechten Parteien waren nicht so streng durchorganisiert wie die linken, und die Zugehörigkeit zu ihnen besaß dort nicht so sehr den Charakter eines totalen persönlichen Engagements. Ihre Krisen machten sich eher in den für weltanschauliche Diskussionen zugänglicheren Denkschulen bemerkbar: Nach 1934 wandten sich so manche von Maurras beeinflußte junge Intellektuelle, die das politische Handwerk bei der *Action française* gelernt hatten, enttäuscht von der überalterten Liga ab; auf der Suche nach strammen Formeln ließen sie sich vom Faschismus einfangen, und einige von ihnen waren später sogar zur Kollaboration mit den nationalsozialistischen Besatzern bereit.

Anders dagegen im linken Lager: Dort fragte sich eine Generation junger Radikaler nach den Gründen für den Machtverschleiß, für die Mißerfolge der Linken und die ständig wechselnde Beteiligung an rechten und linken Kabinetten. Eine unter dem Namen »Jungtürken« bekannt gewordene Gruppe, zu der später so berühmt gewordene Männer wie Pierre Cot, Jacques Kayser, Pierre Mendès-France, Jean Mistler und Jean Zay gehörten, konnte sich nicht damit abfinden, daß der Radikalsozialismus zu einer konzeptions- und orientierungslosen Regierungspartei verkommen war, und wollte ihn in das linke Lager zurückführen. Aus taktischen Gründen widersetzten sie sich der Regierungsbeteiligung der Radikalsozialisten an den Kabinetten der Union nationale und stellten sich hinter Édouard Daladier. Sie arbeiteten an der Erneuerung des Parteiprogramms mit dem Ziel, die politische Demokratie durch eine wirtschaftliche und soziale Demokratie zu ergänzen. Im Jahre 1935 gehörten sie zu den ersten, die für einen Anschluß an das *Rassemblement populaire* kämpften, und waren sie es, die am eifrigsten an seinem Zustandekommen mitwirkten. Die Politik eines Pierre Mendès-France zwanzig Jahre später findet ihre Wurzeln in diesem Phänomen.

Andere Radikalsozialisten hatten die Hoffnung auf eine Erneuerung dieser alten Partei aufgegeben und ihr enttäuscht den Rücken gekehrt: Gabriel Cudenet gründete eine kleine Dissidentenpartei, die sich unter Berufung auf Camille Pelletan, einen Radikalen aus dem Anfang des Jahrhunderts, wieder auf den unbeugsamen Radikalsozialismus der Anfangszeit besann und ihre Treue zu ihm beschwor. Eine der Hoffnungen der Partei, Gaston Bergery, verließ sie jedoch, als ihm seine Parteigenossen bei der von ihm initiierten Front gegen den Faschismus ihre Gefolgschaft verweigerten. Später tauchte er an der Spitze der Wochenzeitung *»La Flèche«* wieder auf, die sich durch ihre antikapitalistische Einstellung und ihre Polemik gegen die »zweihundert Familien« auszeichnete.

1940 redigierte er einige Reden Marschall Pétains und versuchte, der nationalen Revolution einen reformerischen Atem einzuhauchen.

Auch innerhalb der SFIO entbrannten diese weltanschaulichen Debatten. Dies lag in der Natur einer Partei, in der die ideologischen Diskussionen immer schon den Rhythmus von Annäherung und Entzweiung bestimmt hatten. Dieses Mal entspann sich die Kontroverse um zwei unterschiedliche, aber zusammenhängende Fragenkomplexe. In dem einen ging es um die Entwicklung der Gesellschaft und die Entscheidung für eine längerfristige Strategie, in dem anderen um die Frage des Verhältnisses zur Macht und um eine kurzfristige Taktik. Mit dem ersten Komplex war man bereits vor der Krise konfrontiert, denn der Wohlstand hatte zur Folge, daß die sozialistischen Prophezeiungen über den bevorstehenden Zusammenbruch des Kapitalismus an Überzeugungskraft verloren. Einige Leute mit wirtschaftlichem und technologischem Sachverstand stellten sich die Frage, ob die Marxsche Beschreibung des Kapitalismus siebzig Jahre danach noch Gültigkeit habe und ob insbesondere die Prognose noch aufrecht zu erhalten sei, daß eine aufgrund wachsender Wirtschaftskonzentration immer kleiner werdende Klasse von Kapitalisten einem in allen sozialen Bereichen anwachsenden Proletariat gegenüberstehen werde. Der Aufstieg der Mittelklasse und die Entstehung von neuen, intermediären Schichten aus Angestellten, Ingenieuren und Technikern schienen die marxistischen Schemata zu entkräften. Manch einer hatte auch Hendrik de Man gelesen und über seine Schrift *»Au-delà du marxisme«* (»Jenseits des Marxismus«) nachgedacht. Es ging nicht um den Verzicht auf den Klassenkampf, wohl aber um die Berücksichtigung der veränderten Realitäten. Noch ein weiterer Punkt bereitete der SFIO Schwierigkeiten, nämlich das Postulat, daß die Nation nichts weiter sei als ein Köder; denn es hielt dazu an, für den proletarischen Internationalismus und gegen die nationale Solidarität zu optieren. Die gleichen Leute oder auch andere, die die Kraft des Nationalgefühls in Europa erkannten und sich an die Begeisterung erinnerten, die 1914 die Volksmassen in allen Ländern in die Arme der *Union sacrée* getrieben hatte, waren überzeugt, daß die Opferung der nationalen Unabhängigkeit die Auslieferung der demokratisch fortschrittlicheren Völker unter die Herrschaft der weniger fortschrittlichen Länder zur Folge hätte, und sie fragten sich, welchen Platz die Realität der Nation im sozialistischen Denken und Handeln einnehmen solle.

Die Krise warf auch noch eine andere Frage auf: Hatten die Sozialisten angesichts der wachsenden Gefahren das Recht, sich der Regierungsverantwortung weiterhin zu entziehen, auch auf die Gefahr hin, damit den ärgsten Feinden der Demokratie und der Arbeiterbewegung in die Hände zu arbeiten? Die verheerenden Erfahrungen der Weimarer Republik boten ein warnendes Beispiel: Wäre Deutschland die Diktatur erspart geblieben, wenn die Linke in ihrer Gesamtheit ihre internen Auseinandersetzungen zugunsten einer geschlossenen Front gegen Hitler begraben hätte? In den ersten Jahren nach 1900 lösten die unabhängigen Sozialisten das Problem in Form persönlicher, individueller Teilnahme an der Verantwortung; die Einheit der Sozialisten basierte noch nicht auf der Nichtbeteiligung an der Regierung. Aber damals waren die Gefahren geringer gewesen. Diese Fragen wurden vor allem von dem Ehrgeiz jener hochgespielt, die sich zur Regierung fähig fühlten und sich deshalb nicht damit begnügen wollten, ihr ganzes Leben darauf zu warten, bis die Bedingungen für eine Regierungsbeteiligung gegeben waren. So provozierten sie 1933 unter Führung von Renaudel, Marcel Déat, Adrien Marquet, Barthélemy Montagnon und Paul Ramadier die Spaltung der SFIO. Obwohl die SFIO dadurch einige bedeutende Köpfe verlor, zog dies nicht dieselben Konsequenzen nach sich wie der Bruch im Jahre 1920. Man sollte sich auch davor hüten, die Motive dieser Neo-Sozialisten danach zu beurteilen, welche Positionen einige von ihnen später eingenommen haben, wie etwa Marcel Déat, der, nur weil er nach 1940 eine wichtige Rolle in der Kollaboration spielte, deshalb 1933 noch kein Faschist gewesen sein muß, nicht einmal unbewußt. Man sollte nie *a posteriori* argumentieren.

Charakteristisch für diese Jahre war daneben auch eine Erneuerung des Katholizismus. Dichter wie Paul Claudel, Georges Bernanos und François Mauriac gingen wie leuchtende Sterne am literarischen Himmel Frankreichs auf und verliehen dem religiösen Denken neuen Glanz. Nachdem der Glaube sich aus seiner verfehlten Rolle als Werkzeug des politischen und sozialen Konservatismus befreit hatte, gingen nun eine Vielzahl von Initiativen von ihm aus, verdankten ihm Bücher und Zeitschriften ihre Entstehung und rief er zahlreiche neue Bewegungen ins Leben. Befreit von jener defensiven Einstellung, die einst ihre Väter gehemmt hatte, bekannte sich wieder eine Generation junger Katholiken mit Stolz zu ihrer Kirche und betrachtete ihre Zeit mit Sympathie. Infolge der Aktivitäten spezieller katholischer Aktionsbewegungen wurden ganze Gesellschaftsbereiche wieder für den Katholizismus gewonnen. Die kämpferischen jungen Katholiken lernten dabei früh, sich zu engagieren; ihnen sollte später in den Jahren der Prüfung nach 1939 eine wichtige Rolle zukommen.

KAPITEL VI

Die Krise

»Krise« ist der Begriff, mit dem man für gewöhnlich die allgemeine Lage in Frankreich während der dreißiger Jahre beschreibt und der dieses Jahrzehnt charakterisiert. Krise in einem mehrfach verstandenen Sinne: zum einen als Wirtschaftskrise, die nach und nach sämtliche Bereiche erfaßte, das heißt als industrielle Überproduktionskrise, als Beschäftigungskrise, als Konsumkrise und als Krise der öffentlichen Haushalte; zum anderen als Krise der internationalen Beziehungen, die mit dem Verfall der 1919/1920 geschaffenen Vertragsordnung zusammenhing; dann aber auch als Krise des parlamentarischen Systems und als intellektuelle Krise, die sich gegen die überkommenen Vorstellungen und Werte richtete, auf denen der Sozialvertrag beruhte.

Angesichts dieser verschiedenartigen Krisenaspekte muß man sich fragen, ob es sich dabei um eine einzige Krise handelte oder um mehrere voneinander unabhängige Krisen, die sich zwar gegenseitig beeinflußten, aber jeweils ihren eigenen Gesetzen gehorchten. Das bisher geläufige Erklärungsschema in den historischen Darstellungen geht in der Regel von der Weltwirtschaftskrise von 1929 als Ursache aus: Durch sie sei die kapitalistische Wirtschaft erschüttert worden, sie habe dem allgemeinen Wohlstand ein brutales Ende bereitet und schlafende Geister geweckt. Die große Masse der Bevölkerung sei dadurch in Arbeitslosigkeit und soziales Elend abgesunken und hätte sich angesichts der völligen Unfähigkeit der demokratischen Regierungen, dieser Not zu steuern, in die Arme jener geworfen, die ihnen im Austausch gegen die Freiheit Arbeit versprachen. Hatte nicht die Wirtschaftskrise Hitler an die Macht gebracht, so wie die Arbeitslosigkeit in Frankreich die Mitgliederzahlen der Ligen hatte in die Höhe schnellen lassen?

Dieses Schema mag jene Gemüter befriedigen, die sich gerne von einfachen, ausschließlichen und allgemeingültigen Erklärungen verführen lassen; im Falle Frankreichs vereinfacht es aber doch zu sehr. Wir bestreiten nicht, daß die Wirtschaftskrise einen bestimmten Einfluß hatte, daß zwischen den verschiedenen Krisen vielfältige Verbindungen und Abhängigkeiten bestanden und daß ihr Zusammentreffen gegenseitig verstärkend wirkte; dennoch bleibt die Tatsache bestehen, daß der zeitliche Ablauf der Krisen ihren autonomen Charakter unterstreicht. Im vorhergehenden Kapitel haben wir gezeigt, wie sich der »Geist der dreißiger Jahre« bereits Ende der zwanziger Jahre herausgebildet hatte, also noch vor den ersten Anzeichen der »Großen Depression«. Es war nur natürlich, daß man, als die Krise erst einmal ausgebrochen war, darin die Bestätigung von Vorahnungen sah, und daß sie die Kritik verschärfte und die Reihen der Systemveränderer vergrößerte.

DIE WIRTSCHAFTSKRISE UND IHRE SOZIALEN FOLGEN

Wenn die Wirtschaftskrise auch nicht der einzige Grund für den Niedergang Frankreichs war, der schließlich sein tragisches Ende in der Katastrophe des Jahres 1940 fand, so bildete sie doch den Hintergrund dafür. Sie wurde eine schwere Belastung für das System, für das Denken und Handeln der Menschen.

Die Franzosen, die kurzfristig dachten und auf einen raschen Konjunkturumschwung setzten, hatten mindestens zwei Jahre lang allen Ernstes geglaubt, daß die Weltwirtschaftskrise sie nicht erreichen würde, und lebten in der Meinung, auf einer kleinen geschützten Insel zu leben. Diese Ausnahmestellung schien in ihren Augen keineswegs unberechtigt. Aber was sie für Immunität hielten, war in Wirklichkeit nur eine Verzögerung; denn wenn die französische Wirtschaft sich so lange von den Turbulenzen der Weltwirtschaft fernhalten konnte, so nur deshalb, weil sie weniger darin eingebunden war und abseits des internationalen Handels- und Kapitalverkehrs agierte. Die französische Landwirtschaft, die sich seit vierzig Jahren hinter hohen Zollmauern verschanzt hatte, wurde dadurch vor ausländischer Konkurrenz geschützt, und die meisten Anbaukulturen in den überseeischen Kolonien ergänzten die Wirtschaft des Mutterlandes; nur die Weinbauern im Languedoc mußten sich der ernsthaften Konkurrenz des algerischen Weinbaus stellen, der sich unter der Tatkraft französischer Siedler weitflächig entwickelt hatte. Dasselbe galt auch für die französische Industrie, der die Abwertung des Franc im Jahre 1928 einen Wettbewerbsvorteil auf den ausländischen Märkten eingeräumt hatte.

Wann machten sich die ersten Anzeichen der Krise bemerkbar? Folgt man, trotz ihrer Unzulänglichkeit, den statistischen Daten, so geschah dies im Verlauf des zweiten Halbjahrs 1931, das heißt, übertragen auf die politische Chronologie, im letzten Jahr der 1928 gewählten Kammer und unter der letzten von den Gemäßigten geführten Regierung. Durch welche Lücke drang die Krise in das so gut verteidigte, geschlossene System ein? Auf dem Umweg über den französischen Außenhandel, so bescheiden dieser auch war: Die Exporte sanken; hinzu kam, daß die Abwertung des englischen Pfund im September 1931 den französischen Wettbewerbsvorsprung aufhob. Die Zahlungsbilanz geriet ins Defizit und in ein chronisches Ungleichgewicht. Dieser Zustand hielt bis zum Krieg an.

Die ersten Anzeichen der Wirtschaftsdepression zeigten sich in der Verlangsamung der Produktion: Die Krise wies alle Symptome einer krankhaften Flaute auf. Das Wirtschaftswachstum stagnierte für die Dauer von sieben oder acht Jahren und kam erst Ende 1938 aufgrund der Politik der Regierung Daladier-Reynaud wieder in Gang. 1931 fiel der Produktionsindex der Eisenindustrie, der als Barometer für die gesamtwirtschaftliche Aktivität galt, um 17,5 Prozent; 1932 fiel er auf 58 Punkte (1929 = 100). Nach und nach wurden alle Industriebranchen davon befallen, die traditionellen, wie die Textilindustrie, nicht minder als die noch jungen, zum Beispiel die chemische Industrie. Ihre Produkte stapelten sich auf den Werkshalden und blockierten einen wachsenden Teil ihres flüssigen Kapitals.

Diese Schwächung der französischen Wirtschaft zog zweierlei Folgen nach sich. Die eine bestand in einem Preisverfall: Das Ungleichgewicht zwischen einem Überangebot und einer sinkenden Nachfrage zwang die Unternehmen, ihre Preise zu senken; 1934 waren die Großhandelspreise im Durchschnitt um 46 Prozent unter den Stand von 1929 gefallen. Diese Preissenkungen wirkten sich infolge der komplexen Zwischenhandelsstruktur jedoch nur teilweise auf die Einzelhandelspreise aus. Die Agrarpreise erlebten einen wahren Sturz. Die Zahl der Konkurse vervielfachte sich und nahm um etwa 60 Prozent gegenüber den

Erfolgsjahren zu. Die andere Folge war, daß die Unternehmer die Lohnkosten zu senken suchten und einen Teil ihres, gemessen an der Kapazitätsauslastung, nunmehr überflüssig gewordenen Personals entließen. Das Gespenst der Arbeitslosigkeit tauchte wieder auf, das man bereits gebannt zu haben glaubte; sie sollte sich als die Geißel der dreißiger Jahre erweisen und die Gemüter nachhaltig prägen.

Das genaue Ausmaß der Arbeitslosigkeit läßt sich heute nur schwer bestimmen, weil wir keine exakten Zahlen besitzen. Damals gab es noch keine nach allgemeingültigen Kriterien organisierte Erfassung der Arbeitslosen, und sie wurden auch nur in den Städten gezählt, wo die Gemeindeverwaltung ein Amt für Arbeitslosenunterstützung eingerichtet hatte. Allgemein schätzt man, daß die Zahl der Arbeitslosen auf dem Höhepunkt der Krise im Jahre 1935 bei etwa einer halben Million lag, was – verglichen mit der seit Beginn der achtziger Jahre bis heute auf etwa 10 Prozent gestiegenen Arbeitslosenquote – bei einer geschätzten Zahl von damals 12,5 Millionen Beschäftigten eine relativ geringe und eher zu vernachlässigende Arbeitslosenquote von 4 oder 5 Prozent bedeutete. Betrachtet man im Vergleich dazu die endlosen Schlangen, die in den Vereinigten Staaten vor den Volksküchen anstanden, die drei Millionen Arbeitslosen in Großbritannien oder die sechs Millionen in Deutschland, nimmt sich ihre Zahl noch geringer aus. In der Tat hat Frankreich – und dies war die Kehrseite seines niedrigeren Industrialisierungsniveaus – damals weniger als andere Länder unter der Arbeitslosigkeit gelitten: Fast die Hälfte der französischen Bevölkerung lebte damals noch auf dem Land, und wenn auch nicht alle ihren Lebensunterhalt aus der Landwirtschaft bezogen, so war es ihnen doch leichter möglich, zu überleben, ohne dabei auf die Unterstützung öffentlicher oder privater Institutionen angewiesen zu sein.

Allerdings bedürfen diese Zahlen, um richtig verstanden zu werden, zweier wichtiger Ergänzungen. Die erste ist ebenfalls arithmetischer Natur und besagt, daß sich die Zahl von 500 000 Arbeitslosen nur auf diejenigen bezieht, die ihre Beschäftigung gänzlich verloren hatten, während die Zahl derjenigen Beschäftigten, deren wöchentliche Arbeitszeit von 40 Stunden und mehr vor der Krise nunmehr auf 32 Stunden oder weniger gesunken war, sehr viel höher lag. Für Arbeitskräfte, die nahezu ausnahmslos nach Arbeitsstunden bezahlt wurden, bedeuteten der Abbau von Überstunden und die Verkürzung der Arbeitszeit einen spürbaren

Kaufkraftverlust. Die Zahl dieser Teilarbeitslosen war auf über zwei Millionen gestiegen.

Die zweite Ergänzung bezieht sich auf das Fehlen jeglichen staatlichen oder berufsständischen Schutzes im Falle von Arbeitslosigkeit. Wer seine Arbeit verlor, stürzte von einem Tag auf den anderen in Armut. Der ohnehin geringe Lohn erlaubte im allgemeinen keine Ersparnisse für Krisenzeiten oder den Abschluß einer Krankenversicherung. Der Arbeitslose fiel damit auswegslos der Verarmung anheim; ihm blieb nichts anderes übrig, als um Almosen zu betteln, ohne jede Möglichkeit einer sozialen Abfederung, die die Folgen des Arbeitsverlustes verzögert oder gemildert hätte. Das galt ebenso für den gekündigten Ingenieur wie für den entlassenen Arbeiter.

Den Bauern erging es nicht besser; auch sie wurden vom Preisverfall betroffen. Man schätzt, daß die Gesamteinkünfte der Landwirte zwischen 1928 und 1933 von 48 Milliarden auf 18 Milliarden Francs gesunken waren, was eine Einkommensminderung von 60 Prozent bedeutet. Nun lag ihr Einkommen aber schon vor der Krise auf einem niedrigen Niveau und lebten die meisten von ihnen in ziemlich beengten Verhältnissen. Die Absatzmärkte für ihre Erzeugnisse waren verstopft: Getreide gab es im Überfluß, die Weinlager quollen über, und diese Mengen, die keine Abnehmer fanden, drückten auf die Preise und beschleunigten ihren Verfall.

Die Verringerung der Kaufkraft bzw. die Unsicherheit der Einkünfte zwangen damals alle, den Gürtel enger zu schnallen, ihr Kaufverhalten zu ändern und ihre Lebensweise einzuschränken. So kaufte man in der Stadt weniger Fleisch, und auf dem Land verzichtete man auf die Erzeugnisse der Industrie. Kurz: es war ein Teufelskreis, innerhalb dessen die Krise in einem kumulativen Prozeß die Krise verstärkte und aus dem kein Entrinnen möglich schien.

Anstatt nun die Wirtschaft durch die Vergabe öffentlicher Aufträge und ein breit angelegtes Arbeitsbeschaffungsprogramm wieder anzukurbeln und ihr dadurch die dringend benötigten Kredite wieder zuzuführen, weitete der Staat, ohne es zu wollen, die Krise noch weiter aus und verlängerte ihre Auswirkungen. Tatsächlich hielten nach wie vor alle die Bekämpfung des Haushaltsdefizits für die vordringlichste Aufgabe. Nun verringerten sich aber infolge der Konjunkturflaute auch die Steuereinkünfte: Der Handelsverkehr schrumpfte, die zur Arbeitslosigkeit verurteilten Arbeitnehmer bezahlten keine Lohn- und Einkommenssteuer mehr, die Umsätze der Unternehmen gingen zurück, und die Staatseinnahmen fielen von 42 Milliarden Francs im Jahre 1931 auf 32 Milliarden im Jahre 1935. Das Schreckgespenst der Staatsverschuldung, das man bereits gebannt zu haben glaubte, erhob sich von neuem, und die Regierungen versuchten es mit allen Mitteln zu bekämpfen: unter anderem durch die Einrichtung einer staatlichen Lotterie im Jahre 1933, deren Einnahmen dem Staat zuflossen, und – sehr zur Erbitterung der Steuerzahler – durch Steuererhöhungen, die eine scharfe Protestbewegung gegen den Fiskus in Gestalt der »Vereinigung der Steuerzahler« provozierten. Auch die Ausgaben wurden gekürzt, indem man ausscheidende Beamte nicht mehr ersetzte, Subventionen strich und öffentliche Aufträge stornierte. Auf diese Weise hielten sie die Spirale der Deflation weiter in Gang, die die Wirtschaft von Jahr zu Jahr tiefer in die Krise trieb.

Nach 1945 wurde diese deflationistische Politik mitsamt ihren verheerenden Folgen scharf verurteilt. Man beklagte die Engstirnigkeit und die Unfähigkeit dieser Regierungen, die hartnäckig an einer Politik festhielten, die genau das Gegenteil von dem bewirkte, was zu einer Wiederbelebung der Wirtschaft geführt hätte. Doch so wenig die Politiker damals fähig waren, die Lage zu analysieren und die Krisenmechanismen zu verstehen, so wenig waren es auch die Wirtschaftsexperten, von einigen Ausnahmen abgesehen, und die öffentliche Meinung. Man hat sich seitdem über diese Ökonomen, die wie vernarrt an den alten liberalen Maximen des 19. Jahrhunderts festhielten, lustig gemacht. Die selbstgewisse Sicherheit der Generation nach dem Zweiten Weltkrieg basierte auf der neuen, von den Erklärungs- und Gestaltungsprinzipien des Keynesianismus geprägten Wirtschaftspolitik. Der unerhörte wirtschaftliche Aufschwung, den die Welt zwischen 1950 und dem Beginn der siebziger Jahre erfuhr, hatte die Überzeugung gestärkt, nun endlich das Geheimnis zu kennen, wie man künftig einen Rückfall in derartige Krisen verhindern könne, wie sie die Völker in regelmäßigen Abständen ins Verderben gestürzt hatten und die Ursache waren für Armut und Kriege. Die große Krise der dreißiger Jahre war die letzte ihrer Art gewesen und beendete einen Zyklus; etwas Ähnliches, so glaubte man, würde man nie wieder erleben. Nachdem wir jedoch vor etwa zwanzig Jahren wieder in eine neue Krise eingetreten sind, in die wir uns immer tiefer verstricken und in der rechte wie linke Regierungen bei dem Versuch, die Arbeitslosigkeit von über zweieinhalb Millionen Männern und Frauen zu beseitigen, nacheinander ihre Hilflosigkeit unter Beweis gestellt haben, sollten wir doch weniger streng über eine Generation urteilen, die 1930 in den Fängen einer Krise steckte, deren tiefere Gründe sich ihrem damaligen Verständnis entzogen.

Obwohl die Krise zunächst nur die Wirtschaftsmechanismen befiel, zog sie eine ganze Reihe von Konsequenzen nach sich. Sie hat nicht nur die Lebensbedingungen und die Stellung der gesellschaftlichen Gruppen verändert, sondern auch vielfältigste psychologische Wirkungen hervorgerufen. Fast alle Franzosen haben, wenn auch in sehr unterschiedlicher Weise, darunter gelitten.

Am härtesten hatte die Krise infolge des Preisverfalls und der riesigen Ernteüberschüsse die französische Landwirtschaft getroffen. Um ihrem Unmut Luft zu machen, griffen die Bauern zu elementaren Maßnahmen, indem sie sich zusammentaten, um etwa bei zahlungsunfähigen Pächtern die Pfändung ihrer Möbel oder gar ihre Vertreibung von Haus und Hof zu verhindern. Die Bewegung Henri Dorgères' hatte ihre Wurzeln in eben diesem Widerstand, denn die »Bauernfront« und die »Grünhemden« waren der politische Ausdruck einer Unzufriedenheit, die schließlich in erbitterten Zorn gegen die Politiker umschlug. Sie blieb jedoch geographisch begrenzt und beschränkte sich im wesentlichen auf die großen Getreideanbauflächen im Pariser Becken, auf die Picardie, das Valois, die Beauce und die Gegend um Chartres. Die Gegner Dorgères' sprachen damals von »grünem Faschismus«; in Wirklichkeit ähnelte diese Bewegung eher den Bauernaufständen früherer Tage, denn als die Bauern aus dem Departement Eure-et-Loire die Präfektur von Chartres stürmten, hatten ihre Gefühle mehr mit dem seit altersher bekannten Volkszorn zu tun als mit dem Faschismus.

Mehrere Faktoren haben zur Eindämmung der Protestwelle beigetragen und bewirkt, daß Frankreich ein ähnlicher Aufruhr in der Landbevölkerung erspart blieb, wie ihn Italien nach dem Krieg erlebte. Einer dieser Faktoren war, daß die französische Landwirtschaft mit Ausnahme einiger weniger Gegenden, in denen Monokulturen und Großbetriebe überwogen, auf Mehrfruchtkulturen und Familienbetrieben basierte. Die meisten Betriebe lebten autark; für sie spielte die Vermarktung ihrer Produkte nur eine untergeordnete Rolle und bedeutete deshalb der Rückgang der Verkaufspreise keine so große Härte. Sie fanden auf ihrem

Boden alles, was sie zum Überleben brauchten, und konnten bessere Tage abwarten. Die Folge war, daß sich die Modernisierung der Betriebe verzögerte.

Ein anderer Faktor war das politische Gewicht der Landbevölkerung, das nach wie vor bestimmend blieb. Der starke Anteil der Landbevölkerung unter den Wählern und eine entsprechende Wahlkreisaufteilung machten es möglich, daß bei den Wahlen von 1932 und 1936 die Mehrheit der Abgeordneten von Wahlkreisen gewählt wurden, in denen die Landbevölkerung überwog. Außerdem widmeten die Politiker den Problemen und Sorgen der Landwirte besonders viel Beachtung, was vor allem in einer schonenden Besteuerung zum Ausdruck kam. Die Organisation der Märkte für landwirtschaftliche Produkte und die Stützung der Preise waren die einzigen Bereiche, in denen die Regierungen eine einigermaßen kohärente und kontinuierliche Politik verfolgten. Diese Politik orientierte sich an malthusianischen Grundsätzen und zielte auf die Erhaltung gewinnbringender Preise, indem sie auf die Erzeugermengen Einfluß nahm. Zu den Maßnahmen dieser Strategie gehörten Prämien für die Stillegung von Weinbergen, Finanzhilfen für die Reduzierung von Getreideanbauflächen und die Destillation von Ernteüberschüssen. Der Vater dieser Politik war der Radikalsozialist Henri Queuille, der ihre Grundzüge in Zusammenarbeit mit berufsständischen Organisationen, deren Vertrauen er genoß, entwickelt hatte. Hinzu kam, daß sich die Bauern größtenteils der Demokratie verbunden fühlten, der sie Wahlrecht und Schulbildung verdankten; Unruhestiftern gegenüber zeigten sie sich eher verschlossen.

Den schwersten Tribut an die Arbeitslosigkeit zahlten die Arbeiter. Die Arbeitslosen waren jedoch nicht in der Lage, politischen Druck auszuüben. Ihre Zersplitterung beraubte sie der Möglichkeit, sich gemeinsam zu artikulieren. Viele individuelle Dramen machen noch keine kollektive Tragödie. Die Kommunisten indes versuchten, daraus Kapital zu schlagen. Die Verteidigung der Arbeitslosen bot ihnen erstmals eine willkommene Gelegenheit, ihre »tribunizische Funktion« auszuüben. So organisierte Charles Tillon einen Demonstrationsmarsch von Arbeitslosen aus Nordfrankreich nach Paris. Aber die Ungewißheit über den morgigen Tag und die Angst um den Arbeitsplatz waren der Revolte nicht förderlich; Streiks blieben selten, und die Krise vertrieb die Lust auf Forderungen. Im übrigen blieb die Kaufkraft derjenigen, die noch Arbeit hatten, einigermaßen stabil, weil die Löhne und Gehälter nicht so schnell sanken wie die Preise. Die Gewerkschaftsbewegung spielte nur eine untergeordnete Rolle; nicht einmal eine Million von insgesamt 12,5 Millionen Beschäftigten waren gewerkschaftlich organisiert, wobei in dieser Zahl sogar die Beamten, bei denen der Organisationsgrad höher lag und die sich keine Sorgen um ihren Arbeitsplatz zu machen brauchten, enthalten sind.

Auch das mittlere Bürgertum litt schwer unter der Krise; die leitenden Angestellten waren nicht weniger von ihr betroffen als die Arbeiter. Viele Ingenieure suchten Arbeit, und auch die Absolventen der großen Schulen fanden nicht mehr auf Anhieb eine Anstellung. Die Angehörigen der freien Berufe wie Rechtsanwälte und Ärzte wurden hart geprüft; sie kamen noch nicht in den Genuß der Rente, die ihnen das System der Sozialversicherung einmal gewähren sollte. Sie neigten dazu, die Verantwortung für ihre Schwierigkeiten der ausländischen Konkurrenz anzulasten und begrüßten die Idee, das gegen ausländische Waren errichtete Schutzzollsystem durch Maßnahmen zu ergänzen, nach denen Arbeitsplätze allein den Franzosen vorbehalten bleiben sollten. Das Schlagwort »Frankreich den Franzosen« war Ausdruck dieser Weigerung, die Arbeit mit anderen zu teilen. 1933 wurde die Einwanderung gestoppt; bald schickte man ganze Züge voll polnischer Bergarbeiter in ihre Heimat zurück. Bei Juristen und Ärzten machte sich Fremdenhaß breit gegen die Juden, die kurz zuvor nach Frankreich gekommen waren; man fürchtete, daß sie ihren französischen Kollegen die Klienten oder Patienten abwerben könnten. So weckte die Krise auch latente Gefühle, die nach der Niederlage von 1940 voll zum Ausbruch kommen sollten.

Ob Landwirte, Arbeitslose oder Gewerkschaften, Angehörige des mittleren Bürgertums, der freien Berufe oder Beamte – sie alle wandten sich gegen den Staat. Die einen warfen ihm eine unbedachte Ausgabenpolitik vor, die anderen die schweren Steuerlasten, alle zusammen aber seine Unfähigkeit, dem Übel, das sie heimsuchte, abzuhelfen.

VON DER REGIERUNGSOHNMACHT ZUR STAATSKRISE

Als die französischen Wähler am 1. und 8. Mai 1932 erneut zur Wahl der Abgeordnetenkammer aufgerufen wurden, hatte Frankreich bereits die ersten Wirkungen der Krise zu spüren bekommen. Lag darin der Grund für die Niederlage der scheidenden Mehrheit? Zweifel sind erlaubt, denn die Anfänge der Krise waren noch zu frisch, als daß sich die ökonomischen Gegebenheiten bereits in politische Willensbildung hätten umwandeln können. Wahrscheinlich war die Umkehrung der Mehrheitsverhältnisse mehr auf politische Motive zurückzuführen, die denen ähnelten, die bereits acht Jahre zuvor dem Linkskartell zum Sieg verholfen hatten.

In der Tat erinnerten die Wahlen von 1932 so sehr an diejenigen von 1924 – und zwar in mehr als nur einer Hinsicht –, daß sie wie deren Neuauflage erschienen: Wieder einmal trafen sich Radikale und Sozialisten in gemeinsamer Opposition gegen eine nach rechts hin orientierte, scheidende Mehrheit; und wie schon 1924 bestritten auch diesmal die Kommunisten ihren Wahlkampf für sich allein. Doch hier endet die Parallele bereits, denn die »Linksunion« war nicht das »Linkskartell«. Der Grund dafür lag zunächst in dem geänderten Wahlverfahren, durch das sich auch die Taktik änderte: Marschierten die Radikalen und Sozialisten im ersten Wahlgang noch getrennt, traten sie im zweiten mit gemeinsamen Kandidaten vor die Wähler; im Unterschied zu 1928 übertrugen diesmal die radikalen Wähler fast alle ihre Stimmen auf die Sozialisten anstatt auf die Gemäßigten. Was die kommunistischen Wähler betraf, deren Kandidaten sich im ersten Wahlgang behauptet hatten, so stimmten viele von ihnen, dem alten Reflex republikanischer Disziplin gehorchend, für denjenigen Kandidaten der Linken, der die meisten Stimmen erhalten hatte, gleich ob Sozialist oder gar Radikalsozialist. Insgesamt gesehen war der Stimmenanteil der Linken gegenüber 1928 gestiegen. Im ersten Wahlgang hielten sich die Stimmen für die nichtkommunistische Linke einerseits und für die Rechte und das Zentrum andererseits mit jeweils etwas über 45 Prozent die Waage. Wenn man jedoch zur Linken noch die kommunistischen Wähler hinzurechnet, hatte die Linke deutlich die Mehrheit der Stimmen auf sich vereint. Da der Wahlmodus die Abstände noch vergrößerte, errang die Linke einen eindeutigen Sieg: Die »Linksunion«

erhielt 335 Sitze, während die bisherige Mehrheit 85 Sitze weniger hatte: Ihre Niederlage war unwiderruflich.

Unmittelbar darauf sah sich die neue Mehrheit mit denselben Schwierigkeiten konfrontiert wie im Jahre 1924 – nur zu begreiflich, daß die Franzosen dabei das Gefühl überkam, noch einmal der Aufführung desselben Stückes beizuwohnen: Wie 1924 stand auch diesmal der Staatspräsident weiter rechts als die Kammermehrheit; wie 1924 beauftragte er den Chef der Radikalsozialisten, Édouard Herriot, mit der Regierungsbildung; und wie 1924 mußte er auch diesmal die Ablehnung der Sozialisten hinnehmen, die an ihre Regierungsbeteiligung so hohe Bedingungen knüpften wie die Verstaatlichung der Eisenbahnen und der Versicherungen, daß sie für die Radikalsozialisten als Partner nicht in Frage kamen. Sie versprachen lediglich ihre Unterstützung, aber man wußte ja schon, wohin das führte.

Abermals hatte Herriot mit Budgetproblemen zu kämpfen; er entschloß sich zu einer Politik, die den Gemäßigten entgegenkam, und übertrug zum Mißfallen der Sozialisten die Finanzpolitik einem ehemaligen Minister André Tardieus, Germain-Martin. Wie in den Jahren 1924–1926 befand sich die Regierung in der prekären Lage zwischen einer Mehrheit, die sie für das linke Lager einforderte, und einer Politik, die sich kaum von derjenigen der alten, konservativen Mehrheit unterschied. An diesem Widerspruch strauchelten alle Neuauflagen des Linkskartells. Dennoch scheiterte die Regierung Herriot nicht etwa an dem Problem des Staatshaushalts, sondern an einer Frage, in der sich Finanz- und Außenpolitik berührten: an der Rückzahlung des am 15. Dezember 1932 fällig gewordenen Tilgungsbetrages der Kriegsschulden an die Vereinigten Staaten. Alle im Verlauf der nächsten dreizehn Monate nachfolgenden Kabinette stolperten über das Staatsdefizit. Sie alle aufzuzählen wäre ebenso stumpfsinnig, wie ihr ständiger Wechsel für die Zeitgenossen entmutigend war. Fünf Ministerpräsidenten bemühten sich um die Quadratur des Kreises, indem sie versuchten, ihre Politik des Haushaltsgleichgewichts entsprechend den Vorstellungen der öffentlichen Meinung mit der Unterstützung der Sozialisten in Einklang zu bringen. Aber umsonst: Die Sozialisten enthielten sich entweder der Stimme oder votierten dagegen. Die Gemäßigten warteten auf ihre Stunde, und Tardieus Konzeption von der Notwendigkeit eines Machtwechsels rechtfertigte ihre Weigerung, anstelle der

Sozialisten als Mehrheitsbeschaffer aufzutreten. Es gab keine Mehrheit mehr.

Die erneute Regierungsinstabilität und die sich ständig wiederholenden Krisen führten in der Öffentlichkeit zu massivem Verdruß und machten die Vorstellung glaubhaft, daß die Verfassungsorgane den anstehenden Problemen nicht mehr gewachsen seien. Der stets latent vorhandene Antiparlamentarismus schöpfte neue Kraft. Immer lauter wurden Ideen, die nach einer Reform des Staates im Sinne der Wiederherstellung eines echten Gleichgewichts zwischen den Gewalten und die Machtbeschränkung der beiden allmächtigen Kammern verlangten; an den Universitäten, bei den Juristen, aber auch unter den Politikern gab es nicht wenige, die mit diesen Gedanken sympathisierten. Besonders viele Fürsprecher fand der Vorschlag, das Recht zur Auflösung der Abgeordnetenkammer neu zu beleben, indem man das Vetorecht des Senats beseitigte, sowie die Einschränkung des parlamentarischen Mitspracherechts im Bereich der Staatsausgaben. Hinzu kamen Vorschläge zur Wahl des Staatspräsidenten durch ein erweitertes Wahlkollegium, um ihn aus der ausschließlichen Abhängigkeit vom Parlament zu befreien, sowie die Einführung der Volksabstimmung.

Was in der Physik gilt: gleiche Ursachen, gleiche Wirkungen, gilt auch für die Politik. Die wiederkehrende Instabilität und die Finanzschwierigkeiten, die die Wirtschaftskrise zeitweise überdeckten, brachten wieder ein Phänomen zum Vorschein, das sich wie ein roter Faden durch die Geschichte der französischen Republik zog und die Ohnmacht der Regierungen – wie als Schatten oder Strafe – begleitete: die Ligen. In ihnen drückte sich das Verlangen nach einer starken und allseits respektierten Staatsführung aus. Dieses Phänomen – und mehr noch vielleicht die Vorstellung, die man sich davon gemacht hatte – erreichte in den dreißiger Jahren eine solche Bedeutung, daß es sinnvoll erscheint, sich an dieser Stelle zunächst einige Daten und Fakten über sie ins Gedächtnis zu rufen. Das Wort »Liga« *(ligue)* ist ein Oberbegriff, der nicht nur paramilitärische oder umstürzlerische Organisationen bezeichnete, denn nicht jede Liga sann auf Umsturz oder war gar faschistisch. Die Ligen waren auch nicht einmal alle politisch orientiert: Einige verfolgten wissenschaftliche, pädagogische oder kulturelle Ziele. Marc Sangnier beispielsweise gründete eine »Liga der Jugendherbergen«. Was jene Ligen betraf, deren Bestimmung mehr oder weniger politischer Natur war, so waren sie nicht notwendigerweise antiparlamentarisch oder auch nur rechtsgerichtet: Die *Ligue de Patriotes* war 1882 von Parteigängern der Republik aus der Umgebung Gambettas gegründet worden und wandte sich in der boulangistischen Ära zwar plebiszitären Parolen zu; doch erblickte andererseits die auf dem Höhepunkt der Dreyfus-Affäre gegründete *Ligue des droits de l'homme* (»Liga für Menschenrechte«) ihr Ziel gerade in der Bekämpfung des autoritären Nationalismus. *La Jeune République*, die Marc Sangnier 1912 gegründet hatte und später eine Teilorganisation des *Rassemblement populaire* wurde, bezeichnete sich ebenfalls als Liga. Die Liga unterschied sich von einer Partei darin, daß sie ihren politischen Einfluß nicht über die Aufstellung eigener Wahlkandidaten, über den Wahlkampf oder über die Bildung parlamentarischer Gruppierungen suchte. Daß die Ligen sich aus den Wahlkämpfen heraushielten, bedeutet aber nicht, daß sie damit das Wahlprinzip ablehnten. Einige dieser Ligen vermitteln eine Vorstellung von der Rolle, welche die politischen Klubs am Ende der Vierten und am Anfang der Fünften Republik spielten.

Dennoch läßt sich nicht bestreiten, daß in den dreißiger Jahren gerade diejenigen Ligen aufblühten, die sich den Antiparlamentarismus zunutze machten und die Aktivisten anzogen: Ihre Anhänger trugen Uniformen und stellten ihre Abzeichen zur Schau; sie umgaben sich mit Ordnungsdiensten, bildeten milizartige Verbände aus und veranstalteten Aufmärsche und Versammlungen, bei denen sie wie paramilitärische Organisationen auftraten, ähnlich den Bewegungen, wie sie damals überall in Europa in Erscheinung traten. Aber sie waren nicht die einzigen, die solchen Riten huldigten; auch die Linke demonstrierte ihre Stärke. Diese Praktiken waren allgemein verbreitet. Die Franzosen scheuten sich nicht, offen und deutlich ihre Meinung zu bekunden, und viele von ihnen trugen Abzeichen. Überhaupt war die Uniform ein wesentliches Anziehungselement dieser Bewegungen; auch die »Sozialistische Jugend« trug eine Uniform.

Daneben gab es auch noch die Ligen der vorigen Generation: die *Action française* und die *Jeunesses patriotes.* Nun liebte man gerade in diesem Bereich die Veränderung, die Organisationen alterten schnell, und so gehörte der Erfolg dem Neuen. Sobald eine neue Generation von Ligen auftauchte, warb sie den alten ihre Anhänger ab und schuf damit einen jener Anlässe zum Streit, die sie entzweiten. Manche dieser Ligen wurden von ehemaligen Offizieren geführt, deren Erfolg jedoch sehr unterschiedlich war. Marcel Bucard zum Beispiel, ein hochdekorierter Kämpfer aus dem Ersten Weltkrieg, gründete 1933 eine Bewegung, deren Programm bis hin zu ihrem Namen *»Francisme«* sich eng an den Faschismus anlehnte, die aber kaum jemals mehr als zehntausend Anhänger und Sympathisanten zählte. Ebenso erwies sich die *Solidarité française* des Majors Jean Renaud, die er mit Hilfe François Cotys gegründet hatte, eines politisch ehrgeizigen Parfümfabrikanten, dessen Namen man immer wieder bei der Gründung solcher Organisationen begegnete, als Strohfeuer, trotz der Unterstützung durch Cotys Zeitung *»L'Ami du peuple«*. Den kontinuierlichsten und beeindruckendsten Aufschwung aber erlebte seit 1934 eine Organisation, die aus einem Frontkämpferverband hervorging und die für die Linke zum Symbol der Ligen und des Faschismus schlechthin werden sollte: die »Feuerkreuzler« *(Croix-de-Feu)*.

Das Vordringen der ehemaligen Frontkämpfer auf das Feld der Politik stellte ein neues Element in der ideologischen Konstellation der dreißiger Jahre dar. Auch in dieser Hinsicht sollte man sich vor trügerischen Analogien zu ähnlichen Erscheinungen, wie man sie damals im Ausland erlebte, hüten. Die französischen Frontkämpfer waren weder mit den italienischen *Arditi* gleichzusetzen noch mit den Anhängern des »Stahlhelms«. Es existierte tatsächlich so etwas wie ein Frontkämpfergeist, der sich aus der treuen Erinnerung an die gefallenen Kameraden näherte, derer man pietätvoll gedachte, auch aus einer gewissen nostalgischen Brüderlichkeit, die in den Schützengräben Männer zusammengeschweißt hatte, die ansonsten im Leben nichts miteinander verband, und nicht zuletzt aus dem Mißtrauen gegenüber den Politikern und ihrer Demagogie. Obwohl auch er den Antiparlamentarismus schürte, war er doch frei von jedem Militarismus. Antoine Prost meint sogar, daß dieser Frontkämpfergeist – weit davon entfernt, ein Wegbereiter des Faschismus zu sein – vielmehr neben anderen Faktoren dazu beigetragen habe, Frankreich vor ihm zu bewahren. Die meisten unter ihnen waren überzeugte Anhänger der Republik, und wenn sie die Politiker auch nicht mochten, so waren sie deshalb noch keineswegs Feinde der Demokratie.

Auch wenn die Feuerkreuzler nicht die etwa drei Millionen Frontkämpfer mit ihren verschiedenen Organisationen repräsentierten, so unterschieden sie sich doch nicht völlig von ihnen. Ursprünglich wurde diese damals zunächst noch kleine Vereinigung im Jahre 1927 gegründet, um alle diejenigen Soldaten aufzunehmen, die im Ersten Weltkrieg das Kriegskreuz *(croix de guerre)* für ihre Tapferkeit vor dem Feind erhalten hatten – daher auch der Name *Croix-de-Feu.* Dieser Vereinigung schloß sich bald darauf eine weitere an, die allen denjenigen offenstand, die mindestens sechs Monate in vorderster Linie gestanden hatten – dies war die Bedingung für das Tragen eines Streifens am Waffenrock. 1929 übernahm die Führung des Verbandes ein Mann, der ihm schon bald einen neuen Schwung verleihen und ihn auf einen stärker politischen Kurs steuern sollte: Oberst François de La Rocque. Dieser Mann übte auf alle, die in seine Nähe kamen, eine unleugbare Faszination aus und weckte bei ihnen die Bereitschaft zur Gefolgschaft, die sich noch bis in unsere Tage erhalten hat. Die Linke sah in ihm die Inkarnation des Faschismus, ein gewaltiger Irrtum, wie man heute weiß. *Le colonel,* wie ihn seine Getreuen nannten, war ein gesetzestreuer Mann, ein Nationalist, der nach einer starken Regierung verlangte, die sich ihrer sozialen Verantwortung bewußt war, etwa im Sinne Lyauteys in seinem Artikel über die soziale Rolle des Offiziers. Um den Niedergang einer Bewegung wie dieser zu verhindern, die naturgemäß vom Aussterben bedroht war, schuf de La Rocque um die *Croix-de-Feu* herum ein ganzes Netz von Vereinigungen, die auch anderen als nur den Überlebenden des Großen Krieges offenstanden; sie alle – zunächst die Söhne und Töchter der *Croix-de-Feu,* später dann die *Volontaires nationaux* – fühlten sich verbunden in demselben Geist der Treue zu den Toten, die für das Vaterland gefallen waren, und in der leicht entflammbaren Leidenschaft für Frankreichs Größe. Anfang 1934 zählten die Feuerkreuzler und ihre Untergruppierungen noch kaum mehr als einige zehntausend Mitglieder, aber sie waren diszipliniert, organisiert und ihrem Führer treu ergeben.

Wieder einmal kamen alle Elemente einer Staatskrise zusammen: die Wirtschaftskrise, die sich immer tiefer einnistete, Unzufriedenheit und Bitterkeit in breiten Schichten der Gesellschaft, Wut und Verärgerung über die Unfähigkeit der Regierungen, wachsende Gereiztheit infolge der wiederkehrenden Instabilität der Kabinette, das Gefühl der Demütigung angesichts des Auflebens nationalistischer Strömungen im Ausland, Besorgnis über die Machtergreifung einer revisionistischen Bewegung und ihres Führers im benachbarten Deutschland und schließlich die antiparlamentarischen Umtriebe. Es bedurfte nur eines Funkens, um das Pulverfaß zu entzünden. Dieser ließ nicht lange auf sich warten. Anlaß war ein Phänomen, das ebenso regelmäßig wiederkehrte wie die ministeriellen Krisen und das plötzliche Auftrumpfen der Ligen: ein politischer Finanzskandal, der als »Affäre Stavisky« eine der heftigsten Erschütterungen der Dritten Republik auslösen sollte.

DIE AFFÄRE STAVISKY UND DER ABEND DES 6. FEBRUAR 1934

Die Affäre Stavisky war weder der erste Finanzskandal der Dritten Republik noch der letzte in der Geschichte der verschiedenen Republiken. Sie bildet nur ein Glied in einer langen Kette abenteuerlicher Spekulationen und bisweilen raffinierter Betrügereien, die in enger Verbindung zur Politik standen. Die Liste dieser Skandale reicht vom Ordensskandal und Panama-Skandal über diejenigen, die mit Namen wie Rochette, Madame Hanau oder Oustric verbunden waren, bis hin zu denen der Vierten und Fünften Republik.

Ein solcher Skandal entsteht zumeist aus dem heimlichen Zusammenspiel zwischen Gaunern einerseits, die hart am Rande der Legalität operieren und regelmäßig die öffentlichen Ersparnisse schröpfen, und Politikern andererseits, die deren Machenschaften decken und ihnen Vorteile bis an die Grenze des gesetzlich Zulässigen verschaffen. Am Anfang steht immer, wenn nicht regelrechte Korruption, so doch zumindest passive Bestechung und Austausch von Gefälligkeiten nach dem Muster: Protektion oder Straffreiheit gegen Geld. Zum offenen Skandal kommt es dann, wenn die Presse oder die Gegner der Sache auf die Spur kommen oder ein Börsenkrach den Betrug ans Tageslicht bringt. Daß diese Art von Skandalen wesentlich häufiger in parlamentarisch-demokratischen Staatswesen ausbricht als in autoritären Regimen, braucht nicht zu verwundern. Der Grund dafür liegt aber nicht darin, daß man in demokratischen Systemen häufiger Unterschlagungen oder Bestechungen beginge, als vielmehr darin, daß in diesen Systemen die Regierung weder die Presse kontrolliert noch ihren Gegnern den Mund verbieten kann. Der Skandal ist eine furchtbare Waffe in der Hand von Experten und für die Regierenden in höchstem Maße peinlich. Für den

Antiparlamentarismus bedeutet er ein gefundenes Fressen, weil es ein Leichtes ist, sämtliche Abgeordneten als Schurken hinzustellen. »Nieder mit den Dieben!« *(»A bas les voleurs!«)* – dieser alte Schlachtruf des Boulangismus hallte im Februar 1934 erneut durch die Straßen.

Skandale ziehen Menschen, die im Umkreis der Macht stehen, immer in den Schmutz – und das aus gutem Grund: Betrüger verschwenden weder Geld noch Mühe an die Bestechung von Mitgliedern der Opposition, die ihnen ja doch nicht von Nutzen sein können. Es sind deshalb immer entweder Minister oder Abgeordnete der parlamentarischen Mehrheit, die von einem Skandal betroffen sind. Dabei sind sie weder bestechlicher noch unehrlicher als andere, dafür aber den größeren Versuchungen ausgesetzt. In den achtziger Jahren des neunzehnten Jahrhunderts waren es die *opportunistes* [Politiker aus den Reihen der dem Großbürgertum nahestehenden Republikaner; Anm. d. Ü.], die die Skandale verursachten; zu der Zeit, als die Gemäßigten an der Regierung waren, das heißt in den zwanziger Jahren, fiel diese Ehre eher der Rechten zu: Damals wurde der Justizminister im Kabinett Tardieu, Raoul Péret, in den Skandal um das Bankhaus Oustric verwickelt. In den dreißiger Jahren schließlich waren es die Radikalsozialisten, die am häufigsten kompromittiert wurden, und der Mißkredit, der für sie daraus resultierte, brachte den gesamten Radikalsozialismus in Verruf.

Dabei war von all diesen Skandalen, die zu jener Zeit die politische Welt erschütterten, der Stavisky-Skandal bei weitem noch nicht der schlimmste; nur ein knappes halbes Dutzend zweit- bis drittrangiger Abgeordneter der Radikalen waren darin verwickelt. Sie spielten, mit Ausnahme des Kolonialministers Albert Dalimier, politisch kaum eine Rolle, und ihre Namen wurden der Öffentlichkeit erst durch diese Affäre bekannt. Verglichen mit dem Panama-Skandal handelte es sich eher um eine harmlose Angelegenheit. Dennoch war gerade sie es, die für den Staat die schlimmsten Folgen hatte – bis hin zu dem Aufstand am Abend des 6. Februar und der Erschütterung der Verfassungsinstitutionen. Aber auch das ist typisch für einen Skandal, daß keine vernünftige Verhältnismäßigkeit mehr besteht zwischen den objektiven Gegebenheiten und der Art und Weise, wie die Öffentlichkeit darauf reagiert.

Im vorliegenden Fall erklärt sich das Mißverhältnis und das Ausmaß der Erschütterungen zum Teil aus den vorangegangenen Skandalen; ihre Häufung bestärkte viele in der Überzeugung, daß der Staat von innen her verfault sei. Daß eine solche vergleichsweise banale politische Finanzaffäre zu einer derartigen Regimekrise eskalieren konnte, wirft ein bezeichnendes Licht auf die damalige Stimmung unter den Franzosen.

Manchmal gibt es Augenblicke in der Abfolge historischer Ereignisse, in denen der Erzähler seinen Schritt verlangsamen sollte, um möglichst genau die gewundenen Wege einer Geschichte nachzuzeichnen, wie sie jeden Tag geschieht: so auch im Fall der Stavisky-Affäre. Sie kam Ende Dezember 1933 ins Rollen. Damals erfuhr die Öffentlichkeit, daß ein zwielichtiger Geschäftemacher rumänischer Abstammung, der unter verschiedenen Namen auftrat, darunter dem eines »Monsieur Alexandre«, und der die französische Staatsbürgerschaft erworben hatte – ein Umstand, der wie gerufen kam, um die fremdenfeindliche Kampagne gegen eine als zu liberal verschrieene Einbürgerungspolitik anzuheizen –, mit Hilfe des radikalsozialistischen Bürgermeisters und Abgeordneten von Bayonne für 200 Millionen Francs Kommunalobligationen, die auf die Städtische Kreditbank von Bayonne ausgestellt waren, ohne Dekkung in Umlauf gebracht hatte. Im Verlauf der Untersuchung stellte sich heraus, daß dies nicht die erste Betrügerei des Gauners Stavisky war, sondern daß die für Finanzvergehen zuständige Abteilung der Pariser Staatsanwaltschaft bereits in früheren Fällen Verfahren gegen ihn angestrengt hatte. Aber jedesmal war es ihm auf ziemlich mysteriöse Weise gelungen, Verhandlungsaufschübe zu seinen Gunsten zu erwirken, die ihm erlaubten, weiterhin die französischen Ersparnisse abzusahnen. Man stellte fest, daß er auf großem Fuße lebte und in seinem Haus Persönlichkeiten aus Politik und Theater verkehrten. Man munkelte, daß er viele von ihnen kompromittieren könne, und erwartete spektakuläre Enthüllungen. Unterdessen war Stavisky untergetaucht, und als die Polizei ihn schließlich in einer Villa in Chamonix aufspürte, lag er bereits im Sterben. War es Selbstmord oder Mord? Für die äußerste Rechte bestand keinerlei Zweifel daran, daß man ihn zum Schweigen gebracht hatte, um andere Persönlichkeiten zu decken.

Da nun der Hauptangeklagte tot war, wurde das Gerichtsverfahren gegen ihn eingestellt. Aber es war bereits zu spät, um die Sache auf sich beruhen zu lassen: Die Öffentlichkeit forderte Aufklärung. Welch ein unverhofftes Glück für die Opposition! Die *Action française* blühte sichtlich auf. Fast täglich zogen die *»Camelots du Roi«* im Januar demonstrierend durch die Straßen und lieferten sich vor der Abgeordnetenkammer Schlägereien mit den Ordnungskräften. Drinnen nahmen die Redner der Rechten die Regierung aufs Korn, allen voran ein Abgeordneter des Departements Gironde, Philippe Henriot, dessen rhetorisches Talent schon zu Zeiten des Linkskartells bei den Treffen der *Fédération nationale catholique* Wunder vollbracht hatte. Sein Gegner war Ministerpräsident Camille Chautemps, der sich besser auf die parlamentarische Intrige als auf die Beruhigung einer aufgebrachten Öffentlichkeit verstand. Chautemps, von dem man wußte, daß er ein hoher Würdenträger des Freimaurerordens war, bot eine willkommene Zielscheibe für die Angriffe der Rechten, die die Freimaurerei seit einem halben Jahrhundert für ihre Niederlagen und für all die Maßnahmen, die sie verabscheut hatte, verantwortlich machte. Zu allem Übel verweigerte Chautemps der Rechten die lauthals geforderte Einsetzung eines parlamentarischen Untersuchungsausschusses. Schließlich mußte er am 27. Januar zurücktreten, nachdem ihm ein Teil der Mehrheit unter dem Eindruck der Notwendigkeit, Ballast abzuwerfen, die Gefolgschaft verweigert hatte. Die Opposition hatte einen Punkt erzielt.

Um die Krise, die inzwischen ein ungewöhnliches Ausmaß angenommen hatte, zu beenden, beauftragte Staatspräsident Lebrun Édouard Daladier mit der Regierungsbildung. Er traf eine glückliche Wahl. Daladier war kein politischer Neuling mehr – er hatte bereits verschiedenen Kabinetten angehört und war 1933 sogar schon einmal, wenn auch nur für kurze Zeit, Ministerpräsident gewesen –, aber er war nicht verbraucht. Seine Integrität wurde von niemandem bezweifelt, und er hatte sich den Ruf eines Mannes erworben, der energisch zu handeln verstand. Er kündigte an, die Affäre rasch bereinigen zu wollen und niemanden dabei zu schonen. Obwohl er der Führer einer eher gegen die *Union nationale* gerichteten Strömung gewesen war, versuchte er nun eine Öffnung nach rechts und nahm zwei Vertreter der Gemäßigten in seine Regierung auf: François Pietri als Finanz- und Oberst Fabry als Verteidigungsminister. Getreu seinem Ruf als ein Mann, der nicht viel Federlesens machte, räumte er unverzüglich in der hohen Verwaltung auf: Er enthob Jean Chiappe, der die Schlüsselposition eines Polizeipräfekten bekleidete, seines Amtes und ersetzte ihn durch den Präfekten des Departements Seine-et-Oise. Weitere Umbesetzungen innerhalb der Administration schlossen sich an und vervollständigten dieses eher rigide als geschickte Vorgehen, das alles andere als geeignet war, die Krise friedlich zu beenden und sie statt dessen von neuem anheizte. Chiappe lehnte den ihm ersatzweise angebotenen Posten eines Residenten in Marokko hochmütig ab. Die beiden gemäßigten Minister Pietri und Fabry traten unter dem Druck ihrer Freunde schon nach fünf Tagen, am 3. Februar, wieder zurück und ließen Daladier mit seiner linken Mehrheit allein. Der Stadtrat von Paris, der infolge einer alten Wahlkreiseinteilung konservativer eingestellt war als die Pariser Bevölkerung, protestierte im Namen der kommunalen Freiheit gegen die Einmischung der Zentralgewalt und setzte sich an die Spitze einer Fronde gegen die Regierung.

Am 6. Februar 1934, nachmittags um drei Uhr, sollte Daladier in der Kammer die Vertrauensfrage stellen. Sämtliche rechtsgerichteten Organisationen – *Action française, Jeunesses patriotes, Croix-de-Feu* und die Pariser Vertreter der *Union nationale des combattants* – forderten unabhängig voneinander die Pariser Bevölkerung zu Demonstrationen auf der Place de la Concorde auf, um gegen die Halsabschneider, die Korruption und die Entlassung Chiappes zu protestieren. Desgleichen rief auf der anderen Seite auch die den Kommunisten nahestehende *Association républiquaine des anciens combattants* zu einer Demonstration auf. Nicht zum erstenmal skandierten äußerste Rechte und äußerste Linke gemeinsame und doppeldeutige Parolen. Am Morgen desselben 6. Februar hatte die kommunistische *»Humanité«* ihre Leser aufgefordert, ihrer Empörung über die Halsabschneider lauten Ausdruck zu verleihen.

In dieser Jahreszeit wurde es früh dunkel. Die Menge strömte auf dem Platz zusammen, und da die Läden und Büros gerade schlossen, machten viele Neugierige einen Umweg über die Place de la Concorde und vergrößerten dadurch den Menschenauflauf. Die Anführer machten zunehmend Druck auf die Ordnungskräfte, die den Zugang zu der Brücke, die zum Palais Bourbon führte, schützten. Plötzlich fielen vereinzelte Schüsse. Wie es dazu kam, konnte niemals genau geklärt werden: Klar war nur, daß die Sicherheitskräfte, die keinerlei Erfahrungen im Straßenkampf besaßen, angesichts der Gefahr, überrannt zu werden, das Feuer eröffneten. Wer den Befehl dazu erteilt hatte, weiß man nicht. Während des ganzen Abends wurde auf beiden Seiten geschossen. In Wut geratene Demonstranten rückten gegen die angreifende Republikanische Garde [Gendarmeriekorps in Paris zur Bewachung der Regierungsgebäude und zum Ehrendienst; Anm. d. Ü.] vor und durchschnitten mit Rasierklingen die Sprunggelenksehnen ihrer Pferde. Ein Omnibus der Linie S wurde umgestürzt und angezündet: Es herrschte eine Atmosphäre des Aufruhrs.

Das Ergebnis war niederschmetternd: Am Ende des Abends zählte man fünfzehn Tote, fast alle auf seiten der Demonstranten, und über 1500 Verwundete. Die Bestürzung war groß: Seit dem Aufstand der Kommune 1871 hatte Paris keine so blutige Revolte mehr erlebt. Sicherlich lassen sich die damaligen Umstände, als Tausende von Aufständischen nach zweimonatiger Belagerung kaltblütig hingerichtet wurden, nicht mit diesem abendlichen Aufstand vergleichen, aber der Schock saß tief. Glücklicherweise hatte die Öffentlichkeit inzwischen die Lust auf brudermörderische Auseinandersetzungen verloren und verabscheute jegliches Blutvergießen. Auf seiten der Rechten brach ein Sturm der Entrüstung gegen diese Regierung von Mördern los, die auf ehemalige Frontkämpfer, die friedlich im Schmuck ihrer im Krieg erworbenen Auszeichnungen demonstrierten, hatte schießen lassen. Die Regierung war mit den Füßen im Blut ausgerutscht; sie mußte so schnell wie möglich verschwinden! Andernfalls wollte man für nichts mehr garantieren.

Die Linke war gespalten: Am Nachmittag des 6. Februar hatte die Kammer dem Druck der Straße getrotzt und in einer Aufwallung von Stolz der Regierung mit großer Mehrheit das Vertrauen ausgesprochen. Die Lage der Regierung war paradox: Einerseits war sie rechtmäßig eingesetzt und genoß das Vertrauen der Mehrheit der nationalen Repräsentanten, andererseits wurde sie von einem Teil der Pariser Bevölkerung abgelehnt. Was tun? Daladier zögerte. Einige Minister in seiner Umgebung, den Kopf noch voller historischer Reminiszenzen, drängten ihn zu einer harten Haltung, während ihn die höchsten staatlichen Autoritäten, der Staatspräsident und die Präsidenten der beiden Kammern, zum Rücktritt überredeten. Daladier beugte sich ihrem Votum und demissionierte am Morgen des 7. Februar. Es war seit Juni 1932 das siebte Kabinett, das sich auflöste, wenn auch diesmal unter außergewöhnlichen Bedingungen – unter dem Druck der Straße.

Noch immer, fast sechzig Jahre nach diesem denkwürdigen Abend, bleibt das Ereignis und seine Bedeutung im Dunkeln: War es nur der spontane Ausbruch der Volkswut und die Empörung ehrbarer Leute, wie die Rechte behauptet, oder handelte es sich um einen fehlgeschlagenen Umsturzversuch gegen die Republik, wie es die Linke interpretierte? Schon die Wahl der Worte, mit denen man dieses Ereignis beschreiben will, verrät Zögern und Unsicherheit: Was ereignete sich denn wirklich an diesem Februarabend – ein Aufstand, eine Demonstration, ein Putsch oder ein Gewaltstreich? Jeder dieser Begriffe enthält bereits eine Interpretation. Eine solche Debatte hat es nicht nur im Zusammenhang mit dem 6. Februar gegeben; Diskussionen wie diese erheben sich immer wieder, wenn ein Zwischenfall den geregelten Ablauf der Geschichte unterbricht, und so wird auch der 13. Mai 1958 einmal eine Fülle von Verschwörungstheorien, die diesmal freilich mehr Wahrscheinlichkeit für sich haben, hervorbringen.

Bereits kurz nach den Ereignissen hatte ein parlamentarischer Untersuchungsausschuß unter der Leitung des gemäßigten Abgeordneten Bonnevay zahlreiche Zeugen vernommen und einen umfangreichen Bericht erstellt. Dabei ergab sich nichts, was auf ein umstürzlerisches Komplott hingewiesen hätte. Daß die Anführer der *Action française,* wie andere auch, gehofft hatten, mit Hilfe des Volkszorns den Verfassungsinstitutionen einen Schlag zu versetzen, erscheint mehr als plausibel; aber läßt sich daraus schließen, daß sie die Situation ausnutzen wollten? An diesem Abend saß Charles Maurras an seinem Schreibtisch und dichtete und ließ die Gelegenheit verstreichen; zweifellos hatten die orthodoxen Führer des Nationalismus längst aufgehört, an das Wunder einer monarchischen Restauration zu glauben. Die einzelnen Organisationen waren unter sich zu sehr gespalten, um eine gemeinsame Strategie zu entwikkeln. Oberst de La Rocque, dessen Bataillone auf eigene Faust operierten und die Ordnungskräfte leicht hätten im Rücken fassen und in das Palais Bourbon eindringen können, verzichtete darauf, den entscheidenden Stoß zu führen.

Auch wenn es die Linke nicht wahrhaben wollte, dachte die Rechte seit Ende des 19. Jahrhunderts in ihrer Mehrheit nicht mehr an einen gewaltsamen Umsturz. Es waren vielmehr die Linken, von denen die bewaffneten Aufmärsche und Erhebungen – ob siegreich oder nicht – in den Jahren 1830, 1832, 1834, 1839, 1848 (Februar und Juni), 1870 und 1871 ausgegangen sind. Es mutet merkwürdig paradox an, daß die Linke einerseits in ständiger Furcht vor einer gegen die Republik gerichteten Gewaltaktion der Rechten lebte, während deren umstürzlerische Aktionen selten über Straßendemonstrationen hinausgingen, um damit Druck auf das Parlament auszuüben. Allerdings fand dieser Argwohn seine Entsprechung in der periodisch wiederkehrenden Furcht der Rechten vor einem kommunistischen Umsturz: Tatsächlich gab es 1936 Politiker und Unternehmer, die felsenfest an den Versuch einer kommunistischen Machtergreifung anläßlich der Junistreiks glaubten; und im Juni 1940, als die Niederlage bereits besiegelt war, machte sich General Weygand im Ministerrat zum Sprecher des Gerüchtes, wonach die Kommunisten mit Hilfe der Deutschen in Paris die Macht übernommen hätten. Erneut trat diese Frage einer kommunistischen Machtübernahme in den Jahren 1944 und 1947 auf. Diese gegenseitigen Ängste und Wahnvorstellungen haben in der französischen Geschichte eine nicht zu unterschätzende Rolle gespielt.

Zweifellos wollten die wichtigsten Anführer der Rechten, das heißt die Führer der *Jeunesses patriotes*, die Stadträte von Paris, die Redakteure des *»Echo de Paris«* und die *Croix-de-Feu*, am 6. Februar in ihrer überwiegenden Mehrzahl nichts anderes, als ihrem Unwillen Luft schaffen und der Regierung Daladier den Weg verstellen, indem sie die Kammer daran hinderten, ihr das Vertrauen auszusprechen. So trafen alle Umstände für eine Wiederholung dessen zusammen, wozu es acht Jahre zuvor schon einmal gekommen war: zu einer Umkehrung der Mehrheitsverhältnisse, die die Führer der gemäßigten Rechten wieder an die Macht bringen sollte. Doch wenn der 6. Februar, wie Serge Berstein nachgewiesen hat, auch wahrscheinlich nicht der Umsturzversuch war, wie die Linke geglaubt hatte, so war es doch das erstemal, daß eine Regierung, die das Vertrauen der Parlamentsmehrheit besaß, vor dem Druck der Straße kapitulieren mußte.

DER RUF NACH DOUMERGUE

Kaum war am Morgen des 7. Februar die Nachricht vom Rücktritt Daladiers bekannt, als die allgemeine Erregung sofort in sich zusammenfiel und die Gefahr einer zweiten Abendrevolte gebannt war. Auf Anraten führender Männer der Republik drängte Staatspräsident Albert Lebrun einen seiner Vorgänger, Gaston Doumergue, die Verantwortung für die Neubildung der Regierung zu übernehmen. Die Persönlichkeit Doumergues beschwichtigte die Gemüter der Rechten: 1924 hatte man ihn dem Kandidaten des Linkskartells, Paul Painlevé, vorgezogen, um die

Vakanz nach Millerands erzwungenem Rücktritt auszufüllen; 1926 hatte er die Hypothek der Linksmehrheit beseitigt, indem er Herriot nötigte, seine letzten Möglichkeiten auszuschöpfen und so zu beweisen, daß das Linkskartell am Ende war. Anschließend hatte er Poincaré mit der Regierungsbildung beauftragt.

Doumergue stand bei den Radikalsozialisten in gutem Ruf, denn er war einer der Ihren. Er war ein alter Routinier und in der Politik groß geworden; bei ihm hegte man nicht dieselben Befürchtungen wie bei André Tardieu. Seine siebenjährige Amtszeit als Staatspräsident, die mit der Stabilisierung des Franc, mit dem Ende der inneren Unruhen und mit der Normalisierung der internationalen Beziehungen zusammenfiel, hatte nur gute Erinnerungen hinterlassen. Als er im Juni 1931, einige Monate vor den ersten Anzeichen der Krise, seinen Amtssitz im Élysée räumte, wurde sein Abgang allgemein bedauert, wie zuvor schon bei dem »guten Präsidenten« Armand Fallières. Mit seinem leicht südfranzösischen Akzent, seinem gutmütigen Auftreten und seinem gewinnenden Lächeln war und blieb er ein populärer Staatspräsident, und dies in einem Land, in dem Staatsoberhäupter selten Beliebtheit genossen; in Chansons wurde er scherzhaft freundlich als *»Gastounet«* besungen.

Bei seiner Rückkehr aus Tournefeuille im Südwesten Frankreichs, wohin er sich zurückgezogen hatte, wurde er deshalb mit Erleichterung begrüßt, und es schlug diesem alten Mann, der in aufopfernder Hingabe für die *res publica* auf seine verdiente Altersruhe verzichtete, eine Welle von Dankbarkeit entgegen. Wie schon im Falle Clemenceaus im Jahre 1917 und Poincarés im Jahre 1926 war auch diesmal der Ruf nach dem alten Mann die Antwort auf eine krisenhafte Entwicklung; und es war zugleich das zweitemal, daß sich ein ehemaliger Präsident der Republik, nachdem er dieses höchste Staatsamt niedergelegt hatte, noch einmal in die Pflicht nehmen ließ. Die Idee dazu stammte zweifellos von Poincaré, einem der Vorgänger Doumergues, der Lebrun dazu inspirierte.

Die Ähnlichkeit der Fälle ging aber noch über das Persönliche hinaus: Läßt man einmal die Unterschiedlichkeit der Probleme beiseite, so handelte es sich bei dem Experiment Doumergue in jeder Hinsicht um eine Neuauflage des Experimentes Poincaré. Wie einst Poincaré bemühte sich Doumergue um die Bildung einer Regierung der nationalen Einheit, in der die Radikalsozialisten, gestern noch im alleinigen Besitz der Macht, heute zu einer Zusammenarbeit mit den Gemäßigten bereit waren; wieder war es Herriot, der sie vertrat, und wieder begegnete er Tardieu. Die beiden Führer, die sich in der Wahlschlacht von 1932 noch als unerbittliche Gegner gegenübergestanden hatten, standen nun dem Regierungschef als Staatsminister zur Seite: ein Symbol für den Burgfrieden, zu dem sich die Parteien bereitgefunden hatten. Die Regierung vereinte sämtliche Berühmtheiten der beiden gegnerischen Koalitionslager: Die Rechte war darin vertreten mit Tardieu, dem die Verantwortung für institutionelle Reformen übertragen wurde, mit Pierre Laval, dem ehemaligen Ministerpräsidenten, Louis Marin, der Symbolfigur der patriotischen Rechten und mit François Pietri. Die Radikalsozialisten hatten neben Édouard Herriot (Minister ohne Geschäftsbereich) Albert Sarraut als Innenminister, Henri Queuille als Landwirtschaftsminister und Aimé Berthod als Bildungsminister in die Regierung entsandt und besetzten damit drei Schlüsselministerien, auf die sie ein Anrecht zu haben glaubten. Der Neosozialist Adrien Marquet, der sich kurz zuvor von der SFIO getrennt hatte, erweiterte die Mehrheit nach links über die Radikalsozialisten hinaus.

Das Außenministerium übertrug Doumergue einem Mann seiner Generation, Louis Barthou, der bereits 1913 Ministerpräsident und – leider nur allzu kurz – einer der besten Außenminister jener Jahre gewesen war. Er zog die Konsequenzen aus Hitlers Aufstieg und dem Scheitern der Schlichtungspolitik des Völkerbundes und wies der französischen Außenpolitik neue Ziele; die Note vom 17. April 1934 markierte eine entscheidende Wendung. Der tragische Tod Barthous, der als Opfer eines Attentats auf den jugoslawischen König im Oktober 1934 starb, bedeutete mehr als nur einen Verlust für die Regierung – er war ein Unglück für das ganze Land. Drei weitere Köpfe von ungewöhnlichem Format vervollständigten dieses Ausnahmekabinett: Doumergue berief als Kriegsminister Marschall Pétain, der sein ungeheures Ansehen in die Waagschale warf, und General Denain als Luftfahrtminister; die Pensionskasse wurde Georges Rivollet, dem Präsidenten der *Confédération générale des anciens combattants,* anvertraut. Diese Wahl erwies sich als besonders klug, weil dadurch die alten Frontkämpfer die für sie bittere Pille der notwendigen Opfer zur Sanierung des Staatshaushalts leichter schluckten.

Doumergue war der erste Ministerpräsident, der weder der Abgeordnetenkammer noch dem Senat angehörte; seine langjährige politische

Karriere schützte ihn jedoch vor dem Verdacht antiparlamentarischer Gesinnung. Sein Verzicht auf die Übernahme eines zusätzlichen Ministeriums bedeutete eine Neuerung; er wollte sich vollständig auf seine Aufgaben als Regierungschef konzentrieren. Dies war der erste Schritt zur allmählichen Herausbildung einer Konzeption, die eine klare Trennung des Ministerpräsidentenamtes von den Fachressorts vorsah. Einige Monate später wurde der Amtssitz des Ministerpräsidenten in das von der Regierung Flandin erworbene Hôtel Matignon verlegt. Auch Léon Blum verzichtete 1936 auf die Übernahme eines Fachministeriums.

Bei seiner Vorstellung vor den beiden Kammern erzielte das Kabinett Doumergue eine breite Mehrheit von Gemäßigten und dem überwiegenden Teil der Radikalsozialisten. Nur die 125 Sozialisten und Kommunisten verweigerten ihm ihre Zustimmung. 75 Abgeordnete vom linken Flügel der Radikalsozialisten und der *Socialistes de France*, die sich von der SFIO getrennt hatten, enthielten sich der Stimme, die letzteren trotz der Tatsache, daß eines ihrer Mitglieder, Marquet, der Regierung angehörte. Eine Woche später erteilte dieselbe Mehrheit der Regierung Vollmachten für eine Finanzpolitik der *décrets-lois*. Dies zeigt: Die Mehrheit des Jahres 1932 bestand nicht mehr. Wie 1926 hatte sich auch diesmal im Verlauf der Legislaturperiode eine Umkehrung der Mehrheitsverhältnisse vollzogen, indem an die Stelle der *Union des gauches*, wie sie die Wähler gewollt hatten, nun eine neue Mehrheit trat, an der auch die Rechte beteiligt war. 1938 wiederholte sich das Schauspiel noch einmal. Die Hauptrolle sollte darin wiederum eben jener Mann spielen, dessen Rücktritt am 7. Februar 1934 den Weg zu einer Mehrheit der nationalen Einheit freigemacht hat: Édouard Daladier.

KAPITEL VII

Vom 6. Februar 1934 bis zu den Wahlen von 1936

Der Abend des 6. Februar 1934 bedeutete nicht nur den Höhepunkt einer sich zuspitzenden Krise und eine Kulmination der Gewalt – seit diesem Abend nahm die Entwicklung auch eine neue Richtung, und es waren mehr noch die Folgen dieses Ereignisses als sein Verlauf, die es zu einem historischen Datum in der Geschichte Frankreichs machten.

Wenngleich bezweifelt werden darf, daß die Akteure des 6. Februar, sei es als Anführer oder als Demonstranten, die Republik stürzen wollten, glaubte doch die Linke, in diesen Ereignissen die ersten Vorboten des von ihr gehaßten und gefürchteten Faschismus zu erblicken. Und da in der Politik das, was man glaubt, nicht minder bedeutsam ist als die Realität, bestimmte diese Überzeugung seitdem das politische Handeln der Linken. Schon kurz nach dem 6. Februar begann sie deshalb, ihre politischen Kräfte auf der Basis des Antifaschismus neu zu formieren; gleichzeitig endete die Isolierung der Kommunistischen Partei. Die Rechte, die sich gegen ihre Identifizierung mit dem Faschismus wehrte, schloß ebenfalls ihre Reihen und konterte mit einer Kampfansage gegen den Kommunismus. Mehr und mehr begannen von nun an die Begriffe »Antifaschismus« und »Antikommunismus« das klassische Begriffspaar »Rechts« und »Links« zu überlagern, und zwar in dem Maße, wie die wachsenden Ängste und Zerrbilder das Bild des politischen Gegners vergröberten und dadurch zu einer dramatischen Verschärfung des politischen Lebens führten. Dieser Prozeß vollzog sich langsam und in Etappen, da die parlamentarischen Fraktionen und die ihnen nahestehenden intellektuellen Kreise je nach Lage der Dinge unabhängig voneinander agierten und dabei Wege verfolgten, die sich bald kreuzten, bald auch wieder trennten.

Zwar hatte die Ankunft Doumergues in Paris die aufgeheizte Atmosphäre schlagartig abgekühlt, waren die Demonstranten vom Vorabend zufriedengestellt und hatte sich insbesondere die über die Entwicklung der Krise aufgeschreckte Provinz wieder beruhigt, aber die Wünsche der Linken erfüllte sie nicht, geschweige denn die der Kommunisten. Demonstrierten sie gestern noch gegen Daladier, so gingen sie morgen gegen Doumergue auf die Straße. Der 6. Februar sollte nicht der letzte Abend des Aufruhrs und der Gewalt bleiben; ihm folgten noch eine Reihe weiterer Abende, an denen es Tote gab. Die Kommunisten lieferten sich Gefechte mit der Polizei, errichteten in den östlichen Stadtteilen Barrikaden und setzten die Kirche Saint-Ambroise in Brand. Die Partei blieb ihrer harten Linie treu, die sie vom Rest der Linken isolierte.

DIE ANTIFASCHISTISCHE SAMMLUNGSBEWEGUNG DER LINKEN

Auf der Linken pflegt man gerne zu betonen, daß die Einigungsbewegung von der Basis her erfolgte und den Parteien von der Masse gleichsam aufgezwungen wurde. Da man seitens der Linken vorzugsweise in soziologischen Kategorien argumentiert, schreibt man das Verdienst an der Einigung den Arbeitern zu. Tatsächlich ging die erste Einheitskundgebung von den Gewerkschaftsorganisationen aus, und zwar von der reformistisch ausgerichteten CGT, die für den 12. Februar zu einem Generalstreik aufrief und die Demokraten aufforderte, sich überall in Frankreich zu versammeln und zum Gegenangriff gegen den Umsturz anzutreten. Es war das erste Mal seit den Arbeitskämpfen im Jahre 1920, daß sie wieder ein solches Risiko einging; doch diesmal handelte es sich nicht um einen Akt des Klassenkampfes, um eine Episode im Widerstand gegen das Regime, sondern darum, eine drohende Gefahr für die Verfassungsorgane abzuwenden. Diesbezüglich erinnerte der Streikaufruf an die Haltung der Gewerkschaften in den Jahren 1960 und 1961, als sie General de Gaulle gegen die aufrührerischen Umtriebe der Parteigänger für ein französisches Algerien beistanden.

Die Sozialisten schlossen sich dem Aufruf der CGT an. Auch die CGTU *(Confédération Générale du Travail Unitaire)* und die Kommunistische Partei beschlossen jeweils für sich und ohne vorherige gemeinsame Absprache ihre Teilnahme an dem Generalstreik. Obwohl der Streikaufruf bei weitem nicht überall befolgt wurde, so fand er doch genügend Resonanz, um in der Öffentlichkeit den Eindruck eines Erfolges zu wecken. In Paris sammelten sich die Streikenden in den Cours de Vincennes, um von dort zur Place de la Nation zu marschieren. Als die beiden Marschkolonnen der CGT und der Kommunisten aufeinandertrafen, vereinigten sie sich in einer großen Gefühlsbewegung, die bei den Zeugen dieses Ereignisses eine unvergeßliche Erinnerung hinterließ: Zum erstenmal seit der Spaltung von 1920 und 1921 standen sich politische Aktivisten und Gewerkschafter nicht mehr gegenüber, sondern in einer gemeinsamen Front. Dieses Ereignis wurde grundlegend für die Einheit der wiedererstandenen Linken; noch fünfzig Jahre später rankte sich in der Geschichte der Linken ein Mythos um dieses Datum. Es war der erste in einer Reihe weiterer großer Demonstrationsmärsche, die die Geschichte der Volksfront markierten. Auch in der Provinz kam es zu zahlreichen Versammlungen, in den großen Städten ebenso wie in noch so bescheidenen Marktflecken.

Es dauerte einige Monate, bis diese Aufbruchstimmung im Volk ihren Niederschlag im politischen Apparat fand. Die Kommunisten verharrten in ihrer Isolation; im Juni 1934 wurde Jacques Doriot aus der Partei ausgeschlossen, weil er sich zum Anwalt der Linksunion gemacht und sie in seiner Heimatstadt Saint-Denis verwirklicht hatte. Doch schon bald änderte die Partei ihre Meinung, übernahm Maurice Thorez, der Widersacher Doriots, gemäß der in dieser Partei üblichen Praxis, die Strategie seines gescheiterten Rivalen und verknüpfte sie mit seinem eigenen Namen. Auf dem Parteikongreß in Ivry (22.–26. Juni) ließ er sie von den Delegierten absegnen. Am 27. Juli besiegelte die Unterschrift unter einem Vertrag zwischen der Kommunistischen Partei und der SFIO das Ende ihrer seit vierzehn Jahre andauernden Kämpfe. Von nun an wollte man vereint marschieren.

Von wem war diese Initiative ausgegangen, und wo wurde die Entscheidung getroffen? Die Parteihistoriker der Kommunisten schrieben die Urheberschaft lange Zeit ihrer Partei zu und präsentierten diese Strategie als eine Initiative der französischen Kommunisten, die erst danach von der III. Internationale gebilligt und seit 1935 für allgemein gültig erklärt worden sei. Es gibt jedoch begründete Zweifel, daß die Kommunistische Partei Frankreichs gegenüber der Moskauer Zentrale tatsächlich so autonom war, daß sie ohne Zustimmung der Komintern einen neuen Weg hätte beschreiten können. Andere glauben vielmehr, daß die französischen Kommunisten diese Strategie wahrscheinlich nur mit Rückendeckung und vielleicht sogar nur auf ausdrückliche Anweisung der Komintern verfolgt haben, zumal deren Vertreter in der PCF, Fried, mit seinen Empfehlungen bei Thorez stets bereitwilligen Gehorsam fand.

Die Kommunistische Partei änderte jedenfalls ihre politische Marschlinie: Von nun an wurde sie zum Hauptmotor der Sammlungsbewegung gegen den Faschismus. Nachdem sie die beiden Stränge der Arbeiterbewegung zusammengeführt hatte, wandte sie sich den Mittelschichten zu und reichte jener Partei die Hand, die als deren wichtigstes politisches Sprachrohr galt: den Radikalsozialisten. Ihre Annäherung wurde sogleich von jenen begrüßt, die ihre Überzeugung, daß sie wieder zu einer großen Linkspartei und zur Seele der Verteidigung der Republik werden sollten, nie aufgegeben hatten. Die Kommunisten kamen ihnen durch eine deutliche Kehrtwendung in ihrer Haltung entgegen. Sie verabschiedeten sich von ihrer bisherigen abenteuerlichen Strategie und ihrem Antiparlamentarismus und entdeckten nun statt dessen die verdienstvollen Seiten der Demokratie: Die Freiheiten, die sie eben noch verächtlich als rein formale abgetan hatten, gewannen nunmehr in ihren Augen großen Wert. Ganz im Sinne Stalins, der nach einem Treffen mit Ministerpräsident Pierre Laval im Mai 1935 die französische Verteidigungspolitik guthieß, mäßigte jetzt die Partei ihren sarkastischen Spott gegenüber den Militärs und vollzog eine Bekehrung zum Patriotismus, der sie, wie Louis Aragon es ausdrückte, »die Farben Frankreichs wiederfinden« ließ. Sie versöhnte die beiden Fahnen, die rote der Pariser Kommune und die Trikolore der Französischen Revolution, miteinander und sang die »Marseillaise« ebenso wie die »Internationale«. Die *»Humanité«*, das Sprachrohr der Kommunisten, ging vom Vokabular des Klassenkampfes zu einer Sprache über, in deren Mittelpunkt der Begriff des Volkes stand.

Streng methodisch wie in allem, was sie tat, unternahm die Kommunistische Partei alle Anstrengungen, um sich im Bewußtsein der Nation zu verankern und sich wieder mit der französischen Geschichte zu identifizieren, indem sie vor allem den jahrhundertelangen Kampf des französischen Volkes um seine Freiheit und Unabhängigkeit hervorhob. Sie legte ihre bisher offizielle Bezeichnung als *Section française de l'Internationale communiste* (SFIC) ab und nannte sich von nun an *Parti communiste français* (PCF), wobei sie besonderen Wert auf das Wort *français* legte. An jakobinischer Gesinnung ließ sie sich von niemandem übertreffen. Außerdem bestritt sie den Konservativen das Recht auf ihren Kult um Jeanne d'Arc, in der sie die Tochter des Volkes verehrten, die das Vaterland gegen den britischen Eindringling verteidigt hatte und danach von ihrem König im Stich gelassen, vom Adel verraten und von der Kirche verurteilt worden war. So zeichnete sich eine neue Komponente des Kommunismus ab, die dreierlei Loyalitäten – die Treue zum internationalen Proletariat, zur Arbeiterbewegung und zum Vaterland – miteinander verbinden wollte. Diese »Nationalisierung« des Kommunismus trug der Partei neue Sympathien ein und ließ die Zahl ihrer Mitglieder im Jahre 1935 leicht ansteigen.

Die Sammlungsbewegung im linken Lager war in Schwung gekommen: Die Welle wurde größer und größer und brandete hoch auf. Bei den Kommunalwahlen vom 5. und 12. Mai 1935 sicherte die neue Einheit den linken Kräften bereits einige Erfolge. Die Wahl Paul Rivets, eines der drei Intellektuellen, die am Tag nach dem 6. Februar das *Comité de vigilance des intellectuels antifascistes* gegründet hatten, im Pariser Stadtteil Saint-Victor wurde als Vorzeichen auf den erhofften Wahlsieg im folgenden Jahr gefeiert. Das *Rassemblement populaire* vereinte zunächst zehn Einzelorganisationen: vier Parteien, die beiden Gewerkschaftsverbände, die mit dem Prozeß ihrer Wiedervereinigung begonnen hatten, die »Liga zur Verteidigung der Menschenrechte« und drei Vereinigungen ehemaliger Frontsoldaten. Später schlossen sich ihnen noch einige hundert weiterer Bewegungen und Vereinigungen unterschiedlicher Ausrichtung und Größe an. Ihre gemeinsame Devise lautete: »Brot – Frieden – Freiheit« als dreifache Antwort auf die Sorge vor Arbeitslosigkeit, Krieg und Faschismus. Das *Rassemblement* erarbeitete ein gemeinsames Wahlprogramm, wobei die Kommunisten zusammen mit den Radikalsozialisten jegliche Reform des geltenden Wahlrechts ausschlossen – schließlich wollte man die Wähler nicht unnötig verprellen. Auch fand man darin weder die sozialistischen Vorschläge wieder noch diejenigen, die die CGT formuliert und verbreitet hatte.

Am 14. Juli 1935 zogen überall in Frankreich lange Kolonnen aus Republikanern, Demokraten, Gewerkschaftlern, Sozialisten und Kommunisten zu den Denkmälern der Republik und schmückten sie mit Blumen. Feierlich schworen sie, »einig zu bleiben in der Verteidigung der Republik und die aufwieglerischen Ligen zu entwaffnen und aufzulösen«.

WO WAR DER FASCHISMUS IN FRANKREICH?

Mit dem Antifaschismus hatten die Linken ein Thema gefunden, das stark mobilisierend und einigend wirkte. Aber war es Weitblick gewesen, als sie 1934 die Öffentlichkeit vor der Gefahr des Faschismus warnten, oder hatten sie sich nur von trügerischen Ähnlichkeiten täuschen lassen? Diese Frage spaltet seit einem halben Jahrhundert die Historiker; noch heute finden sie zu keiner gemeinsamen Antwort. Diese hängt davon ab, wie man den Begriff Faschismus definiert. Faßt man unter diesen Begriff alles, was nicht »links« ist, oder begreift ihn gar, wie es die Kommunisten tun, als letzte Bastion der Bourgeoisie zur Verteidigung ihrer bedrohten Vorherrschaft, dann ist klar, daß der Faschismus in Frankreich eine sehr große Verbreitung gefunden hatte. Zu dem gleichen Ergebnis kommt man, wenn man jede Bewegung, die die Spaltung zwischen einer konservativen Rechten und einer sozialistischen Linken überwinden wollte, Faschismus nennt, und wenn man jede Doktrin, die nationale Begeisterung mit sozialreformerischen Anwandlungen verband, in die Rubrik faschistisch einordnet. Hält man aber an einer genaueren Bestimmung des Begriffs fest, kommt man nicht um die Feststellung herum, daß dem Faschismus in Frankreich nur ein begrenzter Erfolg beschieden war. Die meisten Organisationen, die von der Linken als faschistisch verdächtigt wurden, hatten ihre Wurzeln eher in der autoritären und populistischen Tradition des Bonapartismus bzw. Nationalismus oder gehörten zur konterrevolutionären Rechten, die allesamt wenig mit dem Faschismus gemein hatten und sogar in offenem Widerspruch zu seinen Grundlagen standen.

In Wirklichkeit ist der Faschismus eine entartete Form der Demokratie; er bezieht seine Legitimität aus der Berufung auf die Souveränität des Volkes, das diese Souveränität auf andere überträgt. Nun bestritt aber noch 1934 ein Teil der französischen Rechten, selbst diejenigen, die man des Faschismus verdächtigte, daß sich die Legitimität aus der Zustimmung des Volkes ableiten ließe. Nichts vertrug sich zum Beispiel weniger mit den Prinzipien der *Action française* als der Volksentscheid, und was die »Feuerkreuzler« anlangt, so hat die Geschichte hinreichend ihre legalistische Haltung bewiesen. Die einzigen Bewegungen, die man wirklich dem Faschismus zurechnen kann, waren der *Francisme* Marcel Bucards, der jedoch kaum jemals über zehntausend Mitglieder hinauskam, und vielleicht – nach 1936 – die »Französische Volkspartei« *(Parti populaire français)* von Jacques Doriot.

Die Frage müßte richtiger lauten, warum ein Phänomen, das in Europa einen derartigen Aufschwung erlebte und dem drei Viertel des Kontinents erlegen sind, in Frankreich kein größeres Echo fand. Die Antwort darauf ist von einigem Interesse, falls es zutrifft, daß die Zusammenstellung der Unterschiede, die sich aus einer vergleichenden Analyse ergeben, Rückschlüsse auf nationale Besonderheiten erlaubt. Tatsächlich deuten diejenigen Faktoren, von denen man annimmt, daß sie für das Ausbleiben der faschistischen Welle verantwortlich sind, von der so viele große europäische Länder überrollt wurden, auf einige charakteristische Besonderheiten der französischen Geschichte sowie der Gesellschaft und politischen Kultur dieses Landes. Sie sind das Gegenteil jener Bedingungen, aus denen man die Entstehung und die Erfolge des Faschismus abzuleiten pflegt.

Die wirtschaftliche Krise hatte Frankreich erst mit Verspätung erreicht und weniger hart getroffen als andere Länder. Die Zahl der Arbeitslosen blieb, selbst wenn man die Kurzarbeiter hinzurechnet, weit hinter der in den stärker industrialisierten Ländern Großbritannien oder Deutschland zurück. Sie hatte auch nicht dieselben tiefgreifenden Wirkungen auf die Lebensweise der Menschen und hatte die sozialen Strukturen nicht so grundlegend verändert wie in den Ländern Zentraleuropas. Die Mittelschichten, die etwa in Deutschland regelrecht niedergewalzt wurden und deren Parteinahme für den Nationalsozialismus von ausschlaggebender Bedeutung war, sind in Frankreich nicht zum Rechtsextremismus übergewechselt. Ein Teil hat sich nach 1935 der streng legalistischen *Parti social français* angeschlossen und ihr einen großen Erfolg gesichert, während ein anderer Teil den Radikalsozialisten und damit einer linken Ideologie die Treue hielt.

Wenn die Stellung und die Rolle der radikalsozialistischen Partei aufgrund der von ihr verursachten ministeriellen Instabilität auch die Verfassungsorgane geschwächt hatten, und wenn der Mißkredit, den sie sich infolge ihres Opportunismus und der Kompromittierung einiger ihrer Mitglieder zugezogen hatte, Wasser auf die Mühlen der Kampagnen gegen die parlamentarische Verfassung der Republik waren, so bildete die beharrliche Kraft des Radikalsozialismus außerhalb der Hauptstadt sowie seine Mitarbeit in den verschiedenen Regierungen doch auch ein Gegengewicht zu der Anziehungskraft autoritärer Regime.

Fast alle politischen Kräfte hatten – bisweilen auch unbewußt – an der Verteidigung der demokratischen Institutionen mitgewirkt. Das galt auch für einen Teil der Rechten: So begegnete die parlamentarisch-liberale wie die katholisch-konservative Rechte jeglichem politischen Abenteurertum mit strikter Ablehnung. Wohl mochte es gelegentlich vorkommen, daß sie aus taktischen Gründen in die Schmähungen der parlamentarischen Demokratie einstimmten, aber die gemeinsame Basis dieser Allianzen war zu schmal, um längere Zeit zu halten. Gewiß zogen vor allem die Aktivitäten der Ligen, wie alles, was Unruhe stiftet, die Aufmerksamkeit auf sich; sie dürfen jedoch nicht übersehen lassen, daß die Rechte in erster Linie aus Millionen von Wählern und Volksvertretern bestand, die höchst konventionellen, die parlamentarischen Gepflogenheiten streng respektierenden Organisationen angehörten.

Antoine Prost hat überzeugend nachgewiesen, daß die ehemaligen Frontkämpfer, die in anderen Ländern die Speerspitze der nationalistischen Agitation bildeten, in Frankreich kaum irgendwelche militaristischen Ambitionen zeigten, sondern vielmehr leidenschaftlich für den Frieden eintraten und gesetzestreue Demokraten waren. Dies galt selbst für die »Feuerkreuzler«, die man bisweilen gerne als Nacheiferer der *Faisceaux* von Georges Valois oder des deutschen »Stahlhelm« darstellt. Dies lag auch daran, daß Frankreich nur die Beibehaltung des *status quo* wünschte, während der verletzte, gedemütigte und rachelüsterne Nationalismus einen wichtigen Faktor für das Aufkommen autoritärer Bewegungen in dem besiegten Deutschland und in Italien darstellte, das noch an den Folgen eines »verstümmelten Sieges« litt.

Vielleicht sollte man die wesentlichen Gründe für den schwachen Einfluß des Faschismus in Frankreich auch in all den Gewohnheiten suchen, die sich bereits in frühester Zeit herausgebildet hatten und den Franzosen im Verlauf der Geschichte zur zweiten Natur geworden waren. Der hauptsächliche Unterschied zwischen Frankreich und seinem vom Faschismus heimgesuchten Nachbarn lag in seiner langen, im Laufe der Zeit tief verwurzelten demokratischen Tradition: Im Jahre 1934 hatten die Franzosen bereits eine fast hundertjährige Erfahrung in der Ausübung des allgemeinen Wahlrechts und in der politischen Mitgestaltung ihres Lebens; in Italien dagegen hatte man das allgemeine Wahlrecht erst kurz vor der Machtübernahme des Faschismus eingeführt.

Daß die Demokratie in Frankreich so fest verankert war, verdankte sie vor allem dem Schulwesen, der Wissensverbreitung, der Zeitungslektüre und dem Militärdienst. Alle diese Faktoren, die die innere Einheit und das nationale Zusammengehörigkeitsgefühl gestärkt hatten, spielten auch bei der Abwehr des Faschismus, ob er nun heimlich oder offen brutal auftrat, eine Rolle. Die meisten Franzosen, selbst wenn sie sich eine stärkere Staatsform wünschten als die eher anfällige repräsentative Demokratie, waren deshalb noch lange nicht bereit, auf ihre Freiheiten zu verzichten. Auf der Rechten war man fest entschlossen, sie gegen den Kommunismus, auf der Linken, sie gegen den Faschismus zu verteidigen. Beide Seiten fühlten sich auf eine bestimmte Weise einigen wesentlichen Grundrechten verbunden.

ANTIKOMMUNISMUS UND PAZIFISMUS

Die Rechten verfügten über kein vergleichbar mobilisierendes Thema wie den Antifaschismus. Die Wiederentdeckung nationaler Werte durch einen Teil der Linken beraubte sie einer ihrer speziellen Domänen. Der Antikommunismus war nur Ersatz. Die plötzliche Kehrtwendung der Kommunistischen Partei, ihr Bündnis mit den anderen Linksparteien und ihre Rolle als treibende Kraft innerhalb der Strategie des *Rassemblement populaire* erlaubte es der Rechten, ihren beherrschenden Einfluß im linken Lager anzuprangern.

1936 machte sie sich die Parallele zwischen der spanischen *Frente popular* und der französischen *Front populaire* zunutze, um anhand der Ereignisse, die die iberische Halbinsel zerrissen, zu zeigen, was sich unausbleiblich auch diesseits der Pyrenäen abspielen würde, wenn die Kommunisten ans Ruder kämen. Allein schon aufgrund der engen Bindungen zwischen der Kommunistischen Partei und der Sowjetunion verband sich der Antikommunismus im allgemeinen mit einer Abneigung gegen die Sowjetunion, die somit Gegenstand heftiger Kontroversen zwischen den beiden Lagern wurde: Die Kommunisten sahen in der Verteidigung der Sowjetunion als des Vaterlands der Werktätigen eine unbedingte Pflicht, während der Rest der Linken hin- und hergerissen war zwischen einer gewissen Sympathie für das sowjetische Experiment, wachsendem Argwohn angesichts der Moskauer Schauprozesse und Säuberungen sowie der Furcht, durch ihre Kritik an Stalin das antifaschistische Lager zu schwächen. Die Rechte enthielt sich, von einigen Ausnahmen abgesehen, bei der Ratifizierung des französisch-sowjetischen Beistandspaktes der Stimme, obwohl er von einem aus ihren Reihen, Außenminister Pierre Laval, ausgehandelt worden war und der französische Generalstab ihn aus strategischen Gründen begrüßte. Man sieht, wie stark die außenpolitischen Stellungnahmen von weltanschaulichen Gesichtspunkten beeinflußt wurden, und umgekehrt.

In dieser Hinsicht markierte das Jahr 1935 eine entscheidende Wende. Zwar machten sich die außenpolitischen Realitäten auf spektakuläre Weise in den innenpolitischen Debatten bemerkbar. Das war an sich nicht neu, denn schon seit Kriegsende ließen sich beide Bereiche nicht mehr voneinander isolieren: So hatte die Ruhrbesetzung die öffentliche Meinung gespalten, und die Deutschlandpolitik schied Linke von Rechten. Doch 1935 begannen sich die Fronten zu verschieben. Die außenpolitischen Ereignisse lösten neue, überraschende Entwicklungen aus und führten zu unerwarteten Konstellationen, die für den, der die Folgen kennt, die Frontstellungen der Jahre 1938–1940 bereits erahnen lassen. Damals wurde der Boden für jene Polarisierungen bereitet, die später während der Sudetenkrise 1938 und anläßlich der Waffenstillstandsverhandlungen im Juni 1940 vollends zutage traten.

Die Umwälzungen vollzogen sich mit derartiger Geschwindigkeit, daß an dieser Stelle der Chronologie der Ereignisse besondere Bedeutung zukommt. Als im Januar 1935 die Bevölkerung des Saarlandes für einen Wiederanschluß an das Deutsche Reich stimmte, oder als Hitler im März 1935 die Militärklauseln des Versailler Vertrages verletzte, waren die Positionen noch klar; sie hatten sich seit 1923 kaum verändert. Die Rechte betrachtete Deutschland noch immer als Feind und größte Bedrohung Frankreichs. Die Linke hingegen war geteilter Meinung: Die einen hielten nach wie vor an der deutsch-französischen Annäherung fest, trotz der Machtübernahme der Nationalsozialisten, die ihnen als Grund für eine Änderung ihrer bisherigen Haltung nicht ausreichend schien, während bei den anderen die Ideologie des neuen Regimes die Verständigungsbereitschaft dämpfte und sie einer Politik der bewaffneten Verteidigung näher treten ließ.

Aber Deutschland allein hätte das Positionsgefüge nicht so tiefgreifend verändern können; vielmehr war es Italien, das eine ungewöhnliche Verkehrung der Fronten auslöste. Alles geriet ins Wanken, als Italien im Oktober 1935 in Äthiopien einmarschierte. Die Rechten ergriffen für Italien Partei und verteidigten es aus Gründen, in denen sich Sympathien für sein Regime mit Gesichtspunkten des nationalen Interesses mischten: Man weigerte sich, Italien für etwas anzuprangern, das vor ihm schon andere getan hatten. Warum sollte man einen Kolonialkrieg verurteilen, der Äthiopien die Segnungen der Zivilisation bringen würde? Sympathie für den Faschismus und Bewunderung für seine Leistungen, Freundschaft zur romanischen Schwester und Dankbarkeit für ihren Beistand während des Weltkriegs, all das kam nun zusammen und trug dazu bei, Italien freizusprechen oder sein Vorgehen zu rechtfertigen. Aus diesem Grund verweigerte man auch den Wirtschaftssanktionen des Völkerbundes, für den man ohnehin nie viel Sympathie gehabt hatte, die Zustimmung. Man fürchtete vielmehr, Italiens Freundschaft zu verlieren und es in die Arme Deutschlands zu treiben. Damit hätte Frankreich alleine gestanden.

Auch die bisher versteckte Abneigung gegen Großbritannien, den dritten Partner in der »Stresa-Front«, die Frankreich, Italien und Großbritannien im April 1935 zur Abwehr des rechtsrheinischen Revisionismus gebildet hatten, brach wieder auf. Im rechten Lager fragte man sich besorgt, ob die Sanktionen nicht zu einem neuen Krieg führen würden, und ob man mit ihrer Anwendung, wie die Linke sie forderte, nicht Stalins Spiel spielen würde. Die rechtsextreme Presse staunte über die plötzliche Kriegsbegeisterung der Linken. Maurras forderte sogar seine Leser auf, die Liste derer auszuschneiden und aufzubewahren, die sich für Sanktionen aussprachen, um sie an dem Tag, an dem es durch ihre Schuld zum Kriege kam, zur Rechenschaft ziehen zu können – und zwar, wie Maurras empfahl, mit Hilfe eines Küchenmessers. Solche sprachlichen Exzesse waren bezeichnend für das damals herrschende

Klima verbaler Gewalt. Die Rechte zeigte zu dieser Zeit nicht die mindeste Kompromißbereitschaft gegenüber Deutschland – im Gegenteil: Um zu verhindern, daß man eines Tages vielleicht allein und ohnmächtig dem deutschen Nachbarn gegenüberstand, wollte man nichts tun, was das gute französisch-italienische Verhältnis hätte trüben können. Diese Motive ähnelten ziemlich genau denen, die 1880 den Widerstand der Rechten gegen die Kolonialunternehmungen begründet hatte: Nichts sollte damals die Gedanken und Energien von der Rheingrenze ablenken. Aber mit der Abkehr von der traditionellen Politik der Stärke und der Hinwendung zur Beschwichtigungspolitik brachte ein Teil der Rechten eine neue Variante des Pazifismus ins Spiel.

In den Reihen der Linken verlief die Entwicklung aus analogen Gründen genau umgekehrt. Sie hatte nie auch nur die geringste Sympathie für den Faschismus empfunden; sie wäre nicht böse gewesen, wenn der Krieg und die Sanktionen zu seinem Scheitern geführt hätten. Sie hegte auch wachsende Zweifel an der Legitimität der Kolonialpolitik. Wenn die Aggression gegen ein Mitglied des Völkerbundes wie Äthiopien ungesühnt blieb, würde dies doch andere ebenfalls dazu ermutigen, und wie sollte Frankreich andere Nationen um Beistand bitten, wenn es sich eines Tages gegen einen Vertragsbruch Deutschlands zur Wehr setzen mußte? So verschmolz bei der Linken das Interesse am Frieden mit dem nationalen Interesse und mündete in die Forderung nach Sanktionen – auch auf die Gefahr hin, daß daraus eine internationale Krise entstehen mochte. Auf diese Weise wurde die Linke unmerklich von ihrer ursprünglich pazifistischen Haltung in Richtung Widerstand geführt. Die Kommunisten freilich taten sich nicht so schwer, von ihrem revolutionären Defätismus zu einer Strategie des Kampfes gegen den Faschismus überzuwechseln wie die gewerkschaftlich organisierte Linke oder die Sozialisten. Diese lebten in dem unerschütterlichen Glauben, daß der Aufbau des Sozialismus und die Errichtung des Friedens ein und dasselbe seien. Auch darüber sollte es später zum Bruch zwischen den Linksparteien kommen.

Die innenpolitische Kontroverse, die im Herbst und Winter 1935/36 um den Krieg in Äthiopien ausbrach und anläßlich des Spanischen Bürgerkriegs wieder neu aufflammte, hatte die Fronten so radikal verkehrt, daß sich ein Teil der kompromißlosen Friedensapostel plötzlich als Vertreter einer harten Haltung wiederfand, und sich die unbeugsamen

Hüter des Patriotismus in resignierte Zuschauer der Gewaltpolitik totalitärer Regime verwandelten. So schlug die Außenpolitik die Bresche, durch die eine gewisse Empfänglichkeit für das Faschismusphänomen in das französische Publikum einsickerte und unter dem Deckmantel des nationalen Interesses das Urteilsvermögen und die Verhaltensweisen der Franzosen beeinflußte.

DAS KABINETT DOUMERGUE

Die Öffentlichkeit erwartete von der neuen Regierung, daß sie sich vor allem mit zwei Aufgaben befaßte: mit der Gesundung des Staatshaushalts und der Reform der Verfassungsorgane. Für erstere hatte sie freie Hand, da die Kammer ihr Vollmacht erteilt hatte, mit Hilfe von *décrets-lois* vorzugehen. Da der Haushalt für 1934 noch nicht verabschiedet war, legte Doumergue nur einen Haushaltsentwurf für die ersten sechs Monate vor. Das ließ ihm Zeit für die Erarbeitung eines Gesamthaushaltsplans. Dieser lag im April vor, wies jedoch keinerlei neue Vorschläge auf: Er enthielt nur die alten Maßnahmen, die man schon früher erprobt hatte. Es zeigte sich wieder einmal, daß in den Augen der Politiker der Abbau des Haushaltsdefizits Vorrang genoß; dem Ausgleich des Haushalts sollte dann der wirtschaftliche Aufschwung folgen. Kurz: man hielt weiter an dem deflationistischen Kurs fest. Man suchte allenthalben nach Einsparungsmöglichkeiten und beschloß die Kürzung der Gehälter im öffentlichen Dienst sowie Abschläge bei den Pensionszahlungen. So wurden die Pensionen von Kriegerwitwen, die sich wieder verheiratet hatten, ersatzlos gestrichen. Rein finanziell gesehen war das Resultat dieser Maßnahmen bescheiden, weckte jedoch den Unmut der Beamtengewerkschaften und der Kriegsopferverbände.

Ähnlich lagen die Dinge bei der Verfassungsreform. Unter dem Schock der Februarereignisse waren die Politiker zunächst bereit, weitreichende Vorschläge zu akzeptieren, und wenn man die Gunst des Augenblicks genutzt hätte, so hätte sich eine Mehrheit dafür finden lassen. Die Kammer hatte eine Reformkommission eingesetzt, die Ende April einen Entwurf vorlegte. In ihm fanden sich zwei der Empfehlungen wieder, die zuvor schon von allen Verfassungsreformbewegungen gemacht worden waren: das bedingungslose Recht zur Auflösung der Kammer (durch den Präsidenten der Republik) und die Beschränkung der parlamentarischen Mitwirkung auf dem Gebiet der Finanzen. Selbst die Radikalsozialisten stimmten diesen Vorschlägen zu.

Aber anstatt das Eisen zu schmieden, solange es heiß war, und die Sache im Sturmschritt voranzutreiben, ließ man Monate verstreichen. Die politischen Leidenschaften flammten wieder auf, die Linke erholte sich wieder, die Radikalsozialisten zogen ihre Zugeständnisse zurück, und die Rechten wurden des Wartens müde. Doumergue gab seine Pläne erst am 21. September bekannt, das heißt fast acht Monate nach seiner Regierungsbildung, und beging dabei den gleichen Fehler, für den sich bereits Tardieu seinerzeit heftige Kritik eingehandelt hatte: Er wandte sich in zwei Rundfunkansprachen an das Volk. Es gab nichts, was die Deputierten mehr haßten als solche Appelle an die Öffentlichkeit über ihre Köpfe hinweg. Pierre Mendès-France machte zwanzig Jahre später dieselbe Erfahrung. Die Radikalsozialisten erblickten in diesen Vorschlägen sofort den unheilvollen Einfluß Tardieus, von dem sie auch tatsächlich stammten. Doumergue hatte versäumt, zuvor Herriot zu konsultieren, während er Adrien Marquet und Georges Rivollet in sein Vertrauen zog. Außerdem beging er den Fehler, Maßnahmen gegen die Gewerkschaften zu planen, die dem ganzen Reformpaket einen reaktionären Anstrich verliehen. Und was die Senatsmitglieder betraf, so lehnten sie naturgemäß die Aufhebung ihres Vetorechts im Falle einer Auflösung der Kammer entschieden ab.

Die Ermordung von Außenminister Louis Barthou, der zum Empfang des Königs von Jugoslawien nach Marseille gefahren war, durch einen kroatischen Terroristen und die daraufhin erfolgte Demission von Innenminister Albert Sarraut als dem Verantwortlichen für das Versagen der Polizei beraubte die Regierung zweier kraftvoller Persönlichkeiten und trieb sie nach rechts. Die Radikalen, die sich zunehmend unbehaglicher fühlten und unter dem Druck ihrer militanten Anhänger standen, waren schon im Begriff, die Regierung zu verlassen, als Doumergue ihnen zuvorkam und am 8. November, auf den Tag genau neun Monate nach seiner Rückkehr in die Politik, zurücktrat.

Wenn auch die Regierung Doumergue zunächst begonnen hatte wie seinerzeit die Regierung Poincaré im Jahre 1926, so hat der weitere Verlauf diese Ähnlichkeit doch nicht bestätigt: Diese Neuauflage der *Union nationale* war, wie sich zeigte, durchaus keine genaue Wiederholung der ersten, weil die Situation inzwischen tatsächlich eine andere geworden war. Der Hauptfehler Doumergues bestand darin, daß er nicht sofort die Verfassungsreform in Angriff nahm, für die er in den beiden ersten Monaten nicht nur eine Mehrheit in der Kammer, sondern auch die Unterstützung der Öffentlichkeit erhalten hätte. Statt dessen verspielte er seinen Kredit durch ebenso unpopuläre wie unproduktive Maßnahmen. Vielleicht hatte General de Gaulle dieses warnende Beispiel vor Augen, als er 1958 die Reihenfolge der Regierungsaufgaben umkehrte und forderte, zunächst mit der Reform der Verfassungsinstitutionen zu beginnen.

Im Lager der Rechten löste der Rücktritt Doumergues eine starke Gefühlsbewegung aus. Am Sonntag nach seiner Demission defilierten mehrere Stunden lang die »Feuerkreuzler« unter seinen Fenstern, um ihm ihre Dankbarkeit zu bezeugen; rechtsgerichtete Zeitungen forderten ihre Leser zu Sympathieadressen auf, die ihm säckeweise zugestellt wurden. Diese Bekundungen überzeugten die Linken vollends von dem egoistischen und reaktionären Charakter dieses gescheiterten Versuchs, die Republik aus der Krise zu führen.

Das enttäuschende Ende dieser Regierung bedeutete aber keineswegs das Ende der Zusammenarbeit zwischen Radikalsozialisten und Gemäßigten. Die Radikalsozialisten wirkten auch an allen folgenden Kabinetten mit; eines, das letzte, wurde sogar von einem der Ihren, Albert Sarraut, geleitet. Er hatte den Auftrag, die Legislaturperiode einigermaßen glatt zu Ende zu führen. Den Radikalen fiel die Mitarbeit an diesen von den Gemäßigten geführten Kabinetten um so leichter, als ihnen Tardieu nicht mehr angehörte. Sie hatten ihm den Stil, in dem er den Wahlkampf 1932 geführt hatte, und seine schweren Anschuldigungen gegen Chautemps im Sommer 1934 nie verziehen und sahen in ihm – nicht ohne Grund – den Inspirator der Reformpläne Doumergues, die völlig unvereinbar waren mit ihren eigenen Vorstellungen vom Parlamentarismus. Tatsächlich zog sich Tardieu aus der parlamentarischen Arbeit zurück und verzichtete auf eine politische Rolle, zu der ihn seine Intelligenz und sein politisches Talent ganz offensichtlich prädestinierten. Da er die Hoffnung, die parlamentarischen Institutionen auf gewöhnlichem Wege zu reformieren, aufgegeben hatte, beschloß er, sich künftig ganz der schriftstellerischen Arbeit und der politischen Erziehung der Öffentlichkeit zu widmen. Er veröffentlichte mehrere Bücher, in denen er mit klarem Blick die Unzulänglichkeiten des Systems analysierte, zum Beispiel die Allmacht des Parlaments oder die mangelnde Ausgewogenheit des Wahlrechts, und in denen er grundlegende Reformen vorschlug. Daneben publizierte er zahlreiche Artikel. Im Gegensatz zu dem Bild, das seine Gegner von ihm zeichneten, stand Tardieu stets fest auf dem Boden der Republik und zeigte keinerlei Neigung zu totalitären Regimen. Auch war er, getreu der Tradition eines Clemenceau, nicht bereit, den außenpolitischen Positionswechseln eines Teils der Rechten zu folgen und mißbilligte das Münchner Abkommen. Eine Krankheit warf ihn 1939 zu Boden und verurteilte ihn zum Schweigen. Wir wissen deshalb nicht, welche Position er 1940 eingenommen hätte, und stehen damit vor einem ähnlichen Rätsel wie der Frage, was Jean Jaurès 1914 oder 1917 getan hätte. Die Gründe für den teilweisen Fehlschlag seiner politischen Karriere liegen wohl zum einen in den politischen Umständen der Zeit, zum anderen aber auch darin, daß in der Politik jeder, der über das Mittelmaß hinausragt, argwöhnische Reaktionen hervorruft.

Der neue Ministerpräsident, Pierre-Étienne Flandin, entstammte einer der führenden Dynastien der Republik. Er war Mitglied der *Alliance démocratique* und führte jene Strömung an, die mit der von Paul Reynaud geführten rivalisierte. Sämtliche Radikalsozialisten stimmten im ersten Wahlgang für seine Regierung. Flandin vertraute auf die Kraft des parlamentarischen Systems und verzichtete auf eine Verfassungsreform. Seine Regierung ergriff verschiedene Maßnahmen, um die Folgen der Krise für die Landwirtschaft zu beheben, wie etwa Produktionsbeschränkungen und Mindestpreisgarantien für einige Grunderzeugnisse wie Getreide und Wein. Nach achtmonatiger Amtszeit verweigerte ihm jedoch seine Mehrheit am 30. Mai 1935 die von ihm geforderten Vollmachten zur Bekämpfung der Krise.

Nach einem weiteren fruchtlosen Versuch einer Regierungsbildung durch den ehemaligen Sozialisten und Kammerpräsidenten Fernand Bouisson, der kaum der Erwähnung wert wäre, hätte er nicht Marschall Pétain in sein Kabinett berufen – übrigens dessen zweite Teilnahme an einer Regierung –, wurde Pierre Laval mit der Regierungsbildung beauftragt. In ihm sahen die nationalen Republikaner den Erben Poincarés und Tardieus. Sein Kabinett vereinigte noch einmal Gemäßigte und Radikalsozialisten, wobei insbesondere die Namen dreier Staatsminister die breitgefächerte Zusammensetzung dieser dritten Regierung nach dem

6. Februar unterstrichen: Louis Marin von der *Fédération républicaine* repräsentierte die konservative und patriotische Rechte, Pierre-Étienne Flandin, der Führer der *Alliance démocratique*, das rechte liberale Zentrum, und Édouard Herriot, der Führer der Radikalsozialisten, die linke Mitte.

Wie so oft erhielt die neue Regierung problemlos von den Abgeordneten, was sie der alten verweigert hatten, das heißt, die Kammer ermächtigte Laval mit 324 gegen 160 Stimmen zur Ergreifung der als unumgänglich erachteten Maßnahmen per *décrets-lois*. Die Praxis, aufgrund von Erlassen mit Gesetzeskraft zu regieren, begann sich immer mehr einzubürgern. Kraft dieser Ermächtigung erließ die Regierung, in der ein Vertreter des rechten Flügels der Radikalsozialisten, der Senator Marcel Régnier, das Finanzressort übernommen hatte, mehrere hundert Dekrete, die erstmals eine in sich schlüssige Antwort auf die Krise enthielten. Auch sie basierten auf dem Postulat, wonach die Krise, da sie durch Überproduktion entstanden und durch die Inflation angeheizt worden sei, nur durch eine energische Deflationspolitik beseitigt werden könne. Als Konsequenz daraus wurde in den Dekreten eine allgemeine Senkung der Gehälter und Pensionen um zehn Prozent sowie eine Reduzierung der Tarife für öffentliche Dienstleistungen, Gas und Elektrizität, der Mieten und Pachtzinsen um ebenfalls zehn Prozent verfügt. Doch nicht nur, daß mit dieser Politik die Krise nicht in den Griff zu bekommen war – vielleicht hemmte sie sogar den wirtschaftlichen Aufschwung –, sie löste zudem eine lebhafte Mißstimmung unter den Beamten, den Postbediensteten und Lehrern aus, obwohl deren reale Kaufkraft dank der Preissenkungen kaum zurückging. Ihre Verärgerung trug 1936 wesentlich zur Wahlniederlage der Rechten bei.

Gleichwohl kam das Kabinett Laval nicht auf diesem Gebiet, sondern über seine Außenpolitik zu Fall. Darin bestätigte sich der wachsende Einfluß der Außenpolitik auf die innenpolitischen Auseinandersetzungen. Laval hatte zunächst im Kabinett Doumergue die Nachfolge des ermordeten Louis Barthou im Quai d'Orsay angetreten, das Amt des Außenministers in der Regierung Flandin behalten und es schließlich auch in seinem eigenen Kabinett weitergeführt. Auf diese Weise leitete er fünfzehn Monate lang, von Oktober 1934 bis Januar 1936, die Geschicke der französischen Außenpolitik. Es waren entscheidende Monate für die europäische Geschichte: In diese Zeit fielen der Anschluß des

Saarlandes an das Deutsche Reich, die einseitige Aufkündigung der Militärklauseln des Versailler Vertrags, der Beginn des Abessinienkrieges sowie der Streit über die Sanktionen gegen Italien. Laval trat als Fortsetzer der Politik Berthous auf, die auf die Zustimmung der Rechten, die in Deutschland noch immer die größte Gefahr erblickte, rechnen konnte, während sich die Linke gegenüber einer Politik, die verstärkte Verteidigungsanstrengungen und eine Umkehrung der Bündnisse propagierte, weiterhin reserviert verhielt. Noch im März 1935, als Hitler bereits seit zwei Jahren Herr über Deutschland war, blieb sie derart von ihren Gefühlen abhängig, daß sie sich einer Verlängerung der Militärdienstzeit in Frankreich widersetzte.

Laval verfolgte tatkräftig die von Barthou eingeleitete Politik der Annäherung an die Sowjetunion weiter, deren Aufnahme in den Völkerbund im September 1934 von Barthou entscheidend gefördert worden war. Im Mai 1935 reiste Laval nach Moskau und schloß einen Beistandspakt mit Stalin ab. Im Gegenzug billigte dieser in einer Erklärung das französische Verteidigungsprogramm, was die französischen Kommunisten zur Umkehr in dieser Frage bewog. Parallel dazu vertiefte Laval seine Beziehungen zu Mussolini, um sich seiner Unterstützung gegen den Anschluß Österreichs an Deutschland zu versichern. Die Gelegenheit dazu ergab sich im Januar 1935, als er um den Preis territorialer Zugeständnisse den französisch-italienischen Streit im Tschad beilegte. Tatsächlich gelang es, Deutschland in Schach zu halten. Aber wenn die Ziele auch unverändert schienen, so herrschten doch ein neuer Geist und andere Methoden. Barthou kam aus der Schule Poincarés und neigte zur Politik Clemenceaus, während Laval sich mehr an Caillaux und Briand orientierte. Er suchte eher den Weg der Verhandlungen und des Kompromisses als den der Härte und stand der pazifistischen Bewegung nahe. Später, in den Jahren 1939 und 1940, wurde er zur Seele der »Friedenspartei«. Doch die Neigung, sein Verhandlungsgeschick überzubewerten, stürzte ihn in den Jahren nach 1940 ins Verderben. In der Abessinienfrage unterstellte man ihm, er habe Mussolini, mit dem er vertrauliche Unterredungen führte, grünes Licht gegeben. Am 22. Januar 1936 ließen ihn die Radikalsozialisten fallen. Sie zogen ihre Minister aus dem Kabinett zurück und lösten eine neuerliche Regierungskrise aus. Daraufhin bildete einer von ihnen, Albert Sarraut, die letzte Regierung dieser Legislaturperiode, die sich ein wenig mehr nach links orientierte.

DIE PRAXIS DER *DÉCRETS-LOIS*

Was Doumergue erreicht hatte – Gesetze ohne Mitwirkung der Kammer zu erlassen –, war Flandin verweigert worden; erst Laval hatte dazu wieder die Zustimmung der Kammer erlangt. Der immer häufigere Rückgriff auf diese Praxis verdeutlichte die Aufweichung des parlamentarischen Systems. Allein schon der Begriff *décrets-lois,* ein juristisches Monstrum, verrät die *ad-absurdum*-Führung des parlamentarischen Gedankens, da er zwei Begriffe miteinander verbindet, deren Kennzeichen es gerade ist, daß sie einander als Gegensätze bedingen. Die Verabschiedung von Gesetzen liegt allein in der Kompetenz der Legislative, genauer gesagt der dafür gewählten Volksvertreter, wohingegen der Erlaß von Dekreten Teil jener Machtausübung ist, die ein Vorrecht der Exekutive darstellt. Die der Regierung zugestandene Möglichkeit, Dekrete mit Gesetzeskraft ohne Zustimmung des Parlaments zu erlassen, bedeutet mithin einen Verzicht des Parlaments auf ein wesentliches Element seiner eigenen Macht. Gewiß gab es juristische Feinheiten, die die Tragweite des Verfahrens begrenzten; denn entgegen einer mißbräuchlichen Verwendung des Begriffs sind *décrets-lois* nicht dasselbe wie Vollmachten: Die der Regierung übertragenen Befugnisse galten in der Regel nur für einen Zeitraum von sechs Monaten und auch dann nur für ein genau definiertes Ziel – in der Regel für die Wiederherstellung des Haushaltsgleichgewichts, für die Wiederbelebung der Wirtschaft oder manchmal für die nationale Verteidigung. Im übrigen konnten sie nach einer gewissen Frist jederzeit widerrufen werden.

Die häufige Anwendung der *décrets-lois* in den letzten fünf Jahren der Dritten Republik, die alles in allem mehr als die Hälfte dieses Zeitraums ausfüllte, verlieh dieser Praxis einen nahezu institutionellen Charakter. Sie war die unvermeidliche Folge der durch die Wirtschaftskrise rapide gewachsenen Menge staatlicher Aufgaben und der Notwendigkeit, rasche, angemessene und durchgreifende Antworten zu finden auf Fragen, angesichts derer sich das umständlich erörternde parlamentarische System als uneffektiv erwies. Der Rückgriff auf die *décrets-lois* bedeutete deshalb ebensosehr das stillschweigende Eingeständnis einer mangelnden Anpassungsfähigkeit des klassischen parlamentarischen Systems an Krisensituationen wie eine Flucht der Abgeordneten aus ihrer

Verantwortung. Im Grunde handelte es sich dabei um eine Art improvisierten Gegenstoß der repräsentativen Demokratie, mit der sie auf die Herausforderung autoritärer Systeme reagierte, die keine Rücksicht auf parlamentarische Gremien zu nehmen brauchten und sich wenig um die öffentliche Meinung scherten. Doch fiel der Vergleich zuungunsten der Demokratie aus, da ein Teil der französischen Öffentlichkeit angesichts der wachsenden Gefahren beunruhigt oder gar empört auf die offensichtliche Unfähigkeit der politischen Führung reagierte.

Diese politische Praxis hätte nicht solchen Anstoß erregt, wäre sie nicht von einer seit 1932 verstärkt auftretenden chronischen Instabilität der Regierungen begleitet gewesen, und hätten die Abgeordneten nicht mit der einen Hand wieder das zurückgenommen, was sie mit der anderen notgedrungen aufgrund der Umstände zugestanden hatten. Statt darüber zu wachen, daß die Regierenden dem ihnen erteilten Auftrag gerecht wurden, schienen sich die Abgeordneten – selbst unfähig zur Formulierung einer gemeinsamen Politik – an den Kabinetten rächen zu wollen, die für das versagende Parlament handelten, und beschleunigten deren Agonie. Innerhalb von sechs Jahren, zwischen den Maiwahlen 1932 und der Bildung der Regierung Édouard Daladiers im April 1938, die in dieser Hinsicht eine Pause markierte, erlebte Frankreich fünfzehn Regierungskrisen. Keine Regierung hatte sich länger als ein Jahr halten können, und die durchschnittliche Amtsdauer betrug nicht mehr als ein halbes Jahr. Diese Instabilität erlaubte weder die Durchführung langfristiger Projekte noch eine kontinuierliche Regierungsarbeit: Sie lähmte die Exekutive. Die Verbindung zweier widersprüchlicher Tendenzen – die Übertragung weitreichender und für eine gewisse Zeit der parlamentarischen Kontrolle entzogener Vollmachten an die Exekutive einerseits, andererseits deren Schwächung durch den ständig drohenden Verlust der Regierungsmehrheit – wirkte sich verhängnisvoll aus. Sie erklärt teilweise das Scheitern der französischen Außenpolitik und war mitverantwortlich für den Niedergang Frankreichs. Sie trug auch wesentlich zu der wachsenden Entfremdung zwischen den Regierenden und den Bürgern bei, die genug hatten von den ewigen Krisen. Und schließlich verstärkte sie das Verlangen nach einer starken politischen Führung und bereitete somit den Boden für einen – aus Überzeugung vollzogenen oder resigniert hingenommenen – Wechsel der Staatsform.

VOLKSFRONT CONTRA NATIONALE FRONT

Das *Rassemblement populaire* übte eine wachsende Anziehungskraft aus. Auf der Rechten verzeichneten die Ligen, vor allem das *Mouvement social français*, der Dachverband sämtlicher von Oberst de La Rocque ins Leben gerufenen Vereinigungen, einen beachtlichen Zulauf. Zwischen diesen beiden Polen kam es zu immer schärferen Spannungen: Demonstrationen der einen Seite wurden mit Gegendemonstrationen der anderen Seite beantwortet; die Aufmärsche der einen mit Aufmärschen der anderen. Bisweilen kam es zwischen beiden Seiten zu heftigen und teilweise blutigen Zusammenstößen wie in Limoges, als anläßlich einer Versammlung der *Croix-de-Feu* mehrere Mitglieder der Liga getötet wurden, oder am 13. Februar 1936, als Mitglieder der *Action française* bei der Rückkehr von der Beerdigung des Historikers Jacques Bainville Léon Blum in seinem Wagen erkannten, als dieser den Trauerzug kreuzte, und ihm übel zugesetzt hätten, wenn ihm nicht die Arbeiter einer benachbarten Baustelle zur Hilfe geeilt wären.

Die Zunahme der Gewalt in beiden Lagern kurz vor den Wahlen beunruhigte vor allem die einsichtigsten Köpfe. Anläßlich einer für den 6. Dezember 1935 anberaumten Debatte zu dieser Frage schlug Jean Ybarnegaray, der sich darin mit dem ihm nahestehenden Oberst de La Rocque einig wußte, eine beiderseitige Entwaffnung der jeweiligen Ordnungskräfte vor. Ein Seufzer der Erleichterung ging durch die Kammer. Im Januar 1936 ermächtigte ein Gesetz die Regierung zur Auflösung sämtlicher Vereinigungen, deren Aktivitäten in ihren Augen eine Gefahr für die öffentliche Ordnung und den inneren Frieden darstellten. Bereits im darauffolgenden Monat wurde es das erste Mal angewandt, als infolge des erwähnten Zwischenfalls mit Léon Blum die Regierung die Auflösung der Organisationen der *Action française* verordnete.

Der massive Zustrom von Kommunisten in einen gemeinsamen Block der wiedervereinigten Linken und der wachsende Einfluß der militanten Rechten führten zu einer weiteren Verschärfung der Polarisierung und ließen den gemäßigten Kräften nur wenig Möglichkeiten zur Wahrung ihrer Eigenständigkeit. Es blieb ihnen nichts anderes übrig, als sich der einen oder anderen Seite anzuschließen. So mußten die Radikalsozialisten trotz einiger Vorbehalte in ihren Reihen dem *Rassemblement populaire* beitreten, wohingegen die Volksdemokraten *(démocrates populaires),* die eigentlich ihre Brücken zum rechten Lager abbrechen wollten, sich gezwungen sahen, gemeinsame Sache mit der Nationalen Front zu machen. Volksfront oder Nationale Front: so lautete nun die Alternative, vor die die Wähler gestellt wurden.

KAPITEL VIII

Die Volksfront

Im Rückblick auf die dreißiger Jahre kann man geradezu von einem Zweijahresrhythmus des politischen Lebens sprechen: Alle zwei Jahre, genauer gesagt 1932, 1934, 1936 und 1938 kam es in Frankreich zu innenpolitischen Sprüngen und Brüchen. Auch die Termine der Kammerwahlen spielten dabei eine gewisse Rolle. Doch gibt es ein Datum, das noch aus der Ferne alle anderen überragt: das Jahr 1936. Dieses Jahr hat sich unauslöschlich in das Gedächtnis der Franzosen eingegraben und noch lange Zeit danach seine Bedeutung bewahrt, sowohl für die, die sich als seine Erben betrachten, als auch für jene, die sein Andenken schmähen. Noch ein halbes Jahrhundert später weckt dieses Datum deutliche Erinnerungen an die Hoffnungen und Ängste, die sich damit verbanden und die bis heute noch nicht ganz erloschen sind. Das ist das Besondere an jenen Jahren, in denen die Leidenschaften bis zur Weißglut angeheizt wurden, und gleichzeitig der Grund dafür, daß die Volksfront nach wie vor zu den meistdiskutierten Episoden der französischen Zeitgeschichte zählt.

Wie damals zwei konträre gesellschaftspolitische Visionen miteinander kämpften, so streiten heute zwei Betrachtungsweisen um historische Anerkennung. Die »goldene Legende« der Linken verherrlicht die Aufbruchstimmung, die das Volk erfaßt hatte, die glanzvollen Aufmärsche, die frohgestimmten Massen, die Festatmosphäre, die Entdeckung der Freizeitvergnügen und die Begeisterung eines ganzen Volkes, und glorifiziert das vollbrachte Werk. Immer dann, wenn die Linke sich vereinte oder zur Macht gelangte, wurde das Jahr 1936 zur magischen Formel, mit der man die Erinnerung an die damals verwirklichte Einheit und an die Durchführung des Reformwerkes beschwor.

Die »schwarze Legende« der Rechten hingegen bewahrte aus dieser Zeit nur die Erinnerung an die emporgereckte Faust, an die Zusammenstöße und die Störung der öffentlichen Ordnung, an die Spaltung der Franzosen, an das Fiasko der Weltausstellung von 1937 und an den wirtschaftlichen Mißerfolg. Die schärfsten Kritiker der Volksfront geben ihr sogar einen Teil der Schuld an der mangelhaften Kriegsvorbereitung und folglich an der Katastrophe von 1940.

Keine dieser beiden Sichtweisen ist ausschließlich Frucht parteiischer Leidenschaften oder eine gänzliche Verzerrung der Tatsachen. Beide greifen bestimmte Phänomene heraus, die sie in ihrer Darstellung vergrößern und die von den einen idealisiert und von den anderen schwarz gemalt werden. Die Freudenausbrüche der Arbeiterklasse und die Begeisterung der Volksmassen waren ebenso real wie die Beunruhigung eines Teils der Mittelschichten, und die Angst der patriotischen Rechten um die Sicherheit Frankreichs war ebenso aufrichtig wie der Wille der linken Wähler, dem Faschismus den Weg zu verbauen. Der Historiker sollte versuchen, beiden Darstellungen gerecht zu werden und zu einer halbwegs gelassenen Würdigung der Ereignisse zu gelangen, selbst wenn er dabei nicht umhin kommt, auch jene Punkte zu erwähnen, die trotz der Forschungsarbeit seiner Kollegen noch heute zweifelhaft und umstritten sind.

DIE WAHLEN VOM FRÜHJAHR 1936

Seit zwei Monaten bereits wies alles auf einen frontalen Zusammenstoß der beiden Blöcke hin: Die Linke hatte sich vollzählig unter dem Banner der Volksfront versammelt und die Rechte sich ihrerseits in einer Koalition zusammengeschlossen. Die Linke profitierte von ihrer neugeschmiedeten Einheit und präsentierte sich unter der Parole »Brot, Frieden, Freiheit« als eine neue politische Kraft mit einem attraktiven Programm. Die Rechte hingegen befand sich in der Defensive; die unpopuläre Deflationspolitik Pierre Lavals fiel auf sie zurück, und sie konnte keinerlei wirtschaftlichen Aufschwung vorweisen.

Nach ersten bescheidenen Anfängen im Jahre 1932 erlebte der Rundfunk im Wahlkampf 1936 sein wahres Debüt. Alle politischen Führer bedienten sich seiner Möglichkeiten. Mit am geschicktesten von allen gelang dies dem jungen Generalsekretär der Kommunistischen Partei, Maurice Thorez. Im Gegensatz zu der gewundenen Rhetorik der Kammer war seine Sprache direkter und zupackender. Seine Erklärung »von der ausgestreckten Hand«, die Geschichte machte, verbreitete er über den Rundfunk. Thorez bot darin seine Hand ebenso dem katholischen Arbeiter wie dem Mitglied der *Volontaires nationaux*. Doch täusche man sich nicht über den Sinn dieses Vorstoßes: Es ging nicht darum, sich mit Oberst de La Rocque zu verbünden oder mit dem katholischen Klerus zu verhandeln; sein Appell richtete sich ausschließlich an das Fußvolk. Die Kommunisten waren der Meinung, daß die Zugehörigkeit zur Arbeiterklasse und die Gleichheit der Lebensbedingungen zwischen einem aktiven Kommunisten, einem Mitglied der christlichen Arbeiterjugend oder einem ehemaligen Frontkämpfer aus den Reihen der *Croix-de-Feu* eine stärkere Solidarität bewirkte als die Zugehörigkeit zu einer Glaubensgemeinschaft oder politische Überzeugungen. Diese Öffnung zu einer Zeit, als die SFIO noch ganz ihrem Antiklerikalismus verhaftet blieb, erlaubte es den Kommunisten, sich als diejenige Partei zu präsentieren, die dem Gedanken der nationalen Einheit am meisten verbunden war.

Nachdem der Streit mit den Sozialisten beigelegt war und man sich den Radikalsozialisten angenähert hatte, gab Thorez einige Monate später die Parole von der »Front der Franzosen« aus; von ihr sollten nur die sogenannten »zweihundert Familien« ausgeschlossen bleiben, die der Verdammung durch das französische Volk anheimfielen. Diese Strategie der breiten Einheit bedeutete nicht nur einen vollständigen Bruch mit dem Sektierertum der vergangenen fünfzehn Jahre, sondern verschaffte der Partei auch ein ganz neues Erscheinungsbild, das ihr viele Sympathien einbrachte.

Die Wahlbeteiligung war zwar die höchste in der Geschichte der Dritten Republik, verzeichnete aber mit einer Steigerung von 83,7 Prozent im Jahre 1932 auf 84,3 Prozent nur einen schwachen Zuwachs. Die Zahl der Kandidaten erreichte Rekordhöhe, da jede Gruppierung in fast allen Wahlbezirken Kandidaten aufstellte. Daher wurden nur wenige Sitze (174) schon im ersten Wahlgang vergeben, mehr als 400 aber erst in der Stichwahl. Die Linke hielt strikte Disziplin. Bis auf ganz wenige Ausnahmen zogen sich die weniger aussichtsreichen Kandidaten nach dem ersten Wahlgang zugunsten der besser plazierten zurück und forderten ihre Wähler auf, diesen ihre Stimme zu geben. Die Rechte machte es ebenso, so daß die Stichwahlen allgemein zu einem Duell zwischen den Vertretern der beiden Blöcke wurden. Vor allem diese Disziplin – und nicht so sehr ein Frontwechsel der Wähler – bescherte der Volksfront den Sieg.

Denn es kam nicht, wie man zunächst glaubte, zu einem politischen Erdrutsch: Die Rechte verlor nur etwa 70 000 Stimmen gegenüber ihrem Wahlergebnis von 1932, also ganze 0,6 Prozent der Wahlberechtigten, während die Linke dank der höheren Wahlbeteiligung ungefähr 300 000 Stimmen, das heißt 3 Prozent dazugewann. Insgesamt erreichte die Linke, alle Gruppierungen von den Kommunisten bis zu den Radikalsozialisten zusammengerechnet, 5,4 Millionen Stimmen, während die Rechte zusammen etwas mehr als 4,2 Millionen Wähler hinter sich versammelte: ein deutlicher Vorsprung der Linksparteien von 12 Prozent. Die Verbindung von Mehrheitswahlrecht und einer von Kandidaten wie Wählern gleichermaßen strikt befolgten Wahldisziplin schlug sich in einer beträchtlichen Vergrößerung des Abstandes in der Sitzverteilung nieder: 380 Vertreter der Linken standen nunmehr 220 Abgeordneten der Rechten gegenüber. Ein unbestreitbarer Sieg, den die Linke mit um so größerer Begeisterung feierte, als sie überzeugt war, daß Frankreich damit für ein Programm gestimmt hatte, das den Weg in eine glückliche Zukunft weisen würde.

Obwohl das Kräfteverhältnis zwischen beiden Lagern in etwas dasselbe blieb, hatten sich in ihrem Innern große Veränderungen vollzogen. Im Lager der Rechten gingen die Gruppierungen der Mitte geschwächt aus der Wahl hervor, während die militanten Elemente gestärkt wurden. Weit größer noch waren die Verschiebungen auf der Linken. Zum ersten Mal seit Beginn des Jahrhunderts hatten die Radikalsozialisten ihre Vormachtstellung im linken Lager eingebüßt: Die Partei fiel um 400 000 Stimmen – das war mehr als die Gewinne der Linken zusammengenommen – von 1,8 Millionen auf 1,4 Millionen Wähler zurück. In zwei Drittel aller Departements erlitt sie Stimmenverluste. Das war ein erstes Warnsignal für den Niedergang dieser Partei, die seit der Dreyfus-Affäre die politische Bühne beherrscht hatte. Sie lag sogar noch hinter der SFIO zurück, obwohl diese keinen Zuwachs, sondern im Gegenteil seit der Spaltung von 1933 und dem Ausscheiden der Neosozialisten, die die ehemaligen Dissidenten in einer *Union socialiste républicaine* versammelt und etwa 700 000 Stimmen auf sich vereinigt hatte, leichte Verluste verzeichnete. Gleichwohl war die SFIO jetzt stärkste Partei. Die bedeutsamste Veränderung aber war der spektakuläre Durchbruch der Kommunistischen Partei. Sie hatte ihre Wählerstimmen beinahe verdoppelt, von 780 000 (1932) auf fast anderthalb Millionen, genau gesagt auf 1 467 000 Stimmen. Fast überall hatte sie zugelegt, in den Arbeitervorstädten auf Kosten der Sozialisten und auf dem Land zu Lasten der Radikalsozialisten. Die geographische Verteilung ihrer Wähler war nun in ihren Grundzügen für längere Zeit festgelegt, wobei sich vier Schwerpunkte ergaben: das Industrierevier in Nordfrankreich und an der Kanalküste; das Ballungszentrum im Pariser Raum, wo sie 200 000 Stimmen gewann und ein Drittel ihrer Deputierten gewählt wurde; die nördlichen und westlichen Ränder des Zentralmassivs; und die Mittelmeerküste der Provence und des Languedoc.

Diese Umwälzungen schlugen sich verstärkt in der Zusammensetzung der neuen Kammer nieder. Die zahlenmäßig stärkste Gruppe stellten mit 149 Abgeordneten die Sozialisten, weit vor den Radikalsozialisten mit nur noch 106 Mandaten. Einen enormen Mandatszuwachs verzeichneten die Kommunisten; sie hatten die Zahl ihrer Abgeordneten von 12 auf 72 versechsfacht. Der Schwerpunkt der Linken hatte sich somit von den Radikalsozialisten auf die Sozialisten verlagert; nun bildete die SFIO die Achse der neuen Mehrheit. Nachdem sich die erste Überraschung gelegt und Léon Blum die Chance erkannt hatte, die sich der SFIO dank ihrer Mehrheit innerhalb der neuen Linksmehrheit bot, beanspruchte er die Leitung der Regierung für sie. Das Problem der Regierungsbeteiligung, über das sich die Sozialisten immer gestritten hatten und das einer der Gründe für ihre Spaltung im Jahre 1933 gewesen war, bekam plötzlich eine neue Bedeutung: Seitdem es sich darum handelte, selbst die Regierung zu übernehmen und nicht mehr nur als Hilfstruppe für andere Regierungen zu agieren, gab es keinen Grund mehr, sich der Verantwortung zu versagen. Staatspräsident Albert Lebrun, von dem es hieß, er habe zunächst vor einer so neuartigen Entscheidung gezögert, beauftragte schließlich Léon Blum mit der Regierungsbildung.

Diese erste Regierungsbildung unter sozialistischer Führung war ein historisches Datum. Zwar hatten einzelne Sozialisten früher schon als Einzelperson oder während des Krieges in Regierungen mitgewirkt, aber dies war das erste Mal, daß ein Sozialist mit der Regierungsbildung beauftragt wurde, der sich stets peinlich genau dem Willen der Partei unterworfen hatte und sich als eine herausragende Persönlichkeit des politischen Lebens erwies.

LÉON BLUM

Der Mann, dem erstmals die Last einer sozialistischen Regierungsverantwortung zufiel, stach aus der Menge der Abgeordneten durch seinen intellektuellen Zuschnitt, seine Bildung und seinen moralischen Anspruch heraus. Es war jedoch nicht sein Werdegang, der seine Einzigartigkeit begründete: wie Herriot, Tardieu, Delbos und Painlevé hatte auch er, wenngleich nicht lange, die *École normale supérieure* besucht. Seine Karriere im Staatsrat hinterließ einen großen Eindruck. Noch lange danach zitierte man seine juristischen Gutachten wegen ihrer Subtilität und ihrer Stringenz. Er teilte die in den damaligen Kreisen der literarischen Avantgarde verbreitete Bewunderung für Stendhal und schrieb regelmäßig Beiträge für die Zeitschrift *»La Revue blanche«*. Mit der Dreyfus-Affäre begann er sich auch politisch zu engagieren, und das Verlangen nach Gerechtigkeit und aufwallendes Mitgefühl für die kleinen Leute ließen ihn zum Sozialisten werden. Sein Lebensweg war charakteristisch für den vieler junger Leute aus dem Bürgertum, die nicht in der sozialistischen Tradition aufgewachsen, sondern erst durch eine Art Bekehrung zum Sozialismus gestoßen sind. Bei Léon Blum kam noch ein persönlicher geistiger Aspekt hinzu; in seinen Augen bedeutete der Sozialismus den Weg zu einer höheren Form des Humanismus. Er hatte zu den Mitarbeitern von *»L'Humanité«* gehört, der Zeitung von Jean Jaurès, und verfügte aus seiner Zeit als Kabinettschef Marcel Sembats, des Ministers für öffentliche Arbeiten in der Regierung Viviani (1914/15), über gewisse Erfahrungen im Umgang mit der Macht. Diese Erfahrungen hatte er in seinen *»Lettres sur la réforme gouvernementale«* verarbeitet und formuliert.

Während des Kongresses der SFIO in Tours (1920) war er der Wortführer jener Gruppe, die sich den »Einundzwanzig Bedingungen«, von denen Moskau die Aufnahme in die III. Internationale abhängig machte, nicht beugen wollten. Sein Auftreten qualifizierte ihn bereits damals für eine herausragende Rolle innerhalb der SFIO und trug ihm die anhaltende Feindschaft der Kommunisten ein, die ihn fortan mit Beschimpfungen überhäuften. Als er den Fraktionsvorsitz der Sozialisten in der Kammer übernahm, gab er seine Ämter im Parteiapparat ab. Diese Ämtertrennung kennzeichnet übrigens eine der Schwächen der SFIO und machte sich besonders seit 1938 bemerkbar, als die wachsenden Divergenzen zwischen dem mächtigen Parteisekrektär Paul Faure und Léon Blum in außenpolitischen Fragen die Partei lähmten. Da ihm ein direkter Zugriff auf den Parteiapparat verwehrt war, wählte Blum den Weg der Belehrung: Durch seine Artikel im *»Populaire«*, seine Interventionen in der Kammer und auf den Parteikongressen fungierte er als oberster Richter in Fragen der Parteidoktrin und verfügte über eine moralische Autorität, die mehr als einen seiner Parteifreunde verdroß. Trotz seiner bescheidenen rhetorischen Mittel – er besaß eine ungewöhnlich hohe Stimme – verschaffte er sich Gehör. In den Jahren 1924 und 1932 lieferte er die Begründung für die damalige Nichtbeteiligung an den Regierungen. Als subtiler Theoretiker unterschied er zwischen der Eroberung der Macht aus eigener Kraft und ihrer Teilung mit den bürgerlichen Parteien. Im ersten Fall würde den Sozialisten das Recht zur gesellschaftlichen Umwandlung in die Hand gegeben, während sie im zweiten Fall auf jegliche strukturelle Reform verzichten und sich statt dessen darauf beschränkten müßten, aus der gegebenen Situation dasjenige herauszuholen, was im Interesse der Arbeiter an Reformen durchsetzbar war.

Dies war genau die Konstellation, die sich Blum im Mai 1936 eröffnete: die Führung einer Koalitionsregierung, innerhalb derer er sich, wie der weitere Verlauf zeigen sollte, peinlich genau an die Vereinbarungen mit seinen Partnern hielt. Einige seiner Parteifreunde warfen ihm später diese Haltung vor und machten ihn für das Scheitern der Volksfront verantwortlich, weil er bei den Reformen nicht weit genug gegangen sei. Aber war er überhaupt bereit, eine derartige Verantwortung in einem so zerrissenen Land wie Frankreich zu übernehmen, das seit fünf Jahren unter einer beispiellosen Wirtschaftskrise litt und dessen äußere Sicherheit durch die hegemonialen Bestrebungen Hitlers bedroht wurde, die gerade erst vor zwei Monaten anläßlich der Remilitarisierung des Rheinlandes offenkundig geworden waren? Léon Blum stellte sich als erster diese Frage und machte daraus auch vor seinen sozialistischen

Parteifreunden keinen Hehl, als er sich im Mai 1936 in einer improvisierten Ansprache an sie wandte: Für welche Rolle sollte er sich entscheiden?

Dieses Porträt bedarf noch einer nicht unwesentlichen Ergänzung: Léon Blum entstammte einer gutbürgerlichen jüdischen Familie. Er war damit der erste französische Regierungschef jüdischer Abstammung. Der Hinweis auf diese Tatsache erfolgte anläßlich der Regierungserklärung Léon Blums und kam von einem der *Action française* nahestehenden Abgeordneten der Rechten, Xavier Vallat, der fünf Jahre später der erste Kommissar für jüdische Angelegenheiten in der Vichy-Regierung wurde: Dieses alte galloromanische Land sollte von einem Sohn des Volkes Israel regiert werden?! Diese Herkunft war ein weiterer Grund, weshalb die Rechte diesen feinsinnigen Intellektuellen und Sozialisten verabscheute. Léon Blum wurde damit neben Clemenceau und Ferry zu einem der meistgehaßten Politiker der Dritten Republik. Inwiefern galt der Haß, der ihm entgegenschlug, seinen politischen Überzeugungen, und inwiefern war er Ausdruck des Antisemitismus? Wie auch immer die Antwort lauten mag, Tatsache war, daß sich diese Gefühle verstärkten und daß seine Herkunft ihn jenen suspekt machte – bis hinein in die Reihen der SFIO –, die seine intellektuelle Überlegenheit nur schwer ertrugen oder mit seiner außenpolitischen Haltung nicht einverstanden waren.

Wie stark war der Antisemitismus zwischen den beiden Weltkriegen in Frankreich verbreitet? Diese Frage ist nur schwer zu beantworten; denn wie soll man solche Negativ-Leidenschaften wie Antiklerikalismus, Antisemitismus oder Antimilitarismus messen? Man sollte sich hüten, rückblickend von der Politik der Vichy-Regierung seit 1940 auf die Haltung der Franzosen in den Jahren vor 1939 zu schließen, so als ob diese Politik den Willen einer Mehrheit der Franzosen zum Ausdruck gebracht hätte. Zwischen dem Ausbruch des Antisemitismus anläßlich der Dreyfus-Affäre und dem Antisemitismus von Staats wegen, den die nationale Revolution zur Grundlage ihrer Gesetzgebung erhob, war der Antisemitismus in Frankreich nicht immer in dieser massiven Weise in Erscheinung getreten. Die Intensität seines Auftretens war Schwankungen unterworfen; vor allem aber machte er sich in den verschiedenen Strömungen der französischen Öffentlichkeit sehr ungleichmäßig bemerkbar.

In den dreißiger Jahren hatten sich zwei entgegengesetzte Entwicklungen abgezeichnet. Zwei Faktoren waren es, die den Antisemitismus wiederaufleben ließen: zum einen der Zustrom der Juden, die seit 1933 aus Hitler-Deutschland nach Frankreich flohen. Er wuchs mit der Ausweitung des deutschen Einflußbereichs auf andere Länder Mittel- und Osteuropas, auf Österreich, die Tschechoslowakei, Rumänien und Polen, weiter an. Zu denen, die sich darüber erregten, gehörten nicht zuletzt diejenigen Juden, die schon seit Jahrhunderten in Frankreich lebten und bereits vollständig assimiliert waren. Denn der Zustrom veränderte die Zusammensetzung der jüdischen Bevölkerung und drohte den Antisemitismus neu zu beleben. Außerdem verschärfte die Wirtschaftskrise den Kampf um die Arbeitsplätze und damit auch die Fremdenfeindlichkeit. Davon waren zwar nicht nur die Juden betroffen, aber da sie in den freien Berufen überrepräsentiert waren, insbesondere bei den Ärzten und Anwälten, die den Verlust ihrer Klientel fürchteten, forderten sie Maßnahmen, die sicherstellen sollten, daß nur Franzosen eine Arbeitserlaubnis erhielten.

Zum anderen war die Ernennung Léon Blums zum neuen Regierungschef, der etliche seiner Glaubensgenossen in sein Kabinett oder auf andere Regierungsposten berief, mit Sicherheit ein wesentlicher Grund für den wiederaufflammenden Rassenhaß. Die *Action française* betrachtete die Juden als einen der »vier verbündeten Stände« [neben den »Protestanten, Metöken und Freimaurern«, nach einem Wort von Maurras; Anm. d. Ü.], die sich zur Vernichtung der französischen Identität verschworen hätten, und beharrte auf ihrem etatistischen Antisemitismus; einige auflagenstarke Zeitungen spezialisierten sich darauf, den übergroßen Einfluß der Juden auf geistigem und politischen Gebiet anzuprangern und das Schreckgespenst eines Krieges an die Wand zu malen, den die Juden aus Solidarität mit ihren verfolgten Glaubensgenossen gegen Hitler vom Zaun brechen wollten, nur um ihn für seine Rassenpolitik zu bestrafen.

Doch war dieser Antisemitismus keineswegs überall verbreitet, nicht einmal auf seiten der Rechten. Oberst de La Rocque, der seit 1936 die größte Organisation der Rechten, die *Parti social français* (PSF), anführte, veurteilte ihn ausdrücklich. Er mißbilligte einige Erklärungen von Führern nordafrikanischer Parteiverbände und zwang sie zum Widerruf. Vor allem distanzierte sich die katholische Kirche von jeglicher Rechtfertigung eines christlich motivierten Antisemitismus; der französische

Episkopat stellte sich eindeutig hinter die Worte von Papst Pius XI.: »Wir sind in geistlichem Sinne alle Semiten«, die er vor belgischen Pilgern am 6. September 1938 gesprochen hatte. Die Katholiken besannen sich wieder auf ihre jüdischen Ursprünge, und die Theologen unterstrichen die gemeinsame Herkunft beider Bekenntnisse. Mit der Verurteilung der *Action française* im Jahre 1926 hatte die Kirche in ihren Glaubenslehren endgültig mit antijüdischen Vorurteilen gebrochen. Alles in allem kann man sagen, daß der französische Antisemitismus in den Jahren vor dem Zweiten Weltkrieg trotz der etwa 300 000 im Land lebenden Juden wahrscheinlich weit weniger virulent war als um die Jahrhundertwende, als in Frankreich weniger als 100 000 Juden wohnten.

DIE BILDUNG DER REGIERUNG BLUM

Da das Mandat der 1932 gewählten Kammer erst in den letzten Maitagen endete, mußte die neue Kammer von der Bekanntgabe des Wahlergebnisses am 3. Mai bis zu ihrer konstituierenden Sitzung und der Vorstellung der neuen Regierung einen ganzen Monat lang warten. Der künftige Ministerpräsident hatte also genügend Zeit und Muße, über die Zusammensetzung seiner Regierung nachzudenken. Er besaß darüber sehr persönliche Ansichten, da ihn diese Frage bereits seit langem beschäftigt hatte. Nun hatte er die Möglichkeit, einige der Vorstellungen, die er in seinen *»Lettres sur la réforme gouvernementale«* entwickelt hatte, in die Praxis umzusetzen. Er lehnte für sich die Übernahme eines Ministeriums ab, um sich ganz der Leitung des Regierungsapparates widmen zu können; unterstützt wurde er dabei von einem Generalsekretariat im Amt des Ministerpräsidenten, das er Jules Moch übertrug.

Natürlich wollte Blum, daß seine Regierung die Zusammensetzung der siegreichen Mehrheit widerspiegelte, um so die Einheit des linken Lagers zu bekräftigen; dies hätte sich auch empfohlen, um die Regierung vor den schlechten Erfahrungen ihrer Vorgänger zu bewahren. Die Kommunisten lehnten sein Angebot ebenso ab, wie Blum selbst es zweimal mit Angeboten Herriots getan hatte. Geschah es auch aus den gleichen Motiven? Nach Aussagen einiger Zeitzeugen könnte es so scheinen, als ob die kommunistischen Führer in dieser Frage uneins gewesen seien; von Thorez hieß es sogar, daß er einer Regierungsbeteiligung zugeneigt hätte. Hatte Moskau bei dieser Entscheidung seinen Einfluß geltend gemacht? Wie auch immer, die Kommunisten blieben jedenfalls der Regierung fern und bewirkten damit unmittelbar eine Verschiebung in Richtung des rechten Flügels der Linken. Dies bedeutete für Blum die erste Enttäuschung und zugleich ein erstes Moment der Schwäche. Hinzu kam die Absage von Léon Jouhaux, des Generalsekretärs der seit dem Kongreß von Toulouse wiedervereinigten CGT, dem er das Arbeitsministerium angeboten hatte; Jouhaux lehnte es unter Hinweis auf die Unabhängigkeit der Gewerkschaften ab.

Im übrigen entsprach die Zusammensetzung des Kabinetts bis auf die Kommunisten dem Spektrum der linken Mehrheit. Édouard Daladier, der Führer der Radikalsozialistischen Partei, der nach der SFIO wichtigsten Gruppierung, wurde stellvertretender Ministerpräsident und übernahm das Verteidigungsministerium, dem auch die Ministerien der einzelnen Waffengattungen unterstanden. Der neue Ministerpräsident umgab sich mit drei Staatsministern, die die Regierungsparteien repräsentierten: Paul Faure für die SFIO, Camille Chautemps für die Radikalsozialisten und Maurice Viollette für die *Union socialiste républicaine*. Die Sozialisten übernahmen die Wirtschafts- und Finanzressorts: Charles Spinasse (Wirtschaft), Vincent Auriol (Finanzen), Georges Monnet (Landwirtschaft) und Jean-Baptiste Lebas (Arbeit). Spinasse und Monnet gehörten zu den Hoffnungsträgern der Partei und hatten nach Ansicht Blums eine große Zukunft vor sich, die allerdings durch die späteren Ereignisse zunichte wurde. Die Radikalsozialisten erhielten das Außenministerium (Yvon Delbos), das Verteidigungsministerium (Édouard Daladier) und das Bildungsministerium (Jean Zay).

Die Regierung präsentierte auch einige Neuerungen wie etwa die Einrichtung von Unterstaatssekretariaten für wissenschaftliche Forschung, für Sport und für Freizeit; letzteres wurde Léo Lagrange übertragen. Die aufsehenerregendste Neuerung war jedoch die Berufung dreier Frauen: Cécile Brunschvicg, die Frau des Philosophen Léon Brunschvicg, als Unterstaatssekretärin im Bildungsministerium, Irène Joliot-Curie als Unterstaatssekretärin für wissenschaftliche Forschung und Suzanne Lacore, eine Lehrerin, als Unterstaatssekretärin für Jugendschutz an der Seite Jean Zays. Auf diese Weise erhielten Frauen, die kraft senatorischen Willens im Zustand der Rechtsunfähigkeit gehalten wurden und nicht einmal das Recht hatten, Abgeordnete zu wählen, Zugang zu ministeriellen Funktionen und administrativen Befugnissen.

Der Wahlsieg der Volksfront eröffnete plötzlich neue politische, wirtschaftliche, kulturelle und soziale Perspektiven. Daraus ergaben sich gleich zu Beginn zwei Konsequenzen von großer Tragweite: zum einen die Bildung einer großen sozialen Bewegung als Reaktion der Arbeiterschaft, die ihre Wünsche und Forderungen an die Adresse des Staates formulierte, zum andern als Antwort darauf ein Bündel von Initiativen und politischen Entscheidungen.

DIE GROSSE STREIKWELLE VON MAI UND JUNI 1936

Frankreich erlebte einen ganzen Monat lang eine Art Stillstand in der Politik, eine Zeit des Wartens, in der alles in der Schwebe hing. Die neue Kammer konnte nicht vor Anfang Juni zusammentreten, und die noch amtierende Regierung war nach dem Verlust ihrer Autorität nur noch damit beschäftigt, die laufenden Geschäfte abzuwickeln. Die Wähler hatten für eine Veränderung gestimmt, aber sie nahm keine konkrete Gestalt an. Noch immer waren dieselben Leute an der Regierung. Die Wählerschaft der Linken erwartete jedoch, daß sich ihr Sieg unverzüglich in Handlungen und Gesten niederschlagen sollte, die den Bruch mit der vorhergehenden Regierung deutlich machten. Dieses Warten bewirkte noch nicht so sehr Enttäuschung als vielmehr Ungeduld, die aus dem Widerspruch zwischen dem Umschwung bei den Wahlen und der Untätigkeit der Regierenden resultierte. Diese Ungeduld übertrug sich auf die Betriebe und entlud sich dort in einer furchtbaren Explosion von Streiks. Rückblickend gesehen erweisen sich diese Streiks neben dem Sieg der Volksfront und den Sozialreformen als das wichtigste Ereignis des Jahres 1936; sie leben noch heute als ein großes Datum in der kollektiven Erinnerung des Volkes fort. Durch ihren Umfang und die neuartigen Begleitumstände sind sie geradezu legendär geworden.

Wenn auch leicht zu sehen ist, daß die Ungeduld der Arbeiter den Anstoß zu dieser Bewegung gab, so bleiben die wahren Ursprünge doch im dunkeln. Damals wie heute hat man vergeblich nach den Verantwortlichen gesucht. Die Streikbewegung hatte sich so rasch und stark ausgebreitet, daß es vielen schwerfiel, an spontane Aktionen zu glauben. Man vermutete vielmehr, daß sie das organisierte Werk von Drahtziehern seien, die aus dem Untergrund heraus agierten. Der Verdacht fiel auf die Kommunistische Partei: Hatte sie nicht die Sammlungsbewegung der Linken in Gang gesetzt und sich dann – nach der Wahl – geweigert, in der Regierung mitzuarbeiten? Warum hätte sie nicht versucht sein sollen, die Vorteile einer Situation auszunutzen, in der sie als Verbündete der Sieger auftreten konnte, ohne zugleich den Zwängen der Regierungsverantwortung unterworfen zu sein? Das alles war Spekulation, denn eine objektive Prüfung der Ausgangssituation und des Verlaufs dieser Streikwelle liefert keinerlei Anhaltspunkte, die eine derartige Erklärung stützen könnten. Im Gegenteil, alles weist darauf hin, daß es sich um eine sehr breite spontane Bewegung gehandelt hat, deren Eindämmung und Kanalisierung den Gewerkschaften und politischen Kräften nur mit Mühe gelang.

Begonnen hatte sie in den ersten Tagen der zweiten Maidekade (der zeitliche Schwerpunkt der Streikwelle lag eher im Mai als im Juni) in der Provinz, wo sie zunächst in verschiedenen Flugzeugwerken, bei Bréguet in Le Havre und bei Latécoère in Toulouse, ausbrach. Von dort griff sie auf die Pariser Region über, wo sie den Automobil- und Maschinenbau lahmlegte. Wie ein Buschfeuer breitete sie sich nach und nach auf andere Industriezweige aus, erfaßte den Handel und die großen Kaufhäuser. Die meisten Unternehmen mußten ihre Arbeit einstellen, weil sie entweder bestreikt wurden oder weil ihnen die Rohstoffe ausgingen oder der Strom abgeschaltet wurde. In den letzten Maitagen lag das gesamte Wirtschaftsleben darnieder. Seit 1920 hatte Frankreich keine solche Streikwelle mehr erlebt, wobei die Arbeitskämpfe, die damals das öffentliche Leben so hart getroffen und im Bewußtsein der Franzosen so tiefe Spuren hinterlassen hatten, seinerzeit nur auf einige Industriesektoren und Regionen begrenzt gewesen waren. Im Mai 1936 erfuhr man zum ersten Mal, was ein Generalstreik bewirken kann, wenn sich mehrere Millionen Arbeiter im Ausstand befinden. Zwar wurde nur innerhalb der Privatwirtschaft gestreikt und blieb der öffentliche Sektor verschont, was aber nicht bedeutete, daß die Lebens- und Arbeitsbedingungen der Beamten nicht ebenso berührt gewesen wären.

Was an dieser Streikbewegung außerdem überraschte, war die Neuartigkeit der Methoden. Es handelte sich um einen regelrechten Sitzstreik. Anstatt wie früher die Fabrik zu verlassen, blieben diesmal die Arbeiter auf ihren Plätzen. Sie besetzten die Betriebe, um auf diese Weise jeden Aussperrungsversuch zu verhindern. Nun waren es die Besitzer und die Streikbrecher, die vor den Toren standen. Dies erleichterte auch den Zusammenhalt unter den Streikenden und vermied Zusammenstöße zwischen denen, die den Arbeitskampf bis zum Sieg durchhalten, und denen, die ihre Arbeit wieder aufnehmen wollten. Dadurch wurden auch Streikposten überflüssig. Die Werksbesetzungen verliehen diesem Abschnitt in der Geschichte der Arbeiterbewegung einen besonderen Charakter und zogen vielfältige Konsequenzen nach sich. In den Augen der Arbeiter bedeuteten nämlich diese Besetzungen eine Bekräftigung der Rechte, die sie sich durch ihre Arbeit an den Unternehmen erworben hatten. Sie wachten darüber wie über ihren eigenen Besitz, gingen pfleglich mit dem Material um, reinigten die Maschinen und richteten sich in den Räumlichkeiten häuslich ein. Man erzählte sich sogar einen Fall, in dem die Angestellten in den Möbelabteilungen großer Kaufhäuser neben den Polsterliegen auf dem Boden schliefen, um die Möbel nicht zu beschmutzen. Die Besetzungen wurden wie ein Fest gefeiert, denn der Wahlsieg der Linken schien die Gewähr dafür zu bieten, daß sich nun endlich das Leben ändern würde. Seit Ende der zwanziger Jahre hatten die Arbeiter in den großen Betrieben Schritt für Schritt die Einführung der Arbeitsorganisation erlebt: Berechnung der Arbeitszeit, Stechuhr, Bezahlung nach Arbeitsnorm und Stückzahlen und Fließbandarbeit. Später kamen noch Kurzarbeit, Lohnkürzungen zur Erhaltung von Arbeitsplätzen und schließlich Lavals deflationistische Erlaßpolitik hinzu. Nun sollte alles anders werden. Man mußte nicht die Weltfremdheit eines Marceau Pivert teilen, der im *»Populaire«* schrieb: »Alles ist möglich«; aber die weitverbreitete Unkenntnis über die wirtschaftlichen Gesetzmäßigkeiten verführte die Arbeiter zu dem Glauben, daß ein Regierungswechsel und eine andere Politik genügten, um die Richtung umzukehren und die Lebensbedingungen zu verändern. Ein Hauch von Hoffnung wehte über diesen Tausenden von bestreikten Unternehmen. Man fühlte sich stark durch den Sieg und war sich seines guten Rechts gewiß; mit einemmal hatte man die Macht der Solidarität erfahren und konnte sich nun erlauben, friedlich und tolerant zu sein. Die Besetzung des Arbeitsplatzes, an dem sie noch tags zuvor hart gearbeitet hatten, kam den Männern und Frauen, die seit ihrem Eintritt ins Arbeitsleben mit dreizehn Jahren noch keinen Urlaub gekannt hatten, wie eine Ferienzeit vor. Man richtete sich auf einen längeren Aufenthalt ein und organisierte Vergnügungen. Szenen daraus sind durch Photographien überliefert, auf denen Streikende zu den Klängen eines Akkordeons tanzen. Ein beschwingter Atem ging durch diesen Arbeitskampf, der keinerlei Ähnlichkeit mit allen bisherigen aufwies und dem nichts von der Spannung und Gewalt früherer Kämpfe anhaftete.

Dies war die optimistische Sicht: die der Streikenden. Ganz anders stellt sich die Situation aus der Sicht der Unternehmer, eines Teils der leitenden Angestellten, der freien Berufe, der Kaufleute, der Landwirte und ganz allgemein der rechten Wählerschaft dar. Die Besetzungen schockierten sie zutiefst: Hier wurde Eigentum verletzt, das Gesetz mit Füßen getreten und die Ordnung untergraben. Diese Streiks bedeuteten Aufruhr. Der Sieg der Volksfront hatte der Revolution den Weg geebnet, und die rote Fahne über den bestreikten Fabriken war das Symbol dafür. Frankreichs andere Hälfte reagierte sofort auf den Appell de La Rocques, der sämtliche Patrioten aufforderte, die französischen Farben zu hissen. Einige Stunden später waren alle Bestände verkauft; nicht ein Meter rotes, weißes oder blaues Tuch war mehr zu haben. Das Land ertrank in einem Meer von Trikoloren: Von den Häuserfassaden hingen sie herab, vom obersten Stockwerk bis zum Erdgeschoß, und in den bürgerlichen Stadtvierteln waren ganze Straßenzüge als Antwort auf das Rot der Arbeitervorstädte mit den Nationalfarben beflaggt. Zwei Frankreich boten sich gegenseitig die Stirn.

War es richtig, wenn die Rechte in dieser Explosion eine revolutionäre Bewegung erblickte? Die Bitten, die die Streikenden in ihren Forderungskatalogen *(cahiers de revendications)* formuliert hatten, lasen sich wie die Beschwerdebriefe *(cahiers de doléances)* von 1789: Sie handelten ausschließlich von berufsinternen Problemen. Löhne, Arbeitszeiten, Arbeitsplatzbedingungen, Hygiene und Fragen der Sicherheit waren die Themen, um die sich die Beschwerden drehten. Wenn auch die Besetzung der Fabrikgebäude von den gestrengen Verteidigern des Eigentumsrechts als schwere Verletzung der sozialen Ordnung empfunden worden war, so folgte ihr doch nirgends die Forderung, die Arbeit in den Fabriken unter die Kontrolle der Arbeiter zu stellen wie seinerzeit in Italien; die Situation hatte auch nichts mit dem Fall der Uhrenfabrik Lip im Jahre 1973 gemeinsam. Die Kommunisten haben damals die Situation zu keinem Zeitpunkt für objektiv revolutionär und hinreichend fortgeschritten erachtet, um sich auf einen Umsturzversuch einzulassen.

Nachdem substantielle Verbesserungen für die Arbeiter erreicht worden waren, ging es der Partei in erster Linie darum, die Streikbewegung möglichst rasch zu beenden, ohne die Einheit der Linken zu gefährden.

Die Streikwelle, die auch die Gewerkschaften überrascht hatte, überschwemmte sie mit einer bis dahin nicht gekannten Flut von Neueintritten. Zu Hunderten, ja zu Tausenden schossen überall neue Gewerkschaftsbüros aus dem Boden wie Pilze nach dem Gewitterregen, auch innerhalb von Branchen und Regionen, die den Gewerkschaften bisher verschlossen geblieben waren. Die CGT, die sich gerade erst wiedervereinigt hatte, verzeichnete bis zu vier Millionen neue Mitglieder. Dieser ungeheure Ansturm kam vor allem den *unitaires* (der früheren CGTU) zugute, aufgrund eines Phänomens, dessen innere Logik Antoine Prost aufgezeigt hat: Die Ursache dafür lag weniger in einer systematischen Zellenbildungsstrategie der Kommunisten als in ihrer stärkeren Dynamik und vor allem in der verspäteten Öffnung gewisser Branchen für gewerkschaftliche Aktivitäten. Die alte CGT, die ihre Mitglieder größtenteils aus der öffentlichen Verwaltung und aus staatlichen Regiebetrieben wie Werften und Tabakfabriken rekrutierte, wo der gewerkschaftliche Organisationsgrad ohnehin schon ein hohes Niveau erreicht hatte, profitierte weniger von den Arbeitskämpfen als jene Industriebranchen, in denen die Anhänger der früheren CGTU ihre Hochburgen besaßen. Mit der Zeit mußte das ungleiche Anwachsen der beiden Strömungen den Führungsanspruch der alten CGT, zu deren Bedingungen die Wiedervereinigung der beiden Verbände vollzogen worden war, wieder in Frage stellen und damit alte Animositäten wecken.

Auch andere Gruppierungen der Arbeiterbewegung zogen Nutzen aus diesen Ereignissen. So verzeichnete die christlich orientierte CFTC *(Confédération française des travailleurs chrétiens)* einen Zuwachs von 150 000 auf 500 000 Mitglieder. Besonders der Zustrom jüngerer Arbeiter aus der *Jeunesse ouvrière chrétienne* wies diese Gewerkschaft als echten Teil der Arbeiterbewegung aus. Gegenüber dem Alleinvertretungsanspruch der CGT verteidigte sie entschlossen das Prinzip der Freiheit und des Pluralismus, und mit der Anerkennung ihres Vertretungsanspruchs durch die Behörden hatte sie sich etabliert.

Innerhalb des Einflußbereichs der *Parti social français* des Oberst de La Rocque kam es zur Bildung von sogenannten *Syndicats professionels français* (französischen Berufsgewerkschaften), die gegen die beherrschende Stellung der marxistischen Zentralen ankämpften. Sie verstanden sich bewußt als apolitisch und versammelten in ihren Reihen vorwiegend Angestellte, Führungskräfte und Angehörige des mittleren Bürgertums. Später schlossen sie sich zu einer *Confédération des syndicats professionels* zusammen.

Die Ereignisse im Mai und Juni 1936 führten nicht nur zu Veränderungen innerhalb der Arbeitnehmerorganisationen, sondern auch bei den Arbeitgebern. Die Groß- und Kleinunternehmer hatten bisher, abgesehen von branchenspezifischen Interessenverbänden wie dem *Comité des forges* oder dem *Comité des houillères,* nur die zu Beginn der zwanziger Jahre gegründete *Confédération générale de la production française,* um ihre Interessen und Standpunkte gegenüber der öffentlichen Hand wirksam zu vertreten. So waren es die Führer dieser Organisation, die in Abwesenheit aller anderen Repräsentanten ihre Unterschrift unter die »Matignon-Vereinbarung« setzten, die den Streiks ein Ende machte. Die meisten der Kleinunternehmer empfanden dies als Verrat und lehnten sich dagegen auf. Im Herbst veranstalteten sie eine Palastrevolution und erreichten, daß die Unterzeichner der Vereinbarung aus ihren Ämtern entfernt wurden.

Andererseits hatte diese Streikbewegung vielen Jungunternehmern die Augen für die sozialpolitischen Notwendigkeiten geöffnet. Durchdrungen von den Vorstellungen der katholischen Soziallehre gingen sie zu den Führern der Unternehmerschaft auf Distanz und gründeten ein *Centre des jeunes patrons* (CJP), das sich vor allem durch seine Dialogbereitschaft und Offenheit auszeichnete. Die Gründer dieses Zentrums gehörten zehn Jahre später zu den ersten, die mit dem Malthusianismus der französischen Industriellen brachen und das Risiko der Modernisierung und der Öffnung der Märkte eingingen.

EXEKUTIVE UND LEGISLATIVE

Diese unerwartete soziale Explosion bedeutete für die künftige Regierung eine Schwierigkeit, mit der sie nicht gerechnet hatte. Als Léon Blum seine Regierung endlich bilden konnte, war Frankreich bereits seit fast drei Wochen gelähmt. Kohle und Benzin wurden knapp, und unter den Öfen der Bäcker drohte das Feuer zu erlöschen. Ganz Frankreich hielt den Atem an und wartete beklommen auf eine Besserung der Lage. Viele, und nicht zuletzt die Unternehmer, wünschten sich eine Intervention des Staates.

Kaum hatte Blum am 4. Juni 1936 das Vertrauensvotum der Kammer für seine Volksfrontregierung mit der eindrucksvollen Mehrheit von 384 gegen 210 Stimmen erlangt, versuchte er sofort, die Lage in den Griff zu bekommen und eine Lösung zu finden, die die Wiederaufnahme der Arbeit ermöglichte, die besorgte Öffentlichkeit beruhigte und die Opposition entwaffnete. Auf Bitten der Unternehmerschaft, die um seine Schlichtung ersuchte, beraumte Blum ein Treffen zwischen den führenden Vertretern der Arbeitgeberorganisationen und der CGT als einziger zu diesem Gespräch zugelassenen Arbeitnehmerorganisation im Hôtel Matignon an. Blum selbst nahm daran in Begleitung seines Arbeitsministers teil.

Nach einigen Stunden hatten sich die Gesprächsteilnehmer geeinigt und unterzeichneten die »Matignon-Vereinbarung«. Es war das erste Mal, daß der Name des Amtssitzes des Ministerpräsidenten im politischen Wortschatz auftauchte, obgleich die Regierung selbst keinen Anteil an dieser Vereinbarung hatte. Sie hatte nur ihre guten Dienste angeboten und die Durchführung der Vereinbarung garantiert. Sie verpflichtete sich außerdem, diese Abmachungen jenen Reformen zugrundezulegen, die der Mitwirkung des Gesetzgebers bedurften. Die Vereinbarungen selbst führten zu Lohnerhöhungen unterschiedlichen Ausmaßes, je nach Branche zwischen 7 und 15 Prozent. Schon unmittelbar darauf zeigten sich die ersten Wirkungen in Form eines Kaufkraftüberschusses, auf den die Regierung ihre ganze Hoffnung zur Wiederankurbelung der Wirtschaft gründete. Für die einzelnen Branchen sollten anschließend Tarifverträge ausgehandelt werden. Die Arbeitgeber erkannten die Koalitionsfreiheit der Arbeitnehmer an und stimmten der Wahl von Betriebsräten zu. Das Gesamtergebnis übertraf sogar selbst die Vorstellungen der meisten Arbeitnehmer. Die Unterzeichnung dieser Vereinbarungen bedeutete einen Sieg für die Gewerkschaften und einen entscheidenden Schritt vorwärts für die soziale Bewegung.

Nachdem damit nun die Gründe für die Werksbesetzungen weggefallen waren, forderten die Regierung und die Kommunistische Partei die Arbeiter mit allem Nachdruck auf, ihre Arbeit wiederaufzunehmen.

Scharf wandte sich Maurice Thorez in einer Rede vom 11. Juni gegen jene, die von einer revolutionären Situation sprachen und forderten, die Gunst der Stunde zu nutzen, und erklärte: »Man muß einen Streik zu beenden wissen« – eine Formulierung, die später berühmt werden sollte. Dennoch zögerten die Streikenden, den Aufforderungen Folge zu leisten, oder bildlich gesprochen: Der Fluß kehrte nur langsam in sein Bett zurück und überschwemmte noch eine Zeitlang die Ufer. Die Arbeiter waren wenig geneigt, das Pfand wieder herzugeben, das sie sich durch die Besetzung verschafft hatten; einige begannen sogar zu bedauern, daß sie nicht mehr verlangt hatten. Es gelang den Gewerkschaften nicht, die Masse, die ja keinerlei Erfahrung im Arbeitskampf und in Verhandlungen hatte, zur Vernunft zu bringen. Für die Regierung war dies ihre erste Kraftprobe, bei der sie ihre Autorität aufs Spiel setzte; sie machte sich dabei jedoch zum Gespött und schwächte ihr Ansehen bei den Arbeitgebern: Da sie weder moralisch noch faktisch imstande war, gegen die widerspenstigen Arbeiter vorzugehen und sie zum Gehorsam zu zwingen, begannen die Unternehmer an ihrer Entschlossenheit zu zweifeln.

Weniger schwierig gestaltete sich der Umgang mit der Regierungsmehrheit in der Kammer. Ohne viel Zeit zu verlieren, legte Blum gleich eine ganze Reihe von Gesetzentwürfen vor, die den Inhalt der Matignon-Vereinbarungen ergänzten und unverzüglich verabschiedet wurden. Die intensive gesetzgeberische Aktivität in den ersten sechs Wochen nach Regierungsantritt machte diese Zeit, was die Zahl der Initiativen und Gesetzesentscheidungen anlangt, zu einer der fruchtbarsten Arbeitsperioden in der Geschichte des französischen Parlaments. So legte ein Gesetz etwa das Verfahren zur Aushandlung von Tarifverträgen fest. Ein anderes Gesetz, das die populärste Maßnahme enthielt und bis heute das Symbol der Volksfront und der Arbeiterbefreiung ist, garantierte allen Arbeitnehmern das Recht auf zwei Wochen bezahlten Jahresurlaubs, eine Errungenschaft, die jedoch erst dann einen revolutionären Anstrich erhält, wenn man bedenkt, daß Urlaub bis dahin für die meisten ein Fremdwort war. Nur einige wenige Berufe (Lehrer und Verwaltungsbeamte) kannten Urlaub, und viele Angestellte nahmen ein paar freie Tage nur auf eigene Kosten. 1936 hatte es damit ein Ende. Der bezahlte Jahresurlaub wurde als ein Recht für alle gesetzlich festgelegt und die Kosten den Unternehmen aufgebürdet. Dieses Gesetz war der erste Schritt zur Ausdehnung des bezahlten Jahresurlaubs; 1956 erweiterte eine andere, ebenfalls sozialistische Regierung die bezahlte Urlaubszeit auf drei Wochen; 1968 kam eine vierte Woche hinzu, und 1981 beeilte sich die damalige Linksregierung, noch eine fünfte Woche gesetzlich zu bewilligen, womit sie jedoch nur eine ohnehin schon verbreitete Praxis nachträglich legalisierte.

Die Gesetzesinitiative von 1936 bewirkte einen grundlegenden Wandel in den Lebensbedingungen der Arbeiter. Sie schlug eine Bresche in die Zwänge der Arbeitswelt, in die der Arbeiter eingebunden war, und öffnete, im eigentlichen wie im übertragenen Sinn, einen Spalt weit das Fenster zu neuen Horizonten. Die Literatur hat dieses Ereignis zu Recht als Befreiung gefeiert, als Aufbruch in die Ferien von Männern und Frauen, die bis dahin noch nie ihren Ort verlassen hatten, die das Meer entdeckten und wieder in den Schoß ihrer Familie zurückkehrten, und als Aufhebung eines Klassenunterschiedes. Von hier aus nahm der Massentourismus wie der Volkssport seinen Aufschwung, entdeckte ein Volk seine Reiselust, das bis dahin als ein Volk von Stubenhockern gegolten hatte.

Ein anderes Gesetz senkte die Wochenarbeitszeit von 48 auf 40 Stunden; es führte damit eine 1919 begonnene Reform fort, die die damalige Wochenarbeitszeit auf sechs Tage zu acht Stunden festgelegt hatte. Das neue Gesetz erfüllte nicht nur eine gewerkschaftliche Forderung, sondern entsprach auch durchaus der wirtschaftspolitischen Logik der Volksfront, die sich davon einen Rückgang der Arbeitslosigkeit erhoffte. Ihre Wirtschaftsfachleute hatten errechnet, daß die Verringerung des von den zur Zeit Beschäftigten geleisteten Gesamtarbeitsvolumens um ein Sechstel genügend Arbeitsplätze freimachen würde, um die Masse der Arbeitslosen wieder einer Beschäftigung zuzuführen. In Verbindung mit der steigenden Kaufkraft sollte die Arbeitszeitverkürzung Frankreich aus der Krise führen; aber die Wirklichkeit erfüllte die Hoffnungen nicht. Seit dieser Zeit ist die Diskussion um die Auswirkungen der Vierzig-Stunden-Woche zu einer Dauerkontroverse zwischen Historikern und Wirtschaftswissenschaftlern geworden. So macht sie beispielsweise Alfred Sauvy für das ökonomische Scheitern der Volksfront verantwortlich. Nach seiner Meinung habe die einheitliche und übergangslose, ohne Rücksicht auf die jeweiligen Umstände vollzogene Anwendung des Gesetzes den Aufschwung verhindert; da die Produktion die wachsende Nachfrage nicht decken konnte, führte dies zu einem neuen Inflationsschub, der schon bald die Wirkung der Kaufkraftverbesserung aufhob. Obgleich die Einführung der Vierzig-Stunden-Woche bei Bahn und Post zu umfangreichen Neueinstellungen führte, gelang es nicht, die Zahl der Arbeitslosen zu senken, da die meisten der neueingestellten Arbeiter vom Lande kamen.

Die Anhebung der Löhne und die Bezahlung der Urlaubszeit trieben die Kosten in die Höhe und verringerten die Konkurrenzfähigkeit französischer Produkte auf den ausländischen Märkten. Kaum vier Monate nach ihrem Amtsantritt mußte die neue Regierung den Franc bereits abwerten, was an sich durchaus seinen Sinn hatte, da der Franc ohnehin zu hoch bewertet war. Einige mit den wirtschaftlichen Realitäten besser vertraute Wirtschaftsexperten wie Paul Reynaud hatten im Gegensatz zur allgemein vorherrschenden Ansicht schon seit Jahren eine Abwertung des Franc befürwortet, da sie der französischen Wirtschaft angesichts der Abwertung von Pfund und Dollar mehr Beweglichkeit verleihen würde. Aber die Regierung hatte sich geschworen, keine Abwertung vorzunehmen, auch wenn sie bereits seit Juni mit der englischen und amerikanischen Zentralbank in Verhandlungen stand.

Natürlich ließ sich nicht verhindern, daß die Opposition sich auf dieses Thema stürzte und die öffentliche Meinung, die in der Währung noch immer ein Zeichen für wirtschaftliche Gesundheit und nationale Größe erblickte, diese Entscheidung als Eingeständnis eines Mißerfolgs interpretierte. Die Abwertung kam zu spät und fiel zweifellos auch zu niedrig aus, um den französischen Preisen genügend Spielraum zu lassen. Nur acht Jahre nach der Stabilisierung des *Franc Poincaré* eröffnete diese Abwertung eine neue Runde des Währungsverfalls. In den folgenden fünfzig Jahren wurde der Franc noch mehr als zehnmal abgewertet.

Nach der Bankrotterklärung des Linkskartells aufgrund des Unvermögens der radikalsozialistischen Kabinette, den Staatshaushalt in Ordnung zu bringen, erzeugte die gescheiterte Wirtschaftspolitik im rechten Lager die Vorstellung, daß es der Linken generell an wirtschaftspolitischem Sachverstand mangele und sie unfähig sei, eine vernünftige Wirtschafts- und Währungspolitik zu betreiben, während die Rechte es unter Poincaré verstanden habe, der Schwierigkeiten Herr zu werden. Aus dieser Zeit stammen die beiden entgegengesetzten Vorstellungen von einer Rechten, die zwar wirtschaftspolitische Kompetenz, aber keinerlei Kompetenz für die Reformwünsche der Gesellschaft besitze, und einer

Linken, die zwar großzügige Reformprojekte konzipiere, aber mit den ökonomischen Realitäten auf Kriegsfuß stehe.

Weitere Gesetzesinitiativen schlossen sich den während der ersten Wochen auf den Weg gebrachten Reformen der Regierung Blum an. So gründete man zur Regulierung des Getreideverkaufs eine Oberbehörde für Weizenversorgung (deren Zuständigkeit 1940 auch auf andere Getreidearten ausgedehnt wurde), um den Weizenproduzenten lohnende Preise zu garantieren und eventuelle preissenkende Produktionsüberschüsse rascher abbauen zu können. Für die Sommerernte 1936 fixierte man einen Saisonpreis von 141 Francs, der um 75 Prozent über dem des Vorjahres lag und erhebliche Einkommensverbesserungen bei den Landwirten nach sich zog.

Vor dem Hintergrund all dieser Maßnahmen zur Verbesserung der Situation der Arbeitnehmer und Landwirte nahmen sich die sogenannten Strukturreformen recht bescheiden aus. Sie ließen die bestehende soziale Ordnung unangetastet. Radikalsozialisten und Kommunisten hatten sich trotz anderslautender Wünsche der Sozialisten darauf verständigt, keinerlei revolutionäre Forderungen in das Programm des *Rassemblement populaire* aufzunehmen.

Die einzige Reform betraf die *Banque de France*, aber auch sie fiel bescheiden aus. Die Linke erinnerte sich noch allzugut an den Widerstand der Bankführung gegen die unbesonnenen Maßnahmen des Kabinetts Herriot im Jahre 1925. Seither war der Mythos von der »Geldmauer« *(le mur d'argent)* verblaßt und hatte dem neuen Mythos von den »zweihundert Familien« Platz gemacht. Der Hinweis auf die »zweihundert Familien« bezog sich auf die Generalversammlung der Bank, die nur aus den zweihundert Hauptaktionären bestand; Gaston Bergery und seine Zeitung *»La Flèche«* warfen ihnen vor, die heimlichen Herrscher Frankreichs zu sein. Das Gesetz vom 24. Juli 1936 ersetzte dieses Gremium durch eine Versammlung aller Aktionäre. Die wichtigste Neuregelung bestand jedoch in der Ablösung des fünfzehnköpfigen Verwaltungsrats *(conseil de régents)*, der das Haus wie eine Privatbank geführt hatte, durch zwanzig Beiräte, von denen die meisten durch die Regierung ernannt wurden. Dem äußeren Anschein nach als Umwandlung der *Banque de France* in eine echte Nationalbank *(Banque de la France)* gedacht, band die Reform das Geldinstitut in Wirklichkeit enger an die Staatsmacht. Hingegen fand die Verstaatlichung einiger Flugzeugbauunternehmen und Flugzeugmotorenfabriken ihre Begründung mehr in den Erfordernissen der Landesverteidigung als in ideologischer Programmatik.

Wenn das Jahr 1936 den Eindruck überschäumender Aktivität hinterließ, so deshalb, weil sich die Regierung Blum neben der Wirtschaft und Arbeitswelt auch anderen Bereichen zugewandt hatte. So knüpfte Jean Zay, der radikalsozialistische Minister für Volksbildung *(Éducation nationale)* – diese Bezeichnung war 1932 an die Stelle der alten Bezeichnung *Instruction publique* getreten –, der ohne Unterbrechung drei Jahre hintereinander im Amt blieb, an die Politik der Demokratisierung des Erziehungswesens an, die Herriot zur Zeit der *Union nationale* begonnen hatte. 1936 war die Schulgeldbefreiung, die jährlich auf eine weitere Klassenstufe ausgedehnt wurde, abgeschlossen. Außerdem beschloß die Kammer die Verlängerung der Schulpflicht von dreizehn auf vierzehn Jahre, was von den Elsässern, die ihren Sonderstatus bedroht sahen, übel aufgenommen wurde und eine Protestbewegung in ihrer Provinz hervorrief, die von Ferne an die einhellige Empörung des Jahres 1924 gegen die Pläne des Linkskartells erinnerte.

Jean Zay bemühte sich auch, die beiden Systeme des öffentlichen Erziehungswesen, zwei völlig voneinander getrennte Welten, einander anzunähern. Das eine, die Primarstufe, führte die begabtesten Schüler über zweijährige, an die Grundschule anschließende Zusatzkurse in die Realschule und nach deren Abschluß bis zur *École normale* und zur *École normale supérieure* in Saint-Cloud; die Sekundarstufe hingegen war den Kindern wohlhabender Eltern vorbehalten, die vom elften Lebensjahr an in kleinen Gymnasialklassen unterrichtet wurden. Um die beiden Erziehungssysteme zu vereinheitlichen, wurde die allmähliche Abschaffung der Grundklassen an den Gymnasien beschlossen; außerdem sollte das Abschlußzeugnis am Ende der Hauptschule (Grundschule mit zweijähriger Zusatzausbildung) künftig die Eingangsprüfung für die sechste Klasse der Gymnasien bilden. Daneben hielt, wenn zunächst auch noch schüchtern, eine bewußtere Pädagogik Einzug in die Erziehung, die an die Eigeninitiative appellierte und mit der Einführung von angeleiteten Freizeitaktivitäten einherging. Sie erntete allerdings nur den Spott der Lehrer alter Schule.

Die Volksfront tat viel für die Entwicklung des Sports, für die körperliche Betätigung im Freien, die Freizeitbeschäftigungen und den Massentourismus. Luftfahrtminister Pierre Cot förderte den Segelflug als Volkssport, während Léo Lagrange, der Unterstaatssekretär für Leibeserziehung, die jährliche Ferienfahrkarte mit vierzigprozentiger Ermäßigung auf den normalen Fahrpreis dritter Klasse einführte, die neben dem Arbeitnehmer auch für dessen Ehefrau und minderjährige Kinder galt; bereits 1936 kamen 560 000 Personen in den Genuß dieser Ermäßigung. Auch das französische Jugendherbergswesen verzeichnete im Umkreis der von Marc Sangnier gegründeten *Ligue des auberges de jeunesse* und des der *Ligue de l'enseignement* nahestehenden *Club laique* einen großen Aufschwung.

Die Volksfrontregierung war auch die erste, deren kulturpolitische Ambitionen weit über die bloße Förderung der Schönen Künste hinausreichten und die auch erste konkrete Anwendungsmöglichkeiten aufzeigte. In dieser Hinsicht erinnerte sie an die Regierung Charles de Gaulle von 1958, die erstmals ein eigenes Ministerium für Fragen der Kultur *(Ministère des Affaires culturelles)* geschaffen hat. Der Begriff Kultur hatte sich erst zu Beginn der dreißiger Jahre eingebürgert; ihre Verteidigung und Bewahrung war eines jener Themen, die im Kampf gegen den Faschismus eine wichtige Rolle spielten. Im Jahre 1935 wurden mehrere Kongresse zu dieser Frage abgehalten, auf denen Schriftsteller, bildende Künstler und Intellektuelle von der regierenden Linken Anstöße für ihr schöpferisches Wirken erwarteten. Tatsächlich ergriff die Regierung zahlreiche Initiativen; sie verstärkte ihre Bemühungen im Bereich der Kulturförderung und trug auf diese Weise dazu bei, daß diese Jahre zu einem goldenen Zeitalter der Volkskultur wurden.

Diese Fülle von Initiativen, diese Gärung, die, wenn bisweilen auch wirr, das Land erfaßte, verbunden mit dem großen Umfang der gesetzgeberischen Arbeit und der Menge der in Angriff genommenen Reformen versetzten die Linke im Sommer 1936 in stürmische Begeisterung. Die Erinnerung daran hat der Zeit ebenso widerstanden wie dem Vergleich mit anderen Episoden. Zurückgeblieben ist ein Zeitbild, das sich scharf vor dem grauen Hintergrund der Depressionsjahre abhebt.

AUSWÄRTIGE GEFAHREN – DER SPANISCHE BÜRGERKRIEG

Bedeutete die große Streikbewegung die erste Kraftprobe für die noch nicht konstituierte Regierung, so drohte ihr die zweite unmittelbar nach ihrer Konstituierung von außen, mit dem Spanischen Bürgerkrieg. Léon Blum fand, als er die Regierungsgeschäfte aufnahm, eine äußerst brisante außenpolitische Konstellation vor: Die Sanktionen hatten, obgleich nur halbherzig angewandt, Italien aus der »Stresa-Front« gelöst und zu einer Annäherung Mussolinis an Hitler geführt. Somit war Frankreich der Gefahr eines Zweifrontenkrieges in den Alpen und am Rhein ausgesetzt, nachdem Hitler die entmilitarisierte Zone des Rheinlandes besetzt und damit die letzte Sperrklausel des Versailler Vertrags gebrochen hatte: Bereits am 7. März 1936 hatten Kontingente der Wehrmacht den Rhein überquert und waren in Köln, Mainz und Trier einmarschiert. Nichts war mehr von den Garantien übriggeblieben, die Frankreich aus seinem Sieg erhalten hatte. Das Land befand sich wieder in derselben Situation wie vor 1914. Sollte Frankreich das zulassen? Albert Sarraut, der damalige Ministerpräsident, hatte tags darauf zwar im Rundfunk eine markige Rede gehalten und erklärt, Frankreich werde nicht zulassen, daß Straßburg in Reichweite deutscher Kanonen liege, aber seinen Worten folgten keinerlei praktische Maßnahmen. Nach heutiger Überzeugung war diese Passivität ein entscheidender Fehler mit unübersehbaren Konsequenzen: Am 7. März war wahrscheinlich die letzte Gelegenheit gewesen, um die vom Dritten Reich betriebene Politik der vollendeten Tatsachen gewaltsam zu stoppen.

Aber diese Tatenlosigkeit bildete nur die fatale Konsequenz der bisherigen französischen Außenpolitik, um nicht zu sagen der außenpolitischen Abwesenheit Frankreichs. Die französische Diplomatie sah sich isoliert. Großbritannien dachte nicht daran, Frankreich bei einem Gegenschlag zu unterstützen. Außerdem verfügte Frankreich gar nicht über die Mittel für eine rasche militärische Antwort, da die frühere Entscheidung für eine reine Verteidigungsstrategie, die sich an der Maginotlinie ausrichtete, die Aufstellung mobiler Einsatzkräfte verhindert hatte. Um überhaupt handlungsfähig zu werden, forderte der französische Generalstab die Einberufung von drei Reservistenjahrgängen, aber sechs Wochen vor den Kammerwahlen hätte keine Regierung den Mut für eine solche Entscheidung aufgebracht. Die Wähler hatten anderes im Kopf. Und ausgerechnet in diesem Moment sollte man ihnen mit dem linken Rheinufer kommen, während sie sich gerade anschickten, sich gegenseitig aufs heftigste zu bekämpfen.

Die Regierung Sarraut hätte keine Mehrheit für einen Gegenschlag gefunden: Die Linke war noch immer in ihrem Antimilitarismus und Pazifismus befangen und hatte sich noch im März 1935 gegen eine Verlängerung des Wehrdienstes ausgesprochen. Erst die Regierung Blum erkannte den Ernst der Lage und setzte ein umfangreiches Wiederaufrüstungsprogramm in Gang. Finanziert wurde es zum Teil über eine große Staatsanleihe für die Landesverteidigung, für die mit großem publizistischem Aufwand, auf riesigen Plakaten und auf Spruchbändern, die von Flugzeugen über den Himmel gezogen wurden, in der Öffentlichkeit geworben wurde. Als Léon Blum und Daladier später im Prozeß von Riom (1942) beschuldigt wurden, Frankreich in einen Krieg gestürzt zu haben, auf den es nicht vorbereitet war, gaben beide zu bedenken, daß ihnen das Parlament alle von militärischer Seite geforderten Kredite bewilligt habe.

Die neue Regierung war gerade anderthalb Monate im Amt, als sie plötzlich an einer anderen Grenze mit einem weiteren Krisenherd konfrontiert wurde: mit dem Spanischen Bürgerkrieg. Für Léon Blum bedeutete dies nach seinen eigenen Worten einen Schlag in das Gesicht seiner Regierung. Als am 18. Juli 1936 die Militärrevolution begann und das Leben der jungen Republik bedrohte, wurde das spanische Drama sogleich auch zu einem innerfranzösischen. Denn die innenpolitische Konstellation war der spanischen auffallend ähnlich: In beiden Ländern hatte die Volksfront die Wahl gewonnen – im Februar 1936 jenseits und im Mai 1936 diesseits der Pyrenäen, beide Male unter Beteiligung der Kommunisten. Es war deshalb nur logisch, daß die Rechte wie die Linke in Frankreich das Gefühl hatten, in Spanien werde stellvertretend über ihr eigenes Schicksal entschieden: Die Linke wünschte einen Erfolg der Republikaner, die Rechte solidarisierte sich mit den Nationalisten. Drei Jahre lang heizte das Auf und Ab des Spanischen Bürgerkriegs die Leidenschaften an, verflochten sich ideologische Sympathien, außenpolitische Überlegungen und innenpolitisches Kalkül zu einem undurchschaubaren Gemenge.

Blums erste Reaktion nach Bekanntwerden des Militärputsches bestand darin, daß er, gestützt auf einen Handelsvertrag mit Spanien, der rechtmäßigen spanischen Regierung zu Hilfe kam und ihrem Ersuchen um Lieferung von Waffen und Kriegsmaterial entsprach. Die Warnungen des Staatspräsidenten und anderer führender Politiker vor möglichen inneren Unruhen, die ablehnende Haltung der radikalen Minister in seinem Kabinett und die Warnung Großbritanniens, daß es Frankreich nicht unterstützen werde, falls dieses im Zuge seiner Intervention in einen Konflikt verwickelt werden sollte, veranlaßten ihn jedoch sehr rasch zum Rückzug. Die rechte Presse schwor hoch und heilig, sie werde nicht dulden, daß die Regierung gegen die Gebote der Neutralität verstoße.

Tief getroffen dachte Léon Blum allen Ernstes an Rücktritt, und nur die inständigen Bitten des spanischen Botschafters hielten ihn davon zurück. Schweren Herzens entschloß er sich zu einer Politik der Nichteinmischung, da er überzeugt war, daß jede andere Politik unberechenbare Risiken in sich barg. Er wollte vermeiden, daß Frankreich in einen internationalen Konflikt hineingezogen würde, und das Land nicht der Gefahr eines Bürgerkrieges aussetzen. Als jedoch klar wurde, daß die Nichteinmischungsvereinbarung ein Schwindel war und daß sie weder Italien daran hinderte, sogenannte Freiwilligendivisionen aufzustellen, noch Deutschland, Kampfflugzeuge und Panzer zu entsenden, gewährte Frankreich diskrete Hilfe.

Wenn durch Blums Nichteinmischungspolitik auch eine dramatische Spaltung der Öffentlichkeit, vielleicht sogar handgreifliche Auseinandersetzungen, vermieden werden konnten, so führte sie doch zu einer Spaltung der Linken und zu einem ersten Riß innerhalb der Linksunion. Die Kommunisten traten entschieden für eine Intervention in Spanien ein und beteiligten sich mit einem beachtlichen Kontingent an den Internationalen Brigaden: Sie beschworen die antifaschistische Solidarität und die Gefahr, die Frankreich drohe, wenn durch die Errichtung eines weiteren faschistischen Regimes jenseits der Pyrenäen das Land vollends an drei Fronten von totalitären Systemen eingeschlossen sei.

Ihre Argumente ließen die Sozialisten nicht unberührt: Als Léon Blum sich Anfang September 1936 im Luna-Park mit einer Rede an seine Parteigenossen aus dem Bezirk Seine wandte, wurde er mit Rufen empfangen: »Kanonen und Flugzeuge für Spanien!« Erst nach einer langen, bewegenden Ansprache, die fünfundvierzig Minuten dauerte, gelang es ihm dank seiner Aufrichtigkeit und Überzeugungskraft, seine Zuhörer umzustimmen. Dennoch behielt die Linke ein schlechtes Gewissen, weil sie einer republikanischen Regierung im Kampf gegen den Faschismus ihre Hilfe versagte. Es war bezeichnend für diese Situation, daß sich die Kommunisten anläßlich einer großen außenpolitischen Parlamentsdebatte am 6. Dezember 1936 erstmals bei einer Vertrauensabstimmung der Stimme enthielten. Der erste Riß innerhalb des *Rassemblement populaire* tat sich auf – und den Anstoß gab die Außenpolitik.

DIE OPPOSITION

Selbst wenn die Regierung in der Kammer über eine stabile Mehrheit verfügte, die sie vor Überraschungen schützte, mußte sie doch mit einer wachsamen Opposition rechnen. Die Radikalsozialisten im Senat hielten sich bedeckt, und draußen im Land waren die politischen Gegner noch nicht entwaffnet. Die parlamentarische Rechte brauchte nach ihrer verheerenden Wahlniederlage einige Zeit, um sich wieder zu fangen; ein Teil ihrer Abgeordneten, darunter vor allem diejenigen, die unter dem Einfluß der katholischen Soziallehre standen, hatte sogar für die Sozialreformen der Volksfront gestimmt. Doch schon bald erholte sich die Opposition und machte sich die Schwierigkeiten der Regierung zunutze. Ein Teil verschärfte sogar seine Angriffe und bediente sich dabei der Presse, die zunehmend aggressivere Töne anschlug und nichts und niemanden schonte. Das Hauptziel der Angriffe war Léon Blum, aber auch seine Minister wurden heftig attackiert: Von Jean Zay grub sie ein Spottgedicht über die französische Fahne aus, das dieser in seiner Jugend verfaßt hatte; Pierre Cot, der Luftfahrtminister, wurde beschuldigt, die französische Luftwaffe zu entwaffnen, weil er dem republikanischen Spanien Kampfflugzeuge liefern wollte. Innenminister Roger Salengro wurde Ziel einer Hetzkampagne des »*Gringoire*«, einer literarisch-politischen Wochenzeitung mit einer Auflage von 600 000 Exemplaren, die ihm Fahnenflucht während des Ersten Weltkriegs vorwarf; von der Verleumdung tief getroffen nahm sich Salengro, der bereits einen tragischen Trauerfall zu verkraften hatte, daraufhin das Leben.

Die allgemeine Betroffenheit über diesen Freitod ließ die öffentliche Meinung umschwenken. Eine riesige Menschenmenge folgte Salengros

Sarg. Der Trauerzug wirkte wie ein Gegenstück zu den fröhlichen Aufmärschen im Sommer. Kardinal Liénart brandmarkte das Verhalten der Hetzpresse, und die Regierung verabschiedete eine Novellierung des Gesetzes über die Pressefreiheit von 1881, wonach Diffamierungen künftig bestraft werden sollten. Aber seien wir gerecht: Die linke Presse ging keineswegs schonender mit den Führern der Rechten um und hielt, was ihren Spott und die Schärfe ihrer Angriffe betraf, durchaus einem Vergleich stand. Besonders Oberst de La Rocque hatte es ihr angetan, den sie stets nur als »Oberst-Graf« bezeichnete oder mit dem Vornamen »Casimir« titulierte, den er nie getragen hatte. Für sie war er die herausragende Figur im rechten Lager und das Symbol für die faschistische Versuchung. Damit hatte sie recht und unrecht zugleich: Einerseits stand seine Partei auf dem Sprung, zur mächtigsten Kraft innerhalb der Opposition zu werden, andererseits entfernte sie sich mehr und mehr von jenen Formen der Agitation, die man von den Ligen her kannte. Diese Entwicklung war durchaus bemerkenswert und ist kurioserweise ausgerechnet durch eine mehr oder weniger willkürliche Maßnahme der Regierung ausgelöst worden.

Diese nämlich hatte tatsächlich ihr Wahlversprechen, die Ligen zu entwaffnen, eingelöst und bereits Mitte Juni die Auflösung sämtlicher Organisationen mit paramilitärischem Charakter angeordnet. Die *Action française* hatte es bereits im Februar getroffen; nun kam die Reihe an die *Jeunesses patriotes* und vor allem an die im *Mouvement social français* zusammengefaßten Vereinigungen (18. Juni 1936). La Rocque protestierte gegen diese Maßnahme, die er für ungerecht erklärte, war aber nichtsdestotrotz entschlossen, den Kampf auf legale Weise weiterzuführen und gründete deshalb sofort die *Parti social français* (PSF), die sich durch ihre Statuten, ihre Organisation und ihr Auftreten mit allen Merkmalen einer klassischen Partei ausstattete. In den Augen der Linken handelte es sich dabei um eine bloße Tarnung; tatsächlich aber war es die Aussöhnung – und zwar, wie sich herausstellte, eine aufrichtige – mit den Gepflogenheiten der pluralistischen Demokratie. Nicht alle »Feuerkreuzler« schlossen sich der neuen Partei an; dafür gewann sie Hunderttausende neuer Anhänger: Sie verfügte allein wahrscheinlich über ebenso viele Mitglieder wie alle drei Linksparteien zusammengenommen. Die Anhänger der neuen Partei lernten bald den Umgang mit den Regeln des demokratischen Lebens, zum Beispiel Versammlungen auf Sektionsebene abzuhalten, Untergruppierungen zu bilden, Parteikongresse zu organisieren, Kandidaturen bei Wahlen und die Bildung einer Parlamentsfraktion – diese Parteigründung besaß Gewicht und sollte auf die Dauer nicht ohne Folgen bleiben. Zum ersten Mal verfügten die Gemäßigten über eine große und stabile politische Formation; die konservativen, liberalen oder nationalen waren nun vom Wunschtraum einer anachronistischen Restauration oder autoritären Lockungen, kurz: von jeglicher extremistischen Versuchung befreit. Als Sammlungsbewegung der Mittelschichten, in denen sie die meisten Anhänger fand, trug die PSF auf ihre Weise zu einer Immunisierung eines Teils der französischen Öffentlichkeit gegen die faschistische Versuchung bei. Auf eine andere Weise bereitete sie einer anderen Sammlungsbewegung den Weg, jener nämlich, die zehn Jahre später General de Gaulle ins Leben rief: dem *Rassemblement du peuple français* (RPF).

Die politische Eingliederung der PSF in die Republik trug ihrem Vorsitzenden die Feindschaft der übrigen Oppositionsgruppen ein. Nicht nur, daß er ihnen Anhänger entzog, er führte auch ihre politischen Thesen *ad absurdum*. So erklärt sich die Heftigkeit ihrer Attacken gegen La Rocque. Die *Action française* und die *Parti populaire français*, die Jacques Doriot nach seinem Ausschluß aus der Kommunistischen Partei im Juni 1936 gegründet hatte, verbündeten sich gegen ihn und versuchten mit Hilfe Tardieus, das Ansehen La Rocques zu demolieren. Somit kämpfte die PSF an zwei Fronten: zum einen gegen die Regierung, gegen die sie große Demonstrationen organisierte, um auf diese Weise die amtliche These zu erschüttern, daß das Volk hinter der Regierung stehe; zum anderen gegen die übrigen Rechtsparteien. So fand sich die Opposition hin- und hergerissen zwischen einer zunehmenden Radikalisierung auf ihrem rechten Flügel und einer gemäßigten Strömung, die nur eine neue Kammermehrheit wollte.

DIE »PAUSE«

Anfang 1937 stand die Regierung Blum bereits auf ziemlich schwachen Füßen. Von der Begeisterung des vorangegangenen Sommers, dem Jubel der großen Aufmärsche, der Freude über den Wahlerfolg und über die ersten Reformen, die bis dahin noch die Aktivisten befeuert hatte, war nicht mehr viel übriggeblieben. Das soziale Klima war verdrossen: Die zusätzliche Kaufkraft hatte nicht zur Wiederbelebung der Wirtschaft geführt, und die Lohnerhöhungen wurden von der Inflation aufgefressen. Die Produktionsziffern gingen zurück, die gestiegenen Produktionskosten drückten auf den Export, der Franc zeigte Anzeichen von Schwäche, die Kurzarbeit nahm schleichend zu. Die Regierung steckte in einer Autoritätskrise, es fehlte an Vertrauen. Sporadisch flammten neue Streiks auf und verunsicherten die Unternehmer, die vor wirtschaftlichen Initiativen zurückscheuten. Nicht besser stand es um das politische Klima. Die Mehrheit in der Kammer war verunsichert: Die Kommunisten gingen zusehends auf Distanz; ihre Stimmenthaltung während der Debatte um die Außenpolitik war ein erster Schritt in Richtung Trennung, und auf dem rechten Flügel lauerten jene Radikalen, die sich nur halbherzig dem *Rassemblement populaire* angeschlossen hatten, bereits ungeduldig auf den Augenblick, wo sie sich von ihm wieder trennen konnten.

Am 13. Februar 1937 kündigte Léon Blum über den Rundfunk eine Pause in den Reformbemühungen der Regierung an: Man müsse erst einmal die in Gang gesetzten Veränderungen »verdauen« und Vertrauen zurückzugewinnen. Das bedeutete nichts anderes als das unausgesprochene Eingeständnis, daß man angesichts der neuen Kräfteverhältnisse mit seinem Latein am Ende war. Auf der Linken wurde die Ankündigung dieser »Pause« als ein Verzicht auf die Fortsetzung der linken Politik und als Kapitulation vor den Kräften der Reaktion empfunden: Das wirkte enttäuschend und entmutigend. Die Rechte hingegen blieb wachsam und wartete auf ihre Stunde.

Einen Monat später ereignete sich ein Zwischenfall, der die Situation irreparabel machte. Der Ortsverband Clichy der PSF hatte in einen Kinosaal der Stadt zu einer privaten Versammlung eingeladen. Die Linke, insbesondere die CGT, die in diesem Pariser Vorort praktisch zu Hause war, empfand diese Versammlung als Provokation und lud zu einer Gegendemonstration ein. Die Gemeindeverwaltung weigerte sich jedoch, das Treffen der PSF zu verbieten, und ergriff Maßnahmen, um der Versammlungsfreiheit einer genehmigten politischen Partei Respekt zu verschaffen. Die Demonstration nahm jedoch eine schlimme Wendung. Um einen Zusammenstoß der beiden Gruppen zu verhindern, schoß die Polizei in die Menge, tötete fünf Menschen und verwundete zahlreiche andere. Wie am Abend des 6. Februar gingen auch diesmal die Wogen hoch, allerdings mit dem Unterschied, daß es diesmal eine linke Regierung war, die auf das Volk schießen ließ. Die Kommunisten attackierten daraufhin die Regierung auf das heftigste. Blum dachte wieder einmal an Rücktritt, und die CGT rief für den 18. März zu einem Proteststreik auf.

Im Mai wurde die Internationale Ausstellung für Kunst und Technik eröffnet, aus der die Regierung Kapital für die Regierungsmehrheit schlagen wollte; doch sie wurde zu einem Fiasko. Die immer wieder aufflammenden Streiks unter den Handwerkern hatten die Bauarbeiten erheblich verzögert, so daß mehrere Pavillons nicht rechtzeitig fertig wurden und die Eröffnungsfeierlichkeiten inmitten von Bauschutt stattfinden mußten. Wieder einmal konnte die Opposition auf die Unfähigkeit dieser Regierung und auf den Schaden verweisen, den Frankreich durch die ständigen Arbeitskämpfe erlitt, mit denen sie nicht fertig wurde.

Vor dem Hintergrund der sich rapide verschlechternden wirtschaftlichen Lage forderte Léon Blum von beiden Kammern wirtschafts- und finanzpolitische Vollmachten, die bis zum 31. Juli 1937 gelten sollten. Die Opposition malte daraufhin das Schreckgespenst der Devisenkontrolle an die Wand und sah darin einen ersten unwiderruflichen Schritt in Richtung eines totalitären Regimes. Die Kammer bewilligte am 15. Juni die geforderten Vollmachten, allerdings mit einigen Einschränkungen und mit deutlich reduzierter Mehrheit: mit 346 gegen 247 Stimmen. Im Senat dagegen war es ausgerechnet Joseph Caillaux, der Vorsitzende des mächtigen Finanzausschusses, der das Ohr der Hohen Versammlung hatte und sein Ansehen vor allem seinem Ruf als Finanzexperte verdankte, der gegen diese Maßnahmen, die er noch selbst elf Jahre zuvor als Finanzminister für sich gefordert hatte, Stellung bezog und sie zum Scheitern brachte: mit der überwältigenden Mehrheit von 193 gegen 77 Stimmen lehnte sie der Senat ab. Gleich darauf trat Léon Blum zurück.

Damit war ein Experiment zu Ende, das nur wenig mehr als ein Jahr gedauert hatte. Der Sturz Léon Blums erregte die Gemüter nicht mehr, denn die Regierung hatte ihren Vertrauensvorschuß in der Öffentlichkeit erschöpft. Dieses eine Jahr hatte genügt, um das politische Klima zu verändern. Die Öffentlichkeit hatte die Kluft zwischen dem Wünschbaren und dem politisch Machbaren erkannt. Wenn diese Regierung dennoch in der Erinnerung eine dauerhafte Spur hinterließ und in die französische Zeitgeschichte als einer ihrer bedeutsamsten Abschnitte eingegangen ist, so liegt dies zum einen an der Persönlichkeit Léon Blums, zum andern aber auch an seinem großen Reformwerk.

Bedeutete diese Zeit Scheitern oder Erfolg? Noch fünfzig Jahre danach beschäftigt diese Frage Historiker und Nationalökonomen. An wem lag es, daß die Wirtschaftspolitik nicht die erwartete Wirkung zeigte? Am Widerstand der Rechten oder an der Sabotierung durch die Unternehmer, wie die Linken unter Hinweis auf die *»mur d'argent«* glauben machen wollten, die sie bereits für das Scheitern des Linkskartells verantwortlich gemacht hatten? Oder an der unzulänglichen Kenntnis der wirtschaftlichen Realitäten, an der falschen Einschätzung der Konjunktur, an der Weltfremdheit des linken Parteiprogramms? Diese Kontroverse kennt man inzwischen; sie lebt bei jedem weiteren sozialistischen Experiment wieder von neuem auf: so geschehen 1956 und abermals 1981.

DER NIEDERGANG DER VOLKSFRONT

Der Sturz der Regierung Blum bedeutete noch keineswegs das Ende der Volksfront, zumindest nicht theoretisch. Auch wenn die großen Hoffnungen, die die Regierung geweckt hatte, mit ihr begraben wurden, blieb die Volksfront als politischer Faktor weiterhin bestehen. Die Linkskoalition hielt. Erfahrungsgemäß braucht es immer eine gewisse Zeit, bis Parteien sich aus bestehenden Koalitionen lösen und neue Verbindungen eingehen. Als die erste Regierung Herriot nach nur zehnmonatiger Amtszeit zurücktreten mußte, weil sie an die Grenzen ihrer Politik gestoßen war, brauchte es noch einmal fünfzehn Monate und vier Regierungen, um den Boden für eine Umkehrung der politischen Verhältnisse vorzubereiten. So auch im Jahre 1937: Die Auflösung der Volksfront und die Bildung einer neuen Mehrheit erfolgten in Etappen.

Wann genau starb die Volksfront? Mit Sicherheit war sie endgültig zerfallen, als die Radikalsozialisten im Herbst 1938 auf ihrem Parteitag in Marseille den förmlichen Bruch mit den Kommunisten vollzogen, die ihrerseits zur offenen Opposition übergingen. Man könnte aber auch sagen, daß schon die Bildung der Regierung Daladier im April 1938 angesichts des von ihr verkündeten Programms – und trotz der nahezu einhelligen Zustimmung, die sie bei ihrem Amtsantritt fand – das eigentliche Ende der Volksfront besiegelte. Zehn Monate lagen also zwischen dem Sturz der Regierung Blum und der Bildung einer neuen Mehrheit, drei Regierungen und einige weitere Anläufe brauchte es, bis die Radikalsozialisten zu einer gemeinsamen Regierungsarbeit mit den Gemäßigten bereit waren.

Zunächst hatte man versucht, diese Regierungskrise durch einen simplen Austausch von Personen und Koalitionen zu lösen. Ministerpräsident wurde nun Camille Chautemps, zuvor noch Staatsminister unter Blum, während sich Léon Blum mit der Rolle seines Stellvertreters beschied. Anstelle der Sozialisten übernahmen nun die Radikalsozialisten die Führung der Koalition; einer aus ihren Reihen, Georges Bonnet, wurde Nachfolger von Vincent Auriol im Finanzministerium in der Rue de Rivoli und garantierte damit die Rückkehr zu den klassischen Rezepten der Finanzpolitik.

Das Parlament räumte der neuen Regierung ohne weiteres jene Vollmachten ein, die es Léon Blum kurz zuvor verweigert hatte. Sie bediente sich ihrer jedoch nur zur Durchführung der alten, sattsam bekannten Politik: zu einer versteckten Abwertung, um die Folgen der Inflation zu korrigieren, und zu einem weiteren Anziehen der Steuerschraube. Doch der Erfolg dieser Maßnahmen war bescheiden. Weder sank dadurch die Arbeitslosigkeit, noch erholte sich die Wirtschaft. Das soziale Klima blieb kühl; hier und da flackerten neue Streiks auf und verunsicherten die Unternehmer. Nicht besser stand es um das politische Klima. Die Öffentlichkeit empörte sich über Attentate, die, wie man später entdeckte, auf das Konto einer rechtsextremistischen Untergrundorganisation gingen, des *Comité secret d'action révolutionnaire*, besser bekannt unter dem Spitznamen *»Cagoule«*, das eine *»politique du pire«* (Politik der gezielten Krisenverschärfung) betrieb. Sein Ziel war, mit Hilfe terroristischer Methoden einen Umschlag der öffentlichen Meinung zu erreichen und die Mehrheit zu zerrütten, wobei ihm die Inszenierung des Reichstagsbrandes als Vorbild diente; auf sein Konto ging ferner die Ermordung antifaschistischer Oppositioneller im Auftrag der italienischen Regierung.

Die Parlamentsdebatte vom 14. Januar 1938 war, wie bereits erwähnt, ein entscheidender Schritt zur Auflösung der Koalition. Die Kommunisten kündigten an, sie würden bei der Vertrauensfrage nicht für die Regierung Blum stimmen. Sie hatten freie Hand; der Ministerpräsident hielt sie nicht zurück. Seinetwegen brauchten sie sich nicht an die Koalition gebunden zu fühlen. Aber für die Sozialisten war es noch zu früh für einen Bruch mit den Kommunisten; deshalb zogen sie ihre Minister aus der Regierung zurück. Nachdem Léon Blums Versuch gescheitert war, noch einmal alle Politiker um sich zu versammeln, die sich des Ernstes der Stunde bewußt waren, von den Kommunisten bis hin zur rechten Mitte, wurde Camille Chautemps sein eigener Nachfolger, aber der politische Schwerpunkt im Regierungslager rückte nach rechts. Die Sozialisten verweigerten eine Mitarbeit in der neuen Regierung, die nunmehr (mit 20 von 22 Ressorts) fast ausschließlich aus Radikalsozialisten bestand. Die beiden übrigen Kabinettsposten wurden mit Ludovic-Oscar Frossard als Staatsminister und Paul Ramadier als Arbeitsminister besetzt, beide von der *Union socialiste républicaine.* Trotz ihrer nur schmalen parlamentarischen Basis erhielt diese Regierung bei ihrer Vorstellung ein erstaunlich einmütiges Vertrauensvotum von 501 Stimmen bei nur einer Gegenstimme. Wie fast immer in solchen Situationen ruhte diese Einmütigkeit auf zweideutigen Grundlagen: Die Linke hatte sich noch nicht mit dem Ende der Volksfront abgefunden, und die Rechte bereitete sich erst noch auf die Übernahme der Regierungsgeschäfte vor. Dazu paßte auch, daß Chautemps bereits nach sieben Wochen zurücktreten mußte, ohne ein einziges Problem gelöst zu haben.

Die Regierungskrise fiel zusammen mit einer Verschärfung der internationalen Lage (entgegen einem hier und da geäußerten Verdacht hatte Chautemps den Zeitpunkt nicht mit Absicht gewählt, um die Verantwortung loszuwerden): Denn am Samstag, dem 12. März 1938, begann Hitlers Einmarsch in Österreich – es war die erste große Veränderung der politischen Landkarte nach dem Ersten Weltkrieg.

Dieses Ereignis warf seine Schatten auf den Verlauf der innenpolitischen Krise. Léon Blum kam wieder auf seine Vorstellungen vom Januar zurück. Er wandte sich an die ausnahmsweise einmal vereinigte Opposition und beschwor sie, ihre gesamte Kraft einer Regierung der Einheit und des nationalen Wohls zur Verfügung zu stellen – von Thorez, von dem er diesmal Unterstützung erhoffte, bis zu Paul Reynaud, der für seine entschlossene Haltung gegenüber Deutschland die Sympathie eines Teils der Linken genoß. Dies hätte die Neuauflage der *Union nationale* bedeutet, diesmal jedoch unter sozialistischer Führung. Der Vorschlag fand immerhin die Zustimmung der kleinen Gruppe der Volksdemokraten *(groupe démocrate-populaire);* Henri de Kerillis attestierte ihm sogar mit den Worten: »Sie sind ein großer Franzose« ausdrücklich patriotische Gesinnung. Aber die Rechte spielte nicht mit, teils aus Abneigung gegen die Kommunisten, teils auch, weil sie beweisen wollte, daß die Volksfront gescheitert war.

Nachdem sich daran nichts ändern ließ, entschloß sich Blum zur Bildung einer Regierung, die Ähnlichkeiten mit seiner ersten Regierung aufwies – genau wie Herriot, in dessen Regierung von 1926 viele Namen aus seinem ersten Kabinett von 1924 wieder auftauchten: Die Zyklen wiederholten sich. Nun regierten wieder mehrheitlich die Sozialisten zusammen mit einigen nicht sehr bekannten Radikalen und unabhängigen Sozialisten. Unter ihnen befand sich auch Pierre Mendès-France, der damals seine ersten administrativen Erfahrungen als Unterstaatssekretär im Schatzamt sammelte. Léon Blum machte sich keine Illusionen über die Dauer der Regierung und erhielt bei ihrer Vorstellung auch prompt nur mäßige 311 Stimmen, das waren 75 Stimmen weniger als noch zwei Jahre zuvor.

Am 1. April forderte er umfassende Vollmachten für sein Regierungsprogramm, dessen Rigorosität der schwierigen Situation entsprach. Vorgesehen war die Einführung einer Kapitalsteuer und eine Devisenkontrolle. Die Kammer stimmte zu – wohl wissend, daß der Senat dagegen stimmen würde. Und so geschah es auch: Der Senat folgte wieder dem Einspruch Caillaux' und lehnte am 7. April die Vorlage mit 223 gegen 49 Stimmen ab. Zum zweitenmal trat Léon Blum zurück.

Hätte er den Senat übergehen und im Amt bleiben können – oder müssen, wie einige Sozialisten glaubten? Die Verfassung war an dieser Stelle nicht ganz eindeutig, aber die Hohe Versammlung hatte immerhin schon mehrere Regierungen zum Rücktritt gezwungen. Die *Fédération socialiste de la Seine,* die innerhalb der Partei eine entschieden linke Position einnahm, forderte die Pariser Bevölkerung mit dem alten Schlachtruf der Radikalsozialisten »Auf gegen den Senat!« zu einer Demonstration vor dem Palais du Luxembourg auf, weil dieser den demokratischen Willen der Kammer mißachte. Senatspräsident Jules Jeanneney, der nicht damit rechnete, daß die Regierung die Beschlußfreiheit des Senats garantieren würde, rief die Polizei, worauf die Demonstration ein jähes Ende nahm.

Dieses Mal war es endgültig um das Experiment geschehen, das zwei Jahre zuvor nach einem großen Wahlsieg begonnen hatte. Aber auch die bisherige Kammermehrheit hatte abgewirtschaftet. Übrig blieb ein Reformwerk, das die Lebens- und Arbeitsbedingungen der Arbeiter entscheidend verändert, ihre Eingliederung in die Nation bewirkt und eine große Erinnerung im Volk hinterlassen hatte. Auch heute noch, ein halbes Jahrhundert später, hat diese Erinnerung nichts von ihrer Lebendigkeit verloren, weckt sie immer noch nostalgische Gefühle und Dankbarkeit, aber auch Bitternis, und liefert sie der Literatur, dem Theater und den audiovisuellen Medien genügend Stoff für alle Arten künstlerischer Rekonstruktion.

KAPITEL IX

Ein Aufbruch?

DIE REGIERUNG DALADIER

Am 8. April 1938 trat Léon Blum zurück. Zwei Tage später bildete Édouard Daladier die neue Regierung; am übernächsten Tag sprach ihr die Kammer mit 575 gegen 5 Stimmen fast einmütig das Vertrauen aus. Zum zweiten Mal innerhalb von drei Monaten hatten die Volksfrontmehrheit und die bisherige Opposition ihre Stimmen vereinigt. Die Frage war nur, würde die Einmütigkeit diesmal Bestand haben?

Das Experiment, das sich nun mit dem Namen Daladier verband, hat lange Zeit in der Erinnerung des Volkes, aber auch in den Darstellungen der Historiker darunter gelitten, daß es zwischen der vorübergehenden Aufheiterung und lyrischen Illusion des Sommers 1936 und der Katastrophe des Frühjahrs 1940 gleichsam eingezwängt war. Der Katastrophe zeitlich näher als dem Beginn der dreißiger Jahre, war es schon im voraus stigmatisiert. Natürlich lastete man gerade diesem Bindeglied in der Kette zwischen Krise und Untergang einen wesentlichen Teil der Verantwortung für die letztendliche Niederlage an. Dabei hat dieser Abschnitt eigentlich eine gründlichere Würdigung verdient: Man braucht ihn nicht zu rehabilitieren, aber er hat Anspruch auf neuerliche Betrachtung. Die Regierung Daladier war ein wichtiges Kapitel in der Geschichte der Franzosen und ihrer Bemühungen, dem Krieg zu entgehen oder ihn zu gewinnen, wenn sie ihn schon nicht vermeiden konnten. Sie stünde noch bedeutsamer da, wenn die Dinge anders verlaufen wären.

Es gibt mehrere Gründe, die diese Regierung einer genaueren Betrachtung empfehlen. Zunächst einmal ihre überdurchschnittlich lange

Dauer: Mit insgesamt drei Kabinettsumbildungen im August und November 1938 und im September 1939 hat sie fast zwei Jahre gehalten – vom 12. April 1938 bis Mitte März 1940. Man muß schon bis zum Kabinett Poincaré, also fast zehn Jahre, zurückgehen, um auf eine ähnlich langlebige zu stoßen. Die Regierung Daladier zählt daher zu den stabilsten der Dritten Republik und nimmt hinter denen von Jules Ferry, Méline, Waldeck-Rousseau, Combes, Clemenceau und Poincaré geführten einen guten Platz ein. Die öffentliche Meinung, die der instabilen Kabinette überdrüssig war, in denen sie nicht zu Unrecht ein Zeichen für den Niedergang der Verfassungsorgane erblickte, wußte den Kontrast zu schätzen, und was die Regierung an Popularität zurückgewann, färbte auf den Chef dieser Regierung ab. Das Land sehnte sich unbewußt nach einer starken Regierung und träumte von einem zweiten Clemenceau. Nun glaubte es, ihn gefunden zu haben. Ein erstaunlicher Stimmungsumschwung hatte sich vollzogen: Jener Mann, der den Haß der Rechten auf sich gezogen hatte, genoß nun das Vertrauen derer, die ihn vier Jahre zuvor als *»Fusilleur«* (Schießwütigen) hingestellt und geschworen hatten, nie wieder mit diesem Mörder zu paktieren. Dank der Sympathie, die ihm die Öffentlichkeit entgegenbrachte, erlangte Daladier dreimal die Zustimmung zu einer Regierung per *décrets-lois.* Er verfügte über eine Autorität, die nur mit der parlamentarischen Diktatur des »Tigers« Clemenceau zu vergleichen war.

Die von ihm gebildete Regierung entsprach indes in ihrer Zusammensetzung keineswegs dem parteiübergreifenden Vertrauensvotum des Parlaments. Die Radikalsozialisten hatten in ihr, wie schon in den vorangegangenen Regierungen, die Mehrheit und besetzten die wichtigsten Ministerien: das Ministerium für Landesverteidigung, das Daladier sich vorbehielt, sowie das Außen-, Innen- und Finanzministerium. Zur Linken wurden sie flankiert von drei Mitgliedern der *Union socialiste républicaine* (USR), während die Sozialisten der SFIO ihre Mitarbeit verweigert hatten. Dies war jedoch nichts Neues, da sie sich schon dem zweiten Kabinett Chautemps versagt hatten. Das Neue am Kabinett Daladier bestand vielmehr in der Rückkehr von rechtsgerichteten Politikern in die Regierungsverantwortung, die seit Mai 1936 in der Opposition standen: Paul Reynaud, Georges Mandel und Champetier de Ribes, die alle die feste Entschlossenheit verband, Hitlers Unternehmungen die Stirn zu bieten. Das konnte man nicht von allen radikalsozialistischen und USR-

Ministern behaupten: Unter ihnen gab es Männer wie etwa Georges Bonnet, den Außenminister, die es immer noch für möglich hielten, den »Führer« durch Konzessionen friedlich zu stimmen. Diese mangelnde Übereinstimmung in einer so wichtigen Frage unterminierte das Kabinett von innen her und wurde zu einer Quelle der Schwäche und Unentschlossenheit.

Ein weiteres strittiges Thema war die Wirtschaftspolitik. Sie schuf eine zweite Bruchlinie innerhalb der Regierung: Die einen favorisierten einen willkürlich-dirigistischen Kurs, während die anderen meinten, nur durch eine vollständige Rückkehr zu den Prinzipien der Marktwirtschaft fände die Wirtschaft wieder zu ihrer Dynamik und Beweglichkeit zurück. Diese beiden Themen waren eng miteinander verknüpft und machten die Auseinandersetzungen, die sie hervorriefen, nur noch verwickelter und undurchsichtiger.

Zur ersten Krise kam es im August 1938 in der Frage der Wochenarbeitszeit. Die Regierung wollte sowohl die Wiederaufrüstung intensivieren als auch die schleppende Konjunktur beleben. Zwei Jahre praktischer Erfahrung seit der Einführung der Vierzig-Stunden-Woche hatten gezeigt, daß es mit ihrer Hilfe nicht nur nicht gelungen war, die Arbeitslosigkeit zu beseitigen, sondern daß ihre rigide Anwendung in den Unternehmen die Kosten in die Höhe trieb und einen möglichen Aufschwung bremste. Die Unternehmerschaft, die seit 1936 wieder Tritt gefaßt hatte, verlangte nun lauthals Maßnahmen zur Lockerung der strengen Arbeitszeitregelung. Aber die Gewerkschaften stemmten sich vehement dagegen: Schließlich war die Vierzig-Stunden-Woche das Symbol für die Errungenschaften der Arbeiter, und keine Regierung hatte bisher gewagt, daran zu rühren. Nicht so Daladier. Am 21. August, also mitten in der bezahlten Urlaubszeit, verkündete er über den Rundfunk seine Entscheidung, »Frankreich wieder an die Arbeit zu schicken« sowie Maßnahmen, die eine gewisse Flexibilität in die bisherige Arbeitszeitregelung bringen sollten. Er rechtfertigte sie mit der Notwendigkeit, der Herausforderung der deutschen Industrie zu begegnen, die sechzig bis siebzig Wochenstunden arbeitete. Im übrigen betrafen diese Maßnahmen in erster Linie die Rüstungsindustrie, der es künftig erlaubt sein sollte, die im Gesetz festgelegte Wochenarbeitszeit, die nach wie vor vierzig Stunden betrug, zu überschreiten. Diese Ankündigungen ließen die Wogen hochschlagen: Die Absicht, Frankreich wieder zur Arbeit zu schicken, wirkte wie eine Verhöhnung der vorhergehenden Regierungen und rechtfertigte nachträglich so manche Kritik der Rechten an der Politik der Volksfront.

Zwei Minister, Mitglieder der USR, machten ihrem Unmut Luft, indem sie zurücktraten: L.-O. Frossard, Generalsekretär der französischen Sektion der Kommunistischen Internationale von 1921 bis 1923, und Paul Ramadier, der die SFIO 1933 zusammen mit den Neosozialisten verlassen hatte. Daladier ersetzte sie sofort wieder durch andere Mitglieder der USR, so daß das Gleichgewicht innerhalb der Regierung erhalten blieb und der Ministerpräsident seine Autorität gewahrt hatte. Die Regierung hatte eine Kehrtwendung vollzogen; sie duldete von nun an keine Fabrikbesetzungen mehr, sondern ließ besetzte Betriebe von der Polizei räumen. Die Unternehmer wußten ihr für diese Standfestigkeit Dank: Die Autorität des Staates war wiederhergestellt, und das Eigentum wurde wieder respektiert.

DIE KRISE VON MÜNCHEN

Seit der Bildung der Regierung Daladier überschattete die zunehmende Verschärfung der internationalen Lage mehr und mehr die innenpolitischen Debatten. Das Schicksal der Tschechoslowakei und danach die Frage nach dem Fortbestand des polnischen Staates beherrschten das politische Handeln der Regierung und die Sorgen der Bevölkerung. Kaum war der »Anschluß« Österreichs an Deutschland am 13. März 1938 vollzogen, als sich Hitler rasch dem nächsten Punkt in seinem Programm zuwandte: alle deutschsprachigen Volksgruppen im Schoß eines Großdeutschen Reiches zu vereinen. Als erstes nahm er sich die Tschechoslowakei vor, dieses Geschöpf der Verträge von 1919, in denen die Länder des ehemaligen Österreich-Ungarn zerteilt worden waren. In ihren Grenzen lebten außer Tschechen und Slowaken vor allem auch über drei Millionen Deutsche, die hauptsächlich in den Sudeten ansässig waren. Hitler hatte heimlich ihre Forderungen geschürt und ihrem Führer, einem Lehrer namens Konrad Henlein, den Rücken gestärkt. Nun gehörte die Tschechoslowakei aber dem östlichen Bündnissystem an, das Frankreich als Gegengewicht zu seinem deutschen Nachbarn errichtet hatte und das eine Neuauflage der traditionellen »rückseitigen Bündnisse« Frankreichs darstellte. Seit 1925 waren beide Staaten durch einen Vertrag verbunden. Im Mai 1938 war erstmals eine bedrohliche Situation entstanden. Sie dauerte zwar nicht lange, aber die Möglichkeit einer Krise mit kriegerischem Ausgang bewog manchen Franzosen zu der Frage nach der Tragweite dieses Vertrages. War Frankreich wirklich zur Hilfeleistung für seinen Verbündeten verpflichtet, falls ein Konflikt ausbrach, weil Prag seiner deutschen Minderheit die von Berlin geforderten Zugeständnisse verweigert hatte? Dies war etwa der Sinn eines Artikels, den der bekannte Staatsrechtler Joseph Barthélemy in *»Le Temps«* veröffentlichte. Die französische Entschlossenheit, dem Expansionismus des Dritten Reiches den Weg zu versperren, erhielt einen deutlichen Sprung. Hinzu kam ein weiterer Umstand, der ähnliche Auswirkungen hatte: die Abhängigkeit der französischen Außenpolitik von Großbritannien. Seit der Besetzung des Rheinlandes durch deutsche Truppen konnte Frankreich noch weniger daran denken, Hitler allein die Stirn zu bieten. Der britische Beistand war unverzichtbar. Da sich das Foreign Office hinsichtlich einer Verteidigung der Tschechoslowakei eher bedeckt hielt, sah sich Frankreich gezwungen, der englisch-französischen Freundschaft Tribut zu zollen. Der Besuch des englischen Königspaares im Juli 1938 in Paris bot Anlaß zu beeindruckenden Feierlichkeiten und zu einer großen Militärparade in Versailles, die Vertrauen in die französische Armee einflößte. Frankreich und die Franzosen hofften, die Briten zum französischen Standpunkt und zu einer entschlossenen Haltung gegenüber Hitler bekehren zu können.

Doch im September lebte die Krise wieder auf. Auf dem Nürnberger Reichsparteitag schlug Hitler schärfere Töne an, drohte nun offen der tschechischen Regierung und steigerte täglich seine Forderungen. Die Spannung nahm rapide zu, und die Möglichkeit eines Krieges rückte von Tag zu Tag mehr in den Bereich der Wahrscheinlichkeit. Die französische Regierung griff zu Präventivmaßnahmen, organisierte die Landesverteidigung und berief die Reservisten ein. Der Entschluß des britischen Premierministers Neville Chamberlain, den Reichskanzler in Bad Godesberg zu treffen, dämpfte das Fieber. Die beiden Regierungen in London und Paris machten nun Druck auf Prag, um es zu entscheidenden Zugeständnissen zu bewegen. Doch schon eine Woche später stieg die Spannung erneut an: Hitler hatte seine Ansprüche noch einmal verschärft; seine neuen Forderungen liefen auf die Zerschlagung des tschechoslowakischen Staates hinaus; sie deuteten auf seinen unersättlichen Appetit und bestärkten alle jene in ihrer Überzeugung, die glaubten, daß ihn jede neue Konzession nur noch in seinem Machtrausch bestärkte. Dies war der Augenblick, da man nicht mehr zurückweichen durfte. Ein zweites Treffen zwischen dem britischen Premier und Hitler blieb ohne Ergebnis. Nun bereitete man sich auf den Krieg vor. Überall tauchten an den Wänden der Rathäuser weiße Plakate auf, mit denen die französische Regierung in mehreren Etappen die Reservisten einberief, 750 000 an der Zahl; die Fensterscheiben wurden zur Verdunkelung blau angestrichen und Pläne zur Evakuierung der Kinder aus den Großstädten erstellt. Man sah die letzten Stunden des Friedens gekommen, und die Älteren glaubten sich in die ersten Augusttage des Jahres 1914 zurückversetzt.

Gerade als der Frieden schon verloren schien, eröffnete Mussolinis Vorschlag zu einer Viermächtekonferenz, den dieser zweifellos zuvor mit Hitler abgesprochen hatte, einen Ausweg, der unverzüglich beschritten wurde. Der Duce, der Reichskanzler, der britische Premierminister und der französische Ministerpräsident trafen sich, begleitet von ihren Außenministern, in München und erzielten bereits nach wenigen Stunden ein Übereinkommen, in dem Hitler alle seine Forderungen bewilligt wurden: die Abtretung wichtiger Gebiete, wobei von einer Volksabstimmung keine Rede mehr war. Prag hatte das Abkommen zu akzeptieren; auf eine vorherige Konsultation hatte man verzichtet. Aber wie hätte sich die Regierung Beneš dem widersetzen können, nachdem sie von ihren Verbündeten im Stich gelassen worden war? Der Frieden war zwar gerettet, aber um welchen Preis?

Nach Tagen der Angst vor der drohenden Gefahr herrschte nun große Erleichterung in Frankreich. Die Befriedigung darüber, dem Krieg entronnen zu sein, verdrängte für den Augenblick alle anderen Gefühle. Bei der Rückkehr Daladiers aus München brach sie sich Bahn: In Scharen war die Pariser Bevölkerung zum Flughafen Le Bourget geströmt und drängte sich während seiner Fahrt zum Arc de Triomphe am Straßenrand. Man jubelte ihm zu, als kehre er von einem großen diplomatischen Erfolg zurück. In der Tat wurde die Unterzeichnung dieses Abkommens wie ein Sieg gefeiert – ein Sieg über den Krieg, dessen Gefahr die vier Großen entschärft hatten. Viele Gemeinden tauften eine Straße auf den Namen Chamberlain, und der »*Petit Parisien*« organisierte unter seinen Lesern eine Spendenaktion, um dem britischen Premier ein Haus in Frankreich anbieten zu können. Manche Kommentatoren scheuten nicht davor zurück, das Münchner Abkommen mit dem Waffenstillstandsabkommen von 1918 zu vergleichen, das den Sieg besiegelt hatte, und verstiegen sich zu der Prophezeiung, daß soeben der Frieden zum zweiten Mal begründet worden und nunmehr für weitere zwanzig Jahre gefestigt sei, ja für eine ganze Generation.

Die Erklärung Daladiers vor der Kammer nach seiner Rückkehr wurde mit der überwältigenden Zahl von 537 Stimmen angenommen. Außer den 75 Abgeordneten der Kommunisten, die über diesen Sieg des Faschismus beunruhigt waren und befürchteten, daß der Frieden auf Kosten der Sowjetunion geschlossen worden sei, die man aus den Verhandlungen herausgehalten hatte, obwohl sie ebenfalls durch einen Bündnisvertrag an die Tschechoslowakei gebunden war, stimmten nur noch ein Sozialist, Jean Bouhey, Abgeordneter des Departements Côte-d'Or, und der gemäßigte Konservative Henri de Kerillis gegen das Abkommen. Letzterer vertrat den Wahlkreis Neuilly und war zunächst Ressortchef des »*Echo de Paris*« gewesen, hatte aber dann das Blatt im Jahre 1937 verlassen, weil es ihm zuviel Verständnis für die deutschen Forderungen aufbrachte, und die Tageszeitung »*L'Epoque*« gegründet, um klar und entschlossen die Fahne des unbeugsamen Patriotismus gegen Deutschland hochzuhalten.

Diese Einmütigkeit in der Kammer in bezug auf das Münchner Abkommen verschleierte jedoch die allenthalben vorhandenen Zweifel und Gegensätze. Die Öffentlichkeit war weit geteilter, als dies die zufriedenen Klänge in der Presse und das Votum der Kammer glauben machen wollten. Eine kurz nach dem Münchner Abkommen veranstaltete Meinungsumfrage – es handelte sich um eine der ersten Untersuchungen dieser Art in Frankreich, die von dem erst kurz zuvor von Jean Stoetzel gegründeten *Institut français d'opinion publique* durchgeführt wurde – enthielt unter anderem zwei Fragen. Auf die eine Frage: »Befürworten Sie die Vereinbarungen von München?«, antworteten 57 Prozent mit Ja und 37 Prozent mit Nein, das heißt, mehr als ein Drittel der Franzosen mißbilligten sie, oder anders ausgedrückt, doppelt so viele wie die Wählerschaft jener Abgeordneten, die gegen die Vereinbarungen gestimmt hatten. Die zweite Frage betraf die Zukunft und lautete: »Sind Sie der

Meinung, daß sich Frankreich und Großbritannien künftig jeder neuen Forderung Hitlers widersetzen (man beachte dieses Wort!) sollten?« 70 Prozent der Befragten antworteten darauf mit Ja, 17 Prozent mit Nein. Unter denen, die sich für die Vereinbarungen ausgesprochen hatten, gab es also etliche, die dergleichen kein zweites Mal tun wollten: wenn sie zugestimmt hatten, dann nur, weil es keine Alternative gab: Frankreich war dafür nicht gerüstet und ohne Großbritannien nicht handlungsfähig.

BEFÜRWORTER UND GEGNER DES MÜNCHNER ABKOMMENS

Seit der Dreyfus-Affäre war die öffentliche Meinung in Frankreich selten so tief gespalten gewesen wie in der Frage des Münchner Abkommens. Der Unterschied war nur, daß diesmal die Folgen schwerer wogen und dauerhafter waren. Ob vom »Geist von München« die Rede ist oder von »Antimünchnern«, wobei die Bezeichnung »Antimünchner« durchaus ehrenrührig gemeint ist: Der Name München ist als Schlagwort bis heute im Bewußtsein der Franzosen lebendig. Es gab mehrere Fälle, in denen die Erinnerung an 1938 eine entscheidende Rolle in den Entscheidungen französischer Staatsmänner spielte, so unter anderem im Jahre 1956, wo sie als Rechtfertigung für die Besetzung des Suez-Kanals diente, da man gegenüber Nasser nicht noch einmal den gleichen Fehler begehen wollte wie 1938 gegenüber Hitler. Und noch 1990, als es gegen Saddam Hussein ging, verwies man auf München.

Die Sudetenkrise hatte im Herbst 1938 eine Kluft zwischen zwei Denkschulen wieder aufbrechen lassen, die wir bereits vorgestellt haben: zwischen denen, die auf Herausforderungen mit Härte und Entschlossenheit antworteten, und denen, die einer Konfrontation stets den Kompromiß vorzogen. Im Jahre 1938 wurde dieser Gegensatz noch durch die nicht zu unterschätzende Kraft pazifistischer Gefühle verschärft.

Die Auseinandersetzungen um das Münchner Abkommen liefen nicht einfach auf den Streit zwischen zwei Lagern hinaus; es gab viele Gründe und Möglichkeiten, das Abkommen gutzuheißen oder zu verurteilen. Unter den Befürwortern gab es solche, die es aus prinzipiellen Erwägungen waren; sie sahen im Krieg das größte aller Übel und zogen ihm jede Art von Übereinkunft vor: Sie waren Pazifisten um jeden Preis und blieben es in jeder Lage. Dabei waren ihre Motive durchaus unterschiedlich. Für die einen, die zumeist aus dem linken Lager kamen, bedeutete das Leben das höchste aller Güter und gab es nichts, was sein Opfer rechtfertigte, nicht einmal die Freiheit. Ihre Philosophie kommt am besten in dem Slogan »Lieber Knechtschaft als Krieg« zum Ausdruck und entsprach auf der anderen Seite dem Motto »Lieber Hitler als die Volksfront oder Léon Blum«, ein Wort, das die Linke einem Teil der Rechten in den Mund legte, obgleich sich eine entsprechende Äußerung nirgendwo nachweisen läßt. Andere wiederum wurden nur zu Pazifisten und folglich zu Befürwortern des Münchner Abkommens, weil sie die Linken für Kriegstreiber hielten und sie verdächtigten, aus ideologischer Feindschaft gegen autoritäre Systeme zum Krieg zu hetzen. Weit größer als diese Minderheiten war jedoch die Zahl derer, die sich über die Unterzeichnung des Abkommens freuten oder sich zumindest damit abgefunden hatten, sei es, weil sie Hitlers Beteuerungen glaubten, er habe keine weiteren Gebietsansprüche, sei es, weil der Einsatz in ihren Augen einen eventuellen Konflikt kaum rechtfertigte oder weil Frankreich dafür nicht für ausreichend gerüstet war.

Ebensowenig bildeten die Gegner des Abkommens eine einheitliche Gruppe. Zu ihr gehörten Patrioten vom Geiste eines Georges Clemenceau oder in der Tradition eines Charles Péguy, Bürger, denen die Ehre Frankreichs viel bedeutete und die sich durch den Verrat ihres Vaterlandes an der Tschechoslowakei gedemütigt fühlten, und Militärs, die bestürzt waren, weil Frankreich einen Verbündeten und eine wichtige Position in Mitteleuropa verloren hatte, und somit bei der nächsten drohenden Konfrontation mit Deutschland noch ein wenig isolierter dastehen würde. Zum anderen umfaßte sie Antifaschisten, die voller Zorn sahen, wie überall, in Spanien, Österreich und der Tschechoslowakei, die Demokratien vor den vorrückenden faschistischen Regimen zurückwichen. Und schließlich zählten auch noch die Kommunisten zu ihr, deren Parteiführung sich an der sowjetischen Außenpolitik orientierte und befürchtete, daß die Entente zwischen kapitalistischen und faschistischen Mächten zu Lasten der Sowjetunion gehen werde.

Die Debatte über das Abkommen spaltete sogar einen Großteil der Familien, gerade weil sie so viele unterschiedliche Motive berührte und weder Parteien noch Gewerkschaften nach München eine konsensfähige Position zu finden vermochten. Ihr Zusammenhalt ließ sich nur um den Preis des Schweigens oder doppeldeutiger Aussagen erhalten. Nur die Kommunisten hatten keine Mühe, eine einheitliche Linie zu bewahren, da sie den Geist von München grundsätzlich ablehnten und die Regierung, die solche Vereinbarungen unterzeichnet hatte, fortan uneingeschränkt bekämpften. Auch die kleine *Parti démocrate populaire*, die wie alle Welt zunächst ein wenig erleichtert gewesen war, machte geschlossen Front gegen das Münchener Abkommen.

Die übrigen Gruppierungen waren in sich gespalten; bei ihnen ging die Trennungslinie zwischen Gegnern und Befürwortern quer durch die Reihen. Auf der Linken wie auf der Rechten tat sich eine Kluft auf zwischen den Anhängern einer Appeasementpolitik und den Vertretern einer harten Haltung. Die Sozialistische Partei war gespalten in Anhänger Léon Blums, die nicht mehr glaubten, daß man Hitler besänftigen könne, und die ihn für skrupellos hielten, und in Gefolgsleute Paul Faures, des mächtigen Generalsekretärs der SFIO, der den Frieden um jeden Preis gewahrt sehen wollte. Auf den Parteikongressen der Sozialisten gerieten die beiden Positionen regelmäßig aneinander. Jedes Argument war willkommen – den Pazifisten sogar ein antikommunistisches oder antisemitisches. Der scheinbare Zusammenhalt der SFIO im Jahr 1939 war nur möglich um den Preis einer zweideutigen Haltung, welche die Ereignisse der Jahre 1939 und 1940 nicht überstehen sollte.

Auch die Gewerkschaften boten ein Bild der Zerrissenheit. Bei ihnen fiel der Streit um das Münchner Abkommen mehr oder weniger zusammen mit dem Kampf der beiden um die Führung der gewerkschaftlich organisierten Berufsverbände und der Gewerkschaftsbünde auf Departementsebene rivalisierenden Strömungen: Die Anhänger der alten CGT neigten ganz in der Tradition des revolutionären Syndikalismus zur Friedenspolitik à la München, während die Anhänger der ehemaligen CGTU aus antifaschistischer Solidarität mit der Sowjetunion für eine Politik des Widerstandes gegen den Faschismus eintraten. Diese Rivalitäten schwächten die Gewerkschaftsorganisationen erheblich und stifteten Verwirrung in der Öffentlichkeit. Sie führten zu völlig unvorgesehenen Neugruppierungen und seit Oktober 1938 zu immer häufigeren internen Grabenkämpfen mit vertauschten Fronten.

Die französische Regierung ahnte damals nicht, in welchem Maße

Hitlers Gewaltakte und die Tatenlosigkeit ihrer eigenen Regierung bereits die Grundlagen der französischen Außen- und Sicherheitspolitik ruiniert hatten. Nichts war von der in Versailles geschaffenen Ordnung mehr übriggeblieben. Tief gekränkt über die Sanktionen nach dem italienischen Einfall in Abessinien, hatte Mussolini mit dem »Führer« am 22. Mai 1939 einen Freundschafts- und Bündnispakt, den sogenannten »Stahlpakt«, geschlossen, den er im nachhinein mit einer erst später entdeckten inneren Verwandtschaft beider Regime rechtfertigte. Der Sieg Francos nach zweieinhalb Jahren eines erbittert geführten Bürgerkrieges hatte in Spanien die Errichtung eines Regimes ermöglicht, das sich Deutschland und Italien zu Dank verpflichtet fühlte. Und bereits im Oktober 1936 hatte der belgische König für sein Land den Status der Neutralität gewählt; er hatte aus dem Ausbleiben jeglicher Reaktion auf die Remilitarisierung des Rheinlandes gelernt.

Was Polen betraf, so hatte man dort nach der Ermordung Barthous an der Entschlossenheit Frankreichs gezweifelt und es für klüger gehalten, sich direkt mit Hitler zu verständigen. Seit der Machtübernahme durch das »Obristenregime« hatte es ein Zusammengehen mit dem Dritten Reich gesucht und im Anschluß an das Münchner Abkommen tatkräftig bei der Zerschlagung der unglücklichen Tschechoslowakei mitgeholfen. Die »Kleine Entente« war zerbrochen. Seit München war Stalin überzeugt, daß die westlichen Demokraten ihre Ruhe dadurch erkaufen wollten, daß sie Hitler in Richtung Ukraine freie Hand ließen. Frankreich stand also nahezu alleine da. Es hatte seine Verbündeten verloren, und sein Ansehen war auf dem tiefsten Punkt angelangt. Am Ende blieb ihm nur noch die Freundschaft mit Großbritannien. Sie war nun noch kostbarer geworden als zuvor und zwang Frankreich gegenüber England zu Konzessionen: so im Fall des britischen Vetos im Juli 1936 gegen Léon Blums Hilfeleistungen an das republikanische Spanien oder wie im Fall der Sudetenkrise, als London den Ton angegeben und es zum Verlassen des tschechischen Verbündeten genötigt hatte. Die englische Regierung war noch immer nicht von der Sinnlosigkeit der Verständigungsbemühungen mit Hitler überzeugt.

Nach dem 30. September 1938 waren bezüglich Deutschlands zwei Haltungen denkbar, zwischen denen die französischen Staatsmänner schwankten. Für die einen wies München den Weg, den es weiterzuverfolgen galt: strittige Fragen durch Verhandlungen zwischen den vier

Großmächten zu lösen und den Frieden in Europa im Sinne einer gütlichen Revision der Verträge von 1919/1920 auf eine neue Basis zu stellen. Diese Politik setzte voraus, daß man an Hitlers Aufrichtigkeit glaubte und seinem Wort vertraute, wenn er beteuerte, keine weiteren Territorialforderungen mehr stellen zu wollen. Die anderen hingegen meinten, daß man den errungenen Aufschub nützen müsse, um die Aufrüstung voranzutreiben, den Rückstand aufzuholen und all die kleinen Staaten mit Garantieversprechen an sich zu binden, die von dem deutschen Hegemonialstreben bedroht wurden. Die Regierung zeigte sich in dieser Frage wieder einmal gespalten: Daladier neigte eher zur letzteren Position, während Außenminister George Bonnet die erstere vertrat.

Am 6. Dezember 1938 besuchte der deutsche Außenminister Joachim von Ribbentrop Paris und unterzeichnete zusammen mit seinem französischen Amtskollegen eine sehr vage gehaltene gemeinsame Erklärung, die der Verhandlungslösung eine Chance zu eröffnen schien. Ihre symbolische Bedeutung mißfiel einen Monat nach den Pogromen der »Reichskristallnacht« vor allem jenen Franzosen, die sich dafür schämten, daß Frankreich die Tschechoslowakei im Stich gelassen hatte, und sich keinerlei Illusionen über den Nationalsozialismus hingaben, weil sie dessen Ideologie besser kannten oder verabscheuten. Das Schwanken zwischen den beiden genannten Haltungen bzw. deren gleichzeitige politische Umsetzung dauerte bis zu dem großen Knall, den Hitler selbst inszenierte: Am 15. März 1939 marschierte die Wehrmacht in Böhmen und Mähren ein. Kaum sechs Monate nach der Unterzeichnung des Münchner Abkommens, das einer ganzen Generation den Frieden sichern sollte, hatte Hitler sein Wort gebrochen. Der deutsche Einmarsch in Böhmen öffnete den Ungläubigen mit einem Schlag die Augen, allen voran der britischen Führung, die nun plötzlich die Sinnlosigkeit aller Verständigungsbemühungen mit dem Reichskanzler begriff. Nun gab es nur noch eine Möglichkeit, dem deutschen Vormachtstreben Einhalt zu gebieten und vielleicht doch noch einen Krieg zu verhindern: Hitler die Stirn zu bieten. Jetzt war es England, das Frankreich überbot: Zum ersten Mal in seiner Geschichte führte es in Friedenszeiten die allgemeine Wehrpflicht ein und erteilte gleichzeitig Staaten wie Polen und Rumänien, die in der Stoßrichtung der deutschen Expansion lagen, Schutzgarantien. In Frankreich waren die Anhänger der Beschwichtigungspolitik verstummt. Die französische Öffentlichkeit verabscheute zwar weiterhin den Krieg und fürchtete den Ernstfall, aber sie war nun bereit, das Risiko auf sich zu nehmen.

Diese Haltung wurde durch eine Meinungsumfrage auf beeindrukkende Weise belegt. Auf die den Bürgern gestellte Frage, die durch die aktuelle Entwicklung eine beunruhigende Wahrscheinlichkeit erlangt hatte: »Sind Sie der Meinung, daß im Falle, daß Deutschland versucht, die Freie Stadt Danzig zu erobern, wir dies verhindern sollten, notfalls auch mit Gewalt?« antworteten 76 Prozent mit Ja, 17 Prozent mit Nein und 7 Prozent enthielten sich der Stimme. Welch ein Wandel seit München, als nur 37 Prozent das Abkommen ablehnten! Marcel Déats Artikel in der Zeitung *»L'Œuvre«* vom 4. Mai 1939 wird zwar immer wieder gern zitiert, taugt jedoch nicht als Zeugnis für die damalige Stimmung unter seinen Mitbürgern, wenn er die selbstgestellte Frage »Sterben für Danzig?« ablehnend beantwortet. Daladier, der kein Vertrauen mehr zu seinem Außenminister hatte, konnte ihn zwar nicht loswerden, nahm ihm aber immer mehr die Geschäfte aus der Hand und schaltete sich selbst in die Führung der Außenpolitik ein – deutlicher konnte ein Staat seine Schwäche nicht zeigen als dadurch, daß er dem Regierungschef keine unbestrittene Weisungsbefugnis über seine Kollegen verlieh.

DER TOD DER VOLKSFRONT

Während sich durch den Streit um das Münchner Abkommen die Lager in Frankreich neu formierten, vollzog sich zur gleichen Zeit der endgültige Zerfall der Volksfront. Dieser Prozeß verlief in Etappen. Begonnen hatte er zunächst mit der Weigerung der Kommunisten, sich an der Regierung zu beteiligen, und mit ihrer Stimmenthaltung im Dezember 1936. Es folgten die Verschiebung des politischen Schwerpunkts innerhalb der Regierung von den Sozialisten zu den Radikalsozialisten und der Auszug der SFIO aus der Regierung. An ihrer Stelle kamen im April 1938 Politiker aus den Reihen der Opposition an die Macht. Das Münchner Abkommen setzte schließlich den Schlußpunkt unter diese Entwicklung: Die Kommunisten betrieben eine systematische Opposition gegen die Regierung, und die Radikalsozialisten verkündeten auf ihrem Kongreß in Marseille (26.–29. Oktober 1938) das sang- und klanglose Ende der Volksfront.

Der Antikommunismus beherrschte die Stunde, und die Minderheit innerhalb der Radikalsozialisten, die von Anfang an gegen das Bündnis mit der extremen Linken gewesen war, stellte mit Genugtuung fest, daß die Gesamtpartei auf ihre Linie eingeschwenkt war. Am 10. November 1938 kündigte die Radikalsozialistische Partei von einem Tag auf den andern ihre Zugehörigkeit zum *Rassemblement populaire* auf. Die Einheitsfront der Linken, die im Juli 1934 durch das Bündnis von Sozialisten und Kommunisten aus der Taufe gehoben und im Jahr 1935 noch einmal erweitert worden war, die 1936 einen triumphalen Wahlsieg errungen hatte, aber bereits ein Jahr später erste Schäden aufwies, bestand nicht mehr. Sie hatte bestenfalls knapp vier Jahre gedauert. So wiederholte sich zum dritten Mal innerhalb von zwölf Jahren (1926–1938) der Fall, daß eine im Wahlkampf gemeinsam marschierende Linke zur Halbzeit der Legislaturperiode auseinanderbrach und einer neuen Mehrheit Platz machen mußte, die den Gemäßigten mit Hilfe der Radikalsozialisten zur Rückkehr in die politische Verantwortung verhalf und einen Teil der bis dahin regierenden Linken in die Opposition verbannte. Im Unterschied zu den Jahren 1926 und 1934 blieb diesmal jedoch die Führung der Regierung in den Händen der Radikalsozialisten. Aber die Verlagerung des Schwerpunkts innerhalb der Mehrheit nach rechts, in diesem Fall von den Sozialisten zu den Radikalsozialisten, fiel darum nicht geringer aus. Die Sozialisten waren peinlich verwirrt und enthielten sich bei der Abstimmung über die von Daladier geforderten Vollmachten am 4. Oktober 1938 der Stimme.

EINE NEUE POLITIK

Daladier zog sofort die Konsequenzen aus dieser Machtverschiebung. Am 1. November nahm er eine Umbesetzung des Kabinetts vor: Paul Reynaud übernahm von Paul Marchandeau das Finanzministerium, dieser von Reynaud das Justizministerium. Reynaud, der mit dem Finanzressort die Schlüssel zur Wirtschaftspolitik in der Hand hielt, ergriff sofort die notwendigen Maßnahmen zur Konsolidierung des Staatshaushalts und zu einer verstärkten Wiederaufrüstung. Frankreich sollte nicht noch einmal unter Zwang vor Hitler zurückweichen müssen. Unterstützt von einer Riege junger, kompetenter und begeisterungsfähiger Beamter unter der Führung von Gaston Palewski, die sich hier ihre ersten Sporen verdienten und sich später auf verantwortlichen Positionen wiederfinden sollten wie Michel Debré, Maurice Couve de Murville und Alfred Sauvy, trotzte der neue Finanzminister dem zögerlichen Ministerpräsidenten eine Reihe von Dekreten ab, die manche der bisherigen Zwänge lockerten und die Aktivität der Unternehmer durch wichtige Zugeständnisse an den Wirtschaftsliberalismus neu belebten: Dazu gehörten Abstriche an der Vierzig-Stunden-Woche, die Reynaud der Kammer mit einem Schuß provokanter Koketterie präsentierte, als er erklärte: »Von nun an gibt es die zwei Sonntage pro Woche nicht mehr«, sowie eine Tarifbegrenzung für die Bezahlung von Überstunden, gelockerte Bedingungen für die Einstellung und Entlassung von Arbeitnehmern und neue Anreize für die Rückkehr von französischem Kapital, das ins Ausland geflossen war. Dieses Bündel von Maßnahmen bedeutete eine völlige Umorientierung der bisherigen Wirtschaftspolitik.

Der Weg der Kommunistischen Partei in die Opposition, das unentschiedene Verhalten der SFIO, die Rückkehr der Rechten an die Macht, die Verkündung einer ganzen Reihe von Dekreten mit Gesetzeskraft, die schlimme Erinnerungen an das Jahr 1935 heraufbeschworen und die sozialen Errungenschaften der Volksfront von 1936 in Frage stellten: All das forderte eine Reaktion der CGT. Doch die beiden Hauptströmungen, die innerhalb der CGT um die Führung stritten, bekämpften die Regierung Daladier aus unterschiedlichen Motiven. Die Kluft zwischen den Befürwortern und Gegnern des Münchner Abkommens brachte ein Element der Zwietracht und der Schwächung in die Gewerkschaft: Während die den Kommunisten nahestehenden Anhänger der alten CGTU sich scharf gegen die Außenpolitik der Regierung wandten, wurde sie von den Anhängern der alten CGT unterstützt. Nur mit Mühe und unter recht diffusen Begleitumständen kam auf dem Gewerkschaftskongreß in Nantes eine Entscheidung zustande, wonach für den 30. November zu einem Generalstreik aufgerufen werden sollte; unklar blieb nur, ob er sich gegen die Dekrete oder gegen das Münchner Abkommen richtete. Die Gewerkschaften hofften, ihren entscheidenden Erfolg vom 14. Februar 1934 wiederholen zu können. Die in sich gespaltene CGT fand sich also einer Regierung gegenüber, die vielleicht nicht unbedingt die Kraftprobe suchte, jedoch entschlossen war, alles zu tun, um als Sieger daraus hervorzugehen. Paul Reynaud gewann Daladier für seine Position und erhielt dessen Unterstützung gegenüber den anderen Ministern, die einen günstigeren Zeitpunkt abwarten und einen frontalen Zusammenstoß mit der CGT vermeiden wollten. Die Regierung traf ihre Vorsichtsmaßnahmen; sie ließ das Personal der öffentlichen Versorgungsbetriebe dienstverpflichten, drohte bei Widersetzlichkeit mit der Anwendung des erst kürzlich verabschiedeten Kriegsrechts, ließ die Busdepots vorsorglich von Polizeikräften besetzen, um die Freiheit der Arbeit zu gewährleisten, und anderes mehr.

Der Generalstreik wurde nach Regionen und Branchen unterschiedlich stark befolgt, im Süden jedoch mehr als im Norden. Ihn als Fehlschlag zu bezeichnen, wäre falsch, denn die Streikbeteiligung lag mindestens so hoch wie an jenem legendären 12. Februar 1934. Dennoch herrschte in der Öffentlichkeit insgesamt der Eindruck eines Fiaskos vor, da dieser Streik alle sichtbaren Merkmale einer erfolgreichen Unternehmung vermissen ließ. Die Hauptlast des Streiks trug die Privatwirtschaft, die ziemlich breit bestreikt wurde, während im öffentlichen Sektor nur 10 Prozent der Arbeiter dem Streikaufruf folgten: Die Züge fuhren weiter, Omnibusse und Metro hielten ihren Betrieb aufrecht, und die Postzustellung erfuhr keine Unterbrechung. Auch die Lehrerschaft hielt sich weitgehend von dem Streik fern; insgesamt waren es nur etwa 250 Lehrer an höheren Schulen, die den Unterricht verweigerten. Die Vorsichtsmaßnahmen der Regierung hatten ihre Wirkung nicht verfehlt. Sie machte sich diesen Vorteil zunutze, indem sie die Streikenden vor Gericht stellen ließ, wo harte Strafen gegen sie verhängt wurden.

Auf seiten der Unternehmer betrachtete man die Arbeitsniederlegungen als Vertragsverletzungen. Man ging mit harter Hand gegen die Streikenden vor, sprach zahlreiche Entlassungen aus und entledigte sich auf diese Weise vor allem der gewerkschaftlichen Rädelsführer in den Betrieben. Gleichzeitig gab ihnen dies die Möglichkeit, eine sorgfältigere Auswahl bei Neueinstellungen zu treffen. Dieser unternehmerische Druck gesellte sich zu der ohnehin um sich greifenden Entmutigung der Basis und führte zum Zerfall der Gewerkschaftsbewegung. Nach einigen Monaten waren fast zwei Drittel aller Gewerkschaften von der Bildfläche verschwunden, nachdem sie durch die Entlassungen ihrer Verantwortlichen ihrer Führung beraubt worden waren und viele ihrer Anhänger auf eine weitere Mitgliedschaft verzichteten. René Belin, der Sekretär des Dachverbandes CGT, schätzte, daß die Zahl der Beitragszahler, die vor dem Generalstreik noch über vier Millionen betrug, Anfang 1939 auf unter 1,5 Millionen gesunken war. Dies bedeutete nach nur drei kurzen Blütejahren das Ende der gewerkschaftlichen Massenbewegung. Die Arbeiterorganisationen waren nicht mehr in der Lage, der Regierung oder der Unternehmerschaft Widerstand zu leisten. Danach gab es keine größeren Arbeitskämpfe mehr; in vielen Gegenden wurde 1939 nicht einmal mehr der 1. Mai gefeiert. Es war nicht die Mobilmachung und noch weniger die Auflösung der Arbeitervereinigungen im August 1940 durch die Vichy-Regierung, die zum Erliegen der Gewerkschaftsbewegung geführt haben; die eigentliche Zäsur lag im November 1938.

Die Unternehmer nutzten die Gunst der Stunde, um ihrem seit Mai 1936 erschütterten Ansehen wieder Geltung zu verschaffen, und gingen nun ihrerseits zum Gegenangriff über. Im Anschluß an Simone Weil, die den Begriff von der »Marneschlacht der Unternehmer« geprägt hatte, haben viele Historiker später auf der Interpretation dieser Ereignisse als einer sozialen Revanche der führenden Klasse bestanden, und in der Tat spricht vieles dafür, daß sich damals viele Arbeitgeber für die erlittene Schmach gerächt haben. Die Rückkehr zur sozialen Ruhe allein mit einer Umkehrung der Kräfteverhältnisse zwischen dem rechten und linken Lager zu erklären, hieße jedoch zu vergessen, daß auch die Arbeiter Bürger waren, die die Verschärfung der internationalen Lage erkannten, und hieße auch, den Aufbruch zu verkennen, der sich allenthalben zwischen dem November 1938 und September 1939 vollzog.

FRANKREICH RICHTET SICH WIEDER AUF

Ministerpräsident Daladier war es gelungen, die vielen unbestimmten Gefühle seiner Landsleute auf seine Person zu richten und sich eine außergewöhnliche Popularität zu verschaffen. In diesem Mann, der nüchtern und in glaubhaftem Ton ausdrückte, was jeder bei sich selbst fühlte, erkannten sich die meisten Franzosen wieder: Friedensliebe, Standhaftigkeit gegenüber Ultimaten und das wiedererwachende Bewußtsein,

Großmacht zu sein. Jede überstandene Krise steigerte sein moralisches Ansehen. Man verübelte ihm nicht, daß er gezwungenermaßen nach München gereist war; es wurde ihm als Beweis für seinen Friedenswillen ausgelegt. Noch mehr aber lobte man, wie er die italienischen Prahlereien beantwortete und die Ansprüche der italienischen Kammer auf Nizza, Savoyen, Korsika und Tunesien kategorisch zurückwies. Seine Reise nach Tunesien wurde durch die Presse und Wochenschauen ausgiebig in Szene gesetzt, und die Mareth-Linie an der libysch-tunesischen Grenze, die man für stark genug hielt, einem Angriff aus Libyen gegen Südtunesien zu widerstehen, verband sich im Bewußtsein der Öffentlichkeit mit der Maginotlinie – beide garantierten die Unversehrtheit französischen Territoriums, zu dem von nun an die überseeischen Gebiete ebenso gehörten wie die Provinzen des Mutterlandes. Frankreich genoß es sichtlich, endlich eine Regierung zu haben, die sich als stark und dauerhaft erwies; zu lange hatte man unter den andauernden Regierungswechseln gelitten.

Tatsächlich schienen die Verfassungsinstitutionen gut zu funktionieren. Dreimal hintereinander bewilligte das Parlament die von der Regierung geforderten Vollmachten für eine Politik per *décrets-lois.* Daladier erreichte auch die Abstimmung über seit Jahren anhängige Gesetzesvorlagen wie das Gesetz über die Verhängung des Kriegsrechts, um das seit zwölf Jahren gestritten und das nun endlich kurz vor der Sommerpause am 12. Juli 1938 verabschiedet wurde. Drei weitere Initiativen kamen dem vage empfundenen Verlangen entgegen, jegliches Wiederaufbrechen von Streitigkeiten zu vermeiden. So wurde Staatspräsident Lebrun, dessen Amtszeit im Mai 1939 zu Ende ging, bereits im ersten Wahlgang am 5. April für eine neue Amtsperiode wiedergewählt, was alle Intrigen unterband und einen möglichen Konkurrenzkampf verhinderte. Aus demselben Grund, nämlich um einen Wahlkampf zu verhindern, der nur neue Gräben aufgerissen hätte, verlängerte ein Erlaß vom 29. Juli 1939 die Legislaturperiode der Abgeordnetenkammer bis zum 1. Juni 1942. Schließlich verabschiedete die Kammer am 27. Juni 1939 mit 339 gegen 234 Stimmen eine Wahlrechtsreform, derzufolge künftig wieder das Verhältniswahlrecht galt. So hatte sich durch die politische Praxis ein neues Gleichgewicht zwischen Exekutive und Legislative herausgebildet, das ohne Verfassungsänderung einen großen Teil der Wünsche nach einem rationeller funktionierenden Parlamentarismus erfüllte. Es handelte sich insbesondere um Reformen, die Doumergue seinerzeit vergeblich auf dem Weg über eine förmliche Änderung der Verfassung angestrebt hatte. Ob die Dritte Republik damit die Mängel, die sie schwächten, wirklich hätte beseitigen können, bleibt nach wie vor fraglich. Jedenfalls erscheint die Regierung Daladier aus zeitlichem Abstand gesehen als eine wichtige Etappe auf dem Weg der Veränderung des politischen Systems in Frankreich.

Der Antiparlamentarismus war auf dem Rückzug. Auch die *Parti populaire français* von Jacques Doriot stagnierte: Intellektuelle wie Drieu de la Rochelle, Alfred Fabre-Luce und Bertrand de Jouvenel, die sich von Doriots Persönlichkeit hatten verführen lassen und geglaubt hatten, in seiner Partei dem Volk zu begegnen, zogen sich nach dem Münchner Abkommen aus ihr zurück. Demgegenüber genoß die *Parti social français* (PSF) in den Mittelschichten eine rasch wachsende Popularität und trug dazu bei, die seit dem Boulangismus bestehende Kluft zwischen dem Nationalismus und der Republik zu schließen. Die einzigen politischen Gruppierungen, die sich nicht hinter der Regierung sammelten, waren – neben den Wählern, die ihr Vertrauen weiterhin auf die Kommunistische Partei setzten, in der sie die Zukunft der Welt und ein Bollwerk gegen den Faschismus erblickten – eine Minderheit von Pazifisten, die den Frieden über alles stellten, und eine Handvoll irregeleiteter Geister, die sich bereits jetzt, wenn auch manchmal unbewußt, für das Bündnis mit Deutschland entschieden hatten, sei es aus Haß gegen die Demokratie, aus Haß gegen den Kommunismus oder aus Faszination durch den Faschismus.

Den Initiativen der Regierung war es zu danken, daß »Frankreich«, um einen damals häufig zitierten Ausdruck zu gebrauchen, »sich wieder aufrichtete« *(la France se redresse).* Befreit von einer ganzen Reihe arbeitsrechtlicher Reglementierungen, die die Unternehmen bis dahin geknebelt hatten, stimuliert durch die große Zahl neuer Rüstungsaufträge und durch den Rückfluß französischen Kapitals in Höhe von 35 Milliarden Francs aus dem Ausland, das in einheimische Unternehmen floß, erwachte die französische Wirtschaft nach sechs oder sieben Jahren der Flaute zu neuem Leben. Das hatte weder die deflationistische Politik der Regierungen in den Jahren vor 1936 fertiggebracht, noch war es den Ankurbelungsversuchen der Volksfrontregierung im Jahr 1936 selbst gelungen. Zum ersten Mal schien Frankreich im Begriff, seine Trägheit abzuschütteln, wenn auch mit einem zeitlichen Rückstand auf die großen

Industrienationen, den es infolge des bald darauf beginnenden Krieges nicht mehr aufzuholen vermochte. Die Wirtschaftsdaten verdeutlichen diesen Umschwung: Im Juni 1939 war die industrielle Produktion um 20 Prozent gegenüber April 1938 gestiegen, die Arbeitslosenzahl im gleichen Zeitraum um 10 Prozent gesunken und hatte sich die Preissteigerungsrate, die bis dahin regelmäßig die Lohnerhöhungen aufgefressen und den durch die Francabwertung erreichten Wettbewerbsspielraum zunichte gemacht hatte, deutlich verlangsamt. Die wirtschaftliche Wiederbelebung hatte nach und nach die meisten Branchen erfaßt.

Im Vertrauen auf ihre Stabilität konnte die Regierung Daladier nun sogar Probleme aus früheren Jahren in Angriff nehmen und längerfristige Aufgaben anpacken, zum Beispiel im Bereich der Bevölkerungsentwicklung. Schon lange hatten hier private Organisationen auf Antworten gedrängt. Wenn es stimmt, daß die Franzosen in Europa die ersten waren, die Geburtenbeschränkung praktiziert haben, so reichen die Wurzeln dieses Problems in der Tat sehr weit in die Vergangenheit. Jedenfalls hatte sich die Bevölkerungszahl seit 1870 kaum mehr bewegt, während in den übrigen Nachbarländern die Bevölkerungskurve anstieg. Nach dem »Anschluß« Österreichs und der Einverleibung des Sudetenlandes stand Frankreich mit seinen 40 Millionen Einwohnern doppelt so vielen, das heißt 80 Millionen Reichsdeutschen gegenüber. In Wirklichkeit war die demographische Situation noch weit dramatischer, denn seit 1935 überstieg die Zahl der Sterbefälle sogar die der Geburten. Kurzfristig sorgte man sich um die militärische Sicherheit, langfristig sah man darin eine Bedrohung für die Zukunft und Lebensfähigkeit der Nation. Alfred Sauvy, der damals die Grundlagen und Methoden für eine Bevölkerungswissenschaft erarbeitete und der Regierung nahestand, konnte die führenden Kreise für seine Ansichten gewinnen. Von ihm gingen auch wesentliche Anstöße zu dem finanziellen, steuerlichen, sozialen und rechtlichen Maßnahmenbündel aus, das im Juli 1939 unter dem Namen *Code de la famille* per Dekret verabschiedet wurde und mit der chronischen Gleichgültigkeit der staatlichen Behörden und dem individualistischen Erbe der Französischen Revolution brach. Die Entwicklung war nun in Gang gebracht; die nachfolgenden Regierungen setzten den im Juli 1939 eingeschlagenen Weg fort. Den entscheidenden Anstoß dazu hatte die letzte in Friedenszeiten amtierende Regierung der Dritten Republik gegeben.

DIE BEZIEHUNGEN ZUR SOWJETUNION

Seit dem 15. März 1939 sprach niemand mehr von einem dauerhaften Frieden auf der Basis einer Verständigung mit dem Führer des Deutschen Reiches. Die französische und englische Regierung hatten sich für eine Politik der Härte entschieden und allen Ländern, die vom deutschen Hegemonialanspruch bedroht waren, Schutzgarantien erteilt, allen voran Polen. Ihre Haltung schien auf die beiden Diktatoren zunächst wenig Eindruck zu machen: Hitler zwang Litauen zur Abtretung des Memellandes, Mussolini marschierte in Albanien ein. Es blieb nur noch ein Mittel, Hitler zu stoppen: ein Abkommen mit der Sowjetunion; denn Deutschland hatte seit jeher den Zweifrontenkrieg gescheut. Frankreich und Großbritannien hatten daher mit Moskau Verhandlungen aufgenommen, wobei diesmal die französische Regierung mehr Entschlossenheit an den Tag legte, zu einem Ergebnis zu kommen, als Großbritannien, das etwas hinterherhinkte. Die Verhandlungen kamen durch die Weigerung Polens, sowjetischen Truppen den Durchmarsch durch sein Territorium zu gewähren, ins Stocken. In Warschau erinnerte man sich an die lange Geschichte seiner Beziehungen zu Rußland und namentlich deren letzte Episode im Jahre 1920 nur zu gut; man wollte nicht zwischen zwei Feinden wählen. Doch ohne ein solches Durchmarschgebiet war eine sowjetische Intervention im Falle eines deutschen Angriffs nicht realisierbar.

Da sich die Verhandlungen immer mehr in die Länge zogen, nahm Daladier die Sache in die Hand und erteilte dem französischen Delegationschef General Doumenc Vollmacht, den Vertrag um jeden Preis unter Dach und Fach zu bringen, ohne weiter auf die britischen Ausflüchte und den polnischen Standpunkt zu achten. Aber es war zu spät. Am 23. August 1939 platzte die unglaubliche Nachricht wie eine Bombe in die Verhandlungen: Der sowjetische Außenminister Molotow und sein deutscher Kollege von Ribbentrop hatten in der Nacht zum 24. August im Beisein Stalins nicht nur einen Handelsvertrag unterzeichnet – der als Vorwand für die deutsch-sowjetischen Gespräche gedient hatte –, sondern auch einen Nichtangriffspakt. Bei der nächtlichen Unterzeichnungszeremonie entstand jenes Foto mit dem raubtierhaften Lächeln Stalins, das später unsterblich werden sollte. Es dauerte nicht lange, bis man dahinter kam, daß zu dem offiziellen Vertragswerk ein Geheimabkommen gehörte, das die Aufteilung Polens zwischen den beiden Mächten vorsah. Dies bedeutete nichts anderes als die Rückkehr zur Teilungspolitik Katharinas II. von Rußland und Friedrichs II. von Preußen.

Noch heute fragt man sich nach den Motiven, die Stalin zu diesem Umschwenken bewogen hatten; die sowjetischen Archive, die darüber Auskunft geben könnten, sind noch verschlossen. Immerhin lassen sich einige Gründe erahnen. Offensichtlich ging es Stalin darum, in einem Konflikt, der die anderen Mächte in Atem halten würde, die Gelegenheit zu nutzen, um die Folgen des Friedens von Brest-Litowsk zu beseitigen, verlorene Gebiete zurückzugewinnen und das dem ehemaligen Zarenreich vorgelagerte westliche Glacis wiederherzustellen. Vielleicht beruhte Stalins Politik auch auf einer, wie sich später zeigen sollte, falschen Einschätzung des Kräfteverhältnisses zwischen beiden gegnerischen Lagern: Indem er sich mit dem, wie er glaubte, schwächeren Teil, nämlich Deutschland, verbündete, um damit die Auseinandersetzung zwischen den Kriegführenden zu verlängern und Zeit zur Wiederaufrüstung der Sowjetunion zu gewinnen, hätte Stalin denselben Irrtum begangen wie viele andere auch: die Demokratien für stärker zu halten als Deutschland. Der Irrtum wäre beinahe tödlich gewesen und hätte ohne den patriotischen Kampfgeist der Sowjetbürger im Jahre 1941 nicht nur seinen eigenen Untergang, sondern auch den seines Regimes und der Sowjetunion nach sich gezogen.

Obwohl man am Morgen des 24. August noch nicht alle Konsequenzen aus dem deutsch-sowjetischen Vertrag übersehen konnte, stand soviel doch fest, daß Paris und London nun nicht mehr auf die Unterstützung der Sowjetunion zählen konnten. Schlimmer noch: Hitler, der nun im Osten nichts mehr zu befürchten brauchte und außerdem die für seine Rüstungsindustrie notwendigen Erdöl- und Eisenerzlieferungen gesichert wußte, konnte jetzt die Offensive ergreifen. Indem er die Option ausschlug, die als einzige Hitler hätte zurückhalten können, machte Stalin den Krieg so gut wie sicher.

Frankreich wurde durch das Bekanntwerden des Molotow-Ribbentrop-Paktes völlig überrascht, ausgenommen einige besser informierte Kreise, die in der Kaltstellung Litwinows im April 1939 ein Vorzeichen für einen Kurswechsel der sowjetischen Strategie erkannt hatten. Seit vier oder fünf Jahren galt die Bekämpfung des Faschismus als das zentrale Thema des Kommunismus, das seine Aktivitäten bestimmte. Nachträglich erkannte man in diesem Kurswechsel eine gewisse Logik; er gab denen Recht, die den Kommunismus schon immer als eine Ideologie der Unterdrückung angeprangert hatten. Man interpretierte deshalb die Annäherung der beiden Länder als Zeichen einer gewissen Verwandtschaft der Systeme und ihrer Ideologien. Es waren zwei Spielarten ein und desselben Phänomens. Man nannte es noch nicht allgemein Totalitarismus, aber man hatte bereits eine Vorstellung davon.

Seit dem 24. August wußte man, worum es in diesem Konflikt ging, der nunmehr als unabwendbar galt: Es ging wieder einmal um den Kampf der Freiheit gegen Diktatur und hegemoniale Gewalt. Das Ereignis führte die konservativen Pazifisten und die Gegner des Münchner Abkommens wieder zusammen. Für die französischen Kommunisten, besonders für diejenigen unter ihnen, die sich der Partei erst angeschlossen hatten, nachdem sie die Initiative zur Vereinigung aller demokratischen Kräfte gegen den Faschismus ergriffen hatte, bedeutete dieser Vertrag eine große und schmerzliche Überraschung. Einige weigerten sich rundweg, daran zu glauben; die meisten redeten sich ein, daß die Unterzeichnung eines Vertrages, dessen Geheimklauseln man schließlich nicht kannte, nur ein letzter Versuch Stalins zur Rettung des Friedens sei, indem er Hitler an sich band. Und lag der Fehler nicht eigentlich bei den westlichen Demokratien, die Moskau von den Münchner Verhandlungen ausgeschlossen hatten? Hatten sie nicht sogar versucht, die deutsche Gefahr von sich weg auf die Sowjetunion abzulenken?

Damals wußte man noch nichts von dem aufrichtigen Bemühen Daladiers, mit Stalin eine Verständigung zu erreichen. So konnte die *»Humanité«*, kurz bevor sie von der Regierung verboten wurde, behaupten, daß Stalin mit diesem Pakt nur die Pläne der kapitalistischen Regierungen durchkreuzt habe. Trotz aller Überraschung blieben die französischen Kommunisten zunächst bei ihrer bisherigen Linie und führten weiterhin die Antihitlerfront an. Ihre Abgeordneten hatten keine Gewissensbisse, als sie am 2. September ihre Zustimmung zu den von der Regierung geforderten Sonderkrediten gaben, wo doch jedermann klar war, daß ihre Gewährung die Regierung praktisch ermächtigte, Deutschland den Krieg zu erklären. Denn Hitler hatte am Tag zuvor und weniger als zehn Tage nach Unterzeichnung des »Friedenssicherungspaktes« Polen, den Freund und Verbündeten Frankreichs, angegriffen.

KAPITEL X

Ein kulturelles Zwischenspiel? 1919–1939

Es ist immer etwas riskant, schöpferische Aktivitäten im Bereich des Denkens und des künstlerischen Schaffens nach dem Gang des politischen Lebens zu gliedern. Politik und Kultur sind ihrem Wesen nach verschieden und atmen in unterschiedlichem Rhythmus. Wäre es deshalb falsch, in diesem Bereich von einer Zwischenkriegszeit zu sprechen, die keine eigene Bedeutung hätte? Die Antwort darauf ist vielschichtig, und diese Vielschichtigkeit hängt wiederum mit dem labilen Gleichgewicht zusammen, in dem sich die Kultur eines Gemeinwesens im Wechselspiel von Innovation und Beharrung ständig befindet. Kulturgeschichte ist mehr als ein simples Schlichtungsverfahren zwischen Traditionalismus und Avantgarde – zwei im übrigen fließende Begriffe – oder die mitunter nachsichtige Darstellung des ewigen und oftmals gekünstelten Disputs zwischen Traditionalisten und Modernisten, in dem die letzteren den Anspruch erheben, die Kultur aus jenen Banden zu befreien, mit denen die ersteren sie zur Mumie gemacht hätten. Mit welchem Recht sollte übrigens Klio, die Muse der Geschichte, die einen vor den anderen bevorzugen? Hielte sie es nur mit den ersteren, so brächte sie eine Bewegung zum Stillstand, die von Natur aus ewig ist, während sie durch einzelnes Hervorheben modernistischer Strömungen das Ausmaß des Wandels übertriebe, der in der Avantgarde-Phase oft nur in Ansätzen präsent ist.

Gerade hier liegt für den Historiker die größte Schwierigkeit: Soll er bei seiner Betrachtung der kulturellen Entwicklung die neuen Strömungen bevorzugt behandeln oder im Gegenteil zu dem Schluß kommen, daß es nur die tiefsten und mächtigsten Schichten sind, die einer Epoche ihr Profil verleihen? Darf er sich mit dem Hinweis begnügen, daß es tatsächlich unterschiedliche Lesarten gibt, oder soll er nicht nur zum Geologen und Geographen, sondern auch zum Maler des kulturellen Lebens werden, wie es sich in einer bestimmten Phase darbietet – und sich damit (worauf noch zurückzukommen ist) der Gefahr des Impressionismus oder Subjektivismus aussetzen?

Halten wir zunächst fest, daß die Kulturgeschichte nur selten eine Chronologie des Umbruchs liefern kann; sie muß sich in erster Linie bemühen, den allmählichen Wandel der Formen nachzuzeichnen. Das befreit sie allerdings keineswegs von der Aufgabe, die »Tektonik« des Gestaltwandels zu erforschen. Kulturgeschichte bleibt somit auf den Kontakt zur Sozial- und zur sogenannten Mentalitätsgeschichte angewiesen. Will sich der Kulturhistoriker als »Maler« einer Epoche verstehen, muß er gleichzeitig auch Soziologe und Anthropologe sein, und zwar aus dem einfachen Grund, weil zum einen jede schöpferische Tätigkeit, was ihre Rezeption durch eine bestimmte Menschengruppe betrifft, von Gefühlen und vom Zeitgeschmack abhängig ist, die ihrerseits Ergebnisse des Geschichtsprozesses sind, und weil zum andern das schöpferische Werk stets einem sozialen und politischen Nährboden verhaftet bleibt, mit dem es in einer Wechselbeziehung steht.

Im Jahre 1919 hatte sich dieser Nährboden trotz der Kriegserschütterungen noch nicht tiefgreifend verändert. Das Frankreich dieser Zeit unterschied sich kaum von dem der Dritten Republik, wie sie sich in den Jahren von 1870 bis 1914 herausgebildet hatte. Das gilt, aus heutiger Sicht, in erstaunlichem Umfang auch für den kulturellen Bereich. Die Kontinuität erwies sich stärker als die Greuel des Krieges; so als ob der Sieg von 1918, wenigstens für eine gewisse Zeit, den Triumph dieser Dritten Republik und ihrer Ideologie bedeutete.

Die momentan auffälligsten Veränderungen resultierten aus dem Hinscheiden derer, die im Kriege gefallen oder aus Altersgründen verstorben waren, und aus den neuen Widersprüchen, die sich aus dem Konflikt ergaben und nach einem neuen Ausgleich suchten. Doch nichts davon kam den Umwälzungen gleich, die Deutschland, Italien, Spanien oder Mitteleuropa erlebten.

Der soziale Boden, in dem diese Kultur wurzelte, hatte sich, zumindest für den Augenblick, durch den Schock des Krieges, der ihn wie eine Pflugschar durchschnitt, kaum verändert – abgesehen natürlich von den blutigen Furchen, die ihn durchzogen. Die französische Gesellschaft schien unbegrenzt fähig, ihr eigenes Gewebe ständig zu erneuern, aber diese Fähigkeit wirkte nicht nur stabilisierend, sondern trug auch den Keim der Erstarrung in sich. Auf kulturellem Gebiet hatte sie jedoch eines ihrer Elemente verloren, die »schöne Welt«, die, von Marcel Proust einen Moment lang wieder wachgerufen, am Ende nur nostalgische Erinnerung oder Klischee blieb: die Figur des Aristokraten in den Unterhaltungsromanen oder Pierre Fresnay in seiner Rolle als Maréchal in dem 1937 entstandenen Film »Die Große Illusion« von Jean Renoir. Ein weiteres Element, die ländliche Welt und mit ihr das gesellschaftliche Gefüge in der Provinz, hatte ebenfalls an Kraft und Einfluß verloren. Sie blieben historischer Bezugspunkt, doch man inventarisierte sie, wie man die Dinge auf dem Speicher ordnet. François Mauriac zum Beispiel ließ diesen schon etwas überlebten Charme in seinen Romanen wiederaufleben.

Alles in allem war sie noch immer eine gespaltene Gesellschaft, die jedoch rascher, als es auf den ersten Blick scheint, zu Kompromissen bereit war und gerade ihre inneren Spannungen als sicheren Beweis ihrer Elastizität empfand. Kulturell gesehen war diese Gesellschaft zum einen mannigfaltig genug, um erfinderisch und kämpferisch zu bleiben, und andererseits auch homogen genug, um ihre Wertvorstellungen auf einen von allen beanspruchten Humanismus zu gründen, auch wenn dieser selbst umstritten war. Es war die Gesellschaft eines Staates, der noch nicht erkannt hatte, daß er seine Großmachtstellung verloren hatte, der deshalb noch immer nach Weltgeltung strebte – selbst als ihm schwante, daß sie illusorisch war, und der in seinen Überzeugungen noch bestärkt wurde durch die Bewunderung und die Erwartungen, die sich nicht nur aus Europa, sondern auch aus einer ganzen Reihe lateinamerikanischer Länder und aus Staaten des Nahen, Mittleren und sogar Fernen Ostens auf ihn richteten. Das Kolonialreich und eine nach wie vor treue Gefolgschaft von Intellektuellen hinderten Frankreich, sich trotz aller Versuchungen, die seine Nachbarn bewegten, auf sich selbst zurückzuziehen.

Im übrigen bleibt festzuhalten, daß sich die französische Kultur in den Jahren zwischen den beiden Weltkriegen ihre Ausstrahlungskraft bewahrt hat und daß der Glanz, den sie verbreitete, keineswegs nur das Netzhautbild eines inzwischen erloschenen Sternes war. Das Licht, das von dieser Kultur immer noch ausging, war zum einen der Nachglanz strahlender Gestirne der Vorkriegszeit, zum anderen der Widerschein von Feuern, die erst durch die Stürme des Weltkriegs entzündet oder angefacht worden waren.

NACHGLANZ

Daß das Licht aus zwei verschiedenen Quellen kam, macht, wie schon angedeutet, die Wahl der richtigen Perspektive zum Problem. Soll man, um die Farbtöne dieser Epoche wieder sichtbar zu machen, die Betonung mehr auf die damals etablierten Werke legen, die der Zeit ihren typischen Anstrich verliehen, aber den Literaturhistoriker, der für die neuen Farbtupfer der Avantgarde empfänglicher ist, nur wenig interessieren? Oder soll man die unmittelbare Nachkriegszeit unter das Zeichen des Dadaismus, der Kühnheiten eines Raymond Radiguet, der beginnenden Herrschaft Jean Cocteaus, des Einflusses von Max Jacob oder des allmählichen Vordringens der Werke Sigmund Freuds stellen, all das begleitet von den Klängen des Jazz? Oder sollte man vor allem an die Verleihung des Literaturnobelpreises an Anatole France im Jahre 1921 erinnern, der damit schon zu seinen Lebzeiten zum Denkmal wurde?

Es war vor allem die Vorkriegsgeneration, die die Kontinuität garantierte. In der Literatur, Philosophie und in den Bildenden Künsten tauchten mit Ausnahme des 1922 verstorbenen Marcel Proust all die Namen wieder auf, die man bereits vor 1914 gekannt hatte: Gide, Claudel, Valéry, Bergson, Picasso, Matisse, Maillol. Die revolutionären Veränderungen in den Künsten hatten sich zwar bereits vor dem Krieg vollzogen, aber die Erschütterungen des Krieges vervielfachten oder beförderten noch die Wirkungen dieser Veränderungen, und manch ein Künstler der Vorkriegszeit brachte es nochmals zum Klassiker oder jedenfalls häufig zu einer hochgeschätzten und preisgekrönten Größe.

In vielen Bereichen vollzog sich eine – im übrigen gelungene – Akkumulation bereits existierender Strömungen, so zum Beispiel in der Literatur. Es gibt zahlreiche Hinweise, die diese Kontinuität belegen. Zuallererst bleibt festzuhalten: Paris hatte nichts von seiner Anziehungskraft eingebüßt. Nicht nur die jungen und bisweilen ungestümen amerikanischen Schriftsteller der *lost generation* wie Henry Miller und Ernest

Hemingway wurden vom Glitzern der *Ville lumière* angezogen; sie sonnte sich auch weiterhin in der Anerkennung, die ihr durch internationale Gremien zuteil wurde. Innerhalb von weniger als zwanzig Jahren wurde drei Franzosen der Literaturnobelpreis zugesprochen: Anatole France 1921, Henri Bergson 1927 und Roger Martin du Gard 1937 – zwei Romanciers und ein Philosoph, woraus als zweite Feststellung folgt: Im Unterschied zu den Jahren nach dem Zweiten Weltkrieg, als Philosophie und Geisteswissenschaften die Literatur mehr und mehr von ihrem angestammten Platz im kulturellen Wertgefüge verdrängten, blieb die Zwischenkriegszeit für die Literatur im engeren Sinne eine glanzvolle Periode. Dafür gibt es untrügliche Anzeichen: Die literarischen Zeitschriften genossen weiterhin hohes Ansehen. Viele Debatten galten nach wie vor literarischen Themen, doch kreisten sie dabei keineswegs nur um Fragen des Surrealismus oder später um die Schrift *»La trahison des clercs«* von Julien Benda.

Ein Drittes kommt noch hinzu: In den zwanziger Jahren gelang einigen weniger bekannten Schriftstellern der öffentliche Durchbruch, die schon vor dem Krieg debütiert hatten und keine Jünglinge mehr waren: André Gide, der 1897 die *»Nourritures terrestres«* geschrieben hatte, war 1919 fünfzig, Paul Claudel einundfünfzig und Paul Valéry achtundvierzig Jahre alt.

Der plötzlich gestiegene Bekanntheitsgrad dieser und einiger anderer Schriftsteller begründete das machtvolle Ansehen der Literaturzeitschrift *»Nouvelle Revue française«*. Sie war ebenfalls schon vor dem Krieg von einer Gruppe von Schriftstellern gegründet worden, die sich seit 1909 gegen das Vordringen des Symbolismus wandten. Vor 1914, so schrieb André Gide später, »roch die Literatur muffig«. Das war zweifellos übertrieben, entsprach jedoch einer lang zurückreichenden Tradition: Die damals im Entstehen begriffenen »Schulen« definierten und bestätigten sich zumeist durch die Ablehnung des Bestehenden. Die Periode, die 1914 endete, war in der Tat ausgesprochen offen und aufgeschlossen gewesen. Der im Niedergang begriffene Symbolismus hatte das Aufkommen so neuer und unterschiedlicher Autoren wie Apollinaire, Claudel, Gide, Proust und Bergson nicht verhindert, die, wenn auch manchmal erst posthum, durch die nachfolgenden Generationen Respekt und Anerkennung erfuhren.

Der Erfolg der *»Nouvelle Revue française«* (N.R.F.) eröffnete also keine neuen Perspektiven für eine Literatur, die ohnehin nach allen Seiten offen war. Aber die Zeitschrift verkörperte doch so etwas wie ein literarisches Prokonsulat. Was im übrigen wieder einmal die Standardfrage des Kulturhistorikers aufwirft: Welche komplexe Alchemie verschafft einer »Schule« zu einem bestimmten Zeitpunkt die Hegemonie und ermöglicht es ihr, der Republik des Geistes ihr Gesetz aufzuerlegen? 1937 konnte Jean Paulhan, Chefredakteur der *»Revue«* seit 1925 und damit freilich Richter in eigener Sache, erklären: »Alles, was in den letzten fünfundzwanzig Jahren auf literarischem Gebiet an Neuem und Bewegendem erschienen ist, geht auf die *›Nouvelle Revue française‹* zurück.« Hinter diesem Eigenlob steckt zumindest ein Stück Realität. Gewiß, ein großer Teil der französischen Literatur hatte sich dem Einfluß der N.R.F. entzogen; darüber hinaus unterschieden sich die Autoren, die man der N.R.F. zugerechnet hat, oft sehr in der Art ihres Schreibens und ihres Empfindens. Dennoch gab es so etwas wie einen »Geist der N.R.F.«, der schon bald den Charakter eines klassischen Vorbilds annahm. Diese prokonsularische Stellung der N.R.F. wurde symbolisch markiert durch die Verleihung des Prix Goncourt an Marcel Proust für sein Werk *»A l'ombre des jeunes filles en fleurs«* (»Im Schatten der jungen Mädchen«) im Jahre 1919 und des Literaturnobelpreises an Roger Martin du Gard im Jahre 1937.

Auch in der Musik hatte der Umbruch bereits vor dem Krieg eingesetzt. Man muß nicht alles auf den musikalischen und choreographischen Eklat zurückführen, der – ähnlich wie die Zuschauerschlacht im Jahr 1830 bei Victor Hugos Theaterstück *»Hernani«* – im Jahr 1913 anläßlich der Aufführung von Igor Strawinskys *»Le Sacre du Printemps«* durch die *»Ballets russes«* im *Théâtre des Champs-Elysées* ausbrach. Gleichwohl war sie ein Markstein, obwohl *»Le Figaro«* darin zunächst nur eine »schwerfällige und kindische Barbarei« erblickte und die Kritik in *»L'Echo de Paris«* von »wilden Tänzen nach Art der Kariben und Kanaken« sprach.

In den Jahren zwischen 1919 und 1939 gelangte zur Entfaltung, was im Ansatz bereits vorhanden war, wie die »Gruppe der Sechs«, deren Mitglieder sich schon vor 1914 zusammengeschlossen hatten. So hatte zum Beispiel der Komponist Darius Milhaud als Sekretär des französischen Gesandten in Brasilien, Paul Claudel, schon damals eng mit diesem Schriftsteller zusammengearbeitet; sein musikalisches Bühnengedicht *»L'Homme et son désir«* basierte auf einer Vorlage Paul Claudels. Diese »Gruppe der Sechs« bildete jedoch keine Schule im herkömmlichen Sinn. Kann man überhaupt von einer gemeinsamen Ästhetik sprechen? Die Komponisten Georges Auric, Louis Durey, Arthur Honegger, Darius Milhaud, Francis Poulenc und Germaine Tailleferre verkörperten unabhängig von der Freundschaft, die sie verband, sehr verschiedene Persönlichkeiten, die im folgenden ganz unterschiedliche Wege beschritten. Doch hatten sie die gleichen musikalischen Vorbilder und ähnliche Grundsätze; vor allem waren sie sich einig in der entschiedenen Ablehnung Wagners und zum Teil auch Debussys und, bis zum Zweiten Weltkrieg, im Desinteresse an der atonalen Musik des Österreichers Arnold Schönberg.

Die »Sechs« standen auch mit Vertretern anderer Kunstformen der »verrückten zwanziger Jahre« in künstlerischem Austausch. Poulenc, Milhaud und Auric trafen sich häufig mit Jean Cocteau; man sah sie im Bar-Kabarett *Bœuf sur le toit.* Auric komponierte für Serge Diaghilews *»Ballets russes«;* Milhaud schrieb 1923 die Musik für das berühmt gewordene Ballett *»La Création du monde«* nach einer Vorlage von Blaise Cendrars; das Bühnenbild und die Kostüme stammten von dem Kubisten Fernand Léger.

Auch der Kubismus war schon vor dem Ersten Weltkrieg entstanden. Im Jahre 1912 gab dieser erst wenige Jahre zuvor aufgekommene Kunststil Anlaß zu einer parlamentarischen Anfrage bezüglich des vergangenen Herbstsalons, deren Tenor bezeichnend war: »Es kann keinesfalls hingenommen werden, daß unsere nationalen Ausstellungsgebäude für derart antikünstlerische und antinationale Darbietungen mißbraucht werden«; worauf der sozialistische Abgeordnete Marcel Sembat erwiderte: »Man muß die Zukunft im Auge haben, wenn man einen künstlerischen Versuch sieht.«

Selbst wenn es auf dem Gebiet der Kunst niemals eine sichere Zukunft gibt, muß man dennoch feststellen, daß es gerade die »künstlerischen Versuche« der Vorkriegszeit waren, die nach 1919 zur Entfaltung kamen. Das hervorstechende Merkmal der Malerei vor dem Kriege war, daß die gegenständliche Darstellung, wie sie noch von den Impressionisten und später von den Fauvisten (Dérain, Matisse, Roger de Vlaminck, Dufy) zum Mittelpunkt ihrer Arbeit gemacht wurde, aufgehört hatte, ein unantastbares Gesetz zu sein. Der »Kubismus« eines Georges

Braque oder Pablo Picasso seit 1907/1908 bestand auf der Konzeptionalisierung von Form und Komposition. Anders gesagt, es handelte sich darum, die reale Wirklichkeit umzuformen, um sie besser wiedergeben zu können. Vor allem Kandinsky war es, der 1910 das erste abstrakte, noch unbetitelte Aquarell schuf, das nur aus Farbflächen bestand, in denen die Farben rot und blau dominierten. Abstrakte Kunst – diese Bezeichnung ist doppeldeutig; auch andere Bezeichnungen wie »nichtgegenständliche Kunst« oder *»art concret«* sind schon vorgeschlagen worden, ohne sich jedoch durchsetzen zu können. Als abstrakt bezeichnet man im allgemeinen sämtliche Richtungen der modernen Kunst, die sich – bei aller sonstigen Verschiedenheit – der konkreten Darstellung eines Gegenstandes verweigern.

Allerdings kann nur mit Einschränkungen von einer Fortführung der Tendenzen der Vorkriegsjahre gesprochen werden. Denn sie fanden ihr Gegenstück in dem, was man als »Rückkehr zur Ordnung« bezeichnet hat, in der Rückkehr zum Gegenständlichen als bewußte Reaktion auf den Kubismus. Gerade diese Reaktion bezeichnet einen der wesentlichen Züge der Kunst der zwanziger Jahre, die ihre Vielfalt dem Widerspruch zwischen der Vorkriegs-Moderne und der Verwerfung ebendieser Moderne verdankt.

Deshalb sollte man die Stellung der abstrakten Kunst auf dieser Palette nicht überbewerten. Zwar entwickelte sich nach 1919 die Abstraktion in zwei Richtungen weiter fort – die eine, sogenannte »lyrische«, bezog ihre Vorbilder aus dem Fauvismus, die andere, die unter dem Einfluß des Kubismus stand, war geometrisch orientiert –, und mehr noch zeigte sich der Reichtum dieses Genre in Ausstellungen wie *»L'art d'aujourd'hui«* (1925) und *»Cercle et carré«* (1930), wo zahlreiche neue Namen auftauchten wie der Mondrians und vor allem Kandinskys und manchem jüngeren Maler wie Jean Hélion der Durchbruch gelang. Dennoch wäre es verfehlt, 1925 mit 1945 gleichzusetzen, denn 1925 nahm die abstrakte Kunst noch keine so starke Stellung ein. Vielmehr galt die »Rückkehr zur Ordnung« als eine der beherrschenden Tendenzen dieser Zeit. Der Kubismus konnte damit kaum Schritt halten; dennoch setzten diejenigen, die vor dem Krieg von ihm inspiriert worden waren (Picasso, Braque, Léger), ihre schöpferische Karriere fort und erreichten gerade zwischen 1919 und 1939 – ähnlich den ehemaligen Fauvisten wie Matisse – den Höhepunkt ihres Schaffens. In Wirklichkeit war das Neue damals gar nicht so sehr die abstrakte Kunst, sondern der aufkommende Surrealismus, der künftig die Malerei beeinflussen sollte. In die Farbenpalette der Vorkriegszeit mischten sich nun neue Töne.

EINE NEUE KLARHEIT

Es wäre vermessen, die Vorkriegszeit allein mit dem Ausbruch der »kubistischen Revolution« oder dem »Skandal« der *»Ballets russes«* in Verbindung zu bringen und die *Belle Époque* als Geburtsstunde der französischen Kultur des zwanzigsten Jahrhunderts zu deuten. Auch nach dem Ersten Weltkrieg gab es zahlreiche neue Anstöße und bildeten sich neue Strömungen heraus. Man wurde auch, wie im Fall des Surrealismus, Zeuge ganz neuer Erfahrungen, die manchmal wie ein echter Sprung ins Unbekannte anmuten. 1923 starb Maurice Barrès, ein Jahr darauf Anatole France. Wenig später wurden sie von den Surrealisten, vertreten durch Louis Aragon, als »Kadaver« angegriffen. Diese Episode war insgesamt wenig ruhmvoll, aber nichtsdestoweniger bezeichnend. Sie erfüllte nämlich in der extremen Form, die der provokatorische Voluntarismus André Bretons ihr verlieh, eine klassische Funktion: Sie ermöglichte den Auftritt einer neuen Generation, die ungeduldig darauf wartete, endlich ihre Stimme zu erheben. Der Kriegsschock hatte diese Entwicklung nur noch beschleunigt.

Obwohl André Breton das erste »Manifest«, die grundlegende Programmschrift des Surrealismus, erst 1924 veröffentlichte, hatte sich der Surrealismus bereits einige Jahre zuvor, mitten im Krieg, in der Gestalt des Dadaismus angekündigt. 1916 hatte der Rumäne Tristan Tzara in Zürich die »Dada«-Bewegung begründet, die in einer Mischung aus Hohn und Provokation der Bourgeoisie den Krieg erklärte. André Breton fühlte sich vom Geist dieser Revolte angezogen; da er aber die bloß destruktive Phase des Dadaismus überwinden wollte, um so mehr, als die Surrealisten damals auch unter dem Einfluß Guillaume Apollinaires standen, veröffentlichte er das erste »Manifest«, in dem er den Surrealismus definierte als »Diktat des Gedankenstromes unter Ausschaltung jeglicher Vernunftkontrolle, frei von allen ästhetischen oder moralischen Bedenken«.

Unter dem Zeichen dieses »Diktats« gelang einigen großen Namen wie André Breton, Paul Éluard, Louis Aragon, Robert Desnos und Benjamin Péret der schöpferische Durchbruch, auch wenn für manche unter ihnen diese Art des literarischen Ausdrucks nur eine erste Etappe bedeutete. Was die politische Seite anlangt, so gerieten einige dieser Surrealisten in den Bannkreis der Kommunistischen Partei Frankreichs, und manche traten ihr nach 1925 auch bei, was eine Phase komplexer und stürmischer Beziehungen zu dieser Partei eröffnete, an denen Freundschaften zerbrachen und sich die Wege innerhalb der surrealistischen Bewegung schieden.

Dennoch blieb dem Surrealismus ausreichend Zeit, um tiefe Spuren in der Malerei, im Film und in der Dichtung zu hinterlassen. Von der Malerei war bereits die Rede; zu denen, die sich in der Folgezeit als Vertreter der surrealistischen Richtung einen Namen machen sollten, zählten vor allem René Magritte, Max Ernst, Joan Miró und Salvador Dali. Wenn wir Miró und Dali erwähnen, denken wir an die filigranhafte spanische Ader des Surrealismus, die auch im Film ihren Ausdruck fand: Luis Buñuel drehte seine ersten skandalumwitterten Filme *»Un chien andalou«* und *»L'Age d'or«* in Paris.

Seine frühesten experimentellen Erfahrungen sammelte der Surrealismus aber weder in der Malerei noch im Film, sondern in der Poesie. Freilich läßt sich nicht die gesamte französische Dichtkunst der Zwischenkriegsjahre dem Surrealismus zuordnen. Andere Dichter, die sich der Anziehungskraft des surrealistischen Gestirns entzogen, standen damals auf der Höhe ihres Schaffens; zu ihnen gehörten Jacques Audiberti, Pierre Jean Jouve, Henri Michaux, Pierre Reverdy und Saint-John Perse. Dasselbe gilt auch für andere Bereiche: Auch wenn das *Collège de sociologie* (heute eine Abteilung des *Collège de France*) 1937 im Umkreis des Surrealismus gegründet worden war, verlief seine Geschichte doch autonom und zeigte vor allem den prägenden Einfluß seines Gründers Georges Bataille. Auch der Werdegang Roger Caillois', der zunächst beiden Strömungen angehörte, nahm sehr rasch einen persönlich-individuellen Charakter an. Das gleiche gilt für Antonin Artaud.

Das »Diktat« der geheimsten Gehirnwindungen und des irdischen Seins war nicht nur eine Domäne der Surrealisten. In den zwanziger Jahren begann dank der Übersetzungen S. Jankélévitchs und Marie Bonapartes die wachsende Verbreitung der Werke Sigmund Freuds, auf die sich im übrigen auch die Surrealisten beriefen. Doch machte sich sein Einfluß nur ganz allmählich bemerkbar. Die 1900 erschienene »Traumdeutung« wurde erst 1926 ins Französische übersetzt, und die ersten Übersetzungen Freudscher Schriften erschienen nicht vor 1920. Bis dahin gab es nur einige zusammenfassende, eher desinformierende Berichte, die so etwas wie ein Trojanisches Pferd für die Freudsche Theorie waren. Die Psychoanalyse wurde vor allem durch die Vermittlung C. G. Jungs eingeführt, der in Frankreich lange Zeit bekannter war als sein Lehrer.

Auch die sogenannten exakten Wissenschaften trugen in diesen Jahren dazu bei, die bisherigen Gewißheiten auszuhöhlen und selbst die schlüssigsten Systeme zu erschüttern, und dies um so mehr, als damals französische Wissenschaftler gerade in diesen Disziplinen Triumphe feierten. Neben den drei Nobelpreisen für Literatur errang Frankreich in den Jahren zwischen 1919 und 1939 noch vier weitere Nobelpreise: zwei für Physik (Jean Perrin 1926 und Louis de Broglie 1929), einen für Chemie (Frédéric und Irène Joliot-Curie 1935) und einen für Medizin (Charles Nicolle 1928). Diese Auszeichnungen – die im allgemeinen eine viel raschere Würdigung bedeuteten als ihre literarischen Pendants und damit authentische Momentaufnahmen darstellten, während die Literaturnobelpreise bisweilen ein schon leicht vergilbtes Bild der rasch verfließenden Zeit widerspiegeln – lassen zwei fruchtbare Zweige der französischen Forschung erkennen: die Atomphysik, deren Erforschung sich die Nachfahren – im wörtlichen und übertragenen Sinne – Pierre und Marie Curies am *Institut du radium* widmeten, und die Wellenmechanik, über die Louis de Broglie im Jahre 1925 seine grundlegenden Forschungen veröffentlichte. Die Wellenlehre ist seit dieser Zeit zu einem festen Bestandteil der Theorie der Materie geworden, und die Wellenmechanik eröffnete die Möglichkeit, die Plancksche Quantentheorie in einen erweiterten Rahmen einzuordnen.

Diese Fortschritte auf dem Gebiet der Quantenphysik und die Popularisierung der Einsteinschen Relativitätstheorie trugen dazu bei, die bis dahin geltenden Kausalitätsbegriffe und deterministischen Vorstellungen zu durchbrechen. Der Rationalismus, der sich seit Beginn des Jahrhunderts heftigen Angriffen durch Naturwissenschaftler und Philosophen ausgesetzt sah, war schon vor dem Krieg namentlich durch das Werk und die Brillanz Henri Bergsons in seinen Positionen entscheidend geschwächt worden. 1932 veröffentlichte dieser sein letztes bedeutendes Werk, *»Les Deux Sources de la morale et de la religion«*, das ein starkes Echo hervorrief.

GAB ES EINE KULTUR DER »VERRÜCKTEN ZWANZIGER JAHRE«?

Es wäre gleichwohl ein wenig übertrieben, die genannten Umwälzungen und speziell den Surrealismus zu dominanten Faktoren des französischen Geisteslebens in den zwanziger Jahren zu erklären. In der Tat bedeutete die Zeit zwischen den beiden Kriegen für die »bürgerliche« Literatur im Schatten der Zitadelle N.R.F. so etwas wie ein goldenes Zeitalter, mit einer großen Palette von Ausdrucksmöglichkeiten und einer ganzen Skala literarischer Topoi: Hölle (Louis-Ferdinand Céline), Fegefeuer (François Mauriac), Paradies (Georges Duhamel), Heldenepos (Jules Romains und Roger Martin du Gard) und Geschwindigkeit (Paul Morand).

Wenn es ein Wort gibt, das diese zwanziger Jahre am treffendsten charakterisiert, so ist es der Begriff Vielfalt. Jenseits aller Mischungen und Übergänge zwischen Stilfronten, Genres und Generationen existierte sehr wohl etwas, was man als eigenständige Kultur der »verrückten zwanziger Jahre« bezeichnen kann. Sie hatte wenig zu tun mit dem bekannten Klischee von Lebenshunger und hektischer Modernität und bestand aus einer Mischung von Kühnheit und Klassik, Geschwindigkeitsrausch und Verweilbedürfnis. Das Wechselspiel von Altem und Neuem, aus dem zu allen Zeiten die Kultur gewoben wird, verlieh dieser Zeit einen besonderen Reiz. Gewiß, es gab Aktivitäten, die weniger Glanz verbreiteten, wie Architektur und Städtebau oder – ganz fraglos – die Bildhauerei, die, wenn man von Ehrendenkmälern absieht, einen anhaltenden Niedergang erlebte. Dennoch war der Saldo, sofern ein derartiger Begriff für den Kulturbereich überhaupt eine Berechtigung haben kann, im großen und ganzen gesehen positiv.

Selbst auf dem geringer geachteten Gebiet der *arts décos* gab es gleichwohl einen für die Epoche typischen Stil, der sein Teil zur künstlerischen Fülle dieser Jahre beitrug und sich in der Pariser Ausstellung des Jahres 1925 dokumentierte. Diese Fülle war in Wirklichkeit der Widerschein einer Welt, die auf der Suche war nach sich selbst und den Mut hatte, den Sprung ins Unerforschte zu wagen, einer Welt, die sich Fragen stellte und die, was beides erklärt, im Begriff war, sich zu wandeln. Aber auch – und darin liegt kein Widerspruch – einer Welt, die sich wieder im Besitz des stabilen Gleichgewichts der Vorkriegsjahre wähnte, eines Gleichgewichts, das sich jedoch sehr rasch als unsicher erweisen sollte.

Vielleicht war es das Theater, das am deutlichsten diesem Balanceakt zwischen Realität und Illusion, auf den die zwanziger Jahre letztendlich hinausliefen, Rechnung trug und Ausdruck verschaffte. Die Bühnenwerke dieser Zeit entfernten sich immer mehr vom naturalistischen Realismus, wie ihn André Antoine zur Zeit der Jahrhundertwende verkörpert hatte. Den Regisseuren des *»Cartel«* [Vereinigung der modernen künstlerischen Privatbühnen von Paris; Anm. d. Ü.] – Jouvet, Dullin, Baty, Pitoëff – ging es weniger um Realismus als um die Realität der Illusion.

Die Anziehungskraft, die der Italiener Luigi Pirandello damals ausübte, war symptomatisch. Gewiß vermochten seine Meditationen zum Thema Identität zu faszinieren, aber die Begeisterung übertrug sich auch auf andere Spielarten der Selbstbespiegelung, wenn er zum Beispiel das Theater selbst, seine Beziehung zur Wirklichkeit und seine Künstlichkeit in Frage stellte. Sein Einfluß auf die nachfolgende Generation war groß, insbesondere auf Autoren wie Samuel Beckett, Jean Anouilh, Jean-Paul Sartre und Armand Salacrou. Doch wurden seine Stücke bereits in den Jahren zwischen den beiden Weltkriegen von Regisseuren wie Dullin und Pitoëff herausgebracht, und es waren Autoren wie Cocteau und Giraudoux, die sich von Pirandellos Werk beeinflussen ließen. Der Erfolg, den sie mit ihren Werken hatten – mit Werken freilich, die nicht nur den Einfluß Pirandellos widerspiegelten –, war bezeichnend dafür. Das französische Publikum paßte sich der neuen Entwicklung des Theaters rasch an. Giraudoux, ganz ein Mann der Phantasie, aber auch des Irrealen, wurde dank seiner aktuellen Bühnenbearbeitung griechischer Sagenstoffe *(»Électre«)* rasch zum Klassiker. Auch Jean Cocteau schwamm zunächst auf dieser Welle *(»Orphée«, »La Machine infernale«)*, bevor er Ende der dreißiger Jahre zu einer Art Neorealismus überwechselte (*»Les Parents terribles«*, 1938).

Alle vier Regisseure des *»Cartel«* gehörten zur »Generation von 1885«. Ihre frühzeitige Anerkennung bedeutete jedoch keineswegs das Ende des »bürgerlichen« Theaters, das kaum einer so treffend verkörperte wie der 1876 geborene und schon vor dem Krieg bekannte Henry Bernstein.

SCHWINGUNGEN DER KRISE

Seit Beginn der dreißiger Jahre machte sich ein gewisses Abrücken vom Ästhetizismus bemerkbar. Zumindest entwickelte sich neben einer ästhetisierenden Kunst und Literatur eine neue Literatur, die sich der realen Welt näher glaubte, sie erforschte und beurteilte, das heißt eine »engagiertere« Literatur, die sich nicht scheute, die Wirklichkeit anzuprangern oder Hoffnungen zu wecken. Indes, welch eine Vielfalt im Schoß der Literatur, die von den heftigen und verzweifelten Protokollen eines Céline über den als Nährboden eines neuen Humanismus dienenden Exotismus eines Malraux bis hin zu den Zukunftsverheißungen eines Louis Aragon während dessen zweiter, kommunistischer Phase reichte!

Bei näherer Betrachtung zeigt sich jedoch, daß diese Literatur keineswegs signifikant war für die damalige Zeit, eine Zeit, wie nochmals betont werden muß, mit zwei Gesichtern, als Frankreich auf der Suche war nach sich selbst. Das Land hatte damals ein relativ gutes Gewissen – die Erinnerung an den Krieg, an die Opfer und Leiden, an den Sieg sowie ein offenbar unbeschädigtes Prestige trugen dazu bei. Gleichzeitig kam aber eine vage Untergangsstimmung auf, ausgelöst durch Geburtenrückgang und Krisen vielfältigster Art, sowie eine zunehmende Angst vor der Zukunft angesichts der heraufziehenden Diktaturen, der Dynamik der totalitären Ideologien und der damit verbundenen Gefahren. Von daher rührte das Bedürfnis, an etwas glauben zu können.

Ein erstes mögliches Heilmittel gegen diese Verunsicherung war das idealistisch überhöhte Bild Frankreichs, dem man zum Beispiel in einem Teil des Werkes von Jean Giraudoux begegnet. Eine andere Lösung bot der Humanismus der Linken als Erbe der revolutionären Tradition, wie ihn ein Jean Guéhenno verkörperte. Diese Weltanschauung fand fürs erste mehr Anklang bei den Massen als der personalistische Humanismus der quirligen Avantgarde, die keinen unmittelbaren Einfluß auf die Empfindungen breiter Schichten ausübte.

Die dritte Möglichkeit ergänzte die vorhergehende. Sie bestand in der erneuten Hinwendung zum Rationalismus, der, obwohl schon seit mehreren Jahrzehnten und vor allem in den zwanziger Jahren heftig angegriffen, durch das philosophische Werk Léon Brunschvicgs und das öffentliche Engagement Paul Rivets und Paul Langevins zu neuer intellektueller Blüte erwachte. Er fand in der neu entstehenden »Intelligenzia« der Linken eine breite soziologische Basis. Diese Intelligenzia erkannte sich überdies, allerdings mit Ausnahme der Kommunisten, in einer anderen Tradition wieder, die sie zu dieser Zeit, bei sehr unterschiedlicher Akzentuierung, mit dem rechten Lager teilte: in der Tradition des imperialen und zivilisatorischen Frankreich.

Auch ein viertes Mittel wurde bisweilen gegen die vermutete Gefahr des Niedergangs, ja sogar des Kulturverfalls ins Feld geführt: die faschistische Versuchung. Tatsächlich aber fand sie wenig Zulauf. Zum einen verfielen nur sehr wenige Intellektuelle den Lockungen des Faschismus, zum anderen erreichte diese Ideologie in Frankreich weder politisch noch kulturell die große Masse der Bevölkerung. Zwar begann sich in jener Zeit eine Massenkultur zu entwickeln, doch ohne Zusammenhang mit den Diktatoren jenseits der Alpen oder des Rheins.

EINE MASSENKULTUR?

Bei der Untersuchung derartiger massenkultureller Phänomene erhebt sich zugleich zu Beginn eine Schwierigkeit, die mit der Definition des Kulturbegriffs zusammenhängt. Ohne sich an dieser Stelle auf endlose Diskussionen einlassen zu wollen, läßt sich doch soviel sagen, daß die Beschränkung auf die sogenannten höheren Künste den Blick ungemein verengen und die Analyse fruchtlos machen würde. Kulturgeschichte ist mehr als nur eine unter vielen legitimen Methoden, die Entwicklung der Gesellschaft zu erforschen, und noch weniger ist sie ein bloßer Sammelbegriff für die von der Nachwelt gewürdigten Schöpfungen künstlerischer oder wissenschaftlicher Art. Indem sie die Erforschung kreativer Vorgänge im engeren Sinne mit der Frage verbindet, in welchen Werken eine bestimmte Gruppe ihr Selbstverständnis ausdrückt und wovon die Rezeption und der Einfluß dieser Werke abhängen, bietet sie, auf halbem Wege zwischen Sozial- und Mentalitätsgeschichte gelegen, einen hervorragenden Standort zur Beobachtung der Gesellschaft.

Spiegel und Spiegelbild zugleich einer Gesellschaft, ist Kultur nicht, wie es die allgemein akzeptierte Formel besagt, das, was alles Vergessen überdauert, sondern das, was einer Zivilisation in der historischen Erinnerung Farbe verleiht. Natürlich ist damit vor allem – mit immer wieder neu zutage tretender Subjektivität – »das Schöne« gemeint, aber auch die bloße »Zerstreuung«, das heißt die Alltagswelt und die Mittel, ihr zu entfliehen, wie auch die Traumwelt. Diese Perspektive führt nicht zu einer verwässerten Definition des Kulturbegriffs, auch wenn man sich die Befürchtungen aus Aldous Huxleys »Schöner neuer Welt« über eine Zivilisation zu eigen macht, in der die Informationsflut eine Art Untergrundkultur hervorbringt und zu einer Verkümmerung des Denkens führt. Dieses Thema ist so alt wie das der Banalisierung des kulturellen Schöpfungsbegriffs. Noch jüngst empörte sich Alain Finkielkraut gegen die allzu geläufige Vorstellung, wonach »die Kultur alle Geschmacksrichtungen umfaßt« und »alles seinen Wert hat«. Aus erkenntnistheoretischer Sicht muß jedoch der Historiker aus den soeben genannten Gründen unter einem weiten Blickwinkel arbeiten: Kultur im gehobenen Sinne umfaßt nicht unbedingt auch die Freizeit, doch für den Kulturhistoriker sind gerade diese Stunden zwischen Arbeit und Schlaf Gegenstand der Untersuchung; denn in dieser Zeit entfaltet sich Kultur, wird sie geschaffen und rezipiert. So erklärt sich das Interesse, das die Ausdrucksformen, die Verbreitung und Rezeption von Kultur beanspruchen dürfen. Das gilt in besonders eigentümlicher Weise für das Frankreich der Zwischenkriegsjahre, in dem sich zunehmend eine Massenkultur herausbildete, die alle Schichten der Gesellschaft immer tiefer durchdrang.

Die Träger dieser Massenkultur treten im nachhinein deutlich hervor: In einem Land, in dem die sozialen Unterschiede während dieser Jahre immer noch stark ausgeprägt waren, spielte das Volkskino bei der Überwindung der Klassengegensätze eine große Rolle, ebenso auch das Radio, das allenthalben in den Haushalten Einzug hielt und, zusammen mit der Presse, den gesellschaftlichen Vermengungsprozeß erleichterte. Die Sportveranstaltungen in den Stadien oder deren Übertragungen im Rundfunk bewirkten quer durch alle Schichten dieselben Begeisterungsausbrüche bei den Männern. Genaugenommen war die Entwicklung dieser Kommunikationsträger alles in allem nur logisch. Sie sind zu jeder Zeit Ausdruck des wissenschaftlichen und technologischen Entwicklungsstandes und seiner Konsequenzen für das tägliche Leben.

Aber nicht nur Kino und Radio prägten die Zeit. Die Zwischenkriegsjahre sahen auch die Verbreitung des Verbrennungsmotors und, was im Rahmen unseres Themas besonders interessiert, die zunehmende Verwendung von Elektrizität, mit zwangsläufigen Folgen für die Kultur: Telefon – und damit das allmähliche Verschwinden einer literarischen Gattung, der Korrespondenz unter Schriftstellern –, Kino, Radio und Schallplatten. Masse und Elektrizität waren die wichtigsten Erscheinungen, die das Bild der neuen Kulturlandschaft bestimmten, welche sich damals zu etablieren begann.

Namentlich dem Film kam dabei eine unbestreitbar klassenübergreifende, einigende Rolle zu. Im Jahre 1919 verfügte er bereits über ein zweifaches Verteilungssystem, dessen Netz vor dem Krieg allmählich aufgebaut worden war und das nach dem Krieg in zweierlei Form nebeneinander existierte: in Gestalt des großen Vorführsaales – häufig ein ehemaliges Theater oder ein Konzertcafé – und als Jahrmarktbude. Allein im Jahre 1922 sind 130 abendfüllende Spielfilme gedreht worden, eine Zahl, die deutlich macht, welchen gesellschaftlichen Stellenwert die »siebte Kunst« damals bereits angenommen hatte. In den folgenden Jahren wurde der Film zu einem neuen Faktor des kulturellen Lebens und eroberte sich zugleich den Rang einer neuen Form gemeinschaftsbildender Unterhaltung. Der »Kulturfilm« und die »aktuelle Wochenschau« als die beiden Hauptfilme jeder Vorstellung lieferten zusammen den Stoff für das Gefühlsleben des Publikums und prägten die Denkweisen der Zuschauer, die allwöchentlich diese kinematographische Meßfeier besuchten, zu der sich die Samstagsabendvorstellung rasch entwickelte.

Es dauerte nicht lange, bis der Tonfilm den Stummfilm ablöste; kaum zehn Jahre später waren alle Schwerfälligkeiten und Bedenken überwunden. »Kein Zweifel«, kommentierte *»Le Figaro«* im Oktober 1928 die neue Entwicklung, »der Tonfilm ist da.« Im gleichen Jahr wurde das erste voll eingerichtete Tonkino eröffnet. Drei Jahre später hatte sich ein Viertel aller Kinos für diese Filmtechnik entschieden, die sich im Laufe der darauffolgenden Jahre immer mehr durchsetzte, so daß im Jahre 1939 sämtliche Kinos auf die Tonfilmtechnik umgerüstet waren. Dieser

Übergang vom Stummfilm zum Tonfilm wurde von einem neuen Aufschwung der Filmproduktion begleitet: Wurden 1933 in Frankreich 158 Filme gedreht, so waren es 1937 bereits 171. Im darauffolgenden Jahr strömten 250 Millionen Zuschauer in die etwa viertausend Kinosäle – die genaue Zahl schwankt je nach Quelle zwischen 4151 und 4754 Kinos. Dies zeigt, daß der Kinobesuch unbestritten an der Spitze der Freizeitvergnügungen stand. In Paris beispielsweise spielten 1939 die Kinos 72 Prozent aller Einnahmen aus dem Schaugewerbe ein; 1925 waren es nur 31 Prozent gewesen.

Das Kino hatte sich somit in diesen Jahren zu einem unübersehbaren Bestandteil des französischen Kulturlebens entwickelt. Nicht daß sich dagegen nicht heftige Widerstände formiert hätten, aber sie argumentierten weniger mit »kulturellen« und elitären Gründen als mit moralischen Bedenken. So bezeichnete Georges Duhamel 1930 in seinen *»Scènes de la vie future«* das Kino als »Vergnügen für betrunkene Heloten«, oder man machte daraus eine Generationsfrage wie der 1872 geborene Léon Blum, der 1946 ohne Umschweife bekannte: »Ich stamme aus einer Zeit, in der man noch ins Theater ging, und habe mich nur sehr schwer ans Kino gewöhnen können.« Offensichtlich stießen die Warnungen bei den »Heloten« auf taube Ohren, und der Generationswechsel besorgte den Rest.

Keine Frage: Der Film war zu einem neuen und mächtigen Kulturfaktor geworden. Er diente als Vermittler einer sicherlich formal und künstlerisch sehr unterschiedlichen Produktion, die jedoch ziemlich einheitlich wahr- und aufgenommen wurde. Alle Untersuchungen beweisen es: Während Theater und Lyrik ein Faktor sozialer Differenzierung blieben, sprach die Leinwand alle sozialen Gruppen an, wie sich an der Person Louis Jouvets zeigte. Als Bühnenschauspieler und -regisseur kannten ihn nur wenige; als Filmgröße wurde er jedoch rasch populär. Diese nivellierende Wirkung war – Ursache und Folge zugleich – eng mit einer Filmproduktion verbunden, die dem Geschmack des Publikums entsprach und in einigen großen Erfolgswerken ein hohes Niveau erreichte. Eine Umfrage ergab, daß die zwei größten Filmerfolge des Jahres 1937 die Filme *»La Grande Illusion«* von Jean Renoir und *»Ignace«* von Pierre Colombier waren.

Das damalige Filmschaffen läßt sich in seiner Vielfalt nicht in einem oder zwei Genres zusammenfassen. Es gewann jedoch im Laufe der Jahre eine zunehmend klarere Ausdrucksform und wies am Ende der dreißiger Jahre deutlich ausgeprägte Züge auf. Der Übergang zum Tonfilm vollzog sich in den Jahren zwischen 1929 und 1932: Es war die Zeit der großen Musik- und Tanzfilme, die durch die neue Technik möglich gemacht wurden. Dann, nach einigen eher glanzlosen Jahren (1932–1935), kamen die Sternstunden des »poetischen Realismus« – den Marcel Carné lieber als »soziale Romantik« bezeichnete –, der zu einigen großen Filmwerken inspirierte. Damals drehten Renoir *(»La Grande Illusion«)*, Carné *(»Quai des brumes«, Hôtel du Nord«, »Le jour se lève«)*, Grémillon *(»Remorques«)* und viele andere einige ihrer schönsten »Klassiker«.

In der Rückschau ist besonders die Phase des Tanz- und Musikfilms aufschlußreich. Abgesehen davon, daß sie zunächst einmal die logische Konsequenz aus der Erfindung des Tonfilms war, veranschaulicht sie eine Wendezeit, in welcher der Film die Volksmusik verdrängte, nachdem er in seinen Anfängen noch stark von ihr beeinflußt worden war. Nach 1914 wurden die Operette und das Kaffeehauskonzert mit Hilfe der Schallplatte durch die Music-Hall und die Revue verdrängt, ohne freilich ganz zu verschwinden. Der Film übernahm zunächst einige ihrer Melodien und Starinterpreten, ersetzte sie jedoch nach und nach durch eigene Kompositionen und Künstler. Insgesamt ging der Erfolg des Films vor allem auf Kosten des Theaters und der Revue, während die Music-Hall sich besser behaupten konnte, da sie anpassungsfähiger war und immer wieder populäre Sänger wie etwa Tino Rossi und Charles Trenet in den dreißiger Jahren hervorbrachte. Daß Tino Rossi wie sein Vorgänger Maurice Chevalier von der klassischen Revue herkam und 1934 im *Casino de Paris* debutierte, während Charles Trenet gleich durch die Schallplatte (*»Y'a d'la joie«*, 1937) und durch sein Chansonrepertoire berühmt wurde, das er 1938 bei der Schallplattenfirma ABC unterbrachte, ist bezeichnend für die Entwicklung.

Diese populäre Musik machte das Publikum auch mit einer »weißen« Version des Jazz bekannt, personifiziert in Ray Ventura und seiner Band. Hingegen blieb der »schwarze« Jazz den meisten Franzosen weitgehend unbekannt, trotz einiger Initiativen wie der des *Hot Club de France,* der in den dreißiger Jahren den »New Orleans« einführte. Dennoch warf damals die Verbreitung des »weißen« Jazz die Frage nach der »Amerikanisierung« des Landes auf.

In erster Linie muß jedoch die entscheidende Rolle hervorgehoben werden, die der Rundfunk bei der einsetzenden Standardisierung des Kulturlebens gespielt hat. Er war ein echtes Kind der Zwischenkriegszeit. Der erste staatliche Sender begann im Jahr 1921 seinen Sendebetrieb als *Radio Tour-Eiffel*. Das Radio erlebte in den dreißiger Jahren eine ungewöhnlich rasche Verbreitung. In dieser Zeit verzehnfachte sich die Zahl der angemeldeten Rundfunkgeräte: Waren es 1930 noch eine halbe Million Empfänger, so wuchs ihre Zahl bis Ende 1938 auf nahezu 5 Millionen. Theoretisch handelte es sich hierbei um ein Staatsmonopol, das allerdings durch ein *décret-loi* gelockert wurde, das eine vorläufige – in Wahrheit aber die gesamte Zeitspanne zwischen den beiden Weltkriegen ausfüllende – Erlaubnis zum Betrieb privater Sender erteilte. Diese Regelung gestattete ein »aufgeschobenes Monopol«, das heißt ein Nebeneinander von staatlichem Sendenetz und privaten Rundfunkstationen.

Der klobige Rundfunkempfänger wurde rasch zu einem vertrauten Einrichtungsgegenstand in den Haushalten; er war Möbelstück, Ort geselliger Begegnung im Haus sowie Kommunikationsträger und Kulturvermittler in einem. Die ersten »tönenden Zeitungen« kamen 1925 in Frankreich auf und traten nach und nach in Konkurrenz zur gedruckten Presse. Die von den Privatsendern eingeführte Werbung diente indirekt der Finanzierung eines Sendeangebots, das zusammen mit dem der staatlichen Anstalten eine regelrechte – und noch Mitte der fünfziger Jahre kaum veränderte – Rundfunkkultur entstehen ließ: Feuilletons, Hörspiele und namentlich Chansons prägten von nun an das tägliche Rundfunkprogramm. Der 1935 gegründete Sender *Radio Cité* war typisch für ein Rundfunkwesen, das in seiner Mischung aus Unterhaltungsprogrammen und Informationssendungen allmählich einen eigenen Stil herausbildete.

Der Rundfunk wurde auch einer der wichtigsten Stützen des Sports, dessen Veranstaltungen er übertrug und zu dessen Entwicklung er dadurch wesentlich beitrug. Waren bei großen Fußball- und Rugbyspielen – vor allem in Südwestfrankreich, wo letztere seit Jahrzehnten eine beherrschende Rolle spielten –, aber auch bei Bahnradrennen die Stadien oft überfüllt, so wurde die T.S.F. *(Télégraphie/Téléphonie sans fil)* zum Resonanzboden des Sports und verschaffte ihm damit noch mehr Zulauf.

Mit der Verbreitung des Rundfunks entstand eine neue Art von Presse: die Programmzeitschriften. Magazine wie *»Mon programme«*, die *»Le Petit Parisien«* herausgab, oder *»La semaine radiophonique«* erreichten Auflagen von bis zu 500 000 bzw. 300 000 Exemplaren. Auch dies gilt es zu beachten, wenn man die Entwicklung bestimmter kultureller Leitsektoren beschreibt; denn ohne den Hinweis auf das gedruckte Wort, das nach wie vor das wichtigste kulturelle Medium darstellte, wäre die Perspektive irreführend. In diesem Bereich kam es freilich zu keiner wesentlichen Neuerung.

Die Bemühungen der Dritten Republik im schulischen Bereich – die ihrerseits übrigens, wie jüngste Untersuchungen gezeigt haben, bereits auf einer weit fortgeschrittenen Volksbildung aufbauen konnte – hatten sich bezahlt gemacht. Hatte im Jahr 1872 der Anteil der Analphabeten unter den jungen Rekruten noch 21,5 Prozent betragen – wobei dieser Prozentsatz für die Schulzeit wahrscheinlich niedriger angesetzt werden kann, da sich durch fehlende Praxis nach der Schule manches Wissen verlor –, so waren es 1921 nur noch 7 Prozent; vor 1914 lag diese Zahl einige Jahre lang sogar unter der Schwelle von 4 Prozent. Während also die Alphabetisierung erfolgreich durchgeführt worden war, stagnierte der Besuch der höheren Schulen bis in die zwanziger Jahre hinein.

Eine Untersuchung des Bildungsstandes unter den Rekruten im Jahr 1921 liefert einige erhellende Angaben: 7 Prozent konnten nicht lesen, 23 Prozent nicht gut schreiben, 38 Prozent befanden sich auf dem Niveau der Grundschule, nur 29 Prozent hatten einen Hauptschulabschluß und allein drei Prozent verfügten über ein noch höheres Schulniveau.

Diese Zahlen gilt es festzuhalten, ohne den zeitgenössischen Hintergrund aus den Augen zu verlieren. Die Alphabetisierung war, wie erwähnt, zu diesem Zeitpunkt weitgehend vollzogen; das sicherte dem geschriebenen Wort jenen Status, den es nach und nach errungen hat. Zum zweiten ist festzustellen, daß etwas weniger als ein Drittel eines Jahrgangs den Hauptschulabschluß erreicht hatte. Diese Beobachtung zwingt dazu, deutliche Abstriche zu machen vom Bild eines Frankreich, in dem jedermann über ein *»certificat d'études primaire«* [Zertifikat nach einer Abschlußprüfung am Ende einer siebenjährigen Grundschulausbildung; Anm. d. Ü.] verfügte. Dieses Klischee ist im übrigen bereits auf massive Kritik bei den Bildungshistorikern gestoßen: Die Zahl der erfolgreich bestandenen Prüfungen war bei weitem nicht so groß, wie sie sich in der verzerrenden Erinnerung vieler Franzosen darstellt. Dagegen könnte man umgekehrt einwenden, daß diese etwa 30 Prozent eine keineswegs unbedeutende Größe darstellen. Immerhin war das *certificat* *d'études primaires* so etwas wie ein kultureller Maßstab für die damalige Zeit, weil es seinem Inhaber den Erwerb »all dessen, was man unbedingt wissen muß«, bescheinigte. Deshalb blieb die Vorbereitung darauf der Schlußstein des Primarunterrichts, und ob man das Zeugnis am Ende wirklich erhielt – und nicht selten einrahmte und stolz vorzeigte – oder nicht, so war es doch dazu bestimmt, »von einem jeden Schüler angestrebt und erlangt zu werden, der den Primarunterricht regelmäßig und vollständig besucht hatte«, wie es der Wortlaut der Ausführungsbestimmungen zum Gesetz vom 28. März 1882 präzisierte, das dieser Abschlußprüfung jenen Rang zuerkannte, den sie die ganzen darauffolgenden Jahrzehnte innehatte.

Daneben gab es aber auch noch jene 38 Prozent junger Franzosen, die die siebenklassige Grundschule besucht und, wenn auch ohne Abschlußzeugnis, die Früchte dieser Ausbildung genossen hatten. Sie bildeten zusammen mit ihren Kameraden, die ein Zeugnis vorweisen konnten, etwa 70 Prozent der potentiellen Mitglieder jener großen Leserschaft, zu der sich die französische Bevölkerung im Laufe der Jahrzehnte entwickelt hatte.

Andererseits – und dies ist die dritte Feststellung, die sich bei der Betrachtung des Wissensstandes der Rekruten in den zwanziger Jahren aufdrängt – verfügte nur ein kleiner Teil jedes Jahrgangs über eine Gymnasialausbildung. Indessen wurde gerade in diesem Jahrzehnt, und zwar stufenweise seit 1928, die Gebührenfreiheit des Gymnasialunterrichtes eingeführt, so daß sich die Schülerzahlen der Gymnasien in den folgenden zehn Jahren verdoppelten. Das heißt, die Dritte Republik, die mit einer Bildungsreform auf der Basis der Primarschule begonnen hatte, beschloß ihr Wirken mit einer weiteren tiefgreifenden Veränderung, diesmal im Bereich der Sekundarstufe, die sich dann in den fünfziger und sechziger Jahren, zur Zeit der »Bildungsexplosion«, noch ausweiten sollte. Zum Vergleich: 1913 absolvierten 225 000 Schüler das Gymnasium, 1972 waren es nahezu 5 Millionen. Das bedeutete eine Vermehrung der Schülerzahlen um das Zwanzigfache. Diese Explosion stellte in der Tat eine regelrechte »Revolution des Schulwesens« dar, selbst wenn sich der Zuwachs teils aus der demographischen Entwicklung, teils aus der 1959 eingeführten Verlängerung der Schulpflicht bis zum sechzehnten Lebensjahr ergab. Sie war jedoch ebenso auch eine Antwort auf die »sozialen Ansprüche« eines sich wandelnden Frankreich während der »glorreichen Dreißiger«.

Was aber las man im Frankreich der Dritten Republik in den Jahrzehnten vor dem Zweiten Weltkrieg? Und, wichtiger noch, spielte damals auch das gedruckte Wort eine Rolle im Sinne einer kulturellen Homogenisierung? Die Massenblätter mit sehr hohen Auflagen – 1939 erreichte *»Paris-Soir«* eine Auflage von 1,8 Millionen und *»Le Petit Parisien«* eine Auflage von einer Million Exemplaren pro Tag – waren durchweg Instrumente einer solchen Homogenisierung. Auch die Illustrierten erzielten spektakuläre Verkaufserfolge: So erreichten *»Marie-Claire«*, die 1937 erstmals erschien, und *»Confidences«*, die 1938 auf den Markt kam, binnen weniger Monate eine Auflage von einer Million Exemplaren. Sie kreierten den Typ der Frauenzeitschrift im neuen, bunt gemischten Stil, der sich in den Jahren nach dem Zweiten Weltkrieg noch weiter entwikkeln und dabei zu einem regelrechten gesellschaftlichen Phänomen werden sollte. *»Confidences«* war zeitweise einer der größten Erfolge der Massenpresse, so wie es innerhalb ihrer Sparte die 1928 gegründete Zeitschrift *»Détective«* einige Jahre nach ihrem ersten Erscheinen wurde.

In diesem wahrhaft bunten Pressespektrum spielte vor allem die Photographie eine wichtige Rolle. Der Fortschritt der Reproduktionstechnik hatte sie in den dreißiger Jahren zunehmend zu einem wesentlichen Bestandteil einiger wöchentlich erscheinender Nachrichtenmagazine gemacht, etwa des von Jean Prouvost gegründeten *»Match«*, das damals eine Auflage von 800 000 Exemplaren erreichte.

Derselbe Jean Prouvost erklärte 1932: »Das Bild ist die Königin unserer Zeit geworden.« Das Bild meint hier jedoch mehr als nur die Pressephotographie. In einer Gesellschaft, in der, wie die Volkszählung von 1931 zeigte, erstmals die Stadtbevölkerung die Landbevölkerung überwog, spielten das Plakat wie zweifellos auch die Postkarte, die damals ihre Blütezeit erlebte, eine Rolle bei der kulturellen Vereinheitlichung. Schwieriger zu bewerten, weil komplexer, ist der Einfluß der Comics. Doch auch sie erlebten einige wichtige Veränderungen, denn die wachsende Verbreitung der »Sprechblase« in den dreißiger Jahren hatte Konsequenzen sowohl für die graphische wie für die Textgestaltung – und damit für das Genre ganz allgemein.

Die Rolle von Film, Rundfunk und Presse war für die französische Kultur von entscheidender Bedeutung und setzte eine Zäsur nicht nur für die Zwischenkriegsjahre, sondern auch im weiteren historischen Rahmen. Bis dahin bezogen die Franzosen ihr Weltbild nur aus dem, was sie sich im Geographieunterricht in der Schule erworben und in den bewußt erbaulichen und reichlich stilisierten »Illustrationen« einiger Zeitschriften kennengelernt hatten. Nach und nach konnte man jedoch – und dieses Phänomen nahm nach dem Krieg noch an Bedeutung zu, nicht zuletzt wegen der Photomagazine – erleben, wie sich der Blick über die Grenzen des Landes und seiner Kolonien hinaus weitete und zugleich eine Uniformierung dieses neuen, erweiterten Weltbildes einsetzte. So war man – vor Anbruch des Fernsehzeitalters, das eine zunehmende Globalisierung der Perspektiven einleitete – einige Jahrzehnte lang Zeuge einer »Nationalisierung« des Weltbildes der Franzosen. Während die Eisenbahn und das Auto die abgelegenen Regionen ihres Landes aus ihrer Abgeschiedenheit befreiten, taten Radio, Kino und Presse das gleiche für die Bewußtseinsbildung.

Die Einflüsse von außen blieben zunächst beschränkt. Man würde ihren proportionalen Anteil sicher verfälschen, wenn man der Beunruhigung mancher Schriftsteller allzu große Bedeutung zumessen würde. Ihre Beobachtungen sollte man eher als Warnung denn als klinischen Befund verstehen; sie wurden damals auch nur von wenigen geteilt. Georges Duhamel beispielsweise sinnierte 1930 in seinen *»Scènes de la vie future«* über die in Amerika im Entstehen begriffene Gesellschaft und äußerte angesichts des sich darbietenden Schauspiels einer städtischen Konsumkultur, die am Ende der *roaring twenties* bereits voll ausgebildet war, die Befürchtung, daß dieses Amerika Frankreichs Zukunft vorwegnehme, und wünschte, »daß an diesem Punkt der Auseinandersetzung jeder von uns Abendländern getreulich verwirft, was er in seinem Haus, an seiner Kleidung und in seiner Seele an Amerikanischem entdeckt«. Frankreich war damals jedoch weder in materieller noch in geistiger Hinsicht in irgendeiner tiefergehenden Weise von Einflüssen durchdrungen, die von jenseits des Atlantik kamen. Und was demnächst vom anderen Rheinufer herüberkommen sollte, waren Einflüsse anderer Art!

Doch sollte man, um die Ausgewogenheit zu wahren, die Perspektive nicht fälschlich trüben. Natürlich hatte die »Amerikanisierung« bis dahin noch kaum merkliche Spuren im Alltags- und Kulturleben der Franzosen hinterlassen. Dennoch lassen sich Einflüsse auf bestimmte Sektoren der Massenkultur nicht leugnen wie etwa auf die Schlagermusik, den Film und insbesondere auf die Comics, für die vor allem Paul Winkler *(»Opera mundi«)* seit 1934 eine wichtige Rolle spielte. In der Tat: Vorreiter der späteren US-Importe, wie sie nach dem Zweiten Weltkrieg das Land überschwemmten, gab es schon jetzt zu Genüge: Dies betraf nicht nur den »weißen« Jazz oder die Vorliebe für amerikanische Filme wie den Western und besonders für Musicals oder Boulevardkomödien; auch die *»Mickey Mouse«* gehörte dazu, die sogar zu einem eigenen Gattungsbegriff für diese Art von Zeitschrift geworden ist und bald nach ihrem Erscheinen im Jahre 1934 eine Auflage von 400 000 Exemplaren erreicht hatte, aber auch Gestalten wie *»Pim Pam Pum«*, *»Mandrake«*, *»Guy l'Eclair«* und *»Popeye«*. Selbst auf einem Gebiet, das noch so wenig von amerikanischen Einflüssen berührt schien, wie es die Presse war, war der Gründung der Illustrierten *»Marie-Claire«* eine Reise ihrer Gründerin Marcelle Auclair in die Vereinigten Staaten vorausgegangen.

HERBSTKULTUR?

Versucht man am Ende dieser beiden Jahrzehnte eine Bestandsaufnahme, so wird deutlich, daß es, namentlich auf dem Gebiet der Literatur, nur wenige Epochen gibt, die innerhalb so kurzer Zeit eine solche Vielfalt von Begabungen und Persönlichkeiten hervorgebracht haben. Doch haben diese Talente auch jeweils ihr Bestes gegeben? Die Schockwellen der dreißiger Jahre haben so manches schöpferische Genie aus der Bahn geworfen oder dahin gebracht, sich zu verzetteln, wie auch die Kriegswirren bisweilen ein heranreifendes Werk zur Wirkungslosigkeit haben verkümmern lassen. Doch all das ändert nichts daran, daß die Periode, die im Jahre 1939 zu Ende ging, eine glanzvolle Zeit gewesen ist. Mit der raschen Integration ihrer künstlerischen Avantgarde schien die französische Kultur ihr inneres Gleichgewicht gefunden zu haben.

Man konnte damals von einer »Pariser Schule« sprechen, ein Begriff, der erstmals in den zwanziger Jahren in der *»Comoedia«* André Warnods auftauchte, als Bezeichnung für eine Gruppe von Malern und Bildhauern wie Chagall, Soutine, Modigliani und Utrillo, die zum Teil aus dem Ausland kamen, aber in Paris arbeiteten. Es dauerte nicht lange, bis dieser Begriff auf das gesamte Künstlermilieu des Montparnasse übertragen wurde – er erlebte damals seine Blütezeit, die übrigens nichts von dem Schwefelgeruch an sich hatte, den eine hartnäckige Legende ihr angedichtet hat – und die künstlerische Vorrangstellung von Paris bekräftigen sollte. Nach dem Zweiten Weltkrieg mußte dieser Begriff, ein wenig polemisch, zur Bezeichnung jener Künstler herhalten, die damals nicht der »abstrakten Versuchung« erlegen waren. Am Ende dieser dreißiger Jahre aber darf man diesen Ausdruck durchaus eher prosaisch auf jenen kunstvollen Zaubertiegel der Kunstgattungen, Stilrichtungen und Künstler anwenden, der den dreißiger Jahren ihren goldenen Glanz verleiht. Marcel Proust, der innerhalb einiger Jahre zum Klassiker wurde, wie auch Pablo Picasso, der damals schon Berühmtheit erlangt, oder Jacques Copeau, der 1913 als Vierunddreißigjähriger das Theater *Vieux-Colombier* ins Leben gerufen hatte, waren zu festen kulturellen Größen geworden. Alle drei zählten zur kulturellen Avantgarde der letzten Jahre einer anderen Vorkriegszeit.

Die Pariser Weltausstellung von 1937 illustrierte recht eindringlich dieses kunstvolle Gleichgewicht zwischen Vergangenheit und Zukunft. Die Gegenwart fand ihren vielleicht treffendsten Ausdruck in dem 600 Quadratmeter großen Kolossalgemälde *»La Fée électricité«* von Raoul Dufy, das gut den »Geist von 37« wiedergab und das Thema der Ausstellung, die Verbindung zwischen Kunst und Technik, veranschaulichte.

Gewiß, nicht alle Künstler kamen zu Wort. Le Corbusier beispielsweise verlor im Rahmen der Internationalen Wohnbauausstellung den Auftrag, das Palais de Chaillot, Symbol eines gewissen Klassizismus, zu bauen, an die Architektengruppe Carlu, Boileau und Azéma; er mußte sich mit dem Bau eines Ausstellungspavillons an der Porte Maillot begnügen. Einige »unabhängige« Künstler – Pariser Ausländer wie Kandinsky – sahen ihre Bilder im *Jeu de Paume* ausgestellt, während Picasso (mit *»Guernica«*) und Joan Miró ihre Werke im spanischen Teil der Ausstellung zeigten. Zur gleichen Zeit jedoch schmückte Robert Delaunay das *Palais de l'Air* mit seinen Gemälden, und wurden die *»Féeries nocturnes«* in der Vertonung von Arthur Honegger, Georges Auric und Darius Milhaud am Seineufer aufgeführt.

Frankreich befand sich in der Tat zu dieser Zeit kulturell in einer Zwischenkriegszeit. Wenn auch noch ganz in sommerlichem Glanz erstrahlend, versank sein künstlerisches und intellektuelles Schaffen doch nach und nach im verschwimmenden Licht eines herbstlichen Jahrzehnts, auf das schon deutlich die Schatten der Krise fielen.

ZWEITER TEIL

Die Zeit der Prüfungen

1939–1946

KAPITEL I

Frankreich am Boden

FRANKREICH IM KRIEG

Achtundvierzig Stunden nach dem Einmarsch der deutschen Wehrmacht in Polen erklärte die französische Regierung Deutschland den Krieg. Die Entscheidung trat am 3. September 1939, morgens um 5 Uhr, in Kraft. Damit befand sich Frankreich kaum mehr als zwanzig Jahre nach dem Ende eines Krieges, der der letzte hatte sein sollen, wieder im Krieg. Nun wurden die Kinder, denen die Väter eine derartige Prüfung hatten ersparen wollen, ihrerseits in den Strudel gerissen. Von den Älteren machten viele den Krieg zum zweiten Mal durch: Alle Generäle hatten bereits im Ersten Weltkrieg gekämpft und mit ihnen Tausende von Berufs- oder Reserveoffizieren, die nun in den aktiven Dienst zurückkehrten. Für viele Franzosen bedeutete der Krieg daher kein unbekanntes Abenteuer mehr; sie alle griffen auf frühere Erfahrungen zurück.

Gleichwohl unterschied sich der Sommer des Jahres 1939 in mehr als einer Hinsicht von dem des Jahres 1914, und entsprechend unterschiedlich fielen die Reaktionen aus. 1914 hatte der Krieg die Franzosen überrascht; sie hatten ihn nicht kommen sehen. 1939 dagegen erwarteten sie ihn, denn sie hatten 1938 bereits die Generalprobe erlebt. Die Vorstellung, daß man das Problem Hitler nur mit Hilfe eines Krieges aus der Welt schaffen könne, hatte die Franzosen innerlich auf den Krieg vorbereitet. Der Widerstand gegen den Überfall auf Polen war die letzte Gelegenheit, die Expansion des Dritten Reiches zu stoppen; noch einmal nachzugeben hätte Frankreich völlig isoliert. Ohnehin wog Deutschlands Macht seit der Annexion Österreichs und Böhmens doppelt so schwer wie die Frankreichs.

1914 waren die Methoden der modernen Kriegführung noch unbekannt. Man glaubte nicht an eine lange Kriegsdauer – einige Wochen nur, und danach würde jeder wieder zu seinen Geschäften zurückkehren. 1939 waren diese Illusionen verflogen, um so mehr, als der Generalstab seine Strategie auf einen Zermürbungskrieg aufgebaut hatte. Dennoch war die innere Diskrepanz zwischen den beiden Mobilmachungen nicht so ausgeprägt, wie die Legenden es darstellen: 1914 war die Begeisterung wesentlich gedämpfter, als es die Beschreibungen der Regimenter, die mit Blumen in den Gewehrläufen aufbrachen, glauben machen wollen; und als 1939 die Einberufenen in den Krieg zogen, taten sie dies bei aller Gedrücktheit doch nicht ohne Entschlossenheit. Die Mobilmachung ging reibungslos vonstatten; der Kriegsalarm des Jahres 1938 hatte dazu beigetragen, die schlimmsten Fehler zu korrigieren. Die Zahl der Kriegsdienstverweigerer lag nicht über 1,5 Prozent.

Erst als sich die Dinge im folgenden ganz anders als erwartet entwikkelten, entfernte sich die Stimmung von der des Jahres 1914. Noch war die Erinnerung an die Grenzschlachten, die fürchterlichen, verlustreichen Frontalangriffe während der ersten Wochen des Krieges und an das tiefräumige Eindringen der Deutschen in Frankreich lebendig; aber im Herbst 1939 nahm der Krieg einen ganz anderen Verlauf. Außer der »Saar-Offensive«, einigen begrenzten Operationen kleinerer, kampferfahrener Truppenverbände zur Frontbegradigung im Niemandsland, insbesondere im Warndt (zwischen Lauterbach und Großrosseln), standen die Heere Gewehr bei Fuß. Die Verluste hielten sich in Grenzen: einige Angehörige von Freiwilligenverbänden, die auf eine Mine getreten waren, ein torpediertes Schiff und einige abgeschossene Kampfflieger. Die Maginotlinie erwies sich als wirksamer Schutz gegen eine deutsche Invasion. Die Anstrengungen, die das Land unternommen hatte, um sich einen Schutzschild zuzulegen, erwiesen sich als gerechtfertigt. Man bereitete sich auf einen langen Krieg vor, bei dem es vor allem auf das Stehvermögen ankam.

Diese ungewöhnliche Art des Krieges, bei der die Tage mit Warten vergingen, erhielt schon bald den bezeichnenden Namen *»drôle de guerre«* (»komischer Krieg«). Aber man lasse sich durch diesen Ausdruck nicht täuschen: Komisch war dieser Krieg für niemanden – ebensowenig wie später die Gefangenschaft, auch wenn diese im Titel eines der besten Werke, die aus diesem Anlaß entstanden sind, als »große Ferien« bezeichnet wird. Dieser Krieg war keineswegs komisch für die, die durch die Mobilmachung aus ihren Familien und aus ihren Berufen herausgerissen wurden und einen strengen Winter in provisorischen Unterkünften verbringen mußten, und er war grausam für die Tausenden von Soldaten, die ihr Leben verloren. Wenn sie wenigstens das Gefühl gehabt hätten, daß diese Opfer mithalfen, das Kriegsende zu beschleunigen! So aber verging Woche um Woche, in denen die Untätigkeit an der Entschlossenheit der ersten Tage zehrte, Zweifel sich einschlichen und der »komische Krieg« die Kräfte zermürbte und den Kampfwillen untergrub. All das trat erst am Tag der Entscheidung zutage; doch da war es bereits zu spät. In Frankreich machte man später den »komischen Krieg« für die Niederlage verantwortlich und verlor dabei die Gründe aus den Augen, die zu dieser Strategie geführt hatten, so daß dieses passive Warten auf die feindliche Initiative schließlich geradezu absurd erschien.

DIE LOGIK DES »KOMISCHEN KRIEGES«

Dieser »komische Krieg« hatte indes seine Gründe. Er war die logische Konsequenz aus den Lehren des Ersten Weltkriegs und aus der Analyse der neuen Gegebenheiten. Politiker und Militärs hatten nach den Erfahrungen der Jahre 1914–1918 die Überzeugung gewonnen, daß ein Durchbruch durch die feindliche Front unmöglich war. Hatte man damals nicht vier Jahre gebraucht, um die deutschen Linien zu durchbrechen und den Bewegungskrieg wiederaufzunehmen? Und seitdem waren die beiderseitigen Verteidigungssysteme durch Befestigungslinien noch weiter ausgebaut und mit Betonbunkern derart verstärkt worden, daß sie auch schwersten Bombardierungen standhielten. Auf französischer Seite hielt man den Westwall, die »Siegfriedlinie«, die nach der Besetzung des Rheinlandes gebaut worden war, trotz ihrer hastigen Errichtung nur um den Preis großer eigener Verluste für überwindbar (wobei man sich freilich vorbehielt, »die Wäsche an der Siegfriedlinie aufzuhängen«, wie es ein damals vielgesungener Schlager suggerierte). Da eine Umgehung der feindlichen Linien durch das benachbarte Ausland nicht in Betracht kam, mußte sich das französische Heer wohl oder übel nach einem anderen Ausweg umsehen. Die Doktrin der französischen Heeresführung, die der Feuerkraft den Vorzug vor der Beweglichkeit gab und eine Defensivstrategie vorschrieb, stand völlig im Einklang mit der öffentlichen Meinung: Es galt, das Blut der Franzosen um jeden Preis zu schonen; unter keinen Umständen sollte sich ein Blutbad wie das von 1914–1918 wiederholen. Eine Art Lebensinstinkt verbot jede Wiederholung derart verlustreicher Kämpfe; man ahnte dunkel, daß Frankreichs Großmachtstellung einen zweiten derartigen Substanzverlust innerhalb so kurzer Zeit nicht würde verkraften können. Nachdem Frankreich den Brustpanzer dem Schwert und den Schild der Lanze vorgezogen hatte, blieb ihm nichts anderes übrig als abzuwarten.

Zu diesen Überlegungen kam noch ein positives Argument hinzu: Frankreich und Großbritannien waren Deutschland potentiell überlegen, aber beide brauchten Zeit, um diese Überlegenheit zur vollen Entfaltung zu bringen. Hitler hatte sich einen momentanen Vorteil verschafft, indem er als erster aufgerüstet hatte. Die Alliierten hingegen hatten einen Rückstand aufzuholen und brauchten Zeit. Als Besitzer ausgedehnter Kolonialreiche, mit einer Fülle von materiellen Hilfsquellen und mit Goldreserven versehen, als führende Seemächte und Anrainerstaaten des Ozeans zugleich auch Nutznießer der Freiheit der Meere und dadurch imstande, mit vollen Händen aus dem Arsenal der amerikanischen Wirtschaft zu schöpfen, würden Frankreich und Großbritannien binnen weniger Jahre das Kräfteverhältnis zu ihren Gunsten umkehren, bis ihre Überlegenheit so erdrückend geworden war, daß ihnen die Kapitulation des Dritten Reiches wie eine reife Frucht in den Schoß fiel. Man verzichtete also auf eine direkte militärische Auseinandersetzung und verließ sich, um Deutschland niederzuringen, auf die Blockade. Auch in diesem Punkt spielte die Erinnerung an den letzten Krieg eine Rolle: Damals hatte die Blockade zum Zusammenbruch des Deutschen Reiches beigetragen – diesmal sollte sie zur entscheidenden Waffe werden. Da Deutschland keine Kolonien besaß und nicht über genügend eigene Bodenschätze und Rohstoffe verfügte, die für die Führung eines modernen Krieges unabdingbar waren, würde es genügen, das Land von seinen Nachschubwegen abzuschneiden und einzukreisen. Da man es nicht frontal angreifen konnte, mußte man auf die neutralen Staaten Druck ausüben und sie zur Teilnahme an der Blockade zwingen: so zum Beispiel auf die skandinavischen Länder, um den Transport des für die deutsche Eisenindustrie so wichtigen schwedischen Eisenerzes zu unterbinden, das im Winter über Nordnorwegen nach Deutschland verschifft wurde. Merkwürdigerweise ließ diese Strategie keinerlei Vorstoß im Zentrum der Front zu, verlangte aber Offensiven auf den Flügeln.

Der Erfolg einer solchen Strategie auf lange Sicht setzte voraus, daß die Bevölkerung der Demokratien mehr Ausdauer bewies als die deutsche. Daher war es das Ziel der offiziellen Propaganda, eine Siegermoral zu erzeugen. So war noch vor Ausbruch der Feindseligkeiten ein Hochkommissariat für Propaganda eingerichtet und dem Schriftsteller Jean Giraudoux übertragen worden, der seine Fähigkeiten künftig darauf verwandte, die Überlegenheit der alliierten Mächte zu verkünden. Auf großen Plakaten wurde eine Weltkarte mit den beiden riesigen Kolonialreichen abgebildet; der Slogan »Wir werden siegen, weil wir stärker sind«, den die Propaganda lauthals verkündete und der später bitteren Spott hervorrief, sollte Vertrauen in den Sieg der französischen Waffen einflößen.

Diese Strategie, deren Logik außer Zweifel stand, hatte nur einen Fehler: Sie rechnete nicht mit der Veränderung der Lage durch die deutsch-russische Annäherung, die dem Reich für die Dauer mehrerer Monate sämtliche benötigten Öl- und Rohstoffmengen verschaffte. Wie sollte man diese Lücke in der Blockade schließen? Anstatt nun seine gesamte Strategie neu zu überdenken, entwarf der französische Generalstab Pläne, deren Weltfremdheit verblüfft. So plante man einen Angriff aus dem östlichen Mittelmeer auf die Ölfelder von Baku. Eine andere Möglichkeit zeichnete sich im hohen Norden ab, wo Stalin die Verwicklung der anderen Großmächte in den Krieg ausnutzte und am 30. November 1939 Finnland überfiel.

Der gewaltige Größenunterschied zwischen dem kleinen finnischen Volk und dem riesigen Rußland rief eine lebhafte Welle der Sympathie für den Widerstand der Finnen hervor. Doch die mächtige sowjetische Kriegsmaschinerie geriet ins Stocken und war offenbar nicht in der Lage, mit den zähen Kämpfern des Marschalls Mannerheim fertigzuwerden. War das nicht die Gelegenheit, im Wege der Hilfeleistung an Finnland eine Offensive gegen die Sowjetunion zu starten und sie vom Nahen Osten und von Murmansk aus in die Zange zu nehmen, um die Lücke in der Blockade wieder zu schließen und die Einkreisung des Hauptgegners perfekt zu machen? Die plötzliche Aufnahme von Verhandlungen zwischen Finnland und der Sowjetunion, die am 11. März 1940 zur Unterzeichnung eines Waffenstillstandes und bald darauf zum Abschluß eines Friedensvertrages führten, machten diesen Schimären ein rasches Ende. Indes bestärkte die Unfähigkeit der Roten Armee, einen so winzigen Gegner niederzuzwingen, die Antikommunisten in ihrer Überzeugung, daß die Sowjetunion nur ein Koloß auf tönernen Füßen sei und man deshalb schlecht beraten gewesen wäre, die Sicherheit Frankreichs auf ein Bündnis mit ihr zu gründen. Das Ende März beschlossene Norwegenunternehmen, das auf den ersten Blick als Kurzschlußhandlung erscheinen mochte, war die logische Konsequenz dieser Weichenstellungen.

Die Strategie dieses ungewöhnlichen Krieges, die darauf hinauslief, den Krieg zu gewinnen, ohne ihn eigentlich zu führen, barg noch einen weiteren Keim der Schwäche. Sie unterstellte nämlich, daß Deutschland warten würde, bis die Blockade ihre zerstörerische Wirkung entfaltete. Sie rechnete auch nicht damit, daß die Moral der Alliierten durch Untätigkeit untergraben werden könnte. Ihre entscheidende Schwäche aber lag darin, daß sie Hitler die Initiative überließ, obwohl dieser ja schon hinreichend bewiesen hatte, daß er die Kunst der Überraschung des Gegners beherrschte.

Auch innenpolitisch schuf die *Drôle de guerre* eine ungewöhnliche Situation: Es herrschte kein Frieden mehr, aber auch kein richtiger Krieg. Zunächst schien alles nach Plan abzulaufen. Am 2. September bewilligte das Parlament in einer außerordentlichen Sitzung einen Sonderkredit in Höhe von 70 Milliarden Francs, dessen Forderung die Regierung mit der Notwendigkeit begründete, »den internationalen Verpflichtungen nachzukommen«, eine durchaus zweideutige Formulierung, hinter der sich Frankreichs Kriegseintritt verbarg. Nach der Abstimmung wurden die Kammern in die Ferien geschickt. Das politische Leben war stillgelegt. Die Mobilmachung hatte die Parteien und Gewerkschaften ihrer Führungen beraubt und ihre Organisationen lahmgelegt, während die Zensur das gesamte Nachrichtenwesen, die Presse und den Rundfunk überwachte.

Paul Reynaud paßte die Wirtschaftspolitik den Bedürfnissen eines langes Krieges an, in dem es von strategischer Bedeutung ist, die Staatsfinanzen im Griff zu haben. Ohne ganz mit den Prinzipien des Wirtschaftsliberalismus zu brechen, ergriff er Maßnahmen zur Vermeidung eines Inflationsschubs: Er drosselte den Geldumlauf, erhöhte die Steuern und begab Anleihen, die das Publikum im Sinne patriotischer Pflichterfüllung zeichnen sollte. So zeigte zum Beispiel ein Plakat einen Seemann, der den Horizont absuchte; darunter stand zu lesen: »Er hält Wache, zeichnen Sie!«

Die Bevölkerung vertraute der Regierung und ihrem Ministerpräsidenten, der sein Kabinett umgebildet hatte, um seine parlamentarische Basis zu verbreitern. Die Intrigen der Politiker ignorierte man. Die wenigen Abgeordneten, die sich dem Kriegseintritt Frankreichs widersetzten, waren am 2. September nicht zu Wort gekommen. Die dreißig Intellektuellen um Jean Giono und Alain, die das Manifest *»Paix immédiate«* des Anarchisten Louis Lecoin unterzeichnet hatten, wurden strafrechtlich verfolgt, als sie sich weigerten, ihre Unterschriften zurückzuziehen. Die rechtsgerichteten Kreise, die einen Krieg ablehnten, der – wie sie argwöhnten – Stalins Wünschen entgegenkam, nahmen wieder ihre traditionell antigermanischen Positionen ein. Das Land hegte weder Zweifel an der Gerechtigkeit des Krieges noch an seinem siegreichen Ausgang. Die Erinnerung an 1918 verlieh ihm ein unerschütterliches Vertrauen in den Sieg der französischen Waffen.

DIE KOMMUNISTEN – EINE PARTEI AUSSERHALB DES GESETZES

Die Annäherung zwischen Hitler und Stalin hatte auf der extremen Linken eine völlig neue Situation geschaffen. Seit ihrem Schwenk in den Jahren 1934–1935 hatte sich die Kommunistische Partei zum schärfsten Verfechter des Widerstandes gegen den Nationalsozialismus gemacht. Sie war die einzige, die entschieden gegen das Münchner Abkommen aufgetreten war und den Geist von München unnachsichtig angeprangert hatte – teils aus Solidarität mit der Sowjetunion, teils aus Gegnerschaft zum herrschenden System in Frankreich. Die überraschende Kehrtwendung Moskaus brachte die Kommunisten plötzlich in eine schwierige Lage. In den Jahren, die seither vergangen sind, haben die ge-

gensätzlichen Propagandathesen der Beteiligten, die Ausschlachtung des Vorgangs durch die Antikommunisten und seine nachträgliche Umschreibung durch die Kommunisten die ohnehin komplexe historische Realität nach Belieben verzerrt und in derartige Nebelschwaden gehüllt, daß man zuallererst die Geschehnisse wieder in ihrer ursprünglichen Reihenfolge darstellen muß. Der Chronologie kommt hier also entscheidende Bedeutung zu. Die Ereignisse haben sich bisweilen derart überstürzt, daß es nun wesentlich darauf ankommt, die Zusammenhänge wiederherzustellen und die Bruchstellen aufzuzeigen.

In einer ziemlich kurzen Anfangsphase, etwa während der ersten Septemberhälfte, gab es noch keine Veränderungen in der offiziellen Parteilinie. Die Partei klammerte sich an die Überzeugung, daß Stalin nichts anderes im Sinne habe, als die Zukunft der Freiheit zu sichern, und befürwortete eine harte Haltung gegenüber Hitler. Die französische Regierung hatte bis dahin, abgesehen von dem Verbot der kommunistischen Tageszeitungen *»L'Humanité«* und *»Ce soir«* am Tag nach der Unterzeichnung des deutsch-sowjetischen Vertrages, keinerlei polizeiliche Maßnahmen gegen die Partei ergriffen. Sie setzte ebenso auf Vertrauen wie die Regierung des Jahres 1914 im Umgang mit den revolutionären Gewerkschaftlern. Im übrigen stimmten auch die kommunistischen Abgeordneten für die Kriegskredite, und die Aktivisten der Partei kehrten zu ihren Einheiten zurück.

Erst nach dem 17. September zeichnete sich ein Wandel um 180 Grad ab: An diesem Tag waren die Truppen der Roten Armee in Polen einmarschiert und dort mit den deutschen Truppen zusammengetroffen. Von nun an stand fest, daß es nicht um Hilfe für die unglückliche Nation, sondern um einen Anteil an der Kriegsbeute ging. Die Rote Armee rückte bis zum Bug vor, der von nun an die Grenze zwischen den Besatzungszonen der beiden Signatarmächte des Abkommens vom 23. August 1939 bildete. Die Vermutung, daß ein geheimes Teilungsabkommen existierte, erwies sich als richtig.

Dies war eine völlig neue Situation: Die Sowjetunion war jetzt nicht mehr nur der wohlwollenden Neutralität gegenüber dem Aggressor schuldig. Infolgedessen gaben die Kommunisten, indem sie sich von der sowjetischen Intervention nicht distanzierten, ihre Zustimmung zum kriegerischen Vorgehen einer fremden Macht, die der erklärte Feind des Landes war, für dessen Rettung Frankreich in den Krieg eingetreten war.

Fast gleichzeitig mehrten sich die Anzeichen dafür, daß die Führung der französischen Kommunisten sich neu zu orientieren begann: Gestern noch hatte sie den Kriegseintritt unterstützt, heute sprach sie anklagend von einem imperialistischen Krieg, der den Völkern durch die Interessen des Kapitalismus aufgezwungen worden sei. Ihre Abgeordneten setzten sich dafür ein, Frankreich solle auf Hitlers Angebot eines sofortigen Friedensschlusses eingehen. Die Partei verleugnete ihre vier Jahre zuvor eingeleitete Bekehrung zum Patriotismus und kehrte wieder zum Pazifismus und revolutionären Defätismus zurück. Am 4. Oktober 1939 desertierte Maurice Thorez aufgrund eines Befehls der III. Internationale und verschwand. Einige Monate später tauchte er in Moskau wieder auf. Die Fahnenflucht des kommunistischen Generalsekretärs mitten im Krieg besiegelte vollends den Bruch zwischen Partei und Nation.

Diese Kehrtwendung stürzte die Partei in völlige Verwirrung. Das Ausmaß der Abspaltungen läßt sich nur schwer ermessen, da sich die Partei rasch in den Untergrund gedrängt sah und eine instinktive Solidarität die Dissidenten davon abhielt, ihre Differenzen offen auszutragen. Immerhin kennt man einige notorische Fälle, etwa den Paul Nizans, in denen es zum Bruch mit der Parteilinie kam; auch Gabriel Péri, seines Zeichens Experte für Außenpolitik, soll einige Gewissensbisse verspürt haben. Zweiundzwanzig der 1936 gewählten kommunistischen Abgeordneten wandten sich gegen die Parteiführung und verließen die Parlamentsfraktion – fast ein Drittel der Genossen, denen von der Partei die Ehre zuteil geworden war, sie parlamentarisch zu vertreten. Wenn schon an der Spitze der Partei derartige Abspaltungen vorkamen, so kann man sich vorstellen, wie groß die Verwirrung unter den Parteiaktivisten gewesen sein muß, insbesondere bei der großen Masse derer, die erst in den Jahren 1935–1936 in die Partei eingetreten waren, weil diese sich mit der Verteidigung der demokratischen Freiheiten gegen die Diktaturen identifiziert und als einzige gegen das Münchner Abkommen gestimmt hatte. Man wird daher ohne weiteres annehmen dürfen, daß sich die Partei seit Anfang Oktober 1939 aufzulösen begann. Nur die staatlichen Unterdrückungsmaßnahmen hemmten ihren völligen Zerfall und ließen die Meinungsverschiedenheiten über die Linie der moskauhörigen Parteiführung nicht offen zutage treten.

Léon Blum wäre lieber ohne Zwangsmaßnahmen gegen die Kommunisten ausgekommen; doch wie hätte eine für die Moral der Nation verantwortliche Regierung eine politische Gruppierung tolerieren können, die sich offen mit einer fremden Macht, die zum Verbündeten und Komplizen des Feindes geworden war, solidarisierte und deren gewählte Volksvertreter sich ganz ungeniert die Friedensvorschläge Hitlers auf dem Leichnam des befreundeten und besiegten Polens zu eigen machten? Im Ersten Weltkrieg hatte man Politiker bereits für viel geringere Vorgehen verfolgt und durch ein Sondergericht wegen Einvernehmens mit dem Feind verurteilt.

Die Repressionsmaßnahmen brachen erst nach dem Einmarsch der sowjetischen Armee in Polen über die Partei herein: Am 27. September verfügte die Regierung die Auflösung der Partei. Am 20. Februar 1940 verkündete die Kammer den Ausschluß der fünfundvierzig Abgeordneten, die nicht offen mit der Sowjetunion gebrochen hatten; einige Tage später wurden sie zu Gefängnisstrafen verurteilt und nach Südalgerien abtransportiert. Die Polizei machte Jagd auf die Parteimitglieder, die im Verdacht standen, mit der Parteiführung, die nach Thorez' Flucht von Jacques Duclos und Benoît Frachon im Untergrund gebildet worden war, in Verbindung zu stehen oder die man bei der Propaganda für einen Frieden ohne Sieger und Besiegte *(paix blanche)* ertappte. Nicht minder energisch ging man auch innerhalb der Gewerkschaften gegen die Kommunisten vor: Jeder, der sich nicht öffentlich vom deutsch-sowjetischen Vertrag distanziert hatte, wurde aus seiner Führungsposition entfernt. Später sollten sich die Kommunisten dafür rächen, als sie 1944 unerbittlich alle Gewerkschafter, die mit den Befürwortern des Münchner Abkommens paktiert hatten, aus der Partei ausschlossen.

Die Monate vergingen, während sich die Lage im Innern des Landes mehr und mehr verschlechterte. Die Soldaten fragten sich nach dem Sinn dieses nutzlosen Wartens. Das politische Leben, das seit dem Kriegseintritt stagniert hatte, kam wieder in Bewegung. Die Abgeordneten rebellierten gegen den Führungsstil des Ministerpräsidenten, dessen Autorität langsam abbröckelte. Es war offensichtlich, daß er die Lage nicht mehr beherrschte. Weit davon entfernt, ein zweiter Clemenceau zu sein, gab er unterschiedlichen Einflüssen nach und schreckte vor durchgreifenden Entscheidungen zurück. Das Kabinett war gespalten, weil Daladier einige Minister gehalten hatte, die einer Politik des Appeasement zuneigten. Ihre Gegner waren noch nicht geschlagen, auch wenn sie den Kriegseintritt nicht hatten verhindern können; sie waren noch immer entschlossen, einen Krieg zu beenden, der in ihren Augen schlecht begonnen hatte und den sie nicht für gerechtfertigt hielten. In der Kammer konstituierte sich auf halboffizieller Basis eine Friedenspartei aus Abgeordneten der Rechten, Radikalsozialisten und Sozialisten, welche die beiden pazifistischen Strömungen vereinte, die sich vor dem Krieg herausgebildet hatten. Ihre Zahl reichte zwar nicht aus, um eine echte Krise heraufzubeschwören, aber sie lauerten auf eine Gelegenheit. Andere Abgeordnete wiederum kritisierten die Untätigkeit des Kabinetts, nachdem sich von Tag zu Tag deutlicher zeigte, daß Frankreich diese passive Strategie nicht lange würde durchhalten können. Die Kritik aus beiden Lagern führte schließlich im März 1940, nach Abschluß des Waffenstillstands zwischen Finnland und der Sowjetunion, der in Paris wie eine Niederlage aufgenommen wurde, zum Rücktritt Daladiers.

Staatspräsident Lebrun beauftragte daraufhin Paul Reynaud mit der Bildung der neuen Regierung. Reynaud, der in den zurückliegenden sechzehn Monaten die Finanz- und Wirtschaftspolitik geleitet hatte, war der starke Mann in der Regierung Daladier gewesen; er galt als der führende Verfechter einer harten Außenpolitik und als ein Mann von besonderer Tatkraft. Paul Reynaud war eine ungewöhnliche Persönlichkeit. Er verfügte über wirtschaftliche Kenntnisse, die den meisten seiner Kollegen abgingen. In mehreren Grundsatzfragen hatte er einen unabhängigen Standpunkt vertreten und große Klarsicht bewiesen, so etwa in der Frage der Abwertung des Franc oder der Kriegführung. Seit 1935 hatte er sich die Ansichten Charles de Gaulles über die Strategie des Bewegungskrieges und die Formierung großer motorisierter Einheiten zu eigen gemacht. Durch seine schulmeisterliche Art und seinen Mangel an Bescheidenheit hatte er sich aber auch viele Feinde geschaffen. Die Linke vergaß nicht, daß er aus dem rechten Lager kam, und Teile der Rechten befürchteten, daß er das Land in waghalsige Abenteuer stürzen würde. Dieses Mißtrauen und diese Zurückhaltung äußerten sich anläßlich der Debatte über seine Regierungserklärung, die de Gaulle für ihn verfaßt hatte. Die nachfolgende Abstimmung fiel zwiespältig aus: 268 sprachen ihm das Vertrauen aus, 156 stimmten gegen ihn, und 111 enthielten sich der Stimme. Zählt man die Nein-Stimmen und die Enthaltungen zusammen, so betrug seine Mehrheit nur eine Stimme – und es ist nie ganz geklärt worden, ob er diese Stimme auch tatsächlich erhalten hat. Paul Reynaud hatte die Unterstützung der Sozialisten erhalten, wodurch sich seine Regierungsmehrheit nach links hin verbreiterte. Georges Bonnet, bis dahin die Seele einer Politik der Verständigung mit dem Feind, mußte seinen Hut nehmen; andererseits berief Reynaud Männer in sein Kabinett, die seiner unnachgiebigen Politik kaum weniger ablehnend gegenüberstanden.

Um ihre Entschlossenheit zu bekräftigen, verpflichteten sich Frankreich und Großbritannien am 28. März 1940 in einer feierlichen Erklärung, im gegenwärtigen Krieg »weder über einen Waffenstillstand oder einen Friedensvertrag zu verhandeln noch einen solchen abzuschließen, außer in beiderseitigem Einvernehmen«. Die Folgen dieser Vereinbarung sollten sich bald zeigen. Man entschied sich für eine offensivere Strategie. Um die Verschiffung von schwedischem Eisenerz nach Deutschland zu unterbinden, beschloß man die Verminung der norwegischen Seewege. Den noch ausstehenden Erfolg bereits vorwegnehmend, erklärte Reynaud in einer Rundfunkansprache, daß die Transportwege für das Eisenerz endgültig unterbrochen seien. Gleichzeitig bedrängten die Alliierten die Türkei, um sie zum Kriegseintritt zu bewegen. Sollte der Krieg einen anderen Verlauf nehmen, so daß von nun an der Feind reagieren mußte? Aber wieder einmal war es das Dritte Reich, das die Initiative ergriff: Am 9. April überrannten deutsche Truppen Dänemark, das sich kampflos ergab, und landeten in Norwegen. Einem britisch-französischen Expeditionskorps gelang es schließlich Ende Mai, den nordnorwegischen Hafen Narvik, über den das Eisenerz ausgeführt wurde, von den Deutschen zurückzuerobern.

DER KRIEG IN FRANKREICH

Die Franzosen ahnten nichts von dem allgemeinen Zusammenbruch, der ihnen bevorstand. Sie beschworen die Erinnerung an die siegreichen Kämpfe an der Marne und bei Verdun und ließen die historischen Schlachten von Crécy (1346) und Azincourt (1415) wiederaufleben. Die Zeit des großen Leidens war angebrochen, und es ziemt dem Historiker, ihrer mit Achtung zu gedenken. Sein Streben nach Objektivität schließt Mitgefühl nicht aus; beide vereinen sich zu dem Bemühen, die Gefühle, die Verwirrung, die Bestürzung und den Kummer eines Volkes zu verstehen, das Opfer einer Katastrophe wurde, auf die es durch nichts und von niemandem vorbereitet worden war.

Am Morgen des 10. Mai 1940, einem Freitag, hatte Hitler die Offensive eröffnet. Seine Armeen fielen ohne Kriegserklärung in die Niederlande, Belgien und Luxemburg ein. Die *Drôle de guerre* war endgültig vorbei, nun wurde es ernst. Endlich war die Gelegenheit gekommen, das stumpfsinnige Warten zu beenden und dem Feind die Stirn zu bieten. Der französische Generalstab verwirklichte nun auf das belgische Hilfeersuchen hin seinen Plan: Die beweglichsten, bestausgerüsteten und feuerstärksten Einheiten rückten, in Erwartung eines Frontalangriffs in Belgien, dem Feind entgegen. Aber die entscheidende Schlacht begann weder am Albert-Kanal noch an der Dyle, sondern weiter östlich, am Rand der Ardennen. Hitler führte den Hauptstoß dort, wo die befestigte Verteidigungslinie (die Angellinie) endete und von Truppenverbänden auf offenem Gelände abgelöst wurde. In der festen Überzeugung, daß die Ardennen für jeden Angreifer ein unüberwindliches Hindernis darstellten, hatte das französische Oberkommando keinerlei spezielle Verteidigungsmaßnahmen getroffen: keine Festungsanlagen, nur ein hauchdünner Schild aus zweitklassigen Kampfverbänden sollten die neun deutschen Panzerdivisionen aufhalten, die plötzlich aus dem Wald hervorbrachen, in massiertem Vorstoß die Maas überquerten und tiefer ins Landesinnere vordrangen. Der französische Generalstab, der seine sämtlichen Kampftruppen nach Belgien in Marsch gesetzt hatte, verfügte nun über keinerlei Reserven mehr, um eine zweite Verteidigungslinie zu errichten oder gar die angreifenden Truppen zurückzuschlagen. Die Front war durchbrochen, und eine riesige Lücke tat sich auf. Der französischen Führung war die Initiative entglitten, und es gelang ihr nicht mehr, sie wieder an sich zu reißen. Faktisch war der Krieg seit dem fünften Tag der deutschen Offensive verloren; sechs Wochen später war die Niederlage besiegelt. Genauso lange hatte es 1870 vom Beginn des Krieges gegen Preußen bis zur Katastrophe von Sedan gedauert, und fast so lange hatte man 1914 gebraucht, um die Lage nach der verlorenen Grenzschlacht durch den Sieg in der Marneschlacht zu retten. Diesmal jedoch sollte das Wunder an der Seine und Loire ausbleiben.

Hitler hätte, ohne auf ernsthaften Widerstand zu stoßen, auf Paris marschieren können; aber er wandte eine raffiniertere Taktik an: Im Schutz seiner Jäger und Bomber, die rasch die Luftherrschaft errangen, stießen seine Panzerspitzen in einem gewaltigen »Sichelschnitt« in Richtung Meer vor, das sie am 20. Mai an der Sommemündung erreichten. Währenddessen wurden die Nerven der französischen Truppen durch die Stuka-Angriffe im Inferno dröhnender Bomben und durch das Geheul der Sirenen aufs äußerste strapaziert: Die Soldaten fühlten sich im Stich gelassen. Der deutsche Vorstoß zur Kanalküste schnitt die in Belgien stehenden Divisionen unrettbar von der übrigen Front ab, die sich vor Paris wieder sammelte; ihre Lage verschlimmerte sich noch weiter durch die Kapitulation des niederländischen Heeres am 15. und des belgischen am 28. Mai. Da sich die Wiederherstellung einer Verbindung zum Gros der französischen Armee als unmöglich erwies, zogen sich die fünfundvierzig eingeschlossenen britisch-französischen Divisionen in das befestigte Lager von Dünkirchen zurück, von wo sie unter größten Mühen von einer Armada britischer Schiffe evakuiert wurden. Dadurch entkamen zwar 330 000 Mann der Gefangenschaft, doch mußten sie Panzer, Geschütze und sämtliches Gerät zurücklassen, deren Verlust sich bald peinlich bemerkbar machte.

Am 10. Mai war Paul Reynaud so weit gewesen, seinen Rücktritt einzureichen, um damit die Umbildung der Regierung und der Militärführung durchzusetzen, als ihn der deutsche Angriff zwang, davon Abstand zu nehmen. Dafür übernahm er nun selbst die Leitung des Verteidigungsministeriums. Nach den ersten Niederlagen sah er die Möglichkeit gekommen, sich von General Gamelin zu trennen, dem er nicht vertraute, und ihn durch General Weygand, der 1918 Marschall Fochs Stellvertreter gewesen war, zu ersetzen. Er erhielt auch die Unterstützung von Marschall Pétain, der von seinem Botschafterposten in Madrid nach Paris zurückkehrte, um dort den Posten des stellvertretenden Ministerpräsidenten zu übernehmen. Pétain und Weygand – diese Namen standen für die Schlacht von Verdun und den Waffenstillstand von Rethondes. Erhoffte man sich von ihnen das Rezept für den Sieg?

Während der Atempause, die ihm die Operationen bei Dünkirchen verschafften, war das französische Oberkommando bemüht, aus den verbliebenen Reserven und den Trümmern der Kampfeinheiten, die in den ersten Kriegstagen zum Einsatz gekommen waren, eine neue Frontlinie entlang der Somme, der Aisne und der Ailette zu errichten und eine Verbindung mit der Maginotlinie herzustellen: ein dünner, ungleichwertig zusammengesetzter Truppenschleier auf etwa 300 Kilometer Länge, dessen Feuerkraft durch den Verlust des Hauptkampfkorps entscheidend geschwächt war. Zwei kleinere Gegenoffensiven bei Montcornet und Abbeville durch Panzertruppen unter dem Kommando von Oberst de Gaulle, die einiges Gelände zurückeroberten und einen feindlichen Brückenkopf zurückdrängten, gaben eine Vorstellung davon, was der massierte Einsatz von Panzerkraftwagen, die denen des Feindes weder quantitativ noch qualitativ unterlegen waren, alles hätte bewirken können.

Am 3. Juni war die Evakuierung bei Dünkirchen abgeschlossen, am 6. Juni ging die deutsche Wehrmacht zur Offensive über. Nach wenigen Stunden tapferen Widerstandes brach die französische Front ein. Von nun an gab es keine zusammenhängende Frontlinie und keinen koordinierten Widerstand mehr. Die feindlichen Panzerdivisionen überfluteten das Land und stießen fächerartig vom Unterlauf der Seine bis nach Burgund vor. Die Regierung flüchtete aus Paris und erklärte die Hauptstadt zur »offenen Stadt«. Am 14. Juni zogen die Deutschen in Paris ein. Das französische Oberkommando versuchte zwar noch einmal die Errichtung einer einigermaßen geschlossenen Kampflinie entlang zunächst der Seine, dann der Loire – vergeblich. Immer wieder überrannte der deutsche Vorstoß die französischen Verteidigungsstellungen und gewann das jenseitige Flußufer. Die französischen Streitkräfte hatten sich tapfer geschlagen. Hatten auch hier und da einzelne Soldaten oder Truppenteile versagt, so war die Zahl der im Kampf Gefallenen – es waren etwa Hunderttausend – durchaus vergleichbar mit den mörderischsten Schlachten des Ersten Weltkriegs und beweist, daß die französischen Soldaten des Jahres 1940 ihren Vorgängern an Mut nicht nachstanden.

Mit der militärischen Katastrophe ging eine weitere Tragödie einher, die jene noch verschlimmerte und die der Volksmund sogleich mit dem biblischen Wort »Exodus« bezeichnete. Bis dahin hatte man diesen Begriff nur für die Landfluchtbewegung gebraucht, doch im Mai 1940 bezeichnete man damit die Flucht eines ganzen Volkes vor dem Feind. Die Menschen machten sich auf den Weg, ohne zu wissen, wohin sie gehen sollten. Ausgelöst wurde diese Bewegung durch den Zustrom flüchtender Belgier, denen sich die Bewohner der grenznahen Departements anschlossen. Bald schon nahm die Bewegung immer größere Ausmaße an; wie eine Lawine rollte sie über das Land und riß dessen Bevölkerung mit sich fort. Die genaue Zahl der Flüchtenden ist nicht bekannt: fünf, sechs, vielleicht auch acht Millionen. Allein für die Pariser Region schätzt man die Zahl derer, die lieber ihre Habe im Stich lassen als auf die Ankunft der Deutschen warten wollten, auf zwei Millionen. Diese Panikbewegung, die ein ganzes Volk ergriff, entsprang, zumindest am Anfang, durchaus erklärbaren Motiven. Die Menschen in Nord- und Nordostfrankreich hatten die vierjährige Besatzungszeit im Ersten Weltkrieg, während der sie vom restlichen Frankreich und ihren Familien abgeschnitten waren, nicht vergessen. Etwas Ähnliches erwarteten sie auch diesmal: Sie malten sich aus, daß die Front nach Besserung der militärischen Gesamtlage erstarren und ihre Departements ein weiteres Mal unter dem Stiefel des Feindes belassen werde. Die Erinnerung an die Schikanen und Requisitionen, an die Dienstverpflichtung von arbeitsfähigen Männern und an die auferlegten Beschränkungen verschlimmerte sich noch durch das, was man von den Nazis wußte oder, mehr noch, was man sich unter ihnen vorstellte. Der Umfang des Exodus enthüllt das Ausmaß der Angst, die das Dritte Reich einflößte; er läßt sich schwerlich mit gewissen Behauptungen über die freundliche Aufnahme vereinbaren, die der Feind in der Bevölkerung gefunden haben soll.

Die Flüchtenden waren bestrebt, um jeden Preis hinter die eigenen Linien zu gelangen, das heißt zunächst über die Seine, dann über die Loire, schließlich ins Zentralmassiv und in die beiden Departements Charente (Charente und Charente-Maritime) oder nach Südwestfrankreich. Der Abzug der Verwaltungen, von denen sich einige aufgrund einer entsprechenden Anordnung zurückzogen, andere jedoch ohne Weisung von oben die Bürger im Stich ließen, hatte den Abzug der Zivilbevölkerung zur Folge. Wie sollte man in einem Ort bleiben, wo es keine Behörden, keine Ärzte, keine Kaufleute oder Bäcker mehr gab? Die Bewegung wirkte wie eine unaufhaltsame Epidemie: Der Weggang der einen löste den Weggang der anderen aus. So kam eine bis dahin beispiellose Wanderungsbewegung in Gang: Ein Viertel oder Fünftel der französischen Gesamtbevölkerung wälzte sich auf viel zu engen Straßen und in einem unbeschreiblichen Gedränge in Richtung Süden. In Massen überschwemmten die Flüchtenden die kleinen Landstädte, deren Einwohnerzahl sich innerhalb von Stunden verzehnfachte und die solche Massen weder unterbringen noch verpflegen konnten. Hier und da flogen deutsche und italienische Flugzeuge über die Flüchtlingskolonnen hinweg und beschossen sie. Dieser Flüchtlingsstrom, der ein ganzes Volk mit sich riß und an die atavistischen Erscheinungen einer längst vergangenen Geschichte erinnerte, artete indes nie in völliges Chaos aus.

Die Verzweiflung dieser erbarmungswürdigen Massen und der auseinandergerissenen Familien hinterließ im Gedächtnis des Volkes eine ebenso tiefe und unauslöschliche Narbe wie der Zusammenbruch der französischen Armee. Diese beiden parallel verlaufenden Tragödien haben die traditionelle Unterscheidung in Front und Hinterland, in Zivilbevölkerung und Frontkämpfer ausgelöscht und sind für das Bewußtsein der Franzosen bestimmend geworden. Die Verantwortlichen in Regierung und Verwaltung waren völlig überfordert und mußten ihre Unfähigkeit erkennen, den elementarsten Bedürfnissen Genüge zu tun. Das Mitleid mit dem Elend so vieler Unschuldiger war ein Grund mehr, sich die Frage zu stellen, was die Pflicht ihnen gebot: War es nicht an der Zeit, die Kampfhandlungen einzustellen?

MUSSTE MAN DIE KAMPFHANDLUNGEN EINSTELLEN?

Was tun, wenn die Schlacht um Frankreich verloren war? Die Frage drängte sich den verantwortlichen Politikern und Militärs zunehmend auf, seitdem sie sich des Ernstes der Lage bewußt geworden waren. Hatte man in den ersten Tagen noch geglaubt, die Situation meistern zu können, so hoffte man nun auf ein Wunder. Paul Reynaud beschwor in einer Rundfunkrede die Erinnerung an die jungen siegreichen Generäle der Französischen Revolution und bekräftigte mit allem Nachdruck seine Überzeugung, daß Frankreich niemals zugrunde gehen könne. Die Regierung beteiligte sich geschlossen an den öffentlichen Gebeten für Frankreich. Aber nachdem die Linie durchbrochen war, auf deren Halten General Weygand die Armee eingeschworen hatte, wurde allen, die auf dem laufenden waren, klar – soweit die Desorganisation der Truppen, die fehlenden Nachrichtenverbindungen und die Verwirrung einer aus ihren Entscheidungszentren verjagten und auf etwa zehn Loireschlösser verstreuten Regierung dies zuließ –, daß die Schlacht auf französischem Boden verloren war. Die Lage verlangte eine Entscheidung.

Sollte man mit dem Feind in Waffenstillstandsverhandlungen treten? In dieser Frage war die Führung uneins. Ein halbes Jahrhundert nach dem Waffenstillstand vom Juni 1940 ist die Kontroverse noch immer nicht erloschen, und man darf bezweifeln, ob sie es jemals sein wird. Die Debatte darüber gehört zu jenen Streitfragen, die aus den Wechselfällen der französischen Geschichte hervorgehen und immer wieder aufs neue Leidenschaften wecken. In ihr verweben sich zu viele Faktoren, als daß sie endgültig entschieden werden könnte. Sie bildet ein unentwirrbares Geflecht aus zeitbedingten Werturteilen, Opportunitätserwägungen, ethischen Gesichtspunkten, ideologischen Neigungen und philosophischen Optionen. Um die Entscheidungen der handelnden Personen zu begreifen, bedarf es einer systematischen Musterung der Debatte über den Waffenstillstand und ihrer Auswirkungen – auch auf die Gefahr hin, die verschlungenen Wege, auf denen die einzelnen Akteure zu ihrer Entscheidung gelangten, allzu schematisch darzustellen.

Zunächst stellen sich drei miteinander zusammenhängende Fragen, in denen es um die Beurteilung der Lage und um deren mögliche Konsequenzen ging. Bestand noch begründete Hoffnung, den feindlichen Vormarsch zu stoppen und eine zusammenhängende Front zu errichten, hinter der sich mit Hilfe der amerikanischen Industrie und, nach Mobilisierung der britischen Reserven, von einigen Dutzend britischen Divisionen eine Offensive vorbereiten ließe, um das Land wie einst 1918 zu befreien? War die Antwort auf diese Frage Anfang Juni noch offen, so war sie es einige Tage später schon nicht mehr. Selbst die Verfechter einer Verteidigungsstellung in der Bretagne oder eines Rückzugs ins Zentralmassiv verteidigten diese Lösung nur noch als vorübergehende Atempause, um Zeit für einen Rückzug nach England oder Nordafrika zu gewinnen.

Zum zweiten: Bestand eine vernünftige Chance, den Kampf in Nordafrika fortzusetzen? Über diese Frage wird heute noch diskutiert. Die einen versichern – was auch der spontanen Überzeugung der dortigen Befehlshaber entsprach –, es habe damals auf der anderen Seite des Mittelmeers genügend Truppen und Hilfsquellen gegeben, um eine Invasion zurückzuschlagen; andere halten dem entgegen, daß der Waffenstillstand die Besetzung Nordafrikas durch die Achsenmächte verhindert und letztendlich die britisch-amerikanische Landung im November 1942 ermöglicht habe.

Die dritte Frage war die gravierendste: Bedeutete die faktische oder rechtliche Einstellung der Kampfhandlungen auf französischem Boden das Ende des Krieges zwischen den demokratischen Ländern und

Deutschland? Was immer die Befürworter eines Waffenstillstands später sagen mochten, hinter der Debatte über den Waffenstillstand tauchte zwangsläufig die Frage nach einem Friedensschluß auf. Vor dem Hintergrund früherer Erfahrungen neigte man dazu, beide Fragen zu vermischen: 1871 war es drei Monate nach dem Waffenstillstand vom Januar zur Unterzeichnung des Frankfurter Friedensvertrages gekommen, und 1919 hatten die deutschen Unterhändler acht Monate nach dem Waffenstillstand vom 11. November 1918 den Friedensvertrag unterzeichnet. Die Mehrzahl der Verantwortlichen zweifelte nicht daran, daß die Beendigung der Kämpfe zugleich auch das Ende des Krieges bedeutete: Wenn schon die französische Armee innerhalb von sechs Wochen der deutschen Wehrmacht unterlegen war, die sie 1918 noch besiegt hatte, wie sollte man dann annehmen, daß England, das kaum mehr als einige Divisionen hatte aufbieten können, einem Deutschland trotzen könnte, das den Kontinent beherrschte, mit Italien verbündet war, der Freundschaft Spaniens sicher sein durfte und von der wohlwollenden Neutralität der Sowjetunion profitierte? Deutschland hatte den Krieg gewonnen. Die Vernunft gebot daher die frühestmögliche Einstellung eines hoffnungslos gewordenen Kampfes, um wenigstens noch einigermaßen erträgliche Friedensbedingungen aushandeln zu können. Nur einige wenige mit prophetischer Intuition begabte Köpfe, die in weltweiten Perspektiven und in großräumigen, die Kolonialreiche und die Möglichkeit außereuropäischer Allianzen miteinbeziehenden Maßstäben dachten, erkannten, daß eine verlorene Schlacht noch nicht notwendigerweise das Ende des Krieges bedeuten müsse. Aber wie viele dachten so?

In dieser Auseinandersetzung ging es nicht nur um technische Fragen: In der Lageanalyse überschnitten sich rein sachliche Erwägungen mit genuin ethischen, weltanschaulichen und politischen Gesichtspunkten. Die Gegner des Waffenstillstands beriefen sich, wie seinerzeit beim Münchner Abkommen, auf die Einhaltung des Versprechens, mit dem Frankreich sich feierlich verpflichtet hatte, keinen Separatfrieden zu schließen. Mit der Unterzeichnung eines Waffenstillstands würde es abermals, wie schon durch die Preisgabe der Tschechoslowakei, wortbrüchig werden. Dieses Argument besaß selbst bei den Befürwortern des Waffenstillstands Gewicht, nach der Hartnäckigkeit zu urteilen, mit der sie von Winston Churchill die Entbindung von dieser Verpflichtung erreichen wollten.

Gegner und Befürworter von Verhandlungen mit dem Feind unterschieden sich auch in ihrem Urteil über dessen Charakter. Für einen Pétain oder Weygand bestand kein großer Unterschied zwischen dem wilhelminischen Deutschland und Hitlers Drittem Reich. Es war jedesmal der Erbfeind und der Krieg von 1939/1940 somit nur das jüngste Kapitel des Konflikts, der die beiden Völker seit mehr als einem Jahrhundert entzweite. 1918 hatte Deutschland den Krieg verloren, 1940 war eben Frankreich an der Reihe. Es war keine Schande, seine Niederlage einzugestehen. Pétain ließ wissen, daß er in allen Ehren zu verhandeln gedenke, und sah auch vier Monate später keinen Hinderungsgrund, dem Sieger in Montoire die Hand zu reichen.

Pétain und Weygand hatten das Wesen des Nationalsozialismus nicht begriffen, das andere, kundigere Zeitgenossen erahnten: Sie hatten erkannt, daß Hitler nicht Wilhelm II. oder Bismarck war. Weil sie der Ideologie mehr Gewicht beimaßen, hatten sie begriffen, daß man es hier mit einem System zu tun hatte, dem man unmöglich vertrauen konnte. Äußerstenfalls hätten sie angesichts der deutschen Überlegenheit eine Niederlage akzeptiert, doch keinesfalls eine Waffenruhe im Kampf gegen eine monströse Ideologie und ein verabscheuungswürdiges System. Dies war die Haltung jener Gruppen, deren Philosophie oder Wertesystem sie von vorneherein unempfänglich für die Verführungen der totalitären Regime machte oder deren Wesen klarer erkennen ließ. Zu ihnen gehörten die Sozialisten, die der Pazifismus nicht blind machte, oder jene Kommunisten, die sich nicht vom revolutionären Defätismus irreführen ließen, und auch jene Katholiken, die im Nationalsozialismus eine neue Form des Heidentums erkannten, das das Erbe der christlichen Kultur bedrohte. Wenn also der Kampf gegen Hitler einer gerechten Sache diente, so wurde seine Notwendigkeit durch die militärische Niederlage keineswegs hinfällig: Das Ergebnis änderte nichts an der Bedeutung des Krieges. Er mußte mit allen zur Verfügung stehenden Mitteln fortgeführt werden; das jedenfalls war die spontane Reaktion eines Edmond Michelet, der just an dem Tag, als Pétain den Waffenstillstand verkündete, in Brive eine Flugschrift verteilte, in der er zur Fortsetzung des Kampfes aufrief und dabei Charles Péguy zitierte, für den stets der recht behielt, der sich weigerte, sich zu ergeben.

Untersucht man die Motive der einen wie der anderen genauer, spürt man, daß sie auch unterschiedliche Vorstellungen von Frankreich hatten.

Was sie trennte, war die inhaltliche Bedeutung des Begriffs Vaterland. Eine der beiden Konzeptionen drückte Marschall Pétain in vollkommener Klarheit am 13. Juni 1940 aus, als er erklärte, er werde Frankreich nicht verlassen, weil Frankreich nirgendwo anders sei als in Frankreich; seine Seele könne nur gerettet werden durch eine Regierung auf dem Boden des Vaterlandes. Diese erdverbundene, bäuerliche Vorstellung vom Vaterland, die sich an greifbaren Realitäten orientierte, konnte sich auf mehrere Traditionen berufen: einmal auf das Erbe der Französischen Revolution, die alle Emigranten als Feinde betrachtete und ihre Verkörperung in Danton gefunden hatte, der dröhnend verkündete, daß man die Erde des Vaterlandes nicht an seinen Schuhsohlen davonträgt. Sie fand aber auch die Unterstützung der Gruppe um Charles Maurras, die das Denken in ideologischen Kategorien verhöhnte und den Realismus des nationalen Interesses gegen die wahnhaften Kreuzzüge ausspielte, die im Namen angeblich universaler Werte geführt wurden.

Den anderen war es nicht weniger um die Rettung der Seele Frankreichs zu tun, aber sie hatten nur eine andere Vorstellung davon. Sie identifizierten Frankreich mit bestimmten Werten, denen es im Laufe seiner Geschichte stets treu geblieben war, denen es gedient und die es in aller Welt verbreitet hatte. Frankreich war nicht beschränkt auf sein Staatsgebiet, es war überall dort, wo Franzosen aus dem Geiste seiner Tradition lebten und handelten. Nur in der Wahrung seiner Ehre und der Würde des Menschen könne es sich selbst treu sein. In dieser Vorstellung vereinten sich ausgerechnet zwei Gruppen, die sich lange bekämpft hatten: die Söhne der Kreuzfahrer, in deren Augen Frankreich durch Gott zu Höherem berufen war, und die Söhne der Französischen Revolution, die fest an Frankreichs Mission in der Welt glaubten.

Die einen erblickten in der sofortigen Unterzeichnung des Waffenstillstands die einzige Chance, das Wesentliche zu retten oder, mit den Worten Marschall Pétains vom 13. Juni, »die notwendige Bedingung für den Fortbestand des immerwährenden Frankreich«. Den anderen erschien er als Preisgabe der Existenzberechtigung Frankreichs, als Verrat an seiner Berufung. Jene bedienten sich der Sprache eines scheinbaren Realismus, diese hielten idealistische Reden, die von den ersteren als unrealistisch verworfen wurden. Das Paradoxe an dieser dramatischen Geschichte ist, daß sich die Positionen durch den Gang der Ereignisse verkehren sollten: Die Realisten wurden die Verlierer, während diejenigen, die 1940 noch als Phantasten angeprangert wurden, schließlich recht bekommen sollten.

Die vielfältigen Auswirkungen der anstehenden Entscheidung wurden von den Akteuren des Dramas, das sich in den aufeinanderfolgenden Ministerratssitzungen von Briare, Candé und Bordeaux abspielte, nicht immer klar erkannt. Die sich überstürzenden Ereignisse ließen kaum genügend Zeit für eine klare Analyse, was diese Implikationen jedoch keineswegs entschärfte. Hier lag der Grund für eine Reihe überraschender Umgruppierungen: Die Kontroverse, deren Bedeutung immer deutlicher zutage trat, je mehr die faktischen Konsequenzen Gestalt annahmen, stieß altgewohnte Positionen um, entzweite Menschen auf immer, die bis dahin solidarisch verbunden waren und näherte umgekehrt andere einander an, die sich früher immer bekämpft hatten. Sie ersetzte die traditionellen Gegensätze durch eine neue Kraft, die alles andere unwichtig werden ließ.

Unter dem Schock der Schreckensmeldungen von der Front prallten die Standpunkte innerhalb der Regierung hart aufeinander. Ministerpräsident Reynaud trat seinem Naturell gemäß und weil er sich an die von ihm unterschriebene Verpflichtung gebunden fühlte, für die Fortführung des Kampfes ein. Doch hatte er es als schlechter Menschenkenner nicht verstanden, sich mit Männern zu umgeben, die seine Ansichten teilten. Auf einen Oberst de Gaulle, den er am 5. Juni zum Unterstaatssekretär für Nationale Verteidigung ernannte (ohne zu ahnen, daß er damit die republikanische Legitimität des Mannes begründete, der Frankreich während des ganzen Krieges Halt verleihen sollte) und der keine Mühe scheute, ihn zum Durchhalten zu bewegen, kamen jede Menge Defätisten in Reynauds Umgebung: von einem Yves Bouthillier und Paul Baudouin bis hin zum Militärberater Oberst de Villelume – ganz zu schweigen von dem Einfluß der Mätresse Reynauds, Gräfin Hélène de Portes, die sich sogar in die Beratungen des Kabinetts einmischte. Die Auseinandersetzung flammte bei jeder Zusammenkunft von neuem auf und führte mehr und mehr zu einer Spaltung innerhalb der Regierung. Reynaud war erschöpft von der überschweren Verantwortung, die seit fünf Wochen auf ihm lastete. Er hatte wenig geschlafen, sah sich ständig bedrängt von den Befürwortern des Waffenstillstands und den Intrigen seiner unmittelbaren Umgebung ausgesetzt. Am 16. Juni, einem Sonntag, war es dann soweit: Reynaud war zu der Überzeugung gekommen, daß die

Mehrheit seiner Minister mit dem Feind in Waffenstillstandsverhandlungen treten wollte. Getreu der parlamentarischen Tradition, die sich an Mehrheitsverhältnissen orientierte und für die ein Handeln gegen die Meinung der Mehrheit einem Anschlag auf die nationale Souveränität gleichkam, trat er von seinem Amt zurück. Ebenso hielt sich auch Staatspräsident Lebrun an den parlamentarischen Brauch und berief zum Nachfolger das Haupt derer, die für die Einstellung der Kampfhandlungen eintraten, den stellvertretenden Ministerpräsidenten – Marschall Pétain. Formal handelte es sich nur um eine Regierungsumbildung, und so war es das Normalste von der Welt, daß Pétain am 16. Juni die Leitung der Regierung übernahm. Er zog sogleich seine Kabinettsliste aus der Tasche: Selten sollte eine Regierungskrise so rasch gelöst werden. Von einem Staatsstreich gab es nicht die Spur.

Pétain ersuchte umgehend die spanische Regierung um Vermittlung und nahm mit ihrer Hilfe Fühlung zu Deutschland auf. Bereits am darauffolgenden Tag, dem 17. Juni, verkündete der Marschall um 13 Uhr der Nation, daß nun der Augenblick gekommen sei, »die Kampfhandlungen einzustellen« – eine unglückliche Formulierung, die gleich darauf korrigiert wurde in: »Man muß versuchen, eine Einstellung der Kampfhandlungen zu erreichen.« Doch es war bereits zu spät, um ihre verheerenden Auswirkungen rückgängig zu machen. Sie hatte die Kraft des Widerstandes gebrochen. Wie konnte man von den Soldaten verlangen, ihr Leben in einer Schlacht einzusetzen, die man bereits verloren gab und die in ein paar Stunden beendet werden sollte? Ungeachtet dessen kämpften manche Einheiten weiter und widersetzten sich da und dort tapfer den feindlichen Divisionen, die auf ihrem Vormarsch Gegenden erreichten, in die seit Jahrhunderten kein Feind mehr vorgedrungen war.

Hitler war klug genug, den beiden Bedingungen zuzustimmen – dem Verzicht auf die Auslieferung der Flotte und dem Fortbestand einer Regierung mit Hoheitsgewalt über das gesamte Staatsgebiet einschließlich der besetzten Gebiete –, deren Ablehnung die französischen Unterhändler möglicherweise gezwungen hätte, die Unterschrift unter den Waffenstillstand zu verweigern. Im übrigen lag es im Interesse der Besatzungsmacht, die Last der Verwaltung einer einheimischen Regierung zu überlassen, die ihr den Gehorsam der Bevölkerung garantierte. So streng die Waffenstillstandsklauseln auch waren, so erschienen sie doch den Zeitgenossen, die sich noch gut an die dem besiegten Deutschland auferlegten

Bedingungen erinnerten, nicht ungewöhnlich. Jedenfalls glaubte man, es handle sich nur um eine Angelegenheit von wenigen Wochen; kaum jemand zweifelte daran, daß sie schon bald durch den Friedensvertrag überholt sein würden. Pétain glaubte sogar versichern zu können, die Waffenstillstandsvereinbarung enthalte keinerlei Bestimmungen, die der französischen Ehre zuwiderliefen. Doch zumindest in einem Punkt irrte er sich: Die französische Regierung hatte sich bereit erklärt, alle deutschen Staatsangehörigen auszuliefern, das heißt alle politischen Flüchtlinge, die Deutschland den Rücken gekehrt und auf Frankreichs Schutz vertraut hatten – ein unerhörtes Zugeständnis, das die Ehre Frankreichs mit einem unauslöschlichen Makel behaftete und dessen gewissenhafte Befolgung durch die französischen Behörden mehrere Gegner des Dritten Reiches das Leben kostete. Das Abkommen verpflichtete Frankreich zur Entwaffnung sämtlicher Truppen, mit Ausnahme einer sogenannten Waffenstillstandsarmee, deren Höchststärke – wie einst die Reichswehr der Weimarer Republik – auf 100 000 Mann begrenzt wurde, sowie zur Auslieferung des gesamten Kriegsmaterials.

DAS GETEILTE FRANKREICH

Das Waffenstillstandsabkommen teilte das Land in zwei Zonen: die eine wurde von Siegertruppen besetzt, die andere blieb von der Besatzung verschont. Die Zuständigkeit der Regierung galt für beide Zonen, aber – und dies war ein Punkt, an dem sich zeigte, daß dieses Abkommen einen Mechanismus geschaffen hatte, der nach und nach die scheinbare Unabhängigkeit der Regierung zunichte machte – mit der Auflage, daß sämtliche Verwaltungsakte für die besetzte Zone den Besatzungsbehörden zur Genehmigung vorzulegen waren. Dies und das – verständliche – Bemühen, die Errichtung zweier unterschiedlicher Verwaltungssysteme zu verhindern, führten dazu, daß sämtliche Entscheidungen von der Zustimmung der Besatzungsmacht abhingen.

Die Demarkationslinie zwischen den beiden Zonen erstreckte sich von den Pyrenäen in nordöstlicher Richtung bis in die Gegend von Tours, bog von da nach Osten und stieß im Süden des Jura an die Schweizer Grenze. Diese Linie wurde bald zur bedrückenden Realität;

sie zog einen scharfen Trennstrich zwischen beiden Teilen Frankreichs: der besetzten und der sogenannten freien Zone, die einige etwas realistischer als »nichtbesetzte« Zone glaubten bezeichnen zu müssen. Durch die Teilung blieb der überwiegende Teil der Franzosen – 23 Millionen – im besetzten Teil des Landes und mit ihm die reichsten und am stärksten industrialisierten Gebiete, während im unbesetzten Teil 17 Millionen Franzosen lebten.

Erst einige Monate nach dem Waffenstillstand wurde die Postverbindung zwischen den beiden Zonen wiederhergestellt und auch der nur in Form von Interzonenpostkarten, die aus einem vorgedruckten Einheitsformular bestanden. Der Absender hatte nur die Möglichkeit, die eine oder andere Formulierung durchzustreichen und die freigelassenen Stellen auszufüllen. Die Präfekten der Departements in der besetzten Zone mußten bis zum 25. September warten, bis ihnen der Briefverkehr mit der Vichy-Regierung gestattet wurde, beschränkt auf zwanzig Briefe alle zehn Tage. Wer von der einen in die andere Zone reisen wollte, mußte einen von den deutschen Behörden ausgestellten Ausweis bei sich führen, der nur selten und bei zwingenden Gründen bewilligt wurde. Die restriktive Bewilligungspraxis war für die Deutschen ein Mittel, um auf die Regierung Druck auszuüben. In Spannungszeiten wurde sogar den Kabinettsmitgliedern die Reise nach Paris verwehrt. Die Regierung verzichtete deshalb bald darauf, wieder nach Paris zurückzukehren oder, wie man eine kurze Zeit lang erwog, ihren Sitz nach Versailles zu verlegen.

Diese Teilung hatte bedenkliche psychologische Folgen: Aufgrund ihrer unterschiedlichen Lebensbedingungen machten die beiden Zonen eine unterschiedliche Entwicklung durch. In der freien Zone, wo das Fehlen jeglichen sichtbaren Hinweises auf die Besetzung das trügerische Gefühl von nationaler Unabhängigkeit und staatlicher Souveränität erzeugte, hätte man fast vergessen, daß der Krieg weiterging. Die Bewohner im besetzten Teil des Landes hingegen konnten es nicht vergessen: Dort hing von allen öffentlichen Gebäuden statt der Trikolore die Hakenkreuzfahne, und was sie an Uniformen sahen, waren nur die der Besatzungstruppen und ihrer zivilen Dienststellen. Vichy lag jenseits der Demarkationslinie wie hinter einem undurchsichtigen Vorhang. Man erhielt keine Zeitungen aus dem freien Teil des Landes und las nur, was die Pariser Presse unter der Kontrolle und dem Einfluß der Propagandastaffel drucken durfte. Die Gefahr einer wachsenden Entfremdung zwischen den beiden Teilen Frankreichs war keineswegs aus der Luft gegriffen.

Obwohl das Waffenstillstandsabkommen als *summa divisio* letztlich nur die Unterscheidung in diese beiden Zonen kannte, schufen die Eingriffe der Besatzungsmacht insgesamt sieben oder acht separate Territorien, deren Grenzen noch schwieriger zu überwinden waren als die Demarkationslinie. So zog sich entlang der Atlantikküste ein mehrere Kilometer breiter Streifen von Dünkirchen bis zur Bidassoa, den nur diejenigen betreten durften, die dort einen ständigen Wohnsitz nachweisen konnten. Außerdem wurden die beiden Departements Nord und Pas-de-Calais dem in Brüssel eingesetzten Militärbefehlshaber unterstellt, was die Befürchtung weckte, sie könnten möglicherweise in Vorwegnahme eines künftigen Friedensvertrags einem Großholland einverleibt werden. Eine weitere, für die nationale Einheit noch weit alarmierendere Maßnahme erfolgte im August: die Angliederung der drei Departements Moselle, Bas-Rhin und Haut-Rhin, also Teile des alten Reichsgebiets, an das Deutsche Reich. Aus ihnen wurden zwei Reichsgaue gebildet, mit jeweils einem Gauleiter in Metz und in Straßburg. Eine andere Linie verlief von der Mündung der Somme bis zum französischen Jura und trennte an die fünfzehn Departements in der Picardie, Champagne und Burgund von der besetzten Zone ab. War das der künftige Umriß eines großen Lothringens, dazu bestimmt, später dem Reich einverleibt oder in ein Reichsprotektorat nach dem Vorbild des Protektorats Böhmen-Mähren oder des Generalgouvernements Polen umgewandelt zu werden?

Nur allzu leicht vergißt man dabei auch die paar kleinen Gebiete zu erwähnen, die nach fünfzehntägigem Kampf von Mussolinis Truppen erobert und unter italienische Besatzung gestellt wurden. Wenn man zu dieser Aufzählung noch die mehr als zwei Millionen nach Deutschland deportierten Kriegsgefangenen hinzufügt und andererseits die überseeischen Besitzungen, die man in Vichy als »Abtrünnige« glaubte hinstellen zu dürfen, so erhält man das Bild eines völlig aus den Fugen geratenen, in sieben oder acht Stücke zerteilten Frankreichs, das zerrissen wurde vom Widerstreit rivalisierender Autoritäten und gegensätzlicher Loyalitäten. In der Tat war die Einheit Frankreichs seit Menschengedenken nicht derart verletzt und bedroht worden. Wir werden noch sehen, wie die Vichy-Regierung aus der Sehnsucht nach nationaler Einheit Kapital zu schlagen suchte und sie gegen die sogenannten Abtrünnigen ausspielte, indem sie sich nach Kräften bemühte, das Streben nach Einheit zur entscheidenden Grundlage der Zustimmung zu ihrer Politik zu machen. Dabei sollte sich zeigen, daß gerade die Existenz dieser Regierung und ihre Politik eine Zwietracht stifteten, die auch ein halbes Jahrhundert später noch nicht völlig überwunden ist.

KAPITEL II

Vichy und die »Nationale Revolution«

Es wäre vermessen, die Gemütsverfassung der Franzosen in den Tagen unmittelbar vor und kurz nach dem Inkrafttreten des Waffenstillstands exakt definieren zu wollen. Sie erlitten einen Schock, waren wie betäubt von dieser Katastrophe; sie begriffen nicht, wie ihnen geschehen war. Wie sollten sie binnen weniger Wochen die Gewißheit von der Richtigkeit ihrer Sache und das unerschütterliche Vertrauen in den Sieg ihrer Waffen fahren lassen und sich statt dessen mit dem Debakel, dem Zusammenbruch ihrer ganzen Daseinsordnung und mit der Besetzung weiter Landesteile abfinden? Die Erschütterung war furchtbar, und es ist bis heute nicht sicher, ob die Nachwirkungen vollständig überwunden sind. Um so weniger waren sie es damals. Frankreich war im Abgrund: Gab es eine schlimmere Prüfung als diese?

DIE FRANZOSEN IM SCHOCKZUSTAND

Im Innern der Franzosen stritten die widersprüchlichsten Gefühle. Manche wurden von solcher Verzweiflung ergriffen, daß sie ihr Leben für wertlos erachteten und ihm ein Ende machen wollten wie der berühmte Chirurg Thierry de Martel, der Sohn der Schriftstellerin Gyp (der Comtesse de Martel de Janville), der sich umbrachte, oder Jean Moulin, Präfekt des Departements Eure-et-Loire, der einen Selbstmordversuch unternahm. Andere, unbekannte Franzosen, deren Namen die Geschichte nicht verzeichnet, taten es ihnen gleich. Und auf einige, die bis zum Äußersten gingen, kamen ungezählte andere, die mit dem Gefühl der Verzweiflung weiterlebten, bis sie zuletzt wieder einen Hoffnungsschimmer erblickten.

Das im ersten Augenblick vorherrschende Gefühl war jedoch zweifellos das der Erleichterung, bei den Frontsoldaten ebenso wie in der Zivilbevölkerung. Wozu auch einen offensichtlich verlorenen Kampf weiterführen? Die Wehrpflichtigen hofften bald wieder zu ihren Familien und Berufen zurückzukehren, ihre Angehörigen brauchten nicht mehr um sie zu bangen, und den durch den Exodus auseinandergerissenen Familien bot sich die Chance, wieder zusammenzukommen. Ihre Sorge galt zunächst den elementarsten Dingen: Nachrichten von den Angehörigen zu erhalten sowie Lebensmittel oder Benzin für die Rückkehr zu beschaffen. Doch so drückend diese Sorgen auch waren, hinderten sie die Menschen nicht, die Trauer um das Vaterland zu teilen: Am 25. Juni, als die Waffen schwiegen, versammelten sich die Franzosen in stiller Andacht zu dem von der Regierung angeordneten Staatstrauertag. Eigentlich brauchte es keine Anordnung, denn da war kein Herz, das nicht von Trauer erfüllt gewesen wäre, und ganz von allein fanden die Franzosen, wo immer sie sein mochten, im Geiste zusammen. Sogar in den abgelegensten Dörfern, die noch keines Feindes Fuß betreten hatte, versammelten sich die Bewohner mit ihren Gemeindevertretern an den Ehrenmalen für die toten Sieger von 1914–1918 und ehrten die Toten eines verlorenen Krieges.

Diese tiefen Gefühle stifteten Einmütigkeit unter den Franzosen: Einen Moment lang war jegliche Zwietracht ausgelöscht oder überdeckt, die Zugehörigkeit zu der einen oder anderen Gruppierung spielte keine Rolle mehr, die Parteien und Gewerkschaften waren verschwunden. Lebendig blieben nur jene elementaren Gemeinschaften, die nahe und überschaubar waren und dem Sog der Katastrophe widerstanden hatten: die Familie, der Beruf, das Dorf oder die zeitweilige Gemeinschaft von Flüchtlingen, die alle durch den Kampf mit den täglichen Nöten und das Bewußtsein des gemeinsamen Unglücks zusammengehalten wurden.

MARSCHALL PÉTAIN

In diesem Chaos gab es nur einen festen Halt: le Maréchal. Um ihn sammelte sich instinktiv nahezu die ganze Nation. Inmitten der allgemeinen Verlorenheit, des Zusammenbruchs aller Institutionen und angesichts des Trümmerhaufens festgefügt geglaubter Sicherheiten klammerte man sich an die Person des Siegers von Verdun. In diesem Sinne gibt die Formel von den »Vierzig Millionen Pétainisten«, die Henri Amouroux als Titel für den ersten Band seiner monumentalen Darstellung jener tragischen Jahre gewählt hat, sehr gut den Gemütszustand der Franzosen wieder. Man muß freilich einschränkend hinzufügen, daß diese Loyalität in erster Linie der Person des Marschalls galt, nicht unbedingt auch seiner Regierung und noch weniger seiner Politik. Es war ein Gefühl der Anhänglichkeit, der Gefolgstreue, des persönlichen Vertrauens. Fünfzig Jahre später müssen die Überlebenden dieser Zeit ihr Gedächtnis sehr anstrengen und die anderen einige Vorstellungskraft aufbringen, um das ungeheure Ansehen zu begreifen, das sich mit dem Namen und der Person Marschall Pétains verband und die Machtfülle erklärt, die er sich aneignete. Es erübrigt sich, seine Machtergreifung mit irgendwelchen dunklen Machenschaften erklären zu wollen: Die einzige Verschwörung, die es gab, war die der Umstände, der Erinnerungen und der Gefühle eines Volkes, das wie Treibgut, hilflos, seiner gewohnten Autoritäten beraubt, der Herrschaft der Besatzungsmacht ausgeliefert war und sich verzweifelt nach einem Beschützer sehnte, der es vor dem Sieger schirme. Seit dem Tod Clemenceaus und Fochs im Jahre 1929 war Pétain der berühmteste lebende Franzose. Für diejenigen, die unter seinem Kommando gekämpft hatten – sie zählten immer noch nach Millionen –, blieb er der respektierte Chef, der Vater, dem seine Soldaten dankbar waren für die menschliche Behandlung, die sie von ihm erfahren hatten. Seine Person verband sich für alle mit der Erinnerung an Verdun, den Höhepunkt des Ersten Weltkriegs, das Symbol für die kriegerischen Tugenden und die Vaterlandsliebe der Franzosen, für die Zähigkeit des *poilu,* die Standhaftigkeit des Soldaten. In den Ohren der Besiegten des Jahres 1940 klang sein berühmtes »Wir werden sie packen!« wie ein Bannwort gegen das furchtbare Schicksal, indem er daran erinnerte, daß Frankreich zuerst über den jetzigen Sieger triumphiert hatte. Wer wollte wagen, an seinem Patriotismus zu zweifeln? Wenn er seinen Mitbürgern erklärte, daß man den Kampf beenden müsse, so hieß das, daß der Krieg verloren war. Das Vertrauen in seinen selbstlosen Patriotismus und seine Kompetenz für die Beurteilung der militärischen Lage war ausschlaggebend für die nahezu einhellige Billigung des Waffenstillstands. Aus all dem erwuchs das Dogma von seiner

Unfehlbarkeit: Wer hätte sich anmaßen wollen, besser zu wissen als er, was für Frankreich gut war?

Nichts hatte in den Zwischenkriegsjahren sein Ansehen getrübt oder das Vertrauen, das er einflößte, erschüttert. Im Unterschied zu anderen großen militärischen Führern unterstellte man ihm keinerlei politische Ambitionen und fiel er kaum durch besonders eigenwillige Überzeugungen auf; seine Staatstreue war nie in Zweifel gezogen worden. Als Bauernsohn stand er dem Volk nahe; er war weder klerikal noch Jesuitenzögling. Er galt als der republikanischste unter den großen Heerführern des Jahres 1914. Daß er dem Kabinett Doumergue als Kriegsminister angehört hatte, hatte ihm in den Augen der Linken nicht geschadet; man sah darin nur die Mitwirkung eines Technikers. So war es auch die Regierung des Linkskartells, die ihn mit der Nachfolge Lyauteys in Marokko betraut hatte, um den Aufstand Abd el-Krims niederzuschlagen. Und als die Regierung Daladier im Frühjahr 1939 die nationalspanische Regierung in Burgos anerkannte und mit General Franco wieder gutnachbarschaftliche Beziehungen aufnehmen wollte, war es Pétain, der Frankreich als Botschafter vertreten sollte. Léon Blum fand an dieser Wahl nur auszusetzen, daß man den spanischen Nationalisten damit doch wohl ein zu schönes Geschenk mache. Im Mai 1940 erfüllte die Nachricht von Pétains Eintritt in die Regierung die Frontsoldaten für kurze Zeit mit neuer Hoffnung. Und was schließlich seine Übernahme der Regierungsgeschäfte am 16. Juni anbelangt, so hatten, wie bereits erwähnt, selbst die verfassungstreuesten Anhänger der Republik nichts dagegen einzuwenden.

Aus diesen Erinnerungen und Gefühlen also war der Mythos Pétain gewoben. In den letzten Tagen des Juni 1940 gab es fast keinen Franzosen, der nicht von Dankbarkeit erfüllt gewesen wäre gegenüber diesem alten Mann, der, anstatt die Annehmlichkeit eines verdienten Ruhestandes zu genießen, in einer derart katastrophalen Situation wieder in die Dienste seines Landes trat und diesem seine Person zum Geschenk darbrachte. Niemand oder fast niemand fand zu diesem Zeitpunkt etwas Blasphemisches an dem Vergleich zwischen dem Ruhestandsopfer des alten Marschalls und dem Opfer der hunderttausend jungen Franzosen, die gerade ihr Leben gelassen hatten. Nahezu das ganze Volk empfand es als einzigartigen Glücksfall, daß Frankreich in der Stunde der Not einen Mann von solchem Ansehen gefunden hatte. Genau dies war der

Sinn jener Redewendung vom »Geschenk des Himmels« *(divine surprise),* die später – in sinnentstellender Weise – Charles Maurras als Verbrechen ausgelegt wurde; denn im Sinne der Lehre des integralen Nationalismus verstand man unter diesem »Geschenk« nicht etwa die Niederlage Frankreichs. Bei aller Verachtung für die Demokratie war Maurras nicht derart ideologisch verblendet, seinem Land die Niederlage zu wünschen, um auf diese Weise die Dritte Republik loszuwerden. Es bedeutete vielmehr, daß sich in der äußersten Bedrängnis ein Mann gefunden hatte, den das Alter verschont hatte, damit er Frankreich wiederaufrichte.

Frankreich, dies war der Beweis, konnte nicht sterben. Der Genius seines Volkes, dem religiöse Geister den Namen Vorsehung verliehen und den andere als Frankreichs historische Mission bezeichneten, brachte in dieser Zeit der Prüfungen einen Retter hervor. Erinnerungen an die schlimmsten Zeiten des Hundertjährigen Krieges wurden wieder wach. Damals hatte Gott ein Hirtenmädchen berufen, Orléans zu befreien und die wahre Rechtmäßigkeit des Herrschers sichtbar zu bestätigen. Ebenso hatte er im Jahre 1940 den Marschall für eine besondere Berufung ausersehen. Die Parallele zwischen der »guten Lothringerin«, wie François Villon sie in seiner *»Balade des dames du temps jadis«* nennt, und Pétain, zwischen dem jungen Mädchen und dem alten Soldaten, schlug sich schon bald in einer Erbauungsliteratur nieder, in der sich verdummende Einfalt unmittelbar mit der Entschlossenheit berührte, am Schicksal des Vaterlandes nicht zu verzweifeln, und führte so manchen Patrioten auf geistige Abwege. Für religiöse Gemüter – und in dieser Zeit der Prüfungen gab es viele vermeintlich überzeugte Rationalisten, die sich zur Religiosität bekehrten – stand außer Zweifel, daß diese Ereignisse nicht gegen den Willen Gottes hatten geschehen können. Für sie war das Eingreifen des Marschalls ein Wink der Vorsehung – und dies keineswegs im metaphorischen Sinne, wie es der Agnostiker Maurras verstand. Daß er sich inmitten größter Not gefunden hatte, war ein Zeichen dafür, daß Gott Frankreich nicht im Stich ließ. Folglich wäre es nicht nur abwegig, unpatriotisch und wider die Vernunft gewesen, dem Marschall nicht zu folgen; ihm den Gehorsam zu verweigern hätte einen Frevel, eine Auflehnung gegen den Willen Gottes bedeutet. Diese religiöse Komponente des Mythos Pétain trug mit dazu bei, seine Legitimität zu untermauern.

DIE GRÜNDE FÜR DIE NIEDERLAGE

In Zeiten wie solchen besinnen sich die Völker auf ihre Vergangenheit und suchen Anlaß zur Hoffnung in der Geschichte. So auch die Franzosen. Frankreich hatte soeben eine seiner schwersten Niederlagen erlitten. Nun rief man sich diejenigen der Vergangenheit in Erinnerung. Der Blick ging fünfhundert Jahre zurück zu der unheilvollen Zeit des Hundertjährigen Krieges, als die Engländer, ebenso wie nun die Deutschen, die Hauptstadt und den größten Teil des Landes besetzt hatten. Auch damals war Frankreich geteilt gewesen. Die Parallele zu dieser fernen Zeit wurde noch augenfälliger durch die Lage der Stadt, die sich die Regierung zu ihrem Sitz gewählt hatte: Erinnerte die Regierung von Vichy nicht frappant an das Königtum von Bourges? So lag es nahe, die Jungfrau von Orléans mit dem Marschall zu vergleichen. Man interessierte sich auch für andere Analogien zur Gegenwart, etwa für die Politik Adolphe Thiers' und der Nationalversammlung nach der Niederlage von 1871. Viel Erfolg hatte auch eine Biographie des Herzogs von Richelieu, der nach 1815 den Wiederaufbau des Landes in die Wege geleitet hatte. Plötzlich gewannen die früheren Okkupationsphasen zwischen 1815 und 1818 sowie zwischen 1871 und 1873 eine unerwartete Aktualität.

Nur selten fragen sich die Völker nach den Gründen für ihre Erfolge; sie erscheinen ihnen als selbstverständliche Früchte ihrer eigenen Verdienste. Ihre Niederlagen aber stellen sie vor schmerzliche Fragen. Das Bedürfnis zu verstehen ist übermächtig. Wenn es keine Wirkung ohne Ursache gibt, was sind dann die Ursachen für diese Niederlage? Die Ursachenforschung führt schon bald zur Frage nach der Verantwortung und zum Prozeß gegen die vermeintlich Schuldigen. Jede Niederlage wird zum Ausgangspunkt einer Besinnung, einer Gewissensprüfung und Infragestellung der Gewohnheiten, Institutionen und Werte; auch Frankreich machte da im Juni 1940 keine Ausnahme.

Ein halbes Jahrhundert später beschäftigt die Frage, wie es zu einem derart furchtbaren Zusammenbruch kommen konnte, noch immer die Gemüter: Nach der Generation derer, die ihn miterlebt hatten, haben sich auch andere diese Fragen gestellt. Auch sie wollen verstehen und aus einem derart epochalen Ereignis Lehren und Einsichten über den Gang der Geschichte Frankreichs ziehen.

Die Antworten schwanken zwischen zwei extremen Thesen. Für die einen war die Niederlage unausweichlich und durch nichts und niemanden abzuwenden; sie lag in der Natur der Dinge. Alles trug mit dazu bei, und man zählte so viele Faktoren auf, daß sogar das Erstaunen den Gegenstand wechselte: Nun ging es nicht mehr darum, die Katastrophe zu erklären, sondern darum, warum sie sich erst so spät ereignet hatte. Wenn das Regime so voller mehr oder minder verborgener Schwächen steckte, durch welches Wunder hatte es sich dann so lange halten können? Solche Paradoxien sind typisch für das Vorgehen des Historikers, der Ursachenforschung betreibt: Da er für alles rationale Erklärungen liefern will, findet er schließlich mehr Ursachen, als es Wirkungen gab. Das aber heißt, den Anteil des Episodischen, die Rolle des Zufälligen, die Auswirkungen von Kurzsichtigkeit oder Uneinsichtigkeit außer acht zu lassen, die wiederum von den Verfechtern der Gegenthese in übertriebener Weise betont werden. Wäre Hitlers Feldzugsplan ebenso erfolgreich verlaufen, wenn beispielsweise der französische Generalstab die Denkschrift angemessen berücksichtigt hätte, die Oberst de Gaulle im Januar 1940 an knapp hundert Politiker und Offiziere adressiert und in der er die Lehren aus dem Polenfeldzug gezogen hatte? Wenn die Maginotlinie bis zum Meer hin verlängert worden wäre? Oder wenn der französische Oberbefehlshaber, General Gamelin, nicht in eine Falle gelaufen wäre, indem er seine besten Divisionen in Belgien band? Und so fort. Lauter »Wenns«, die erkennen lassen, daß die Niederlage kein gottgegebenes Schicksal war. Die eigentliche Aufgabe des Historikers besteht darin, so aufmerksam und sorgfältig wie möglich die Zusammenhänge im Ablauf der Ereignisse zu beschreiben und das weite Feld der möglichen Erklärungen zwischen diesen beiden Extremen erforschen.

Gleich am ersten Tag seiner Amtszeit begann Pétain mit der Suche nach Erklärungen und warf die Frage nach den Verantwortlichkeiten auf. In seiner Rede vom 17. Juni machte er, neben den nächstliegenden Ursachen »zu wenig Waffen, zu wenig Kinder, zu wenig Verbündete«, von denen jede eine eigene Diskussion erfordert hätte, besonders die »Atmosphäre der Genußsucht« verantwortlich, die stärker war als die »Opferbereitschaft«. Wem, wenn nicht dem Regime und seiner Denkweise, war dieses Versagen des Bürgersinns anzulasten? So war das Regime von Anfang an mit einbezogen. Die militärische Führung gab die Verantwortung für das Debakel an die Politiker zurück.

Aber worin bestand ihre Schuld? Die Suche nach Gründen und die Feststellung von Verantwortlichkeiten verfingen sich in einem prinzipiellen Widerspruch: Eine Minderheit sah den tödlichen Fehler in der Kriegserklärung an Deutschland; die Friedenspartei nahm Rache und ging mit den Kriegstreibern, die sie im September 1939 mundtot gemacht hatten, ins Gericht. Für die Mehrheit dagegen lag der entscheidende Fehler in der mangelnden Kriegsvorbereitung. Im Juli 1940 trafen sich beide Gruppen in ihrer Kritik an denselben Politikern: Man warf ihnen vor, sie hätten das Land in ein Kriegsabenteuer gestürzt, dessen Vorbereitung aber vernachlässigt. Nur wenige waren bereit, das Regime zu verteidigen; selbst diejenigen, die dort eine wichtige Rolle gespielt hatten, bekannten sich schuldig. In der Verfassungsdebatte, die am 9. Juli in der Nationalversammlung begann, bekannte eine der herausragendsten Persönlichkeiten der liberalen Rechten, der frühere Ministerpräsident Pierre-Étienne Flandin, seine Schuld und leitete damit eine grundsätzliche Debatte über den Parlamentarismus ein. Dabei bewegten ihn sicher nicht dieselben Ressentiments wie Pierre Laval. In der Abstimmung der Nationalversammlung, die das Ende der Dritten Republik besiegelte, spielten – ähnlich wie 1954 und 1958 – das schlechte Gewissen und die Reue sicher keine geringere Rolle als die Angst oder der Wunsch, die Verantwortung loszuwerden und einem Konkursverwalter zu übertragen. Die Abgeordneten der Linken wie der Rechten warfen einander vor, nicht rechtzeitig den Mut zu einer Reform der staatlichen Institutionen aufgebracht zu haben. Fast alle waren sich einig in der Verurteilung der zahlreichen Regierungskrisen, der Vorherrschaft der beiden Kammern und des Parteiensystems. Neuer Streit sollte sich erst wieder entzünden, als es darum ging, die Demokratie und das Wahlprinzip in Frage zu stellen.

Der Ausnahmecharakter der Situation, der Schockzustand der Öffentlichkeit, die Verwirrung der Politiker und die allgemein verbreitete Überzeugung von der Reformbedürftigkeit der Verfassungsorgane schufen die Voraussetzungen für eine politische Operation. Vichy hat den chirurgischen Schnitt zur Bewältigung einer nationalen Katastrophe – den Waffenstillstand – mit einem völlig anders gearteten Vorhaben verbunden: mit der Errichtung eines neuen Regimes und der Wiederherstellung Frankreichs auf anderen Fundamenten. Die Originalität des Vichy-Regimes lag darin, daß es kurzfristige Maßnahmen zur Bewältigung der drängendsten Tagesprobleme des Landes mit der Durchsetzung eines ideologischen Entwurfs verband. Dies machte aber auch die ihm eigentümliche Schwäche aus: Daß vierzig Millionen Franzosen der Fähigkeit des Marschalls vertrauten, Frankreich aus dem Abgrund zu ziehen, in den es die Niederlage gestürzt hatte, bedeutete nicht, daß sie auch einhellig eine Politik unterstützten, die darauf abzielte, mit den bisherigen Prinzipien und Gewohnheiten zu brechen. Vor allem war es illusorisch, eine dauerhafte politische und soziale Ordnung errichten zu wollen, solange der Krieg noch nicht zu Ende war. Doch faktisch war für die führenden Männer von Vichy der Krieg seit dem 17. Juni beendet.

Damit unterliefen ihnen hinsichtlich der Kriegsdauer und der zur Verfügung stehenden Zeiträume zwei konträre Fehleinschätzungen, die sich jedoch keineswegs gegenseitig aufhoben, sondern eine doppelt verhängnisvolle Wirkung entfalteten. Einerseits glaubten sie, im Blick auf die Regelung der dringendsten Probleme im Gefolge der Niederlage, das ganze sei nur eine Frage von ein paar Wochen oder schlimmstenfalls ein paar Monaten. In einigen Wochen werde Hitler mit England fertig sein, dann würden die Friedensverhandlungen beginnen. Dieser Irrtum erklärt auch die illusorische Vorstellung, schon binnen kurzem wieder in die Hauptstadt zurückkehren zu können. Man mußte sich also für die Unterzeichnung des Friedensvertrages bereithalten. Desgleichen rechnete man mit einer baldigen Rückkehr der Kriegsgefangenen. Die Öffentlichkeit teilte diese Meinung und rechnete ebenfalls mit einem nahen Termin. Man kam nicht auf die Idee, daß die Ereignisse einen Strich durch diese Rechnung machen könnten und die Zeit gegen das Regime arbeiten würde.

Andererseits hatte sich die Vichy-Regierung, anstatt bessere Tage abzuwarten, einer längerfristig angelegten Politik verschrieben mit dem Ehrgeiz, eine neue staatliche Ordnung zu schaffen, als ob vor der Rückkehr zum Frieden nichts Dauerhaftes hätte in Angriff genommen werden können. Von Jahr zu Jahr litt die Regierung mehr unter dem Widerspruch dieser beiden Perspektiven und unter der immer breiter werdenden Kluft, die sich zwischen den beiden Voraussagen auftat, auf die sie ihre Strategie gegründet hatte.

DAS ENDE DER DRITTEN REPUBLIK

Die Leitung der Innenpolitik lag in den Händen von Pierre Laval, der dank seiner Gewandtheit und seiner Kenntnis der parlamentarischen Verhältnisse sehr geschickt operierte. Er arbeitete mit einer Mischung aus Zuckerbrot und Peitsche, Vernunftappellen und erpresserischem Druck auf die Gefühle. Sein Amt als stellvertretender Ministerpräsident hatte er nach einer Kabinettsumbildung am 23. Juni angetreten. Der ehemalige Ministerpräsident hatte mit erbittertem Ehrgeiz wieder an die Macht gedrängt, die für ihn seit seinem Sturz im Januar 1936 außer Reichweite gelegen hatte. Solange der Kriegszustand anhielt, bestand für einen Mann wie ihn, der sich mit der Friedenspartei identifiziert hatte, keine Aussicht, wieder an die Macht zu gelangen; doch die Unterzeichnung des Waffenstillstands eröffnete ihm neue Chancen. Er war auch ein Patriot, der sein Land auf seine Weise liebte, frei von jeglichem Idealismus und nur darauf bedacht, den physischen Bestand der Nation zu sichern. In Anbetracht der Umstände vom Juni 1940 glaubte er, seinem Land keinen größeren Dienst erweisen zu können als die Herstellung freundschaftlicher Beziehungen zur Siegermacht. Er zweifelte nicht, daß ihm dies gelingen würde. Er hatte sich mit Mussolini verständigt und mit Stalin verhandelt: Warum sollte er nicht auch mit Hitler verhandeln und eine Regelung erreichen, die Frankreichs wichtigste Interessen wahrte? Sein Vertrauen in seine diplomatischen Fähigkeiten war grenzenlos. So prinzipienlos und opportunistisch er auch in seinen wechselnden politischen Standpunkten wirken mochte – sie reichten vom revolutionären Sozialismus zu Beginn seiner Karriere bis zur Nachfolge Poincarés und Tardieus als Führer der Rechten –, blieb er sich dennoch stets treu in dem, was den Kern seiner Persönlichkeit ausmachte: in seinem eingefleischten Pazifismus. 1940 fand man ihn wie schon 1914 in dem Lager, dem sich auch Männer wie Caillaux, Briand, vielleicht Jaurès, ganz sicher jedoch Paul Faure mehr oder weniger zugehörig fühlten. Schlagartig bildete sich im Jahre 1940 von neuem jene unsichtbare, aber entscheidende Frontlinie aus, welche die Befürworter einer harten, ja gänzlich unnachgiebigen Politik von denen trennte, die den Kompromiß um jeden Preis suchten – selbst wenn er zweideutig ausfiel. Dieser Friedenswille, gepaart mit einem erdverbundenen Patriotismus, bildete den ganzen Inhalt seiner Ideologie: Laval hatte nichts von einem Doktrinär oder Idealisten an sich; er hat nie an die nationale Revolution geglaubt. Im übrigen interessierte ihn vor allem die Außenpolitik, deren wichtigster Kern, wie sich herausstellte, die Kollaboration war. Deshalb blieb sein Name zu Recht mit der Politik der *Collaboration* mit Deutschland verknüpft, die er keineswegs aus ideologischer Überzeugung, sondern aus der zunehmend trügerischen Hoffnung heraus betrieb, seinem Land einen angemessenen Platz in einem neuen, vom nationalsozialistischen Reich beherrschten Europa zu sichern.

Um die Verfassungsinstitutionen zu verändern, bedurfte es der Mitwirkung der Parlamentarier. Die Existenz der beiden Kammern war seit dem deutschen Angriff weitgehend in Vergessenheit geraten; die Parlamentsmitglieder in dieser Situation einzuberufen, war unmöglich. So wurden sie über Rundfunk aufgefordert, sich in Vichy zu versammeln. Doch nicht alle erreichte diese Aufforderung: Einige hatten sie nicht gehört, andere waren noch bei ihren Truppenteilen oder in der besetzten Zone zurückgehalten worden. Die restlichen etwa 660 Abgeordneten der insgesamt knapp 900, die nach dem Ausschluß der 45 kommunistischen Parlamentarier noch verblieben waren, trafen sich in diesem zum Rang einer provisorischen Hauptstadt erhobenen Badeort. Ihre Zahl reichte aus, um ihre Beschlußfähigkeit rechtlich unangreifbar zu machen.

Am 9. Juli kamen die beiden Kammern zu getrennten Sitzungen zusammen und sprachen sich nahezu einstimmig für eine Verfassungsrevision aus. Am darauffolgenden Tag, dem 10. Juli, traten der Senat und die Abgeordnetenkammer unter dem Vorsitz des Senatspräsidenten Jules Jeanneney im großen Saal des Casinos von Vichy, der in aller Eile für diesen Anlaß hergerichtet worden war, als Nationalversammlung zur Annahme des vorgelegten Textes zusammen:

»Die Nationalversammlung überträgt der Regierung der Republik, deren Amtsgewalt und Zeichnungsbefugnis in den Händen Marschall Pétains liegen, alle Vollmachten, um im Wege eines Beschlusses oder mehrerer Beschlüsse eine neue Verfassung des französischen Staates zu verkünden. Diese Verfassung soll die Rechte der Familie, der Arbeit und des Vaterlandes garantieren. Sie wird von der Nation ratifiziert und von den darin vorgesehenen Körperschaften verwirklicht werden.«

Der Text wurde mit der ziemlich ungewöhnlichen Mehrheit von 560

Ja-Stimmen gegen 80 Nein-Stimmen und 20 Enthaltungen angenommen, das heißt von 85 Prozent der Abstimmenden oder mehr als drei Fünfteln aller Parlamentarier, einer weit größeren Mehrheit, als sie für diese Art von Entscheidungen normalerweise erforderlich ist.

Die Verteidiger des Vichy-Regimes versäumten später nicht zu betonen, daß es die 1936 gewählte Kammer war, die die Dritte Republik zu Grabe getragen habe. Dabei wird übersehen, daß zur Nationalversammlung auch der Senat gehörte, dessen Mehrheit keineswegs hinter der Volksfront stand; zieht man die kommunistischen Abgeordneten ab, so bildeten die etwa 340 Vertreter der Volksfront keine Mehrheit mehr. Jedenfalls hat die Mehrheit der 1936 gewählten Radikal- und unabhängigen Sozialisten und selbst der SFIO-Sozialisten (88 von 149 Abgeordneten) für die Übertragung sämtlicher Vollmachten auf den dreiundachtzigjährigen Marschall gestimmt. Mit dieser Rechnung soll nur gezeigt werden, daß die Verteilung der Ja- und Nein-Stimmen vom traditionellen Links-Rechts-Schema abwich. Der außergewöhnliche Charakter der Lage und die einschneidenden Konsequenzen, die jeder für sich daraus zog, hatten die angestammten Parteibindungen aufgehoben. Einige Vertreter der hochkonservativen Rechten haben, in geringer Zahl, Pétain die Vollmachten verweigert, während einige Dutzend Vertreter der Linken sie ihm ohne Murren zugestanden haben. Die Frontstellung, die anderthalb Jahrhunderte französischer Geschichte prägt, versagt für die Dauer eines Augenblicks als Erklärungsmuster für die Entscheidung einzelner.

Entgegen einer weitverbreiteten Legende ist Vichy nicht einfach der Rechten zuzuordnen, so wenig wie übrigens die Résistance allein eine Sache der Linken war: Dieses Schema hilft hier genausowenig weiter wie soziologische Raster. Nichts eignet sich weniger zur Erklärung der damaligen Situation als der Rückgriff auf soziale Kategorien, und nichts wäre verfehlter als verallgemeinernde Aussagen über den Patriotismus des einfachen Volkes oder den Verrat der Eliten: Jede Klasse hatte ihre Patrioten und Verräter, ihre Helden und Feiglinge. Der Waffenstillstand und die Bejahung des Vichy-Regimes – beides hing nicht unmittelbar zusammen – spalteten die Parteien, die Klassen, die weltanschaulichen Lager und sogar die Familien. Ob man sich zu Pétain bekannte oder sich abwartend verhielt, ob man sich in der Résistance engagierte oder mit den Deutschen kollaborierte, war nicht eine Frage des Befehls oder der Gruppendisziplin, sondern entsprang der individuellen Entscheidung eines jeden einzelnen. Gleichwohl fiel es einem katholischen Konservativen leichter als einem radikalsozialistischen Abgeordneten, das Scheitern der Dritten Republik und die Notwendigkeit einer Verfassungsrevision zu akzeptieren. Dementsprechend stammten die 80 Nein-Stimmen zu drei Vierteln aus dem Lager der Linken, allein 36 von Abgeordneten der SFIO. Die Tatsache, daß achtzig Abgeordnete dem Text ihre Zustimmung verweigert haben, widerlegt die Behauptung, das eindeutige Wahlergebnis sei unter Druck zustande gekommen.

Hatte die Nationalversammlung überhaupt das Recht, eine Änderung der Regierungsform zu beschließen? Die Frage wird immer noch von den Juristen diskutiert. Niemand bestritt den Kammern das Recht zur Verfassungsänderung; als ihre Vorgänger im Jahre 1884 eine solche vollzogen, hatte kein Republikaner dagegen Einwände erhoben. Doch war Bestandteil ebendieser Verfassungsrevision auch das Verbot, an die republikanische Form der Verfassungsorgane zu rühren. Dem ließe sich entgegenhalten, daß der Text vom 10. Juli 1940 die Republik nicht beseitigte, da er ja nur die Macht auf die Regierung der Republik übertrug. Vielmehr war es der Marschall, der in den darauffolgenden Tagen mit seinen Eingriffen der Dritten Republik den Totenschein ausstellte. Letztlich handelt es sich um eine Scheindiskussion, denn niemand von denen, die ihm Vollmacht zugestanden, konnte sich irgendwelchen Illusionen hingeben über das, was danach kommen würde. Hatte das Parlament vor allem das Recht, einem anderen – und sei es auch dem »erlauchtesten aller Franzosen« – die verfassunggebende Gewalt zu übertragen? Wie bedeutsam auch immer diese juristische Kontroverse für die Beurteilung der Legitimität des neuen Regimes sein mag, jedenfalls hatte sie in der aktuellen Situation keinen Einfluß auf das Abstimmungsverhalten der Parlamentarier.

Aus klassisch parlamentarischer Sicht gaben manche zu bedenken, daß die Abstimmung vom 10. Juli sich formal nicht von denjenigen unterschied, die bereits in früheren Jahren, nämlich 1926, 1934 und 1938, eine Umkehrung der Mehrheitsverhältnisse herbeigeführt hatten. Tatsächlich enthielt die Abstimmung auch diesen Aspekt. Aber eine derartige Interpretation läßt das Wesentliche außer acht: Bei der Abstimmung ging es weder um die Schaffung einer neuen parlamentarischen Mehrheit noch um den Kurs der Regierungspolitik, sondern um die Verfassungsorgane. Andererseits profitierte von dieser Abstimmung ausgerechnet die extreme Rechte, die weder die Französische Revolution noch die Demokratie jemals akzeptiert hatte, der die Beteiligung an Regierungskoalitionen immer – sogar im Jahre 1934 – verwehrt worden war und die nun Zugang zur Macht gewann.

EINE PERSÖNLICHE MONARCHIE

Darüber konnte sich niemand täuschen: Was hier entstand, war ein neues Regime; die Initiativen der folgenden Tage beseitigten jeglichen Zweifel in dieser Hinsicht. Am 11. und 12. Juli verkündete Pétain kraft der ihm verliehenen Vollmacht vier Verfassungsartikel, durch die er sämtliche Macht auf sich vereinte. Der Begriff »Vollmacht«, der vor dem Krieg so oft in unüberlegter Weise gebraucht worden war, erhielt hier seine volle Bedeutung. Seit dem 12. Juli hielt der Staatschef – so der Titel, den er sich mit Beseitigung des Staatspräsidentenamtes zulegte – sämtliche Macht auf unbegrenzte Zeit in Händen. Seine Machtbefugnisse waren umfassender und um vieles wirksamer als die der absolutesten Monarchen des Ancien régime. Wie Adolphe Thiers 1871 vereinigte er Amtsbefugnisse des Staats- und Regierungschefs in einer Hand, jedoch ohne der Kontrolle durch eine parlamentarische Körperschaft zu unterliegen. Er besaß sowohl die Macht, Gesetze zu erlassen, wie auch die Macht, deren Durchführung zu reglementieren. Mochte auch formell noch eine Teilung dieser beiden Gewalten bestehen, so hatte sie jede praktische Bedeutung eingebüßt, da Gesetze und Ausführungsbestimmungen künftig aus ein und derselben Quelle stammten.

Die Nationalversammlung hatte ihm die verfassunggebende Gewalt übertragen, und er selbst maßte sich darüber hinaus noch einen Teil der rechtsprechenden Gewalt an, indem er als eine seiner ersten Amtshandlungen die prozeßlose Verhaftung und Internierung mehrerer politischer Persönlichkeiten anordnete. Das Prinzip der Gewaltenteilung war, wenn nicht abgeschafft, so doch zumindest ausgesetzt. Das neue Regime, das seit Mitte Juli bestand, war eine persönliche Monarchie. Seit der Abdankung Napoleons III. bedeutete dies die erstmalige Rückkehr zu einem persönlichen Regiment.

Das Charakteristikum des Regimes lag in der Tat darin, daß es ganz auf die Person zugeschnitten war: Es war Marschall Pétain, dem die Nationalversammlung die Vollmachten übertragen hatte; ihm persönlich hatte sie den Auftrag zur Ausarbeitung einer neuen Verfassung erteilt. Sie hatte eine Art römische Diktatur errichtet – römisch mehr im Sinne der antiken Republik als der faschistischen Ära. Das Vertrauen des Volkes galt mehr dem Marschall als seinen Ministern, denen man keine Beachtung schenkte, wenn man sie nicht gar im Verdacht hatte, dem Willen des Marschalls zuwiderzuhandeln. Wie in allen Monarchien üblich, pflegte man zu unterscheiden zwischen einem König, dem man die besten Absichten zubilligte, und seinen treulosen Dienern und schlechten Räten; so machte die Volksmeinung Laval für alle unpopulären Maßnahmen verantwortlich. Selbst das Freie Frankreich schonte eine Zeitlang die Person des Marschalls und vermied persönliche Angriffe auf ihn. General de Gaulle richtete seine Angriffe daher lieber gegen die »Zufallsregierung« *(gouvernement de rencontre).*

So erfreute sich der Marschall in den ersten Monaten einer unbestreitbaren Popularität. Das bewies der Empfang, den ihm die Massen in Lyon, Marseille und Toulouse im Herbst 1940 bereiteten. Das Paradoxe daran war, daß zum unmittelbaren Machtbereich der Vichy-Regierung ausgerechnet einige der Regionen gehörten, die traditionell links wählten. Doch ist nicht auf den ersten Blick erkennbar, was hinter den Beifallsstürmen steckte, die dem Staatschef entgegenschlugen: Sie waren nicht unbedingt Ausdruck des Einverständnisses mit der Politik seiner Regierung; sie galten dem Symbol, das er verkörperte. Ein sicheres Indiz dafür sind die Schwankungen, denen seine Popularität unterlag: Nach dem Treffen mit Hitler in Montoire, das einige Verwirrung hervorgerufen hatte, ging sie deutlich zurück, während sie nach der Entlassung Lavals am 13. Dezember wieder anstieg. Die Ovationen, die dem Marschall auf seinen Reisen entgegengebracht wurden, boten dem tief getroffenen Volk willkommene Gelegenheit, seinem Patriotismus und seinem Willen zum Leben und Überleben lauthals Ausdruck zu verleihen. Vermutlich liegt darin die Erklärung für den Empfang, der Pétain im April 1944 in Paris zuteil wurde, zu einer Zeit, als sein Stern bereits gewaltig verblaßt war. Pétains Gefolgschaft hat daraus die Behauptung abgeleitet, daß die Massen dem Regime bis zum Schluß ihre Loyalität bewahrt hätten. Andere jedoch, die die Bilder dieses kurzen Besuches mit jenen Fotos verglichen, die für die Nachwelt festhalten, wie General de Gaulle am

26. August 1944 bei seinem Einzug in der Hauptstadt von einer riesigen Menschenmenge begrüßt wird, spotteten über den Wankelmut ihrer Landsleute, die im Abstand von nur vier Monaten den Symbolträgern zweier konträrer Systeme zugejubelt hatten.

Dem Historiker drängen sich bei dieser Gegenüberstellung mehrere Beobachtungen auf. Zunächst die, daß die Größenordnungen nicht vergleichbar sind: Im April, als Pétain durch Paris zog, säumte knapp ein Zehntel jener etwa zwei Millionen Pariser die Straßen, die im August zu den Champs Élysées strömten; ein Teil von ihnen, wie zum Beispiel Fähnchen schwingende Schulkinder, waren eigens zu diesem Zweck dahin beordert worden. Unterstellen wir, daß sie alle an beiden Kundgebungen teilgenommen haben: Was bedeuteten dann ihre Hochrufe im April? Eine Sympathiebekundung für die Politik der Kollaboration mit der Besatzungsmacht und für polizeistaatliche Unterdrückung? Waren sie nicht ebensosehr Ausdruck der Genugtuung darüber, zum ersten Mal seit dem Einmarsch der Deutschen in Paris einen anderen Franzosen als Leute wie Déat oder Doriot begrüßen zu können, die *»Marseillaise«* singen zu dürfen und die Trikolore wiederzusehen, kurz: den Willen bekunden zu können, Franzosen zu bleiben?

Diese spontan geäußerte Popularität machte sich das Regime zunutze. Es organisierte daraus einen offiziellen Kult, der mit Propagandamethoden systematisch in Szene gesetzt wurde. Alle Register wurden dafür gezogen: Die Briefmarken trugen das Bild des Staatschefs; der nationale Hilfsfonds (für die Familien der französischen Kriegsgefangenen) verkaufte Karten mit dem Porträt des Marschalls; die Schulkinder wurden aufgefordert, ihm zu schreiben; und die Kolonnen der Arbeitsjugend marschierten zu den Klängen des Liedes »Marschall, wir sind da!«. Oftmals verkam dieser Kult zur Lächerlichkeit und kindischen Lobhudelei.

Das Regime verstärkte den Personenkult in dem Maße, wie es seine Popularität schwinden sah, denn es war ihm klar, daß die Treue zur Person des Marschalls, die das erste Fundament dieser Macht bildete, zugleich auch seine letzte Stütze war. Es führte einen Treueschwur auf die Person des Marschalls ein, der eine Art Vasallenbindung schuf und viele, die ihn geleistet hatten, in Gewissensnot stürzte, als sie sich vor die Wahl gestellt sahen, entweder der Regierung zu gehorchen oder dem nachzukommen, was sie als ihre vaterländische Pflicht erachteten. Dieser Konflikt trieb im November 1942 mehrere hundert Offiziere und Soldaten in den Tod. Die Eidespflicht wurde auf immer größere Gruppen ausgedehnt: zuerst auf die Präfekten, dann auf die Magistratsbeamten. Bei seinen Reisen durch die Südzone ließ der Marschall auch die Fremdenlegionäre auf seine Person schwören; doch handelte es sich bei dem zum Treuegelöbnis ausgestreckten Arm nicht, wie man beim Anblick zeitgenössischer Photographien glauben könnte, um eine Nachahmung des faschistischen Schwurs, sondern um eine traditionelle Geste, um den feierlichen Charakter des Gelöbnisses zu betonen. Zum Ende des Regimes hin, als die tatsächliche Macht des Marschalls fast auf ein Nichts geschrumpft war, haftete seinem Namen immer noch eine gewisse Verehrung an. Noch heute versammeln sich alljährlich die Getreuen der Nationalen Revolution zum Gedenken an den Jahrestag der Schlacht von Verdun und an den Tod des Marschalls auf der Île d'Yeu und fordern seine Rehabilitierung und die Überführung seiner sterblichen Überreste in das Beinhaus von Douaumont, damit er inmitten seiner Soldaten die letzte Ruhe finde.

Im Sommer 1940 war sein moralisches Ansehen noch ungebrochen. Seine Macht war nahezu unbeschränkt. Souverän entschied er zwischen den verschiedenen Gruppen und Fraktionen, die sich unter seinen Augen um ein Stückchen Macht stritten, die nur er allein vergeben konnte.

DER STREIT DER IDEOLOGEN

Obgleich die Person des Marschalls den entscheidenden Bezugspunkt des Regimes darstellte, repräsentierte sie doch nur einen Teil seiner Realität. Es ist leichter zu sagen, was Vichy nicht war, als seine Philosophie und seine Politik zu definieren. Entgegen einer bestimmten Interpretation war Vichy nicht die französische Version des europäischen Faschismus, wenngleich einige darauf erpicht waren, in Frankreich ein Regime nach dem Vorbild totalitärer Staaten zu errichten. Die letzte Erscheinungsform des Vichy-Regimes im Jahre 1944 rückte es unter der Regierung von Darnand, Déat, Herriot und Marion zwar in die Nähe dieser Systeme, aber diese letzte Episode hatte nicht mehr viel mit der ursprünglichen Idee der nationalen Revolution zu tun. Zu einem faschistischen Regime fehlte ihm vor allem die staatsbeherrschende Rolle einer

Einheitspartei, die ein wesentliches Kennzeichen des Faschismusphänomens ist. Vichy betonte im Gegenteil die Vorherrschaft des Staates, was schon in der offiziellen Bezeichnung *État français* zum Ausdruck kam. Zwar hatte ein Marcel Déat im Sommer 1940 an die Gründung einer Einheitspartei gedacht, doch als er damit auf taube Ohren stieß, hatte er seine Hoffnungen auf die besetzte Zone konzentriert. Die *Légion des combattants* (Frontkämpferlegion) war in der Tat so etwas wie das Surrogat einer Einheitspartei, doch ohne großen Einfluß. Einige Führer des *Secrétariat à la Jeunesse* liebäugelten mit dem Projekt einer Einheitsbewegung, aber ihr Versuch scheiterte am Einspruch des Episkopats, das entschlossen die Autonomie der konfessionellen Bewegungen verteidigte, sowie am Widerstand ihrer laizistischen Führer. Selbst diejenigen Maßnahmen, die direkt von totalitären Systemen abkopiert schienen, entsprangen weniger dem Wunsch, den Sieger beflissen nachzuahmen, als bestimmten eigenen, nationalen Traditionen. Das Judenstatut zum Beispiel, das erlassen wurde, noch bevor die deutsche Besatzungsmacht entsprechende Forderungen gestellt hatte, paßte eher zum Staatsantisemitismus eines Édouard Drumont und Charles Maurras als zum Rassismus von der anderen Seite des Rheins. Ebenso wurzelte auch die Ständestaats-Ideologie, aus der die *Corporation paysanne* (Bauernkorporation) und die *Charte du travail* (Arbeitscharta) hervorgingen, mehr in den Vorstellungen eines Frédéric Le Play und René de La Tour du Pin als im italienischen Modell. In dieser Hinsicht stellten die Vichy-Regierung, ihre Ideologie und ihre Politik – jedenfalls vor ihrer radikalen Umgestaltung unter dem Druck der Ereignisse – keine Importe dar, sondern eher das Wiederaufleben einer längst begrabenen Vergangenheit, die aus den Tiefen ältester französischer Geschichte wieder ans Licht stieg.

Doch auch auf eine schlichte Restauration von längst Vergangenem läßt sich das Phänomen Vichy nicht reduzieren; dafür war es zu komplex. Andernfalls hätte es sich zeitweise nicht so vieler Sympathien erfreut. Vichy war kein Monolith; Stanley Hoffmann hat es scharfsinnig als eine pluralistische Diktatur definiert. Sie schöpfte aus sehr verschiedenartigen Quellen: Wenn man dort in den ersten Monaten Männer nahezu jeder weltanschaulichen Provenienz wiedertraf, so nicht deshalb, weil diese ihre früheren Überzeugungen verraten oder aus Opportunismus gehandelt hätten, sondern weil im Umkreis des Marschalls mehrere Strömungen existierten, deren Vielfalt in der Geschichte des Regimes und seinen Umbrüchen zum Ausdruck kommt. Das gleiche gilt auch für die Résistance.

Gibt es einen gemeinsamen Nenner zwischen den Anhängern von Maurras und den Syndikalisten, zwischen einem Henri Massis und einem René Gillouin, einem René Belin und einem Gaston Bergery? Grundsätzlich waren es die Gedanken Pétains, die den Kurs der Nationalen Revolution bestimmten, und diese fanden ihren alleinverbindlichen Ausdruck in seinen Ansprachen an die Franzosen beziehungsweise an diese oder jene Gruppe unter ihnen – Arbeiter, Schüler, Bauern, Veteranen –, sowie in einer Reihe von Artikeln wie etwa dem in der *»Revue des Deux Mondes«* vom 15. September 1940, dem wegen seines Erscheinungsdatums – kurz nach der Errichtung des Regimes – besondere Bedeutung zukommt. Diese Texte stammten aus verschiedenen Federn, von Émmanuel Berl bis Gaston Bergery, aber sie trugen alle die Handschrift des Marschalls: kurze, wie Maximen gemeißelte Sätze, in einem sprichwortartig entschiedenen Ton Wahrheiten formulierend, die sich wunderbar für Propagandazwecke eigneten: »Die Erde, sie lügt nicht.« – »Ich hasse die Lügen, die euch soviel Leid zugefügt haben.« – »Ich halte die Versprechen, selbst die anderer.«

Alle diese Texte verbreiteten eine moralisierende Sehweise, in der die privaten Tugenden zu Garanten des sozialen Lebens wurden. Dahinter stand eine Konzeption, welche die Gesellschaft als einen gegliederten Organismus verstand und die konkreten sozialen Realitäten – Familie, Gemeinde, Dorf, Betrieb, vor allem den Handwerksbetrieb auf Familienbasis – gegen die abstrakten Wesenheiten, metaphysischen Truggebilde und großen kollektiven Konstrukte ausspielte. So gesehen ist die Ablösung der von der Französischen Revolution ererbten republikanischen Devise »Freiheit, Gleichheit, Brüderlichkeit« durch die drei Begriffe »Arbeit, Familie, Vaterland« charakteristisch für den Wunsch nach Rückkehr zum Realen. Seiner militärischen Ausbildung verdankte Pétain zudem ein hierarchisch geprägtes Weltbild, das der Autorität und dem Gehorsam Vorrang einräumte. Autorität wurde nicht von Untergebenen verliehen, sondern übertrug sich von oben nach unten. Für ihn war die Gesellschaft notwendig hierarchisch angelegt: Da die Menschen voneinander verschieden sind, nehmen sie auch in der gesellschaftlichen Rangordnung unterschiedliche Positionen ein.

Zweifellos weist diese Philosophie so manche Übereinstimmung mit der Ideenwelt der Konterrevolution auf, und zum ersten Mal seit 1875 war sie wieder an der Macht. Sie stand auch im Einklang mit der konservativen Richtung des Katholizismus; auffällig war vor allem die Übereinstimmung zwischen den Reden des Marschalls, in denen er zum Eingeständnis der für die Niederlage verantwortlichen Fehler aufforderte und den Glauben an die Erneuerung im willig angenommenen Leiden beschwor, und einer geistlichen Tradition, die das Gewicht vor allem auf die Sünde legte, auf die Erlösung durch das Schuldbekenntnis. Dieser moralisierende Duktus in den offiziellen Reden war sehr dazu angetan, das Wohlgefallen des Klerus zu erregen. Doch hat man vielleicht nicht genügend beachtet, daß dieselbe Spiritualität auch eine zukunftsorientierte Dimension besaß: Sie gab den Blick frei auf eine mögliche Erlösung. Im übrigen sprach auch Vichy von Wiederaufrichtung, Wiederaufschwung, Wiedergeburt, ja sogar von Auferstehung. Das neue Staatswesen trug Züge einer religiösen Kultur, die fundamentaler Bestandteil der Geisteswelt vieler Franzosen war. Der klerikale Charakter des Regimes rief nicht nur einige Verbitterung in laizistischen Kreisen hervor, sondern führte auch zu Irritationen bei den Pariser Kollaborateuren. Er bedeutete aber nicht allein eine Revanche für den Antiklerikalismus der Dritten Republik, in ihm kam eine Geisteshaltung zum Vorschein, die ebenfalls Teil der französischen Geschichte war: Hatte nicht auch die vorletzte Regierung der Dritten Republik den Himmel um Beistand angefleht?

Die Neigung zum Moralisieren wurzelte nicht nur in einem konfessionellen Humus. Einige historische Studien haben einen Aspekt zutage gefördert, der durch Maßnahmen der Vichy-Regierung gegen die Lehrerbildungsanstalten und die Lehrergewerkschaft verdeckt worden war: die Gemeinsamkeiten zwischen der Sprache des Marschalls und dem in den Schulen der Dritten Republik erteilten Moralunterricht – das heißt die Aufforderung zu staatsbürgerlicher Gesinnung mit besonderer Betonung des Pflichtgefühls, pädagogisches Bemühen und die Berufung auf die Lehren Immanuel Kants. Pétain griff dabei fast wörtlich auf einige Thesen Gaston Doumergues zurück, den man gewiß nicht der geistigen Nähe zum Katholizismus verdächtigen konnte. So war der Marschall auch Erbe einer bestimmten republikanischen Kultur.

War dies der Grund dafür, daß die französische Linke dem Vichy-Regime offensichtlich keineswegs fern stand? Nicht nur, daß sie bei der

Übertragung der Vollmachten an den Staatschef mitgewirkt hatte – rechte Radikalsozialisten, Sozialisten aus den Reihen der Befürworter des Münchner Abkommens und Gewerkschaftsvertreter haben in der Tat Regierungsverantwortung als Minister oder Präfekten übernommen, ohne ihren Überzeugungen abzuschwören –, sondern auch, weil sie den Zeitpunkt für die Verwirklichung eigener Vorstellungen gekommen sahen. So kämpfte etwa ein René Belin in der Folgezeit gegen die Anhänger des Korporatismus, um seine Vorstellung vom Syndikalismus zu retten. Männer der Linken liehen dem Marschall ihre Feder: Die für den Geist der Nationalen Revolution so typische Formel »Die Erde, sie lügt nicht«, mit welcher der Stadt und der Industrie die sittliche Kraft des Bauerntums gegenübergestellt werden sollte, stammte von Émmanuel Berl, dem ehemaligen Chefredakteur der Zeitschrift *»Marianne«*, der nicht gerade zur Rechten zählte; ebensowenig wie Gaston Bergery, der Wegbereiter der Volksfront und Schöpfer des Mythos der »zweihundert Familien«, der die Botschaft vom 11. Oktober 1940 mit dem Entwurf eines ehrgeizigen sozialen Reformprogramms verfaßte.

In Vichy waren die meisten Strömungen der Linken und Rechten mehr oder weniger zahlreich repräsentiert, inklusive der liberalen und parlamentarischen Rechten. Andererseits weiß man, wie streng die Nationale Revolution mit der Parteienherrschaft ins Gericht gegangen ist – schließlich machte sie den Parlamentarismus für die Niederlage verantwortlich. Dennoch zählten mit Henri Moisset und Lucien Romier einige der einflußreichsten Berater des Staatschefs zu dieser orleanistisch-liberalen Rechten. In der bewegten Geschichte Vichys gab es mit der kurzen Amtszeit Flandins, der dem entlassenen Laval folgte, sogar ein quasiparlamentarisches Zwischenspiel und mit der Schaffung eines *Conseil national* auch den Versuch, eine Art parlamentarische Institution zu errichten.

In dieser Heterogenität liegt der Grund für das politisch widersprüchliche Erscheinungsbild des Vichy-Regimes, das zwei verschiedene Gesichter trug: Das eine war der Vergangenheit zugewandt, das andere trug modernistische Züge. Vichy trat antimodern und archaisierend auf, wenn es die Rückkehr zum Boden pries, das Handwerk rühmte, die Schönheit der nur von Menschenhand gefertigten Erzeugnisse hervorhob, die großen Städte und die Industrie verächtlich machte, und dies in Tönen, die bereits die späteren Parolen der Linksradikalen von 1968 und der Umweltschützer anklingen ließen. Doch daneben gab es auch ein modernisierendes Vichy: Zu seinen führenden Vertretern zählten Männer, die über Geld- und Kreditpolitik und über volkswirtschaftliche Zusammenhänge Bescheid wußten, sich der wirtschaftlichen Rückständigkeit Frankreichs schmerzlich bewußt waren und ihren Ehrgeiz darein setzten, diesen Rückstand aufzuholen und das Land wieder in eine mächtige Industrienation zu verwandeln. Diese Technokraten, die den politischen Gegebenheiten relativ gleichgültig gegenüberstanden, waren die Erben der Technikergeneration aus der Vorkriegszeit, von Männern wie Dautry und Daurat; sie waren die Vorläufer der kommenden Generation hoher Funktionäre, die Frankreichs Modernisierung nach 1945 zum Erfolg führten, was so rasch nicht gelungen wäre, wenn Vichy nicht die Grundlagen dafür gelegt hätte. Dem äußeren Anschein nach reaktionär, war Vichy in mancher Hinsicht neuerungsfähiger als seinerzeit die Volksfront.

Vichy vereinte viele Gegensätze: Männer der Rechten und Männer der Linken, Konservative und Modernisten, Agrarier und Industrieanhänger, Befürworter des autoritären wie des liberalen Systems: Die Liste ließe sich verlängern. In seinen Anfängen wußte es Bestandteile der meisten politischen Strömungen miteinander zu verschmelzen und all das zusammenzufügen, was es – in sehr unterschiedlichem Ausmaß – heterogenen Traditionen entnommen hatte.

EIN NATIONALISMUS DER AUSGRENZUNG

Wir sollten uns gleichwohl hüten, von einem auf Konsens bedachten Regime zu reden. Auch wenn es als *Union sacrée* auftrat und die Franzosen zur Überwindung ihrer Spaltungen aufforderte, oder wenn Maurras die Einheit, die der Marschall durch seine Person gestiftet hatte, mit der Zeit verglich, »als die Franzosen sich nicht liebten«, so war seine Sprache doch von Intoleranz geprägt und seine Politik die der Ausgrenzung. Wie jedes Regime, das unter Rechtfertigungsdruck stand, brauchte es Sündenböcke. Wenn seine Führer leidenschaftlich nach »Einheit« trachteten, so glaubten sie diese nur herstellen zu können durch Ausgrenzung aller, die sich von den Idealen, als deren Verkörperung Vichy auftrat, distanzierten. Sie waren die Erben einer Ideologie, die sich bewußt über einen Gutteil der Geschichte Frankreichs hinwegsetzte. In diesem Fall wurde diese Tendenz noch verschärft durch den Druck einer Öffentlichkeit, die verlangte, daß man ihr die Verantwortlichen für die Katastrophe des Vaterlandes benannte. In den ersten Wochen manifestierte sich die gesetzgeberische Aktivität des Vichy-Regimes mehr in Ausgrenzungsmaßnahmen als in schöpferischen Initiativen, deren Ausarbeitung naturgemäß auch mehr Zeit in Anspruch nahm. So brauchte es mehr als ein Jahr, um den Schlußpunkt unter die Arbeitscharta zu setzen, während einige wenige Tage genügten, um im *»Journal officiel«* eine Liste derer zu veröffentlichen, denen die französische Staatsbürgerschaft aberkannt worden war, weil sie das Land verlassen hatten, wie der Regisseur René Clair, oder um den General de Gaulle von einem Kriegsgericht in Abwesenheit zum Tode verurteilen zu lassen, weil er des Ungehorsams – eine Todsünde wider die nationale Einheit – für schuldig befunden worden war.

Von den Ächtungsmaßnahmen wurden ganze Gruppen erfaßt. Die Freimaurerei wurde für ungesetzlich erklärt, und das *»Journal officiel«* druckte lange Listen von Freimaurern ab, deren Logenzugehörigkeit durch die Beschlagnahme des Archivs der Großloge *Grand-Orient* ans Licht gekommen war. Die Beamten mußten schriftlich erklären, daß sie keiner Geheimgesellschaft angehörten; im Falle einer Mitgliedschaft drohte die Entlassung. Mit dieser Maßnahme rächte sich die alte konservativ-katholische Rechte an den Freimaurern, die sie für die antiklerikale Politik der Dritten Republik verantwortlich machte und denen sie die Absicht unterstellte, Frankreichs Seele zu morden. Diese Einstellung, die den säkularen Charakter der bürgerlichen Gesellschaft mit Religionsfeindlichkeit verwechselte, führte auch zur Schließung der Lehrerbildungsanstalten, die als Brutstätten der Gottlosigkeit angesehen wurden.

Ebenso wurden die Gewerkschaftszentralen aufgelöst, weil sie, wie es hieß, die Entstehung sozialer Gegensätze begünstigten. Diese Maßnahme betraf jedoch nur die gewerkschaftlichen Dachverbände und schonte die Einzelgewerkschaften. In dieser Diskriminierung zeigt sich deutlich eine prinzipielle Sympathie des Regimes für überschaubare Gemeinschaften und das Mißtrauen gegenüber großen, zentralistisch geführten Organisationen. Die Auflösungsmaßnahmen richteten sich übrigens nicht nur gegen die Arbeitnehmerorganisationen, sondern betrafen auch den Unternehmerverband *Confédération générale de la production française*, mehr oder weniger repräsentative Interessenverbände der Angestellten, das *Comité des forges* und die Ständige Versammlung der Präsidenten der Landwirtschaftskammern.

Ihren Höhepunkt fand diese Denkweise jedoch in der Verkündigung des ersten Judenstatuts am 2. Oktober 1940, das die weitaus schwerwiegendsten Konsequenzen nach sich zog. Wie bereits erwähnt, erfolgte sie nicht auf Druck der Besatzungsmacht. Die Maßnahme entsprang der von Édouard Drumont in seinem Werk »*La France juive*« verkündeten und von der *Action française* wieder aufgegriffenen Vorstellung, daß der Jude, weil nicht assimilierbar, ein Element der Zersetzung innerhalb der Nation darstelle. Man müsse ihn deshalb aus allen verantwortlichen oder einflußreichen Posten in Politik und Verwaltung, aber auch in Presse, Film und Bildungswesen entfernen und seine Verbindungen zur Öffentlichkeit beschneiden. Das Statut führte zum totalen Ausschluß der Juden aus bestimmten Funktionen, während für andere Tätigkeiten, unter anderem für das Hochschulstudium, ein Numerus clausus von zwei Prozent festgelegt wurde. Juden, die entsprechende Positionen bereits innehatten, wurden unverzüglich aus ihren Ämtern entfernt. Die Anwendung des Statuts stempelte die Juden zu Außenseitern; es benachteiligte eine Gruppe von Staatsbürgern aufgrund rassischer Kriterien: Als jüdisch galt jeder Franzose, der drei jüdische Großeltern hatte, oder zwei, wenn sein Ehepartner ebenfalls Jude war. Die Einführung dieser Maßnahmen hob die von der Französischen Revolution proklamierte Judenassimilation auf und bedeutete einen vollständigen Bruch mit der Rechtsprechungstradition, die seit 1789 sämtliche Standesunterschiede zwischen den Bürgern abgeschafft und ihre vollkommene Gleichheit vor dem Gesetz erklärt hatte.

Zum damaligen Zeitpunkt schien sich niemand sonderlich darüber aufzuregen. Heute hingegen erregt diese Gleichgültigkeit einen Sturm der Entrüstung in einer Öffentlichkeit, die dem Schicksal der Juden große Bedeutung beimißt und so weit geht, die ihnen auferlegten Maßnahmen zum Prüfstein und entscheidenden Kriterium für die Natur des Regimes zu machen. Es wäre jedoch zweifellos übertrieben, den Franzosen einen massiven Antisemitismus zu unterstellen, weil es bei der Verkündung des Statuts im Oktober 1940 keine Proteste gab. Tatsächlich bedurfte es erst des zweiten Judenstatuts, das im Juni 1941 verkündet wurde und noch um einiges schärfer gefaßt war, um erste Reaktionen hervorzurufen.

Eine Beurteilung kann jedoch nur gerecht sein, wenn sie die jeweiligen Umstände in Betracht zieht. Die meisten Franzosen hatten damals weder Muße noch Interesse für irgendwelche allgemeinen Probleme. Sie hatten genug mit den Schwierigkeiten des täglichen Lebens zu kämpfen, mit der Beschaffung von Nahrungsmitteln und der Suche nach Arbeit. Das Judenstatut wurde von den wenigsten wahrgenommen; seine Veröffentlichung nahm nur geringen Raum ein in einer Presse, die streng kontrolliert wurde und der Kommentare untersagt waren. Nur eine Minderheit unter den Franzosen hatte persönlichen Umgang mit Juden und konnte sich deshalb eine konkrete Vorstellung von den Konsequenzen dieser Diskriminierungsmaßnahmen machen. Die überwiegende Mehrzahl zeigte wenig Neigung, sich von dem Schicksal einer kleinen Bevölkerungsgruppe anrühren zu lassen, von der sie höchstens die Namen einiger Politiker kannte, die als Mitverantwortliche für das kollektive Desaster hingestellt wurden, während zwei Millionen Franzosen in Kriegsgefangenschaft saßen. Wenn Reaktionen ausblieben, so lag das mehr an der Gleichgültigkeit oder an mangelnder Vorstellungskraft als an wirklichem Antisemitismus. Einige Monate später begann die Öffentlichkeit aus ihrer Lethargie zu erwachen; Empörung machte sich breit und mit ihr eine Solidarität mit den Juden, die Zehntausenden von ihnen das Leben retten sollte.

Vichy setzte ferner alles daran, die Aktivitäten der Kommunisten zu unterbinden. Wenn es eine politische Gruppierung gab, die jegliche Verbindung mit dem Marschall ausschloß, dann gewiß die Kommunistische Partei. Nach dem unglücklichen Ausgang eines Krieges, den sie nie für einen patriotischen hatte halten wollen, praktizierte ihre Führung aus dem Untergrund heraus eine Politik des revolutionären Defätismus: Nicht die Besatzungsmacht war der Feind des französischen Volkes, der wahre Feind blieb für sie die Bourgeoisie, die von der Niederlage profitierte, um jeglichen Ansatz zur Demokratie im Keim zu ersticken. Deshalb zielten ihre sämtlichen Angriffe auf die Vichy-Regierung, die sie verächtlich als Regierung der Trusts bezeichnete. Der sogenannte »Aufruf vom 10. Juli« – der sicherlich erst einige Tage später entstanden ist und nur deshalb vordatiert wurde, um glaubhaft zu machen, daß die Kommunistische Partei, gleich als die Reaktionäre in Vichy eine Regierung im Solde der Kapitalisten errichteten, das Volk zum Kampf aufgerufen hätte – war ausschließlich gegen Vichy gerichtet. In den Tagen nach dem Einmarsch der Deutschen in Paris, dies haben die Untersuchungen von Historikern zweifelsfrei ergeben, hatten die Kommunisten mit Zustimmung ihrer Führung versucht, bei der Besatzungsverwaltung das Wiedererscheinen ihrer seit Ende August 1939 regierungsamtlich verbotenen Tageszeitungen sowie die Wiedereinsetzung kommunistischer Bürgermeister und Stadtverwaltungen zu erreichen, die aus den Rathäusern entfernt worden waren. Für eine kurze Zeit hatten die Kommunisten geglaubt, unter Ausnutzung der damals noch guten Beziehungen zwischen Berlin und Moskau mit der Besatzungsmacht gemeinsame Sache machen und ihre Tätigkeit wiederaufnehmen zu können. Wenn dieser Versuch erfolglos blieb, so lag das nicht an den Kommunisten, sondern an den deutschen Behörden.

Nicht alle Kommunisten, die der Partei nach ihrem Verbot im September/Oktober 1939 noch die Treue gehalten hatten, waren mit den Fraternisierungsversuchen einverstanden: Für viele blieben die Nazis der Feind. Der Antifaschismus, das Festhalten am Ideal der Freiheit und die Vaterlandsliebe, welche die Partei seit 1935 wieder so groß auf ihre Fahnen geschrieben hatte, drängten die Parteiaktivisten schon sehr bald in eine Form des Widerstandes gegen die Besatzungsmacht. Ihre Gewöhnung an den Untergrund hatte sie besser als andere auf den Kampf gegen den äußeren Feind vorbereitet. Nach und nach ergriff die Parteiführung selbst die Initiative und unternahm erste Schritte zur Organisation bestimmter Formen des Widerstandes: Im Mai 1941 forderte die Partei alle Patrioten auf, sich zu einer nationalen Front, einer Art erweiterten Neuauflage der Volksfront, zusammenzuschließen. Der deutsche Angriff auf die Sowjetunion am 22. Juni 1941 beschleunigte und vollendete diese Entwicklung. Von nun an stand die gesamte Partei in einem erbarmungslosen Kampf, in dem sie die härtesten Schläge austeilte und einstecken mußte. Fast schlagartig ging sie zu bewaffneten Aktionen über und organisierte Anschläge auf die Besatzungstruppen. Der 21. August 1941 markierte einen Wendepunkt: An diesem Tag ermordete einer aus ihren Reihen namens Fabien auf dem Bahnsteig der Metrostation Barbès-Rochechouart den Marineverwaltungsassistenten Moser, dem die Deutschen ein grandioses Begräbnis auf dem Friedhof Madeleine bereiteten. Von nun an hatten die Vichy-Polizei und die Besatzer einen gemeinsamen Feind, die Kommunisten, und machten gemeinsam Jagd auf sie: auch dies eine Erscheinungsform der Kollaboration.

KAPITEL III

Niedergang und Rettung

So kurz die Lebensdauer des Vichy-Regimes auch bemessen war – kaum mehr als vier Jahre, vom 10. Juli 1940 bis zur Amtsenthebung Pétains durch die Deutschen im August 1944 –, es besaß eine eigene Geschichte: die Geschichte eines immer stärkeren Abdriftens von seinen ursprünglichen Zielen. Seine Entscheidungen entsprachen nicht immer seiner Rhetorik: Die unter Zwang getroffenen Maßnahmen charakterisieren dieses Regime mindestens ebenso wie die Idee, die ihm anfänglich zugrunde lag. Zwischen diesen beiden Polen mußte seine Politik sich einen Weg bahnen. Der Chronologie kommt hier die gleiche Bedeutung zu wie in revolutionären Krisen mit ihrem fieberhaften Wechsel der Phasen: Die Jahre zwischen der Errichtung einer unumschränkten Herrschaft und deren völligem Zusammenbruch wiegen für die Herausbildung von Denk- und Verhaltensweisen soviel wie zwei oder drei Jahrzehnte einer normalen Geschichtsperiode. Der Historiker Yves Durand hat innerhalb dieser fünfzig Monate nicht weniger als sieben verschiedene Abschnitte mit jeweils eigenem Charakter unterschieden.

Es waren vor allem dreierlei Sachzwänge, welche die politische Handlungsfreiheit der Vichy-Regierung einengten: die Erfordernisse der aktuellen Situation und der Druck der materiellen Verhältnisse; der weitere Verlauf des Krieges; und der Wandel im öffentlichen Bewußtsein.

DIE ZWÄNGE

Selten war der Druck durch die unmittelbare Not so stark wie im Juli 1940. Die Regierung sah sich mit einer Situation konfrontiert, die ohne Beispiel war. Weder 1871 noch während des Ersten Weltkriegs hatten die Behörden vor ähnlich großen Problemen gestanden: Die Ernte mußte ohne die Mithilfe von zwei Millionen Kriegsgefangenen, die meisten davon Landwirte, eingebracht, die Versorgung der Städte gesichert werden, obwohl die Verkehrswege zerstört und die Transportmittel völlig unzureichend waren. Hinzu kam die Rückführung von Millionen Flüchtlingen, die durch die Demarkationslinie noch zusätzlich erschwert wurde. Das wahrscheinlich schwierigste Problem war die Arbeitsbeschaffung. Im Oktober 1940 schätzte man die Zahl der Arbeitslosen auf anderthalb Millionen. Zählt man noch die zwei Millionen Kriegsgefangenen hinzu, so bedeutet dies einen Verlust von drei Millionen Arbeitsplätzen seit dem Ende der Kampfhandlungen. Der Auftragsstopp für die Rüstungsindustrie führte zur Schließung oder zum Rückgang der Produktion zahlreicher Fabriken. Die Waffenstillstandsvereinbarung verpflichtete Frankreich zur sofortigen Demobilisierung von Millionen Soldaten, die das Heer der Arbeitslosen noch vergrößerten, weil viele in ihrem früheren Beruf keine Beschäftigung mehr fanden. Gleichzeitig waren riesige Anstrengungen vonnöten, um die etwa 400 000 Gebäude und Hunderte von Brücken und Baudenkmälern, die während des Krieges zerstört worden waren, wieder aufzubauen. Mangel an Arbeitskräften hier und Überschuß an Arbeitskräften dort: unter diesem Ungleichgewicht litt die Wirtschaft des Landes.

Das Land erwartete von der Regierung die Linderung seiner Leiden und die Lösung seiner Probleme: Darin vor allem bestand in seinen Augen die Existenzberechtigung einer französischen Regierung auf nationalem Boden. Unverzüglich machte sich Vichy ans Werk, und dies mit einigem Erfolg. Da es weder von einem Parlament noch von der Presse kontrolliert wurde, gelangen ihm oftmals originelle Lösungen. Nationalkommissar François Lehideux zum Beispiel brachte mit staatlichen Krediten die französische Industrie wieder in Schwung. Auf lokaler Ebene bewiesen viele Präfekten ein beachtliches Organisationstalent; ihrer Initiative und Dynamik war es zu verdanken, daß die Lebensbedingungen sich wieder nahezu normalisierten. Die Weichen für die veränderte Aufgabenstellung der Präfekturen wurden im Sommer 1940 gestellt: Waren sie vor 1940 ausschließlich mit der Vorbereitung der Wahlen und der Aufrechterhaltung der öffentlichen Ordnung betraut gewesen, wurden sie nunmehr zu Organisatoren des örtlichen Lebens. Bis zur Verabschiedung des Dezentralisierungsgesetzes im Jahre 1982 sollten sie eine entscheidende Rolle bei der Modernisierung Frankreichs spielen. Der Wiederaufbau kam in Gang: Man beseitigte die Trümmer, setzte die Schienenwege instand und baute provisorische Brücken. Nach und nach nahm das Leben wieder seinen normalen Gang, und das Land verband seine schlimmsten Wunden.

Diese Zwänge drängten die ideologische Programmatik in den Hintergrund und verlangten bisweilen nach Lösungen, die nicht mit den öffentlich verkündeten Prinzipien der Nationalen Revolution in Einklang standen. So war zum Beispiel die Philosophie des Regimes grundsätzlich dezentralistisch: Indem sie sich auf Maurras' »organisatorischen Empirismus« *(empirisme organisateur)* oder auf das dem sozialen Katholizismus so teure Prinzip der Subsidiarität berief, wies sie den Jakobinismus und den napoleonischen Zentralismus weit von sich. Tatsächlich bemühte sich das Regime anfangs um die Wiederbelebung der alten Provinzen; es brachte die alten Gebräuche und Sitten wieder zu Ehren, förderte die regionale Kultur und subventionierte die Dezentralisierung des Theaterlebens. Die Konfrontation mit der Besatzungsmacht und die daraus resultierende Notwendigkeit, den zentrifugalen Tendenzen entgegenzusteuern, die Sorge um den Erhalt der nationalen Einheit und die Furcht vor der Abspaltung zwangen jedoch den französischen Staat, in autoritär-zentralistischer Weise zu regieren. Die Regionalverwaltungen wurden zu einem Instrument verschärfter Kontrolle: Die Regionalpräfekten zogen die Befugnisse der Gebietskörperschaften an sich und nahmen die Wahrung der öffentlichen Ordnung und die Versorgung der Bevölkerung völlig in eigene Regie. Die Gemeindepolizei wurde der Staatspolizei unterstellt.

Daneben gab es noch eine weitere Entwicklung, die im Widerspruch zur herrschenden Ideologie stand: Eigentlich hätten die Kritik an der von der Französischen Revolution proklamierten abstrakten Uniformität und die Vorliebe für die Vielfalt natürlich gewachsener Gemeinschaften ein günstiges Klima für die Vielzahl privater Organisationen schaffen müssen; doch das Gegenteil war der Fall. Überall, wo es das Zusammenspiel von behördlicher Genehmigung und Subventionen der Regierung erlaubte, verordnete sie Zusammenlegung und Fusion. Für ein Regime, das die alten Frontkämpfer zur Speerspitze seiner Politik machte, mochte es noch angehen, daß es Vereinigungen, die des Verbandsegoismus verdächtigt wurden, zum Zusammenschluß in einer Einheitsorganisation (der *Légion des combattants*) zwang. Warum aber die zwangsweise Fusion der drei Wohlfahrtsorganisationen zu einem einheitlichen Roten Kreuz? Die Umstrukturierung der sechs Pfadfinderorganisationen zu Untergliederungen der französischen Pfadfinderbewegung hatte wenigstens den Effekt, die Jüdischen Pfadfinder eine Zeitlang zu schützen. Der Drang nach Vereinheitlichung und die Reglementierungswut der Verwaltung trafen hier zusammen. Vichy wurde von einem wahren Verordnungsfieber erfaßt.

Der Rohstoffmangel und die Schwierigkeit der Fabrikbelieferung verlangten nach einem strengen Zuteilungssystem: Seit dem 16. August 1940 wurden in jeder Berufssparte Organisationskomitees eingerichtet, deren Aufgabe die Ermittlung des jeweiligen Bedarfs und die Materialzuteilung war. Wenngleich diese Komitees in gewisser Weise der korporatistischen Grundidee der Nationalen Revolution entsprachen, so konnte die Macht, die den großen Unternehmen auf Kosten der kleineren und mittleren Betriebe daraus erwuchs, nicht im Sinne derer sein, die den Familien- und kleinen Handwerksbetrieben das Wort redeten. Es handelte sich um eine Etappe in einem Konzentrationsprozeß, den das Regime ansonsten als geradezu bösartig und für den Klassenkampf verantwortlich anzuprangern pflegte. Ebenso verhielt es sich mit der Bauernkorporation, einem besonders typischen Produkt der Agrar- und Ständestaatsideologie Vichys. Die Aufgaben, die ihre Organe beim Einsammeln landwirtschaftlicher Produkte übernehmen mußten, lenkten die Organisation von ihrem eigentlichen Daseinszweck ab und verfälschten ihre ursprüngliche Bestimmung.

Umgekehrt gab es andere Neuerungen wie das Jugendarbeitslager *(Chantier de jeunesse)*, die später als typisch für das Regime angesehen wurden, aber zunächst nur als improvisierter Notbehelf gedacht waren. Am 8. Juni 1940 hatte die Regierung die letzten Angehörigen des Rekrutenjahrgangs 1939 und die ersten des Jahrgangs 1940 einberufen, vermutlich um sie nach Nordafrika zu verlegen, falls Frankreich dort den Krieg weiterführen sollte. Nach dem unerwarteten Ende der Kämpfe stellte sich die Frage, was mit diesen jungen Menschen geschehen sollte. Sie in die Heimat zurückzubringen war schwierig, und aus ihnen Soldaten zu machen unmöglich, da die Waffenstillstandsvereinbarung die französische Militärstärke auf 100 000 Mann begrenzte; außerdem wollte man nicht auf ausgebildete junge Männer verzichten. So entschloß man sich, sie für die Dauer von acht Monaten zusammenzuhalten und mit Aufgaben zu betrauen, die der Allgemeinheit nützten, zum Beispiel mit der Herstellung von Holzkohle für Gasgeneratoren und mit Forstarbeiten. General de La Porte du Theil, der das Generalkommissariat für diese Jugendarbeitslager übernommen hatte und mit der Pfadfinderbewegung vertraut war, entwickelte aus dieser Notlösung ein ehrgeiziges Projekt: Die acht Monate sollten dazu genutzt werden, diesen jungen Menschen eine staatsbürgerliche und moralische Erziehung angedeihen zu lassen und ihnen Geschmack an der Arbeit beizubringen. Wieder einmal wurde die Lösung eines unmittelbar anstehenden Problems mit dem Versuch verknüpft, ihr einen höheren Sinn zu verleihen, der, wie alle Initiativen Vichys, nicht ohne eine gewisse Doppeldeutigkeit war: Wollte man hier eine Generation für die Revanche vorbereiten oder sie nur von schädlichen Lehren fernhalten und die Sache der Nationalen Revolution fördern? Einige dieser *Chantiers* schlugen sich mit Waffen und Gepäck in den Untergrund, während andere sich widerstandslos nach Deutschland schicken ließen. Ebenso verhielt es sich mit ihren Führern: Der Hauptverantwortliche für die *Chantiers* in Nordafrika bereitete später die anglo-amerikanische Invasion vor, während General de La Porte du Theil von den Deutschen deportiert wurde.

So durchzog die Vichy-Politik ein komplexes Spannungsverhältnis zwischen den offiziellen Handlungsmaximen und den situationsbedingten Maßnahmen, kam es zu ständigen Kollisionen zwischen Absichten und Möglichkeiten, entstand eine scharfe Dissonanz zwischen den Vorstellungen der Führung und ihrer Umsetzung in die Praxis.

Obwohl die Regierung in Algier sämtliche Gesetze und Verordnungen des *État français* für null und nichtig erklärt hatte, überlebte doch eine ganze Reihe von Maßnahmen, die später bestätigt wurden. Einige von ihnen setzten Überliefertes fort, andere wiederum wiesen auf künftige Reformen hin: So berücksichtigte Vichy bei seiner Wiederaufbaupolitik die neuesten städtebaulichen Prinzipien, wurde ein Zehnjahresplan für nationale Investitionen erstellt, 1942 eine statistische Bestandsaufnahme der Landwirtschaft durchgeführt und ein Gesetz zur Organisation des Bankwesens erlassen. Die Einsetzung von Regionalpräfekten leitete eine dauerhafte Neuorganisation der Verwaltung ein.

Am fruchtbarsten und nachhaltigsten waren seine Maßnahmen im Bereich der Sozialordnung: die Hausfrauenzulage, die Einführung einer Mindestlohngarantie, eine Altersrente für Arbeiter, eine Prämie für die »Rückkehr aufs Land« und die Festsetzung des 1. Mai als »Tag der Arbeit«, der, wie es der kalendarische Zufall wollte, auf den Festtag des Schutzheiligen des Staatsoberhauptes Philippe Pétain, Saint-Philippe, fiel. Berufsständische Vereinigungen, etwa für Ärzte oder Architekten, wurden geschaffen und mit öffentlich-rechtlichen Befugnissen ausgestattet wie dem Recht zur Schaffung von Berufszugangsregelungen und zur Kontrolle der Einhaltung der Berufs- und Standespflichten. Das Gesetz Gounot regelte die Familienvertretung und verlieh den Familienverbänden einen halböffentlichen Rechtsstatus, den sie auch später beibehielten.

Die ehrgeizigsten Gesetzeswerke, die auf die Errichtung einer neuen Sozialordnung abzielten, waren zugleich auch jene, denen die kürzeste Lebensdauer beschieden war. So wurde im Dezember 1940 per Gesetz die Bauernkorporation ins Leben gerufen, der sämtliche Bauern von Rechts wegen angehörten: Sie organisierte Produktion und Verkauf und sicherte die Interessenvertretung und den Schutz der Bauernschaft. Mit ihr schien der alte Traum der Korporatisten Wirklichkeit geworden. Nach der Befreiung Frankreichs wurde die Korporation wieder aufgelöst, verschwand aber nicht vollständig. Sie brachte eine Elite von Funktionären hervor, denn viele, die damals Verwaltungsratsfunktionen ausgeübt hatten, traf man später an der Spitze der Berufsorganisationen wieder.

Die Industrie mußte dagegen länger auf ihre Arbeitscharta warten; ihre Ausarbeitung war wesentlich mühsamer und gab Anlaß zu heftigsten Spannungen zwischen Syndikalisten und Korporatisten. Als die Arbeitscharta schließlich ein Jahr nach dem Gesetz über die Bauernkorporation (Oktober 1941) verabschiedet wurde, traf sie auf mehr Widerstände. Es war dies auch bereits zu einer Zeit, als es der Vichy-Regierung immer schwerer fiel, ihre Vorstellungen durchzusetzen. Ausgerechnet die entschiedensten Verfechter der Ideologie der Nationalen Revolution,

Raphael Alibert und Jacques Chevallier, waren kaltgestellt worden, während der wieder an die Macht gekommene Pierre Laval nicht im geringsten die elitären Überzeugungen und das hierarchische Weltbild jener Kreise teilte, die der *Action française* oder dem konservativen Katholizismus nahe standen. Unter Laval mußte die Ideologie dem Pragmatismus weichen. Der Spielraum für eine eigenständige Politik des Regimes schrumpfte unter dem Druck der außenpolitischen Ereignisse mit jedem Tag weiter zusammen.

DER KRIEG GEHT WEITER

Für die Entwicklung des Regimes gab es in der Tat noch Bedeutsameres als die inneren Zwänge. Entscheidend waren der Verlauf des Krieges und, in seinem Gefolge, die Beziehungen zur Besatzungsmacht. Die Zukunft des Regimes und der Erfolg seiner Politik hingen entscheidend vom Ausgang der Feindseligkeiten ab. Vichy hatte seine Strategie auf die Annahme eines baldigen Kriegsendes gegründet; der Kriegsverlauf durchkreuzte jedoch seine Rechnung und veränderte die Bedingungen seiner Außenpolitik. Die Verärgerung über den vormaligen englischen Verbündeten, dem die französische Regierung mangelnde Unterstützung vorwarf, vor allem aber der Angriff auf Mers el-Kebir, bei dem ein Teil der französischen Flotte zerstört wurde, hatten Pétain die Beziehungen zu England abbrechen lassen; andererseits legte er Wert auf den Fortbestand guter Beziehungen zu den Vereinigten Staaten, die er bewunderte.

Für die Anfangsphase der Vichy-Regierung könnte man deren Kurs als »Sammlungspolitik« definieren, ein Begriff, der schon einmal nach der Niederlage von 1871 für die damalige Politik verwendet wurde. Frankreich war wie ein Rekonvaleszent, der seine Kräfte wiederzugewinnen suchte und neuen Atem schöpfte. Die Mehrzahl der Franzosen war der Meinung, daß diese Zeit der inneren Sammlung Frankreich zu einem nicht näher präzisierten Zeitpunkt den Wiedereintritt in den Krieg erlauben werde, während eine Minderheit die Ansicht vertrat, Frankreich solle sich auf die Perspektive einer deutschen Vorherrschaft über Europa einstellen. Die Entscheidung zwischen diesen beiden Richtungen fiel im Oktober 1940: Pétain hatte einem Treffen mit Hitler in

Montoire zugestimmt und erklärte dort am 30. Oktober, daß nun der Zeitpunkt gekommen sei, den Weg der »Kollaboration« mit Deutschland einzuschlagen. Dieser Begriff ging in den offiziellen Wortschatz ein. Doch deutet alles darauf hin, daß die Öffentlichkeit diese Kursänderung mißbilligte. Selbst diejenigen, die die Niederlage für unwiderruflich hielten, akzeptierten die Zusammenarbeit mit dem Sieger nicht. Was man unter der Hand von der Aussiedlung der Franzosen aus Lothringen und der Annexion der wiedergewonnenen Departements erfuhr, war nicht dazu angetan, die starke Feindseligkeit gegen die Besatzer zu mildern. Auch die Popularität des Staatschefs nahm Schaden. Doch schon einige Wochen später, nach der Entlassung Lavals, den die Öffentlichkeit für das Treffen in Montoire verantwortlich machte, schlug die Stimmung wieder um. Man dankte dem Marschall, daß er sich von seinem bösen Geist befreit hatte. Dessen Interimsnachfolger Pierre Étienne Flandin ließ diejenigen wieder hoffen, die in der Regierung des Marschalls immer noch das Bollwerk der nationalen Unabhängigkeit erblickten.

Die Einschätzung der von der Vichy-Regierung praktizierten Kollaborationspolitik gestaltet sich nach wie vor schwierig, denn sie stützte sich auf kein einheitliches und gleichbleibendes Programm. Während manche sie rückhaltlos unterstützten, sahen andere darin nur eine Notlösung, um Zeit zu gewinnen. Auf der Ebene der Beamten, Behörden und Verwaltungen versuchte man in zäher Kleinarbeit, die Zugeständnisse an die deutsche Besatzungsmacht zu begrenzen und Frankreichs Rechte zu wahren. Flandin hat die Kollaboration, wo immer möglich, behindert, während Darlan sie mit wahrem Feuereifer betrieben und den deutschen Forderungen nachgegeben hat. So hat er der deutschen Wehrmacht im Rahmen der sogenannten Pariser Protokolle – entgegen den Waffenstillstandsverpflichtungen – in Syrien und Tunesien logistische Unterstützung im Kampf gegen England eingeräumt.

Die Auswirkungen der Kollaboration bekamen die Franzosen fast nur in Form von Zwangsmaßnahmen zu spüren. Die Rückkehr der Kriegsgefangenen wurde auf unbestimmte Zeit vertagt, und die Entlassung einiger zehntausend Kriegsgefangener, die bereits im Ersten Weltkrieg gekämpft hatten, genügte nicht, um die ängstlich wartenden Familien zu beruhigen. Die Besatzung lastete schwer auf einer ausgebluteten Wirtschaft. Die Waffenstillstandsvereinbarung erlegte die Besatzungskosten in Höhe von 400 Millionen Francs pro Tag der französischen Staatskasse auf. Im Mai 1941 wurde diese Summe auf 300 Millionen gesenkt, nach der Besetzung ganz Frankreichs im November 1942 jedoch auf 500 Millionen erhöht. Insgesamt hat Frankreich im Zuge dieser Entschädigungsleistungen an Deutschland die astronomische Summe von 620 Milliarden Francs gezahlt; dieser Geldabfluß führte zum Währungsverfall. Andererseits hat die Siegermacht durch die willkürliche Festsetzung des Wechselkurses auf 1 RM : 20 Francs gegenüber dem tatsächlichen Kurs von etwa 1 : 16 Frankreichs Schulden um ein Viertel erhöht und für das, was sie selbst von Frankreich kaufte, entsprechend weniger bezahlt.

Die deutsche Besatzung forderte auch einen erheblichen Teil der Getreide- und Viehproduktion für sich ein. Allein beim Weizen beläuft sich die Menge für die vier Ernten der Jahre 1940–1943 auf schätzungsweise etwa 3 Millionen Tonnen. Insgesamt betrugen die deutschen Entnahmen ungefähr 10 Prozent der Gesamtproduktion, wobei die Bodenerträge aufgrund fehlender Düngemittel bereits um 22 Prozent gesunken waren. Der Bevölkerung standen daher nur zwei Drittel der in Friedenszeiten verfügbaren Nahrungsmittel zur Verfügung. Dieser Aderlaß führte zu einer Mangelsituation, zu wachsenden Versorgungsschwierigkeiten in den Städten, zu strengeren Rationierungen und zur Entstehung eines Schwarzmarktes. Die französische Wirtschaft mußte sich in die deutsche Wirtschaftspolitik einfügen. Die Industrieunternehmen wurden nach und nach den Bedürfnissen der deutschen Kriegsmaschinerie unterworfen; man mußte diesen Preis aber zahlen, um Betriebsschließungen und Arbeitslosigkeit zu vermeiden. Zugleich bot sich damit aber auch, seit 1942, die Möglichkeit, die Deportation französischer Arbeiter nach Deutschland zu verhindern. Andererseits waren nun Teile der französischen Industrieanlagen den Angriffen der alliierten Luftwaffe ausgesetzt.

DIE STIMMUNG SCHLÄGT UM

Die Bevölkerung der Südzone, die in keinem direkten Kontakt mit der Besatzungsmacht stand, machte die Regierung für die materiellen Probleme verantwortlich. Die Gegner der ersten Stunde, die sich dem Geist der Nationalen Revolution von Anfang an widersetzt, aber angesichts des massenhaften Zuspruchs für diese mehr aus Resignation denn aus

Umsicht still verhalten hatten, begannen wieder die Köpfe zu heben und leise ihre Vorbehalte und Kritik zu äußern. Selbst Pétain nahm davon Kenntnis, als er Mitte August 1941 in einer unerwarteten Ansprache mitten während einer Aufführung im Casino von Vichy sagte: »Ich fühle, wie sich ein widriger Wind erhebt.« Diesen Satz hatte man bereits von Doumergue gehört – war er eine Reminiszenz seines damaligen Ministers? Jedenfalls bezeichnete die Rede eine Wende: Die Regierung schlug eine härtere Gangart ein und reagierte auf die Unzufriedenheit mit Repressionsmaßnahmen. Es war dies die erste Etappe einer Verhärtung, an deren Ende die »Faschisierung« des Vichy-Regimes im Jahre 1944 stand.

Es mußte erkennen, daß selbst eine Regierung, die keiner parlamentarischen Kontrolle unterworfen war, die das ausschließliche Informationsmonopol besaß, mit quasi absoluter Vollmacht ausgestattet war und dank einer Ausnahmesituation von sämtlichen Rücksichten befreit war, denen Regierungen normalerweise unterworfen sind, es sich nicht leisten kann, die Stimmung in der Bevölkerung zu ignorieren und auf die Unterstützung der Öffentlichkeit zu verzichten. Flandin hatte deshalb, um wenigstens Ansätze eines Dialogs zustande zu bringen, den *Conseil national* geschaffen. Ebenso mußte Vichy erfahren, daß der Macht einer Regierung, die das schwindende Vertrauen der Öffentlichkeit zurückzugewinnen sucht, Grenzen gesetzt sind. Weder die Verstärkung der Zensur noch das Verbot oder die Unterdrückung von Publikationen, in denen sich kritische Stimmen erhoben, noch der Einsatz systematischer Propaganda konnten etwas daran ändern, daß sich das Land immer mehr gegen das Regime und seine Politik wandte. Dieser allmähliche Stellungswechsel – von der anfänglichen Einmütigkeit zur Distanz und von da zu einem neuen Konsens, in dessen Mittelpunkt die Résistance steht und der Mann, der in eigener Person die Leugnung der Niederlage verkörpert – sagt über die Beziehungen zwischen der Regierung des Marschalls und der Öffentlichkeit im Grunde alles aus.

Innerhalb dieser Entwicklung teilt das Jahr 1942 die Geschichte Vichys wie die des Zweiten Weltkriegs in zwei konträre Abschnitte. Da war zunächst, Mitte April, die Rückkehr Pierre Lavals, die – wie hätte es auch anders sein können –, als eine Niederlage für den Marschall angesehen wurde, nachdem dieser ihn am 13. Dezember 1940 entlassen hatte. Und das um so mehr, als Pétain ihm einen Teil seiner Vollmachten abtrat: Das Regime entwickelte sich in Richtung einer Dyarchie, in der

Pétain auf die Rolle des Staatsoberhaupts beschränkt wurde und Laval die gesamte Regierungsgewalt ausübte. Die Rückkehr dieses Mannes an die Macht, der die Politik der Kollaboration wie kein anderer symbolisierte, machte die psychologische Wirkung so mancher Unabhängigkeitsgeste zunichte. Pierre Laval exponierte sich sogar noch mehr, als er am 22. Juni 1942, dem Jahrestag des deutschen Angriffs auf die Sowjetunion, öffentlich erklärte: »Ich wünsche Deutschland den Sieg« – ein Wort, das vielen Franzosen geradezu als Lästerung erschien, auch wenn er es mit der Furcht vor dem Bolschewismus begründete, der sich andernfalls überall ausbreiten würde.

Denn seitdem der deutsche Vormarsch im Herbst 1941 vor Moskau steckengeblieben war und die Wehrmacht einen harten Kriegswinter hatte überstehen müssen, und nachdem die Vereinigten Staaten infolge des japanischen Angriffs auf Pearl Harbor offiziell in den Krieg eingetreten waren, begann man in der französischen Öffentlichkeit die Möglichkeit einer Niederlage Deutschlands zu ahnen. Im Oktober 1942 kehrte die britische Offensive unter General Montgomery an der libysch-ägyptischen Grenze nach der Schlacht von El Alamein die bisherigen Kräfteverhältnisse in Afrika um, und am 8. November 1942 landeten britische und amerikanische Truppen unter dem Befehl General Eisenhowers in Nordafrika und bemächtigten sich der Häfen von Marokko und Algerien. Dabei wurden sie von einigen hundert Franzosen unterstützt.

Als Gefangener seiner früheren Positionen weigerte sich Pétain, Vichy zu verlassen. Nach dem Einmarsch der Deutschen in die freie Zone am 11. November 1942, der widerstandslosen Entwaffnung der Waffenstillstandsarmee und dem wenige Tage später vollzogenen handstreichartigen Überall auf den Kriegshafen von Toulon, in dessen Gefolge sich die französische Flotte selbst versenkte, hatte Vichy alles verloren: sein Kolonialreich, seine Armee und seine Flotte. Die Öffentlichkeit wurde sich ihrer Machtlosigkeit gegenüber den Forderungen der Besatzer bewußt, und wenn die Souveränität des *État français* je etwas anderes war als eine Fiktion, so hatte diese nun vollends ihre Glaubwürdigkeit verloren. Damit wurde ihre Legitimität in ihren Grundfesten erschüttert.

Im Winter 1942/43 vollzog sich eine entscheidende Wende in der öffentlichen Meinung: Die dramatische Niederlage der Deutschen vor Stalingrad, die von der Vichy-Regierung unter deutschem Druck erlassenen Maßnahmen, um vor allem dem dringenden Arbeitskräftebedarf der deutschen Wirtschaft abzuhelfen, und die Einführung eines Pflichtarbeitsdienstes (*Service du travail obligatoire,* STO) für drei Jahrgänge stärkten die Reihen des Widerstandes und führten der Résistance jene Bataillone zu, die ihr bisher gefehlt hatten. Die Kirche, die bisher dem Regime eine »Loyalität ohne Unterwürfigkeit« bezeigt hatte, mißbilligte nun bestimmte Aspekte seiner Politik. Im August 1942 erhoben mehrere Bischöfe öffentlichen Protest gegen die Judenverfolgung; auch die Autonomie der Jugendorganisationen wurde zu einer Streitfrage zwischen der Kirchenführung und dem staatlichen Jugendsekretariat. Kardinal Liénart erklärte, daß die jungen Katholiken vor ihrem Gewissen nicht verpflichtet seien, dem Gesetz über den Pflichtarbeitsdienst Folge zu leisten. Der »Katholische Jugendverband« *(Association catholique de la jeunesse française)* verabschiedete eine Entschließung, wonach die Pflicht gegenüber dem Vaterland Vorrang habe vor der apostolischen Pflicht, mit den zwangsrekrutierten Arbeitsdienstlern nach Deutschland zu gehen. In der Verwaltung und Gendarmerie verzögerten zahlreiche Bedienstete, selbst bis in die höchsten Ränge, die Ausführung ihrer Instruktionen, wenn sie deren Umsetzung nicht gänzlich sabotierten. Das Doppelspiel, das Vichy gegenüber den Besatzern praktizierte, kehrte sich nun gegen die Regierung selbst. Was die Stimmung in der breiten Bevölkerung anlangt, so sprachen die Berichte der Präfekten und der Nachrichtendienste an die Regierung seit Anfang 1943 offen davon, daß 90 Prozent der Franzosen dem Regierungschef feindselig gegenüberstanden. Nur für den Staatschef Pétain hatten sie noch einen Rest von Sympathie und traurigem Mitleid, da sie nicht mehr an seine Entscheidungsfreiheit glaubten. Aus diesem Grunde fühlten sich viele Franzosen von nun an von der Gehorsams- und Treuepflicht gegenüber seiner Person entbunden.

DIE KOLLABORATEURE

Die Geschichte Vichys gibt nicht die ganze Geschichte dieser Jahre wieder: Wenn sich diese Darstellung im wesentlichen um das Auf und Ab der Regierung Marschall Pétains dreht, so deshalb, weil seine Autorität, wenngleich nicht unumstritten, sich über das ganze Land erstreckte und die meisten Franzosen sie lange Zeit anerkannt hatten. Allerdings gab es zwei Gruppen, die ihn von Anfang an abgelehnt beziehungsweise sein Programm nahezu durchgehend kritisiert hatten: die Pariser Kollaborateure und die um die innerfranzösische Résistance erweiterte Bewegung Freies Frankreich *(France libre).* Hüten wir uns jedoch davor, diese beiden Gruppen in eine falsche Symmetrie zu stellen. Die Kollaboration stößt seit einer Reihe von Jahren wieder auf zunehmendes Interesse – eine natürliche und fast automatische Reaktion auf das Schweigen, das sich seit dem Ende der Kollaborateurs-Prozesse in den Jahren nach der *Libération* über diese Gruppe gebreitet hatte. (Nebenbei bemerkt widerlegen diese Prozesse die These, wonach die siegreiche Résistance das Phänomen der Kollaboration verschleiert habe; es ist widersinnig, einerseits die Säuberungswut anzuprangern und gleichzeitig zu behaupten, man habe die Kollaboration heruntergespielt.) Gelegentlich wird ein Geschichtsbild verbreitet, in dem Résistance und Kollaboration als zwei Seiten einer Medaille erscheinen. Tatsächlich sind sie in jeder Hinsicht inkommensurabel.

Der Begriff Kollaboration, den Pétain in seiner Rede vom 30. Oktober 1940 nach der Rückkehr von seinem Treffen mit Hitler in Montoire in den offiziellen Sprachgebrauch eingeführt hat, steht für zumindest zwei unterschiedliche Realitäten und deckt zwei divergierende politische Konzepte ab, deren Unterschiede Stanley Hoffmann als erster herausgearbeitet hat. Vichy praktizierte – mit Unterbrechungen, Hemmungen, Gewissensbissen und Rückzügen – eine Politik der Zusammenarbeit von Staat zu Staat, die nur von diplomatischem Kalkül und nationalem Interesse bestimmt war. Ideologische Überlegungen kamen darin theoretisch gar nicht vor. In der Praxis ließ sich die Trennung zwischen Ideologie und Interesse nur schwer aufrecht erhalten und war Vichy mehr und mehr gezwungen, sich den weltanschaulichen Vorgaben der Besatzungsmacht anzupassen. Aber weder Laval noch Darlan waren Ideologen, und von Pétain wissen wir, daß er einer konservativen Sozialphilosophie anhing, die nicht erst des Aufstiegs der totalitären Systeme bedurfte, um ein zusammenhängendes Ganzes zu werden.

Die eigentlichen Ideologen saßen vielmehr in Paris, wo sie für die von der Propagandastaffel kontrollierten und inspirierten Zeitungen schrieben und Bewegungen ins Leben riefen. Neben Leuten, die aus Opportunismus, finanziellen Gründen, Karrierestreben oder aus Rache für persönliche Niederlagen mit den Deutschen kollaborierten, standen die eigentlichen Vorkämpfer der Kollaboration, deren Entscheidung auf ideologischer Affinität basierte. Keiner von ihnen wurde als Faschist geboren, doch alle träumten sie davon, endlich mit Hitler das verwirklichen zu können, was ihnen vor 1940 verwehrt geblieben war. Sie, die die etablierte Ordnung verabscheuten, verband so gut wie nichts mit Vichy, dessen reaktionär-klerikale Züge sie anprangerten. Sie waren in einer laizistischen und areligiösen Tradition aufgewachsen: Jacques Doriot kam aus dem Kommunismus, in dem er eine führende Rolle gespielt hatte, Marcel Déat aus dem Sozialismus, als dessen Hoffnungsträger er einst gegolten hatte, Jean Luchaire aus dem Radikalsozialismus, Georges Suarez aus der Anhängerschaft Aristide Briands, während die Journalisten des Blattes *»Je suis partout«* durch den Agnostizismus eines Charles Maurras und den eleganten Voltairianismus eines Pierre Gaxotte geprägt waren. Im Gegensatz zur Mehrzahl der Vichy-Anhänger waren sie praktisch bereit, die nationale Niederlage als glückliches Ereignis zu feiern, da sie ihnen die Möglichkeit zur Veränderung der Gesellschaft eröffnete, von der sie träumten und die sie selbst nicht hatten durchsetzen können. Diese Art, die Revolution an der Niederlage auszurichten, unterschied sich nicht wesentlich vom revolutionären Defätismus der Kommunistischen Partei.

Eine aktive, militante, aus Überzeugung handelnde Kollaboration ist immer nur die Sache einer sehr kleinen Minderheit gewesen. Gewiß erreichten die von den Kollaborateuren herausgegebenen Zeitungen beachtliche Auflagenhöhen, doch gab es außer ihnen keine anderen, und so blieb nichts anderes übrig, als sie aus praktischen Gründen zu kaufen, sei es, um sich über die Ausgabe von Lebensmittelmarken für Linsen oder Zitrusfrüchte zu informieren oder schlicht, um Feuer zu machen. Daraus zu schließen, daß die Leser allesamt die Meinung der Herausgeber Jean Luchaire oder Claude Jeantet teilten, wäre jedoch eine grobe Vereinfachung. Zwischen dem, was man las, und dem, was man selbst glaubte, bestand eine unüberbrückbare Kluft. Auch verfehlte die vom Londoner Rundfunk verbreitete Parole »Radio Paris lügt, Radio Paris ist deutsch« unter seinen immer zahlreicheren Hörern nicht ihre Wirkung.

Was die Organisationen der Kollaborateure betrifft, so haben sorgfältige Untersuchungen ergeben, daß ihre tatsächliche Mitgliederzahl gering war. Die beiden wichtigsten Gruppierungen waren die 1936 von

Jacques Doriot gegründete *Parti populaire français* (PPF) und um das von Marcel Déat nach der Niederlage ins Leben gerufene *Rassemblement national populaire* (RNP). Oft gehörten dieselben Personen mehreren Organisationen an, zum Beispiel der *Collaboration* und dem *Mouvement social revolutionnaire* von Eugène Deloncle, und wurden deshalb mehrfach gezählt. Die Zahl der nach der Befreiung wegen Kollaboration strafrechtlich verfolgten Franzosen betrug knapp hunderttausend; bei einer Gesamtbevölkerung von 40 Millionen Einwohnern ist das ein Anteil von nur 0,25 Prozent, wobei nicht wenige von ihnen sich nur für geringe Vergehen zu verantworten hatten. Obwohl Frankreich im Gegensatz zu anderen Ländern von einer nationalen Regierung geführt wurde, die ihren Landsleuten ausdrücklich den Kampf gegen die Besatzungsmacht verbot, gab es hier proportional weniger Kollaborateure im streng ideologischen Sinne als etwa in Belgien. So gehörten der Waffen-SS nur 7000 Franzosen an, die übrigens nicht alle an Kampfeinsätzen beteiligt gewesen waren, während Léon Degrelle in Belgien mehr Freiwillige fand.

Die eingangs erwähnten Divergenzen zwischen der Vichy-Regierung und den Kollaborateuren in Paris nahmen in dem Maße ab, wie sich Vichy auf die Politik der Kollaboration einließ. Doch mit jedem Schritt, den es sich auf die Besatzer zubewegte, verlor es einen Teil seines anfänglichen Rückhalts. Die Rückkehr Lavals als Ministerpräsident im April 1942 hatte die unmittelbare Demission mehrerer Minister zur Folge, deren Patriotismus die Anwesenheit jenes Mannes, auf dessen Konto das Treffen zwischen Hitler und Pétain in Montoire ging, nicht ertrug. Insbesondere die Entwicklung einer Institution, der *Légion des combattants,* die als Symbol der Nationalen Revolution galt und deren Rolle in etwa der der Einheitspartei in totalitären Systemen entsprach, veranschaulicht dieses Abgleiten in dramatisch verkürzter Form. In den Anfangszeiten des Regimes versammelte sie noch mehrere Millionen Veteranen unterschiedlicher politischer Richtung und ohne ausgeprägte weltanschauliche Programmatik. Aus ihren Reihen gingen zwei Gruppierungen hervor: eine aktivistische Avantgarde, die sich eine Ideologie zulegte und sowohl die Gaullisten wie auch die Kommunisten und die Demokraten jeglicher politischer Couleur bekämpfte, und eine militante Organisation, der *Service d'ordre légionnaire* (SOL). Zuletzt verwandelte sich der SOL auf Betreiben Joseph Darnands in eine Miliz, eine Art

Hilfspolizei, die Jagd auf Widerständler machte und sich auch nicht scheute, Seite an Seite mit den Deutschen die französischen Partisanen zu bekämpfen. Zu dieser Zeit gab es keinen Unterschied mehr zwischen den in der PPF oder RNP organisierten Kollaborateuren in Paris und den Freischärlern eines Darnand oder Bout de L'An. Ihren Höhepunkt erreichte diese Entwicklung im Januar 1944 mit dem Regierungseintritt der Verfechter einer bedingungslosen Kollaboration mit dem Dritten Reich: Marcel Déat, Joseph Darnand, Philippe Henriot und Paul Marion. Diese letzte Phase Vichys war wirklich faschistisch aufgrund der erklärten Solidarität mit dem Dritten Reich, der Repression, der Überwachung des Einzelnen und des Denkens. Das Regime entsprach zuletzt voll und ganz jener Begriffs-Trilogie, die man zu seiner Charakterisierung vorgeschlagen hat: *bibliothèque rose, marché noir, terreur blanche* (Kinderbücher, Schwarzmarkt, weißer Terror).

Pétain hat alle Gelegenheiten versäumt, diese Verstrickung zu durchbrechen: Er hat zugelassen, daß sein Name und Ansehen durch die Verfolgung von Juden und Widerstandskämpfern und die Operationen gegen die Partisanen kompromittiert wurde. Allenfalls hat er seine Unterschrift unter die betreffenden Dokumente eine Weile hinausgezögert. Den Schlußpunkt zu dieser schrittweisen Abdankung setzte er am 6. Juni 1944, als die Nachricht von der Landung der Alliierten bekannt wurde und de Gaulle erklärte: »Nun beginnt der Kampf um Frankreich«, mit seinem Aufruf an die Franzosen, sich aus diesen Kämpfen herauszuhalten. Es sei nicht ihr Kampf, beschwor er sie – als ob nicht gerade von seinem Ausgang die Befreiung des Landes abhinge. Genauso hatten im Juni 1940 auch die Kommunisten argumentiert. Er hatte jedoch ebensowenig Chancen wie sie, bei einem Volk Gehör zu finden, das die Niederlage nicht mehr als endgültig hinnahm und, mehr noch, auch nicht glaubte, daß der Wiederaufstieg des Landes aus der Hinnahme seiner Niederlage hervorgehen könne. Die große Mehrheit der Franzosen hatte damals neue Hoffnung geschöpft und ihre Sympathien auf die innere und äußere Résistance übertragen. Deshalb erscheint mir die Formel von einem »Krieg von Franzosen gegen Franzosen« hinsichtlich der Widersprüche in dieser letzten Phase auch nur zur Hälfte richtig. Es stimmt zwar, daß Franzosen zu wiederholten Malen auf Befehl Vichys mit der Waffe in der Hand gegen Landsleute gekämpft und wie im September 1940 vor Dakar, im Juni 1941 in Syrien, im November 1942 in Nordafrika und

1943/1944 in den Kämpfen zwischen Widerständlern und Kollaborateuren aufeinander geschossen hatten, oder daß die *Groupes mobiles républicains* (GMR) – unseligen Angedenkens – bei Glières gemeinsam mit der Wehrmacht gegen die Partisanen vorgegangen sind. Aber wenn es denn einen Bürgerkrieg gab, so hat er doch niemals das Land in zwei einander feindliche Hälften zerteilt: Das Mißverständnis zwischen einer kleinen Minderheit, die mit dem Feind kollaborierte, und der Masse des Landes andererseits, deren abwartende Haltung nie frei gewesen war von Abneigung gegen die Besatzungsmacht und die ihre Sympathien immer mehr denen zuwandte, die gegen die Besatzung kämpften, war einfach zu groß.

DIE RÉSISTANCE

Die Bezeichnung *Résistance* wurde zum ersten Mal von General de Gaulle in seiner Londoner Ansprache verwendet, als er sagte: »Die Flamme des französischen Widerstandes *(résistance)* wird nicht erlöschen.« Damals gebrauchte er dieses Wort im allegorischen Sinn; erst später bezeichnete es jene Organisation, durch die ein Teil der Franzosen seine Entschlossenheit zum Ausdruck brachte, sich nicht mit der Niederlage abzufinden. Die Anfänge der Résistance waren äußerst bescheiden, und sie trat lange Zeit auf der Stelle. Selbst zu ihrer Glanzzeit zählte sie innerhalb Frankreichs kaum mehr als 300 000 bis 400 000 Freiwillige, und das aus den gleichen Gründen, die Pétain die begeisterte oder resignierte Loyalität der allermeisten Franzosen sicherten. Am 18. oder 25. Juni 1940 bedurfte es schon eines gewissen Maßes an Verrücktheit oder einer ungewöhnlichen Voraussicht, um sich den Tatsachen zu verschließen und sich einen anderen Kriegsausgang vorzustellen als den totalen Sieg Deutschlands. Das hohe Ansehen des Marschalls hielt die Franzosen wie in einem Netz gefangen, so daß sie sich in die Niederlage ergaben und ihre Ergebung als Voraussetzung galt für das Wiedererstarken der Nation.

Dementsprechend waren es nicht mehr als eine Handvoll Leute, die den Waffenstillstand nicht akzeptierten. Selbst von den aus Narvik zurücktransportierten Truppen blieb nur eine kleine Zahl in England, um von dort aus den Kampf weiterzuführen. Am 14. Juli 1940 bestanden die »freien Franzosen« nur aus 700 Mann, und so konnte de Gaulle sagen, daß die Seeleute von der Île de Sein, die sich ihm angeschlossen hatten, für sich genommen schon ein Viertel des Freien Frankreich verkörperten. Seine geniale Intuition brachte den General zu der Erkenntnis, daß es nicht darum ging, Großbritannien ein unbedeutendes Hilfskontingent französischer Legionäre zur Verfügung zu stellen, sondern Frankreich im Krieg zu halten. Infolgedessen war seine Mission weniger militärischer als politischer Natur: Er schuf den Kern eines neuen Staatswesens in Gestalt des »Nationalkomitees Freies Frankreich« *(Comité national de la France libre)*, aus dem sich schrittweise eine Regierung entwickelte, die nach längerem Zögern von den Alliierten anerkannt wurde. Mit der Zeit erhielt er immer größeren Zulauf von Freiwilligen, die sich nach England durchgeschlagen hatten, aber auch die Unterstützung der französischen Kolonien, die ihm eine geographische Basis verschafften: In Brazzaville verkündete de Gaulle im Oktober 1940 die ersten Beschlüsse zur Organisation des Freien Frankreich, und Einheiten des Freien Frankreich kämpften in Äthiopien und in der Cyrenaika.

Innerhalb des besetzten Frankreich blieb die Résistance stets die Summe aus einer Vielzahl persönlicher Entscheidungen. Ihr auf Freiwilligkeit gegründeter Charakter machte zugleich ihre Schwäche – aufgrund ihrer geringen Zahl –, aber auch ihre Stärke aus: Sie setzte sich aus Männern und Frauen zusammen, die bereit waren, alles zu opfern. Die einen folgten dabei einem fast instinktiven Reflex, weil sie die Anwesenheit des Feindes nicht ertrugen, oder ihrem Ehrgefühl, das ihnen jeglichen Verrat an den Verbündeten oder die Preisgabe einer gerechten Sache verbot. Andere hingegen, die sich mit einem Sieg Deutschlands vielleicht abgefunden hätten, wollten nicht, daß der Nationalsozialismus triumphierte: Es ging nicht nur um den physischen Bestand Frankreichs, sondern um die Rettung seiner Seele. Gerade dieser idealistische Aspekt macht ein besonders eigentümliches Charakteristikum der Résistance aus: daß sie Christen, Sozialisten und Demokraten in der Ablehnung einer rassistischen, heidnischen, auf Haß und Gewalt gegründeten Ideologie miteinander verband.

Wie gesagt, die Anfänge der Résistance waren bescheiden. Sie entstand, weil inmitten der allgemeinen Gleichgültigkeit einige Menschen, die nichts voneinander wußten, mit ihren Aktionen Zeichen setzten, die mehr dem Bekenntniswillen als einer durchdachten Strategie entsprangen; so etwa, wenn sie vervielfältigte Flugblätter mit Nachrichten der BBC oder von Radio Vatikan in Briefkästen steckten oder per Post verschickten. Andere bildeten ein Netz von Stützpunkten für entflohene Gefangene oder brachten englische Kampfflieger, die von der deutschen Flak abgeschossen worden waren, heimlich in die freie Zone und von dort über die Pyrenäen. Zu ersten Erschießungen kam es 1940 nach Sabotageakten gegen deutsche Fernmeldeverbindungen. Die erfahrensten Widerstandskämpfer sammelten Informationen über Truppenbewegungen und militärische Einrichtungen der Besatzer und versuchten sie nach London weiterzuleiten. Ganz allmählich, gleichsam tastend, »kontaktierten sich«, wie man damals zu sagen begann, Menschen, streckten sich Hände aus, knüpften sich Verbindungen, zeichneten sich Organisationsnetze ab und kam es mehr aus zufälligen Begegnungen als aus gemeinsamer politischer Überzeugung zur Bildung von Gruppen.

Noch 1942 vermochte das Prestige des Marschalls viele Franzosen, obwohl zum Kampf gegen Deutschland entschlossen, davon abzuhalten, sich de Gaulle anzuschließen, den die Vichy-Propaganda als Rebellen brandmarkte und den sie als Marionette Englands verdächtigten. Die Ereignisse in Nordafrika eröffneten ihnen plötzlich einen dritten Weg, der ihre patriotische Gesinnung in Übereinstimmung brachte mit ihrem Mißtrauen gegen die Politik und ihrer Treue zur Nationalen Revolution, und zwar in der Person des Generals Giraud in Algier. Von nun an gab es zwei kriegführende Frankreich: dasjenige der freien Franzosen im Gefolge des Londoner »Nationalkomitees Freies Frankreich« und das von Algier, das den gesamten afrikanischen Block hinter sich vereinte und eine Zeitlang wesentliche Teile der Gesetzgebung des Vichy-Regimes beibehielt. Die letztgenannte Gruppierung war zwar zahlenmäßig stärker; dennoch vollzog sich der Zusammenschluß letztendlich unter der Führung General de Gaulles. Eine gewisse Rolle spielten dabei sowohl de Gaulles taktisches Genie als Führer des Freien Frankreich und Girauds Mangel an politischem Gespür, aber auch das Gewicht der im Landesinnern wirkenden Résistance, die sich zugunsten des Freien Frankreich entschied. Die einzelnen Widerstandsbewegungen wie auch die Parteien hatten nacheinander ihre Vertreter nach London entsandt, um mit de Gaulle Verbindung aufzunehmen, seine Absichten zu sondieren und ihm ihre Loyalität zu bekunden, so Christian Pineau für die wiedererstandene SFIO und Fernand Grenier für die Kommunistische Partei, die seit Juni 1941 wieder voll in den Krieg eingetreten war. Daneben fanden auch einzelne Politiker unterschiedlicher Provenienz den Weg nach London, wie der frühere radikalsozialistische Landwirtschaftsminister Henri Queuille, der gemäßigte Louis Jacquinot, der sozialistische Abgeordnete Charles Vallin, das ehemalige Führungsmitglied der *Légion des combattants*, François Valentin, und andere mehr.

Im besetzten Teil Frankreichs bemühte sich Jean Moulin, der Beauftragte General de Gaulles, unermüdlich um Annäherung und Vertrauensbildung zwischen den einzelnen Widerstandsgruppen und bereitete nach und nach die Grundlagen für eine Einheitsorganisation der Résistance. Moulin hatte mit Zustimmung de Gaulles eine folgenschwere Entscheidung getroffen, die ihm von denen, die hofften, das spätere politische Leben auf den Résistance-Bewegungen aufbauen zu können, bis heute vorgeworfen wird: Er beschloß, die Parteien und Gewerkschaften in die Résistance aufzunehmen. Der *Conseil national de la Résistance*, das höchste Organ des Widerstandes, der erstmals im Mai 1943 in der Pariser Rue du Four unter dem Vorsitz Jean Moulins tagte, vereinigte die Vertreter von acht Widerstandsgruppen, sechs Parteien, von den Kommunisten bis hin zur gemäßigten Rechten, und von zwei Gewerkschaftsverbänden, der im Untergrund wiedervereinigten CGT und der CFTC, insgesamt also ein komplettes Spiegelbild der heterogenen politischen Landschaft Frankreichs. Der Anschluß der gesamten innerfranzösischen Widerstandsbewegung an das Freie Frankreich zwang die Gruppe um General Giraud in Algier im Juni 1943, dem Londoner Komitee Zugeständnisse zu machen und ihm die Führung zu überlassen.

In Algier bot eine beratende Versammlung, die aus Parlamentariern und Vertretern verschiedener Widerstandsgruppen bestand, Gelegenheit zu einem ersten Dialog. Man erwartete, daß das Versprechen des Generals de Gaulle eingelöst werden und das Volk selbst zu Wort kommen könne. Die Versammlung äußerte sich zu den Entwürfen, in denen die Organisation der Staatsorgane in der Zeit zwischen der Invasion und der endgültigen Einsetzung der Institutionen geregelt werden sollte. Vertraulich bestimmte man die künftigen Kommissare der Republik, die für diese Übergangszeit mit Sondervollmachten ausgestattet werden sollten.

In Frankreich hatte sich das Kräfteverhältnis zwischen den Vichy-Anhängern und der Résistance grundlegend geändert. Obgleich die Widerstandsorganisationen einer brutalen Verfolgung ausgesetzt waren, die ihre Verbindungen zerstörte, sie ihrer Führer beraubte und Zehntausende von Patrioten in den Tod oder die Deportation schickte, wuchsen ihre Schlagkraft und ihr heimlicher Rückhalt in der Bevölkerung. Sämtliche Informationen, die sie sammelte, flossen nach London und halfen dort bei der strategischen Planung und der Bestimmung von Bombenzielen. Bewaffnete Aktionen und Sabotageakte häuften sich. Die Untergrundkämpfer erhielten Zulauf aus den Reihen des Arbeitsdienstes (STO). Seit Herbst 1943 entzogen sich immer mehr Bereiche dem unmittelbaren Zugriff Vichys oder schwankten zwischen der legalen Verwaltung bei Tag und der Résistance bei Nacht. Tag für Tag entstand so in aller Heimlichkeit ein anderes Frankreich, während das offizielle zunehmend an Substanz verlor. Hoffnung, Mut und Patriotismus galten nun jenem Frankreich, das nie aufgegeben und das Land im Kriege gehalten hatte. Am Vorabend der Invasion war die Bewegung, durch die ein ganzes Volk Marschall Pétain den Gehorsam aufgekündigt und auf General de Gaulle übertragen hatte, so gut wie abgeschlossen. Nun blieb nur noch, dies vor den Franzosen und der Welt offenkundig zu machen. Dies geschah dann einige Tage nach der Landung der Alliierten mit dem Empfang, den ihm die Bevölkerung von Bayeux, der ersten befreiten Stadt Frankreichs, bereitete.

DAS ERBE DER TRAGISCHEN JAHRE

Heute liegen diese dramatischen Jahre ebenso weit zurück wie der Krieg von 1870–1871 für die Franzosen des Jahres 1918. Dennoch haben sie nichts von ihrer Wirkung verloren und bleiben tief im Innern des kollektiven Bewußtseins gegenwärtig. Noch immer prägen drei entscheidende Erfahrungen jener Jahre das französische Schicksal: die Katastrophe von 1940, das Vichy-Regime und das Aufflammen der Résistance.

Selbst heute ist es zweifelhaft, ob das Trauma, das der Zusammenbruch der französischen Verteidigung hinterließ, inzwischen vollständig ausgelöscht ist. Mit Sicherheit nicht bei denen, die ihn Tag für Tag durchmachen mußten: Bis zu ihrem letzten Atemzug stehen sie – oft ohne es zu wollen – in ihren geheimsten Gedanken, ihren elementarsten

Verhaltensweisen zum Teil immer noch im Banne der Katastrophe, deren Zeugen sie waren, und im Banne ihrer damaligen Reaktionen. Und die anderen, die noch nicht geboren oder zu jung waren, um eine Erinnerung zu behalten, und die inzwischen die Mehrheit der Bevölkerung und sogar der Wähler ausmachen: Sind sie vom Schock der Niederlage gänzlich unberührt geblieben? Es gibt für ein Volk keine schlimmere Prüfung, als einen Krieg zu verlieren. Angesichts der Ausbrüche von nationalem Überschwang oder verletzter Eigenliebe bei sportlichen Wettkämpfen läßt sich erahnen, wie die Katastrophe von 1940 auf die Moral der Nation gewirkt haben mag. Die Niederlage weckte den Zweifel an sich selbst; es sei denn, es gelänge, die Demütigung durch eine glanzvolle Revanche auszulöschen, wie den verlorenen Krieg von 1870–1871 durch den Sieg von 1918. Aber obwohl Frankreich dank der Weitsicht Charles de Gaulles und der Résistance weiterhin Kriegsteilnehmer blieb und obwohl es selbst zu seiner Befreiung beigetragen und sogar die Kapitulation des Dritten Reiches mit entgegengenommen hatte, hat dieser Beitrag zwar die Ehre der Landes gerettet, aber die Katastrophe nicht vollständig wiedergutmachen können. Seit dieser Zeit wurde zwar den Heldentaten der freien Franzosen und Untergrundkämpfer in geradezu inflationärer Weise Reverenz erwiesen, doch nicht – wie viele meinten, die allzu bereitwillig an eine Indoktrinierung der Öffentlichkeit glaubten – aufgrund einer gezielten Einflußnahme der Staatsorgane, sondern aus dem instinktiven Bedürfnis heraus, die erlittene Schmach auszulöschen und jenes Maß an Selbstachtung wiederzufinden, auf das kein Volk verzichten kann.

Die folgenden Jahre haben den Heilungsprozeß nicht gefördert: Frankreich wurde in schwierige Kolonialkriege verwickelt, aus denen es als Verlierer hervorging. Der Indochinakrieg ging verloren: Die französische Armee wurde in offener Feldschlacht besiegt, und das auf einem Schlachtfeld, welches vom französischen Oberkommando als ein zweites Verdun ausersehen worden war. Der Fall von Dien Bien Phu hat die traurigen Erinnerungen an das Jahr 1940 wieder neu belebt und bei den Militärs bittere Gefühle geweckt. Was den Krieg in Algerien anlangt, so hatten die französischen Truppen zwar auf dem Schlachtfeld gesiegt, doch stand am Ende dieses acht Jahre dauernden verlustreichen Krieges der Verzicht auf das ursprüngliche Ziel, Algerien weiterhin unter französischer Kontrolle zu halten. Die Frage nach dem eigentlichen Sinn dieser

Kriege wurde zum Gegenstand heftiger Kontroversen: Weit davon entfernt, das Land zu einen, haben sie es noch tiefer gespalten und die Zwietracht der vorangegangenen Jahre um einen weiteren Streitgegenstand vermehrt.

Die Niederlage hat jedoch auch die nationale Eigenliebe angestachelt oder wiedergeweckt. Selbst diejenigen Franzosen, die sich bar jeden Nationalgefühls wähnten, wurden sich der historischen Realität einer Nation bewußt. Bei vielen weckte die Demütigung den Entschluß, eine Wiederholung um jeden Preis zu vermeiden, und sie schworen sich, alle ihre Energien und Fähigkeiten darauf zu verwenden. Im Rückblick erscheinen diese Jahre außerordentlich fruchtbar, und dies zunächst einmal in des Wortes ureigenster, nämlich demographischer Bedeutung. Nachdem die Geburtenrate seit Jahrzehnten kontinuierlich abgenommen hatte, schnellte sie 1943, im schlimmsten Jahr dieses ganzen Zeitabschnitts, jäh nach oben und leitete einen Aufschwung ein, der die Bevölkerungszahl innerhalb von dreißig Jahren von 40 auf 55 Millionen ansteigen ließ und die Alterspyramide entsprechend verjüngte. Durch den Wegzug vieler Elsässer nach Südwestfrankreich und in die Auvergne, die Flucht aus den Städten und den Zustrom der Pariser Bevölkerung in die freie Zone kam es zu einer Vermischung von Bevölkerungsgruppen, die ihrerseits eine Angleichung der Lebensformen auf dem jeweils modernsten Niveau zur Folge hatte. Gleichzeitig trug die Dezentralisierung ihre ersten Früchte. Die Provinz war nun nicht mehr jene französische Wüste, die Jean-François Gravier wenig später beschrieben hat. Damit einher gingen erste Anfänge einer Raumplanung: Toulouse und Grenoble entwickelten sich zu regionalen Zentren; die Regierung begann mit der Erschließung der Crau (östlich der Camargue) und der Sologne (südlich des Pariser Beckens) und förderte den Reisanbau in der Camargue.

Die seit langem stagnierende Nachfrage nach höherer Schulbildung nahm mit einem Mal zu und hat sich bis heute kontinuierlich weiter verstärkt. Die Abschaffung der Volksschullehrerseminare hatte, so anfechtbar ihre Beweggründe auch sein mochten, einen durchaus positiven Effekt, indem sie den Sonderstatus für Grundschullehrer beseitigte und die Ausbildung der angehenden Pädagogen in die Gymnasien integrierte. Die Modernisierung der Landwirtschaft, wenngleich durch eine Vielzahl von Engpässen behindert, wurde durch gesetzgeberische Maßnahmen, statistische Erhebungen, Anstöße zur Flurbereinigung und Verbesserung der ländlichen Wohnbedingungen in die Wege geleitet. In jenen Jahren entstanden auch die Pläne für den Renault 4CV, der später entscheidend zur Revolution im Automobilbau beitrug. Die Wissenschaftler gingen im stillen ihrer Arbeit nach, wenn sie auch unter ihrer Isolierung und dem Abreißen sämtlicher Kontakte zu ihren ausländischen Kollegen litten.

Auch für das religiöse Leben waren die Jahre der Prüfung Gnadenjahre. Sie ließen zahlreiche neue Initiativen aus dem Boden schießen, die die folgenden Jahre für die Kirche zu einem wahren Frühling machten. Es begann mit der Gründung der *Mission de France* im Jahre 1941; danach folgten mit der *Mission de Paris* im Anschluß an die 1943 veröffentlichte Schrift *»France, pays de mission?«* die ersten Versuche mit Arbeiterpriestern, die Gründung der *Frères missionaires des campagnes* sowie die Erneuerung im Bereich der Liturgie und der Bibelarbeit. Selbst die Hinwendung zur Ökumene, bisher nur von einigen Priestern praktiziert, wurde für viele zur gelebten Realität in einer Gemeinschaft, die sich als spiritueller Widerstand gegen den Nationalsozialismus verstand.

Ist es bloße Einbildung, in den Ereignissen dieser Jahre den eigentlichen Ausgangspunkt der Modernisierung zu sehen? Die Bemühungen aller französischen Nachkriegsregierungen, den Rückstand Frankreichs aufzuholen, das Land zu erneuern und es mit Mitteln auszustatten, seine frühere Stellung wiederzuerlangen, haben letztlich ihren Ursprung in dem Schock des Jahres 1940, angefangen von den Technokraten des Vichy-Regimes über die Ambitionen de Gaulles und großen Industrieprojekte Georges Pompidous bis hin zu den Sozialisten, die 1981 energisch den Aufbau einer schlagkräftigen Industrie und die Wiedergewinnung des Binnenmarktes betrieben.

Obwohl das Vichy-Regime nur vier Jahre gedauert hat und anscheinend nichts von ihm übrigblieb, weil die nachfolgende Regierung es als reines Machtgebilde ansah und seine Gesetzgebung als Ganzes annullierte, war es mehr als ein für immer abgeschlossenes Intermezzo. Vichy gehört ebenso zur französischen Geschichte wie die Résistance, und sei es auch nur als ein Gegenstand der Kontroverse. Noch in fünfzig Jahren wird man über seine Legitimität streiten und sich fragen, ob die Nationalversammlung überhaupt das Recht hatte, sich selbst zu entmachten. Ebensowenig wird die Diskussion darüber verstummen, welche Chancen eine Fortführung des Kampfes von Nordafrika aus gehabt hätte. Der Streit geht vor allem um das grundsätzliche Problem einer Regierung, die unter der Vormundschaft Deutschlands stand. Frankreich wurde dadurch in eine beispiellose Lage versetzt. In den anderen besetzten Ländern denunzierte das Fehlen einer wirklich nationalen Regierung die faktischen Machthaber als offenkundige Komplizen des Feindes; in Frankreich dagegen verwirrte die Existenz einer Regierung den Blick, die sich auf die Zustimmung des größten Teils der Bevölkerung berufen konnte und überstrahlt war vom Glanz des ungeheuren Prestiges des Siegers von Verdun, und stürzte all jene in einen Gewissenskonflikt, die sich nicht mit dem Sieg eines verhaßten Systems abfinden wollten. In dieser Hinsicht erlebten die Franzosen einen ähnlichen Konflikt wie die Deutschen, die ja auch zwischen dem Gehorsam gegen Hitler und der Stimme ihres Gewissens hin- und hergerissen wurden.

Der Zusammenbruch des Vichy-Regimes hat die Kontroverse nicht verstummen lassen. Obwohl fast fünfzig Jahre vergangen sind, seitdem der Sieg die traurigen Spuren dieser Regierung beseitigt hat, und vierzig Jahre seit dem Tod des Marschalls (1951), steckt die Erinnerung an diese Jahre noch wie ein Stachel im Bewußtsein der Nation. Es handelt sich, entgegen einer weit verbreiteten Vorstellung, keineswegs um ein Tabu. Im Gegensatz zu dem, was man bisweilen liest, gibt es kaum eine Periode, die von den Historikern schon nach so kurzer Zeit wissenschaftlich untersucht worden wäre. Dennoch wird der Streit darüber ebensowenig endgültig entschieden werden wie der über die Französische Revolution, die Pariser Kommune oder die Volksfront des Jahres 1936. An der Beurteilung Vichys und seiner Politik werden sich die Geister noch lange scheiden. Es ist paradox, daß gerade dieses Regime in seinem Ehrgeiz, die Einheit der Nation zu wahren, unversöhnliche Gräben aufriß. Nicht genug damit, daß es manch alte Zwietracht wieder neu entfacht hat, es schuf einen neuen, noch schlimmeren Zwist. Es verschlimmerte das Trauma der Niederlage durch einen noch heute spürbaren Riß.

Vichy hat seine Spuren in der französischen Geschichte hinterlassen, weil es an die Grundfesten der Verfassungsinstitutionen rührte. Es war sein Werk – und bezeichnet eine grundlegende Tatsache –, daß Legalität und Legitimität auseinanderklafften, daß eine auf formale Legitimität gestützte Staatsgewalt in Gegensatz geriet zu jenen, die sich auf eine höhere moralische Instanz beriefen. Seit dieser Zeit mißt man der Legitimität der staatlichen Institutionen erhöhte Bedeutung bei; diese Frage ist nach 1944 wiederholt akut geworden, so in den Jahren 1947 und 1958, und hat mehrfach Krisen im politischen Bewußtsein hervorgerufen. Daß Ungehorsam gegen die Staatsmacht einmal als eine höhere Form der Pflichterfüllung anerkannt werden konnte, hat eine alle Lebensbereiche erschütternde Autoritätskrise ausgelöst. Möglicherweise hat die Bewegung der 68er, ebenso wie die Krise der Kirche, mittelbar darin ihren Ursprung. Daß Christen um höchster Werte willen sich genötigt sahen, die Anordnungen des Episkopats zu mißachten, hat dem Ansehen der Kirchenführung enorm geschadet.

Ebensowenig ist die Geschichte der Résistance mit dem Verschwinden der Umstände, die ihre Existenz begründeten, zu Ende. Mit der Befreiung hatte sie ihr erklärtes Ziel erreicht. Sie hatte das französische Volk vor der Schmach bewahrt, von anderen befreit zu werden. Sie hatte seine Ehre gerettet. Obwohl gewiß nicht alle Franzosen dem Widerstand angehörten und einige lieber zum Feind hielten, und obwohl viele bis zuletzt mit ihrer Entscheidung gewartet hatten, bleibt doch die Tatsache, daß die überwiegende Mehrheit niemals einen Sieg Deutschlands gewünscht hatte. Es gibt dafür aus diesen vier Jahren eine Fülle von Indizien: der Jubel im Herbst 1940 bei der Nachricht von den italienischen Niederlagen in Griechenland und Tripolitanien, die Sympathiebezeugungen an den Gräbern der abgeschossenen englischen Kampfflieger, die Kundgebungen in den Kinosälen, die dazu führten, daß während der Wochenschauen das Licht im Saal wieder angeschaltet werden mußte, und – ein noch eindeutigeres Zeichen – die Schicksalsergebenheit der Bevölkerung, der auch die Propaganda Vichys und der Deutschen keinerlei Empörung über die mörderischen Bombenangriffe der anglo-amerikanischen Kampfgeschwader zu entlocken vermochte – gerade so, als ob die Menschen dies für den Preis hielten, den sie, so hart er auch war, für ihre Befreiung zahlen mußten.

Ein Teil von ihnen, zunächst kaum mehr als eine Handvoll Leute, doch nach und nach bis zu einigen Hunderttausenden, hat sich aus freien Stücken dazu entschlossen, die größten Gefahren auf sich zu nehmen. Die Résistance hat nicht nur Zeugnis abgelegt, sie hat den Alliierten enorme Dienste geleistet und der Besatzungsmacht harte Schläge versetzt.

Doch war mit dem Jahr 1944 ihre Rolle noch nicht beendet. Je länger sich der Krieg hinzog und je mehr der Kampf gegen die Besatzungsmacht auch zu einem Kampf gegen das Vichy-Regime wurde, desto mehr veränderte sich die Aufgabenstellung der Résistance. Es galt nicht mehr bloß, das Land zu befreien, sondern auch die Ursachen, die zu der Niederlage geführt hatten, zu beseitigen, das Land zu erneuern und die Verfassungsinstitutionen zu reformieren. Darin lag der eigentliche Sinn der Zusammenarbeit der Parteien und Gewerkschaften mit den verschiedenen Gruppen der Widerstandsbewegung im Rahmen des *Conseil national de la Résistance* (CNR). Die Devise *»De la Libération à la Révolution«* auf der Titelseite der Untergrundzeitung *»Le Combat«* drückt ziemlich genau die Ziele der Widerstandskämpfer und den selbstgewählten Sinn ihres Kampfes aus. Die Älteren unter ihnen hatten im Ersten Weltkrieg gekämpft; sie waren damals von der Hoffnung getragen, eine Welt zu schaffen, in der es keinen Krieg mehr geben sollte. Nun wollten die Résistance-Kämpfer ein gerechteres, brüderlicheres und demokratischeres Frankreich errichten, ein Frankreich, das sich von der Tyrannei des Geldes befreit und seine inneren Spaltungen überwunden hatte. Der CNR verabschiedete ein Programm, dem er den Charakter einer Reformcharta gab, die nach der Befreiung in die Tat umgesetzt werden sollte. Der Mythos der Erneuerung Frankreichs durch das einigende Band der Résistance bildete den Gegenentwurf zu dem von Vichy genährten Mythos der nationalen Wiedergeburt durch Prüfung und Opfer.

Auch war die ständige Berufung auf die Résistance in den nachfolgenden Jahren mehr als nur fromme Ehrung oder rhetorische Floskel; sie war auch Ausdruck eines politischen Faktums. Die Mitglieder der Résistance hatten sich trotz (oder wegen) ihrer schrecklichen Erfahrungen eine leuchtende Erinnerung an ihre Bruderschaft im Untergrund bewahrt. In einem Brief, den er einige Tage vor seiner Verhaftung und seinem Freitod verfaßt hatte, schrieb Jacques Bingen unter dem Datum des 14. April 1944: »In moralischer Hinsicht wünsche ich mir, daß meine Mutter, meine Schwester, meine Neffen und meine Nichte – sie weiß es schon und wird es bezeugen – wie auch meine engsten Freunde, Männer wie Frauen, wissen sollen, wie überaus glücklich ich während dieser letzten Monate gewesen bin ...«

Die Erinnerung an diese Zeit, an ihre Ängste und Hoffnungen hatte sie ebenso zu einer festen Gemeinschaft zusammengeschweißt, wie die Erfahrungen in den Schützengräben des Ersten Weltkriegs die *généra-*

tion du feu. Im Abstand von zwanzig Jahren hatten zwei aufeinanderfolgende Generationen weit über das Gewöhnliche hinaus Erfahrungen gemacht, die sich unauslöschlich und stärker als alle anderen ihrer Erinnerung einprägten. Die periodisch immer wieder aufbrechende Solidarität unter den Mitgliedern der Résistance, gleich welcher politischen Überzeugung sie waren oder welche Positionen sie bezogen, erklärt manche bisweilen überraschende Annäherung und erhellt insbesondere das ungeheure Ansehen, das General de Gaulle als oberster Résistance-Kämpfer bei ihnen allen genoß. Selbst wenn sie nicht alle seine Entscheidungen billigten, so galt sein Name als Zeichen der Sammlung und als Symbol ihrer Liebe zu Frankreich und zur Freiheit.

KAPITEL IV

Die Befreiung Frankreichs und die Provisorische Regierung

Mehr noch als die deutsche Kapitulation und das Ende der Kampfhandlungen in Europa am 8. Mai 1945, die freilich nicht die Erinnerung an den 11. November auslöschen konnten, und weitaus mehr als die Niederlage Japans und das Ende der militärischen Operationen in Fernost bedeutete die Befreiung des Landes aus der Sicht der Franzosen die eigentliche Zäsur. Noch zwanzig oder dreißig Jahre danach datierte man die historischen Ereignisse nach dem Zeitpunkt vor oder nach der Befreiung. Später lösten andere Ereignisse – vor allem Krisen – die Befreiung als Bezugsdatum ab und relativierten ihre Bedeutung, in erster Linie de Gaulles Rückkehr an die Macht (1958) und die Errichtung der Fünften Republik; aber waren das nicht die Spätfolgen der Befreiung? Wären sie ohne 1944 vorstellbar gewesen? Die Ereignisse des Jahres 1968 haben die von 1944 noch weiter in den Hintergrund gedrängt, ohne sie freilich aus der Erinnerung zu tilgen; denn die Linken beriefen sich auf das Vorbild der Résistance und wähnten sich im Kampf gegen eine Besatzungsmacht in Gestalt des Klassenfeindes. Die Befreiung ist und bleibt ein tiefer Einschnitt in der französischen Zeitgeschichte.

DIE BEFREIUNG

Noch heute wird alljährlich in jeder französischen Gemeinde von der Hauptstadt bis hin zum kleinsten Dorf der Tag gefeiert, an dem die Deutschen aus dem Ort vertrieben wurden, sei es von den Amerikanern, sei es von den Partisanen, die von den Bergen herab oder aus den Wäldern gekommen waren, sei es in einer kombinierten Aktion von Befreiern und Résistance-Kämpfern. Man feiert mit um so größerer Begeisterung, als die Franzosen durch ihr damaliges Handeln den beflissenen Eifer wiedergutgemacht haben, mit dem manche Gemeindebehörden im Jahre 1940 ihren Ort zur offenen Stadt hatten erklären lassen, um den Einwohnern die Schrecken des Krieges zu ersparen. Im Unterschied zu einem Waffenstillstand, der im ganzen Land gleichzeitig zur Einstellung der Kampfhandlungen führt, geschah die Befreiung nicht innerhalb eines Tages; sie zog sich im Auf und Ab der Kämpfe über Wochen, ja Monate hin. Die Dörfer an der Küste der Normandie wurden bereits am 6. oder 7. Juni befreit. Caen mußte einen ganzen Monat auf seine Befreiung warten und bezahlte sie mit der fast vollständigen Zerstörung der Stadt. Einige Städte an der Atlantikküste, die »Widerstandsnester« *(poches)*, in denen sich deutsche Einheiten nach dem Angriff der Alliierten verschanzt hatten, wurden sogar erst nach der deutschen Kapitulation am 8. Mai 1945 befreit. Die Befreiung zog sich also fast über ein ganzes Jahr hin.

Der größte Teil des Landes wurde jedoch in der Zeit zwischen dem Durchbruch bei Avranches Ende Juli und Ende September befreit, als der Vormarsch der Alliierten vor der Burgundischen Pforte und an den Ausläufern der Vogesen ins Stocken geriet. So verband sich die Befreiung in der Erinnerung der Franzosen mit dem farbenprächtigen Bild eines strahlendheißen Augustmonats. Die chronologische Gleichsetzung von Befreiung und Sommerstimmung fand ihre Bestätigung im zeitlichen Ablauf der Befreiung von Paris: Am Morgen des 19. August, einem Samstag, erhob sich die Stadt gegen ihre Besatzer, und am Donnerstagabend dem 24. August drang die Vorhut der 2. Panzerdivision nach Paris vor und vereinigte sich mit den Streitkräften der Résistance. Am Freitag dem 25. August kapitulierte die deutsche Besatzung. Noch am gleichen Tag rückte General de Gaulle in die Hauptstadt ein und begab sich ins Rathaus. Am Nachmittag des 26. August marschierte er inmitten einer jubelnden Menge die Champs Élysées herunter zur Place de la Concorde.

Das Ereignis wurde Symbol, äußerlich erkennbar durch die Großschreibung des Wortes *Libération.* Sie macht deutlich, wie sich der Begriff der Befreiung über den rein physischen Sinn hinaus mit emotionalen Inhalten angereichert und verschiedene Bedeutungen angenommen hatte. Zunächst stand *Libération* für das Ende der deutschen Besatzung: Der Feind war aus dem Lande verjagt, die Trikolore wurde wieder gehißt, und die *»Marseillaise«* kam wieder zu Ehren. Daneben bedeutete sie die Annullierung der Niederlage und des Waffenstillstands: Frankreich befand sich unter den Siegern und ließ es die Italiener und Deutschen in den Gebieten, die seiner Kontrolle unterstellt wurden, deutlich spüren. Die französischen Besatzungsbehörden bemühten sich nach Kräften, das durch die Katastrophe von 1940 beschädigte Prestige ihres Landes wiederherzustellen. Frankreich war wieder eine souveräne Macht und, so hoffte man, Herr seiner Geschicke. Schon bald erkannten die Alliierten die Provisorische Regierung als einzige Repräsentantin Frankreichs an, und Anfang Dezember 1944 unterzeichnete de Gaulle einen Bündnisvertrag mit Stalin. *La Libération* bedeutete auch die Hoffnung auf das Ende von fünf oder sechs Jahren der Entbehrungen und Prüfungen. Die Erwartung richtete sich auf die baldige Rückkehr des Überflusses und auf den Augenblick, da man die Kriegsgewinnler zur Herausgabe ihres ergaunerten Besitzes zwingen und die Verräter bestrafen konnte. Und schließlich bedeutete die Befreiung die rückwirkende Verwerfung der Loyalität, die man Vichy einst bezeigt hatte, die Absage an die Politik des Zuwartens, die Verdammung der Kollaboration und die nachträgliche Vereinigung mit jenen Kräften, die weder am Ausgang des Krieges gezweifelt noch den Glauben an Frankreich verloren hatten. Die symbolische Vermählung zwischen General de Gaulle und dem Volk von Paris – dem »Meer«, wie er in seinen *»Mémoires de guerre«* schrieb – verlieh der Erneuerung der nationalen Einheit, die *France libre* und die Résistance gestiftet hatten, die eigentliche Weihe.

Wer die Dinge aus der Distanz betrachtet und sich die nahezu einhellige Billigung des Waffenstillstands und die begeisterten Massen vor Augen hält, die Pétain auf seinen Reisen durch das Land zujubelten, wird eine solche Eintracht verdächtig finden und an ihrer Echtheit zweifeln. Und doch war sie damals, im Sommer 1944, weder gespielt noch vom Opportunismus diktiert. Die meisten Franzosen waren aus gutem Glauben der Überzeugung (indem sie bisweilen ihr Gedächtnis ein wenig korrigierten), daß sie schon immer den Sieg der Alliierten gewünscht hatten. Tatsächlich hatte der größte Teil der Franzosen gefühlsmäßig mehr oder weniger auf die Niederlage der Deutschen gehofft, und ihre Gefühle hatten vier Jahre Zeit zum Reifen gehabt. Doch eine vollständige Einmütigkeit gibt es nicht. Verschiedene Gruppen schlossen sich dem allgemeinen Jubel nicht an oder wurden davon ausgeschlossen: einige tausend Kollaborateure, die sich zu sehr kompromittiert hatten, bezahlte Journalisten und Milizionäre, die im Gefolge des deutschen Rückzugs mitmarschiert waren und sich in Sigmaringen um eine Phantomregierung scharten, deren Mitgliedern das Vorbild der Londoner *France libre*-Bewegung im Kopf herumspukte; aber auch jene Franzosen, die im Land geblieben und sich durch die Dekrete des Algierer Komitees der nationalen Befreiung kriminalisiert sahen, sowie all diejenigen, die sich nichts Schwerwiegendes hatten zuschulden kommen lassen und dennoch den Volkszorn auf sich zogen, wie etwa jene Frauen, die sich mit Deutschen eingelassen hatten und denen dafür der Kopf kahlgeschoren wurde. Ungeachtet dieser zugegeben großen Zahl persönlicher Abrechnungen und Justizirrtümer, die nach Häufigkeit und Ausmaß regional sehr verschieden waren (im Süden fielen sie oft brutal aus, im Norden fehlten sie fast ganz), war die Einmütigkeit nahezu vollkommen. Dieser kurze Moment, als die Nation eins war in ihren Gefühlen, zählt zu den großen und seltenen Augenblicken nationaler Einmütigkeit in der französischen Geschichte, zusammen mit dem Februar 1848, dem 2. August 1914 und dem 11. November 1918. Er blieb allen, die ihn miterlebt hatten, in unauslöschlicher Erinnerung. Erleichterung und Hoffnung auf eine bessere Welt verbanden sich mit der Illusion eines Neubeginns. Doch wie jede Einmütigkeit gefährdet ist, so war es auch diese, die mit der Befreiung einherging: Bei aller Aufrichtigkeit war sie im Grunde doppeldeutig und gründete auf der Ignorierung der Vergangenheit und der Verkennung der obwaltenden Sachzwänge – der materiellen Probleme wie der irreparablen Zerwürfnisse.

DIE PROVISORISCHE REGIERUNG

Die Staatsgewalt Vichys hatte sich aufgelöst; schon seit langem von innen her unterhöhlt und der Unterstützung durch die Öffentlichkeit beraubt, war sie im Zuge der Befreiung weggespült, der greise Marschall als Verkörperung ihrer Legitimität von den Deutschen in einem ihrer Lastkraftwagen abgeholt worden. Zuvor hatte er Admiral Auphan beauftragt, mit General de Gaulle Verbindung aufzunehmen. Auphan sollte sicherstellen, daß die Legitimität, die Pétain von den Kammern der Dritten Republik erhalten hatte und die er immer noch zu besitzen glaubte, auf de Gaulle überginge, wurde jedoch abgewiesen. Ebenso scheiterte auch eine Intrige Pierre Lavals, der Édouard Herriot ins Spiel bringen wollte.

Dennoch entstand kein Machtvakuum. Die Regierung in Algier hatte gründliche Vorsorge getroffen, um die Lücke auszufüllen. Die Volksbegeisterung, die General de Gaulle entgegenschlug und ihm den aktiven Rückhalt sämtlicher politischer Gruppierungen bestätigte, hatte die Wirkung eines Plebiszits. Die Amerikaner verzichteten auf die Errichtung einer direkten Militärverwaltung, die sie wie in allen von ihnen befreiten europäischen Ländern vorgesehen hatten. Einige Tage nach seinem Einzug in Paris bildete General de Gaulle, um der Vereinigung der beiden Résistance-Bewegungen Ausdruck zu verleihen, eine Regierung der nationalen Einheit, in der sämtliche politischen Kräfte vertreten waren, von der nationalen Rechten bis hin zur Kommunistischen Partei, die sich seit April 1944 mit zwei Kommissaren an der Regierung in Algier beteiligt hatte. Die Mitwirkung Jules Jeanneneys, des früheren Senatspräsidenten und Mitarbeiters von Clemenceau, als Staatsminister an der Seite de Gaulles lieh der neuen Regierung das Siegel republikanischer Legalität. Die Leitung der Außenpolitik fiel an Georges Bidault, den Nachfolger Jean Moulins als Präsident des *Conseil national de la Résistance*.

Obwohl sich die Provisorische Regierung klar zur demokratischen Kontinuität bekannte, wollte sie künftigen Verfassungen nicht vorgreifen. De Gaulle, der sich als Sachwalter des nationalen Interesses verstand, hatte sich schon im Oktober 1940 verpflichtet, die Entscheidung über die künftige Staatsform einer Volksbefragung zu überlassen, sobald die Voraussetzungen dafür geschaffen seien. Vorerst waren sie noch nicht gegeben: Noch war das Land nicht vollständig befreit und waren ganze Provinzen von der Teilnahme an einer Befragung ausgeschlossen. Der Krieg ging weiter; fast zweieinhalb Millionen Franzosen, Kriegsgefangene, aus politischen Gründen oder wegen ihrer Rassezugehörigkeit Deportierte sowie Zwangsarbeiter, wurden noch in Deutschland festgehalten. So mußten vorerst sämtliche Initiativen bezüglich der Form der Verfassungsorgane und dauerhaften Organisation der Staatsgewalt verschoben werden. Die materiellen Zwänge sowie der erklärte Wille de Gaulles, einer Entscheidung des Volkssouveräns nicht vorzugreifen, machten somit eine provisorische Lösung erforderlich. Bezeichnet die Libération einerseits das Ende eines Zeitabschnitts, so leitet sie andererseits eine Art konstitutionelles Interim ein.

Dieses Provisorium, von dem im Spätsommer 1944 alle glaubten, daß es nur eine Sache von wenigen Monaten sei, zog sich länger hin als erwartet. Bis zur Einsetzung aller von der Verfassung vorgesehenen Staatsorgane vergingen insgesamt fast zweieinhalb Jahre. Rechnet man dazu noch die Jahre des Vichy-Regimes, das ja ebenfalls ein Provisorium darstellte, da es mit der Ausarbeitung einer neuen Verfassung beauftragt war, so lebten die Franzosen fast sieben Jahre, von Juni 1940 bis Januar 1947, in provisorischen Verhältnissen. Es war nicht das erste Mal in ihrer Geschichte; auf diesem Gebiet verfügten die Franzosen über reiche Erfahrung, eine zwangsläufige Folge der häufigen Regimewechsel. Jedesmal wenn eine Regierung durch eine Erhebung gestürzt worden war, erforderte der nachfolgende demokratische Entscheidungsprozeß eine ganze Reihe langwieriger Schritte: Wahl einer verfassunggebenden Versammlung, Ausarbeitung eines Verfassungsentwurfs und bisweilen auch dessen Bestätigung durch das Volk.

Die erste derartige Erfahrung machten die Franzosen während der Französischen Revolution: Die Herrschaft des Nationalkonvents und der Revolutionsregierung waren im Grunde nichts anderes als Provisorien, die nur bis zum Frieden dauern sollten. Nicht anders verhielt es sich nach der Revolution von 1848; auch damals gab es eine provisorische Regierung, die allerdings schon neun Monate später mit der Wahl des Prinz-Präsidenten Louis Napoleon am 10. Dezember endete. Das nächste Provisorium war das bis dahin längste: Es begann mit dem Sturz des Zweiten Kaiserreichs am 4. September 1870 und endete erst mit der Annahme der Verfassungsgesetze im Jahre 1875 und der Auflösung der Nationalversammlung. Es dauerte über fünf Jahre. Diese Erinnerungen waren 1945 vielen Franzosen gegenwärtig und beeinflußten nicht unwesentlich ihre Entscheidungen und die Wahl ihres Vorgehens.

Auch wenn man die Entscheidung über die Verfassungsinsitutionen aufgeschoben hatte, die Probleme konnten nicht warten, sondern verlangten das Handeln einer starken Regierung. Es ging darum, den Krieg zu gewinnen, die Säuberungen durchzuführen, die dringlichsten wirtschaftlichen Bedürfnisse zu befriedigen und den Staat wieder auf feste Grundlagen zu stellen.

DER KRIEG BIS ZUM SIEG

Auch wenn die Bevölkerung der befreiten Gebiete in der Freude über ihre Befreiung geglaubt haben mochte, die Feindseligkeiten seien zu Ende: Der Krieg war es damit noch nicht. General de Gaulle hütete sich, es zu vergessen. Schließlich hatte er sich 1940 nur deshalb dem Waffenstillstand widersetzt, um Frankreich weiterhin im Krieg zu halten. Keine Frage daher, daß Frankreich, solange das Land noch nicht vollständig befreit war, sich am Fortgang der militärischen Operationen beteiligen würde. Nachdem zunächst einige Kolonien und schließlich das ganze Kolonialreich den Krieg wiederaufgenommen hatten, war nun die Reihe am Mutterland, es ihnen nachzutun und seinen Teil zum Sieg beizutragen. Der Chef der Provisorischen Regierung strebte eine wachsende Beteiligung an den Operationen an. Sämtliche Energien, die nach dem siegreichen Durchmarsch der Alliierten erlahmt waren, mußten auf dieses Ziel ausgerichtet werden. Eine allgemeine Mobilmachung war jedoch nicht möglich, da Frankreich hinsichtlich Ausrüstung und Bewaffnung vollständig von seinen Verbündeten abhängig war. Die Aufstellung von Kampfverbänden war nur in dem Maße möglich, wie Materiallieferungen der Alliierten eintrafen. Man rief jedoch nach Freiwilligen. Beurlaubte Offiziere wurden gedrängt, den Dienst wiederaufzunehmen. Die Kämpfer der innerfranzösischen Résistance, die vor der Invasion General Koenig unterstellt und in den *Forces françaises de l'intérieur* (FFI) organisiert waren, ergänzten die acht Divisionen, die vor Belfort oder an den Ausläufern der Vogesen kämpften. (In den Reihen der FFI standen unter anderem Oberst Fabien, der an der Vogesenfront fiel, sowie die elsässisch-lothringische Brigade unter dem Befehl des Obersten Berger alias André Malraux.) General de Lattre de Tassigny gelang es mit Phantasie und Verständnis, aus diesen zusammengewürfelten Verbänden eine Einheit zu formen, ein Vorgang, für den man den alten Begriff »Verschmelzung« *(amalgame)* wieder hervorholte, der zur Zeit der Französischen Revolution die Vereinigung der ehemals königlichen Truppen mit den jungen Nationalgarden bezeichnet hatte. Diese erfolgreiche Zusammenführung nährte die Hoffnung, wieder eine neue Armee aufstellen zu können. Am Ende der Feindseligkeiten verfügte Frankreich über 18 Divisionen mit insgesamt 1,3 Millionen Mann unter seinen Fahnen.

Der Krieg dauerte nach der Befreiung noch knapp neun Monate, von denen die letzten besonders hart waren. Der Vormarsch der Alliierten geriet ins Stocken und kam schließlich bei Herbstbeginn infolge des feindlichen Widerstandes in den Vogesen, vor Belfort und dann im Raum Colmar zum Stehen. Auch im Bereich der Häfen am Ärmelkanal und am Atlantik, Saint-Malo, Lorient, Saint-Nazaire, La Rochelle und Royan, wo sich deutsche Truppen verschanzt hatten, waren die Kräfte der FFI zu schwach, um deren Widerstand zu brechen. Zu Weihnachten wurde die Bevölkerung durch die Ardennenoffensive in Angst versetzt, während die unverbesserlichen Kollaborateure wieder Hoffnung schöpften. Da die französische Armee Teil der alliierten Streitkräfte war und dem Oberbefehl General Eisenhowers unterstand, war sie nicht nur in ihrer Ausrüstung, sondern auch strategisch von den Alliierten abhängig. Unter diesen Umständen waren Spannungen unausbleiblich, wenn die alliierte Strategie mit dem kollidierte, was die Franzosen für unbedingt geboten erachteten; so etwa, als Eisenhower durch die Ardennenoffensive in harte Bedrängnis geriet und aus Sorge um seinen linken Flügel die Rücknahme seiner Frontlinien auf die Vogesen und die Räumung Straßburgs befahl (wo die Division Leclerc erst einen Monat vorher einmarschiert war), um so die Front zu verkürzen und neue Reserven zu gewinnen. Diesem Plan widersetzte sich de Gaulle mit Entschiedenheit. Er schreckte nicht einmal vor der Drohung zurück, General de Lattre Gegenorder zu erteilen, und erreichte schließlich vom Oberbefehlshaber die Rücknahme seines Räumungsbefehls. Nach einem harten Winter wurde die Offensive wiederaufgenommen, in deren Verlauf es den französischen Truppen gelang, bis nach Stuttgart vorzudringen und wie zu Zeiten der großen Revolutionsarmee den Rhein mit der Donau zu verbinden. Mehr noch, sie nahmen sogar Hitlers Berghof bei Berchtesgaden ein. Frankreich war durch seine Repräsentanten bei der Kapitulation der Wehrmacht zugegen, der Waffenstillstand von Rhetondes war gerächt und damit ein Traum Wirklichkeit geworden, der jedem einigermaßen vernünftigen Franzosen 1940 unsinnig erschienen war. Aber die Konferenzen von Jalta und Potsdam fanden ohne französische Beteiligung statt.

Für de Gaulle freilich war der Auftrag, dem er sich verschrieben hatte, solange nicht vollständig erfüllt, als Teile des französischen Hoheitsgebiets von 1940 noch immer von fremden Truppen, ob feindlichen oder befreundeten, besetzt waren. Das galt auch für Indochina, das durch die Kapitulation der Japaner am 15. August 1945 zeitweilig zwischen China (im Norden) und Großbritannien (im Süden) aufgeteilt worden war; zu seiner Rückeroberung wurde eine französische Streitmacht aufgestellt. Dieser Absicht, den Vorkriegsstatus wiederherzustellen, stand der Wunsch des vietnamesischen Volkes nach staatlicher Unabhängigkeit entgegen, der zunächst infolge der Demütigung der Franzosen, die 1940 die japanische Präsenz in Indochina zulassen mußten, und sodann durch die von den Japanern gewährte Unabhängigkeit noch weiter wuchs. Der neue Konflikt war nur ein Glied in der Kette der Kriege: Kaum schwiegen die Kanonen in Europa, dröhnten sie anderswo wieder los. Die Kolonialkriege schlossen sich nahtlos an den Krieg in Europa an.

DIE HEIMKEHR DER KRIEGSGEFANGENEN UND DEPORTIERTEN

Das Ende des Krieges bedeutete auch die Rückkehr all derer, die der Krieg aus ihrer Heimat entführt oder von der Seite ihrer Familien gerissen hatte: der Kriegsgefangenen, die fünf Jahre lang in Offiziers- und Stammlagern ausharren mußten, der Gefangenen, die in sogenannte freie Arbeiter umgewandelt, aber dennoch in Deutschland festgehalten wurden, der Arbeiter, die sich vertraglich verpflichtet hatten, um der Arbeitslosigkeit zu entgehen oder weil sie einfach mehr verdienen wollten, und der Arbeiter, die unter das Arbeitsdienstgesetz fielen und sich der Verpflichtung entweder nicht entziehen konnten oder es nicht wollten, der französischen Juden, die die Konzentrationslager überlebt hatten, und derer, die aus politischen Gründen, das heißt als Widerstandskämpfer deportiert worden waren – alles in allem etwa zweieinhalb Millionen Franzosen.

Die Ankunft der ersten KZ-Häftlinge Ende April 1945 bedeutete für die französische Bevölkerung einen schweren Schock. Jetzt erst begriffen die Franzosen, welche Realität sich hinter der Verschleppung tatsächlich verbarg und was sie für Hunderttausende ihrer Landsleute bedeutet hatte. Tatsächlich hatte bis dahin, entgegen späteren Behauptungen, niemand etwas vom Schicksal der Deportierten geahnt. Die Geheimhaltung funktionierte perfekt, niemand war zurückgekommen, und die umlaufenden Gerüchte wirkten so unwahrscheinlich, daß die inzwischen gegen Lügenpropaganda abgestumpfte Öffentlichkeit sich hütete, sie zu glauben. Mit der Deportation verband sich die Vorstellung einer etwas strengeren Form der Internierung oder von etwas, das in etwa der Festungshaft für Gefangene entsprach, die einen Fluchtversuch unternommen hatten.

Als jedoch nach der Befreiung des Konzentrationslagers Buchenwald erstmals Fotos gemacht wurden und einige Tage später die ersten Überlebenden per Flugzeug in Frankreich eintrafen, als man plötzlich diese wandelnden Skelette mit ihren riesigen Augen und dem geistesabwesenden Blick leibhaftig sah, enthüllte sich mit einem Schlag der ganze Schrecken der Konzentrationslager und die bösartige Natur des Nationalsozialismus. Dieser Eindruck blieb unauslöschlich und besiegelte die Verdammung des Dritten Reiches. Er fiel dreißig Jahre später auf die Sowjetunion zurück, als die westliche Bevölkerung erstmals von der Existenz der russischen Straflager erfuhr. Was man den Solschenizyn-Effekt genannt hat, hätte in den siebziger Jahren vielleicht nicht diese entscheidende Wirkung gehabt, wenn ihm nicht die Erinnerung an die Konzentrationslager der Nazis vorausgegangen wäre.

Der massive Zustrom dieser zweieinhalb Millionen Franzosen, die, soweit sie Deportierte waren, alles verloren hatten, stellte die öffentliche Verwaltung vor große Aufgaben: Diese Menschen, die jahrelang unter entsetzlichen Bedingungen gelebt hatten, mußten rasch in ihre Heimat zurückgebracht, mit Unterkunft, Kleidung und Arbeit versehen und wieder in die Gesellschaft integriert werden – und dies zu einer Zeit, da es an allem fehlte und nur bescheidene Mittel zur Verfügung standen.

DIE SÄUBERUNGEN

Mit der Befreiung des Landes allein war die Schuldenlast der Besatzungszeit noch nicht getilgt. Die Öffentlichkeit verlangte auch die Bestrafung derer, die vom rechten Weg abgekommen waren. Einige machten daraus sogar eine Vorbedingung und forderten: Kein Wiederaufbau, bevor der Gerechtigkeit Genüge getan ist. Bei dieser Forderung spielten mehrere Überlegungen eine Rolle. Zunächst ein moralisches Gebot: Man konnte die Verbrechen nicht ungestraft lassen. Radio London hatte eine exemplarische Bestrafung versprochen. Daneben gab es auch eine Pflicht zur Gerechtigkeit gegenüber den Toten; denn wie könne man zulassen, daß all die Denunzianten, die für den Tod oder die Deportation so vieler Widerstandskämpfer verantwortlich waren, in Frieden weiterleben durften? Wie konnte man die Milizionäre des Vichy-Regimes, die zusammen mit den Deutschen gegen die Partisanen gekämpft hatten, auf freiem Fuß lassen? So viele Greueltaten riefen nach Wiedergutmachung. Hinzu kamen, wie immer in solchen Situationen, weniger ehrenwerte Gründe: Rachsucht oder der Wunsch nach Ausschaltung politischer Gegner oder möglicher Konkurrenten. Die Linke sah die Chance, Politiker der Rechten zu erledigen, wobei die Verstrickung der Rechten in das Vichy-Regime als Vorwand herhalten mußte, für die unitarischen Gewerkschaftler der CGT war es der Anlaß, sich für die Säuberungen des Jahres 1939 zu rächen und die antikommunistischen Befürworter des Münchner Abkommens zu eliminieren. Da und dort bot sich die günstige Gelegenheit, mißliebige Notabeln auszuschalten.

Die Säuberungen hatten aus Gründen der militärischen Sicherheit schon lange vor der Invasion begonnen. Unmöglich, den Verräter, der mit der Gestapo zusammenarbeitete, am Leben zu lassen, oder den Menschenschmuggler, der diejenigen, die er über die Demarkationslinie bringen sollte, an die Deutschen auslieferte. Résistance-Organisationen und Partisanengruppen hatten Säuberungen durchgeführt. Es folgte, während die Kämpfe noch in vollem Gange waren, eine kurze, aber wilde Säuberungswelle, eine Art spontaner Wutausbruch, der sich in improvisierten Hinrichtungen ohne rechtskräftiges Urteil entlud; sie kamen hauptsächlich in den südlichen Landesteilen vor, die sich ohne Mitwirkung regulärer Truppenverbände aus eigener Kraft befreiten. Wie groß mag die Zahl der Opfer gewesen sein, die einfach an die Wand gestellt wurden und deren Hinrichtung in keiner Sterbeurkunde festgehalten wurde? Ihre Zahl soll beträchtlich gewesen sein. Nach gründlichen und erschöpfenden Untersuchungen kam die französische Gendarmerie, deren Zahlenangaben dank ihrer flächendeckenden Erfassung des ganzen Landes am zuverlässigsten sind, auf eine Gesamtzahl von 10 882 Toten.

Nicht zuletzt, um derartigen wilden Aktionen einen Riegel vorzuschieben und persönliche Abrechnungen zu unterbinden, hatte die Regierung in Algier bereits vor der Landung der Alliierten Gesetze erlassen, Gerichtsbarkeiten geschaffen und Verfahrensweisen definiert, durch die die *Épuration* in geordnete Bahnen gelenkt werden sollte. Die Maßnahmen basierten auf Artikel 75 des *Code pénal,* der heimliches Einverständnis mit dem Feind und Verrat in Kriegszeiten unter Strafe stellte. Aber die durch den Waffenstillstand geschaffene Situation und die Existenz einer nationalen Regierung, die sich für die Kollaboration mit dem Feind entschieden hatte, stellten die Verantwortlichen vor ein völlig neues Problem, das mit gängigen Begriffen und den herkömmlichen Kategorien der Rechtsprechung kaum zu erfassen war. Was zum Beispiel sollte man mit denen tun, die sich hinter höherer Befehlsgewalt verschanzten, an deren Rechtmäßigkeit sie mit guten Gründen glauben durften? Auf welcher Verantwortungsebene sollte man die Verfolgung einstellen? Bei eindeutigen Kollaborateuren und Parteiführern wie Jacques Doriot und Marcel Déat gab es kein Zögern; dasselbe galt auch für Leute wie Joseph Darnand, die an der Unterdrückung der Bevölkerung mitgewirkt, und für diejenigen, die eine deutsche Uniform getragen hatten. Wenig Bedenken gab es auch im Falle der Schriftsteller und Publizisten, die ihre Begabung und ihre Feder in den Dienst des Feindes gestellt und zur Irreführung ihrer Landsleute beigetragen hatten. Schwieriger lag der Fall jener Künstler, die während der Besatzungszeit öffentlich aufgetreten waren, sowie der Beamten, die nur Befehle ausgeführt, und der Firmenchefs, deren Unternehmen für die deutsche Kriegsmaschinerie gearbeitet oder den Atlantikwall gebaut hatten. Sie machten zwar geltend, daß dies für sie der einzige Weg gewesen sei, um Entlassungen zu vermeiden oder zu verhindern, daß ihre Leute nach Deutschland deportiert oder ihre Maschinen beschlagnahmt würden – gleichviel, sie hatten sich bereichert. Oder ein anderes Problem: Sollte man diejenigen, die dem Marschall in der Anfangsphase des Regimes im Bewußtsein vaterländischer Pflichterfüllung gedient hatten, nach den gleichen Maßstäben beurteilen wie jene, die seine Regierung zu Unterdrückungsmaßnahmen gegen die Résistance veranlaßt hatten?

Die von Algier ausgegebenen »Ordonnanzen« – ein Begriff, den General de Gaulle dem Ancien régime entlehnte und den er 1958 wieder aufgriff – schufen ein System von Ausnahmegerichten: an der Spitze ein Sondergericht, zuständig für alle Minister des Vichy-Regimes, sodann in jedem Departement ein eigener Gerichtshof und für die leichteren Fälle Zivilkammern.

Die Zahl der verhandelten Fälle liefert vielleicht am ehesten eine genaue Vorstellung davon, was sich hinter dem Begriff der Säuberung wie dem der Kollaboration verbarg. Um zu verhindern, daß es weiterhin zu Hinrichtungen ohne Gerichtsverfahren kam, bedienten sich die Staatskommissare in vielen Fällen eines behördlich verordneten Internierungsverfahrens, das einerseits der Forderung nach Bestrafung Genüge tat und andererseits die Betroffenen vor Mißhandlungen schützte. In der Zeit zwischen September 1944 und April 1945 wurden etwa 160 000 Personen auf diese Weise interniert, von denen etwas mehr als 36 000 bereits wenige Tage nach ihrer Verhaftung wieder freigelassen wurden. Insgesamt wurden vor den verschiedenen Instanzen 160 287 Fälle verhandelt. Darunter waren 73 501 Verfahrenseinstellungen oder Freisprüche, was die Zahl derer, die strafrechtlich belangt wurden, auf etwas mehr als 86 000 reduziert. Diese Zahl verdeutlicht das tatsächliche Ausmaß der Strafverfolgung und räumt mit der Legende auf, wonach die eine Hälfte Frankreichs die andere vor Gericht gestellt habe. Von diesen Beschuldigten kamen etwas weniger als die Hälfte mit einem Verlust der staatsbürgerlichen Gleichstellung *(dégradation nationale)* davon, was Freiheitsstrafen ausschloß, jedoch den zeitweiligen Verlust der bürgerlichen und politischen Ehrenrechte bedeutete. 26 289 Personen erhielten eine mehrjährige Gefängnisstrafe und für 13 211 lautete das Urteil auf befristete oder lebenslange Zwangsarbeit. 7037 wurden zum Tode verurteilt, davon 4397 – also fast zwei Drittel – in Abwesenheit, weil sie sich dem Zugriff der Justiz durch Flucht entzogen hatten. Von den verbliebenen 2640 Angeklagten, die am Ende eines kontradiktorischen Verfahrens zum Tode verurteilt worden waren und deren Strafe demnach zur Vollstreckung anstand, wurden nur 767 hingerichtet; bei den anderen wurde die Strafe umgewandelt. Man ist hier weit entfernt von den Phantasiezahlen, die später in Umlauf gebracht worden sind.

Das spektakulärste Kapitel in Sachen Säuberung betraf natürlich die führenden Persönlichkeiten der Vichy-Regierung: Sie durften auf keinerlei Nachsicht hoffen; schließlich wurden auch diejenigen, die nur den Befehlen dieser Männer gehorcht hatten, vor Gericht gestellt und zum Teil hart bestraft. Der Prozeß gegen Marschall Pétain, der sich nach dem Ende des Dritten Reiches an der Grenze den Behörden gestellt hatte, gab im Sommer 1945 Anlaß zu einer großen öffentlichen Debatte über den Waffenstillstand und die Kollaboration. Er war gleichsam die Replik und das Gegenstück jenes Prozesses, den die Vichy-Regierung seinerzeit in Riom gegen die führenden Staatsmänner der Dritten Republik angestrengt und der schließlich mit einer Blamage für die Ankläger geendet hatte.

Dieser große alte Mann von achtundachtzig Jahren, der einstmals ruhmreichste aller Franzosen, wies deutliche Anzeichen von Gedächtnisschwäche auf. Er hüllte sich in Schweigen und überließ die Sorge für seine Verteidigung seinen drei Anwälten. Sämtliche Akteure und Zeugen des Dramas von 1940 sagten vor Gericht aus: Paul Reynaud und Léon Blum, Pierre Laval und General Weygand. Am 15. August verkündete das Sondergericht das Urteil: Die Geschworenen verurteilten den Marschall wegen Landesverrat zum Tode, fügten jedoch den Wunsch hinzu, General de Gaulle möge die Strafe in lebenslängliche Haft verwandeln. Das hieß dieselbe Strafe auf ihn anwenden, die er seinerzeit, jedoch ohne Gerichtsurteil, gegen Blum, Daladier und Reynaud verhängt hatte. Der Marschall wurde zunächst im Fort Portalet und danach auf der Île d'Yeu interniert, wo er im Juli 1951 im Alter von fünfundneunzig Jahren starb.

Doch weder sein Prozeß noch sein Tod setzten einen Schlußpunkt hinter den Streit um den Waffenstillstand, noch beendeten sie die Kontroverse um die Politik seiner Regierung, und ebensowenig erloschen damit die Leidenschaften, die seine Person und seine Rolle im politischen Leben Frankreichs geweckt hatten. Auch Pierre Laval, der sich nach Spanien geflüchtet hatte und von Franco ausgeliefert worden war, wurde zum Tode verurteilt. Der Prozeß gegen ihn war in einem Klima und unter Bedingungen geführt worden, die nur wenig mit den Regeln einer unparteiischen Justiz zu tun hatten. Nach einem mißglückten Selbstmordversuch wurde Laval erschossen.

Charles Maurras wurde in Lyon vor Gericht gestellt, weil er in der Zeitung *»Action française«* Juden denunziert hatte, deren Deportation und Tod ihm deshalb vielleicht anzulasten waren; aber die lebenslängliche Haftstrafe, die ihn traf, galt mehr noch dem Ideologen des integralen Nationalismus, dem unbeugsamen Gegner der Demokratie und dem Wortführer eines staatlich sanktionierten Antisemitismus. Besonders hart wurden die Journalisten bestraft: Robert Brasillach, Paul Chack und Georges Suarez bezahlten ihre publizistische Unterstützung der Kollaboration und ihre Haßtiraden gegen die Gaullisten und Widerstandskämpfer mit dem Leben.

Parallel dazu kam es zu Säuberungsmaßnahmen in den einzelnen Berufssparten. Sie reichten von Disziplinarverfahren, wie sie in den verschiedenen berufsständischen Bestimmungen vorgesehen waren und bis zur Rückstufung und Entlassung führen konnten, bis zur Verhängung eines Arbeitsverbots. In jedem Ministerium gab es eine Kommission, die die strittigen Fälle prüfte – alles zusammen mehr als 11 000 Aktenvorgänge für die gesamte öffentliche Verwaltung. Die Säuberung verlief moderat, und die Zahl der Bestraften war relativ gering: So wurden im öffentlichen Erziehungswesen bei insgesamt etwa 6000 geprüften Fällen 680 Entlassungen und 320 Suspensionen beziehungsweise Versetzungen in den vorzeitigen Ruhestand ausgesprochen. Von den Säuberungen waren aber auch die Presse, die Verlage und das Theater betroffen. Schriftsteller, die sich kompromittiert hatten, wurden mit Schreibverbot belegt, wie Jean Giono, dem man weder seinen Defätismus im September 1939 noch seine Artikel für die Blätter der Kollaboration verzieh.

Besonders rigoros wurden die Säuberungen innerhalb der Gewerkschaften durchgeführt, und zwar auf Initiative der Kommunisten, die ihre stets auf Unabhängigkeit der Gewerkschaftsbewegung bedachten Gegner ausschalteten und sich die Kontrolle über viele der Einzelgewerkschaften und Dachverbände sicherten. Damals schwenkte die CGT um und geriet unter die Vorherrschaft der Kommunisten. Auch die Parteien hatten ihre *Épuration*, vor allem die SFIO, die besonders streng verfuhr, indem sie sämtliche Parlamentarier, die für die Übertragung der Vollmachten auf Pétain gestimmt hatten, ausschloß und für nicht wählbar erklärte.

Juristische Personen konnten sich den Säuberungen ebensowenig entziehen. Unternehmen wurden bestraft, weil sie für den Feind gearbeitet hatten: Berliet wurde unter Zwangsverwaltung gestellt, und die Renault-Werke wurden sanktionshalber verstaatlicht und in einen Regiebetrieb umgewandelt. Besonders hart traf es die Presse, in erster Linie die Pariser Zeitungen, die mit dem Segen der deutschen Propagandastaffel gegründet worden oder wieder erschienen waren, aber auch diejenigen Zeitungen in der südlichen Zone, die nach einem bestimmten Zeitpunkt – November 1942 – ihr Erscheinen fortgesetzt hatten und dafür bestraft wurden wie die Zeitung *»Le Temps«*, während *»Le Figaro«* von der Wahl dieses Stichdatums profitierte und überleben konnte. Sämtliche Vermögen und Druckereien der betroffenen Zeitungen wurden entschädigungslos eingezogen und einer nationalen Gesellschaft für Presseunternehmen *(Société nationale des entreprises de presse)* übertragen, die sie Zeitungen zur Verfügung stellte, die im Untergrund entstanden waren und nun öffentlich erscheinen konnten. So trat »*Le Parisien libéré*« die Nachfolge des besatzungsfreundlichen »*Petit Parisien*« an, und die Redaktion der »*Défense de la France*« installierte sich in den Räumen des »*Paris-soir*«. Im Dezember 1944 übernahm »*Le Monde*« die Nachfolge von »*Le Temps*«, verfolgte jedoch unter der Leitung Hubert Beuve-Mérys eine ganz andere Linie. Unter ihm gewann sie großen moralischen Einfluß und wurde zu einer meinungsbildenden Kraft.

Recht zu sprechen ist, unter welchen Umständen auch immer, eine heikle Sache und selten dazu angetan, allen Beteiligten Genugtuung zu verschaffen. Dies galt erst recht für die Zeit nach dem großen nationalen Drama, das die Franzosen geteilt hatte. Wie das richtige Maß finden zwischen komplizenhafter Nachsichtigkeit und einer rigorosen Härte, die keine Rücksicht darauf nahm, wie schwierig es für die Menschen in diesen wirren Zeiten gewesen war, ihre Pflicht zu erkennen? Daß einige zu hart und andere nicht hart genug bestraft wurden, war deshalb unvermeidlich. Zwischen den einzelnen Gerichtshöfen gab es ziemlich große Unterschiede bei der Strafzumessung, und auch im chronologischen Ablauf war eine deutliche Ungleichbehandlung festzustellen. So wurden die Angeklagten von 1945 viel härter bestraft als die, deren Verfahren zwei Jahre später stattfanden.

Auch die Säuberungen versagten bei der Lösung des Problems und wurden selbst Gegenstand der Auseinandersetzungen. Man kritisierte ihren schleppenden Verlauf, obgleich die meisten Verfahren innerhalb von weniger als drei Jahren abgeschlossen wurden. Vor allem aber fanden die einen die *Épuration* zu milde; das gilt insbesondere für die Kommunisten, die sich wie grimmige Staatsanwälte aufführten und die Verantwortlichen von Vichy auf die gleiche Anklagebank setzen wollten wie die Pariser Kollaborateure. Immerhin hatten sie ja ihre Toten zu rächen: Hatte sich die Partei nicht, ebenso überheblich wie ungenau, zur Partei der 75 000 Erschossenen erklärt? Freilich hatten sie auch allen Grund, ihr seltsames Verhalten zwischen September 1939 und Frühjahr 1941 vergessen zu machen. Andere dagegen hätten am liebsten einen Strich unter die Vergangenheit gezogen und alle (bis auf einige notorische Kriminelle) freigesprochen.

Ende 1944 kam es zu einer ziemlich lebhaften Kontroverse zwischen François Mauriac und Albert Camus. Mauriac, dem man kaum Sympathien für die Kollaborateure nachsagen konnte – schließlich hatte er das Nationale Schriftstellerkomitee *(Comité national des écrivains)* gegründet und in den *Éditions de Minuit* unter dem Pseudonym Forez *»Le Cahier noir«* veröffentlicht –, plädierte für Milde, während Camus die Justiz aufforderte, ihre Aufgabe konsequent zu Ende zu führen. Nicht alle Gegner der Säuberungen waren dabei so ohne Hintergedanken wie François Mauriac, der große katholische Schriftsteller: Das Infragestellen der Säuberungen war nämlich 1945 das einzige Mittel, um indirekt, durch Angriffe auf den polemisch so genannten »Resistenzialismus« (die Glorifizierung des Widerstandes), die Résistance anzugreifen.

Dennoch fiel die Säuberung in Frankreich eher gemäßigt aus, milder jedenfalls als in den anderen besetzten Ländern. Frankreich zeigte verhältnismäßig viel Nachsicht mit seinen verirrten Kindern. De Gaulle und seine Nachfolger an der Spitze der Provisorischen Regierung sowie schließlich (seit Januar 1947) Vincent Auriol machten großzügig von ihrem Begnadigungsrecht Gebrauch, in dessen Genuß vor allem die Frauen und die Minderjährigen kamen. Sie bemühten sich, allzu schreiende Ungleichheiten bei den verhängten Strafen zu korrigieren, und erleichterten die Wiedereingliederung derjenigen, die kein Verbrechen auf dem Gewissen hatten. Etwa 70 Prozent der Todesurteile wurden umgewandelt und die Gefängnisstrafen spürbar verkürzt. Ende 1948, also weniger als vier Jahre nach Kriegsende, befanden sich 69 Prozent der Verurteilten infolge Haftverkürzung wieder in Freiheit. Als das Parlament im August 1953 das erste große Amnestiegesetz verabschiedete, saßen in den Gefängnissen von Clairvaux und Fontevraud gerade noch ein Prozent der Verurteilten. Eine größere Zahl von Beamten erlangte vom Staatsrat die Wiedereinsetzung in ihre Ämter und die Wiederherstellung ihrer Beförderungschancen, womit der erlittene Schaden wiedergutgemacht war.

Trotz alledem hinterließen die Säuberungen einen bitteren Nachgeschmack. Die Erinnerung an sie sollte lange noch auf dem politischen Leben lasten. Eine Minderheit, die dem Marschall gläubig bis ans Ende gefolgt war, hatte nun das Gefühl, aus der Gemeinschaft der Nation verstoßen zu sein. Ein Teil von ihnen fand sich später im Lager der geschworenen Feinde de Gaulles wieder. Jedenfalls waren die Getreuen Pétains und diejenigen, die der Nationalen Revolution nachtrauerten, die einzigen Franzosen, die dem berühmten, de Gaulle zugeschriebenen Wort widersprochen hätten: »Jedermann war, ist oder wird Gaullist sein.«

DIE WIEDERANKURBELUNG DER WIRTSCHAFT

Um die Lage der Wirtschaft zu beschreiben, genügt ein Wort: Sie war katastrophal. Ging es ihr schon 1939 schlecht, so war sie am Ende des Krieges völlig ausgeblutet. Die Folgen der Krise und die Besatzungszeit wirkten zusammen. Im Unterschied zum Ersten Weltkrieg hatten die Operationen das ganze Land in Mitleidenschaft gezogen. In vielen Fällen hatte der Befreiungskampf den von Vichy eingeleiteten Wiederaufbau des Landes zunichte gemacht: Manche Brücken wurden zum zweiten Mal gesprengt, und Städte, die mit Mühe und Not ihre zerstörten Häuser wiederaufgebaut hatten, sanken während der Bombenangriffe im Vorfeld der Invasion oder während der nachfolgenden Kämpfe erneut in Trümmer. Den Rest hatten die Sabotageakte der Widerstandskämpfer besorgt. Der Kampf der Eisenbahner, der den deutschen Nachschub in die Normandie verzögern sollte, fügte dem Land eine Vielzahl weiterer Wunden zu: 24 von 40 Rangierbahnhöfen wurden zerstört und 1900 Brücken in die Luft gesprengt. Von Paris stromabwärts gab es keine einzige intakte Seinebrücke mehr, desgleichen von Nevers ab über die Loire und unterhalb von Mâcon über die Saône; in Lyon wurden sämtliche Brücken gesprengt. Die Zerstörung der Brückenbauwerke zwang zu häufigen und zeitraubenden Umladungen der Gütertransporte. Frankreich war in Regionen zerstückelt, die untereinander keine Verbindung mehr hatten. Die Verbindung zwischen den Ministerien und ihren auswärtigen Dienststellen war unterbrochen, weil die Telefonleitungen gekappt waren. Nur ein Sechstel aller Lokomotiven und ein Drittel aller Güterwagen waren noch funktionsfähig. Der Immobilienbestand hatte schwere Schäden erlitten. 460 000 Häuser waren zerstört, knapp 2 Millionen beschädigt.

Nicht weniger katastrophal war die Lage des Produktionsapparates. Die Fabrikanlagen waren zerstört, der Maschinenpark teilweise von den Deutschen demontiert und der Rest völlig veraltet. Besonders einschneidend war der Energiemangel: Die Kohleförderung war von 67 auf 40 Millionen Tonnen gesunken. Hinzu kam die Unterbrechung der Stromleitungen. Der allgemeine Produktionsindex lag 1945 gegenüber 1938 (100) und 1929 (29) bei 38. Frankreich war um ein halbes Jahrhundert zurückgeworfen.

Um die Landwirtschaft stand es kaum besser. Ihr mangelte es praktisch an allem: an Arbeitskräften, da die Mehrzahl der Kriegsgefangenen Bauern waren, an Kunstdünger, den die chemische Industrie nicht mehr liefern konnte, ja sogar an Schnüren zum Binden der Garben und an Jutesäcken für die Kartoffelernte. Die ohnehin schon bescheidenen Erträge waren beim Weizen, dem Leitindikator für die Landwirtschaft, auf 40 Prozent abgesunken. Hinzu kam, daß 1945 ungünstige Wetterverhältnisse die Ernte erheblich beeinträchtigten; sie sank auf 42 Millionen Doppelzentner, weniger als die Hälfte des letzten Vorkriegsertrags. Gleich, um welche Produkte es sich handelte, überall herrschte Mangel. Im August 1944 betrug die Lebensmittelration für einen Pariser Bürger 900 Kalorien. Die quälende Sorge um die tägliche Nahrungsbeschaffung wurde für alle Stadtbewohner zur wahren Obsession, die alle anderen Überlegungen in den Hintergrund drängte. Wichtig war nur noch, das Überleben der Seinen zu sichern. Die Suche nach Lebensmitteln führte in manchen Branchen zu Arbeitszeitausfällen von bis zu 25 Prozent. Die Rationalisierungsmaßnahmen, auf deren baldiges Verschwinden man sich gefreut hatte, mußten aufrecht erhalten und sogar noch verschärft werden. Nichts war davon ausgenommen: Man brauchte Marken nicht nur für Nahrungsmittel, sondern auch für Textilien, Strickwolle, für Kohle natürlich, für Schuhe und Reifen. Für manchen Artikel wurde die Zuteilung bis 1949 beibehalten. Alles zusammengenommen haben die Franzosen zehn volle Jahre unter dem Warenmangel gelitten.

Diese Situation begründete den Erfolg des Schwarzmarkts, der den Krieg überlebte. Aber auch dazu mußte man die Mittel haben. Seit 1936 lebte Frankreich in nahezu ständiger Inflation. Während die Großhandelspreise um das Dreieinhalbfache und die Einzelhandelspreise im Durchschnitt um das Vierfache gestiegen waren, hatten sich die Löhne nur um ein Anderthalbfaches erhöht. Eine der ersten Entscheidungen der Regierung nach ihrem Eintreffen in Paris bestand daher in der Anhebung sämtlicher Löhne um 25 Prozent. Diese zweifellos notwendige Maßnahme setzte jedoch die Lohn-Preis-Spirale von neuem in Gang.

Ein derartiger, sich jahrelang hinziehender Mangelzustand konnte nicht ohne Folgen für die Gesundheit der Bevölkerung bleiben. Die Säuglingssterblichkeitsrate kletterte auf 77 Promille. Das Wachstum der Kinder lag, obwohl sie in den Genuß größerer Lebensmittelzuteilungen kamen, zwei Jahre hinter dem Normalwachstum in Friedenszeiten zurück. 10 Prozent der Männer und 55 Prozent der Frauen verloren 7 bis 8 Kilogramm ihres Normalgewichts. Infolge Fettmangels kam es verstärkt zu Erfrierungserscheinungen, und der Mangel an Proteinen verminderte die Widerstandskraft gegen Erschöpfung. Auf der anderen Seite senkte die Alkoholverknappung die Zahl der alkoholbedingten Krankheiten, und man registrierte einen geradezu dramatischen Rückgang von Leberzirrhosen und Fällen von Delirium tremens. Die psychiatrischen Anstalten leerten sich. Alles in allem war es ein kraftlos gewordenes, wenig belastbares, erschöpftes Volk, das sich nun an den wirtschaftlichen Wiederaufbau machte.

Niederlage, Besetzung, Unterdrückung, Bombardierungen (durch Freund und Feind) und innere Zwietracht hatten das Volk erschöpft. Dennoch fand es nach diesen sechs Jahren der Heimsuchung die Kraft, das Land wiederaufzubauen. Ausgerechnet dieses demographisch überalterte Land, dessen Bevölkerungszahl infolge der 600 000 Kriegstoten und des daraus resultierenden Geburtenrückgangs um 1,1 Millionen Einwohner sank, erlebte nun eine überraschende Verjüngung, die es dreißig Jahre später zu einer der »jüngsten« Nationen Europas machen sollte. Alle maßgeblichen Politiker und Gewerkschafter forderten die Franzosen auf, ihre im Kampf gegen die Besatzer noch kaum mobilisierte Kraft in den Produktionskampf zu werfen. Bereits am 10. September 1944 rief Benoît Frachon, Generalsekretär der CGT und einer der starken Männer der Kommunistischen Partei und jenes Triumvirats, das ihre Aktionen im Untergrund koordiniert hatte, zur Güterproduktion auf. Ebenso Maurice Thorez, der nach seiner Rückkehr aus der Sowjetunion die Arbeiter in Wazier aufforderte, die Ärmel hochzukrempeln: »Produzieren ist heute die höchste Form des Klassenkampfes und Pflicht eines jeden Franzosen.«

Gab es für die Regierung die Wahl zwischen zwei politischen Wegen? Eine innerministerielle Kontroverse zwischen Wirtschaftsminister Pierre Mendès-France und Finanzminister René Pleven, Nachfolger des im November 1944 tödlich verunglückten Aimé Lepercq, könnte diesen

Schluß nahelegen. Mendès-France befürwortete eine dirigistische Politik nach dem Vorbild Camille Gutts in Belgien: Da die in Umlauf befindliche Banknotenmenge fünfmal größer, das Warenangebot aber nur halb so groß wie im Jahre 1939 sei, solle man die Menge der umlaufenden Zahlungsmittel reduzieren. Im Wege eines zwangsweisen Banknotenumtauschs sollte ein teilweises Einfrieren der Geldmenge erreicht werden; ein solches Verfahren hätte außerdem den Vorteil einer genauen statistischen Erfassung der Vermögensbestände und damit der Neutralisierung unredlich erworbener Reichtümer, die keine Offenlegung vertrugen. René Pleven hielt dem entgegen, daß das belgische Beispiel nicht auf Frankreich übertragbar sei; die Bedingungen, die in Belgien eine solche Politik ermöglicht hätten, seien in Frankreich nicht gegeben: Erstens sei Belgien ein wesentlich kleineres Land, zweitens sei der Hafen von Antwerpen unzerstört in die Hände der Alliierten gefallen, und drittens verfüge es über Uran aus dem belgischen Kongo. Pleven schlug deshalb weniger drastische Maßnahmen vor: einen Banknotenumtausch, jedoch ohne Einfrierung der Geldmenge, und anstelle des Zwangssparens die Ausgabe von Staatsanleihen. Zur Begründung verwies er auf den Erfolg der sogenannten Großen Befreiungsanleihe vom November 1944, die 164 Milliarden einbrachte und die umlaufende Geldmenge um 70 Milliarden reduzierte.

Bei dieser Auseinandersetzung handelte es sich um einen klassischen Dialog zwischen den Befürwortern administrativer Eingriffe des Staates zur Ankurbelung der Wirtschaft und jenen, die mehr auf Privatinitiative setzten. Der Streit verdankte sein Wiederaufleben zum Teil der innenpolitischen Situation, in der viel auf dem Spiel stand, und gewann zusätzlich an Aktualität durch das Vordringen Keynesianischer Ideen, die den klassischen Wirtschaftsliberalismus aus seiner Vormachtstellung verdrängten.

Die Kontroverse zwischen Dirigisten und Liberalen beherrschte die folgenden Jahre und brach in den Jahren 1954, 1959, 1981 und 1986 von neuem wieder auf. General de Gaulle entschied die Debatte zugunsten der Vorschläge Plevens. Enttäuscht darüber, daß er sich nicht hatte durchsetzen können, bot Mendès-France am 18. Januar 1945 seinen Rücktritt an; de Gaulle jedoch bat ihn zu bleiben. In den darauffolgenden Wochen hat Mendès-France nicht aufgehört, seine volkswirtschaftlichen Lehrmeinungen im Rundfunk zu verkünden. Da sich die Differenzen nicht beilegen ließen, schied er im April 1945 endgültig aus dem Kabinett. Die Gründe, die ihn dazu bewogen hatten, legte er in einem Brief dar, der mit der Zeit einen prophetischen Klang annahm und ihm neun Jahre später den Ruf eines weitblickenden und mutigen Politikers eintrug. Fortan stand sein Name für strenges Wirtschaften und gegen wirtschaftspolitische Laxheit.

Noch heute streiten sich Nationalökonomen über die Frage, ob der von Mendès-France vorgeschlagene Weg 1945 begehbar gewesen wäre. Hätte die Öffentlichkeit nach sechs Jahren voller Entbehrungen eine Austeritätspolitik akzeptiert? Wenn es stimmt, daß Politik auch die Kunst des Möglichen ist, hatte dann nicht de Gaulle die Situation besser eingeschätzt? Vielleicht gab es gar keine echte Alternative, und vielleicht ist die Debatte darüber mehr akademischer als realer Natur? Der Geldnotenumtausch wurde im Juni 1945 durchgeführt und senkte das Volumen des Geldumlaufs auf 444 Milliarden Francs. Doch da man auf das Einfrieren der Geldmenge verzichtet hatte, setzte die Inflation mit vermehrter Heftigkeit von neuem ein. Die Entscheidung de Gaulles vom Januar 1945 bedeutete, daß Frankreich den Wiederaufbau des Landes mit der Abwertung seiner Währung bezahlte. Die Vierte Republik hat diese stillschweigende Prioritätensetzung nur in Ausnahmefällen revidiert.

DIE ERNEUERUNG DES STAATES

General de Gaulle hatte andere Vorstellungen von der Dringlichkeit der zu lösenden Probleme als die Mehrheit seiner Mitbürger. Die meisten Franzosen erhofften sich von der Befreiung zunächst das Ende der Entbehrungen und die Verbesserung der Lebensmittelversorgung. De Gaulles vordringlichste Sorge galt hingegen der Wiederherstellung der Staatsautorität – das übrige würde sich dann schon finden. Dieser Haltung hatte er symbolischen Ausdruck verliehen, indem er sich – kaum in Paris – zuerst ins Kriegsministerium im Hôtel de Brienne begab, das er fünfzig Monate zuvor Hals über Kopf verlassen hatte. Der Staat kehrte heim. Danach ging er ins Rathaus. Es war ein symbolischer Schritt, der keine Lösung eines äußerst dringlichen Problems bedeutete: Wenn Ende August 1944 die Gefahr einer alliierten Militärverwaltung (AMGOT) ausgeräumt war, so änderte das nichts daran, daß die Regierung ihre Autorität erst einmal im ganzen Land durchsetzen mußte. Die Macht war in diesen Tagen vakant.

In manchen Kreisen ist damals der Verdacht aufgekommen, daß die Kommunisten eine Machtergreifung planten und das errichten wollten, was man heute als Volksdemokratie bezeichnen würde. Später haben sich die Historiker mit dieser Frage befaßt. Nach dem gegenwärtigen Stand der Forschung scheint die These nicht mehr haltbar zu sein. Offenbar hat die Parteiführung die Situation nicht als objektiv revolutionär eingeschätzt – was die unabdingbare Voraussetzung für einen derartigen Versuch gewesen wäre –, ebensowenig wie 1936 und 1968. Nach ihrer Strategie zu urteilen, lag der einzige Zeitpunkt, an dem die Partei möglicherweise eine Revolutionschance gesehen hat, gegen Ende des Jahres 1947. Von diesem einen Fall abgesehen, verlief alles so, als ob die Kommunisten seit einem halben Jahrhundert der gewaltsamen Machtergreifung abgeschworen und sich unwiderruflich für den legalen Weg zur Macht entschieden hätten. Im übrigen schloß die allgemeine militärische und außenpolitische Situation des Jahres 1944 jeden Versuch einer Machtübernahme aus. Der Krieg war noch nicht zu Ende, und Frankreich gehörte zum anglo-amerikanischen Operationsgebiet. Das alliierte Oberkommando, das sich schon mit einer französischen Verwaltung schwer tat, hätte sein Hinterland und seine Verbindungslinien niemals einer kommunistischen Macht überlassen. Stalin kannte die Kräfteverhältnisse viel zu gut, um die Partei nicht von derartigen Vorhaben abzubringen, sofern die daran gedacht hatte.

Aber das Fehlen von Machteroberungsgelüsten bedeutete nicht, daß sie nicht versucht hätte, sich Machtpositionen zu sichern. Im Gegenteil, sie war gut darauf vorbereitet. Ihre Aktivisten besaßen langjährige Erfahrung in der Untergrundarbeit. Die organisatorische Trennung von öffentlich agierenden Führungskadern und heimlichen Machtträgern hatte dazu geführt, daß ihr die Tätigkeit in abgeschotteten Parteizellen zur zweiten Natur geworden war. Im Unterschied zu anderen Parteien, deren Strukturen unter dem Schock der Niederlage zerbrochen waren und deren Mitglieder sich eher aufgrund von Zufallsbegegnungen der einen oder anderen Widerstandsgruppe angeschlossen hatten, kämpften die Kommunisten in parteieigenen Organisationen (insbesondere den Freischärlern und Partisanen, *Francs-tireurs et partisans*, FTP), die eifersüchtig über ihre Selbständigkeit wachten. Sie konnten deshalb bei der Befreiung sämtliche von Kommunisten durchgeführten Aktionen als Erfolge für die Partei beanspruchen. Deswegen bezeichnete sich die PCF auch gern als die »Partei der 75 000 Erschossenen« – eine erwiesenermaßen übertriebene Zahl, da es in Frankreich selbst nicht mehr als 40 000 Erschießungen gegeben hat und es übertrieben wäre (falls man noch die etwa 80 000 Deportierten hinzurechnet, die nicht aus den Lagern zurückgekehrt sind), ganze zwei Drittel der 120 000 für kommunistische Parteimitglieder zu halten. Damals waren die Statistiken noch ziemlich ungenau, und so bekräftigte diese Behauptung eigentlich nur die Absicht der Partei, sich mit der Résistance gleichzusetzen.

Schließlich gab es noch einen dritten Umstand, der an Machtergreifungspläne denken ließ: Die Geschicklichkeit, mit der die Kommunisten andere Gruppierungen unterwanderten und parallel dazu unter dem Deckmantel einer umfassenden Union aller Patrioten Satellitenorganisationen gründeten. Diese Strategie hatten sie bereits innerhalb der Volksfront und später im Untergrund erfolgreich praktiziert. So hatten sich die Kommunisten in mehreren Organen der Résistance die führenden Positionen gesichert; zum Beispiel waren im *Comité d'action militaire* (COMAC), das die bewaffneten Aktionen koordinierte, zwei der drei Verantwortlichen Kommunisten. Henri Frenay hat später sogar Jean Moulin, den ehemaligen Präsidenten des Nationalrats der Résistance und Emissär de Gaulles, im Verdacht gehabt, ein geheimes Mitglied der Partei gewesen zu sein und für ihre Interessen gearbeitet zu haben, als er die Vereinigung der Résistance betrieb – was zwar nicht zutraf, aber doch ein bezeichnendes Licht auf das Klima des Mißtrauens wirft, das der wachsende Einfluß der Kommunisten innerhalb des Apparates der Résistance hervorgerufen hatte. Ihre Aktivitäten während der Befreiung wurden teilweise abgelöst und unterstützt durch alle möglichen Massenorganisationen, die unter recht vagen, patriotisch klingenden Bezeichnungen wie *Union des femmes françaises, Union des jeunes filles de France* oder *Mouvement de la jeunesse républicaine de France* reine Ableger der Partei waren. Tatsächlich wußte die Partei viel zu gut über die inneren Kräfteverhältnisse in Frankreich Bescheid und legte viel zu großen Wert auf ihre Wiedereingliederung in die französische Gesellschaft, als daß sie das Risiko eines Umsturzversuchs auf sich genommen hätte. Dies beweist deutlich das willfährige Verhalten ihrer Führung angesichts der

Aufforderung General de Gaulles, die *Milices patriotiques*, den bewaffneten Arm der Partei, aufzulösen.

Die eigentliche Gefahr für den Staat lag weniger in der Machtübernahme durch eine totalitäre Partei als vielmehr darin, daß der Staat sich aufzulösen drohte und die Verhältnisse das Umsichgreifen anarchischer Zustände begünstigten. Der Zusammenbruch des Vichy-Regimes hatte ein Machtvakuum hinterlassen. Die Desorganisation des Transportwesens und die Unterbrechung der Telefonverbindungen isolierten die Regierung und verhinderten die Kommunikation zwischen der Zentralverwaltung in Paris und ihren nachgeordneten Dienststellen in den Departements. Die Franzosen hatten sich Disziplinlosigkeit angewöhnt, und die Einwände, die gegen die Legitimität der Regierung vorgebracht wurden, lieferten ihnen die nötige Rechtfertigung. Die Widerstandskämpfer setzten wenig Vertrauen in eine Verwaltung, die dem *État français* gedient und den Besatzungsbehörden gehorcht hatte. Bewaffnete Aufstandsbewegungen förderten, weitab von Paris, das Wiedererstehen zentrifugaler Strömungen: Als die Gegend um Toulouse einige Wochen lang ganz für sich lebte, lebten Autonomiebestrebungen wieder auf, wie man sie ähnlich schon 1815 erlebt hatte, damals jedoch mit ultra-royalistischer Tendenz, und wie sie in den siebziger Jahren unseres Jahrhunderts in der Sehnsucht nach dem alten Okzitanien erneut zum Ausdruck kamen. Außerdem waren im Zusammenhang mit der Massenrekrutierung von Résistance-Kämpfern überall zahlreiche Organisationen entstanden, die Kontakt zur Regierung in Algier hielten, parallel zur Staatsverwaltung eigene Hierarchien gebildet hatten und keineswegs gewillt waren, sich aufzulösen: Befreiungskomitees auf lokaler oder Departementsebene, die sich nach dem Vorbild des pluralistisch strukturierten Nationalrats der Résistance aus den Delegierten der einzelnen Widerstandsbewegungen und Parteien zusammensetzten. Somit existierten zwei Mächte nebeneinander, von denen die eine das Erbe staatlicher Kontinuität antrat, während die andere sich auf das Ansehen der Résistance berief. Vereinzelt kam es auch vor, daß Angehörige der FFI, nachdem sie ihre Schlupfwinkel im Maquis, in den Wäldern oder in den Bergen verlassen hatten, regulären Einheiten die polizeiliche Gewalt streitig machten.

Die Regierung in Algier hatte eine solche Situation vorausgesehen und eine Reihe von Maßnahmen getroffen. Sie erkannte, daß es einige Wochen lang schwierig werden würde, das Land von Paris aus zu regieren, und hatte deshalb bereits 1944 Kommissare für die einzelnen Regionen ernannt. Alle Einwohner in der Region unterstanden ihrer Weisungsbefugnis; sie wurden mit weitreichenden Vollmachten ausgestattet, bis hin zum Begnadigungsrecht. Diesen Kommissaren war dieselbe Funktion zugedacht wie den Intendanten im Ancien régime oder den Kommissaren der Französischen Revolution: den Staat in den Provinzen zu verkörpern. Für diese verantwortungsvolle Aufgabe hatte Michel Debré, ein junger Auditor am *Conseil d'État* (obersten Verwaltungsgericht), der 1938 in den Stab Paul Reynauds eingetreten war und sich schon frühzeitig der Résistance angeschlossen hatte, eine Reihe junger Männer ausgewählt – die Résistance war ja faktisch die Sache einer Generation –, von denen die einen aus dem öffentlichen Dienst, andere aus den freien Berufen kamen, und die alle gemeinsam dieselbe hohe Auffassung vom Staat besaßen. Diese Kommissare übten eine beträchtliche Macht aus: Sie ergriffen die entscheidenden Initiativen, leiteten die Säuberungen, kümmerten sich vordringlich um die Aussöhnung der Franzosen untereinander und bereiteten den Boden für die zügige Wiederherstellung normaler Verhältnisse. Daß dem Land in dieser turbulenten Phase Erschütterungen erspart blieben, verdankt es im wesentlichen ihnen.

Schon bald nach der Bildung seiner Regierung unternahm General de Gaulle planmäßig Reisen in die Provinzen, wobei er mit den entferntesten begann. Ob in Grenoble, Marseille, Toulouse oder Bordeaux, überall sprach er zu den Massen, die den Mann sehen wollten, dessen Stimme sie bisher nur von Radio London her gekannt hatten. Danach schritt der General die Ehrenformationen der FFI ab, zeichnete die einen aus und tadelte die anderen, ehrte die Résistance, forderte sie auf, die Politik der kommenden Jahre mit ihrem Geist zu erfüllen und wachte über die Wiedereinsetzung einer geordneten Verwaltung.

Schon vor Ende des Krieges war die Staatsautorität wiederhergestellt. Nach und nach ging die Macht von den aufständischen Befreiungskomitees wieder auf den Staat über. Die Einberufung der *États généraux de la Renaissance française* am 14. Juli 1945, welche die Résistance unter dem Einfluß der Kommunistischen Partei gefordert hatte, wurde zur reinen Gedenkveranstaltung. Die Macht war den Widerstandsbewegungen entglitten; künftig lag sie wieder in den Händen des Staates und der politischen Parteien.

DIE STRUKTURREFORMEN

Im Wesen der Résistance, wie es sich im Untergrund nach und nach herausgebildet hatte, verband sich die ursprüngliche Absicht der physischen Befreiung des Landes untrennbar mit dem Willen zur Erneuerung der französischen Gesellschaft. Ziel war, mit Hilfe eines Reformpakets ein wahrhaft demokratisches Staatswesen zu schaffen. Die Résistance-Kämpfer urteilten über die Dritte Republik nicht weniger streng als das Vichy-Regime, doch zielte ihre Kritik genau in die entgegengesetzte Richtung: Die mangelhaften Kriegsvorbereitungen schrieben sie nicht einem Zuviel, sondern einem Zuwenig an Demokratie zu. Der Schock über die Niederlage, das Versagen der politischen, administrativen und gesellschaftlichen Eliten sowie der nachfolgende Kampf gegen die Nationale Revolution hatten ihr Denken in revolutionäre Bahnen gelenkt.

Der Nationalrat der Résistance hatte außergewöhnlich umfassende Reformen ausgearbeitet, die sich nur noch mit den richtungweisenden Gesetzen vergleichen ließen, welche die republikanische Mehrheit in den achtziger Jahren des 19. Jahrhunderts verabschiedet hatte. De Gaulle hatte ihnen zugestimmt. Schon wenige Tage nach der Befreiung von Paris kam es unter seinem Vorsitz im Palais Chaillot zu einem Treffen zwischen Vertretern des innerfranzösischen Widerstands, des Freien Frankreich sowie der verschiedenen Bewegungen und Parteien. Der Vorsitzende des Nationalrats der Résistance, der Volksdemokrat Georges Bidault, verkündete den einhelligen Wunsch nach einer »Revolution im Wege des Gesetzes«. Diese Formulierung definiert exakt den Erwartungshorizont der Teilnehmer: Man wünschte, daß die Initiative zu Reformen vom Staat ausgehe. Das entsprach ganz dem Wunsch der öffentlichen Meinung: Im Moment der Befreiung auf diffuse Weise einig, verlangte sie nach Reformen, die eine substantiellere Demokratie verwirklichen sollten, als die Dritte Republik es gewesen war. Es schien an der Zeit, sie auf Wirtschaft und Gesellschaft auszudehnen; denn nur wenn sie auch diese Bereiche erfaßte, konnte von wirklicher und vollständiger Demokratie die Rede sein. Die formalen Freiheitsrechte mußten deshalb durch Strukturreformen im Bereich der Wirtschaft und der Arbeitsverhältnisse ergänzt werden.

Da der Kapitalismus weder imstande gewesen war, die Krise der dreißiger Jahre abzuwenden, noch das Land auf den Krieg vorzubereiten, und da das Bürgertum versagt hatte, galt es nun, die wichtigsten Energiequellen und Produktionsmittel der Kontrolle des Privatkapitals zu entziehen. Das Programm des Nationalrats enthielt daher die Forderung nach Verstaatlichung; sie ging in erster Linie auf die Sozialisten zurück, die sie von ihren politischen Partnern hatten absegnen lassen. Allerdings nicht ohne Schwierigkeiten: Die Kommunisten hatten lange Zeit entschiedene Vorbehalte gegen eine Formel bekundet, von der sie befürchteten, daß sie den wirklichen Umbau der Gesellschaft nur hinauszögerte; denn der konnte erst an dem Tag Wirklichkeit werden, an dem die Diktatur des Proletariats errichtet war und die Staatsmacht in den Händen der Arbeiterklasse lag. Schließlich stimmten sie dann doch zu. Im Verstaatlichungsmodell verbanden sich die Planungsideologie eines Albert Thomas und der *Révolution constructive* [Gruppe jüngerer Intellektueller, die mit den planwirtschaftlichen Vorstellungen des belgischen Sozialisten Henri de Man sympathisierten; Anm. d. Ü.] mit jakobinischen Vorstellungen und verschiedenen anderen Gesichtspunkten, die ihm zusätzliches Gewicht verliehen: Wie anders, wenn nicht durch staatliches Eingreifen, sollte man die Zerstörungen beseitigen? Die Wirtschaft wieder in Gang zu setzen überstieg die Möglichkeiten des durch Weltwirtschaftskrise und Krieg geschwächten Kapitals. Die Unternehmen des Kohlebergbaus waren gewiß nicht in der Lage, ihre Grubenanlagen instandzusetzen, und auch die Hunderte kleiner Elektrizitätserzeuger- und -verteilergesellschaften waren wohl kaum imstande, einen zusammenhängenden Plan zur Neuordnung der Elektrizitätswirtschaft zu erstellen. Nur die öffentliche Hand konnte rationale Prioritäten setzen.

Die Verteidiger des Gemeinwohls sahen in der Verstaatlichung der großen Wirtschaftssektoren ein Mittel, um die Konzentration von Macht in den Händen des Finanz- oder Industriekapitals zu verhindern, das den Staat in die Schranken zu weisen oder in besorgniserregender Weise zu bevormunden versuchte: Das Mißtrauen gegen die von den Linken angeprangerten Trusts verband sich hier mit dem Kampf der staatlichen Juristen gegen die Macht der Cliquen. Die Gewerkschafter, die Verstaatlichung und Sozialisierung leicht durcheinanderbrachten, hofften außerdem, auf diese Weise die Mitbestimmung der Arbeitnehmer durchzusetzen und ein neues Sozialklima zu schaffen, das den Klassenkampf überflüssig machen würde.

Die Verstaatlichung wurde in zwei aufeinanderfolgenden Wellen und auf zwei verschiedenen Wegen durchgeführt. In der ersten Zeit geschah dies von Fall zu Fall mittels sogenannter Ordonnanzen der Regierung, da eine gesetzgebende Körperschaft noch nicht existierte. So verstaatlichte sie am 13. Dezember 1944 die Kohlegruben der Departements Nord und Pas-de-Calais, die schon am 1. Oktober unter staatliche Zwangsverwaltung gestellt worden waren, und übernahm am 15. Januar 1945 die Renault-Werke in staatliche Regie. Die Verstaatlichung des großen Industrieunternehmens in Billancourt besaß symbolische Bedeutung: Zum einen war es die erste für den Feind arbeitende Fabrik in der Pariser Region, die im März 1942 von der englischen Luftwaffe bombardiert worden war; vor allem aber nahmen die Renault-Werke, als vorgeschobener Frontposten im Kampf gegen den Kapitalismus, in der Mythologie der Arbeiterbewegung einen herausragenden Platz ein. Durch die Verstaatlichung wurden die Zeichen verkehrt: Gestern noch Symbol des Kapitalismus, wurde der Regiebetrieb nunmehr zum staatlichen Pilotprojekt, zum Leitstern der technischen Modernisierung, des wirtschaftlichen Erfolgs und des sozialen Fortschritts. Es war das erste Unternehmen, das seinen Mitarbeitern eine dritte bezahlte Urlaubswoche bewilligte und eine regelmäßige Anhebung der Reallöhne garantierte. Am 29. Mai 1945 wurden die Flugzeugmotorenwerke Gnôme-et-Rhône in das Staatsunternehmen SNECMA *(Société nationale d'études et de construction de moteurs d'aviation)* umgewandelt. Im Juni 1945 schluckte die 1933 als Aktiengesellschaft gegründete Air France einige kleinere Unternehmen und wurde in nationale Regie übergeführt.

Die zweite Verstaatlichungswelle war umfassender als die erste; sie verfolgte ehrgeizigere, eher politische Ziele und erhielt nach eingehender Beratung der Regierungsvorlagen durch die Verfassungsgebende Versammlung eine gesetzliche Grundlage. Sie betraf zunächst das Bankwesen. So wurden die Statuten der *Banque de France* nach geringfügigen Änderungen im Jahre 1936 nun radikal umgestaltet. Vor allem wurden die vier größten Depotbanken – der *Crédit lyonnais,* die *Société générale,* der *Comptoir d'escompte* und die *Banque nationale du commerce et de l'industrie* – verstaatlicht, während die Geschäftsbanken dank der Abgeordneten des *Mouvement républicain populaire* (MRP) ihren privatunternehmerischen Charakter behielten. Verstaatlicht wurden auch vierunddreißig Versicherungsgesellschaften.

Im April 1946 erfaßte die Verstaatlichungswelle sämtliche Kohlegruben, die zu den *Charbonnages de France,* bestehend aus neun Kohlereviergesellschaften, zusammengefaßt wurden, sowie die Gas- und Elektrizitätsgesellschaften; sie gingen in der *Gaz de France* und der *Électricité de France* auf, die seitdem das Monopol bei der Produktion und Verteilung von Gas und Strom besaßen.

Nach Abschluß dieser Maßnahmen hatten sich die Strukturen der französischen Wirtschaft grundlegend gewandelt. Sämtliche damals bekannten Energiequellen wie Kohle, Gas und Strom, die führenden Kreditinstitute sowie das Transportwesen (aufgrund der seit 1938 – nach Ablauf der Konzessionen mit der SNCF – vollzogenen Umwandlung der Eisenbahnen in ein öffentliches Unternehmen) bildeten einen starken gemeinwirtschaftlichen Sektor, der in den Genuß öffentlicher Kredite kam und dem Staat die Möglichkeit zur Wirtschaftslenkung gab. Fest steht, daß ohne diese Reformen der Wiederaufbau eines modernen und leistungsfähigen Produktionsapparates nicht so schnell verwirklicht worden wäre. Eine der letzten Entscheidungen de Gaulles vor seinem Rücktritt als Chef der Provisorischen Regierung war die Errichtung eines Planungs- und Modernisierungsamtes, mit dessen Leitung er Jean Monnet betraute. Sie setzte – zusammen mit der Errichtung einer Atomenergiebehörde – den Schlußstein hinter einen Umwandlungsprozeß, der sehr viel tiefer griff als der des Jahres 1936. An die Spitze dieser neuen Staatsunternehmen berief die Regierung eine Reihe hoher Beamten, die sich bald zu regelrechten Managern entwickelten. Sie sind die entscheidenden Kräfte bei der Modernisierung der französischen Wirtschaft gewesen.

NEUE SOZIALBEZIEHUNGEN

Der Wunsch nach Erneuerung erstreckte sich auch auf den gesellschaftlichen Bereich. In der Euphorie über die wiedergewonnene Freiheit träumten die meisten Franzosen von der Schaffung eines neuen Sozialklimas, der Überwindung des Klassenkampfes und der Errichtung einer echten sozialen Demokratie. Bereits vor der Einnahme von Paris hatte die Provisorische Regierung die Arbeitscharta aufgehoben und die Gewerkschaftsverbände wieder in ihre Rechte und Privilegien eingesetzt.

Die Gewerkschaftsbewegung erhielt neuen Auftrieb: Nach ihrer Wiederzulassung und Säuberung erlebten die Gewerkschaften einen Mitgliederzulauf, der sogar die Beitrittswelle des Sommers 1936 übertraf. Die wiedervereinigte CGT, deren Schlüsselpositionen von den Kommunisten besetzt waren, verzeichnete Ende 1945 fast fünf Millionen Mitglieder. Der Christliche Arbeiterbund (CFTC) hingegen widerstand dem Vereinigungsrausch der Arbeiterbewegung und wies den Fusionsvorschlag der CGT zurück. Statt dessen kämpfte er Schritt für Schritt gegen ihren Monopolanspruch und für die Verteidigung der gewerkschaftlichen Freiheit. Nun war die Stunde der Revanche für die seit 1938 herrschende Reaktion der Patrons gekommen. In Wiederanknüpfung an die Parolen der Volksfrontzeit 1936 wurde den Unternehmern – ob zu Recht oder nicht – Verrat vorgeworfen und behauptet, daß nur die Arbeiterklasse patriotische Haltung bewiesen habe. In der Tat hatte die Besatzungszeit die Arbeiterbewegung mit der Nation ausgesöhnt. Das Pendel schlug nun in die andere Richtung, zugunsten der Gewerkschaftszentralen, aus: Immer häufiger kam es vor, daß führende Gewerkschafter in die Politik überwechselten und sich für eine Laufbahn in der Kommunistischen Partei (PCF), der Sozialistischen Partei (SFIO) oder in der Republikanischen Volksbewegung (MRP) entschieden, so daß die Gewerkschaftsführer Männer aus ihren eigenen Reihen als Gesprächspartner an der Spitze der federführenden Ministerien antrafen, wie den Sozialisten Robert Lacoste oder den Kommunisten Marcel Paul.

Ein Gesetz garantierte den Gewerkschaften ein Drittel der Verwaltungsratssitze in den verstaatlichten Unternehmen, und eine Ordonnanz vom 22. Februar 1945 erlegte allen Industrie- und Handelsunternehmen mit mehr als 100 Beschäftigten die Bildung eines Betriebsrates auf; durch ein Gesetz vom 16. Mai 1946 wurde die Schwelle auf 50 Beschäftigte gesenkt. Diese Regelung vervollständigte die Maßnahmen des Gesetzes über Belegschaftsvertretungen in den Betrieben aus dem Jahre 1936 und griff auch einiges von dem auf, was mit der Arbeitscharta des Vichy-Regimes erreicht worden war. Sie bildet ein gutes Beispiel für den kontinuierlichen Fortschritt der Sozialgesetzgebung unter wechselnden Regierungen. Die Betriebsräte handelten bei der Bewältigung ihrer sozialen Aufgaben völlig selbständig und verfügten zu diesem Zweck über ein beachtliches Budget, dessen Höhe sich nach der Zahl der Arbeitnehmer bemaß. Die Arbeitnehmervertreter wurden von der Belegschaft gewählt, wobei den Gewerkschaften, um Hauskandidaturen zu vermeiden, im ersten Wahlgang das alleinige Recht der Kandidatenaufstellung zustand. Die Betriebsräte wurden ständig über den Geschäftsverlauf informiert und über alle Maßnahmen, die Auswirkungen auf die Beschäftigung hatten, auf dem laufenden gehalten. Dabei ging es jedoch nicht um Mitbestimmung im Sinne des bundesrepublikanischen Modells; die Entscheidungsbefugnis blieb vollständig in der Hand des Unternehmers.

Ein weiteres Gesetz vom 23. Dezember 1946 setzte Tarifverträge zwischen Unternehmen und Gewerkschaften wieder in Kraft. Ein allgemeines Beamtenstatut aus dem Haus des für den öffentlichen Dienst zuständigen Staatsministers Maurice Thorez fixierte sämtliche bisherigen Bestimmungen und garantierte den rechtlichen Status der Beamten sowie ihr Recht auf gewerkschaftliche Vertretung.

Auch die Landwirte wurden nicht vergessen. Noch immer repräsentierten sie die relative Mehrheit der Erwerbstätigen: 1946 lebten noch 46 Prozent der berufstätigen Bevölkerung auf dem Land. Am 13. April 1946 erließ die Verfassunggebende Versammlung eine Verordnung über Voll- und Halbpachten landwirtschaftlich nutzbaren Bodens, welche die Bedingungen für die Bewirtschafter fremden Eigentums verbesserte; sie zielte auf den Wegfall der Halbpacht und schützte den Pächter vor willkürlicher Vertreibung, bewilligte bei Beendigung des Pachtverhältnisses Entschädigungszahlungen für vom Pächter geleistete Verbesserungen und dehnte die Dauer der landwirtschaftlichen Pachtverträge auf neun oder mehr Jahre aus.

Die Bewegung berufsständischer Selbstorganisation erfaßte nahezu alle Wirtschaftsbereiche. Ihre leitenden Angestellten gründeten mit der *Confédération générale des cadres* (CGC) eine branchenübergreifende Organisation, deren repräsentativer Charakter anerkannt wurde. In der Landwirtschaft hatte das Ende des Vichy-Regimes die Auflösung der Bauernkorporation nach sich gezogen; an ihrer Statt gründeten die Sozialisten, die für diesen Bereich verantwortlich waren, eine *Confédération générale de l'agriculture* (CGA), die mehrere Einzelorganisationen zusammenschloß. Eine von ihnen sollte bald darauf ihre Selbständigkeit erlangen und die führende Rolle spielen: die *Fédération nationale des syndicats d'exploitants agricoles* (FNSEA), der die Leiter landwirtschaftlicher Betriebe angehörten.

Die Unternehmer litten unter den Folgen ihrer Einlassung mit den

Comités d'organisation professionelle des Vichy-Regimes und der Rolle, die sie bei der Zuteilung verknappter Güter spielen mußten. Nun existierte die *Corporation générale du patronat français* nicht mehr. Ermutigt durch die Regierung, legten 1945 einige Unternehmerpersönlichkeiten, die sich in der Résistance ausgezeichnet hatten und von denen einige sogar deportiert worden waren wie Georges Villiers, den Grundstein zu einer neuen Repräsentativorganisation, dem *Conseil national du patronat français* (CNPF).

DIE SOZIALE SICHERHEIT

Die bedeutendste und zukunftsträchtigste Reform war die Einführung eines verbesserten Sozialversicherungssystems. Konzipiert und in die Tat umgesetzt wurde es von Pierre Laroque, der sich am britischen Vorbild des Beveridge-Plans orientierte. Laroques System basierte auf dem Solidaritätsprinzip und zielte darauf ab, sämtliche sozialen Risiken wie Krankheit, Arbeitsunfall, Invalidität und Tod abzudecken. Die neue Sozialversicherung, die im Oktober 1945 in Kraft trat, löste das in den Jahren 1928–1930 geschaffene Gesetzeswerk ab; sie übernahm dessen wichtigste Elemente in weiterentwickelter Form und setzte an die Stelle einer Vielzahl von Hilfskassen eine einzige Organisation. Unabhängig von diesem sogenannten allgemeinen System bestanden weiterhin gesonderte Versicherungssysteme für Bergarbeiter, Eisenbahner und Beamte. Finanziert wurde es aus Arbeitgeber- und Arbeitnehmerbeiträgen, wobei die letzteren einen später auszahlbaren Soziallohn darstellten. Die Geschäftsführung der Versicherungskassen lag in den Händen von Beiräten, die von Arbeitgebern und Arbeitnehmern gewählt wurden. Bei den ersten Wahlen im Jahre 1947 erhielten bei den Arbeitnehmern die Kandidaten der CGT die absolute Mehrheit.

1946 kamen zunächst nur die Lohn- und Gehaltsempfänger, die damals noch nicht die Mehrheit der Bevölkerung bildeten, in den Genuß der Sozialversicherung. In der Folgezeit wurde sie jedoch nach und nach auf andere Berufssparten ausgedehnt, bis sie fast die gesamte Bevölkerung umfaßte: Landwirte, freie Berufe, Selbständige und Bürgerwitwen. Sie spielte eine immer größere Rolle im täglichen Haushalt wie im Leben des Landes. Indem sie den Pflichtversicherten die Angst vor der Zukunft nahm, befreite sie sie auch von der Notwendigkeit, Rücklagen zu bilden, und erlaubte ihnen, ihre Ausgaben auf andere Konsumbedürfnisse zu richten. Auf diese Weise wurde die Nachfrage und damit die gesamte Wirtschaft angeregt.

Da nun jeder wußte, daß der größte Teil seiner Arzt- und Arzneikosten zurückerstattet wurde, rief man schneller nach dem Arzt als früher und wandte mehr Geld für seine Gesundheit auf. Infolgedessen hat sich der allgemeine Gesundheitszustand der Bevölkerung spürbar verbessert. Die Kindersterblichkeitsrate, eine der höchsten in Europa, sank beträchtlich; heute hat Frankreich eine der niedrigsten überhaupt. Die Lebenserwartung verlängerte sich um durchschnittlich zehn Jahre. Darüber hinaus trug die Sozialversicherung wesentlich zur Verbesserung der Krankenhausausstattung und zur Hebung des Lebensstandards der Ärzte bei. Im Laufe von vierzig Jahren hat ihr Gesamtbudget einen Umfang erreicht, der den des Staatshaushalts übertrifft, was heute zwangsläufig die Finanzpolitik vor gravierende Deckungsprobleme stellt.

Die Bevölkerung hat die Sozialversicherung voll und ganz bejaht. Sie ist zu einem Element des sozialen Friedens geworden. Jede Bedrohung der *»Sécu«*, wie sie genannt wird, ruft sofort eine heftige Reaktion hervor; jeder Versuch, sie in Frage zu stellen, würde eine Explosion auslösen. Es könnte durchaus sein, daß die Beschlüsse von 1967, die eine Veränderung in der Zusammensetzung der Verwaltungsräte bewirkten und die Wahl ihrer Mitglieder aufhoben, zu den sozialen Unruhen des Jahres 1968 beigetragen haben. Seit 1946 wagte keine Regierung am Grundbestand oder am Prinzip der Sozialversicherung zu rühren. 1946 hat die Regierung außerdem einen umfassenden Familienlastenausgleich geschaffen. Diese Einrichtung entsprang zum einen dem Wunsch, die Bevölkerung zu mehr Geburten zu ermutigen, zum anderen dem Bemühen, die Nachteile auszugleichen, denen Familien mit Kindern ausgesetzt sind.

Dieses Reformpaket, das teilweise an die Sozialpolitik der Volksfrontregierung anknüpfte, doch stillschweigend auch Ansätze des Vichy-Regimes mitverarbeitete und das innerhalb weniger Monate verabschiedet wurde, hat das Land, seine Wirtschaft und die Arbeitsverhältnisse tiefgreifend verändert. Es schuf eine soziale Demokratie und gab der französischen Gesellschaft ein neues Gesicht. So hat die Libération eines der wichtigsten Kapitel der neueren französischen Geschichte geschrieben.

KAPITEL V

Eine neue politische Landschaft

Mit dem Ende der Besatzungszeit hätte eigentlich das politische Leben, das seit fünf Jahren stagnierte, wiedererwachen und die Öffentlichkeit, die seit Beginn des Krieges nur heimlich ihre Meinung äußern konnte, wieder zu ihren gewohnten Ausdrucksmitteln zurückfinden müssen. Aber die Umstände verzögerten die Rückkehr zu normalen Verhältnissen um einige weitere Monate: Noch immer war ein Teil des Landes besetzt, über zweieinhalb Millionen Franzosen wurden in Deutschland festgehalten, und im Lande selbst blieben sämtliche Energien auf den Krieg gerichtet. Die nationale Geschlossenheit, die dazu vonnöten war, verhinderte die Diskussion kontroverser Standpunkte. Bei der Bildung seiner Regierung ließ sich Charles de Gaulle von der Absicht leiten, die beiden Résistance-Bewegungen, die verschiedenen Generationen sowie sämtliche politischen Strömungen zusammenzubringen. Noch wagte niemand seine Autorität oder das Dogma von der Einheit der Résistance in Zweifel zu ziehen. Darum wirken die Monate, die von der Rückkehr der Regierung ins Mutterland bis zum Frühjahr 1945 verstrichen sind, in diesem Punkt wie eine Neuauflage der *Drôle de guerre:* Das politische Leben war zum Stillstand gekommen.

DAS ERWACHEN DES POLITISCHEN LEBENS

Da die Debatte über die künftigen Verfassungsorgane vorläufig zurückgestellt worden war, galt die erste Frage den Strukturen, auf denen die Neugestaltung des politischen Lebens aufbauen sollte. Die Erinnerungen an das Ende der Dritten Republik sprachen nicht für die Parteien.

Zahlreiche Widerstandskämpfer machten sie für die Unfähigkeit der Regierungen und den Niedergang Frankreichs verantwortlich. Zu ihnen zählten auch einige Linke wie der ehemalige Sozialist Pierre Brossolette, ein Held der Résistance, der von der unheilvollen Rolle der Parteien überzeugt war, oder Simone Weil in London, die in einer Schrift ihre Abschaffung verlangt hatte. Es gab viele, die nach neuen Formen des politischen Lebens verlangten und im Fortbestand der Résistance-Bewegungen eine glückliche Alternativlösung sahen. Parteien oder Bewegungen? Dies war die Frage am Ende dieser langen Nacht und am Vorabend der Wiedergeburt Frankreichs.

Doch sie wurde schon bald zugunsten der Parteien entschieden. Vielleicht waren die Würfel bereits an dem Tag gefallen, an dem Jean Moulin mit Zustimmung des Führers des Freien Frankreich die Parteien und Résistance-Bewegungen im *Conseil national de la Résistance* zusammengeführt und de Gaulle den politischen Gruppierungen ein Mitspracherecht in der Provisorischen Beratenden Versammlung zugestanden hatte, die Anfang November 1943 in Algier von ihm ins Leben gerufen worden war. So war der Keim zur Auflösung der Résistance-Bewegungen schon 1943 gelegt. Ihre Ausschaltung wurde beschleunigt durch die Befürchtungen, die die Kommunistische Partei hervorrief. Praktisch konnten zwei Bewegungen die Führung der Résistance für sich beanspruchen: die Nationale Befreiungsbewegung *(Mouvement de libération nationale*, MLN) und die von den Kommunisten kontrollierte Nationale Front *(Front national)*. Diese schlug der MLN eine Fusion vor mit dem Ziel, die Vereinigung sämtlicher Résistance-Organisationen zum entscheidenden Machtfaktor bei der Erneuerung des politischen Lebens zu machen und mit ihrer Hilfe das Programm des Nationalrats der Résistance zu verwirklichen.

Der Kongreß des MLN vom 23.–28. Januar 1945 hörte sich das Für und Wider der beiden Standpunkte an, entschloß sich aber unter dem Einfluß des eigens dazu von der elsässischen Front herbeigeeilten André Malraux mehrheitlich zur Ablehnung des Fusionsvorschlags der Nationalen Front, weil er die gesamte Résistance und damit das gesamte politische Leben unter kommunistische Vorherrschaft zu bringen drohte. Vielleicht hat diese Entscheidung, die mit 250 zu 119 Stimmen gefällt wurde (wobei sich eine Minderheit von der MLN abspaltete und der Nationalen Front anschloß), Frankreich die Errichtung einer Volksdemokratie erspart – so jedenfalls dachte man zu Zeiten des Kalten Krieges. Indes machte diese Entscheidung die Möglichkeit einer Erneuerung zunichte. Die Résistance-Bewegungen büßten ihre Substanz ein, und ihre Aktivisten schlossen sich den Parteien an. Wo sich die Kräfte der Erneuerung mit denen der Vergangenheit kreuzten, hatten die letzteren von nun an die Oberhand.

Gleichwohl war allen Parteien klar, daß sie sich nach ihrer Rückkehr ins politische Leben gründlich erneuern mußten. Im Gegensatz zu ihren Kritikern, die den Parteien jegliche Existenzberechtigung und politische Rolle bestritten, meinten ihre Befürworter, daß eher die Schwäche der Parteien der Grund gewesen sei für die Gebrechen der Demokratie und den Untergang der Republik – eine These, die Léon Blum in seinem Essay *»A l'échelle humaine«* als Frucht seines Nachdenkens über die Niederlage während seines Gefängnisaufenthalts aufgestellt hatte. Die Demokratie, so heißt es darin, benötige nur wenige, jedoch straff organisierte, mitgliederstarke und disziplinierte Parteien, die ihre Abgeordneten streng kontrollieren und untereinander zu dauerhaften und tragfähigen Absprachen über ein verbindliches Regierungsprogramm gelangen sollen. Just die SFIO, die sich im Untergrund auf Initiative Daniel Mayers, eines Vertrauten Léon Blums, rekonstituiert hatte, war auch die erste, die sich wieder neu organisierte. Anfang November 1944 hielt sie einen außerordentlichen Kongreß ab, führte eine energische Säuberung durch und schloß sämtliche Parlamentarier aus der Partei aus, die am 10. Juli 1940 für die Machtübertragung auf Marschall Pétain gestimmt hatten. Die Radikalsozialistische Partei war stark zusammengeschmolzen; sie wurde mit der Sterbephase der Dritten Republik identifiziert und mußte es nun büßen. Sie hatte es nicht verstanden, aus der Mitwirkung ihrer Leute in der Résistance Kapital zu schlagen, von denen sich zum Beispiel Henri Queuille der *France libre* in London angeschlossen und später in Algier außerordentlich wichtige Funktionen bekleidet hatte. Im Dezember 1944 hielt sie einen kleinen Kongreß ab. Auch die rechten Gruppierungen tauchten vorsichtig wieder auf; zu ihnen gehörte die *Fédération républicaine,* die Anhängerschaft des von den Deutschen deportierten Obersten de La Rocque.

Neu auf die politische Bühne trat eine Kraft, die wie der verlängerte Arm des Kampfes für die Befreiung Frankreichs erschien: die Republikanische Volksbewegung *(Mouvement Républicain Populaire,* MRP), die ihre ursprüngliche Bezeichnung *Mouvement républicain de libération* abgelegt hatte, um eine Verwechslung mit dem MLN zu vermeiden. Diese Bewegung, die auf Distanz zu den herkömmlichen Parteien bedacht war und ihren Gründungskongreß ebenfalls im November 1944 abhielt, entstand keineswegs aus dem Nichts: Mit dem Attribut *populaire* gab sie sich ausdrücklich als Nachfolgerin des *Parti démocrate populaire,* der zwischen 1924 und 1939 den demokratisch gesinnten Teil der Katholiken vereinigt hatte. Zwar verstand sich der MRP im Unterschied zu den entsprechenden deutschen und italienischen Gruppierungen nicht als konfessionelle Partei; er gewann seine Mitglieder jedoch überwiegend aus Kreisen des sozial engagierten Katholizismus und der christlichen Gewerkschaftsbewegung und rekrutierte seine Führungskräfte vor allem aus jener Generation, die aus den in der *Association catholique de la jeunesse française* vereinigten Jugendbewegungen hervorgegangen war und in diesen Bewegungen zu aktiv ausgeübter Verantwortung, in der Résistance zu politischem Engagement gefunden hatte. Als Bundesgenosse der großen Linksparteien vollendete der MRP die zu Zeiten der *Union sacrée* begonnene Wiedereingliederung der Katholiken in das politische Leben und beendete damit die sechzig Jahre währende Phase ihres Ausschlusses von jeglicher politischer Verantwortung. Nachdem sie in der Résistance mitgekämpft und den Vorsitzenden des *Conseil national de la Résistance* sowie fünf Mitglieder der Provisorischen Regierung gestellt hatten – ganz abgesehen von General de Gaulle selbst, der zum Freundeskreis der katholischen Wochenzeitung *»Temps présent«* gehört hatte –, taugte die Konfessionszugehörigkeit nicht mehr als Argument gegen einen Katholiken, der sich um eines der höchsten Staatsämter bewarb. Zugleich bedeutete dies das Ende der Gleichsetzung von Katholizismus und Konservativismus: Im Jahre 1945 bezog der MRP eine entschieden linke Position, und eine Zeitlang faßte man sogar die Möglichkeit einer Annäherung an die SFIO und die Bildung eines »Reformsozialismus à la française« ins Auge, der einen dritten Weg zwischen dem liberalen Kapitalismus und dem totalitären Kommunismus eröffnen sollte.

Diese Erneuerungschance wurde jedoch rasch zunichte gemacht durch das Wiederaufflammen eines Streits, den man überwunden geglaubt hatte: Mit der Normalisierung des politischen Lebens brachen auch die alten Gegensätze wieder auf. Schon auf ihrem Parteitag im November 1944 warf die SFIO das Laizismusproblem von neuem auf. Die dort zahlreich vertretenen Volksschullehrer, unter ihnen viele Verbandssekretäre, forderten gemeinsam mit dem *Syndicat des instituteurs* (einer Hochburg laizistischen Denkens, die Rache nehmen wollte für die unter Vichy erlittenen Verfolgungen) die Streichung der Subventionen, die den Privatschulen seit dem Herbst 1941 eingeräumt worden waren. Mochte sich der MRP auch noch so wenig als konfessionelle Partei verstehen, er konnte unmöglich eine Entscheidung akzeptieren, die einen Teil seiner Anhänger benachteiligte und ihm obendrein zutiefst ungerecht und freiheitswidrig erschien. Mit dieser Entscheidung wurde der Religionskrieg von neuem entfacht, dessen Überwindung den eigentlichen Daseinszweck des MRP und zugleich die Voraussetzung seines Erfolges bildete.

Für die Kommunisten war dies die ideale Gelegenheit, einen Keil zwischen die beiden Parteien zu treiben, die in den meisten anderen Fragen ähnliche Standpunkte vertraten. Am 28. März 1945 verabschiedete die Provisorische Beratende Versammlung, in der die Linke eine breite Mehrheit besaß, einen Antrag, der die Regierung zur Einstellung der Subventionen zum Schuljahresende aufforderte. Es war der erste Akt in einem Streit, der während der folgenden vierzig Jahre periodisch wiederaufbrechen und noch häufiger eine entscheidende Rolle spielen sollte.

Wer besaß die meisten Sympathien im Land? Niemand hatte eine klare Vorstellung, und man konnte es auch nicht wissen, solange keine Wahlen stattgefunden hatten. Die letzten Wahlen lagen neun Jahre zurück; seit dieser Zeit war vieles geschehen, was die individuelle Meinungsbildung und die politischen Kräfteverhältnisse beeinflußt hatte: das Auseinanderbrechen der Volksfront, der Ansatz einer Sammlungsbewegung um die Regierung Daladier, das Scheitern des Generalstreiks vom 30. Dezember 1938, der Hitler-Stalin-Pakt, die Niederlage, die Okkupation, die Vichy-Regierung und schließlich die Befreiung. Seit 1936 waren neun Jahrgänge wahlberechtigter Bürger abgetreten, und neun andere warteten auf ihren ersten Urnengang. Noch gravierender war eine andere Veränderung: Am 21. April 1944 hatte die Exilregierung in Algier eine Ordonnanz erlassen, die den Frauen das Wahlrecht verlieh. Damit wurde unter dem Eindruck des Krieges endlich die Anomalie beseitigt, daß Frankreich, unter den großen Ländern Europas das erste mit allgemeinem Männerstimmrecht, zugleich das letzte war, das die Frauen zur Wahl zuließ. Drei Fünftel aller Wähler gingen daher zum ersten Mal in ihrem Leben an die Urnen. Wem würden sie ihre Stimme geben?

Die Regierung beschloß, die Serie der Volksbefragungen mit den Kommunalwahlen zu beginnen, ohne die Rückkehr der Kriegsgefangenen abzuwarten. Die letzten Gemeindewahlen waren im Frühjahr 1935 abgehalten worden, lagen also zehn Jahre zurück. Es war Zeit für einen neuen Urnengang, nachdem die Vichy-Regierung eine große Zahl von gewählten Stadträten ihrer Ämter enthoben und durch ernannte Delegationen ersetzt hatte. Die Wahlen fanden am letzten Aprilsonntag und Anfang Mai 1945 statt. Die Ergebnisse erschütterten die politische Landschaft merklich: Gemäßigte Konservative und Radikalsozialisten wurden geradezu weggefegt – erstere, weil sie sich mit Vichy identifiziert hatten, letztere, weil sie sich zu eng mit der Dritten Republik verbunden hatten. Die Linke gewann deutlich dazu: Die SFIO erzielte ein gutes Ergebnis, doch den größten Erfolg verzeichnete die Kommunistische Partei, die nahe daran war, die stärkste politische Kraft zu werden. Vergessen waren ihr Schwanken im September 1939 und ihre doppeldeutige Haltung zwischen 1939 und 1941. Sie hatte voll auf die Karte der Einheitsfront und der Résistance gesetzt, indem sie überall auf den Listen als »Patriotische und antifaschistische Union« *(Union patriotique et antifasciste)* auftrat. Eine weitere Überraschung war das mehr als achtbare Abschneiden des *Mouvement républicain populaire,* dessen Ergebnis weit über dem seiner Vorgänger vor dem Kriege lag. Zwar verdankte er seinen Erfolg zum Teil auch rechten Wählern, die ihre gewohnten Repräsentanten verloren hatten, doch brachte das Ergebnis auch die aufrichtige Zustimmung zu einem Programm demokratischer Erneuerung zum Ausdruck.

DER KAMPF UM DIE NEUEN VERFASSUNGSORGANE

Die zunächst bis Kriegsende verschobene Debatte um die Verfassungsorgane kam nach dem 8. Mai 1945 voll zum Ausbruch und beherrschte seitdem das politische Leben. Die Frage war angesichts des Vakuums, das der Sturz des Vichy-Regimes hinterlassen hatte, völlig offen. Die Weigerung General de Gaulles am Abend des 25. August, vom Balkon des Pariser Rathauses die Republik auszurufen (wie es die in historischen Erinnerungen schwelgenden Führer der inneren Résistance von ihm verlangt hatten), weil sie nie aufgehört habe, Frankreichs Staatsform zu sein, diente vor allem dazu, die geschichtliche Kontinuität des Freien Frankreich zu bekräftigen und deutete gleichzeitig auf die künftige Staatsform hin.

Das hieß aber nicht, daß Frankreich notwendigerweise zur Dritten Republik und ihren Institutionen zurückkehren mußte. Im übrigen hatte der Führer des Freien Frankreich ja versprochen, dem Volk die Entscheidung über seine Verfassung zu überlassen. Die Regierung in Algier war sogar noch einen Schritt weiter gegangen und hatte verfügt, daß die Franzosen in dem Jahr nach ihrer Befreiung eine Verfassunggebende Versammlung wählen sollten. Trotzdem waren nicht alle Widerstandskämpfer gewillt, die Republik wegen ihres Versagens in Bausch und Bogen zu verdammen. Die Radikalsozialisten, von denen man wußte, daß sie sich nach der Zeit der Dritten Republik zurücksehnten, in der sie einst die führende Kraft gewesen waren, und ein Teil der Gemäßigten plädierten für ihre Wiedereinführung: Mit der Annullierung der Abstimmung vom 10. Juli 1940 würde die Republik automatisch ihre vorübergehend unterbrochene Geschichte wiederaufnehmen. Dagegen machten sich die meisten Widerstandskämpfer zwar nicht alles zu eigen, was von den Verächtern der Dritten Republik vorgebracht wurde; dennoch meinte man, daß ihre Zeit vorbei sei und daß es nun darum gehe, demokratischere und effizientere Institutionen zu schaffen. Und was die öffentliche Meinung betraf – würde sie nicht mit Enttäuschung reagieren, wenn man zu den politischen Praktiken der Vorkriegszeit zurückkehrte?

De Gaulle wollte die Frage vom Volk selbst entscheiden lassen, und zwar durch ein Referendum. Das bedeutete den Rückgriff auf ein Verfahren, das seit fünfundsiebzig Jahren nicht mehr praktiziert worden war und das bei den Republikanern die schlimmsten Erinnerungen an das Zweite Kaiserreich weckte, wo man es gegen sie eingesetzt hatte. Seit 1870 war diese Praxis als Plebiszit bekannt und verrufen. Daß auch autoritäre Systeme sich eines derartigen Verfahrens bedienten, hatte den Vorbehalt gegen eine direkte Volksbefragung nur noch verstärkt: Die Volksabstimmung war, ebenso wie die Ausschaltung des Parlaments, ein typisches Merkmal autokratischer Systeme.

An dieser Frage entzündete sich der erste Streit zwischen dem Chef der Provisorischen Regierung und einem großen Teil der Politiker, die in ihrem Innersten einer parlamentarischen Tradition verhaftet blieben, welche keinen anderen Ausdruck des Volkswillens zuließ als die Wahl von Volksvertretern. Sie verkörperten den Souverän. Die Mehrheit der Provisorischen Beratenden Versammlung gab dies de Gaulle auch deutlich zu verstehen. Von diesem Moment datiert die sich ständig vergrößernde Kluft zu den Linksparteien, die sich ihrerseits wieder enger zusammenschlossen. Man begann andeutungsweise die Gefahr eines persönlichen Regiments an die Wand zu malen. Den ersten offenen Angriff führte ein radikalsozialistischer Senator, Marcel Plaisant.

Den zweiten Gegenstand der Auseinandersetzung und zugleich des Zerwürfnisses zwischen de Gaulle und einem Teil der Politiker bildete der Inhalt des Referendums. Eine der Fragen an die Wähler – Fortsetzung der Dritten Republik oder eine neue Verfassung – verstand sich von selbst, sobald man sich über die Volksbefragung verständigt hatte. Wer eine neue Verfassung wollte, wollte damit auch eine Verfassunggebende Versammlung. De Gaulle gedachte beides miteinander zu verbinden und Referendum und Wahl der Konstituanten am gleichen Tag abzuhalten. So erklärt sich der Wortlaut der ersten Frage: »Wünschen Sie, daß die heute gewählte Versammlung eine neue Verfassung ausarbeitet?« Ein Ja wäre gleichbedeutend mit der Verwerfung der Verfassungsgesetze von 1875 gewesen. De Gaulle ging aber noch weiter. Er fürchtete, die Konstituante könnte allmächtig werden, und wollte verhindern, daß sie zur dauerhaften Einrichtung geriet. So kam er auf die Idee, die Wähler gleichzeitig über einen Gesetzentwurf abstimmen zu lassen, der das Mandat der Versammlung auf sieben Monate begrenzte und ihre Kompetenzen genau definierte; er garantierte insbesondere die Stabilität der Provisorischen Regierung und sah vor, den Verfassungsentwurf durch eine Volksabstimmung ratifizieren zu lassen. Eine derartige Einschränkung der Befugnisse einer konstituierenden Versammlung widersprach altehrwürdigen Gepflogenheiten und erschien den Hütern der republikanischen Tradition schon fast als Sakrileg.

Sämtliche Parteien bezogen Stellung zur einen wie zur anderen Frage. Die Radikalsozialisten und einige gemäßigte Gruppierungen empfahlen, die erste Frage zu verneinen und hofften so der Dritten Republik eine neue Existenz zu sichern. Die drei großen Parteien, die dem Geist der Résistance näherstanden – PCF, SFIO und der MRP – forderten die Wähler unmißverständlich auf, mit Ja zu stimmen. Bei der zweiten Frage gingen ihre Empfehlungen jedoch auseinander: Die Sozialisten und der MRP optierten für ein Ja; die Kommunistische Partei entschied sich für ein Nein und verband damit eine lautstarke Kampagne für die Wahl einer souveränen Versammlung. Die Wähler waren somit – je nach Partei – aufgefordert, mit Nein-Ja, Ja-Ja oder Ja-Nein zu stimmen.

Diese erste allgemeine Volksbefragung seit April/Mai 1936, die gleichzeitig erstmals ein Referendum mit der Wahl einer Nationalversammlung verband, fand am Sonntag dem 21. Oktober 1945 statt. Die Wahlbeteiligung war mit ungefähr 80 Prozent relativ hoch, wobei die Wahlenthaltung bei den Frauen doppelt so hoch lag wie bei den Männern. Die erste Frage beantworteten 96 Prozent mit Ja; damit war die Debatte um die Dritte Republik unwiderruflich entschieden. Kaum einer unter fünfundzwanzig Wählern vermißte sie. Die Dritte Republik war am 10. Juli 1940 gestorben; die Franzosen hatten sie mit ihrem Votum zur Beerdigung freigegeben. Gemäßigte und Radikalsozialisten gehörten der Vergangenheit an. Nun hoffte das Land auf einen Neuanfang.

Die Antwort auf die zweite Frage fiel weniger einhellig aus: Zwei Drittel 12,3 Millionen Franzosen) stimmten mit Ja und ein Drittel (6,2 Millionen) mit Nein. Der Abstand war deutlich: Man hatte sich die Worte des Generals zu Herzen genommen und war ihm gefolgt. Die am gleichen Tag gewählte Nationalversammlung hatte somit den Auftrag, einen Verfassungsentwurf auszuarbeiten. Wenn ihr das innerhalb von sieben Monaten nicht gelang, würde sie automatisch aufgelöst und eine neue Verfassunggebende Versammlung gewählt werden.

Die Wahl hatte tiefgreifende Konsequenzen, anders als die Kommunalwahlen im Frühjahr, deren Tragweite weniger offenkundig und deren Ergebnis schwerer zu deuten war. Eine neue politische Landschaft zeichnete sich ab. Es war das Ende einer Übergangsphase, in der niemand über das wirkliche Kräfteverhältnis Bescheid wußte, so daß sich Minderheiten mit einer Gefolgschaft brüsten konnten (und damit auch Glauben fanden), deren Zahl sich jeder Nachprüfung entzog. Ganz im Sinne einer weitverbreiteten Volksmeinung, die das bisherige Wahlverfahren nach Arrondissements für die Mediokrität des politischen Personals der Dritten Republik verantwortlich machte und einen Neuanfang forderte, hatte de Gaulle entschieden, die Wahlen mit Kandidatenlisten auf Departementsebene abzuhalten und die Sitze nach dem Verhältniswahlrecht zu verteilen. Ein nicht unwesentlicher Vorteil dieses Wahlmodus lag darin, daß man endlich ein klares Bild der innenpolitischen Situation des Landes erhielt. Die Ergebnisse am Abend des 21. Oktober 1945 bestätigten und präzisierten, was sich in den Kommunalwahlen angedeutet hatte: den unerwartet großen Umfang der Veränderungen im Wählerverhalten seit 1939. Was nun an Strukturen sichtbar wurde, hat sich in der Folgezeit kaum verändert. In dieser Hinsicht kam den Oktoberwahlen von 1945 ebenso große Bedeutung zu wie den Wahlen vom Mai 1849.

Frankreich zerfiel mehr oder weniger in vier Blöcke, von denen die Kommunistische Partei mit 5 Millionen Stimmen (26,1 Prozent der abgegebenen Stimmen) den größten für sich beanspruchte. Mehr als ein Viertel der Wähler schenkte ihr das Vertrauen und machte sie damit zur stärksten Partei. Das war das wichtigste Ergebnis des Urnengangs. Die PCF hatte die Zahl ihrer Abgeordnetenmandate gegenüber 1936 verdoppelt und war die stärkste Fraktion in der Verfassunggebenden Versammlung. Dieser Zuwachs gegenüber 1936 war um so beachtlicher, als man bereits damals eindrucksvolle Stimmengewinne verzeichnet hatte: Zweimal schon hatte die Partei die Zahl ihrer Wähler verdoppelt – von 800 000 auf anderthalb Millionen im Jahre 1936, damals unter dem Banner der Union gegen den Faschismus; nun, nach Einführung des Frauenwahlrechts, dank der Union aller Patrioten gegen den Nazismus auf fünf Millionen. Das Intermezzo der Jahre 1939 bis 1941 war entweder vergessen oder wurde ihr unter Anrechnung ihres an die Résistance geleisteten Tributs vergeben.

Zu ihrem Wahlsieg hatten die unterschiedlichsten Gefühle und Berechnungen beigetragen: die Verankerung in der Tradition der Arbeiterbewegung und die Kontrolle über die CGT, die Wertschätzung der Résistance-Kämpfer für ihre kommunistischen Kameraden und deren Mut sowie die Dankbarkeit gegenüber der Sowjetunion, die einen entscheidenden Beitrag zur Niederlage Hitler-Deutschlands geleistet hatte, dann aber auch das schlechte Gewissen der Bourgeoisie und das große Ansehen, das der Marxismus genoß, dessen Logik die Intellektuellen gerade jetzt entdeckten, und nicht zuletzt die aktive Beteiligung der Kommunisten an der Provisorischen Regierung, die Vertrauen weckte und sie als verantwortungsbewußte, dem Wohl der Allgemeinheit verpflichtete Politiker erscheinen ließ. So profitierte die Partei gleichzeitig von ihrer Kritik an der herrschenden Ordnung und von ihrer Integration in das bestehende System und erhielt sowohl Stimmen von den Unzufriedenen als auch von denen, die eine geordnete Gesellschaft anstrebten.

Der Mitgliederzustrom ging in die Zehntausende. Bald schon wurde der Mitgliederstand von 1937 wieder erreicht, ja übertroffen. Den Höchststand verzeichnete sie, nach eigenen Angaben, Anfang 1947 mit über 900 000 Mitgliedern, einer Zahl, wie sie kaum jemals von einer politischen Partei in Frankreich erreicht worden war. Die Kontrolle über den größten Gewerkschaftsverband, eine Parteipresse in Millionenauflage, eine Fülle von Massenorganisationen aller Art, für Frauen, Jugendliche, ehemalige Frontkämpfer, Deportierte, Mieter und viele andere – all das machte sie zur ersten Kraft im befreiten Frankreich und schuf eine Gesellschaft eigener Art, die ihre Märtyrer ehrte, Straßen nach ihnen benannte und die Einwohner der kommunistisch verwalteten Gemeinden schon jetzt in einer Volksdemokratie leben ließen. Es war die einzige Gesellschaft, die nach Zusammenhalt und Gesinnungsfestigkeit mit der katholischen Kirche konkurrieren konnte. Mehr als ein drittel Jahrhundert lang, bis zu ihrem Niedergang Anfang der achtziger Jahre, beherrschten die Kommunisten von nun an das politische Leben in Frankreich. Bis dahin bildeten sie – selbst in Zeiten völliger Isolierung – den Magnetpol, nach dem sich alles auszurichten hatte: ob dafür oder dagegen, Partner oder Widersacher.

Auch der *Mouvement républicain populaire* konnte seinen Erfolg aus den Kommunalwahlen bestätigen und noch weiter ausbauen. Mit fast fünf Millionen Stimmen (25,6 Prozent der abgegebenen) Stimmen lag er eine halbe Länge hinter der Kommunistischen Partei, deren schärfster Konkurrent er von nun an war. Das trug ihm heftige Angriffe ein: Man verdächtigte ihn als Tarnorganisation der Rechten und verhöhnte ihn, in Anspielung auf seine Initialen MRP, als *Machine à ramasser les Pétainistes.* Tatsächlich ist nicht zu bezweifeln, daß der MRP auch Stimmen von Wählern erhalten hat, die durch die Zerrüttung der Rechten und die Desorganisation der klassischen Rechtsparteien ihre politische Heimat verloren hatten.

Für die Sozialisten, die gehofft hatten, aus der allgemeinen Akzeptanz sozialistischer Themen Nutzen zu ziehen, fiel das Wahlergebnis enttäuschend aus: Sie kamen mit 4,7 Millionen Wählern und 24,6 Prozent der abgegebenen Stimmen knapp hinter dem MRP auf den dritten Platz.

Diese drei großen Parteien vereinigten zusammen mehr als 76 Prozent der Wählerstimmen auf sich. Das letzte und knappste Viertel teilten sich die Restbestände des alten Parteiensystems: die Radikalsozialisten mit 9,3 Prozent und die Gemäßigten aller Schattierungen mit insgesamt 14 Prozent. Aber immerhin: Sie hatten den Sturm überlebt.

Die Gesamteinschätzung dieser Ergebnisse hängt von der Wahl der Unterscheidungskriterien ab. Hält man sich an jene, die während der Dritten Republik das Wechselspiel der Allianzen bestimmten – Verteidigung des Laizismus oder Widerstand gegen die Macht der Exekutive –, so gab es eine linke Mehrheit aus Kommunisten, Sozialisten und Radikalsozialisten mit insgesamt 60 Prozent gegen MRP und Rechte mit 40 Prozent. Wenn jedoch die Ablehnung der Dritten Republik, die Zustimmung zum Programm des *Conseil national de la Résistance* und der Wunsch nach Erneuerung – Haltungen, die die tägliche Arbeit der neuen Konstituante bestimmen sollten – die passenden Kriterien darstellten, um Rechts und Links zu unterscheiden, so hatte das Land einen regelrechten Linksruck vollzogen. Die Gesamtheit der Kräfte, die für den Wandel eintraten – die Partei der Bewegung, um einen Ausdruck François Goguels zu verwenden, den dieser just zu dieser Zeit in die politische Analyse einführte –, verfügte über eine sehr starke Mehrheit: mehr als drei Viertel aller Wähler im französischen Mutterland und mehr als vier Fünftel der Mandate (426 gegen 96) – aufgrund der Verteilung der Restmandate nach der »Methode des größten Durchschnitts« [wonach aufgrund eines bestimmten Berechnungsverfahrens die Liste mit den durchschnittlich meisten Stimmen pro erhaltenem Mandat bei der Zweitzuteilung der noch nicht vergebenen Mandate begünstigt wurde; Anm. d. Ü.] – sind ihr zuzurechnen.

Eine andere Kalkulation läßt einen weiteren Aspekt dieses Ergebnisses zutage treten: Kommunisten und Sozialisten verfügten zusammen über eine (nach Wählerstimmen nur knappe, nach Parlamentssitzen deutliche) absolute Mehrheit. Sie hätten daher durchaus auf die Mitarbeit des MRP verzichten und allein die Regierung bilden können. Zum ersten Mal in der französischen Parlamentsgeschichte hatten die beiden marxistischen Parteien die Möglichkeit, die Umgestaltung der Gesellschaft auf legalem Wege durchzusetzen. Aber die Sozialisten hatten allen Grund, sich vor einem Zusammengehen mit der stärkeren PCF zu fürchten, die die Massen organisierte und deren Abhängigkeit von Moskau aus sozialistischer Sicht einen entscheidenden Makel darstellte. Nach mehrmonatigen Verhandlungen, die von der SFIO eher schleppend geführt wurden, lehnten die Sozialisten den kommunistischen Vorschlag einer organisatorischen Fusion, das heißt der Annullierung der 1920 vollzogenen Trennung, ab. Die Kommunisten nahmen sich die Wiedervereinigung der Gewerkschaftsbewegung zum Vorbild, in deren Führung sie die Mehrheit hatten, nachdem man Léon Jouhaux (nach dessen Rückkehr aus der Deportation) mit Benoît Frachon ein Mitglied des Politbüros der PCF als Zweiten Generalsekretär der CGT zur Seite gestellt hatte. Doch die Sozialisten wollten sich nicht vom MRP trennen.

Auf ihrer ersten Sitzung am 13. November 1945 brachte die Nationalversammlung General de Gaulle Ovationen dar und wählte ihn einstimmig zum Regierungschef. Noch war sein Ansehen so groß und der Wille zur Einheit stark genug, um den zentrifugalen Tendenzen Einhalt zu gebieten. Doch gleich zu Beginn geriet de Gaulle in offenen Streit mit der PCF: Die Kommunisten, die ihre uneingeschränkte Anerkennung als integrierter Bestandteil der nationalen Gemeinschaft anstrebten, forderten eines der drei klassischen Ressorts, das Innen-, Außen- oder Verteidigungsministerium, für sich; de Gaulle indessen (der die Bedeutung dieser Ressorts genauso einschätzte, freilich bei politisch gegenläufiger Zielsetzung) war entschlossen, ihnen den Zugang zu Ministerien zu verwehren, denen die Leitung oder praktische Durchführung der Außenpolitik oblag. Seine Weigerung machte deutlich, daß er die PCF als Partei *sui generis* ansah. Der Konflikt blockierte tagelang sämtliche Verhandlungen. De Gaulle weigerte sich rundweg, eine Regierung zu bilden und zog sich nach Neuilly zurück – eine Taktik, die er übrigens später noch häufiger anwandte. Schließlich wurde ein Kompromiß gefunden, der der Kommunistischen Partei erlaubte, ihr Gesicht zu wahren, ohne daß de Gaulle im entscheidenden Punkt nachgeben mußte: Das Verteidigungsministerium wurde geteilt, wobei die Streitkräfte einem MRP-Abgeordneten (Edmond Michelet) unterstellt wurden, während der Rüstungsbereich in die Zuständigkeit eines Kommunisten fiel, was insofern nahelag, als die Ministerien für Industrie und Wirtschaft bereits Abgeordneten der PCF anvertraut worden waren. Die Krise wurde noch einmal überwunden, aber sie lieferte einen Vorgeschmack auf die künftigen Auseinandersetzungen zwischen der Regierung und den Parteien wie auch zwischen den Kommunisten und ihren Partnern.

DER RÜCKTRITT GENERAL DE GAULLES

Während das Kabinett für den kontinuierlichen Fortgang der Regierungsarbeit sorgte, verabschiedete das Parlament die ersten Strukturreformen und machte sich an die Ausarbeitung eines Verfassungsentwurfs. Indessen kühlten sich die Beziehungen zwischen de Gaulle und der Versammlung rasch ab. Es handelte sich zunächst um eine atmosphärische Verstimmung, da der General die Unterstellungen und bisweilen polemischen Anfragen aus dem Parlament sowie dessen Kontrollanspruch gegenüber der Regierung nur schwer ertrug, während die Abgeordneten an seinem selbstherrlichen Gebaren Anstoß nahmen. Doch bestand darüber hinaus eine grundsätzliche Meinungsverschiedenheit. Am letzten Sitzungstag des Jahres 1945 kam es über einen Antrag der Sozialisten auf Kürzung des Militärhaushalts um 20 Prozent zu einer heftigen Kontroverse. Es ging dabei nicht nur um die Sache, sondern um das Verhältnis der Staatsorgane zueinander. Denn de Gaulle fürchtete die Rückkehr zur Parteienherrschaft. Der Berichterstatter der Verfassungskommission weigerte sich nämlich, den General über den Stand der Arbeiten auf dem laufenden zu halten, und begründete dies mit der Behauptung, das Prinzip der Gewaltenteilung schließe die Regierung von diesem Bereich aus.

Ein an sich nebensächlicher, aber bezeichnender Zwischenfall trieb die Verbitterung des Generals auf die Spitze: Édouard Herriot warf ihm vor, den Seeleuten, die bei ihrem Einsatz gegen die Landung der Anglo-Amerikaner im November 1942 gefallen waren, ihre von der Vichy-Regierung verliehenen Auszeichnungen belassen zu haben. De Gaulle war empört, daß er der Nachsicht mit Vichy geziehen wurde – und das von einem Mann, dessen eigenes Verhalten im Jahre 1944 nicht frei von Zweideutigkeit gewesen war und der bei seiner Rückkehr aus der Deportation den von de Gaulle angebotenen Kabinettsposten mit der Begründung abgelehnt hatte, er gedenke sich dem Wiederaufbau der Radikalsozialistischen Partei zu widmen. Der Chef der Provisorischen Regierung erwiderte scharf, er für seine Person habe seine Verhandlungen mit Vichy mit Kanonen geführt. Danach verließ er Paris und zog sich an die Côte d'Azur zurück. Doch stand seine Entscheidung zweifellos schon vor der Abreise fest. Aufmerksame Zuhörer hätten sie bereits während der Debatte über die Kürzung der Militärkredite aus seinen Worten heraushören können, als er sagte, daß er vielleicht zum letzten Mal in diesen Mauern das Wort ergreife. Diese Äußerung war jedoch unbeachtet geblieben. Nach Paris zurückgekehrt, ließ de Gaulle das Kabinett überraschend am Sonntag, den 20. Januar 1946, um die Mittagszeit im Kriegsministerium zusammenkommen. Alle Minister waren erschienen, bis auf jene, die gerade im Ausland weilten. Die Sitzung dauerte nicht lange. De Gaulle war in Uniform. Ohne Platz zu nehmen, teilte er den Ministern seinen Rücktritt mit, dankte ihnen für ihre Unterstützung und ging. Danach richtete er ein Schreiben an den Präsidenten der Nationalversammlung, den Sozialisten Félix Gouin, und zog sich nach Marly in ein Landhaus zurück, das der Regierung gehörte.

Wenn die äußeren Anlässe für diese Entscheidung auch leicht zu erraten waren – seine zunehmende Gereiztheit gegenüber den Nadelstichen und dem Machtanspruch des Parlaments und vor allem seine Sorge über die künftige Gestaltung der Verfassungsorgane –, so blieben seine wahren Absichten bis heute ungeklärt. War es ein vorübergehender Anfall von Mutlosigkeit? Wenig wahrscheinlich bei einem Mann, der schon ganz andere Schwierigkeiten gemeistert hatte; es hätte kaum zu ihm gepaßt. Oder trat er nur zurück, weil er hoffte, gleich wieder gerufen zu werden? Vielleicht. Er hat später mehr als einmal mit Rücktrittsgedanken gespielt, unter anderem 1962, und 1968 verschwand er zeitweise ganz von der Bildfläche, um dann ein Jahr später endgültig seinen Abschied zu nehmen. Wenn er also im Januar 1946 tatsächlich geplant hat, zuerst aus dem Amt zu scheiden, um dann die Bedingungen für seine Rückkehr zu diktieren, so hing der Erfolg dieses Manövers vor allem vom MRP ab. Folgte ihm diese Partei, so würden sich die Sozialisten und Kommunisten rasch entzweien; das Land würde seine Rückkehr fordern und, wie bereits zwei Monate zuvor, ein Vergleich zustande kommen, der ihm Genugtuung verschaffte. Doch falls der General wirklich mit der Unterstützung des MRP gerechnet hat, der (da es keine gaullistische Partei gab) in der Öffentlichkeit als sein Verbündeter galt, so sah er sich enttäuscht. Es war das erste Mal, daß es zwischen de Gaulle und der christdemokratischen Strömung, mit der ihn ein natürliches Einvernehmen zu verbinden schien, zu Mißverständnissen kam. Es sollte sich später noch zweimal wiederholen: 1947 anläßlich der Gründung des *Rassemblement du peuple français* (RPF) und 1962 im Zusammenhang mit der Frage der europäischen Einigung.

Die Überraschung war riesengroß, wie es dem Rang des Mannes, seinem Ansehen, dem Einsatz und den möglichen Folgen entsprach. Aber die Öffentlichkeit blieb passiv: Die Begeisterung des Sommers 1944 hatte sich bereits deutlich abgekühlt. Dagegen herrschte in den Führungsstäben der Parteien einige Aufregung. Viele freuten sich heimlich und waren erleichtert, diesen unbequemen Mann loszusein. Sein Verschwinden ließ ihnen wieder freie Hand, Kommunisten und Sozialisten waren fest entschlossen, ohne ihn zu regieren. In dieser Situation war der MRP das Zünglein an der Waage, denn er konnte entweder die Regierungsbildung verhindern oder die Lösung der Nachfolgefrage erleichtern. Die zuständigen Gremien des MRP beschlossen, de Gaulle die Gefolgschaft zu verweigern – aus prinzipiellen wie aus taktischen Gründen. Als gute Christen hatten die MRP-Abgeordneten im Gegensatz zu ihren Vätern, die sich wie Emigranten im eigenen Land verhalten hatten, zu sehr die Politik der aktiven Mehrheit gepredigt, um die errungenen Positionen und die damit verbundene Verantwortung leichten Herzens aufzugeben. Eine unüberwindliche Abneigung gegen eine Strategie der Krisenverschärfung bewahrte sie vor der Faszination des spektakulären Abgangs. Treue Anhänger der parlamentarischen Demokratie, für die sie vor dem Krieg gekämpft hatten, witterten sie hinter dem einsamen Schritt des Generals einen Hauch von Bonapartismus, ein Begriff, der in ihren Augen kein Kompliment bedeutete. Und wäre es im übrigen nicht unklug und Frankreichs Stellung in der Welt abträglich gewesen, die Sozialisten mit den Kommunisten allein zu lassen?

Aus diesen Gründen war der MRP bereit, sich mit den anderen Parteien über eine Fortsetzung der Mehrheitskoalition und eine Regierung unter der Führung Félix Gouins als Nachfolger de Gaulles zu einigen. Damit begann die Zeit des sogenannten *tripartisme*, in der die drei großen Parteien sich zu gleichen Teilen in die Ministerien teilten, sich gegenseitig überwachten und ihre Abgeordneten, deren Wiederwahl vom Wohlwollen der Partei abhing, unter strenge Kontrolle nahmen. Dieses Bündnis dauerte fünfzehn Monate, bis zum Ausscheiden der Kommunisten.

DAS SCHEITERN DES ERSTEN VERFASSUNGSENTWURFS

Die Regierung hielt sich aus der Verfassungsdebatte heraus, die die Partner entzweite. Der MRP weigerte sich, einem Entwurf zuzustimmen, der die Rolle des Staatspräsidenten auf rein repräsentative Funktionen beschränkte und die zweite Kammer fast zur Wirkungslosigkeit verdammte: Er sah darin den ersten Schritt zur Errichtung eines volksdemokratischen Regimes auf dem Umweg über eine Kammerregierung. Die Kommunistische Partei hielt dagegen an einer einzigen, souveränen und allmächtigen Kammer fest, und die SFIO schwenkte, als Reaktion auf die Erfahrungen mit Vichy und aus Furcht vor einer Präsidialdiktatur, allmählich auf ihre Linie ein. Der Entwurf wurde am 19. April 1946 von einer Allianz aus Kommunisten und Sozialisten gegen die Stimmen des MRP, der Radikalsozialisten und Gemäßigten mit 309 zu 249 Stimmen angenommen. Das Referendum vom 21. Oktober 1945 enthielt jedoch die Bestimmung, daß die letzte Entscheidung über die Verfassung beim Volk liegen solle. Die Wahl wurde auf den 5. Mai 1946 angesetzt; an diesem Tag sollte die endgültige Entscheidung über die künftigen Verfassungsorgane und die Zukunft Frankreichs fallen.

Alles schien auf eine Mehrheit für den Entwurf hinzudeuten: Spiegelte das Abstimmungsergebnis in der Versammlung nicht das politische Kräfteverhältnis im Lande wider? Da sich General de Gaulle seit seinem Rücktritt in Schweigen hüllte, ruhte bei der Schwäche der Radikalsozialisten und Gemäßigten die Last der Kampagne gegen den Verfassungsentwurf fast ausschließlich auf den Schultern des MRP.

Das Ergebnis war eine Überraschung: Mit einem Vorsprung von etwas über einer Million Stimmen oder 53 zu 47 Prozent überwogen die Nein-Stimmen. Das Ergebnis räumt mit dem Vorurteil auf, daß jedes Referendum ein Plebiszit mit automatischer Bejahung der gestellten Frage bedeutet. Ähnliche Resultate hat es auch in späteren Jahren gegeben, vor allem 1969, als sich erneut bestätigte, daß sich die Wählerschaft bei entscheidenden Abstimmungen in zwei etwa gleich große Lager zu teilen pflegt.

Damit war der Entwurf abgelehnt und die Versammlung aufgelöst. Das Verfahren begann am 2. Juni mit der Wahl einer zweiten Verfassunggebenden Versammlung wieder bei Null. Die Wähler bekräftigten das

Ergebnis des Referendums. Diesmal siegte der MRP, der mit fünfeinhalb Millionen oder über 28 Prozent der abgegebenen Stimmen die Kommunistische Partei vom ersten Platz verdrängte. Er stellte damit auch wieder den Regierungschef. Neuer Ministerpräsident wurde Georges Bidault, ehemaliger Vorsitzender des CNR und seit September 1944 Außenminister in der Provisorischen Regierung. Die Kommunistische Partei konnte indes ihre Position halten und, bei unveränderter Prozentstärke, sogar noch um 200 000 Stimmen verbessern, während die SFIO an Boden verlor. Mit 4,2 Millionen Stimmen lag sie 5 Prozent hinter der PCF und 7 Prozentpunkte hinter dem MRP zurück. Es war der Beginn eines Niedergangs, der sich in den nächsten fünfundzwanzig Jahren von Wahl zu Wahl fortsetzen sollte.

Nun gab es keine marxistische Mehrheit mehr. Damit war auch die Chance für eine Alleinregierung von Kommunisten und Sozialisten vertan. Gemäßigte und Radikalsozialisten hatten ihre Positionen ausgebaut, so daß der MRP gegebenenfalls mit ihnen koalieren und eine Rechtsmehrheit bilden konnte. Diese Fähigkeit zum Bündniswechsel und sein Wahlerfolg versetzten den MRP in die Lage, seinen Partnern, vor allem der SFIO, einige Zugeständnisse bei der Ausarbeitung des zweiten Verfassungsentwurfs abzuringen. Dabei erhielt er unerwartete Unterstützung von de Gaulle, der nach fünf Monaten des Schweigens erstmals wieder öffentlich auftrat. Bei einem Empfang am 16. Juni 1946 anläßlich des zweiten Jahrestags der Befreiung von Bayeux nutzte der General die Gelegenheit zu einer Rede, worin er seine Ansichten über die für Frankreich zweckmäßigsten Verfassungsorgane entwickelte. Was er darin ausführte, stand in schroffem Gegensatz zu dem kurz zuvor abgelehnten Entwurf. Diese Rede hat über die Jahre hinweg nichts von ihrer Bedeutung eingebüßt und seit 1958 sogar noch an Aussagekraft gewonnen, weil sie so etwas wie die Urform der Verfassung der Fünften Republik darstellt. Man bezeichnet sie seitdem auch als die »Verfassung von Bayeux«.

Der eigentlich originelle Beitrag seines Entwurfs (neben den klassischen demokratischen Prinzipien Gewaltenteilung, Zweikammersystem, Verantwortlichkeit der Regierung gegenüber dem Parlament) war die Rolle, die er dem Staatspräsidenten zudachte. Seine Wahl sollte durch ein stark erweitertes, nicht nur Parlamentarier umfassendes Gremium erfolgen, um einerseits die Gewaltenteilung zur Geltung zu bringen und andererseits seine Unabhängigkeit gegenüber dem Parlament zu gewährleisten. Der Präsident als Wahrer der Kontinuität, Verteidiger der immerwährenden Interessen des Landes und oberste Schiedsinstanz – so verstand ihn de Gaulle. Seit dieser Rede lag der Schatten des Generals über der Arbeit der Verfassungsväter. Von nun an war klar, daß er dieses Mal nicht schweigen würde. Ihr Werk mußte sich seinem Urteil stellen, und von seiner Meinung würde viel für den Ausgang des Referendums abhängen.

Aus dem Zusammenwirken dieser Faktoren erklären sich die Änderungen, die an dem ursprünglichen Verfassungsentwurf vorgenommen wurden: Mit der Einrichtung des *Conseil de la République*, einer Art Senat, wollte man den Verfechtern des Zweikammersystems zumindest vordergründig entgegenkommen; der Staatspräsident erhielt wieder einen Teil der Befugnisse seiner Vorgänger, und Titel VIII über die *Union française* erhielt unter dem Druck der Radikalsozialisten eine Fassung, die dem Unabhängigkeitsstreben der Kolonien weniger entgegenkam. Trotz dieser Verbesserungen entsprach der Entwurf nicht den Vorstellungen des MRP. Aber war es vernünftig, deshalb ein weiteres Referendum zu riskieren, noch einmal eine Konstituante zu wählen und einen dritten Entwurf auszuarbeiten? Das Land hatte ein Ende des Provisoriums bitter nötig, und die Bevölkerung war des Wartens müde. Da ihn ein mittelmäßiger Text, der später handlicher gestaltet und verbessert werden mochte, immer noch besser dünkte als die Verlängerung des Provisoriums, gab der MRP schließlich seine Zustimmung. Am 30. September 1946 wurde der neue Verfassungsentwurf mit großer Mehrheit angenommen: 440 Abgeordnete stimmten dafür, 106 dagegen. Das Einvernehmen zwischen den drei großen Parteien war wiederhergestellt.

Daß ein mittelmäßiger Entwurf einer erneuten Verschiebung des Problems vorzuziehen sei, dieser Ansicht wollte der Mann, der am 18. Juni 1940 schon einmal Nein gesagt hatte, sich keineswegs anschließen. In einer Rede am 22. September in Epinal, also noch vor der offiziellen Abstimmung im Parlament, urteilte er vernichtend über den Entwurf, wies alle Anschuldigungen gegen sich »mit eiserner Verachtung« zurück und forderte die Wähler auf, diese mißratene Verfassung abzulehnen. Für den MRP war es eine bittere Erfahrung, daß er im Mai von de Gaulle im Stich gelassen und im September von ihm desavouiert wurde. Wer im MRP die Partei der treuen Gefolgsleute de Gaulles sah und ihm nicht zuletzt deshalb seine Stimme gab, fand sich plötzlich in einem Loyalitätskonflikt. Viele lösten ihn durch Wahlenthaltung. Ungefähr 30 Prozent der Stimmberechtigten blieben am 13. Oktober 1946 der Wahl fern, manche aus Gleichgültigkeit, andere aus Wahlmüdigkeit – es war schließlich die dritte Abstimmung innerhalb eines Jahres –, wieder andere aus Ratlosigkeit. Rechnet man die Stimmenthaltungen hinzu, so teilte sich die Wählerschaft in drei annähernd gleich große Blöcke: 36 Prozent stimmten mit Ja, 31,3 Prozent mit Nein und etwa ebenso viele blieben der Wahl fern. Niemand konnte es dem General verübeln, wenn er über diese Verfassung spottete, daß sie »von 9 Millionen gebilligt, von 8 Millionen abgelehnt und von 8,5 Millionen nicht zur Kenntnis genommen worden« sei. Sie war praktisch die Verfassung einer *minorité de faveur,* einer qualifizierten Minderheit.

Der abnorm hohe Prozentsatz von Nichtwählern und die nur schwache Mehrheit beraubten die Vierte Republik von Anfang an der Legitimität, die ihr ein deutlicher Abstimmungserfolg verschafft hätte. Gewiß, eine solche Legitimität hatte auch der Dritten Republik gefehlt, doch hatte diese, solange sie bestand, immer wieder begründeten Anlaß zum Streit geliefert. Die Vierte litt in ihren wenigen Lebensjahren ständig an den Folgen ihrer schweren Geburt, ganz unabhängig von der Kritik, die sich an den Deformationserscheinungen ihrer Verfassungswirklichkeit entzündete. Sie blieb stets die »Ungeliebte«. Selbst heute noch leidet ihr Ansehen unter der Schwäche ihrer Verfassung, und das Regime, das ihr Erbe antrat, hatte alles Interesse daran, ihren schlechten Ruf noch zu bekräftigen. Das fiel nicht sonderlich schwer: Als die Vierte Republik in tödliche Gefahr geriet, fanden sich wenige zu ihrer Verteidigung bereit. Gleichgültigkeit umgab ihre letzten Augenblicke, und ihr Hinscheiden weckte nur geringes Bedauern.

Dennoch ist dieser schlechte Ruf ziemlich ungerecht. Der Text der Verfassung hat ein derartiges Verdikt nicht verdient. Seine Väter hatten die Lektionen der Vergangenheit gelernt. Als Reaktion auf die Abirrungen der Vergangenheit hatten sie sich von zwei einander widersprechenden Gesichtspunkten leiten lassen: im Gegensatz zu Vichy eine Demokratie auf möglichst breiter Basis zu schaffen, aber auch einem möglichen Rückfall in die Regierungsunfähigkeit vorzubeugen, die so sehr zur Schwächung des Staates beigetragen und gleichzeitig die parlamentarischen Institutionen während der Vorkriegsjahre in Mißkredit gebracht hatte.

Die Verfassung vom 4. Oktober 1946 schloß eine Lücke, die in den Verfassungstexten von 1875 offengeblieben war: Sie setzte einen Ministerpräsidenten *(Président du Conseil)* ein und verlieh ihm Weisungsbefugnis gegenüber seinen Kollegen. Seine Ernennung wurde Gegenstand eines neuartigen und speziellen Verfahrens: Der Ministerpräsident mußte in sein Amt »eingesetzt« *(investi)* werden – der Begriff kam damals im parlamentarischen Sprachgebrauch auf –, und zwar mit der absoluten Mehrheit der Abgeordneten, unabhängig von der Zahl der Abstimmenden; von dieser anspruchsvollen Bedingung erhoffte man sich eine Stärkung der Autorität des Regierungschefs und eine Garantie für die Stabilität seiner Regierung. Nach dieser Amtseinsetzung, aber keinesfalls vorher, konnte er sein Kabinett nach eigenem Gutdünken zusammenstellen. Daneben sah die Verfassung noch verschiedene andere Mechanismen vor, um der Instabilität der Kabinette, an der die Dritte Republik gekrankt hatte, entgegenzuwirken. So durfte die Vertrauensfrage erst nach eingehender Beratung im Kabinett gestellt werden und die Abstimmung darüber frühestens nach Ablauf eines ganzen Tages erfolgen; auf diese Weise wollte man Affekthandlungen vorbeugen und den Parlamentariern Zeit zum Nachdenken und Gelegenheit zum Kontakt mit ihren Wählern geben. Das Recht zur Parlamentsauflösung blieb zwar bestehen, wurde jedoch an strengere Bedingungen gebunden.

Die Verfassungsväter konnten mit Fug und Recht von sich behaupten, alles Erforderliche getan zu haben, um die Funktionstüchtigkeit der Staatsorgane hinlänglich sicherzustellen. Im Vertrauen auf die Erfahrung der Dreiparteienherrschaft, die dem Land unter außerordentlich erschwerten Bedingungen die Regierungsfähigkeit einigermaßen gesichert hatte, setzten sie bei ihren Überlegungen die Existenz einiger großer Parteien voraus, die ihre jeweiligen Parlamentsfraktionen fest im Griff hatten und sich für die Dauer einer Legislaturperiode an die getroffenen Vereinbarungen hielten. Zum Unglück für die Vierte Republik wurde dieses ungeschriebene Gesetz bereits keine vier Monate, nachdem sie die ersten Schritte getan hatte, außer Kraft gesetzt.

AUF DEM WEG ZUR VIERTEN REPUBLIK

Doch zunächst ging es darum, die verschiedenen Staatsorgane, die sich die Macht im Rahmen der Verfassung teilten, in ihre Funktionen einzusetzen. Der Vorgang dauerte drei Monate, von Oktober 1946 bis Mitte Januar 1947, und wurde traditionsgemäß mit der grundlegenden Willensentscheidung des Souveräns eröffnet: mit der Wahl zur Nationalversammlung am 10. November 1946. Zum dritten Mal innerhalb eines Jahres waren die Wähler aufgerufen, ihre Abgeordneten zu wählen; einschließlich der Plebiszite war es die sechste Volksbefragung innerhalb dieses Zeitraums. Ob aus Wahlmüdigkeit, Gleichgültigkeit oder Enttäuschung: der Anteil der Nichtwähler stieg auf 22 Prozent. Im übrigen bestätigte das Ergebnis den Trend der vorangegangenen Wahlen, mit dem kleinen Unterschied, daß diesmal die PCF wieder zur stärksten Partei vor dem *Mouvement républicain populaire* wurde. Mit 29 Prozent der Stimmen, doppelt soviel wie 1936, erreichten die Kommunisten das beste Ergebnis ihrer Geschichte; nahezu jeder Dritte schenkte ihnen das Vertrauen. Mit 183 Abgeordneten stellten sie nunmehr die größte Fraktion in der Nationalversammlung. Der MRP hatte den größten Teil jener Wähler zurückgewonnen, die ihn beim Oktober-Referendum im Stich gelassen hatten; er errang über 26 Prozent der Stimmen und 167 Mandate. Radikalsozialisten und Gemäßigte kamen zusammen auf fast ebenso viele, nämlich 163 Mandate. Dagegen kamen die Sozialisten auf nur 18 Prozent der Stimmen und rund 100 Abgeordnete. Damit blieb die SFIO zwar weiterhin drittstärkste Partei, aber durch ihre Verluste hatten nun die beiden Arbeiterparteien ihre bisherige Mehrheit eingebüßt.

Um ihren Niedergang zu stoppen, balancierten die Sozialisten zwischen zwei Strategien. Léon Blum empfahl eine gründliche Überarbeitung ihres Programms und ihrer Statuten, vor allem eine Revision ihrer Aussagen zum historischen Materialismus und zum Klassenkampf. Die Partei sollte ihre alten Wähler, die zu den Radikalsozialisten, zu den Gemäßigten, ja sogar zum MRP abgewandert waren, wieder zurückgewinnen und sich dem gesellschaftlichen Wandel anpassen. Sie konnte aber auch, so die Gegenstrategie der Hardliner, Inspiration aus ihren Ursprüngen schöpfen, um wieder zur geschlossenen Partei der reinen Lehre zu werden.

Daniel Mayer, Léon Blums geistiger Zögling, der die SFIO im Untergrund neu organisiert hatte, verfocht als Generalsekretär die Strategie der Anpassung. Auf dem Parteikongreß im Sommer 1946 setzte sich jedoch mit der Wahl Guy Mollets zum neuen Generalsekretär die harte Linie durch. Ehemaliger Résistance-Kämpfer und Vorsitzender des einflußreichen Parteibezirks Pas-de-Calais, war Mollet bis dahin in der Öffentlichkeit noch wenig bekannt, obgleich er in der Verfassungskommission der Nationalversammlung eine bedeutende Rolle gespielt hatte. Der Mehrheitswechsel, der ihn an die Spitze der Partei trug, bedeutete zugleich den Beginn einer langen Ägide. Mollet sicherte sich rasch die Kontrolle über den Parteiapparat und behielt ihn danach ein Vierteljahrhundert lang fest im Griff. Galt er 1946 als typischer Vertreter des militanten Flügels, als Symbolfigur einer doktrinären Tradition und der Lehre eines Jules Guesde, so verkörperte er zehn Jahre später in den Augen der Puristen den Kompromiß mit den Erfordernissen der Macht und den sozialdemokratischen Opportunisten.

Die wachsende Entfremdung zwischen den drei großen Parteien – der MRP hatte seinen Wahlkampf unter dem Motto »Bidault ohne Thorez« geführt, worauf die Kommunisten mit dem Slogan »Thorez ohne Bidault« reagierten – erschwerte die Bildung der neuen Regierung, der die Aufgabe zufiel, den Übergang von der Provisorischen Regierung, die aus den Wahlen vom 2. Juni 1946 hervorgegangen und deren Mandat abgelaufen war, zu den Staatsorganen der Vierten Republik sicherzustellen. Schließlich wurde Einigung darüber erzielt, der schwächsten der drei großen Parteien, der SFIO, die den anderen beiden den geringsten Anlaß zu Befürchtungen bot, die Regierungsbildung zu überlassen. Léon Blum zeigte sich bereit, für die Dauer eines Monats ein rein sozialistisches Kabinett zu bilden. Daß ihre Tage gezählt waren, hinderte diese Interimsregierung jedoch nicht daran, Maßnahmen von großer Tragweite einzuleiten. Am 1. Januar 1947 beschloß sie, um den Teufelskreis der Lohn-Preis-Spirale zu brechen, eine allgemeine Preissenkung von 5 Prozent, der sie zwei Monate später eine zweite in gleicher Höhe folgen ließ. Das persönliche Ansehen Léon Blums verschaffte dieser autoritären Maßnahme einigen Anklang in der Öffentlichkeit und trug mit dazu bei, daß eine gewisse Wirkung auf die ökonomischen Realitäten nicht ausblieb: Die Inflation war für den Augenblick gestoppt.

Am 24. November und 8. Dezember 1946 bestimmten die Wahlmänner in einem komplizierten Verfahren die Mitglieder des *Conseil de la République*, wobei sich Kommunisten und MRP den Löwenanteil sicherten. Am 16. Januar 1947 traten die beiden Kammern traditionsgemäß in Versailles zusammen und einigten sich schon im ersten Wahlgang auf den Vorsitzenden der Nationalversammlung, Vincent Auriol (der auf Anhieb die Stimmen der Kommunisten erhielt), als neuen Staatspräsidenten. Es war das erste Mal, daß ein Sozialist das höchste Staatsamt übernahm (Millerand war zum Zeitpunkt seiner Wahl nicht mehr Mitglied der Sozialistischen Partei). Die Wahl Auriols bedeutete nach der Ernennung Léon Blums zum Regierungschef zehn Jahre zuvor eine neue Etappe auf dem Weg der Sozialisten zur Macht und ein neues Kapitel ihrer Integration in die parlamentarische Demokratie.

Der neue Staatspräsident stammte aus bescheidenen Verhältnissen; sein Vater war Bäcker in Muret. Seine parlamentarische Karriere hatte 1914 begonnen; als Finanzminister in der Volksfrontregierung hatte er später entscheidenden Anteil an der Abwertung des Franc. Résistance-Kämpfer der ersten Stunde, bekleidete er hohe Funktionen im Parlament in Algier und löste später Félix Gouin als Präsident der Nationalversammlung ab, als dieser nach dem Rücktritt de Gaulles zum zweiten Chef der Provisorischen Regierung ernannt worden war. Auriol hatte eine hohe Auffassung vom Amt des Staatspräsidenten, die er bereits in einem während der Besatzung verfaßten Essay, *»Hier et aujourd'hui«*, dargelegt hatte.

Er gedachte keineswegs passiv zu bleiben. Dieser Präsident, dem die Verfassung noch weniger Machtbefugnisse zugestand als den Staatsoberhäuptern der Dritten Republik, übte de facto viel mehr Macht aus als diese und dehnte seine in der Verfassung festgelegten Befugnisse bis an die Grenzen des Möglichen aus. Geschickt nutzte er die Streitigkeiten zwischen den Parteien, um sich aktiv in die Regierungsgeschäfte einzuschalten. Ebenso zog er jeden möglichen Nutzen aus seinen Amtspflichten als Oberhaupt der *Union française*, zu deren Erfüllung er keinerlei Gegenzeichnung benötigte, aber auch aus seinem Vorsitz im obersten Richtergremium der Republik. Er ebnete manchen Politikern den Weg, indem er sie der Nationalversammlung als Regierungschef vorschlug; in gewisser Weise war er der »Erfinder« Antoine Pinays. Er wurde ein bedeutender Präsident, dessen *»Journal«* eine wichtige Quelle zum Verständnis mancher verborgener Aspekte seiner siebenjährigen Amtszeit darstellt. Es zeigt die herausragende Rolle, die dieser von hoher Staatsgesinnung und patriotischem Geist erfüllte Mann gespielt hat. Sein Patriotismus vor allem war es, der ihn mißtrauisch werden ließ gegen den Feind von gestern, aber auch seinen Argwohn gegen die Alliierten nährte.

Als erste Amtshandlung schlug er der Nationalversammlung die Ernennung Paul Ramadiers zum Ministerpräsidenten vor. Ramadier, ebenfalls Sozialist, hatte bereits eine lange politische Karriere hinter sich. Er hatte als Abgeordneter in den Kammern der Dritten Republik gesessen und nach seinem Debüt in der Volksfrontregierung als Unterstaatssekretär für Öffentliche Arbeiten verschiedene Staatsämter bekleidet. 1933 hatte er zu denen gehört, die der SFIO den Rücken kehrten, weil sie deren hartnäckiges Fernbleiben von der Regierungsverantwortung nicht für vertretbar hielten, und sich, wie die meisten der Überläufer, der *Union socialiste républicaine* angeschlossen. 1938 war er Arbeitsminister im Kabinett Daladier, aber schon im August wieder zurückgetreten, weil er sich weigerte, soziale Errungenschaften – in diesem Fall die per *décrets-lois* verfügte Lockerung der Vierzig-Stunden-Woche – in Frage zu stellen. Sehr früh schon hatte er sich der inneren Résistance angeschlossen und war 1944 wieder in die SFIO aufgenommen worden. 1945 besaß er den Mut, im ersten Kabinett de Gaulle das unbeliebteste aller Ministerien, das Ernährungsressort, zu übernehmen, das ihm die Spitznamen *Ramadiète* (Ramadiät) und *Ramadan* (nach dem islamischen Fastenmonat) eintrug. Dank seiner Integrität und Arbeitskraft genoß er die Wertschätzung seiner Kollegen; er hatte Freunde in allen Parteien, und daß er Freimaurer war, woraus er nie ein Hehl machte, störte nicht einmal die Volksrepublikaner. Er war humanistisch gebildet und las die alten Griechen im Original. Am 21. Januar 1947 wurde Ramadier einstimmig zum Ministerpräsidenten gewählt. Er bildete eine Regierung der – im wahrsten Sinne des Wortes – nationalen Einheit, in der neben den drei großen Parteien als den Hauptstützen auch die Radikalsozialisten und Gemäßigten vertreten waren.

Ramadier, an die Praktiken der Dritten Republik gewohnt und seinerseits ein entschiedener Verfechter der parlamentarischen Souveränität, gab deshalb zwei Tage nach seiner Investitur den parlamentarischen Anfragen bezüglich seiner Ministerliste statt und stellte sich einer erneuten Abstimmung, ohne zu erkennen, daß ein solches Verfahren in der

Verfassung nicht vorgesehen war und ihrem Geist zuwiderlief. Indem er die Wahl seiner Kabinettsmitglieder der Zustimmung der Legislative unterwarf, schwächte er die Position des Regierungschefs und stellte den Supremat des Parlaments über die Regierung wieder her. Ein folgenschwerer Fehler, den andere nachahmten und der bereits am ersten Tag das Verfassungsverständnis in gefährliche Bahnen lenkte. Seine Nachfolger unterwarfen sich später ebenfalls diesem Verfahren. Sie verzichteten auch darauf, das Parlament zur Einhaltung des vorgesehenen Verfahrens bei der Ablösung des Regierungschefs zu zwingen, was die Parlamentsauflösung ermöglicht hätte. Nur zwei Ministerpräsidenten verhielten sich verfassungskonform: Pierre Mendès-France hinsichtlich der Wahl seiner Minister, und Edgar Faure, als er am 2. Dezember 1955 die Auflösung der Nationalversammlung erzwang.

So war schon am ersten Tag das Gleichgewicht zwischen den Staatsorganen empfindlich gestört, das Übergewicht des Parlaments wiederhergestellt und regelmäßig wiederkehrenden Krisen und damit der Ohnmacht der nachfolgenden Regierungen Tür und Tor geöffnet. Dies führte zu wachsendem Verdruß in der Öffentlichkeit und zu einer Welle des Antiparlamentarismus – sämtliche Übel, von denen die Verfassungsväter seinerzeit die Demokratie zu befreien hofften.

Ende Januar 1947 waren alle Staatsorgane eingesetzt. Die Zeit des Provisoriums, das mit der Befreiung begonnen hatte, war zu Ende und damit zugleich das lange Interregnum seit dem 10. Juli 1940. Die Klammer war wieder geschlossen. Nach sechseinhalb Jahren des Wartens und der Ungewißheit konnte man sich in dem Glauben wiegen, daß Frankreich endlich wieder dauerhafte Institutionen besaß. Warum sollten sie nicht ebenso lange halten wie die Dritte Republik? Die Vierte tat ihre ersten Schritte, jene Republik, von der die Résistance-Kämpfer in den dunklen Jahren geträumt und für die so viele Franzosen ihr Leben gelassen hatten.

DRITTER TEIL

Die Vierte Republik

1947–1958

KAPITEL I

Das Jahr der Krisen

Ein Jahr folgt aufs andere, aber sie ähneln einander kaum. Jedes hat seine eigene unverwechselbare Farbe, und die Zeitgenossen wissen sie gut auseinanderzuhalten. Sie werden, so lange ihre Erinnerung trägt, nicht zwei Kriegswinter oder zwei strahlende Frühlingszeiten miteinander verwechseln. Wenn die Jahre auch *per definitionem* alle gleich lange dauern, so haben sie deshalb noch lange nicht dasselbe Gewicht. Es gibt Jahre, die aus dem grauen Einerlei ihrer Abfolge herausragen. Der gesunde Menschenverstand begreift dies wohl, wenn er einigen, denen markante Ergebnisse den Glanz von Fixsternen verliehen haben, einen besonderen Platz in der Erinnerung zuweist. Das Ereignis, bisweilen als Schaumkrone der Geschichte abgewertet, beweist in bestimmten Momenten seine prägende Kraft: Es bringt alles ins Wanken und verändert die tieferliegenden Realitäten. Und was die einzelnen Menschen anlangt, so wird ihre Erinnerung an dieses oder jenes Jahr eher von einzelnen Ereignissen geprägt als von strukturellen Wandlungen. Es ist zum Beispiel durchaus fraglich, ob den Franzosen der beträchtliche und aus dem Rahmen fallende Anstieg ihrer Kaufkraft, die sich zwischen 1954 und 1973 verdreifacht hat, überhaupt bewußt geworden ist. Aber es gibt keinen, der nicht eine lebhafte Erinnerung an die Maitage des Jahres 1968 bewahrt hätte.

Von allen Nachkriegsjahren erfordert das Jahr 1947 eine besondere Darstellung. Drei Merkmale empfehlen es der Aufmerksamkeit des Historikers. Zum einen war es ein Jahr der Überraschungen und der Rückschläge; nichts geschah so, wie man es erwartet hatte. Zum anderen war es ein dramatisches, um nicht zu sagen furchtbares Jahr, in dem den Franzosen keine Prüfung erspart blieb, bis auf den Bürgerkrieg – aber waren sie davon noch weit entfernt? Dabei hatten die Franzosen nach einem Jahrzehnt, in dem die historischen Ereignisse schwer auf ihrem

Schicksal gelastet hatten, mit einem Jahr ohne Geschichte gerechnet, mit einem Jahr, in dem Frankreich, wie es eine zunehmend populäre Vorstellung wollte, zu einem normalen Lebensrhythmus zurückfinden und in arbeitsamer Stille einen ruhigen Wiederaufstieg zum Licht und zum Wohlstand beginnen sollte.

Am Ende des Jahres 1947 hatte sich die Situation gründlich und nachhaltig verändert. Was in diesem Jahr geschah, wirkte noch jahrelang in den Anschauungen, den Kräfteverhältnissen und den Problemstellungen nach.

Drittens hat selten ein Jahr so deutlich den Zusammenhang verschiedener Phänomene gezeigt wie dieses: die Wechselwirkung zwischen Wirtschaft und Politik, zwischen Weltanschauung und sozialer Realität, zwischen Innen- und Außenpolitik. So herrscht auch heute noch keine Einigkeit darüber, was hinter diesen Umbrüchen steckte und wer für sie verantwortlich war. Um nur ein Beispiel zu nennen: War die Entlassung der kommunistischen Minister aus der Regierung Ramadier eine rein innenpolitische Entscheidung oder eine Folge des Bruches zwischen den Vereinigten Staaten und der Sowjetunion? Ein derartiges Kausalgefüge stellt den Historiker vor einige Probleme, da er im Interesse einer geordneten Darstellung nacheinander beschreiben muß, was zeitgleich geschah, und schon bei der Festlegung der Reihenfolge zwangsläufig im Banne einer bestimmten Interpretation steht.

Wir werden das Geschehen zunächst aus der Sicht des Durchschnittsfranzosen schildern und seine Lebens- und Arbeitsbedingungen während dieses Jahres, das kein mildes Jahr gewesen ist, beschreiben; sie machen vieles verständlich und liefern den Hintergrund zu den Ereignissen, die es im folgenden darzustellen gilt.

EINE KATASTROPHALE WIRTSCHAFTSLAGE

Die Wirtschaftslage war nach wie vor katastrophal. Noch immer waren die Kriegsfolgen nicht beseitigt; die Belastung hatte teilweise sogar noch zugenommen, zum Beispiel im Bereich des Außenhandels, wo das Handelsbilanzdefizit auf 3 Milliarden Dollar anstieg. Das Produktionsniveau blieb äußerst niedrig und erreichte nicht einmal den Stand von 1938, das selbst schon kein gutes Jahr gewesen war. Das Wirtschaftsjahr 1946 schloß mit einem Index von 84 gegenüber 100 im Basisjahr 1938. Das Nationaleinkommen lag bei 80 Prozent des Standes von 1938. Der Wiederaufschwung der Industrie wurde durch eine Reihe von Engpässen behindert, die das Planungskommissariat nach Kräften zu beheben versuchte – Rohstoff- und Energiemangel sowie Überalterung der technischen Ausrüstung –, aber auch durch menschliche Faktoren wie den Mangel an Arbeitskräften (dem teilweise durch den Einsatz deutscher Kriegsgefangener, die von den Amerikanern abgestellt wurden, Abhilfe geschaffen wurde) und die Entkräftung der Menschen, die in einer Industrie, die noch weitgehend auf körperlicher Arbeitskraft beruhte, ihre Leistungsfähigkeit minderte.

Der Landwirtschaft galt die vordringlichste Sorge eines jeden wie auch der Behörden, die mit elementaren Schwierigkeiten zu kämpfen hatten. Infolge der schlechten Witterungsbedingungen, der spät einsetzenden Regenfälle, sank die Getreideproduktion auf ein Drittel der Vorkriegserträge. Die schwierige Ernährungssituation zwang zur Wiedereinführung von Brotmarken, die man unvorsichtigerweise abgeschafft hatte. Die tägliche Brotration sank auf einen Stand, den sie nicht einmal während der Besatzungszeit erreicht hatte: zunächst auf 250 Gramm und im September, als man auf die neue Ernte warten mußte, sogar auf 200 Gramm. Die Pflanzenproduktion erreichte erst wieder im Jahre 1950 ungefähr den Stand von 1938. Auch das Staatssekretariat für Ernährung, das man leichten Herzens aufgelöst hatte, um den Wandel zu dokumentieren, mußte wieder eingerichtet werden. Fast alle Lebensmittel wie Fleisch, Fett und Zucker wurden rationiert. Das Außenhandelsdefizit erlaubte nicht, die Produktionslücken durch Einfuhren zu füllen. Diese Mangelsituation ließ ein Phänomen von neuem entstehen, das man in Frankreich seit genau einem Jahrhundert nicht mehr erlebt hatte: die Hungerrevolten. In verschiedenen Orten stürmten aufgebrachte Massen die Präfekturen und griffen Mehldepots an. Nach ihrem Rückzug in die Opposition machte sich die Kommunistische Partei diese Schwierigkeiten zunutze. So verbot sie in Verdun die Weiterfahrt zweier mit braunem Zucker beladener Frachtkähne nach Deutschland. Die Konfrontation sorgte im Frühherbst täglich für Schlagzeilen.

Frankreich erfuhr nun das volle Ausmaß seiner Abhängigkeit vom Ausland. Es sah sich gezwungen, die Grundstoffe für Menschen und

Maschinen zu importieren, Getreide und Kohle, dazu Öl, zahlreiche Rohstoffe und Maschinen. Aber es hatte nichts, womit es seine Einfuhren hätte bezahlen können. Es konnte nicht exportieren; der Inlandsverbrauch zehrte die gesamte Güterproduktion auf, die nicht einmal die Nachfrage zu decken vermochte, und was die Industrie auf veralteten Maschinen produzierte, war nicht wettbewerbsfähig. Frankreich hatte seine Gold- und Kapitalreserven erschöpft und war auf amerikanische Finanzhilfe angewiesen. Die bewilligten Hilfeleistungen aus dem Leih- und Pachtgesetz waren ausgelaufen. Im Dezember 1945 wurde durch die amerikanische Export-Import-Bank ein Darlehen in Höhe von 900 Millionen Dollar gewährt, das jedoch bald ausgeschöpft war. Im Frühjahr 1946 reiste Léon Blum zu Verhandlungen mit dem amerikanischen Außenminister Byrnes nach Washington und erreichte dort in den Blum-Byrnes-Vereinbarungen die Streichung französischer Schulden in Höhe von 2,85 Milliarden Dollar und die Gewährung eines neuen Darlehens in Höhe von 650 Millionen Dollar mit der Zusage weiterer 550 Millionen. Im Gegenzug öffnete Frankreich seinen Markt für amerikanische Filme, auf die das französische Publikum seit dem Krieg hatte verzichten müssen, darunter auf den 1939 in Farbe gedrehten »Vom Winde verweht«, den es jetzt anschauen konnte.

In welchem Maße zwang diese Abhängigkeit die französischen Unterhändler zur Preisgabe ihrer Unabhängigkeit? Der darüber entbrennende Streit gab den Kommunisten Gelegenheit, die Bereitwilligkeit anzuprangern, mit der die Regierung sich den amerikanischen Forderungen beugte.

Das Ungleichgewicht zwischen Angebot und Nachfrage trieb die Inflation unerbittlich in die Höhe. Die am 1. Januar verfügte fünfprozentige Preissenkung zeigte nur kurze Zeit Wirkung; die zweite Preissenkung konnte die Ergebnisse nicht konsolidieren. In der Zwischenzeit hatte die Regierung gewechselt und das neue Kabinett griff zu gegenläufigen Maßnahmen, so etwa im März zu einer zehnprozentigen Preiserhöhung für Fleisch. Zwischen Januar und Juli 1947 stiegen die Großhandelspreise um 91 Prozent und die Einzelhandelspreise um 93 Prozent. Um die Inflation aufzuhalten, fror die Regierung die Löhne ein, die im April, bezogen auf das Basisjahr 1938 (100), einen Stand von 617 (698 inklusive der Sozialzulagen) gegenüber 960 für den Lebenshaltungsindex erreicht hatten. Die durchschnittliche Kaufkraft betrug somit etwas weniger als zwei Drittel der Kaufkraft von 1938. Die Kluft zwischen Kaufkraft und Lebenshaltungskosten rief Enttäuschung bei den Arbeitnehmern hervor, die kein Ende des Tunnels sahen und am Sinn der Opfer, denen sie zugestimmt hatten, zu zweifeln begannen. So erreichten Mutlosigkeit und Erschöpfung ihren Höhepunkt im Jahre 1947. Die Appelle an den Bürgersinn verhallten ungehört. Die zunehmende Erbitterung fand ihren Ausdruck in einer wachsenden Zahl von Streiks; ein fünfwöchiger Pressestreik im Februar und März beraubte die Franzosen ihrer gewohnten Informationen und Zeitungslektüre. Andere Streiks folgten in Wellen nach: Im Juni, September und Oktober traten die Pariser Transportarbeiter in den Ausstand, und schließlich erreichten die Streiks im November und Dezember 1947 in einem Klima chronischer Niedergeschlagenheit, die immer wieder von Fieberanfällen unterbrochen wurde, ihren dramatischen Höhepunkt.

DIE ENTLASSUNG DER KOMMUNISTISCHEN MINISTER

Kleine Ursache, große Wirkungen: Ein örtlich begrenzter Streik provozierte den Bruch der Drei-Parteien-Koalition. Am 25. April legten die Arbeiter zweier Werkhallen der Renault-Werke ihre Arbeit nieder; wenige Stunden später hatte ihre Aktion den Betrieb lahmgelegt und den Fertigungsablauf unterbrochen. Für den Streik wurden trotzkistische Aktivisten verantwortlich gemacht, denen man politische Motive unterstellte. Aber warum sollte man nach anderen als beruflichen Hintergründen suchen? Die Existenzbedingungen boten hinreichend Anlaß, und es wäre den Anführern des Streiks niemals gelungen, ihn anzuzetteln, wenn sie nicht die Zustimmung ihrer Kollegen gefunden hätten.

Zunächst hielt sich die CGT getreulich an die produktivistische Losung der Kommunistischen Partei. Sie bezeichnete den Streik als verantwortungslos und tat alles, um ihn unter Kontrolle zu bringen. Als sie jedoch sah, daß er auf breite Zustimmung stieß, und bemerkte, wie sich die Sozialisten über die Schwächung des Gewerkschaftsbundes freuten und der *»Populaire«* unbedacht Öl ins Feuer goß, schloß sie sich zwei Tage später dem Streik an – mehr noch, sie stellte sich sogar an seine Spitze, während die Kommunistische Partei, die nicht gewohnt war, sich links überholen zulassen, die Aufhebung des Lohnstopps forderte. Die Sozialisten bezeichneten dies daraufhin als Bruch des Koalitionsvertrages: Das hieße, die ganze Wirtschaftspolitik in Frage zu stellen und die zaghaften Erfolge im Kampf gegen die Inflation zu gefährden. Ramadier lehnte dies kategorisch ab und beschloß, nachdem die Regierung gespalten war, die Mehrheit zum Richter im Streit zu machen und die Vertrauensfrage zu stellen. Die kommunistischen Minister stimmten geschlossen gegen Ramadier: Damit war die Gemeinsamkeit der Regierungsparteien zerbrochen.

Dies war keineswegs die erste Meinungsverschiedenheit zwischen den Kommunisten und ihren Partnern und auch nicht die erste Parlamentsdebatte, in der sie sich von der Mehrheit distanzierten. Bereits im März war es zu einer Auseinandersetzung über die Indochina-Politik gekommen. Nach einem Jahr wirrer Verhandlungen in Fontainebleau, bei denen es schien, als ob niemand an einem Ergebnis interessiert sei, hatten die Ereignisse plötzlich eine beunruhigende Wendung genommen: Nach der Beschießung von Haiphong durch die französische Marine, die mehrere tausend Tote forderte, hatten die unter kommunistischer Kontrolle stehenden Streitkräfte des Vietminh am 19. Dezember 1946 einen Generalangriff auf die französischen Truppen in Tonkin unternommen. Obgleich das Unternehmen teilweise scheiterte, befand sich Frankreich seitdem im Krieg mit Indochina. Dieser Konflikt brachte die französischen Kommunisten in Schwierigkeiten, da sie einerseits der Regierung angehörten, die die Unabhängigkeitsbewegung bekämpfte, und sich andererseits solidarisch fühlten mit der Kommunistischen Partei Vietnams. Bei der Abstimmung in der Nationalversammlung über die Militärkredite für Indochina enthielten sich die kommunistischen Abgeordneten der Stimme, ließen aber ihre Minister am 22. März 1947 der Regierung das Vertrauen aussprechen. Der erste Schritt zur Trennung war getan. Zu allem Überfluß brach einige Tage später in Madagaskar ein Aufstand aus, dessen Niederschlagung 80 000 Opfer forderte; es war schwer für eine Partei, die einen Teil ihrer Kraft aus dem Internationalismus bezog, die repressive Politik der Regierung mitzutragen.

Ministerpräsident Ramadier nahm den Bruch der ministeriellen Solidarität offiziell zur Kenntnis und unterzeichnete im Einvernehmen mit Staatspräsident Auriol ein Dekret zur Entlassung der kommunistischen Minister. Diese Maßnahme stand völlig im Einklang mit der Verfassung, die dem Regierungschef Weisungsbefugnisse über die Minister einräumte. Aus dem Prinzip der »Symmetrie der Rechtsformen« *(parallelisme des formes)* ergab sich zwingend, daß sein Recht auf freie Wahl seiner Minister ihm mit logischer Konsequenz auch freie Hand ließ, sich von diesen Ministern zu trennen, wenn sie sein Vertrauen verloren hatten. Sein Schritt stand jedoch so sehr im Gegensatz zum parlamentarischen Brauch, daß er großes Befremden auslöste; in erster Linie bei den Kommunisten, die er offenbar völlig unvorbereitet traf. Der Dissens über die Lohn- und Preispolitik war für sie kein gesuchter Vorwand gewesen, die Regierung zu verlassen. Im übrigen beteuerten sie in den darauffolgenden Wochen immer wieder ihren guten Willen und kündigten an, sich wie eine Regierungspartei verhalten und eine konstruktive Opposition betreiben zu wollen. Alles deutete darauf hin, daß sie mit ihrer baldigen Rückkehr in die Regierung rechneten. Ihr Warten sollte vierunddreißig Jahre dauern.

Sie erkannten nicht, daß der Bruch unvermeidlich war. Zu viele Streitfragen trennten sie von den beiden anderen großen Parteien: neben der Wirtschaftspolitik und den Problemen in Übersee vor allem die sich rapide verschlechternde Entwicklung der internationalen Beziehungen. Auf die große Kriegsallianz zwischen der Sowjetunion und den Anglo-Amerikanern, die die Beschlüsse von Jalta und Potsdam diktiert hatte, folgte gegenseitiges Mißtrauen: Die Atombombe in amerikanischer Hand beunruhigte Stalin, und die Unterstützung der kommunistischen Parteien in Osteuropa durch die Rote Armee bei der schrittweisen Errichtung von Einparteienregimen alarmierte den Westen. Die Entfremdung zwischen den beiden Großmächten erreichte im März 1947 mit der Verkündung der Truman-Doktrin den entscheidenden Wendepunkt. Um den sowjetischen Absichten auf einige türkische Dörfer an der armenischen Grenze entgegenzutreten und ein Abgleiten Griechenlands in den Einflußbereich Moskaus zu verhindern, kündigte Präsident Truman am 12. März 1947 an, daß die Vereinigten Staaten die Rolle des geschwächten Großbritanniens als Ordnungsmacht im östlichen Mittelmeer übernehmen würden, und forderte den Kongreß auf, ihm die Mittel zum Schutz der Unabhängigkeit und territorialen Integrität Griechenlands und der Türkei zu bewilligen. Dies war der erste Schritt zur sogenannten Containment-Politik und die Abkehr vom amerikanischen Rückzug aus Europa: Der Wind hatte sich gedreht. Im selben Monat trennten sich die vier in Moskau versammelten Außenminister der alliierten Großmächte, ohne einen Termin für ein weiteres Treffen zu vereinbaren. Es war die »Konferenz der letzten Chance«. Der Bruch war offensichtlich – der Kalte Krieg hatte begonnen.

Frankreich, das sich erboten hatte, als Bindeglied zwischen den beiden Lagern zu fungieren, mußte Farbe bekennen. Es hatte nicht viel Anlaß, mit der Haltung der Sowjetunion zufrieden zu sein, die seine Ansprüche auf die für seinen Wiederaufschwung unverzichtbare Saarkohle abgewiesen hatte. Geographisch war Frankreich mehr auf die Vereinigten Staaten hin ausgerichtet, deren Hilfe es dringend benötigte. Die Kommunisten konnten diesen Kurswechsel der französischen Außenpolitik naturgemäß nicht billigen. Innerhalb von zwei Monaten wurden sie aus allen westeuropäischen Regierungen, denen sie seit der Befreiung angehört hatten, verdrängt: in Dänemark, Belgien, Italien und Frankreich.

Es ist verständlich, daß dieses zeitliche Zusammentreffen Anlaß zu Vermutungen gab, die Vereinigten Staaten hätten mit ihren Verbündeten eine gemeinsame Offensive verabredet, und den Gedanken glaubwürdig erscheinen ließ, Ramadier habe sich den Instruktionen Washington gebeugt, oder im Klartext, er habe die Kommunisten als Gegenleistung für eine Zusage amerikanischer Wirtschaftshilfe aus der Regierung gejagt. Doch so einfach lagen die Dinge nicht. Gewiß, Washington war von der Präsenz kommunistischer Minister in den Regierungen befreundeter Länder wenig begeistert, auch wenn diese Vorkehrungen getroffen hatten, um die Kommunisten von sensiblen, sicherheitsrelevanten Verantwortungsbereichen fernzuhalten und von strategischen Entscheidungen auszuschließen. Es zeigte sich daher über ihre Ausschaltung befriedigt. Es gibt jedoch keinen greifbaren Beweis, daß die amerikanische Regierung irgendwelchen Druck in dieser Richtung ausgeübt hätte. Die Archive, die den Historikern weitgehend offenstehen, liefern keine Bestätigung der These, daß die französische Führung diskret erpreßt wurde. Es war unvermeidlich, daß die wachsende Spannung zwischen den Großmächten früher oder später zum Bruch zwischen den moskauhörigen kommunistischen Parteien und den übrigen Parteien führen mußte.

Im Falle Frankreichs war die Weiterführung der Zusammenarbeit noch weniger verständlich als in anderen Ländern. Seit 1947 bot Frankreich das einzigartige Bild eines Landes, das die beiden Konflikte, die die Welt spalteten – Kalter Krieg und Entkolonialisierung – am eigenen Leib zu spüren bekam. Dies war das Verhängnis der Vierten Republik. Frankreich stand in dieser Hinsicht einzig da; auf diese Eigentümlichkeit hat Alfred Grosser hingewiesen. Die Spaltung der Welt in antagonistische Blöcke war ein innenpolitisches Thema, da Frankreich als einziges westliches Land neben Italien eine mächtige KP aufwies, die das Vertrauen eines beträchtlichen Teils der Bevölkerung genoß. Der »Eiserne Vorhang«, um das Bild Winston Churchills aus dem Jahre 1946 zu verwenden, verlief mitten durch die französische Gesellschaft.

Andererseits war Frankreich sechzehn Jahre lang in eine Reihe von Kolonialkriegen verwickelt, deren Sinn, Legitimität und Methoden ein zweites Thema der innenpolitischen Polarisierung bildeten. Gewiß kannten andere Nationen zu dieser Zeit ähnliche Probleme, etwa die Niederlande mit ihren indonesischen Besitzungen, Belgien etwas später im Kongo und vor allem Großbritannien in Malaya und danach in Kenia, doch in keinem dieser Länder gab es eine mächtige kommunistische Partei. Was Italien betrifft, so hatte es seine Kolonien verloren. Nur in Frankreich waren beide Probleme gleichermaßen virulent.

Die Entlassung der kommunistischen Minister durch den Sozialisten Ramadier stürzte seine eigene Partei in einen schweren Gewissenskonflikt, ähnlich dem, den der MRP nach dem freiwilligen Rücktritt de Gaulles erlebt hatte: Sollte sie die Macht aus der Hand geben? Wenn sie blieb, so akzeptierte sie damit die Rolle des linken Flankenschutzes in einer eher rechtsgerichteten Regierung und überließ den Vorteil der Kritik den Kommunisten. Hinzu kam, daß die SFIO im Sommer zuvor mit dem Ausschluß Daniel Mayers aus der Führung und der Ablehnung seiner Parteistatuten eine Kehrtwendung nach links vollzogen hatte. Die Führung neigte zum Rückzug aus der Regierung. Auf dem eilig einberufenen Sonderparteitag am 6. Mai setzte sich Guy Mollet zwar für einen solchen Rückzug ein, doch der Parteitag folgte ihm nicht. Mit einer kleinen Mehrheit von etwas mehr als 400 Delegiertenstimmen bei insgesamt 4500 billigte der Parteikongreß das Verbleiben der Minister in der Regierung auch ohne kommunistische Beteiligung – eine grundlegende Entscheidung, deren historische Tragweite am Abend des 6. Mai niemand vorausahnen und deren Konsequenzen niemand abschätzen konnte: Sie bedeutete das Ende des *tripartisme*. Sie leitete eine Entwicklung ein, welche die Kommunistische Partei für die folgenden fünfzehn oder zwanzig Jahre in die völlige Isolierung, die Linke insgesamt aber in

Zwietracht und Konfrontation führen sollte. Derselbe Guy Mollet, der für den Auszug der sozialistischen Minister aus dem Kabinett plädiert hatte, sollte später einer der schärfsten Antikommunisten werden. Und mit der Einheit der Résistance war es vorbei.

DE GAULLE GRÜNDET DAS *RASSEMBLEMENT DU PEUPLE FRANÇAIS*

Ein Unglück kommt selten allein: Just in dem Augenblick, als die Gründungsmehrheit der Vierten Republik auseinanderbrach, drohte dieser ein neuer Angriff. Mußte sie sich auf der einen Seite mit der zunehmend härteren kommunistischen Opposition auseinandersetzen, so sah sie nun auf dem anderen Flügel eine zweite Front entstehen. Diese Bilder aus der Militärsprache drängen sich in doppelter Hinsicht auf: Zum einen war in den Köpfen der Politiker die Erinnerung an den Krieg noch sehr lebendig, zum anderen ging der zweite Angriff von General de Gaulle aus, der in strategischen Kategorien dachte und handelte. Er war offenbar überzeugt, daß ein dritter Weltkrieg bevorstand und eine sowjetische Invasion drohte, und hielt deshalb den Augenblick für gekommen, einen neuen Widerstand vorzubereiten. Nach einem halben Jahr völliger politischer Abstinenz hatte er sein Schweigen gebrochen, um seine Ansichten zu Verfassungsfragen darzulegen und die Franzosen zur Ablehnung des zweiten Verfassungsentwurfs zu bewegen. Seine Beschwörungen hatten zwar die Annahme der Verfassung nicht zu verhindern vermocht, aber diese taktische Niederlage änderte nichts an seinem Urteil über die Staatsorgane.

Im Frühjahr 1947 ergriff er im Abstand von zwei Wochen zweimal das Wort; das erste Mal in Bruneval, als er eine nahe bevorstehende Initiative in Aussicht stellte, und das zweite Mal in Straßburg, wo er am 7. April den Inhalt dieser Initiative präzisierte. Er forderte alle Franzosen auf – mit Ausnahme der Kommunisten, die er bald darauf als Separatisten beschimpfte –, sich zusammenzuschließen. Das war die Geburtsstunde des *Rassemblement du peuple français* (RPF).

Diese Bezeichnung gibt Anlaß zu näherer Betrachtung. Sie spiegelt die gaullistische Vision eines Volkes wider, das sich jenseits des Parteienstreits einig und geschlossen um die großen Ziele schart, die das nationale Interesse konstituieren. Es handelte sich nicht darum, eine neue Partei neben den anderen zu gründen. De Gaulle wollte eine Flamme entfachen, die stärker war als jede Bindung an eine Partei, und eine Bewegung ins Leben rufen, die Frankreich dauerhafte Staatsorgane bescheren und damit eine Wiederholung des schmählichen Endes der Dritten Republik vorbeugen sollte. Aber dieses Ziel ließ sich nur gegen die bestehenden Institutionen, gegen die herrschenden Parteien und gegen die oppositionellen Kommunisten durchsetzen. Das schuf eine Vielzahl von Gegnern.

De Gaulles Initiative erntete gleichermaßen Erfolg wie Mißerfolg. Der Erfolg? Sein Appell fand ein breites Echo, sowohl bei den ehemaligen Widerstandskämpfern, deren Verbindungen untereinander wiederauflebten, wie auch bei den Konservativen, die über das Vordringen des Kommunismus beunruhigt waren und den Parlamentarismus ablehnten. Die Mitglieder strömten ihm zu Hunderttausenden zu; in den ersten Wochen brach eine wahre Flutwelle herein, die an den Durchbruch der PSF im Jahre 1936 erinnerte. Die Ähnlichkeit war nicht rein zufällig; in beiden Fällen war die dahinterliegende Absicht dieselbe: den Parteienhader zu überwinden und Vaterlandsgesinnung und soziale Bestrebungen wieder miteinander zu versöhnen. Der Mißerfolg? Den bereiteten ihm die Parteien. De Gaulle hatte zweifellos auf die persönliche Treue eines Teils der Politiker gesetzt und damit gerechnet, daß die Parteien, wenn sie sich auch nicht offen seiner Bewegung anschlossen – was nicht in seinem Sinne gewesen wäre –, ihren Anhängern eine Doppelmitgliedschaft gestatten würden. In diesem Punkt wurden seine Erwartungen enttäuscht. Die Frage stellte sich zwar nicht für die Kommunistische Partei, die von de Gaulle offen attackiert wurde, aber für die SFIO, die jedoch keine Doppelmitgliedschaft zuließ und bei Zuwiderhandlung sogar mit Parteiausschluß drohte. Diese Entscheidung überraschte den General wahrscheinlich nicht so sehr wie die analoge Haltung des MRP. Die Verstimmung zwischen der Partei und de Gaulle wuchs sich zur Konfrontation aus, nachdem die Führer des MRP dem Chef des RPF bonapartistisches Gebaren vorwarfen. Einige von ihnen, und keineswegs die unbedeutendsten, verließen daraufhin das *Mouvement* und schlossen sich dem General an, unter ihnen Marcel Prélot, einer der Verfassungsväter christlich-demokratischer Provenienz sowie Mitglied der *Semaines sociales* und der Chefredaktion der Zeitschrift *»Politique«*, Louis Terrenoire, Redakteur der Zeitung »*L'Aube*« und Schwiegersohn von Francisque Gay, Edmond Michelet sowie ein Dutzend weiterer abtrünnig gewordener Abgeordneter, die eine Zeitlang eine kleine Fraktion von unabhängigen Volksrepublikanern bildeten. Organisierten die großen Parteien eine Blockade gegen den RPF, so bekundeten die gemäßigten Gruppierungen und die Radikalsozialistische Partei eher sympathische Aufgeschlossenheit. Ihre Offenheit trug mit dazu bei, das neue *Rassemblement* nach rechts zu verlagern.

DIE DRITTE KRAFT

Die Parteien, die gemeinsam die Macht ausübten, sahen sich somit von zwei oppositionellen Kräften in die Zange genommen, die ihnen einen gnadenlosen Kampf lieferten. Die Stärke der einen Seite – der kommunistischen – war bekannt; sie betrug fast 30 Prozent der Wählerschaft. Die Anhängerzahl des RPF war dagegen schwer abzuschätzen, da es sich erst nach den Wahlen vom 10. November 1946 formiert hatte. Sechs Monate nach seiner Gründung ergab sich jedoch aufgrund des Wahlkalenders ein erster Hinweis: Am 19. und 26. Oktober fanden Gemeinderatsneuwahlen statt, da die Amtszeit der im April und Mai 1945 gewählten Gemeinderäte auf zwei Jahre begrenzt war. Das *Rassemblement* stellte überall Listen mit Kandidaten auf, die ein Bündnis mit anderen Gruppierungen abgelehnt hatten. Eine machtvolle gaullistische Bewegung brach sich Bahn: In den großen Städten erhielt das RPF 38 Prozent der Stimmen. Diese Zahl bleibt festzuhalten: Denn jedesmal, wenn eine politische Gruppierung einen großen Wahlsieg errang – wie die UDR im Juni 1968 und die Sozialistische Partei im Juni 1981 –, taucht sie von neuem auf, so als ob dieser Prozentsatz die Höchstmarke des Stimmenpegels darstellte. Fast alle großen Städte, angefangen bei der Hauptstadt, wo der Bruder de Gaulles Gemeinderatspräsident wurde, fielen an die Gaullisten: Marseille, Lille, Rennes, Straßburg, Bordeaux und andere mehr. Die Kommunisten kamen auf rund 30 Prozent, also nicht weit von den knapp 40 Prozent der Gaullisten entfernt.

Beide Oppositionsparteien verfügten zusammen über eine breite Mehrheit und ließen der Parlamentsmehrheit aus SFIO und MRP, unterstützt von den Radikalsozialisten und Gemäßigten, nur ein Drittel der Wählerschaft übrig. Der Führer des *Rassemblement* hatte deshalb leichtes Spiel, als er die Parlamentsmehrheit für nicht mehr repräsentativ erklärte, der Regierung die Legitimität absprach und die Auflösung der Nationalversammlung forderte. Die Parlamentsmehrheit, nunmehr von beiden Oppositionsgruppen unter Feuer genommen, wirkte zunehmend schwächer. Genaugenommen war sie nun die Dritte Kraft, da sie nur den Rest darstellte, der nach Abzug der beiden anderen Blöcke übrigblieb, und überdies wohl auch zahlenmäßig auf den dritten Platz zurückgefallen war. Von allen Seiten bedrängt, ging sie in Abwehrstellung, schloß die Reihen und suchte die Oppositionsgruppen mit einer Durchhaltetaktik zu zermürben.

Fürs erste machte sie freilich keinen starken Eindruck. Nach achtmonatiger Amtszeit und nach einer Kabinettsumbildung, die zu nichts führte, trat Ramadier erschöpft zurück. Als es Léon Blum nicht gelang, eine neue Regierung zu bilden – es wäre seine vierte gewesen –, weil er die kommunistische Bedrohung mit der gaullistischen Gefahr auf eine Stufe stellte und sich dadurch einen Teil der Stimmen aus dem rechten Lager verscherzte, fiel das Amt des Regierungschefs an einen Volksrepublikaner, den Finanzminister im Kabinett Ramadier, Robert Schuman. Seine Regierung stützte sich auf eine Koalition aus Sozialisten, Volksrepublikanern, Radikalsozialisten und Unabhängigen und hatte die Verteidigung der Staatsorgane zur pragmatischen Grundlage. Die Achse der Mehrheit verschob sich durch den Wechsel der Kommunisten in die Opposition erstmals nach rechts; von nun an bildete die SFIO den linken Flügel der neuen Mehrheit, während ihrem rechten Flügel Vertreter von Gruppierungen angehörten, die bisher die Verfassung bekämpft hatten.

Der neue Ministerpräsident war der breiten Öffentlichkeit nahezu unbekannt, obwohl er zu den dienstältesten Parlamentariern zählte. Seit seinem ersten Abgeordnetenmandat in der 1919 gewählten Kammer gehörte er bis zum Beginn des Krieges sämtlichen Kammern an und war sogar einige Tage lang Staatssekretär für die Evakuierung der Städte in der ersten Regierung Pétain vom 17. Juni 1940. Obgleich ihm 1947 eher der Ruf eines Finanzfachmanns als der eines Experten für internationale Beziehungen vorausging, sollte er schließlich in seiner Rolle als Außenminister und durch sein Eintreten für die europäische Einigung in die Geschichte eingehen. Rhetorisch nur mäßig begabt, setzte er sich dank seines gesunden Menschenverstandes, seiner Rechtschaffenheit und Kaltblütigkeit rasch in der Nationalversammlung durch und erwarb sich großen Respekt in der Öffentlichkeit. Er bekam umgehend Gelegenheit, seine Entschlossenheit und seinen Mut unter Beweis zu stellen; denn einige Tage, bevor er seinen Amtssitz im Hôtel Matignon bezog, war das Land in eine äußerst schwierige Krise geraten.

DIE STREIKS

Begonnen hatte die Krise in Marseille. Dort hatte die von der neuen gaullistischen Stadtverwaltung beschlossene Erhöhung der Straßenbahnfahrpreise einen Streik der Verkehrsmittelbenutzer ausgelöst, der rasch in Tumulte ausartete. Eine wütende Menge stürmte das Rathaus, während die mit der Aufrechterhaltung der öffentlichen Ordnung beauftragten, kommunistisch unterwanderten Abteilungen der Bereitschaftspolizei das Weite suchten. Der Aufruhr beherrschte die Straße, die öffentlichen Gebäude wurden besetzt, und die Staatsmacht sah sich dem allgemeinen Spott preisgegeben. Der Aufruhr, den die Kommunisten nach Kräften schürten, zog immer weitere Kreise und erfaßte das Rhône-Tal, das der Staatsmacht entglitt. Die Demonstranten besetzten den Bahnhof von Valence und legten den Zugverkehr lahm. Sämtliche Verbindungen zwischen dem provenzalischen Süden und Paris waren unterbrochen.

Am 15. November traten die Bergarbeiter in den Streik. Sie reagierten damit auf den Ausschluß des kommunistischen Sekretärs der (zur CGT gehörenden) Bergbaugewerkschaft aus dem Verwaltungsrat der Steinkohlengesellschaft. Die Bedrohung war tödlich: Die gesamte Wirtschaft hing von der Kohle ab, dem damals immer noch wichtigsten Energieträger. Doch die Entscheidung war von der CGT durchgesetzt worden und stieß in der Branche nicht überall auf einhellige Zustimmung. Die christlichen Gewerkschaften, die starken Rückhalt bei den nordfranzösischen Bergarbeitern besaßen, gedachten mit der Freiheit der Arbeit Ernst zu machen. Um ihren Widerstand zu brechen, griff die CGT zu Einschüchterungsmaßnahmen, ja zu offener Gewalt. Es kam zu erbitterten Auseinandersetzungen zwischen den Streikposten an den Grubeneingängen und ihren Kameraden, die zur Weiterarbeit entschlossen waren. Mobile Einsatzgruppen, eine Art Rollkommandos, zogen von Zeche zu Zeche, um vor Ort den Streik durchzusetzen. Die CGT war zur Machtprobe entschlossen. Einer Strategie folgend, die an die des Jahres 1920 erinnerte, warf sie nacheinander alle von ihr beherrschten Berufsgruppen in die Schlacht: die Eisenbahner, die Metallarbeiter und die Textilarbeiter. Am 28. November bildeten zwanzig Gewerkschaftsverbände der CGT ein zentrales Streikkomitee, das die Operationen koordinierte. Die Wirtschaft war lahmgelegt, und mit jedem Tag, der verging, verschärfte sich ihre Abhängigkeit vom Ausland ein wenig mehr.

Die Beteiligung der Kommunisten an der Streikbewegung steht außer Zweifel. Die Partei bekannte sich offen dazu; sie erklärte sich mit den Streikenden solidarisch, und im Palais Bourbon führte ihre Fraktion das parlamentarische Gegenstück zum Kampf. Innerhalb weniger Wochen hatte sich die Opposition, die sich eine konstruktive nannte, in eine systematische verwandelt. Die Erklärungen guten Willens waren gründlich vergessen. Bereits im Juni hatte Ramadier, allerdings ohne Beweis, die Kommunistische Partei öffentlich als heimliche Rädelsführerin der sozialen Unruhen bezeichnet. Aber der entscheidende Anstoß zur Änderung ihrer Haltung und Strategie erfolgte erst später. Er kam von draußen und ging auf eine Initiative Moskaus zurück.

Ende September 1947 trat in Polen eine von der Sowjetunion einberufene Geheimkonferenz der Vertreter sämtlicher osteuropäischer kommunistischer Parteien zusammen, die entweder bereits an der Macht waren oder unmittelbar vor der Machtübernahme standen. Anwesend waren auch die Vertreter der beiden wichtigsten westeuropäischen Parteien, der französischen und italienischen, die beide erst kurz zuvor aus der Regierung ausgeschlossen worden waren. Andrej Schdanow, der Chefideologe der sowjetischen KP, warf ihnen vor, sie hätten aus dem Gang der Dinge nichts gelernt und seien in »parlamentarischen Schwachsinn« verfallen. Seine Analyse unterschied sich nicht sehr von der damaligen des Generals de Gaulle: Die Welt ist in zwei Lager gespalten, und zwischen ihnen herrscht Krieg. Die Sowjetunion ist die Vormacht des antiimperialistischen und antifaschistischen Lagers, die Vereinigten Staaten sind die Vormacht des Blocks der Kriegstreiber und Imperialisten. Die kommunistischen Parteien müssen deshalb in unbedingter Solidarität mit der sowjetischen Politik und mit allen Mitteln einen unablässigen Kampf gegen die bürgerlichen Regierungen, die Komplizen Amerikas, führen. Dies war die Moskauer Strategie, der die Kommunistische Partei Frankreichs von nun an folgte.

In dieser Phase spielte die Entwicklung der internationalen Beziehungen eine bedeutende Rolle, vor allem eine diplomatische Initiative der Vereinigten Staaten, die von historischer Tragweite war. Am 5. Juni 1947 unterbreitete der amerikanische Außenminister General Marshall in einer Rede an der Universität Harvard den europäischen Ländern ein Wirtschaftshilfeprogramm mit der Auflage, daß sie sich über gemeinsame Vorschläge verständigen sollten. Sein Angebot richtete sich an sämtliche Staaten Europas, auch die osteuropäischen. Tatsächlich war die bereits kommunistisch beherrschte polnische Regierung zunächst versucht, das Angebot anzunehmen. Die Tschechoslowakei, die noch einige Monate lang von einer Mehrparteienkoalition regiert wurde, nahm die französische Einladung zu einer Konferenz an, auf der eine gemeinsame Antwort aller interessierten Länder auf den Marshall-Plan vorbereitet werden sollte, mußte jedoch auf sowjetischen Druck hin ihre Zusage zurückziehen. Stalin befürchtete, daß durch den Mechanismus der Wirtschaftsvereinbarungen Europa einschließlich der von ihm beherrschten Zone allmählich ins amerikanische Lager übergehen und das Imperium, das er gerade errichtete, wieder zerfallen würde. Er wies deshalb seine Satelliten an, den Marshall-Plan abzulehnen, während sich die kommunistische Propaganda krampfhaft bemühte, ihn als Kriegsinstrument, als Trojanisches Pferd, hinzustellen, mit dessen Hilfe Europa dem Willen der Amerikaner unterworfen werden sollte. Die Spaltung Europas war damit irreparabel geworden. Die Annahme des Marshall-Plans durch den Westen und seine Ablehnung durch den Osten vollendeten die Teilung des Kontinents.

Vor diesem Hintergrund brach die schwere soziale Krise aus, die die französische Wirtschaft lahmlegte. Wollte die Führung der PCF eine revolutionäre Situation heraufbeschwören? Träumte sie davon, die Macht an sich zu reißen, wie dies einige Wochen zuvor die tschechische KP in Prag getan hatte? Steckte vielleicht Stalin dahinter, nachdem sich die französischen Kommunisten seit der Konferenz in Polen strikt an die Globalstrategie des kommunistischen Blocks eingeordnet hatten? Beim jetzigen Stand unseres Wissens und ohne Zugang zu den Archiven der Kominform und des Sowjetstaates spricht die Wahrscheinlichkeit dagegen, daß die Kommunistische Partei eine Machtergreifung ernsthaft ins

Auge gefaßt hat. Sie wußte, daß Frankreich zur Einflußzone der Vereinigten Staaten gehörte, und Stalin hat die beiderseitigen Einflußsphären nirgendwo in Frage gestellt. Wahrscheinlich beabsichtigte sie eher den Sturz der Regierung und hoffte vor allem, die drei Jahre nach dem Ende der Besatzung immer noch recht lebhaften patriotischen Empfindungen für sich zu nutzen. Es ist in diesem Zusammenhang bezeichnend, daß Jacques Duclos den Ministerpräsidenten mit dem Schimpfwort *»boche«* [ein Schimpfname für die Deutschen; Anm. d. Ü.] belegte und dies mit dem Hinweis begründete, Schuman sei außerhalb der Grenzen der französischen Republik geboren, nämlich in Luxemburg, wo er auch studiert habe, und habe danach bis 1918 im Deutschen Reich gelebt. Im Kampf gegen den Imperialismus und das Wiedererstehen Deutschlands machte sich die Kommunistische Partei zum Wortführer des unversöhnlichen Nationalismus.

Jedenfalls hatte die Regierung hinreichend Anlaß, einen Gewaltstreich zu befürchten, und ein Teil der Bevölkerung geriet unter dem Eindruck der heftigen Auseinandersetzungen und der Ausbreitung der Streiks in höchste Erregung. In den Jahren zwischen 1946 und 1958 stand Frankreich nie so nahe am Abgrund eines Bürgerkrieges wie damals: unterbrochene Telefonleitungen, besetzte Bahnhöfe, Rollkommandos von einer Stadt in die andere, die Entgleisung eines Zuges auf der Strecke Paris – Arras, bei der man sich damals fragte, ob es sich um einen kriminellen Akt handelte – was inzwischen nachgewiesen ist.

Die Regierung unter der entschlossenen Führung Robert Schumans blieb nicht untätig. Sein Innenminister war der Sozialist Jules Moch, der Prototyp eines sozialistischen Ministers, der die wissenschaftliche Bildung eines Absolventen der *École polytechnique* in den Dienst seiner Überzeugungen stellte, über staatsmännischen Sinn verfügte, Geschmack am Kommandieren hatte und eine Schwäche für militärische Operationen besaß. Er ernannte Verwaltungsinspekteure zur besonderen Verwendung – sogenannte *»igames« (inspecteurs généraux de l'administration en service extraordinaires),* die Vorläufer der späteren Regionalpräfekten – und stattete sie zur Wiederherstellung der Ordnung in Südfrankreich mit sehr weitreichenden Vollmachten aus. Die Regierung berief etwa 80 000 Reservisten des Rekrutenjahrgangs 1943 ein, um entsprechende Eingreifreserven in der Hinterhand zu haben, während Jules Moch nach einem methodisch ausgearbeiteten Plan die Wiedereroberung der besetzten Gebäude und Fabrikanlagen in Angriff nahm. Mobile Gendarmerieeinheiten und Abteilungen der Bereitschaftspolizei CRS *(Compagnie républicaine de sécurité)* rückten, unterstützt von Panzerfahrzeugen, von Revier zu Revier vor, räumten den Zugang zu den Zechenanlagen frei und brachten die Freiheit der Arbeit wieder zur Geltung. Die Regierung drang auf die Annahme eines Gesetzentwurfes, wonach jeglicher Eingriff in die Freiheit der Arbeit künftig streng unter Strafe gestellt werden sollte. Die kommunistischen Abgeordneten versuchten mit systematischen Hinhaltemanövern die Abstimmung zu verschleppen; die Debatte erreichte ein unerhörtes Maß an Heftigkeit und dauerte Dutzende von Stunden. Die Palastgarde mußte sogar einen Redner gewaltsam vom Rednerpult entfernen.

Doch mit jedem Tag ging der Streikbewegung immer mehr der Atem aus. Den Familien der Streikenden wurden die Mittel knapp. Vor allem verhärtete sich der Widerstand bei einem Teil der Arbeiterschaft, der verlangte, daß jeder Ausrufung eines Streiks eine geheime Abstimmung vorausgehen solle, um die Entscheidungsfreiheit jedes einzelnen zu gewährleisten und dem Diktat der Partei zu entgehen. Selbst innerhalb der CGT brachen Meinungsverschiedenheiten aus. Endlich, am 9. Dezember 1947, nach drei Wochen eines fortwährenden Crescendos, gab das Zentralkomitee den Befehl zum Rückzug. Bereits am darauffolgenden Tag wurde überall die Arbeit wiederaufgenommen.

Die Arbeiterbewegung ging, wie nach dem 30. November 1938, geschwächt aus der Machtprobe hervor. Ihr Zusammenhalt war, wie im Jahre 1921, zerbrochen. Zu heftig waren die Konfrontationen, als daß die Einheit der Gewerkschaftsbewegung hätte überleben können. Die nichtkommunistischen Kräfte der CGT beschlossen, sich von der CGT zu trennen. Sie waren von nun an überzeugt, daß eine weitere Koexistenz mit den Kommunisten nicht mehr möglich sei, nachdem die Partei sich entschlossen gezeigt hatte, die Gewerkschaftsbewegung für ihre politischen Ziele einzuspannen; auch sahen sie sich außerstande, den Kommunisten die Führung der Gewerkschaftsverbände, die sie seit der Befreiung beherrschten, wieder aus der Hand zu nehmen. Am 15. Dezember versammelten sich in Paris die Delegierten der Komitees, die sich aus der neuen Strömung der *Force ouvrière* (FO) gebildet hatten. Der Bruch wurde beschlossen und die Basis für eine neue Organisation gelegt, die sich künftig als CGT-FO bezeichnete. Léon Jouhaux, Leitfigur des Syndikalismus, der seit 1911 die CGT geleitet hatte und umgeben war vom Nimbus der Deportation, lieh dem neuen Gewerkschaftsbund Macht und Ansehen seines Namens und seiner Vergangenheit. Es war nach 1921 und 1939 die dritte Spaltung der CGT innerhalb eines Vierteljahrhunderts. Wie die früheren wurde auch diese durch einen Grundsatzstreit über die Strategie der III. Internationale beziehungsweise ihre geistigen Nachfolger ausgelöst. Seitdem war die Gewerkschaftsbewegung in mehrere rivalisierende Organisationen zerbrochen – in die CGT, CGT-FO und CFTC –, zwischen denen sich jegliche dauerhafte Zusammenarbeit sowohl aufgrund ideologischer Differenzen als auch aus Konkurrenzgründen von selbst verbot. Ein vierter Dachverband, die *Fédération de l'Éducation nationale*, dessen Gewerkschaften die Mehrzahl der Lehrer an öffentlichen Schulen in ihren Reihen zählten, hielt sich aus diesen Sezessionen heraus, um die Chance auf einen eventuellen neuen Zusammenschluß zu wahren.

Am Ende des Jahres 1947 zeigte sich Frankreich spürbar mitgenommen und tiefgreifend verändert. Das politische Kräftesystem hatte sich entscheidend gewandelt: Die Einheit der Résistance war zerbrochen; die Dreiparteienherrschaft hatte sich überlebt und der Dritten Kraft Platz gemacht; die Kommunistische Partei war bereits nach wenigen Monaten der Regierungsverantwortung in eine bedingungslose Opposition gewechselt und seitdem völlig isoliert. Neben ihr war auf den Appell des ehemaligen Chefs der Provisorischen Regierung plötzlich eine zweite Opposition aufgetaucht. Aber die Staatsmacht hatte sich gut gehalten, die Ordnung war wiederhergestellt, die Regierung hatte den wütenden Angriffen getrotzt, deren Zielscheibe sie gewesen war; die Staatsorgane waren intakt geblieben; Frankreich befand sich nicht auf dem Weg zur Volksdemokratie. Die Standfestigkeit der Regierung raubte dem *Rassemblement* eines seiner Argumente gegen die Verfassung: de Gaulle wurde nicht als Retter gebraucht. Die Vierte Republik hatte ihre erste große Krise überstanden und sich als lebensfähig erwiesen. Ihre Institutionen boten den Rahmen, in dem das Land seinen Aufschwung in Gang zu bringen und den Wiederaufstieg aus dem Abgrund zu vollziehen hatte.

KAPITEL II

Frankreich erholt sich

So schwach und umstritten die Institutionen der Vierten Republik auch sein mochten, sie hatten der Erschütterung standgehalten und den vereinten Angriffen der beiden Oppositionsgruppen getrotzt. Nachdem sie die erste Prüfung überstanden hatten, machten sie sich den Vorteil zunutze, den ihnen die Legalitätsprämie verlieh, während die Zeit für ihre Konsolidierung arbeitete. Dies bedeutete jedoch nicht, daß die Waffen der Opposition stumpf geworden wären. Die Kommunistische Partei konnte ihre Wählerschaft ungeschmälert halten; sie mobilisierte – oder vielmehr lähmte – weiterhin ein Viertel bis ein Drittel der Wähler und versteifte sich in völliger Isolierung.

Was General de Gaulle betraf, so lockerte er seinen Druck auf die politische Führung nicht. Die Dritte Kraft mußte sich jeden Schritt erkämpfen. Die Schwierigkeiten hatten sich nicht wie durch Zauber verflüchtigt; auch das Jahr 1948 bescherte dem Land mannigfache Probleme. Die soziale Lage spitzte sich noch mehr als einmal zu, vor allem mit dem Bergarbeiterstreik im Herbst 1948, der wie eine Neuauflage der Krise von 1947 wirkte. Auch außenpolitisch gab es manchen Grund zur Besorgnis. Frankreich versank in Indochina in einem Krieg, der seine Handlungsfreiheit mehr und mehr beeinträchtigte. In Europa gab der sowjetische Expansionismus nach der kommunistischen Machtübernahme in Prag Anlaß zu den schlimmsten Befürchtungen, und der Beginn des Koreakriegs im Jahre 1950 ließ eine Welle von Furcht vor einem möglichen Dritten Weltkrieg über den Kontinent hereinbrechen.

Trotzdem war seit 1948 das Ärgste überstanden. Das Land geriet wieder in ruhigere Fahrwasser und erlebte eine Phase relativer Windstille. Die Wirtschaft kam wieder in Gang, die sozialen Konflikte beruhigten sich, und mit der Stimmung ging es aufwärts. Nach zehn Jahren der Prüfungen schöpfte Frankreich wieder Atem, und die Franzosen begannen, die Zukunft in freundlicherem Licht zu sehen.

DIE WIEDERANKURBELUNG DER WIRTSCHAFT

Eine behutsame Tendenz zur Verbesserung der Lage deutete sich vor allem im Alltagsbereich an, wo die Lebensbedingungen spürbar günstiger wurden. Gewiß hatten sich die Lebensverhältnisse noch nicht überall normalisiert: In den zerbombten Städten wie Le Havre, Caen oder Châtillon-sur-Seine mußten die Betroffenen noch lange warten, manchmal bis 1954, bis sie ihre barackenähnlichen Unterkünfte verlassen und in etwas komfortablere Wohnungen einziehen konnten. Aber der hartnäckig widrige Wind hatte sich gedreht. Die Verbesserung war das Ergebnis des Zusammenwirkens mehrerer Faktoren, die sich summierten und nicht selten in ihrer Wirkung wechselseitig verstärkten: ein Kumulationsprozeß analog zu dem, der zuvor die Lage regelmäßig verschlimmert hatte.

Da war zunächst ein buchstäbliches Himmelsgeschenk: Für eine Wirtschaft, die durch die Umstände um ein ganzes Jahrhundert zurückgeworfen und wieder in die sklavische Abhängigkeit von der landwirtschaftlichen Produktion geraten war, blieben die klimatischen Bedingungen entscheidend. Aus diesem Grund war die alljährliche Festsetzung des Saisonpreises für den Zentner Weizen durch den Ministerrat im August ein Akt von höchster politischer Bedeutung. Der Preis mußte einträglich genug sein, um den Getreideanbau lohnend erscheinen zu lassen und den Landwirten die Modernisierung ihrer Betriebe zu ermöglichen, aber auch nicht so hoch, daß er die Inflation, die quälende Sorge aller Regierungen, wieder anheizen konnte. Von einer Trockenperiode im Jahre 1949 abgesehen, bescherte der Himmel den Bauern seit 1948 günstige Witterungsbedingungen. Üppige Ernten bannten das Gespenst der Hungersnot, bewahrten das Land vor Mangelsituationen und ermöglichten den Verzicht auf teure Getreideimporte aus den Vereinigten Staaten. Die französische Währung gewann wieder an Wert und bestätigte die Prognose des unabhängigen Abgeordneten Guy Petit: »Die Ähre wird den Franc retten.« Die Ernteüberschüsse erlaubten eine allmähliche

Lockerung der Rationierungsmaßnahmen. Am 1. Juni 1948 wurde die tägliche Brotration auf 250 Gramm angehoben. Danach wurden die Beschränkungen schrittweise aufgehoben: für Brot im Januar 1949, für Milch, Schokolade und Fette im März und April. Im Oktober 1949 wurde das Hochkommissariat für Lebensmittelversorgung aufgelöst; seine Existenz hatte sich erübrigt. Die Entscheidung war symbolisch für die Rückkehr zur Normalität. Der Schwarzmarkt verkümmerte und verschwand schließlich ganz.

Die Liberalisierung erfaßte auch andere Bereiche. So wurde im Zuge des Anstiegs der Industrieproduktion das System der Textilmarken abgeschafft. Im April 1949 wurde der Automobilverkauf freigegeben, im Sommer dann der Reifenhandel. Das Jahr 1949 brachte auch die Aufhebung administrativer Zwangsmaßnahmen und die Rückkehr zur Marktwirtschaft nach einem Jahrzehnt autoritärer Mangelbewirtschaftung. Alle Franzosen, die vor 1939 geboren wurden, hatten zehn Jahre in Entbehrungen gelebt; diese Jahre prägten ihre Erinnerung und ihre Verhaltensweisen.

Kam den Naturelementen auch ein entscheidender Anteil an der Verbesserung der Lage zu, so wäre die Wiederbelebung der Wirtschaft doch nicht möglich gewesen ohne die Mithilfe der gesamten Bevölkerung. Man kann nicht genug die Verbissenheit betonen, mit der in sämtlichen Branchen gearbeitet wurde, von Bauern, Arbeitern, Ingenieuren oder Führungskräften. Die wöchentliche Arbeitszeit lag im Durchschnitt weit über den gesetzlich zugelassenen 40 Stunden. Viele kamen mit ihren Überstunden auf bis zu 55 oder 60 Wochenarbeitsstunden. Im Jahre 1950 lag die durchschnittliche Wochenarbeitszeit immer noch bei 45,5 Stunden. Die Vollbeschäftigung war gesichert; um dem Mangel an Arbeitskräften abzuhelfen, begann man sogar italienische und spanische Arbeiter anzuwerben.

Die Arbeit wurde wieder geehrt. Wenn der programmatische Dreisatz des Vichy-Regimes »Arbeit, Familie, Vaterland« inzwischen aus der Mode gekommen war, so galt der erste der drei Begriffe gleichwohl nicht als diskreditiert – auch nicht dadurch, daß sich die Nationale Revolution auf ihn berufen hatte. Eine jahrhundertealte Tradition des Respekts vor solider Arbeit und der Mißbilligung des Müßiggangs wurde durch den Zwang der Verhältnisse wieder aktuell. Alle politischen Strömungen wetteiferten miteinander in ihrem Lobpreis der Arbeit als eines nationalen Imperativs. Der Wechsel der Kommunisten in die Opposition und der Einsatz des Streiks als Waffe im politischen Kampf hatten ihre grundsätzlich produktionsfreundliche Haltung nicht beeinflußt. Viele leisteten freiwillig Überstunden, um ihre bescheidene und durch die steigenden Preise weiter reduzierte Kaufkraft aufzubessern, aber auch in der Überzeugung, daß ihre Arbeit zum Aufstieg des Landes beitrage. Das Bewußtsein der Franzosen war geprägt von den Entbehrungen, aber nicht minder von einem brennenden Eifer, von der gemeinsamen Entschlossenheit, Frankreich auf neuen Grundlagen wiederaufzubauen.

Dieses Streben nach Erneuerung machte sich in allen Bereichen bemerkbar. Es fand seinen Ausdruck ebenso in der Gründung der *École nationale d'administration,* die nach dem Willen ihrer Gründungsväter dem Land kompetente und uneigennützige Führungskräfte liefern sollte, wie in den von Lattre de Tassigny neu gestalteten Instruktionen zur Rekrutenausbildung, die den Aufenthalt im freien Gelände höher stellten als den Dienst in den Kasernen, oder auf dem Gebiet der Pädagogik in der Einführung aktiver Lernmethoden und der Einrichtung von Pilotklassen.

Diese Bemühungen standen ganz im Einklang mit dem Willen der politischen Führung, dem eine entscheidende Rolle beim Wiederaufbau des Landes zukam. Angesichts des ungeheuren Ausmaßes der Zerstörungen und der enormen Aufbauleistung, die nach der Befreiung zu bewältigen war, wurde die Notwendigkeit staatlicher Wirtschaftslenkung von niemandem bestritten. Nur die öffentliche Hand konnte die erforderlichen Investitionen bewilligen. Das leidenschaftliche Streben nach Frankreichs Größe verband sich mit dem Produktivismus und Industrialismus der Kommunistischen Partei wie mit dem technokratischen Eifer der höheren Beamtenschaft und der Reformbereitschaft der Sozialisten und Volksrepublikaner zu dem gemeinsamen Willen, den Rückstand von fünfzehn Jahren aufzuholen und die Grundlage für eine Politik zu schaffen, deren Stabilität im Gegensatz stand zu dem hektischen Rhythmus, in dem die Ministerriegen einander ablösten: Im Juli 1948 stürzte die Regierung Schuman über die Frage der Militärkredite, gefolgt von der Regierung André Marie, die bereits einen Monat später dasselbe Schicksal ereilte, und der Regierung Henri Queuille, die 1949 als erste ihr einjähriges Bestehen feiern konnte. Dabei unterschied sich die Politik dieser Kabinette kaum voneinander; tatsächlich waren es immer die gleichen Politiker, die sich gegenseitig ablösten. Vor allem gab es keine echte politische Alternative, solange die Gesamtlage so schwierig blieb. Nur durch staatliches Eingreifen war der Niedergang abzuwenden. Es war nicht das geringste Verdienst der Politiker, daß sie dies begriffen und die entsprechenden Konsequenzen zogen.

Der Staat besaß die Instrumente zur Lenkung der Wirtschaft. Die Verstaatlichungen hatten die wichtigsten Energiequellen und den größten Teil des Kreditwesens unter seine Kontrolle gebracht. Über die *Banque de France*, die den Diskontsatz festlegte, und den *Conseil national du crédit* konnte er auf die Privatbanken Einfluß nehmen. Die *Caisse des dépôts et consignations* (Staatliche Depositenkasse) sollte später auf Betreiben von François Bloch-Lainé Maßnahmen der Gebietskörperschaften finanzieren, während der *Crédit agricole* zum Bankier der Modernisierung der Landwirtschaft wurde. Der Staat konnte außerdem durch Steuerbefreiungen und Zinsverbilligungen bei Bankdarlehen die privaten Investitionen beeinflussen und das Sparkapital in jene Branchen fließen lassen, denen er Priorität einräumte. Er legte die Löhne und Preise fest und kontrollierte den Devisenhandel. Er verfügte über alle Mittel, um die Wirtschaft nach seinen Zielvorgaben auszurichten. Die Politiker und Ökonomen, die Keynes gelesen und Roosevelts *New Deal* und die britische Wirtschaftspolitik studiert hatten, glaubten das Geheimnis entdeckt zu haben, wie man die Krisen des Kapitalismus verhindern und Vollbeschäftigung und ein gleichmäßiges Wirtschaftswachstum sicherstellen könne.

Die Analyse ökonomischer Zusammenhänge hatte unbestreitbar große Fortschritte gemacht, und der Staat verschaffte sich das nötige Instrumentarium, um sich bei seinen Entscheidungen auf gesicherte Informationen stützen zu können. Das 1946 gegründete Staatliche Institut für Statistik und Wirtschaftsforschung INSEE *(Institut national de statistiques et d'études économiques)* sammelte regelmäßig sämtliche Arten von Daten und entwickelte Methoden zu ihrer wissenschaftlichen Auswertung. Der Finanzminister gründete, nachdem er die Bedeutung von Wirtschaftsprognosen erkannt hatte, einen *Service des études économiques et financières* (SEEF) unter der Leitung von Claude Gruson. In diesem Zusammenhang drängte sich auch das Konzept einer volkswirtschaftlichen Gesamtrechnung auf, und so wurde eine nationale Rechnungskommission *(Commission des comptes de la nation)* eingesetzt, die (zeitweise unter dem Vorsitz von Pierre Mendès-France) nützliche Analysearbeit leistete. In der Leitung der Kommission saßen Männer, die später eine entscheidende Rolle in der Nachkriegszeit spielen sollten, unter ihnen Simon Nora und Michel Rocard. Die Politiker erwarben sich Grundlagen einer volkswirtschaftlichen Bildung, die ihnen halfen, vernünftige Entscheidungen zu treffen.

Vor allem wurde die politische Entscheidungsfindung durch die Arbeit einer Organisation neuen Typs unterstützt, deren Gründung eine der letzten Amtshandlungen General de Gaulles war: das Generalkommissariat für Modernisierung und Ausrüstung *(Commissariat général au Plan de modernisation et d'équipement).* Jeder Begriff dieses Namens war aufschlußreich. Die Behörde wurde konzipiert und geleitet von einem Mann, der bis dahin in der breiten Öffentlichkeit kaum in Erscheinung getreten war, jedoch bei verschiedenen Gelegenheiten bereits eine große Rolle gespielt hatte und von dem man ohne Übertreibung sagen kann, daß er den Lauf der Geschichte wesentlich mitgestaltet hat: Jean Monnet. 1888 als Sproß einer Familie von Cognac-Händlern geboren, war er in den Geschäften seines Hauses viel gereist und kannte sich in der Welt aus. Im Ersten Weltkrieg war er Mitglied der interalliierten Einkaufskommissionen gewesen und hatte dort die nötige Koordinierung der Getreide- und Rohstoffkäufe durchgesetzt. Während der *Drôle de guerre* machten sich die englische und die französische Regierung seine Erfahrung zunutze. Er war es, der Churchill den berühmten Vorschlag einer französisch-englischen Union eingab, mit dem Frankreich im Krieg gehalten werden sollte. Nach der Niederlage Frankreichs erarbeitete er in den Vereinigten Staaten das *Victory Program,* das die Zieldaten für die amerikanische Rüstungsindustrie festlegte. Es sah den Bau von 60 000 Flugzeugen, 45 000 Panzerfahrzeugen und 8 Millionen Bruttoregistertonnen Schiffsraum vor und machte damit die Vereinigten Staaten zum Arsenal der Demokratien. Der amerikanische Generalstabschef Marshall erkannte ihm das Verdienst zu, den Krieg um ein Jahr verkürzt zu haben. 1943 setzte er sich für die Annäherung zwischen Giraud und de Gaulle ein; er überzeugte Giraud, die Gesetzgebung Vichys außer Kraft zu setzen, und inspirierte die Rede, in der dieser seinen Übertritt in das Lager der Demokratie verkündete. Danach gehörte er dem Nationalen Befreiungskomitee *(Comité français de libération nationale)* an, das aus dem Zusammenschluß von London und Algier hervorging.

Jean Monnet war ein ausgesprochener Erfahrungsmensch, der seine Fähigkeit zum intuitiven Erfassen der Situation in den Dienst von ein oder zwei Ideen stellte und sich geduldig bemühte, nacheinander alle Verantwortlichen zu überzeugen, von denen der Erfolg seines Projektes abhing. Auf diese Weise hat er sich für den Schuman-Plan und den Gemeinsamen Markt eingesetzt. Ebenso hatte er auch de Gaulle davon überzeugt, daß es keine aktive Außenpolitik geben konnte ohne eine moderne und starke Wirtschaft: Am 13. Dezember 1945 brachte er seine Vorstellungen in einer achtseitigen Denkschrift zu Papier, die den Gegenstand umfassend abhandelte und die Notwendigkeit eines Modernisierungsplanes hervorhob. Am 21. Dezember nahm der Ministerrat das Projekt an, und am 3. Januar 1946 unterzeichnete General de Gaulle den Erlaß, mit dem das Planungskommissariat auf den Weg gebracht wurde. Zu seinem Leiter ernannte er Jean Monnet. Dieser hatte eine sehr genaue Vorstellung davon, was die neue Institution sein sollte: auf keinen Fall eine schwerfällige Maschine, ein bürokratischer Apparat. Das französische Planungsbüro sollte nichts gemein haben mit dem sowjetischen Planungsapparat. Es sollte Fingerzeige und Anregungen liefern, den ungefähren Kurs abstecken und Größenordnungen bestimmen. Das Kommissariat und seine Dienststellen fanden bequem Platz in zwei kleinen Hotels in der Rue de Martignac; dort scharte Monnet einige junge Leute um sich, die ihre ersten Erfahrungen zum größten Teil in den interalliierten Kommissionen gesammelt hatten und seinen Glauben an die Notwendigkeit der Modernisierung teilten. Ihre Namen tauchten später in wichtigen Positionen wieder auf: Étienne Hirsch, Robert Marjolin, Paul Delouvrier, Pierre Uri, Jean Fourastié und andere mehr.

Die Durchführung des Plans vollzog sich in Abstimmung mit den Trägern des Wirtschaftslebens; denn Monnets Erfolg bestand eben darin, daß es ihm gelang, alle Beteiligten – Unternehmer, Gewerkschafter und Beamte –, verteilt auf achtzehn Kommissionen für die einzelnen Wirtschaftszweige, an einen Tisch zu bringen und nach Prüfung der ökonomischen Realitäten eine gemeinsame Prioritätenliste zu erstellen. Gerade die freiwillig erteilte Zustimmung zu den Planvorgaben garantierte deren Verwirklichung. Danach war es dann Sache des Staates, im Staatshaushalt und bei der Investitionsverteilung die entsprechenden Konsequenzen zu ziehen. Das Planungskommissariat hatte entscheidenden Anteil daran, daß sich die ökonomischen Eliten zum Modernisierungsgedanken bekehrten und übereinstimmend den Entschluß faßten, den Malthusianismus ad acta zu legen und das Wachstum in den Rang einer nationalen Aufgabe zu erheben. Wenn sich schließlich die Öffentlichkeit im Verlauf der fünfziger Jahre vom staatlichen Gleichgewichtsdenken ab- und einer wachstumsorientierten Werteskala zugewandt hat, so war dies in erster Linie ein Verdienst der kleinen Mannschaft um Jean Monnet, die ihren Glauben an ihre Gesprächspartner weiterzugeben verstand.

Der erste Wirtschaftsplan, der binnen weniger Monate ausgearbeitet worden war und vom Ministerrat am 14. Januar 1947 verabschiedet wurde, legte eine Reihe von Schwerpunkten fest, die den Kurs der staatlichen Wirtschaftspolitik in den Jahren 1947–1959 bestimmen sollten. Vorrangiges Ziel war die Beseitigung der Engpässe, die den Produktionsaufschwung behinderten, insbesondere im Bereich der Schwerindustrie. Die Empfehlungen konzentrierten sich vor allem auf sechs Basissektoren: auf Kohle und Elektrizität, Stahl und Zement, Transportmittel und Traktoren. Diese sechs Bereiche machten etwa 30 Prozent der Gesamtindustrie aus; aber sie schufen die unerläßliche Grundlage für die Expansion. Der Plan sah für 1949 den Gleichstand mit dem Produktionsniveau von 1938 vor und darüber hinaus eine Steigerung von 25 Prozent bis 1950. Vierzig Jahre später mag die Orientierung am Niveau der Vorkriegsjahre anspruchslos erscheinen, aber den Zeitgenossen galt bereits dieses Ziel als reichlich hochgegriffen.

Weder die Gunst des Wetters noch der Arbeitseifer der Franzosen noch die Weitsicht der Politiker hätten ausgereicht, wenn das Wichtigste gefehlt hätte: das Geld, das der Nerv der Wirtschaft wie auch des Krieges ist. Das zerstörte Frankreich verfügte 1947 nicht über die nötigen Mittel, um seinen Wiederaufbau selbst zu finanzieren. Da es die Ernährung der Bevölkerung und die Versorgung seiner Industrie nicht aus eigener Produktion bestreiten konnte, mußte es versuchen, sich das Fehlende von anderen Ländern zu beschaffen, die über größere Reichtümer verfügten oder im Krieg weniger gelitten hatten – vor allem von den Vereinigten Staaten. Aber wie sollte es diese Einfuhren bezahlen, nachdem die beiden Kriege sein gesamtes Auslandskapital aufgezehrt hatten und seine Währung nichts mehr wert war? Bis Kriegsende hatte es seine Wiederaufrüstung durch Hilfszahlungen im Rahmen des Leih- und Pachtsystems finanzieren können. Die Blum-Byrnes-Vereinbarungen vom Mai 1946 bedeuteten eine Art Sauerstoffzufuhr, die jedoch bald erschöpft war, und 1947 war die französische Wirtschaft praktisch zahlungsunfähig: Das Handelsdefizit betrug 3 Milliarden Dollar, und das Land besaß keinen Franc, um die Lücke zu schließen.

Die Rettung kam schließlich vom Marshallplan. Durch ihn konnten die katastrophalen Folgen abgewendet werden, die ein Ausbleiben der Einfuhren nach sich gezogen hätte. Der in dem Plan vorgesehene Zahlungsmechanismus war geradezu genial: Die Hilfe bestand in erster Linie aus unentgeltlichen Warenlieferungen sowie Darlehen mit fünfunddreißigjähriger Laufzeit, mit denen die auf dem amerikanischen Markt getätigten Einkäufe von Kohle, Weizen, Maschinen, Traktoren usw. gedeckt wurden. Die französischen Importeure wickelten ihre Einkäufe über ein spezielles Konto des französischen Schatzamtes ab, wo der Gegenwert in einen Modernisierungsfonds floß, aus dem die öffentlichen Investitionen finanziert wurden. So leistete der Marshallplan doppelte Hilfe.

Die Kommunisten und ein Teil der Linken warfen den Vereinigten Staaten vor, sie ließen sich von rein egoistischen Motiven leiten: ihre Überschüsse loszuwerden, sich billig neue Absatzmärkte zu verschaffen und die europäischen Länder zu kolonisieren. In der Tat bedeutete die Annahme des Marshallplans durch die westeuropäischen Länder eine engere Anbindung an die Vereinigten Staaten und eine unmittelbare Ankoppelung Westeuropas an Amerika. Es hat immer wieder Leute gegeben, die es bedauerten, daß Frankreich auf eine Mittelposition zwischen den beiden Lagern verzichtet hat. Aber war denn in einer zweigeteilten Welt eine neutralistische Politik überhaupt praktikabel? Jedenfalls kann der Historiker heute in aller Nüchternheit feststellen, daß der Marshallplan Frankreich und Westeuropa in einem entscheidenden Augenblick gerettet und vor dem Bankrott bewahrt hat – und möglicherweise vor einem politischen Umsturz. Mit Sicherheit hat der Marshallplan den Anstoß zur wirtschaftlichen Expansion gegeben: Die Kombination von direkter Hilfe und Gegenwertkonten hat die Ankurbelung der Wirtschaft finanziert. Insgesamt beliefen sich die amerikanischen Kredithilfen – die Überbrückungshilfe bis zum Inkrafttreten des Marshallplans sowie die eigentliche Marshallplanhilfe mitsamt ihren Verlängerungen – auf fast 8 Milliarden Dollar, also mehr als 2 Billionen (alte) Francs zwischen 1947 und 1952. Ohne diese Hilfe hätte sich Frankreich weder aus seinen Ruinen erheben noch seinen Rückstand aufholen oder seinen wirtschaftlichen Aufschwung in Gang setzen können.

Die amerikanische Intervention hatte noch weitere positive Wirkungen. Die Verwaltung des *European Recovery Program* organisierte speziell für die Franzosen sogenannte Produktivitätsmissionen, um sie in den Vereinigten Staaten mit den neuen Produktions- und Vermarktungstechniken vertraut zu machen. Mehrere tausend Unternehmer, Gewerkschafter, leitende Angestellte und Landwirte besuchten Fabriken, Kaufhäuser und Farmbetriebe und lernten moderne Verfahren, Vertriebsformen und Organisationsmodelle kennen, die sie nach ihrer Rückkehr im Rahmen ihrer eigenen Berufstätigkeit zur Steigerung von Produktivität und Leistungsfähigkeit nutzten. Die Wirkung dieser Öffnung gegenüber dem modernsten Wirtschaftssystem der Welt war unschätzbar: Sie setzte einen Sinneswandel in Gang. Die ersten Ansätze eines europäischen Einigungsprozesses, den die Vereinigten Staaten zur Vorbedingung für ihre Wirtschaftshilfe gemacht hatten, wirkten in die gleiche Richtung; im Rahmen der im April 1948 gegründeten Europäischen Organisation für wirtschaftliche Zusammenarbeit (OECE) mit Sitz in Paris lernten die Franzosen den Blick über die Grenzen, das Denken in weiteren Perspektiven und die Anpassung an die Wettbewerbsbedingungen eines Marktes von europäischen Dimensionen.

Die Wirtschaft kam nach und nach wieder auf die Beine. Die Industrieproduktion wuchs jährlich um 7 Prozent. Die Ziele des Ersten Plans, des Monnet-Plans, wurden zu 87 bis 115 Prozent (je nach Branche) erreicht. Der Energiemangel wurde beseitigt: Die Kohleförderung stieg dank bedeutender Produktivitätsverbesserungen im Jahre 1950 auf 52 Millionen Tonnen; die tägliche Fördermenge pro Bergarbeiter erreichte 1307 Kilo, insbesondere im Kohlerevier an der oberen Mosel mit seinen mächtigeren Kohleflözen und moderneren Förderanlagen.

Auch die Elektrizitätsgewinnung tat unter der Ägide Pierre Massés einen großen Schritt nach vorn. Die Verstaatlichung des Stromsektors ermöglichte die Erstellung eines umfassenden Entwicklungsplans, nach dessen Vorgaben über 300 Milliarden (alte) Francs in den Bau von Staubecken investiert wurden. Die *Compagnie nationale du Rhône* nahm das große Flußbegradigungsprojekt wieder auf und trieb es verstärkt voran; die feierlichen Einweihungen der Talsperren von Génissiat und Donzère-Mondragon, deren Namen wie Siege ganz neuer Art klangen, waren Marksteine dieses gewaltigen Bauprojekts, dessen Verwirklichung als Heldentat gefeiert wurde. Die Stromerzeugung stieg von 20 Milliarden Kilowattstunden im Jahre 1938 auf 33 Milliarden im Jahre 1950. Unter der Federführung von Louis Armand elektrifizierte die SNCF einen Teil ihres Streckennetzes mit 25 000 Volt und sparte so beträchtliche Mengen an Kohle ein.

Jahr für Jahr kletterte der Produktionsindex weiter nach oben. 1952 stand er für den Energiesektor bei 156 (1938 = 100) und für Ausrüstungsgüter bei 164; für die Stahlproduktion lag er bereits 1950 bei 120. Die staatliche Atomenergiebehörde nahm den Reaktor »Zoé« in Betrieb.

Im November 1949 verzeichnete der Außenhandel wieder einen Überschuß; damit konnte Frankreich zum ersten Mal seine Einfuhren mit seinen Exporterlösen bezahlen – ein entscheidender Schritt in Richtung einer ausgeglichenen Zahlungsbilanz. Im darauffolgenden Monat konnte die Regierung eine erste Liberalisierung des Handelsverkehrs mit den Mitgliedsländern der OECE riskieren. Das Gold verlor auf dem schwarzen Markt an Wert, und im Juni 1949 wurde der Terminmarkt nach zehnjähriger Unterbrechung wieder eröffnet.

Dieses Bild, dessen freundliche Farben so sehr mit den dunklen Tönen der Zeit nach der Befreiung kontrastieren, weist freilich einige Schattenseiten auf. Die Inflation war noch nicht unter Kontrolle; es gelang den Regierungen nicht, den Teufelskreis der Lohn-Preis-Spirale zu durchbrechen. Um einen Teil der Geldmenge abzuschöpfen, deren Aufblähung – ohne entsprechende Zunahme des Warenangebots – als Haupttriebkraft der Inflation galt, ließ Finanzminister René Mayer sämtliche Fünftausend-Francs-Noten aus dem Verkehr ziehen – praktisch eine Wiederholung des Banknotenumtauschs vom Juni 1945. Die Wirkung war gering. Der Fehlschlag hatte zweierlei Konsequenzen. Zum einen trugen die Bezieher fester Einkünfte und die Arbeitnehmer durch die Verminderung ihrer Kaufkraft gemeinsam die Lasten des Wiederaufbaus; und zum anderen wurde das Wachstum mit einer Geldentwertung bezahlt. Es war ganz so, als ob die Regierung sich entschieden hätte, Wiederaufbau und Modernisierung durch einen Wertverlust des Franc zu finanzieren. In immer rascherer Folge kündeten Abwertungen vom kontinuierlichen Verfall der Währung: Nachdem der Franc im Februar 1948 um 80 Prozent abgewertet worden war, wurde der Wechselkurs im April 1949 erneut verändert und dann im September noch einmal, diesmal um 22,5 Prozent.

Eine andere Entscheidung hatte weitreichende Konsequenzen für die Lebensverhältnisse der Franzosen: Die Bevorzugung der Automobilindustrie als Wachstumsmotor schwächte die Investitionstätigkeit auf dem Immobiliensektor und schob damit den Zeitpunkt hinaus, zu dem jeder Franzose eine für ihn passende Wohnung beziehen konnte. Der Wohnungsbau geriet in Verzug. Frankreich hatte noch lange mit schlimmer Wohnungsnot zu kämpfen – zum Teil eine Hinterlassenschaft der Zwischenkriegsjahre, in denen Hausbesitzer und Bauunternehmer durch die Mietpreisbindung von Investitionen abgeschreckt worden waren. Durch die Kriegsschäden stieg die Zahl fehlender Wohnungen auf mehrere Millionen, und die meisten der noch vorhandenen entbehrten des primitivsten Komforts. Ein im September 1948 von der Nationalversammlung beschlossenes Gesetz leitete den Umschwung ein und brachte wieder Ordnung in diesen Bereich. Danach wurden die Wohnungen anhand objektiver Normen – das heißt nach der Fläche modernisierten Wohnraums – in unterschiedliche Kategorien eingestuft und die Mieten entsprechend den jeweiligen Ausstattungsvorteilen festgesetzt.

Ein weiterer Negativposten in der Bilanz war die Rückständigkeit der Landwirtschaft. Alles konzentrierte sich auf die Industrie. Unter den sechs Basissektoren, denen der Monnet-Plan Priorität verlieh, war die Landwirtschaft nur mit der Traktorenherstellung vertreten, von der man sich wahre Wunder erhoffte. Die Traktoren sollten die Erträge steigern, die Flurbereinigung fördern und die Denkweisen verändern.

Die Verbesserung der Lage führte zu neuen Kontroversen. Hatte in Zeiten des Mangels niemand dem Staat das Recht zu intervenieren bestritten, so erwachte mit der allmählichen Normalisierung der Verhältnisse erneut der Streit zwischen den Dirigisten, die ihn als Motor der Wirtschaft ansahen, und den Liberalen, die auf Privatinitiative setzten. Gaullisten und Kommunisten huldigten zwar konträren politischen Doktrinen, wiesen aber beide der öffentlichen Hand große Aufgaben zu. Die Gemäßigten, die sich seit 1948 unter dem Dach des *Centre national des indépendants* neu organisierten, und die Reste der Radikalsozialistischen Partei wandten sich scharf gegen die Verstaatlichungen. Sie nahmen die Kinderkrankheiten zum Anlaß, um die Unzulänglichkeiten des Dirigismus anzuprangern, und schlachteten einige Skandale in der Geschäftsführung der Sozialversicherung aus, um das gesamte System in Frage zu stellen. Sie propagierten die Rückkehr zur Freiheit des Unternehmers, und da ihre Verbündeten auf die parlamentarische Unterstützung dieser Gruppen angewiesen waren, mußten sie diese Unterstützung teuer bezahlen. So folgten auf den Volksrepublikaner Schuman zwei Radikalsozialisten, während das Finanz- und Wirtschaftsministerium in die Hände der Radikalsozialisten (René Mayer) oder Unabhängigen (Maurice Petsche) überging. Der Gold- und Devisenhandel wurde wieder freigegeben. René Mayer, Finanzminister in der Regierung Schuman, entwickelte den Plan einer Rückkehr zur Marktwirtschaft, der eine Beschränkung der Staatsausgaben, einen langsameren Anstieg der Löhne und die Inanspruchnahme des Kapitalmarkts anstelle von Steuererhöhungen vorsah.

Hohen symbolischen Stellenwert besaß die Berufung Paul Reynauds zum stellvertretenden Ministerpräsidenten in der im Sommer 1949 gebildeten Regierung des Radikalsozialisten André Marie: Reynaud fand die Zeit, zwei Gesetzesprogramme vom Parlament verabschieden zu lassen, die sowohl die verstaatlichten Unternehmen als auch die Sozialversicherung – beide ein Stein des Anstoßes für die Liberalen – neu organisierten. Die Regierung wurde bereits nach einem Monat gestürzt, aber die erwähnte Episode machte deutlich, daß sich der politische Schwerpunkt allmählich nach rechts verschoben hatte und die Sympathie für dirigistische Vorstellungen geschwunden war, seitdem ein unmittelbares Eingreifen des Staates nicht mehr nötig erschien.

DIE KOLONIALPROBLEME

Die Liste der Sorgen, welche die Regierungen der Vierten Republik bedrängten, war mit den Wirtschafts- und Sozialproblemen keineswegs erschöpft. Was jenseits der Grenzen des Mutterlandes – man sprach noch nicht vom Hexagon – an Schwierigkeiten hinzukam, lastete immer schwerer auf dem Schicksal des Landes und führte schließlich zum Sturz der Vierten Republik. Ihr Tod war weder die Folge kommunistischer Subversion noch resultierte er aus der Unzufriedenheit irgendeines Berufsstandes; sie erlag auch nicht etwa den Angriffen der gaullistischen

Opposition: Sie stürzte über den Algerienkrieg. Die Umstände ihres Endes werfen ein Licht auf die Bedeutung der Kolonialfragen und rechtfertigen es, wenn wir in unserer Darstellung noch einmal einen Schritt zurückgehen.

1945 deutete nichts auf eine solche Entwicklung hin. Nichts hätten Öffentlichkeit wie Politiker weniger voraussehen können als die Zukunft der Kolonien. Das öffentliche Bewußtsein entwickelte sich hier im Gegensatz zu den objektiven Gegebenheiten. Erst als der Kolonialstatus durch den Wind der Geschichte ins Wanken geriet, entdeckte die Öffentlichkeit ihr Interesse für die Kolonien und ihre Liebe zu ihnen. Die Kollision dieser beiden Trends war der Grund dafür, daß sich der Prozeß der Dekolonisation so schwierig gestaltete und daß die Dramen, die sich dabei abspielten, so schwere politische und moralische Krisen hervorriefen.

Den meisten Franzosen war erst zu Beginn der dreißiger Jahre bewußt geworden, daß es ein größeres Frankreich gab und daß die Kontrolle über das zweitgrößte Kolonialreich der Welt einen machtpolitischen Trumpf darstellte. Die Ansprüche Deutschlands und Italiens auf bestimmte Territorien gingen den Franzosen nahe, und der Begriff der territorialen Integrität wurde jetzt in weiterem Sinne verstanden und auf ferne Besitzungen ausgedehnt, über denen die Trikolore wehte. Die Diskussion über die Möglichkeiten einer Fortführung des Krieges auf der Basis des Kolonialreiches war ein Teil der Kontroverse, die über den Waffenstillstand entbrannte, und selbst Vichy, das nicht an derartige Möglichkeiten glaubte, beschwor eindringlich die Gefühle der imperialen Einheit gegen das »Dissidententum«. Der Beitritt Französisch-Äquatorialafrikas, Polynesiens, Neukaledoniens und Dschibutis hatten dem Freien Frankreich eine territoriale Grundlage verschafft. Ob sie Pétain die Treue hielten oder sich de Gaulle anschlossen, immer war es Frankreich – dessen inneres Zerwürfnis sie nachvollzogen –, dem die Kolonien ihre Treue bewahrten.

Weder die Niederlage von 1940 noch die Zerrissenheit der Franzosen schienen die Loyalität der Völker erschüttert zu haben, die unter der Trikolore lebten. Im Gegenteil, die Verbindungen wurden durch die Wechselfälle des Krieges noch enger geknüpft. Algier war über ein Jahr lang die Hauptstadt des kriegführenden Frankreichs, und die Kolonien hatten entscheidenden Anteil an der Befreiung des Mutterlandes. War es nicht von hoher symbolischer Bedeutung, daß ausgerechnet die Kolonien das Mutterland aus feindlicher Gefangenschaft befreien sollten? Es schien wie ein Akt der Dankbarkeit. Die Erste Französische Armee bestand überwiegend aus überseeischen Einheiten, in denen Europäer neben Eingeborenen dienten; in Nordafrika hatte es eine allgemeine Mobilmachung gegeben. Deshalb zweifelte die Mehrzahl der Franzosen 1945 auch nicht daran, daß die Zukunft Frankreichs mindestens zum Teil vom immer engeren Zusammenschluß jenes Gebildes geprägt sein würde, das man damals – um eine bestimmte Entwicklung zu verdeutlichen – als *Union française* zu bezeichnen begann.

Konnte sich damals auch niemand vorstellen, daß die Kolonien sich eines Tages vom Mutterland lösen würden, so erkannten die aufgeschlossensten Köpfe doch die Notwendigkeit an, die Eingeborenen je nach Bildungs- und Entwicklungsstand stärker an der Verwaltung ihrer Angelegenheiten zu beteiligen. Im Dezember 1943 hatte de Gaulle in einer wichtigen Rede im algerischen Constantine Reformen angekündigt, mit deren Verwirklichung in einer Ordonnanz vom 7. März 1944 begonnen wurde: Danach stand Franzosen wie Moslems künftig gleichermaßen der Zugang zu öffentlichen Ämtern offen; mehr als 70000 Algerier wurden in die erste Wählerklasse aufgenommen und erhielten die volle Staatsbürgerschaft; alle übrigen erwachsenen Algerier bildeten eine zweite Gruppe von Wählern, die zwei Fünftel der künftigen *Délégations Financères* und kommunalen Körperschaften wählen sollten. Im Januar 1944 schließlich versammelten de Gaulle und René Pleven, Kommissar für koloniale Angelegenheiten, die Gouverneure sämtlicher Kolonialgebiete, die sich dem nationalen Befreiungskomitee unterstellt hatten, in Brazzaville zu Beratungen über die Zukunft des Kolonialreiches. Die Konferenz verabschiedete ein Bündel von Resolutionen, die im Lichte der weiteren historischen Entwicklung heute vielleicht kleinmütig erscheinen, für damalige Verhältnisse jedoch ausgesprochen liberal waren. Sie schlugen bestimmte rechtliche Formen einer schrittweisen Beteiligung der eingeborenen Führungsschicht an der örtlichen Verwaltung vor, schlossen aber ausdrücklich, auch für die fernere Zukunft, jede Form von *»self government«* und erst recht jede Unabhängigkeit aus.

Weder die Öffentlichkeit, die von den kolonialen Realitäten keine Ahnung hatte, noch die Politiker, die durchdrungen waren von der Idee eines Frankreich, das die primitiven Völker großzügig in die Errungenschaften der Zivilisation einweihte, waren zum Verständnis der Probleme gerüstet. Sie hatten gewissen Vorzeichen, die auf umfassenden Wandel deuteten, keine Beachtung geschenkt oder die Konsequenzen bestimmter Ereignisse übersehen. Die militärische Niederlage Frankreichs hatte seinem Ansehen zweifellos einen nicht wiedergutzumachenden Schlag versetzt. Die französische Verwaltung mußte notgedrungen die Macht mit Fremden teilen, ob Freund oder Feind; die Anwesenheit mächtiger Heere in den französischen Kolonien forderte Vergleiche heraus, die für die französische Armee nicht gerade schmeichelhaft waren, etwa mit dem Afrikakorps in Tunesien, den Japanern in Indochina und den anglo-amerikanischen Verbänden in Nordafrika.

Hinzu kam, daß die amerikanische Außenpolitik die Unabhängigkeitsbestrebungen förderte: Während der Konferenz von Casablanca hatte Roosevelt dem Sultan von Marokko, der die Herrschaft über sein Reich wiedererlangen wollte, seine Sympathie bekundet. Die Franzosen im Mutterland hatten nicht zur Kenntnis genommen, daß sich überall in der Welt bei den Kolonialvölkern ein Gefühl für ihre eigene Identität zu regen begann, daß sie die Kolonialherrschaft ablehnten und nach Emanzipation verlangten. Der »Wind der Geschichte«, wie Macmillan ihn einige Jahre später nannte, wehte nicht mehr zugunsten der Herrschaft des weißen Mannes über die farbigen Völker. Die französische Öffentlichkeit war weder über die *Istiglal*-Partei und ihre Forderung nach Unabhängigkeit Marokkos informiert noch über den Werdegang des Algeriers Ferhat Abbas und das Programm des algerischen Manifests. Sie hatte weder den blutigen Unruhen vom 8. Mai 1945 in der Gegend von Sétif und Guelma noch deren Niederschlagung Beachtung geschenkt, die Tausende von Opfern forderte und tiefe Spuren im Gedächtnis der Algerier hinterließ.

Wenn man zwei Ereignisse nebeneinanderstellen darf, deren volle Tragweite erst später offenbar geworden ist und deren Ignorierung man den Franzosen schließlich zum Vorwurf gemacht hat, so könnte man sagen, daß die Öffentlichkeit von diesen Auseinandersetzungen nicht mehr Aufhebens gemacht hat als seinerzeit von der Veröffentlichung des ersten Judenstatuts. Die Franzosen hatten damals in der Tat anderes im Kopf, und die Presse berichtete erst mit Verspätung und auch nur mit wenigen Zeilen über diese Vorfälle. Selbst die *»Humanité«* sah darin nur Machenschaften von Hitleranhängern, die sich für die Niederlage des

Deutschen Reiches rächen wollten: Diese unsinnige Begründung sagt alles über das Unverständnis der Öffentlichkeit und der politischen Klasse.

Man wollte sich großherzig zeigen: Deshalb hob die Nationalversammlung 1946 in sämtlichen Territorien die Zwangsarbeit auf. Aber am Wesentlichen wollte man nicht rütteln lassen. Die wechselvolle Entstehungsgeschichte des Titels VIII der Verfassung, der sich mit dem Rechtsstatus der *Union française* befaßte, zeigte eine von Entwurf zu Entwurf zunehmende Verhärtung. Vor allem die Radikalsozialisten unter der Führung von Édouard Herriot wandten sich gegen jede Bestimmung, die Frankreichs Hoheitsgewalt geschwächt oder gar das Mutterland zur Kolonie seiner Kolonien gemacht hätte. Am Ende dieser Debatte kam ein recht kompliziertes Gebäude mit mehreren Stockwerken heraus. Danach bestand die französische Republik künftig aus dem um Algerien erweiterten Mutterland, den überseeischen Departements (das heißt den »vier alten Kolonien« Martinique, Guadeloupe, Guyana und der Insel Réunion, die 1946 den Status von Departements erhielten) sowie den Kolonien im eigentlichen Sinne. Zur *Union française* wiederum gehörten die französische Republik, die assoziierten Staaten, das heißt die ehemaligen Protektorate Marokko und Tunesien, und die im Auftrag der internationalen Organisationen verwalteten Mandatsgebiete wie Togo und Kamerun, sowie schließlich Indochina, dem man im Glauben an die Wiederherstellung der französischen Oberhoheit einen Platz freigehalten hatte.

Das französische Parlament, in das sämtliche Teilgebiete der Republik ihre auf der Basis des Zweiklassenwahlrechts gewählten Vertreter entsandten, machte die Gesetze für alle Teile des Kolonialreiches. Die *Union française* besaß gemeinsame Institutionen – einen *Haut Conseil* und eine parlamentarische Versammlung –, und das Amt des Präsidenten übte in Personalunion der französische Staatspräsident aus. Vincent Auriol legte großes Gewicht auf dieses Amt und war peinlich darauf bedacht, seine beiden Präsidialfunktionen auseinanderzuhalten. Bei Beschlüssen, die er in seiner Eigenschaft als Präsident der *Union française* unterzeichnete, ließ er demgemäß keine Gegenzeichnung eines Kabinettsministers zu.

Fürwahr ein komplexes und delikates Gebilde, das schwerlich zu jeder Zeit reibungslos funktioniert hätte und das unter dem Druck der

Spannungen und Konflikte bald zerbrechen sollte. Der *Haut Conseil* hielt nur wenige Sitzungen ab, und was die parlamentarische Versammlung der *Union française* anlangt, so teilte sie mit dem Wirtschafts- und Sozialrat die undankbare Rolle eines Sammelbeckens für jene Kandidaten, die bei der Wahl zur Nationalversammlung gescheitert waren.

Nur eine Kolonie entzog sich bei Kriegsende jeder französischen Hoheitsgewalt: Indochina, dessen Kolonialbehörden 1940 die japanische Anwesenheit hinnehmen und sich zunächst mit einer Art Kondominium abfinden mußten, bis die japanischen Besatzungstruppen schließlich die französische Machtpräsenz völlig beseitigten: Am 9. März 1945 entwaffneten und internierten sie diejenigen Soldaten, die bis dahin ihren Massakern entkommen waren. Die Japaner drängten die vietnamesischen Nationalisten zur Proklamierung der Unabhängigkeit und schufen damit eine irreversible Lage. Nach der japanischen Kapitulation wurde die Verwaltung – ohne Mitwirkung Frankreichs – auf ein britisch-chinesisches Kondominium beiderseits des 16. Breitengrades übertragen. De Gaulle, der Frankreich wieder in seinen alten Vorkriegsstatus einsetzen wollte, entsandte ein Expeditionskorps zur Rückeroberung Indochinas – zwölftausend Kilometer vom Mutterland entfernt ein schwieriges Unterfangen.

Zwei Strategien waren denkbar, wiewohl nicht gleichermaßen praktikabel: die Wiederherstellung der französischen Herrschaft mit allen Mitteln, wenn nötig mit Waffengewalt, oder die Suche nach einer Verhandlungslösung im Einvernehmen mit den vietnamesischen Nationalisten. Diese beiden Alternativen wurden von zwei Männern verkörpert, die beide ein hohes Maß an Verantwortung trugen. Stand Admiral d'Argenlieu für die erstere Strategie, so wurde die letztere von General Leclerc vertreten, der sich bald von der Aussichtslosigkeit einer militärischen Rückeroberung überzeugt hatte und eine einvernehmliche Lösung empfahl. Er fand einen überzeugenden Gehilfen in Jean Sainteny.

Die französische Regierung beschritt beide Wege gleichzeitig und kombinierte so ihre Nachteile. Nach dem Rücktritt de Gaulles schien sich zunächst die gütliche Lösung durchzusetzen: Eine am 6. März 1946 unterzeichnete Übereinkunft mit dem Vietminh-Führer Ho Chi Minh stellte ein geeintes und unabhängiges Vietnam als Teil der *Union française* in Aussicht – eine ebenso zweideutige, aus Widersprüchen zusammengesetzte Formel wie später die von Marokkos »Unabhängigkeit bei wechselseitiger Verflechtung«. Die Konferenz von Fontainebleau, an der Ho Chi Minh persönlich teilnahm, sollte brauchbare Regelungen finden, um die Formel mit Leben zu erfüllen. Der Vietminh-Führer wurde in Frankreich freundlich empfangen und betonte mehrfach seinen guten Willen, doch tatsächlich war keine der beiden Seiten an einem raschen Ergebnis interessiert: Jede spielte auf Zeit und hoffte ihre Position zu verbessern.

Unterdessen trennte der Hohe Kommissar für Vietnam, d'Argenlieu, Cochinchina von Vietnam ab und machte es zur autonomen Republik. Die Vietnamesen, für die die »Einheit der drei Ky« [Vietnamesisches Wort für Land; einer historischen Einteilung zufolge besteht Vietnam aus drei »Ky«: aus Nam Ky, dem Land des Südens (Cochinchina), Trung Ky, dem Land der Mitte (Annam) und Bac Ky, dem Land des Nordens (Tongking); Anm. d. Ü.] eine *conditio sine qua non* darstellte, empfanden in diesem Bruch einen Affront und zweifelten an der Aufrichtigkeit der französischen Regierung. Die französischen Militärs waren überzeugt, Frankreichs Oberhoheit mit den gleichen Methoden wiederherstellen zu können, mit denen sie einstmals begründet worden war. Im Einvernehmen mit dem Außenminister Georges Bidault, der hier wie später im Falle Marokkos für eine gewaltsame Lösung eintrat, begannen sie am 23. November mit der Beschießung des Hafens von Haiphong durch französische Kriegsschiffe, die mehrere tausend Opfer unter der Zivilbevölkerung forderte. Damit war es um die Verhandlungen geschehen.

Innerhalb des Vietminh gewannen die unversöhnlichen Kräfte die Oberhand, und Ho Chi Minh konnte sich ihnen nicht länger widersetzen, selbst wenn er es gewollt hätte. Am 19. Dezember traten die Vietminh in Hanoi und in ganz Tongking überraschend zur Offensive an. Sie wurde zurückgeschlagen, aber sie war nur der erste Akt eines Krieges, der acht Jahre dauern sollte. Die Regierung Léon Blum hatte die Tragweite dieses Ereignisses, von dem sie völlig überrascht wurde, zunächst nicht begriffen, so wenig wie die Franzosen, die keine Vorstellung von seinen Auswirkungen und Konsequenzen hatten.

Jahr für Jahr steigerte Frankreich seinen Kräfteeinsatz in Indochina; es warf sämtliche Elitetruppen in den Kampf. Immer schwerer lastete der Krieg auf den Staatsfinanzen und engte, da Frankreich auf amerikanische Hilfe angewiesen war, seinen diplomatischen Handlungsspielraum ein. Nachdem die französische Regierung alle Brücken zu den Vietminh abgebrochen hatte, hielt sie nach neuen Verhandlungspartnern Ausschau. Sie sah sich dabei zu immer größeren Konzessionen genötigt und machte schließlich Gesprächspartnern, die keinerlei Einfluß auf den Gang der Ereignisse hatten, all jene Zugeständnisse, die sie 1946 noch abgelehnt hatte und deren Bewilligung den Krieg vielleicht abgewendet hätte. In den in der Bucht von Along unterzeichneten Abkommen mit dem Ex-Kaiser Bao Dai erkannte Frankreich die Unabhängigkeit und Einheit Vietnams an: Von nun an kämpften die französischen Truppen im Prinzip nur noch dafür, die Souveränität Vietnams zu festigen und zu verhindern, daß es ins kommunistische Lager überging.

Die französischen Behörden zögerten jedoch mit der Übertragung der wirklichen Macht. Der vollständige Sieg der Kommunisten in China im Jahre 1949 schuf eine neue Situation: Chinesische Truppen besetzten nun die Nordgrenze Tongkings. Von nun an konnte der Vietminh, gestützt auf das riesige chinesische Hinterland, überfallartige Angriffe auf die Franzosen inszenieren. Im Oktober 1950 fielen französische Stützpunkte entlang der Kolonialstraße 1; der Fall von Cao Bang weckte düstere Erinnerungen an die Niederlage von Lang Son, die 1885 zum Sturz Jules Ferrys geführt hatte. Pierre Mendès-France hatte als einziger den Mut, offen in der Nationalversammlung auszusprechen, daß das Problem mit Waffengewalt nicht zu lösen sei, und eine Katastrophe zu prophezeien, wenn man weiter hartnäckig auf einer solchen Politik beharre. Er begleitete seine Warnung mit gelehrten Anspielungen: »Varus, Varus, gib mir meine Legionen wieder.« Indessen hatte dieses Ereignis fatalere Folgen als das vermeintliche Desaster von 1885. War dieses der letzte Akt der Eroberung der Halbinsel gewesen, so war der Fall von Lang Son der Auftakt zum Verlust Indochinas.

Die Kommunistische Partei war die einzige, die den Krieg bekämpfte. Sie setzte sich für die Unabhängigkeit Vietnams ein und schreckte auch vor gewaltsamen Aktionen nicht zurück. So forderte sie die Hafenarbeiter auf, die Verladung von Materiallieferungen zu verweigern, die für Saigon bestimmt waren, und glorifizierte ihre Parteiaktivisten, die wegen Behinderung der Landesverteidigung strafrechtlich verfolgt wurden. Sie rühmte die Taten des Quartiermeisters Henri Martin, der zu fünf Jahren Zuchthaus verurteilt worden war, und Raymonde Diems, der sich auf die Bahngleise gelegt hatte, um die Durchfahrt eines Militärgüterzuges zu verhindern, und nannte diese Männer in einem Atemzug mit den heldenhaften Meuterern der Schwarzmeerflotte (1919). Die Kampagne der Kommunisten gegen den »schmutzigen Krieg« bot den anderen Parteien, die im Antikommunismus eine gemeinsame Basis fanden, hinreichend Anlaß, den Krieg in Indochina als Beitrag zur Verteidigung der freien Welt hinzustellen und in Washington als Argument für Finanz- und Militärhilfe vorzubringen. Noch bevor der Koreakrieg die Verbindung zwischen dem Kalten Krieg und dem Indochinakrieg herstellte, war sie im Bewußtsein der Franzosen bereits vollzogen.

Die übrigen Teilgebiete der *Union française* gaben weniger Anlaß zur Sorge; nur wenige erfahrene Beobachter erkannten die Vorzeichen künftiger Stürme. Die Rede, die Sultan Mohammed V. 1946 in Tanger hielt, fand ebensowenig größere Beachtung wie das Anwachsen der tunesischen Autonomiebewegung unter dem brillanten Führer der Neo-Destur-Partei, Habib Burgiba, der die italienischen Kerker nur verlassen hatte, um in französischen Gefängnissen zu landen. In Algerien gewannen bei den Wahlen zur Nationalversammlung die Extremisten des *Mouvement pour le triomphe des libertés démocratiques* (MTLD) von Messali Hadj die Oberhand über die Gemäßigten des *Manifeste algérien* um Ferhat Abbas, die infolgedessen ihre Forderungen verschärften. Ständig bedrängt von General de Gaulle und vom RPF, die jeden Vorschlag, der ihnen zu liberal vorkam, als Verrat am nationalen Interesse brandmarkten, verabschiedete die Nationalversammlung im September 1947 nach leidenschaftlichen Debatten ein Kompromißstatut, wonach beide Wahlkörper je sechzig Abgeordnete in ein algerisches Parlament entsenden sollten. Doch die algerische Kolonialverwaltung praktizierte, gedeckt vom sozialistischen Generalgouverneur Naegelen, ungeniert Wahlfälschung mit den üblichen Methoden: Sie füllte Urnen mit präparierten Stimmzetteln, fälschte Dokumente, übte Druck auf die Wähler aus und nahm dem Statut damit jede Glaubwürdigkeit. Die Algerier kamen zu der Überzeugung, daß ihnen bei ihrem Streben nach Gleichberechtigung kein anderer Weg blieb als der der bewaffneten Gewalt.

In den letzten Märztagen des Jahres 1947 brach in Madagaskar ein Aufstand aus, der monatelange Unruhen nach sich zog. Seine Niederschlagung forderte, einschließlich der Hungertoten, an die 80 000 Opfer.

DER KALTE KRIEG

Die imaginäre Trennungslinie zwischen Innen- und Außenpolitik hatte schon vor dem Krieg viel von ihrer Schärfe eingebüßt. Nach 1945 war sie durchlässiger denn je. Die Orientierung an ideologischen Leitbildern schuf eine Wechselwirkung zwischen internationalen Beziehungen und innenpolitischen Kräfteverhältnissen. Der Kalte Krieg bedeutete nicht nur die Konfrontation zweier Großmächte; er zog eine Front mitten durch die Völker. Der Bruch zwischen den Vereinigten Staaten und der Sowjetunion im Jahre 1947, die Entstehung zweier antagonistischer Blöcke und die stetige Verschärfung der Spannung zwischen 1947 und 1950 haben Frankreichs Hoffnungen, sich aus dem Kalten Krieg herauszuhalten, zunichte gemacht. Die Abhängigkeit seiner Wirtschaft von fremder Hilfe sowie seine wachsende Verstrickung in den Indochinakrieg gegen einen Feind, der die aktive Unterstützung des kommunistischen Blocks besaß, schränkten den Handlungsspielraum der französischen Außenpolitik immer mehr ein. Frankreich war gezwungen, sich dem westlichen Lager anzuschließen, seiner Führungsmacht zu folgen und sich in deren Globalstrategie einbinden zu lassen.

In der Deutschlandpolitik mußte es seine bisherigen Positionen aufgeben; die Aufteilung Deutschlands und Demontage seiner Industrie stand nicht mehr zur Debatte. Nun ging es vielmehr darum, einen Beitrag zu seiner Erholung zu leisten, am Wiederaufbau eines westdeutschen Staates mitzuwirken und die französische Besatzungszone in einen geeinten Staatsverband zu integrieren. Dennoch verzichtete Frankreich keineswegs auf eine aktive Rolle in der internationalen Politik. In Anbetracht seiner Besitzungen in allen Teilen der Welt und seines ständigen Sitzes im Sicherheitsrat der Vereinten Nationen wollte es auch künftig weltweit Verantwortung übernehmen. Sein Kampf gegen den kommunistischen Imperialismus in Indochina verschaffte ihm obendrein Anspruch auf das Verständnis der freien Welt.

Die vorrangige Frage, die ebenso lebhafte Besorgnisse auslöste wie die Malaise der Wirtschaft, war die Sicherheit Westeuropas und die Verteidigung gegen die sowjetische Bedrohung. Innerhalb von weniger als drei Jahren hatte sich die Lage vollständig verändert: 1944 warteten die Völker in den besetzten Ländern ungeduldig auf die Ankunft der Roten

Armee; 1947 wurde sie gefürchtet. Mit dem kommunistischen Staatsstreich in Prag Ende Februar 1948, der die westliche Öffentlichkeit erschütterte, hatte die Möglichkeit einer sowjetischen Invasion auf einmal bedrohliche Gestalt angenommen. Mit welchem Recht hätten sich die Franzosen und Italiener vor einer Wiederholung des Szenarios, durch das die Tschechoslowakei dem volksdemokratischen Block einverleibt wurde, sicher fühlen dürfen? Das Zusammenspiel zwischen militärischem Druck der Sowjetunion und subversiven Bestrebungen der einzelnen kommunistischen Parteien hätte schon morgen in Paris, Brüssel oder Rom zum gleichen Ergebnis führen können wie in Prag.

Schon im Juli 1947 hatte de Gaulle in einer Rede vor seinen Gefolgsleuten in Rennes diese Möglichkeit beschworen und seinen Zuhörern die Nähe der Gefahr mit dem Hinweis verdeutlicht, Frankreich liege nur zwei Tagesetappen der Tour de France vom Standort der sowjetischen Truppen entfernt. Einige Monate später machte die Berlin-Blockade, die gegen interalliierte Vereinbarungen verstieß, einen baldigen Konflikt noch wahrscheinlicher. Ein Teil der französischen Öffentlichkeit rechnete im Jahre 1948 sogar mit der Möglichkeit eines Dritten Weltkriegs in naher Zukunft. Wäre de Gaulle ohne seine Überzeugung, daß man sich vielleicht am Vorabend eines europäischen Hegemonialkriegs befand, zu seiner Offensive gegen die Vierte Republik angetreten? Nun, wenn der Herr der Sowjetunion derartige Absichten hatte, vermochte ihn nichts und niemand aufzuhalten. In Europa gab es keine Macht, die stark genug gewesen wäre, die Sowjetarmee in Schach zu halten oder auch nur ihren Vormarsch zu verlangsamen. Frankreich hatte den größten Teil seiner Truppen in Indochina gebunden. Europa war entblößt und wehrlos.

Um diesem Notstand abzuhelfen, trat Frankreich kaum drei Wochen nach dem Prager Staatsstreich der Westeuropäischen Union bei, in der sich Großbritannien (dem Frankreich bereits durch den Vertrag von Dünkirchen aus dem Jahre 1947 alliiert war) und die drei Benelux-Länder zusammengeschlossen hatten. Die Unterzeichnerstaaten verpflichteten sich zu automatischer Hilfeleistung im Falle eines Angriffs durch einen Dritten und errichteten in Fontainebleau einen interalliierten Generalstab unter dem Oberbefehl von Marschall Montgomery; General Lattre de Tassigny wurde stellvertretender Generalstabschef.

Doch wer konnte im Ernst glauben, daß die neun Divisionen, aus denen die Streitmacht der fünf Länder bestand, die zweihundert sowjetischen Divisionen hätten hindern können, bis Brest und Anvers vorzustoßen? Es gab nur ein ausreichendes Gegengewicht: die Vereinigten Staaten, die inzwischen ihrem Isolationismus abgeschworen und soeben mit der Einrichtung einer gigantischen Luftbrücke der sowjetischen Berlin-Blockade Paroli geboten und damit ihre Entschlossenheit und Leistungsfähigkeit unter Beweis gestellt hatten. Obendrein waren sie die einzige Nuklearmacht. So wandten sich die Europäer schutzsuchend an Washington. Von nun an hatte die Landesverteidigung Vorrang vor der Wiederbelebung der Wirtschaft, und der Schwerpunkt der amerikanischen Hilfsmaßnahmen verlagerte sich vom ökonomischen auf den militärischen Sektor.

Die Verhandlungen mündeten am 4. April 1949 in die Unterzeichnung des Atlantikpakts, zu dem neben den Mitgliedstaaten der Westeuropäischen Union auch Dänemark, Norwegen und Island, das zur Kontrolle der Seeverbindungen zwischen den beiden Kontinenten unentbehrlich war, sowie Portugal, Italien, Kanada und die Vereinigten Staaten gehörten. Griechenland und die Türkei, deren Schutz seit 1947 bereits durch die Truman-Doktrin garantiert war, schlossen sich wenig später an. Damit bestand nun vom Nordkap bis zur Straße von Gibraltar und von Lissabon bis Berlin ein ausgedehntes Verteidigungssystem, dessen Eckstein die Vereinigten Staaten bildeten. Um ihre Entschlossenheit zu unterstreichen, beschlossen die Vereinigten Staaten – zum ersten Mal in Friedenszeiten – die Stationierung von Truppen in Europa, deren dauerhafte Präsenz für das amerikanische Engagement bürgen sollte. General Eisenhower, der Sieger von 1945, erklärte sich zur Führung des neuen interalliierten Generalstabs bereit: Er genoß die Sympathie breiter Kreise, und sein Name allein war Garantie genug. 1950 traf er in Europa ein und richtete sich mit seinem Generalstab in der Nähe von Paris ein. Der Nordatlantikpakt erarbeitete ein strategisches Gesamtkonzept für die Streitkräfte der Alliierten. Ziel war der Aufbau einer Land-, Luft- und Seemacht, die in der Lage sein sollte, das Vordringen der sowjetischen Verbände solange aufzuhalten, bis die Vereinigten Staaten notfalls mit dem Einsatz der Atomwaffe drohen konnten.

Diese offenbar unausweichlichen Schritte zur Integration der französischen Landesverteidigung in ein Paktsystem waren nicht nach jedermanns Geschmack. Sie gaben sogar den Anstoß zu einer weiteren Kontroverse. Die Gaullisten befürchteten die Preisgabe der französischen

Souveränität. Intellektuelle und Journalisten der nichtkommunistischen Linken sahen Europa bereits als Kolonie der Vereinigten Staaten. Wieder andere fragten besorgt nach den Folgen und vermuteten, daß Frankreich nicht um eine einschneidende Revision seiner Deutschlandpolitik herumkommen werde; der Chefredakteur von *»Le Monde«*, Hubert Beuve-Méry, prophezeite am Tag nach der Unterzeichnung, dieser Vertrag enthalte im Kern die Wiederaufrüstung Deutschlands. Die Regierung wies das entrüstet zurück und schwor, daß Frankreich sich nie und nimmer auf eine solche Möglichkeit einlassen werde. Eine kleine Strömung sprach sich für Neutralität nach dem Vorbild Jugoslawiens aus, das Stalin die Stirn geboten hatte und eine Politik der Blockfreiheit praktizierte.

Der entschiedenste Widerstand kam jedoch von der Kommunistischen Partei, die seit der Eröffnungskonferenz der Kominform in Polen die Moskauer Lageanalyse teilte. Danach war es der amerikanische Imperialismus, der den Krieg vorbereitete, und die Sowjetunion, die die Friedenschancen wahrte. Im Februar 1949 erklärte Maurice Thorez, daß das französische Volk niemals gegen die Sowjetarmee Krieg führen würde, nicht einmal im Falle einer sowjetischen Invasion. Diese Erklärung wurde von gegnerischer Seite als vorweggenommenes Versprechen einer Kollaboration der Kommunistischen Partei mit der potentiellen Besatzungsmacht interpretiert. Die Regierung entfernte daraufhin sämtliche Personen, die der Sympathie mit den kommunistischen Thesen verdächtigt wurden, aus der Verwaltung, unter ihnen Frédéric Joliot-Curie, der am 28. April 1950 von seinen Aufgaben als Hochkommissar für Atomenergie entbunden wurde.

Die Kommunistische Partei warf nunmehr all ihre Kräfte, die beachtlich waren und durch den Kalten Krieg keinen Schaden gelitten hatten, in eine gigantische Meinungsschlacht zum Schutz des Friedens, der allein von den Vereinigten Staaten bedroht sei, und für ein Atomwaffenverbot, das unter anderem der Sowjetunion eine unzweifelhafte militärische Überlegenheit verschafft hätte. Picassos »Friedenstaube« wurde zum millionenfach reproduzierten Abzeichen im Kampf der *Partisans de la paix,* einer unmittelbar von den Kommunisten gesteuerten Bewegung. An der Unterschriftenkampagne des »Stockholmer Appells« für die Ächtung der Atombombe beteiligten sich in Frankreich mehr als fünf Millionen Menschen, vorwiegend Sympathisanten der Kommunisten, aber auch ernsthaft besorgte Anhänger der Linken und Christen, die sich nicht am Rüstungswettlauf beteiligen wollten. Der pazifistische Geist der Vorkriegszeit kam wieder auf, aber sein Umfeld hatte sich verändert.

Daneben richtete sich die Kampagne der Kommunisten auch gegen die Anwesenheit amerikanischer Truppen auf französischem Boden. Auf sämtlichen Mauern war in großen Lettern neben dem Aufruf »Befreit Henri Martin!« der Slogan *»U. S. go home!«* zu lesen. Der Kampf für den Frieden ging nahtlos in einen Antiamerikanismus über, der sich aus allen möglichen Informationen über den Rassismus in den Vereinigten Staaten, die Dollarhegemonie und die Gewalt in den *suburbs* speiste, und später dann aus dem Entrüstungssturm im Anschluß an die Hinrichtung des Ehepaars Rosenberg im Juni 1953, dessen Schuld aus der Sicht der europäischen Öffentlichkeit keineswegs zweifelsfrei erwiesen war.

Ein anderes Ziel, das durchaus mit den Sicherheitsbemühungen korrespondierte, hat in den Jahren 1948–1950 den Kurs der Regierungspolitik bestimmt: die Schaffung eines vereinten Europas – eines notgedrungen unvollständigen, um die osteuropäischen Staaten beschnittenen Europas, die von der Sowjetunion gezwungen wurden, sich dem von ihr beherrschten Ostblock einzugliedern. Doch gerade diese Blockbildung wurde zum Motiv für die Einigungsbemühungen. Das Projekt der Einheit Europas war ein Kind des Krieges: Wirtschaftskrise und Weltkonflikt hatten die Staatsmänner von der Schädlichkeit autarkistischer und nationalistischer Bestrebungen überzeugt. Nur geeint konnte Europa einen gleichrangigen Platz neben den beiden Weltmächten behaupten. Die Widerstandskämpfer hatten im Kampf gegen die Nazibarbarei erfahren, wie das gemeinsame Erbe Europas sie miteinander verband. Unmittelbar nach dem Krieg sprachen sich alle europäischen Staatsmänner für die Einigung aus. Bereits 1946 hatte Churchill die Europäer zum Zusammenschluß aufgefordert, um Moskaus Plänen Einhalt zu gebieten.

All diese von den proeuropäischen Bewegungen hervorgebrachten Überzeugungen, Sehnsüchte und Sachargumente führten schließlich im Mai 1948 zum Kongreß der Europäischen Unionsbewegungen in Den Haag, an dem zahlreiche führende Politiker teilnahmen. Aus dieser Versammlung ging ein Europarat hervor, dem fünfzehn Regierungen beitraten und der seinen Sitz in Straßburg nahm – eine symbolträchtige Entscheidung für eine Stadt, die lange Zeit zwischen Frankreich und Deutschland umkämpft war und seitdem zum Zeichen der Versöhnung zwischen beiden Ländern geworden ist. Der Europarat hielt seine erste

Sitzung im Jahre 1949 ab, entsprach aber nicht der Rolle, nach der die europäische Einigungsbewegung verlangte: Die Versammlung besaß keine eigenen Kompetenzen; die Regierungen hüteten sich wohlweislich davor, ihr irgendwelche Vollmachten zu übertragen, und behielten sich ein Vetorecht gegen Entscheidungen vor, welche die Souveränität ihrer Staaten hätten beeinträchtigen können.

Der Aufschwung kam von woanders her und spielte sich auf einem anderen Gebiet ab: in der Wirtschaft, die sich entschieden besser für revolutionäre Initiativen eignete. Es war einmal mehr Jean Monnet, der Mann einfacher und neuer Ideen, der den entscheidenden Einfall hatte: Wenn Frankreich und Deutschland ihre Kohle- und Stahlindustrie gemeinsam einer supranationalen Behörde unterstellten, wäre ein Krieg zwischen beiden Ländern für immer ausgeschlossen, da ihnen die Verfügungsgewalt über die nötigen Kriegsmittel entzogen wäre. Kohle und Stahl bedeuteten damals die Symbole und Hebel industrieller Macht; daher könnte ein solcher Zusammenschluß zum Kern einer künftigen europäischen Wirtschaftsgemeinschaft werden. Auf diese Weise ließen sich mehrere Ziele gleichzeitig erreichen: die deutsch-französische Aussöhnung, die Festigung des Friedens, die Schaffung einer multinationalen Institution, eine kriegsverhütende Steuerung der Wirtschaft und der Anstoß zu einer wirtschaftlichen Expansion.

Getreu einer erprobten Methode verfaßte Jean Monnet in seiner Eigenschaft als Generalkommissar für Planung nach reiflicher Überlegung ein kürzeres Memorandum, das er Außenminister Robert Schuman vorlegte. Niemand hätte diese Idee begeisterter aufgreifen und ihre historische Tragweite besser abschätzen können als Robert Schuman, der im besetzten Lothringen gelebt und seine Studienzeit in Luxemburg verbracht hatte, seit 1919 Abgeordneter und später Widerstandskämpfer gewesen war und als Mitglied des MRP den europäischen Gedanken zu seinem Herzensanliegen gemacht hatte. Er war sofort für die Idee gewonnen und machte sich im Eiltempo an ihre Verwirklichung: Indem er sich über die Bedenken seiner Kollegen und den bürokratischen Trott seiner untergeordneten Dienststellen einfach hinwegsetzte, verlas er zehn Tage später, am 9. Mai 1950, im *Grand Salon de l'Horloge* das, was man bald darauf den Schuman-Plan nannte. Die französische Regierung schlug der deutschen (die kurz zuvor eine beschränkte Souveränität wiedererlangt hatte) vor, die gesamte Kohle- und Stahlproduktion beider Länder einer gemeinsamen Behörde zu unterstellen. Es stand allen Ländern frei, diesem Vorhaben beizutreten.

Die Initiative rief in Frankreich und im Ausland ein unterschiedliches Echo hervor: Zustimmung bei den Amerikanern, die diesen Schritt zur Schaffung eines gemeinsamen Marktes begrüßten, der ihren eigenen Wünschen entsprach; Ablehnung bei den Briten, die in ihrem Inseldasein verhaftet blieben und deren Labourführer von der Integration ihrer verstaatlichten Eisenindustrie in eine Wirtschaftsgemeinschaft liberalen Zuschnitts nichts wissen wollten; offene Feindseligkeit bei den Sowjets und somit auch bei den kommunistischen Parteien; Mißtrauen bei den französischen Stahlunternehmern, die Kartellabsprachen zwischen Produzenten den Vorzug gaben.

Die französische Regierung stand dennoch zu ihrer Politik: Im Dezember 1951 ratifizierte die Nationalversammlung – gegen den Widerstand der Schwerindustrie, der Gaullisten und Kommunisten – den Vertrag über die Errichtung einer Europäischen Gemeinschaft für Kohle und Stahl mit der starken Mehrheit von 377 zu 233 Stimmen. Sechs Länder waren dieser Gemeinschaft beigetreten und unterstellten ihre Kohle- und Stahlproduktion der Kontrolle einer Hohen Behörde, deren Leitung naturgemäß dem Inspirator des Projektes zufiel. Es war ein schöner Sieg des Reformwillens. Die Verteidiger der Vierten Republik konnten jetzt für sich behaupten, daß ihre Außenpolitik sich nicht in der Anpassung an den Kurs der USA erschöpfte.

DIE REGIERUNGEN IM STREIT MIT DEN VERFASSUNGSORGANEN

Die Arbeitsweise der Staatsorgane in den Anfangsjahren der Vierten Republik bestätigte und widerlegte zugleich die Einwände ihrer Verächter. Ihre Kritik galt vor allem dem Fehlen einer stabilen und starken Exekutive, die eine Politik ohne Rücksichtnahme auf kleinliche parteipolitische Interessen hätte konzipieren und durchsetzen können. In der Tat blieben die Regierungen durchweg nicht lange im Amt: Binnen viereinhalb Jahren folgten neun Kabinette aufeinander, die Kabinettsumbildungen nicht mitgerechnet. Ihre durchschnittliche Amtsdauer betrug gerade einmal acht Monate. Die langlebigste Regierung unter Henri Queuille (1948–1949) vermittelte den Zeitgenossen nur im Vergleich zum Defilé der anderen Kabinette den Eindruck von Stabilität. Wie also sollte man unter diesen Bedingungen eine Politik gestalten, die über tagespolitische Routine hinausreichte?

Die Instabilität der Kabinette resultierte aus dem Fehlen stabiler Mehrheiten. Das Verhältniswahlrecht hatte die Zersplitterung der Parteienlandschaft noch verschärft. So gab es in der Nationalversammlung nie weniger als zehn Gruppierungen, von denen keine Chancen auf die absolute Mehrheit besaß, zumal die kommunistische Opposition für sich allein schon ein gutes Viertel der Abgeordneten neutralisierte. Daher bedurfte es jeweils eines Bündnisses von drei oder gar vier Parteien, um die erforderliche Mehrheit von 311 Stimmen zur Investitur eines Ministerpräsidenten zu erreichen. Eine Mehrheit war somit nur über eine Koalition zu erreichen, und wer Koalition sagt, deutet Instabilität an: ein fragiles Gebilde, das unter dem Druck der Sonderinteressen der einzelnen Koalitionspartner ständig zu zerbrechen droht. Das Überleben der Regierungen hing stets vom guten Willen der Parteistrategen ab, und die Regierungschefs mußten unentwegt verhandeln, um das Überleben zu sichern. Der Fortbestand der Mehrheiten war um so stärker bedroht, als sich die Fronten überschnitten: In der Wirtschafts- und Sozialpolitik bildete der MRP zusammen mit den Sozialisten einen Block gegen die Radikalsozialisten und die Gemäßigten, doch in der Schulfrage mußte er seine Partner im rechten Lager suchen, während die Radikalsozialisten sich wieder als reine Linke gebärdeten.

So gab es immer nur problemabhängige Mehrheiten. Das einzige Gegengewicht zu diesen zentrifugalen Tendenzen bildeten der unüberbrückbare Gegensatz zu den Oppositionsgruppen und der gemeinsame Wille, die Verfassungsorgane zu schützen. Henri Queuille umschrieb den Sachverhalt vorzüglich mit seinem Wort von den »Parteien der Mehrheit, die zum Zusammenleben verdammt sind«. Für de Gaulle war es ein Leichtes, das Parteienregiment und die daraus für die Nation erwachsenden Gefahren anzuprangern.

Dennoch sah die Wirklichkeit gar nicht so schlecht aus. Nutzten sich die Regierungen auch rasch ab, so blieben doch die wichtigsten Kabinettsmitglieder und ihre Nachfolger weitgehend dieselben. Es wechselte jeweils nur der Regierungschef, während die Minister einfach die Plätze tauschten und andere Ressorts übernahmen. Auf diese Weise blieb die Macht immer in Händen derselben Personengruppe. Mehr noch, bestimmte Ministerien blieben stets in Händen der gleichen Partei. So lösten sich während der ganzen Legislaturperiode zwei Volksrepublikaner, Georges Bidault und Robert Schuman, an der Spitze des Quai d'Orsay ab, und ebenso blieb dann das Kolonialministerium ein Erbhof des MRP. Das Festhalten am Geist der Résistance und die Erinnerung an den gemeinsam bestandenen Kampf schufen in allen Lagern eine tiefempfundene Solidarität. Man war sich in den wesentlichen Punkten einig: hinsichtlich der Modernisierung der Wirtschaft, der sozialen Gerechtigkeit und der Verteidigung der Staatsorgane.

Alles in allem war die Bilanz der Legislaturperiode 1946–1951 und dieser kurzlebigen Regierungen keineswegs unbedeutend. Sie hatten mutige Entscheidungen von großer Tragweite getroffen, hatten den Wiederaufbau eingeleitet und die Grundlagen für die wirtschaftliche Expansion gelegt; sie hatten einen außenpolitischen Kurs eingeschlagen, dessen Zielrichtung von keiner späteren Parlamentsmehrheit, ja von keinem späteren Regime je in Frage gestellt worden ist.

Die Mehrheit der Dritten Kraft hatte angesichts der gaullistischen und kommunistischen Opposition, die unverändert stark blieb, keinen leichten Stand. Die Kommunistische Partei wußte ihre führende Rolle zu behaupten; sie blieb unbestritten die Nummer Eins unter den französischen Parteien, und zwar in jeder Hinsicht: sowohl nach Wählerzahl und Mitgliederstärke als auch hinsichtlich der Disziplin und Opferbereitschaft der Aktivisten, nach dem Grad ihres Ansehens bei den Intellektuellen und ihrer organisatorischen Effizienz. Ob bewundert oder verabscheut, nachgeahmt oder beneidet – sie war die Musterpartei. Sie zeichnete sich in all den Jahren des Kalten Krieges durch zwei Merkmale aus, die ihr eine einzigartige Stellung im Parteiensystem verschafften: völlige Isolierung und starker innerer Zusammenhalt. Das war kein Widerspruch: Die Quarantäne, der die PCF unterworfen wurde, garantierte die innere Disziplin. Immer dann, wenn die Partei von härtester Unterdrückung betroffen wurde wie gegen Ende der zwanziger Jahre oder in den Jahren 1939–1940, fühlten sich ihre Aktivisten – selbst dann, wenn sie die Linie der Parteiführung mißbilligten – erst recht verpflichtet, ihr die Treue zu halten.

Die Isolierung der PCF war total. Von allen Gräben, die damals die französische Gesellschaft durchzogen – und man weiß, wie zahlreich sie waren –, war keiner so unüberwindlich wie die Kluft, welche die Kommunisten von ihren Landsleuten trennte. Die übrigen politischen Gruppierungen legten eine Art Feuerring um die Partei. Man ging zwar niemals so weit, sie zu verbieten wie in anderen westlichen Demokratien, aber ihre Mitglieder wurden aus allen verantwortungsvollen Posten entfernt. Nicht zuletzt waren es die Linksparteien, die das heuchlerische Gebaren der Partei bloßstellten: Sie spielte sich als Anwalt der Arbeiterklasse auf und richtete sich nach den Interessen einer auswärtigen Macht. Gehörte die Kommunistische Partei zur Linken? Guy Mollet antwortete darauf mit einem knappen Wort, einer Formulierung, die er vielleicht von Édouard Depreux hatte: Sie gehört zum Osten.

Weit davon entfernt, entsprechende Verdächtigungen zurückzuweisen, rühmte sich die Kommunistische Partei ihrer Solidarität mit der Sowjetunion und verteidigte diese gegen ihre Ankläger. Ihr Wochenblatt *»Lettres françaises«* strengte sogar einen Prozeß gegen den Autor des Buches »Ich wählte die Freiheit« an, einen Ingenieur namens Krawtschenko, der in den Westen geflüchtet war und die Existenz von Konzentrationslagern in der Sowjetunion behauptete. Die intellektuellen Weggenossen der Kommunisten schrien sämtlich Verleumdung und bürgten für die Unschuld des Sowjetregimes. Die Partei pries Stalins Genie; Maurice Thorez trug voller Stolz den Titel »Stalins bester Sohn«, und seine Genossen in der Parteiführung rühmten sich, Stalinisten zu sein. Diese Bezeichnung galt damals als Ruhmesblatt, das sie für sich beanspruchten. Sie machten sich auf allen Gebieten Stalins Positionen zu eigen, auch in Fragen der Kunst und Wissenschaft. In der Kontroverse zwischen Lyssenko und Mitschurin über die Vererbung erworbener Charaktereigenschaften hielt sich die Partei an die offizielle sowjetische Linie, nachdem Stalin diese Frage zugunsten Lyssenkos entschieden hatte: Das Machtwort duldete keinen Widerspruch. Im Bereich der Kunst bewunderte man hingebungsvoll die mittelmäßigen Arbeiten des sozialistischen Realismus und erhob die Malerei Fougerons zum stilbildenden Vorbild.

Aber das merkwürdigste war die Beflissenheit, mit der Männer der Wissenschaft, von Berufs wegen in kritischem Urteil geübt und dazu ausgebildet, sich nicht einfach auf ihre fünf Sinne zu verlassen und jede Information sorgfältig zu prüfen, ihr eigenständiges Urteil bereitwilligst der Sache des Volkes opferten. Die unglaublichsten Märchen griffen sie auf, und das mit einer Genugtuung, wie man sie nur von religiösen Gemütern kannte, die ihren Verstand erniedrigen. Im übrigen handelte es sich bei der Faszination, die der Kommunismus auf so viele Männer und Frauen ausübte, wohl tatsächlich um ein Phänomen religiöser Art. Sie glaubten in der Partei die Kirche gefunden zu haben, die sie, ohne es vielleicht selbst zu wissen, suchten. Sartre etwa, dessen Philosophie freilich sehr weit vom dialektischen Materialismus entfernt war, bezeichnete den Marxismus als »unüberschreitbaren Horizont«. Der Kommunismus übte eine Art intellektuellen Terror aus, und diejenigen, die seine Irrtümer bloßzustellen wagten wie Raymond Aron in seinem Buch *»L'Opium des intellectuels«* (1955), riskierten sogar, von vielen ihrer nichtkommunistischen Kollegen verstoßen zu werden. Die Partei bildete an den Rändern der Gesellschaft eine komplette Gesellschaft für sich. Sie umschloß ein Volk, das in ihr sowohl Schutz seiner Interessen wie Geselligkeit und kulturelle Teilhabe fand. Ihren Einfluß übte sie mittels eines weitgespannten Netzes von speziellen Organisationen und einer ganzen Palette von Publikationsorganen aus, die von Tageszeitungen bis zu Zeitschriften und Wochenzeitungen aus eigenen Verlagshäusern reichte.

Die Kommunistische Partei hatte den Generationswechsel vollzogen: In ihren Reihen vereinte sie die Angehörigen der Gründergeneration, soweit sie die Säuberungsaktionen überlebt hatten, die neu Hinzugekommenen aus den Jahren der Volksfront, des militanten Antifaschismus und der Einheit der Linken, ferner jene, die in der Résistance aus patriotischen Motiven zur Partei gestoßen waren, und schließlich die junge Generation.

Nach dem Bergarbeiterstreik vom Oktober 1948, der noch härter war und noch länger dauerte als die Streiks des Jahres 1947, hatte die Parteiführung die Hoffnung aufgegeben, den Kurs der französischen Politik entscheidend zu verändern. Sie beschloß, den Kampf in Zukunft an zwei Fronten zu führen, an denen sie über den Kreis ihrer Anhänger hinaus Verbündete fand und Sympathien weckte: als Kampf für den Frieden und gegen den amerikanischen Imperialismus sowie als antikolonialistischen Kampf gegen den Krieg in Indochina und die Unterdrückung auf Madagaskar. In beiden Fällen ging die Haltung der Partei mit den Interessen Moskaus konform: Das Atomwaffenverbot würde der Sowjetarmee dank ihres Vorsprungs im Bereich der konventionellen Rüstung kampflos ein eklatantes strategisches Übergewicht einräumen; den Indochinakrieg sabotieren hieße, dem Sieg des Kommunismus in Asien den Boden zu bereiten.

Dem kommunistischen Bollwerk stand auf der anderen Seite das *Rassemblement du peuple français* gegenüber, dessen Führung gerne so tat, als gebe es nichts Nennenswertes zwischen den beiden Blöcken und als halte sie alle politischen Kräfte der Mitte für belanglos. Das RPF trug seinen Namen zurecht; denn es war in der Tat ein Sammelbecken, das um einen Kern ehemaliger Angehöriger des Freien Frankreich und Männern der ersten Stunde Menschen verschiedener Generationen und unterschiedlicher Herkunft versammelte. Zog es auch sicherlich mehr Parteigänger der Rechten als der Linken an – die geographische Verteilung seiner Wählerschaft macht dies glaubhaft –, und bedeutete für manche der Eintritt in den oppositionellen Gaullismus eine unerwartete Gelegenheit zur Rückkehr auf die politische Bühne, so unterschied sich das RPF doch deutlich vom Lager des politischen und sozialen Konservatismus. Die Erinnerung an die Résistance verschaffte seinem Vorsitzenden de Gaulle Sympathien bis weit in die Linke (einschließlich der CGT) hinein, ja selbst unter den Kommunisten. Das RPF legte großes Gewicht auf soziale Belange, wollte den Klassenkampf beenden, predigte das Zusammengehen von Arbeit und Kapital und sprach sich für eine Beteiligung der Arbeiter an den Früchten des Wachstums aus. Die Bewegung zählte einen beachtlichen Anteil von Angestellten und sogar Arbeitern in ihren Reihen – nach der Kommunistischen Partei den größten unter allen Gruppierungen. Ein spezieller Ableger des RPF, die *Action ouvrière professionelle,* rühmte sich, mehrere hundert Gruppen in den Unternehmen zu haben. Nicht ohne Stolz verstand sich das *Rassemblement* als Querschnitt durch alle Schichten der Gesellschaft. Es war, wie Malraux sagte, »die Metro um sechs Uhr abends«.

Das RPF war eine Massenbewegung von beachtlichem Ausmaß – neben den Kommunisten die einzige, die Hunderttausende auf die Beine brachte, wenn de Gaulle seine Brandreden hielt gegen das System, gegen die Parteien, die Staatsorgane und die Politiker, die »ihr mageres Süppchen auf kleinem Feuer kochen«. Der Regisseur dieser grandiosen Kundgebungen war André Malraux. Die jährlichen Treffen des *Rassemblement* – 1948 in Marseille und 1949 in Lille – wirkten wie imposante Zeremonien. In Marseille zum Beispiel sprach der General von einem

Podium aus, das mitten im Hafenbecken des Alten Hafens errichtet worden war, zu den auf den Kaimauern verteilten Zuhörern. Das Ausmaß dieser Veranstaltungen, ihre theatralische Inszenierung und eine Polemik, die nicht vor aggressiven Vereinfachungen zurückschreckte, sowie ein muskelstarker Ordnungsdienst, dessen Eingreifen in Grenoble sogar ein Todesopfer forderte, brachte einen Teil der Linken dazu, in dieser Erscheinungsform des Gaullismus ein Wiederaufleben des Faschismus zu sehen und gegen den *Premier Résistant* die Erinnerung an die Résistance wachzurufen. In Wirklichkeit ähnelte das RPF-Phänomen jedoch viel mehr der *Parti social français* (PSF) des Obersten de La Rocque als einer französischen Variante des Totalitarismus; aber auch die PSF war seinerzeit mit dem Faschismus verglichen worden. Seine Organisation wie auch seine zentrale Führungsstruktur hatte das RPF nach kommunistischem Vorbild gestaltet: Jede Ernennung, gleich auf welcher Ebene, wurde vom Vorsitzenden des *Rassemblement* ausgesprochen.

Eine vollständige Analogie zwischen den beiden Oppositionsgruppen gab es freilich nicht, und sei es auch nur deshalb – und dieser Unterschied ist nicht gering –, weil sich das RPF nie auf ein ausländisches Vorbild, nicht einmal auf ein westliches, berief. Außerdem erwies sich die Anhängerschaft der PCF als weniger instabil: Die treuesten Wähler in den Jahren der Vierten Republik waren die der Kommunistischen Partei; ihre Zahl schwankte nur innerhalb enger Grenzen, zwischen fünf und fünfeinhalb Millionen. Die Wähler des RPF waren unbeständiger. Viele schlossen sich dem *Rassemblement* nur an, weil es keine der Gruppierungen mehr gab, denen sie vor 1939 ihre Stimme gegeben hatten. Die Radikalsozialisten hatten nie ein Hehl daraus gemacht, daß sie mit der von ihnen praktizierten Doppelzugehörigkeit die Erwartung verbanden, daß das RPF ihnen Schützenhilfe leisten würde. Je mehr sie aber ihre alten Positionen wiederherstellten und die Rechte sich unter ihren Fahnen neu organisierte, je weniger sie also auf die Unterstützung des RPF angewiesen waren, desto mehr gingen sie zu ihm auf Distanz. Das *Rassemblement* hatte dem MRP einen Teil seiner Wähler weggenommen; nun war die Reihe an den Rechten, sich einen Teil der Ihren vom RPF zurückzuholen. Da zur gleichen Zeit auch die alten Vichy-Anhänger wieder Morgenluft witterten und die SFIO weiter zerfiel, verschob sich das gesamte Parteienspektrum ganz allmählich nach rechts.

Im Gegensatz zu den Kommunisten, denen die Zeitumstände offensichtlich nichts anhaben konnten, erlitt das RPF, das 1947 auf Anhieb sein höchstes Wahlergebnis erzielt hatte, eine allmähliche Erosion. Für das RPF ging es nicht darum, sein Publikum zu vergrößern, sondern darum, sein Wählerpotential zu halten. Die führenden Politiker der Dritten Kraft, deren Strategie darauf hinauslief, stur zu bleiben und Zeit zu gewinnen, hatten es ganz richtig vorausgesehen: Jeder Tag, der verging, war ein gewonnener Tag für die Republik – die Zeit ließ sie Wurzeln fassen und verschliß die Opposition.

Daher mußte man die anstehenden Kraftproben an der Wahlurne nach Möglichkeit hinausschieben. 1949 verzögerte die Regierung die Kantonalwahlen um einige Monate. Nachdem es de Gaulle nicht gelungen war, die Mehrheit der wenige Monate vor Gründung des *Rassemblement* gewählten Nationalversammlung zur Parlamentsauflösung zu zwingen, mußte er fünf Jahre lang auf die Gelegenheit warten, bis er eine größere Zahl von Abgeordneten ins Palais Bourbon entsenden konnte. So verlängerte sich bis zum Jahre 1951 das Paradoxon einer Bewegung, die mit vielleicht 800 000 oder einer Million Mitgliedern für eine kurze Zeit zwar die stärkste politische Kraft gewesen, in der Nationalversammlung aber nur mit einer Handvoll Abgeordneter vertreten war.

Die Parteien der Dritten Kraft, die vier Jahre lang die Machtverantwortung getragen hatten, blickten gleichwohl den herannahenden Parlamentswahlen mit Sorge entgegen. Wenn auch das RPF ein wenig von seiner ursprünglichen Stärke verloren hatte, blieb es dennoch stark genug, ihnen Schwierigkeiten zu bereiten. Sie befürchteten, daß die beiden Oppositionsparteien die Mehrheit der Stimmen auf sich vereinigen könnten: ein gutes Viertel der Stimmen für die Kommunisten, ein weiteres Viertel für die Gaullisten, und schon wären die Parteien der scheidenden Mehrheit in der Minderheit. Da sich die beiden einander feindlichen Oppositionsgruppen nicht zu einer regierungsfähigen Mehrheit zusammenfügen ließen, wäre die Nationalversammlung somit regierungsunfähig gewesen. Diejenigen, die unter schwierigsten Bedingungen den Umsturz abgewendet, die Ordnung aufrechterhalten, die Wirtschaft wieder in Gang gebracht, die Last der Verantwortung für die Kolonien getragen und eine europäische Vision entwickelt hatten, sorgten sich nicht bloß um ihre Wiederwahl und die Zukunft ihrer Parteien, sondern ebenso um das Schicksal der Verfassungsinstitutionen, die ein massives Vordringen der beiden republikfeindlichen Kräfte ins Parlament nicht überstehen würden. Geriet dadurch die Demokratie, die sie traditionsgemäß mit der Souveränität des Parlaments identifizierten, nicht in Gefahr? Wenn sich dann auch noch die Vichy-Anhänger wieder zu Wort meldeten, war womöglich auch das Erbe der Résistance bedroht.

Was ließ sich dagegen tun? Der Wahlmodus wurde geändert, ohne freilich das Proporzprinzip aufzugeben, an dem Kommunisten und Volksrepublikaner gleichermaßen festhielten. Man verfiel auf einen genialen Ausweg, der nach dem Muster des Wahlgesetzes von 1919 eine Dosis Mehrheitswahlrecht ins Spiel brachte, doch ohne die Aufstellung gemeinsamer Kandidatenlisten vorzuschreiben; es genügte, wenn Listen bei ihrer Einreichung als »verbunden« deklariert wurden. So konnte jede Partei getrennt in den Wahlkampf gehen, ihr eigenes Programm vertreten und ihre Klientel umwerben. Sobald es aber an die Sitzverteilung ging, wurden die Stimmen für die Listenverbindungen zusammengeführt: Erreichten sie die absolute Mehrheit der Stimmen, so erhielten sie alle Parlamentsmandate des Departements. Es war ausgeschlossen, daß die Kommunisten jemanden finden würden, der mit ihnen eine Verbindung einginge, und ebensowenig war es wahrscheinlich, daß General de Gaulle sich zu Listenverbindungen mit ebenden Parteien hergeben würde, die er seit vier Jahren unablässig beschimpfte. Für die Sozialisten und den MRP bestanden solche Hinderungsgründe nicht, und man durfte ferner erwarten, daß auch die Radikalsozialisten und Unabhängigen, die beide seit 1948 zur Regierungsmehrheit zählten, Listenverbindungen eingehen würden. Durch diesen Kunstgriff würde sich die parlamentarische Stärke der Kommunisten wie der Gaullisten beträchtlich verringern und die Dritte Kraft entsprechend zunehmen. Die scheidende Mehrheit würde ihre Position also auch in der neuen Nationalversammlung behaupten, und die Kontinuität bliebe gewahrt.

Dieses System war nicht nur raffiniert ausgedacht, es besaß auch eine gewisse Logik. War es nicht legitim, die Unterschiede zwischen den einzelnen Partnern der Regierungsmehrheit als nebensächlich zu behandeln – nebensächlich im Vergleich zu den Gemeinsamkeiten, die sie zusammengeführt hatten, die sie von den beiden Oppositionsgruppen trennten und die ihnen ständige Angriffe dieser beiden Gruppen eingetragen hatten? Aber die Öffentlichkeit wollte es nicht so sehen und verweigerte dieser Lösung ihre Zustimmung. Für Kommunisten und Gaullisten war es ein Leichtes, von Schwindel und Betrug zu reden (man sprach damals noch nicht von »Mauschelei«). Die Öffentlichkeit hatte sich durch die Anwendung des Verhältniswahlrechts an den Gedanken gewöhnt, daß die parlamentarische Stärke einer Partei möglichst genau ihrem Stimmenanteil entsprechen sollte. Die Verzerrungen, die das System der Listenverbindungen hervorrief – und ausdrücklich hervorrufen sollte –, wirkten allzu raffiniert, um glaubwürdig zu erscheinen. Sie weckten erneut einen stets latenten Antiparlamentarismus und trugen mit dazu bei, die Vierte Republik in den Augen der Öffentlichkeit zu diskreditieren.

Die Wahlergebnisse entsprachen den Hoffnungen der Regierungsmehrheit: Am Abend des 17. Juni 1951 hatten die beiden Oppositionsparteien nicht die Zahl von Mandaten erreicht, die ihnen bei einem Wahlsystem ohne Listenverbindungen zugefallen wären. Die Kommunistische Partei konnte sich in der Gunst der Wähler zwar weitgehend behaupten – sie erhielt etwas mehr als fünf Millionen Wählerstimmen und lag damit abermals über 25 Prozent –, mußte aber einen Rückgang ihrer Mandate von 165 auf knapp über 100 hinnehmen. Das *Rassemblement* rangierte mit mehr als vier Millionen Stimmen und über 21 Prozent nur auf Platz zwei und errang nur 117 statt der erhofften 200 Mandate, stellte aber gleichwohl die stärkste Fraktion in der Nationalversammlung. Die Parteien der Dritten Kraft, die mehr oder weniger ausgedehnte Listenverbindungen eingegangen waren – zu zweit, zu dritt oder gar zu viert in 87 Wahlbezirken –, konnten in 39 von 103 Fällen dank dem Mehrheitsbonus sämtliche Sitze auf sich vereinen und kamen damit insgesamt auf ungefähr 400 Abgeordnete, die sich nahezu gleichmäßig auf die einzelnen Gruppierungen verteilten. Die Dreiparteienherrschaft war vorbei; die Bipolarisierung und schließlich die Vierteilung der französischen Wählerlandschaft lagen noch in der Zukunft. Das politische System Frankreichs bot das Bild eines Sechsecks aus sechs annähernd gleich starken Parteien, mit jeweils 88 (MRP) bis 117 (RPF) Mandaten.

Das neue Wahlsystem hatte voll funktioniert und die erhofften Resultate geliefert. Die beiden Oppositionsparteien, die zusammen nur wenig mehr als ein Drittel der Abgeordneten stellten, waren außerstande, die Staatsorgane lahmzulegen. Die Mehrheit hatte allen Grund zur Zufriedenheit; sie hatte die Strategie General de Gaulles durchkreuzt, dem es nicht gelungen war, sich gegen die Parteien durchzusetzen. Das Scheitern des RPF war mit dem Wahlergebnis vom 17. Juni 1951 vorgezeichnet, und damit am Ende auch der Abgang seines Führers von der politischen Bühne. Vor diesem Hintergrund kann man sich fragen, ob das politische Unternehmen des *Rassemblement* in der Form, in der er es angelegt und betrieben hatte, nicht ein schwerwiegender Fehlgriff gewesen war. Aber wäre er ohne diesen Versuch überhaupt im Jahre 1958 an die Macht gelangt?

KAPITEL III

Die Neuordnung der politischen Landschaft

Die Wahlen vom 17. Juni 1951 zur zweiten Nationalversammlung der Vierten Republik markierten einen Wendepunkt in der französischen Nachkriegsgeschichte. Die Erinnerung an die tragischen Jahre verblaßte, wenngleich sie nicht völlig verschwand. Die unwiderrufliche Verurteilung des Waffenstillstands vom Juni 1940 und der Vichy-Regierung, die ein wesentlicher Bestandteil des Konsenses der vorhergehenden Nationalversammlung gewesen war, wurde wieder in Frage gestellt. Einige von denen, die über die Listen der *Union des indépendants républicains* (UNIR) in die Nationalversammlung einzogen, erwiesen sich als Anhänger Vichys. Der Tod Marschall Pétains am 23. Juli 1951, der – bedeutsame Koinzidenz der Ereignisse – wenige Tage nach Beginn der neuen Legislaturperiode am 23. Juli 1951 starb, beendete die Auseinandersetzungen nicht und brachte weder die Polemik noch die Leidenschaften zum Verstummen. Eine Reihe von Amnestiegesetzen sorgte schließlich dafür, daß die meisten *Vichyssois* wieder in die Gesellschaft integriert und in ihre Rechte eingesetzt wurden, und daß die Aberkennung des passiven Wahlrechts, die ehemalige Funktionäre des Pétain-Regimes vom politischen Leben und vom Parlament ausgeschlossen hatte, wieder aufgehoben wurde.

Diese Wahlen haben die politische Landschaft und die Kräfteverhältnisse grundlegend verändert. Die Rechte, die als Opfer von Vorurteilen und Umständen fast verschwunden war, tauchte gestärkt wieder auf. Sie hatte geduldig ihre Kräfte gesammelt und auf Betreiben von Roger Duchet ihre Abgeordneten seit 1948 im *Centre national des indépendants* organisiert; Grundlage des Zusammenschlusses war der Verzicht auf die Fraktionsdisziplin bei Abstimmungen, um sich von den großen Parteien abzusetzen. Durch das Auseinanderbrechen der Dreiparteienkoalition und den Wechsel der Kommunisten in die Opposition waren die SFIO und der MRP auf die Unterstützung der Unabhängigen angewiesen. Vordem nur Hilftruppe, war nun die Rechte zum Schiedsrichter geworden. Bereits im August 1948 hatte sie ihren Einfluß geltend gemacht: Die Übernahme eines Ministerpostens durch Paul Reynaud, den früheren Finanzminister im Kabinett Daladier und Ministerpräsidenten von März bis Juni 1940, war ein wahrhaft symbolischer Vorgang. Sein Comeback erwies sich allerdings als verfrüht und daher nur von kurzer Dauer; bereits einen Monat später mußte die Regierung André Marie wieder abtreten. Aber seit Juni 1951 sah vieles anders aus.

Durfte sich die scheidende Mehrheit zu ihrem Wahlergebnis auch beglückwünschen, so konnte sie sich ihres Sieges doch nicht lange freuen. Praktisch schon am nächsten Tag zerbrach sie über einer Frage, die nichts mit den unmittelbar drängenden Problemen zu tun hatte: weder mit dem Indochinakrieg, der seit dem letzten Herbst in eine besorgniserregende Phase getreten war, noch mit der neuerlichen Anheizung der Inflation im Gefolge des Koreakriegs, der einen plötzlichen Kursanstieg bei Rohstoffen nach sich zog, noch auch mit der Wiederbewaffnung Deutschlands, welche die Alliierten Frankreich aufzuzwingen gedachten. Die Krise entzündete sich vielmehr an einer rein innenpolitischen und zudem sehr alten Frage, einem Überbleibsel aus dem großen Religionsstreit, der das Bewußtsein der Nation seit anderthalb Jahrhunderten so tief gespalten hatte. Waren auch die meisten Streitfragen zwischen Staat und katholischer Kirche inzwischen gütlich beigelegt worden, so blieb nach wie vor die Schulfrage als Zankapfel übrig, seitdem zwei konkurrierende und rivalisierende Schulsysteme nebeneinander existierten: das staatlich-laizistische und das konfessionell-private.

Gewiß, die Standpunkte hatten sich weiterentwickelt: Nach 1945 bestritten die Katholiken dem Staat nicht länger mehr das Recht zur Einrichtung öffentlicher Schulen, und die Laizisten beharrten nicht länger auf der Forderung nach staatlichem Schulmonopol. Der Streit ging vielmehr um die Finanzierung der Privatschulen. Unter Berufung auf eine traditionelle und streng laizistische Bildungskonzeption widersetzten sich die Verteidiger des laizistischen Schulwesens, allen voran das *Syndicat national des instituteurs* und die *Ligue de l'enseignement,* jeglicher Unterstützung der Privatschulen durch die öffentliche Hand. Ihre Position entsprach der Maxime: »Öffentliche Mittel für öffentliche Schulen, private Mittel für Privatschulen«. Dagegen forderten die Befürworter der konfessionellen Schulen, insbesondere die *Associations de parents d'élèves de l'enseignement libre* (APEL), im Namen wirklicher Unterrichtsfreiheit, sozialer Gerechtigkeit für Lehrer und Familien und unter Hinweis auf die Gleichberechtigung der Steuerzahler staatliche Zuschüsse. Die Vichy-Regierung hatte ihrer Forderung teilweise nachgegeben und angesichts der außergewöhnlichen Umstände Zuschüsse bewilligt. Nach der Libération hatten die Laizisten jedoch nichts Eiligeres zu tun gehabt, als die Abschaffung dieser Subventionen zu verlangen, und die Provisorische Regierung hatte ihrem Ersuchen stattgegeben.

Der Konflikt schwelte indes weiter und spitzte sich infolge der Inflation, die die Familienbudgets aufzehrte und den Schulen immer größere Lasten auferlegte, sogar noch zu. Die Vertreter des katholischen Wählervolks, allen voran der MRP, mußten sich nun um eine Lösung bemühen. Sie ersannen verschiedene Auswege, die von der Wachsamkeit der laizistischen Organisationen regelmäßig durchkreuzt wurden. Bei verschiedenen Gelegenheiten wurde der Streit zu einer eher ernsthaften Gefahr für den Zusammenhalt der Mehrheitsparteien, so anläßlich der Verstaatlichung der Schulen der Kohlenbergwerksgesellschaft, dann beim sogenannten Poinso-Chapuis-Erlaß und schließlich im Zusammenhang mit den Prozessen gegen die Organisatoren von Kirchweihfeiern in Westfrankreich. Das MRP und die SFIO, von deren Einvernehmen das Überleben der Mehrheit abhing, sahen sich diametral gegenläufigen Pressionen ausgesetzt, die gleichermaßen darauf abzielten, sie zu entzweien. Die Sozialisten mußten sich gegen den Hyperlaizismus der Kommunisten behaupten, der MRP gegen den Radikalismus der Gaullisten, die, da sie nicht in der politischen Verantwortung standen, leicht große Wahlversprechungen machen konnten.

Im Vorfeld des 17. Juni 1951 hatte sich die Privatschullobby auf Betreiben des von Édouard Lizop geleiteten *Sécretariat pour la liberté de l'enseignement et la défense de la culture* eine ebenso einfache wie wirksame Taktik ausgedacht: Alle Kandidaten wurden aufgefordert, sich zum Beitritt zu einer »Parlamentarischen Vereinigung für ein freies Schulwesen« und zur Unterstützung ihrer Gesetzesvorschläge im Parlament zu verpflichten; die Namen derer, die diese Verpflichtung unterschrieben hatten, wurden unter den Mitgliedern des APEL publik gemacht. Am Tag nach der Wahl stellten die Unterzeichner die Mehrheit in der neuen Nationalversammlung. Édouard Lizop rief sie zu einer Versammlung im größten Saal des Palais Bourbon zusammen, um die geplante Vereinigung zu gründen.

Die Investitur eines neuen Ministerpräsidenten und die Bildung einer Regierungsmehrheit hingen entscheidend von der Erfüllung der Forderungen dieser Gruppierung ab. Die Sozialisten lehnten die von ihren vormaligen Bundesgenossen – MRP und Unabhängigen – geforderten Zugeständnisse ab und wechselten in die Opposition, wo sie fast während der gesamten Legislaturperiode blieben. Die Mehrheit, die die Wahlen gewonnen hatte, war zerbrochen.

Erst nach langen Wochen wurde die Regierungskrise am 16. August 1951 mit der Investitur René Plevens beendet. Unter Hintanstellung aller anderen Fragen verabschiedete die neue Regierungsmehrheit zwei Gesetzesvorlagen: Die erste *(loi Marie)* ging auf eine Regierungsinitiative zurück und bezog die Schüler an Privatgymnasien in den Kreis der Stipendienempfänger ein; die zweite *(loi Barangé)* – sie trug den Namen des nach der alphabetischen Reihenfolge ersten Abgeordneten, der diese Vorlage unterzeichnet hatte – führte die staatliche Beihilfe für jedes Kind im schulpflichtigen Alter ein, die im Falle öffentlicher Schulen direkt an die betreffenden Lehranstalten, im Falle von Privatschulen direkt an deren Trägerverbände überwiesen wurde. Die Linke stimmte gegen diese Bestimmungen und schwor, sie umgehend aufzuheben, sobald sie wieder die Mehrheit hätte. Damit war die Dritte Kraft als Mehrheitsbündnis praktisch tot. An ihre Stelle trat eine neue, stärker nach rechts orientierte Mehrheit.

Mit der stattlichen RPF-Fraktion, den Radikalsozialisten und den Unabhängigen – sofern es diesen Gruppen gelang, die Volksrepublikaner auf ihre Seite zu ziehen – war die Rechte in der Nationalversammlung vom 17. Juni stärker vertreten als in jeder anderen seit der Kammer des Jahres 1928, die im Zeichen des Poincarismus gewählt worden war. Der Vergleich mit Poincaré war keine bloße Gedankenspielerei, denn nach einigen Monaten einer von René Pleven geführten Regierung, der die Reihe der Kabinette der Dritten Kraft aus der vorhergehenden Legislaturperiode noch einmal fortzusetzen schien, schlug Staatspräsident Vincent Auriol der Nationalversammlung einen politischen Nachfahren Poincarés, Antoine Pinay, zur Investitur vor, der am 6. März 1952 zu aller Überraschung tatsächlich die erforderliche Mehrheit erhielt. Damit hatte die Mehrheit, deren Schwerpunkt sich nach und nach von den Sozialisten (Ramadier) über die Volksrepublikaner (Schuman und Bidault) zu den Radikalsozialisten (Henri Queuille und René Mayer) hin verschoben hatte, einen weiteren Schritt nach rechts getan.

Mit Antoine Pinay übernahm nun ein Gemäßigter die Führung der Regierung und, mehr noch, zum ersten Mal seit der Befreiung ein Mann, der nicht in der Résistance gekämpft hatte. 1936 erstmals in die Deputiertenkammer gewählt und seit 1929 Bürgermeister von Saint-Chamond, hatte er auch während der Besatzungszeit die Geschäfte der Stadt verwaltet; er wurde sogar zum Mitglied des Nationalrats berufen, an dessen Sitzungen er allerdings nie teilgenommen hatte. Er hatte weder dem Vichy-Regime gedient noch am aktiven Widerstand mitgewirkt. Am Tag nach seiner Investitur rechnete es ihm die Zeitschrift »*Match*« als Verdienst an, daß er weder nach Vichy noch nach Moskau oder London gegangen war. Seine Ernennung zum Ministerpräsidenten war ein Markstein in der Geschichte der Vierten Republik.

Ein Jahr später, im Juni 1953, trat (nach zwei kurzen, radikalsozialistisch geführten Regierungen) mit Joseph Laniel – auch er ein Mitglied der *Alliance démocratique* – ein weiterer Gemäßigter an die Spitze der Regierung. Noch bezeichnender aber war im Dezember 1953 die Wahl René Cotys zum Nachfolger des sozialistischen Staatspräsidenten Vincent Auriol. Coty, ein Senator aus den Reihen der Unabhängigen, galt als Veteran der Dritten Republik und hatte 1946 gegen die neue Verfassung gestimmt, deren Hüter er nun wurde. Welch ein Wandel der Verhältnisse! Die Zeit, da man gegen die Männer der Rechten den Ausschluß verhängt hatte, war vorbei. Die beiden höchsten Staatsämter, das des Ministerpräsidenten und das des Staatspräsidenten, waren jetzt in den Händen der rechtsgerichteten Unabhängigen, die mit 132 Abgeordneten zur stärksten parlamentarischen Gruppierung wurden. Es war der Beginn eines langfristigen Prozesses, der die Rechte für die Dauer von dreißig Jahren zur führenden politischen Kraft beförderte. Die Linke kam von da an nur noch kurzzeitig an die Macht, und auch das nur unter besonderen Umständen. Die Isolierung der Kommunistischen Partei hatte diese Entwicklung noch beschleunigt. Die Wahl Antoine Pinays machte deutlich, wie sich die politische Orientierung der Franzosen verändert hatte.

Seine Wahl war auch in anderer Hinsicht aufschlußreich. Sie war zustande gekommen – und zwar nur mit knapper Not – dank der Sezession einer Gruppe von Abgeordneten des RPF, die sich über die Weisungen de Gaulles hinweggesetzt hatten. Dieser hielt an seiner 1947 beschlossenen Strategie fest, keinerlei Beziehungen zu anderen Parteien zu unterhalten und das System lahmzulegen. Er wollte beweisen, daß das System ohne ihn nicht funktionieren konnte. Doch siebenundzwanzig von denen, die unter seinen Fittichen ins Parlament gelangt waren, zweifelten an der Realisierbarkeit dieser Strategie und entschieden sich lieber für den Kandidaten der Gemäßigten als für eine Politik der Krisenverschärfung – warum also den Boykott noch länger fortsetzen, wenn einer der Ihren die Möglichkeit hatte, an die Macht zu gelangen? Die meisten von ihnen waren erfahrene Politiker und kamen aus gemäßigten Gruppierungen: Für sie bedeutete dieser Schritt eine Rückkehr zu ihren politischen Ursprüngen. Es wurde deutlich, daß sich die liberalparlamentarische Rechte anschickte, den Gaullismus in puncto Anziehungskraft zu überflügeln. Mußten sich die Unabhängigen gestern noch auf de Gaulle berufen und auf Unterstützung durch den Apparat des *Rassemblement* hoffen, so konnten sie von nun an darauf verzichten. Die Rechte war wieder stark genug geworden, um auf eigenen Beinen zu stehen und auf Abstand zu halten. Mehr noch, sie wurde selbst zum Magneten und Sammelpunkt für die gaullistischen Abgeordneten, denn schon bald darauf schlossen sich die siebenundzwanzig Dissidenten dem Gros der Gemäßigten an.

Der General zog die Konsequenzen: 1953 beendete er sein Wirken, entband seine Gefährten von ihren Loyalitätspflichten und trat von der politischen Bühne ab. Er zog sich nach Colombey zurück, wo er sich in stolzer Abgeschiedenheit verschloß und seine *»Mémoires de guerre«* verfaßte. So begann sein »Zug durch die Wüste«. Doch war er trotz alledem nicht gänzlich verschwunden oder vergessen: Viele Politiker bemühten sich, von ihm empfangen zu werden, und besuchten ihn in der Rue de Solferino; besonders Bevorzugte durften ihn sogar in seinem Landhaus »Boisserie« besuchen und verbreiteten nach ihrer Rückkehr andächtig jedes Wort, das sie aus seinem Munde vernommen hatten. Er unternahm eine große Reise rund um die Welt. Sein mächtiger Schatten lag schwer auf den Politikern. So sandte Pierre Mendès-France nach seiner Wahl zum Ministerpräsidenten am 18. Juni 1954 als erste Amtshandlung eine Ergebenheitsadresse an de Gaulle, dessen Mitarbeiter er einst gewesen war. Doch in die Tagespolitik selbst griff de Gaulle nicht mehr ein.

Die Zahl seiner Getreuen, die fest daran glaubten, daß das Heil Frankreichs von der Rückkehr de Gaulles abhänge, schmolz immer mehr zusammen; nach den Wahlen von 1956 waren sie nur noch ein kleines Häuflein. Nichts hinderte sie mehr, nach und nach ihren Frieden mit der Vierten Republik zu machen. Sie beteiligten sich an der Regierung Mendès-France und waren von nun an in den meisten Regierungskoalitionen vertreten. Der Gaullismus als politische Kraft, die die Verfassungsorgane hätte blockieren können, war tot. Einmal mehr war die Vierte Republik stärker gewesen als ihre Gegner.

MONSIEUR PINAY

Die Regierung Antoine Pinay, oder das »Experiment Pinay«, wie man die Regierungen zu bezeichnen pflegte, die sich vom Grau der vorangegangenen abhoben, hielt sich gerade einmal neuneinhalb Monate, vom 6. März bis 23. Dezember 1952, also nicht viel länger als die durchschnittliche Amtszeit ihrer Vorgänger. Aber trotz ihrer kurzen Dauer nimmt sie in der Erinnerung der Franzosen einen festen Platz ein. Am Vorabend seiner Investitur noch fast unbekannt, obwohl er bereits Minister gewesen war, wurde Monsieur Pinay gleichsam über Nacht populär. Er gehört zu jenen zwei oder drei Ministerpräsidenten, an deren Namen sich die Öffentlichkeit noch heute erinnert. Seine Stärke hing wesentlich mit seinem Rückhalt in der Bevölkerung zusammen, und sein Sturz wurde allgemein bedauert.

Es war ein regelrechter Mythos, der ihn umgab. Seine Popularität als »Mann mit dem kleinen Hut«, von den Massenmedien geschickt inszeniert, verdankte sich zunächst einem ziemlich banalen Umstand: Er war ein Franzose wie alle anderen; er hatte ein »Wählergesicht«. Viele erkannten sich in diesem Chef eines kleinen Wirtschaftsunternehmens wieder, der wie sie im Krieg gewesen war und sich weder durch eigenwillige Standpunkte noch durch eine besonders auffällige Opposition hervorgetan hatte. Seine Sprache war die des gesunden Menschenverstands, und er wirkte beruhigend auf ein Land, das der großen Geschichte müde war. Nach Jahren des Dirigismus entsprach seine Person ganz der Erwartung einer Öffentlichkeit, die sich nach einer Lockerung der

Zwänge und Kontrollen sehnte. Er griff die klassischen Schlagworte wieder auf, die einst auch Adolphe Thiers, Jules Méline und Raymond Poincaré zum Erfolg verholfen hatten: ein staatliches Finanzgebaren nach dem Vorbild eines Wirtschaftsunternehmens oder einer Familie, Beschränkung der Ausgaben auf die Höhe der Einnahmen, Senkung des staatlichen Repräsentationsaufwands, Schutz der Währung und Bekämpfung der Inflation – lauter Maximen, die gesunden Menschenverstand atmeten und Poincarismus in Reinkultur darstellten; und gerade in der Wiederbelebung des Poincarismus, der einer Grundströmung der politischen Kultur Frankreichs entsprach, lag die Bedeutung des Experiments und der Grund für seine Popularität.

Diese Politik stand im Einklang mit der wirtschaftlichen Entwicklung. Nach dem plötzlichen Anstieg der Börsenkurse seit Ausbruch des Koreakriegs im Juni 1950, der eine Verteuerung der Rohstoffe zur Folge hatte, begann sich jetzt eine Baisse abzuzeichnen. Pinay, der mehr auf Vertrauen als auf Zwang setzte, wollte die benötigten Staatseinnahmen lieber durch Inanspruchnahme von Sparkapital als durch Steuererhöhungen beschaffen. Um die Rückkehr des ins Ausland abgewanderten Kapitals zu erleichtern, ließ er vom Parlament eine Steueramnestie verabschieden und begab zur Abschöpfung des Geldmengen-Überhangs eine große Anleihe, die der Staatskasse die erforderlichen Mittel zuführen sollte. Dank besonders vorteilhafter Bedingungen – unter anderem Steuerfreiheit (vor allem auch Erbschaftssteuerfreiheit) und Anbindung an den Goldpreis für Einkünfte aus Anleihepapieren – wurde diese Anleihe zu einer der lukrativsten vor der Giscard-Anleihe des Jahres 1973. Außerdem setzte er eine große Kampagne zum Schutze des Franc in Gang und appellierte an den Bürgersinn der Kaufleute, die in ihren Läden kleine Schaufensterplakate mit der Aufschrift *»Défense du franc«* (DDF) anbrachten.

Diese Politik zeitigte einige positive Ergebnisse. Das Experiment des Jahres 1952 war das geeignete Sprungbrett zur Überwindung der Wiederaufbauphase, die im wesentlichen mittels Inflation und Francabwertung finanziert worden war. Es leitete über zu einer Wachstumsperiode, die zwanzig Jahre dauern sollte und 1953 unter Edgar Faure im Zeichen relativer Geldwertstabilität begann.

Aber schon bald waren die Probleme wieder da. Nach einigen Monaten der Euphorie ging es nicht mehr voran. Um einer neuen Preissteigerungswelle zuvorzukommen, war die Regierung gezwungen, die Preise einzufrieren. Der Inflationsstopp hatte zur Folge, daß sich die industriellen Investitionen verlangsamten und die Wirtschaft den Rückgewinn der Stabilität mit einer Stagnation bezahlte, die schließlich besorgniserregende Ausmaße annahm. Obwohl es Monsieur Pinay gelang, im Parlament eine gleitende Lohnskala durchzusetzen, stieß seine Politik beim sozialen Flügel der Regierungsmehrheit, namentlich bei den Volksrepublikanern, auf Mißfallen. Um einem Bruch zuvorzukommen, trat Antoine Pinay am 23. Dezember zurück.

Seine Popularität blieb davon unberührt. Er genoß weiterhin hohes Ansehen, und sein Rat und seine Unterstützung blieben begehrt. Edgar Faure versicherte sich seiner Zustimmung zu einer liberalen Lösung des marokkanischen Problems, und 1958 übertrug ihm de Gaulle die Leitung des Finanzministeriums, wo sein Name mit zu den erstaunlichen Erfolgen der Reformpolitik beitrug. Später war es Giscard d'Estaing, der immer wieder mit großer Hochachtung von seinem ehemaligen Chef Pinay sprach, und 1986 galt einer der ersten Besuche des neuernannten Wirtschafts- und Finanzministers Édouard Balladur dem großen alten Mann, dessen Meinung nach fünfunddreißig Jahren immer noch mit Ehrerbietung und Respekt zur Kenntnis genommen wurde. Der konservative Liberalismus Georges Pompidous, Valéry Giscard d'Estaings und Raymond Barres bestand aus denselben Elementen wie jenes Experiment, das untrennbar mit dem Namen Pinay verbunden bleibt, und die Popularität dieser Politiker beweist, daß tief im Bewußtsein der Öffentlichkeit ein fester Komplex jener Ansichten und Gefühle fortlebte, die seinerzeit den Erfolg des Poincarismus ausgemacht hatten.

Innenpolitisch hatte das Kabinett Pinay den Kurs seiner Vorgänger fortgesetzt und die Kommunistische Partei weiterhin kompromißlos bekämpft. So schlug die Polizei mit brutalen Mitteln die gewalttätigen Demonstrationen vom 28. Mai 1952 gegen Eisenhowers Nachfolger General Ridgway nieder, dem die kommunistische Propaganda den Einsatz bakteriologischer Waffen im Koreakrieg vorwarf. 718 Demonstranten wurden festgenommen und 140 von ihnen der Verschwörung gegen die Staatssicherheit angeklagt, darunter auch Jacques Duclos, der in Abwesenheit von Maurice Thorez die Leitung der Partei übernommen hatte; Thorez selbst weilte damals zur Wiederherstellung seiner angegriffenen Gesundheit in der Sowjetunion.

Kampf gegen den Kommunismus im Innern und Solidarität mit der atlantischen Allianz nach außen: von dieser Linie wich die Regierung nicht ab. Doch erwies sich Pinay keineswegs als bequemer Partner: Die Öffentlichkeit dankte es ihm, daß er in aller Form eine amerikanische Note zurückwies, deren Ton er für unzumutbar und als Einmischung in die inneren Angelegenheiten Frankreichs erachtete. Verteidigung des Franc und nationale Eigenliebe: Monsieur Pinay brachte eindeutig zum Ausdruck, was die meisten seiner Mitbürger bewegte.

Gab es irgendeinen ursächlichen Zusammenhang zwischen Pinays anti-inflationistischer, auf den Sparwillen der Bürger setzender Politik und der sozialen Explosion, mit der sich sein Nachfolger Laniel konfrontiert sah? Es ist wenig wahrscheinlich, zumal die Privatwirtschaft von den Auseinandersetzungen verschont blieb. Was war geschehen? Im Sommer 1953, mitten in der Urlaubszeit, sah sich Frankreich plötzlich in einen Sozialkampf gestürzt, der in seinen Ausmaßen den Bergarbeiterstreik des Jahres 1948 noch übertraf und fast so lange dauerte wie die großen Streiks vom Herbst 1947. Doch diesmal lagen die Wurzeln woanders.

Das Ganze hatte am 4. August 1953, gleichsam aus heiterem Himmel, mit einem Ausstand der Postbediensteten in Bordeaux begonnen. Sie standen zwar der CGT-FO nahe, verfolgten jedoch keine politischen Ziele. Sie reagierten einfach auf die von der Regierung geplante Reform der Berufsordnungen. Vor allem ging es um eine Anhebung der Altersruhegrenze. Nichts schafft mehr Explosivstoff als der Eingriff in erworbene Rechte. Die Bewegung breitete sich mit ungewöhnlicher Schnelligkeit aus; wie ein Buschfeuer erfaßte sie das ganze Land und hatte bald alle Bereiche der Beamtenschaft und die öffentlichen Dienste ergriffen: Post (PTT), Eisenbahn (SNCF), Elektrizitätsversorgung (EDF), die Pariser Verkehrsbetriebe (RATP), Bergarbeiter und andere mehr. Binnen weniger Tage war Frankreich lahmgelegt: Züge, Metros, Busse – alles stand still. Die Bahnhöfe waren wie ausgestorben, die Postsendungen blieben liegen. Am 15. August zählte man bereits vier Millionen Streikende. Wenn die Wirtschaft einigermaßen verschont blieb, so nur deshalb, weil die meisten Betriebe wegen der Urlaubszeit geschlossen hatten. Das Alltagsleben indes war schwer gestört. Die Regierung zeigte sich völlig überfordert und beging einen strategischen Fehler nach dem anderen: Noch am 12. August lehnte der Ministerpräsident Verhandlungen mit den Streikenden ab, entschloß sich aber nach fünfundzwanzig Tagen doch zu Verhandlungen und gab in den meisten Punkten nach. Dieser spontanen Streikbewegung, die sowohl die Gewerkschaftsapparate wie die Parteien und die Behörden überraschte, sollten später noch weitere folgen.

INDOCHINA UND DER MAGHREB

Mochten die Regierungen auch einander ablösen und die Mehrheiten wechseln, die Probleme in Übersee lasteten immer drückender auf der Politik. Von Jahr zu Jahr wurden es mehr, und jedes einzelne Problem verschärfte sich.

Seit dem 19. Dezember 1946 befand sich Frankreich in Indochina im Krieg. Jedes Jahr schickte es weitere Truppen dorthin und wandte einen immer größeren Teil seines Budgets dafür auf, wenn auch die Vereinigten Staaten seit Beginn des Koreakriegs im Namen der Solidarität der Völker, die gegen den Weltkommunismus kämpften, einen wachsenden Teil der finanziellen Leistungen übernahmen. Die Rückgabe der Souveränitätsrechte an Ex-Kaiser Bao Dai und die Errichtung formell unabhängiger assoziierter Staaten im Rahmen der *Union française* brachten es einer politischen Lösung nicht näher.

Seit dem Sieg der chinesischen Kommunisten konnte sich der Vietminh auf eine ungeheure Landmasse stützen, die vom Baltikum bis zum Chinesischen Meer reichte. Zwar vermochte General de Lattre de Tassigny, der sich zur Übernahme des Oberbefehls bereit erklärt hatte, die Lage vorübergehend zu stabilisieren, indem er die Aufstellung einer vietnamesischen Nationalarmee vorantrieb, das Vertrauen wiederherstellte und in Amerika Sympathien für die Sache Frankreichs weckte. Aber im Januar 1952 kam der Rückschlag. Von da an ging es militärisch bergab. Um die Lage wieder in den Griff zu bekommen, holte der Generalstab zu einem großen Coup aus: Er gedachte die Hauptstreitmacht des Feindes auf ein ausgesuchtes Terrain zu locken, um sie dort vernichtend zu schlagen. Zum Schauplatz der Entscheidungsschlacht bestimmte man einen Ort auf der Ebene der Tonkrüge namens Dien Bien Phu. Dort errichtete man ein befestigtes Lager und verlegte die besten Einheiten des Expeditionskorps dorthin. Damit glaubte man sich wieder im Besitz der Initiative.

Auch in den französischen Territorien Nordafrikas zeichneten sich beunruhigende Entwicklungen ab. In den beiden Protektoraten Tunesien und Marokko legitimierte die Fiktion staatlicher Kontinuität das Verlangen nach Unabhängigkeit. In Tunesien verkörperte Habib Burgiba, der Gründer der Neo-Destur-Partei, die sich 1934 von der Alten Destur getrennt hatte, die nationalistische Idee. Die Absetzung des Bey Moncef durch Frankreich war von den Vorkämpfern der tunesischen Nationalbewegung nie akzeptiert worden. Aber noch war die Zahl der Tunesier, die völlige Unabhängigkeit forderten, ziemlich gering; die meisten begnügten sich mit der Forderung nach innerer Selbstverwaltung. Doch die europäische Minderheit widersetzte sich jeder Reform, die ihre Vorherrschaft indirekt hätte schwächen können. Die Alternative lautete: Beibehaltung eines Regimes, bei dem die Verwaltung in den Händen französischer Beamter lag, oder innere Autonomie?

Die französische Regierung schwankte in ihren Entscheidungen und machte die Bekundungen ihres guten Willens durch Handlungen wieder zunichte, die das Gegenteil besagten. Eine Note des Quai d'Orsay vom 15. Dezember 1951, die jede evolutionäre Perspektive verwarf und das Konzept eines franko-tunesischen Kondominiums abermals bekräftigte (und die der Aufmerksamkeit des Ministers offensichtlich entgangen war), warf den Funken ins Pulverfaß. Sofort entsandte die Regierung einen Generalresidenten nach Tunis, um die Ordnung wiederherzustellen. Er verbot den Kongreß des Neo-Destur. Daraufhin rief die mächtige tunesische *Union générale des travailleurs tunesiens* unter Führung von Ferhat Hached zu einem Streik auf, der fast durchweg befolgt wurde. Unruhen brachen aus, worauf die Armee mit sogenannten »Durchkämmungsaktionen« antwortete, die auf der Halbinsel Cap Bon Hunderte von Toten forderten. Der Resident setzte die Regierung ab und ließ die Minister verhaften, obwohl der Nachfolger des Bey Moncef die erforderliche Unterschrift unter das Dekret verweigerte. Tunesien versank in Gewalt. Ferhat Hached wurde von einer europäischen Terror-Organisation, der Roten Hand, ermordet, die heimliche Verbindungen zur französischen Polizei und Verwaltung unterhielt. Die *fellagha* – diese Bezeichnung wurde erstmals auf die tunesischen Partisanen angewandt und wenig später in Algerien allgemein gebräuchlich – führten einen regelrechten Guerillakrieg.

Das Scheitern der französischen Politik der Stärke war offenkundig geworden; aber was war die Alternative? Eine liberale Politik wäre beim größten Teil der europäischen Oberschicht auf entschiedene Ablehnung gestoßen, und Robert Schuman, der zuständige Minister, hatte es in einem vielbeachteten Artikel in »*La Nef*« als ausgeschlossen bezeichnet, daß die Regierung sich bei der Lokalverwaltung Gehorsam verschaffen könne. Auch in Paris selbst fand sich weder für die eine noch die andere Politik irgendeine Mehrheit; die Tunesien-Debatte in der Nationalversammlung endete mit der Ablehnung aller sechs Vorschläge, über die der Reihe nach abgestimmt worden war.

Im westlichen Teil des Maghreb, in Marokko, verlief die Entwicklung ganz ähnlich. Die Anwesenheit amerikanischer Truppen nach der Landung im November 1942 und die positive Aufnahme der Wünsche Sultan Mohammeds V. durch Präsident Roosevelt weckten bei der marokkanischen Oberschicht Hoffnungen auf eine Veränderung des Protektorats. 1946 hatte der Sultan in einer aufsehenerregenden, von der französischen Residentur jedoch nicht gebilligten Rede in Tanger Reformen verlangt, nachdem sich die Praxis immer weiter vom Geist des Vertrages von Fez und der Konzeption Lyauteys entfernt und das Protektoratssystem zunehmend vom direkten Regiment französischer Verwaltungsbeamter abgelöst worden war. Die gemäßigteren Nationalisten forderten die Rückkehr zu den Vertragsbestimmungen, während die radikaleren Kräfte zusammen mit der verbotenen Istiqlal-Partei, deren Führer 1944 nach Gabun deportiert worden waren, die Unabhängigkeit verlangten.

Im Oktober 1950 überreichte der Sultan anläßlich eines offiziellen Besuches in Frankreich der Regierung ein Memorandum, das bei dieser jedoch auf Ablehnung stieß. In Marokko lebten, anders als in Tunesien, mehrere hunderttausend französische Kolonisten, die sich jedem Zugeständnis widersetzten und von der Generalresidentur unterstützt wurden: General Juin und sein Nachfolger General Guillaume verfolgten nämlich genau das Gegenteil der Politik Lyauteys, der die Macht des Scherifenherrschers nach und nach wieder auf ganz Marokko ausgedehnt hatte. Juin und Guillaume unterhielten heimlich eine Fronde von Großgrundbesitzern unter der Führung des Paschas von Marrakesch, El Glaui. Juin forderte den Sultan auf, sich offiziell von der Istiqlal-Partei zu distanzieren, was dieser jedoch ablehnte. Paris und Rabat redeten weiterhin aneinander vorbei: Im März 1951 wiederholte Mohammed V.

sein Ersuchen um Vertragsrevision; im September kam erneut die Ablehnung aus Paris. Nun wandte sich der Sultan direkt an Vincent Auriol in dessen Eigenschaft als Präsident der *Union française.*

Die Situation spitzte sich weiter zu. Die Parallelität der Lage in Tunesien und Marokko ließ Wechselwirkungen zwischen beiden Ländern entstehen. So löste die Ermordung des tunesischen Gewerkschaftsführers Ferhat Hached in Marokko eine Welle von Gewalt aus, Dutzende von Franzosen wurden niedergemetzelt. Damit begann auch in Marokko ein Kreislauf von Gewalt. Während in Tunesien die Guerilla mehr auf dem Lande operierte, wurden in Marokko in erster Linie die großen Städte, vor allem Casablanca, von den Unruhen erschüttert. Streiks der Steinbrucharbeiter in den *Carrières centrales* wurden mit äußerster Härte niedergeschlagen, wobei es zahlreiche Tote gab. Unterdessen geriet in Frankreich ein Teil der Öffentlichkeit, der nicht zu den Kommunisten zählte, in Erregung. François Mauriac, den Freunde alarmiert hatten, zeigte sich entrüstet, und eine Versammlung des *Centre catholique des intellectuels français* (CCIF), die die Gewalttätigkeiten beim Namen nannte und mit handfesten Informationen belegte, rief ein starkes Echo hervor. Sie setzte eine Debatte in Gang, die von nun an das nationale Bewußtsein in der Frage der Entkolonisierung spalten und die Politik in den nächsten zehn Jahren beherrschen sollte.

Die marokkanische Krise erreichte ihren Höhepunkt im Sommer 1953, just in dem Augenblick, als die Regierung in Frankreich mit einer schweren sozialen Krise zu kämpfen hatte. Der Generalresident in Marokko, der von langer Hand einen Aufstand gegen Mohammed V. vorbereitet hatte, ließ El Glaui mit einer berittenen Schar auf Rabat marschieren; sobald dem Generalresidenten die Nachricht von der Absetzung des Sultans durch eine Versammlung gefügiger marokkanischer Notabeln überbracht wurde, ließ er diesen mitsamt seiner Familie zuerst nach Korsika und danach nach Madagaskar deportieren. Zu seinem Nachfolger wurde ein entfernter Verwandter aus der Familie der Alawiten, Mulay ben Arafa, ausgerufen, aber die allzu offensichtliche Unterstützung durch die Generalresidentur beraubte ihn in den Augen der Marokkaner jeglicher Autorität, während gleichzeitig diejenige des abgesetzten und außer Landes verbrachten Sultans zunahm. Die Regierung in Paris, die aus dieser ganzen Operation herausgehalten worden war, mißbilligte zwar den Einsatz von Gewalt, sah sich jedoch vor vollendete Tatsachen gestellt und gab notgedrungen ihren Segen dazu. Außenminister Georges Bidault, der die Nachteile eines solchen Vorgehens von vorneherein in Rechnung gestellt hatte, verteidigte es mit größter Entschiedenheit. Nur François Mitterrand, damals Minister für Europäische Angelegenheiten, lehnte es als einziger ab, den Gewaltstreich nachträglich zu sanktionieren, und trat einige Tage später zurück.

So stand Nordafrika auf beiden Seiten in Flammen. In beiden Protektoraten waren die Herrscher entweder abgesetzt worden oder lehnten es ab, sich von den Unabhängigkeitsbestrebungen ihrer Untertanen zu distanzieren. Das Nationalgefühl ergriff immer größere Schichten des Volkes. Die europäischen Kolonisten – mit Ausnahme kleinerer Gruppen, die sich der Gefahren einer repressiven Politik bewußt waren – übten jedoch einen derart unwiderstehlichen Druck auf die Verwaltung aus, daß die Residenten sich ihren Standpunkt zu eigen machten. In beiden Ländern war man in einer Sackgasse angelangt; die Unruhen nahmen gewaltsame Formen an und waren mit repressiven Methoden nicht mehr unter Kontrolle zu bringen.

Im Gegensatz dazu blieb es in Algerien ruhig und gab es für die Regierungen keinen Anlaß zur Sorge. Der Verwaltung war es in aller Stille gelungen, Wahlbetrug und Wählermanipulation regelrecht zu institutionalisieren – ohne Rücksicht darauf, daß die Wahlen zur Farce gerieten und das Vertrauen der eingeborenen Bevölkerung ruiniert wurde.

Der Stoß, der die französische Kolonialpolitik zum Einsturz brachte und die Regierenden zwang, den Teufelskreis von Unterdrückung und Gewalt zu durchbrechen, in den sich Frankreich verstrickt sah, kam aus Indochina und ging von ebendem Ort aus, an dem das Oberkommando die Initiative an sich reißen wollte: von der Festung Dien Bien Phu. Dreihundert Kilometer von Hanoi entfernt gelegen, war es als Köder für die Divisionen des Vietminh gedacht; dort sollte es »dem Vietminh an den Kragen gehen«. Aber nicht sie tappten in die Falle, sondern das französische Expeditionskorps.

General Giap, der Oberbefehlshaber der Vietminh-Truppen, beschloß die Gelegenheit zu ergreifen und den Franzosen eine Niederlage zu bereiten, von der sie sich nicht mehr erholen sollten. Er zog einen Belagerungsring um die Festung, die in einem Kessel lag: Seine Truppen stießen von allen Seiten gegen Dien Bien Phu vor und besetzten die umliegenden Hügel. Damit lag es im Feuerbereich ihrer Artillerie. Tausende von Kulis besorgten auf schwerbepackten Fahrrädern den Munitionsnachschub. Am 13. März 1954 griff Giap zum ersten Mal an. Seine Geschütze, die er rundherum in großer Anzahl postiert hatte, zerstörten zunächst die französischen Vorposten, die kurz darauf fielen. Daraufhin verstärkte er den Druck. Als nächstes wurde die Landebahn unbrauchbar gemacht; von nun an konnte das Lager nur noch per Fallschirmabwurf versorgt werden. Die Lage wurde immer verzweifelter: Nur das Eingreifen der US-Luftwaffe (das man in Paris für eine kurze Zeit ins Auge faßte) hätte die Garnison noch retten können. Indessen zog sich das Netz um das Lager immer enger zusammen. Am 7. Mai, nach zweimonatiger Belagerung, ging Giap zum entscheidenden Angriff über. Die Festung wurde überrannt; bald war jeder Widerstand erloschen. Oberst de Castries, den die Regierung kurz zuvor noch zum General befördert hatte, war in der Hand des Feindes. Über Dien Bien Phu wehte die Fahne des Vietminh.

Die Schlacht hatte auf französischer Seite 1500 Tote und über 3500 Verwundete gefordert. Etwa 10 000 Soldaten gerieten in Gefangenschaft; 7000 von ihnen kehrten nicht mehr nach Hause zurück: Sie fielen Mißhandlungen, Gewaltmärschen und mangelnder Versorgung zum Opfer. Die Verluste machten zwar nur sechs oder sieben Prozent des gesamten Expeditionskorps aus, aber sie betrafen die kampferprobtesten Einheiten, die Speerspitze der französischen Streitkräfte, insbesondere die Fallschirmjäger, die von den Vietminh-Partisanen in offener Feldschlacht vernichtet wurden. Fast auf den Tag genau neun Jahre nach der Kapitulation des Dritten Reiches, die die Schmach von 1940 teilweise ausgelöscht hatte, erlitt die französische Armee eine erneute Niederlage, und wenn sie auch nicht so schwer wog wie die frühere, so war der Widerhall in Frankreich dennoch gewaltig. Die Armee sah sich gedemütigt; für die Nation war es ein Tag der Trauer. Wie schon 1940 urteilte man eher milde über die verantwortlichen Militärs, die eine geistreiche Strategie ersonnen, aber auf taktisch absurde Weise umgesetzt hatten: Die von der Armeeführung gewählte Position lag zu weit von den Nachschublinien entfernt, und ihr Überleben hing einzig und allein von der Nabelschnur der Landepiste ab. Zudem hatte man die Kampfkraft des Feindes weit unterschätzt.

Statt dessen wurden die Politiker für die Niederlage verantwortlich gemacht. Der Fall von Dien Bien Phu rief erneut den Antiparlamentarismus und die Opposition gegen die Vierte Republik auf den Plan. Die Katastrophe traf mit voller Wucht die Regierung Laniel, die nach elf Monaten im Amt, nach dem großen Streik des Vorsommers und durch die Zuspitzung der Krise in Tunesien und Marokko ohnehin stark geschwächt war. Selbst die hartnäckigsten Gegner von Verhandlungen kamen nicht daran vorbei, daß der Krieg in Indochina von nun an keinesfalls mehr durch einen militärischen Sieg zu beenden war. Es blieb nur noch eine Lösung auf dem Verhandlungsweg. Bereits am 16. April hatte Georges Bidault in Genf Gespräche aufgenommen, doch zu ihrer Fortsetzung fehlte es der Regierung an Rückhalt im Parlament. Es wurde Zeit, daß sie anderen Platz machte, die besser imstande waren, einen ehrenvollen Ausweg aus diesem Konflikt zu suchen. Er hatte allzu lange gedauert und Frankreichs Finanzen und Diplomatie mit schweren Hypotheken belastet. Die Agonie der Regierung Laniel währte indes noch einen Monat.

PIERRE MENDÈS-FRANCE UND INDOCHINA

Ein Name drängte sich auf: Mendès-France, der als einziger bereits 1950 prophezeit hatte, daß das Indochina-Problem nicht militärisch zu lösen sei. Schon ein Jahr zuvor, im Juni 1953, hatte Vincent Auriol, bevor er Laniel mit der Regierungsbildung beauftragte, zur Überwindung einer endlosen Regierungskrise den Abgeordneten aus Louvier als neuen Ministerpräsidenten vorgeschlagen, und dieser hatte mit seiner damaligen Rede, die nach Ton und Inhalt schroff von der üblichen Rhetorik abstach, die Öffentlichkeit in Erstaunen versetzt. Indem er sich ausdrücklich unter das Dreigestirn Poincaré, Léon Blum und General de Gaulle stellte, unterstrich er die Notwendigkeit, die Probleme entschlossen anzupacken und die Fesseln zu zerschneiden, die Frankreichs Modernisierung und Handlungsfreiheit behinderten: »Regieren heißt entscheiden«.

Eine ganze Generation, deren politisches Bewußtsein gerade zu erwachen begann, identifizierte sich mit diesem Mann und seiner Entschlossenheit, die Modernisierungsansätze in Wirtschaft und Gesellschaft auch auf den politischen Bereich auszudehnen, während die Älteren von ihm die Wiederherstellung einer handlungsfähigen Exekutive erhofften. So wurde er teilweise zum Träger von Wünschen und Erwartungen, denen mit dem Zerfall der Résistance-Bewegungen und dem Niedergang des Gaullismus der Adressat abhanden gekommen war. Sein Appell wurde zwar in allen Fraktionen mit Beifall aufgenommen, reizte und verärgerte aber deren Führer: Mit 301 Stimmen fehlten ihm nur 13 Stimmen zur Investitur; nur 119 Abgeordnete, darunter die 100 Kommunisten, stimmten gegen ihn, der Rest enthielt sich der Stimme. Viele hatten damals geglaubt, daß seine Wahl nur aufgeschoben war und daß mit ihm ein Mann bereitstand, auf den das Land im Notfall zurückgreifen konnte. Im Juni 1954 war seine Stunde gekommen. Im übrigen war es Mendès-France selbst, der dem Kabinett Laniel den Todesstoß versetzte, und nach einem ungeschriebenen parlamentarischen Gesetz oblag es dem Urheber einer Krise, sie wieder zu bereinigen.

Der designierte Kandidat war zu raschem Handeln entschlossen und entwickelte sogleich seinen eigenen politischen Stil: Er weigerte sich, mit den Parteien zu verhandeln, und wählte seine Minister nach eigenem Gutdünken aus. Er präsentierte sein Programm als ein geschlossenes Ganzes, das sämtliche Probleme zusammenhängend behandelte. Der Wiederaufstieg der Nation war in seinen Augen eine Frage der wirtschaftlichen Dynamik und setzte die Beilegung der kolonialen Konflikte voraus. Er gab sich einen Monat Zeit, um in Verhandlungen eine Lösung des Indochina-Problems zu erreichen; danach wollte er sich vom Parlament ermächtigen lassen, zur Intensivierung der militärischen Operationen Truppen und Kriegsmaterial in ausreichender Stärke nach dem Kriegsschauplatz zu entsenden: Das war die »Wette« von Mendès-France.

Da Eile geboten war und die Parlamentarier die Liquidierung einer peinlichen Hinterlassenschaft ohnehin vorzugsweise einem Einzelnen aufbürdeten, billigte eine große Mehrheit die Investitur des radikalsozialistischen Abgeordneten: 419 stimmten für ihn und nur 47 dagegen. Diesmal schlossen sich auch die Kommunisten der Mehrheit an, die damit zum ersten Mal seit 1947 aus ihrer Isolierung hervortraten, doch hatte Mendès-France zuvor ausdrücklich betont, daß diese Stimmen in seinen Augen nicht zählten. Tatsächlich verfügte er selbst nach Abzug ihrer Stimmen über eine ausreichende Mehrheit. Es war eine gemischte Mehrheit – man bezeichnete sie aufgrund ihres Charakters als »Überbrükkungsmehrheit« *(majorité en saut-de-mouton)*, die quer durch die Fraktionen verlief, manche von ihnen spaltete, und vom rechten bis zum linken Flügel reichte. Sie vereinte die Radikalsozialisten, die geschlossen hinter ihrem Kandidaten standen, die Sozialisten und die UDSR *(Union démocratique et socialiste de la Résistance)*, aber auch die gaullistische Gruppe der *Républicains sociaux*, die *Indépendants d'outre-mer*, die Kommunisten, einen Teil der Unabhängigen und einige Volksrepublikaner, die entgegen der Empfehlung des MRP keine Stimmenthaltung übten.

Diese Haltung des MRP bedeutete eine Überraschung. Wirkten Mendès-France und der MRP nicht auf den ersten Blick wie natürliche Bundesgenossen? Schließlich hatte er sich eine Politik vorgenommen, die den ursprünglichen Intentionen des *Mouvement* und den Wünschen der Aktivisten ziemlich nahe kam. Aber Georges Bidault verzieh dem radikalsozialistischen Abgeordneten nicht, daß er ihm die Früchte seiner Verhandlungen stahl. Der Ton, den Mendès-France anschlug, irritierte die Führer des MRP; sein Stil war ihnen von Grund auf unsympathisch. Sie trauten ihm keine wirklichen Neuerungen zu – höchstens eine Abkehr von der bisherigen Außenpolitik, die sie mittrugen. Hinzu kamen die unterschiedlichen Gefühlswelten und der abgrundtiefe Graben, der die Katholiken seit langem von den Radikalen mit ihrer laizistisch-antiklerikalen Tradition und ihrer Affinität zur Freimaurerei trennte.

Die Divergenzen zwischen dem Regierungschef und der MRP-Fraktion waren eines der Verhängnisse der Vierten Republik. Sie führten zum Sturz der Regierung Mendès-France und damit zum Abbruch eines Experiments, das die Vierte Republik vielleicht vor dem absehbaren Scheitern hätte bewahren können. Sie schadeten jedoch auch dem MRP: Die in Unterorganisationen wie der *Jeunesse étudiante chrétienne*, *Jeunesse agricole chrétienne* und *Jeunesse ouvrière chrétienne* großgewordene Generation junger Führungskräfte und Aktivisten war von Mendès-France und seiner Politik begeistert und nahm es ihrer Partei übel, daß sie seinen Sturz betrieben hatte. Sie wandte sich vom MRP ab und suchte sich anderswo, mehr im linken Spektrum, politisch zu engagieren. So begann eine Bewegung, die eine wachsende Zahl von Gewerkschaftern, Lehrern und katholischen Intellektuellen zunächst dem wiedererstandenen Radikalsozialismus und schließlich dem Sozialismus zuführte. In dieser Hinsicht markierte das Jahr 1954 einen Einschnitt von großer Tragweite.

1907 in Paris geboren, hatte der neue Regierungschef bereits eine lange politische Karriere hinter sich: Seit dreißig Jahren war er aktiv und verfügte über eine fast ebenso lange Erfahrung als Abgeordneter und Minister. Zur Zeit des Linkskartells gehörte er zu den Begründern der *Ligue d'action universitaire républicaine et socialiste* (LAURS), die sich mit den *Camelots du roi* und den *Jeunesses patriotes* Straßenschlachten im Quartier latin geliefert hatte. Mehr als einmal hatte Mendès-France mit Fausthieben die Professoren verteidigt, deren Vorlesungen von den rechtsgerichteten Ligisten gestört worden waren. Als er 1932 zum ersten Mal ins Parlament gewählt wurde, zählte er zu den jüngsten Abgeordneten, und 1938 wurde er während der zweiten Regierung Blum als noch sehr junger Unterstaatssekretär ins Schatzamt berufen. 1939–1940 diente er in der Luftwaffe, wurde jedoch von Vichy der Desertion angeklagt und vom Kriegsgericht zu einer mehrjährigen Haftstrafe verurteilt. Nach seiner Flucht aus dem Gefängnis schloß er sich London an, trat in die Luftwaffe des Freien Frankreich ein und nahm an mehreren Bombeneinsätzen über dem besetzten Mutterland teil, bis de Gaulle es für nützlicher hielt, ihn zu einem der Kommissare des Nationalen Befreiungskomitees zu ernennen. Nach der Regierungsumbildung vom September 1944 wurde er Wirtschaftsminister, trat jedoch, wie bereits erwähnt, wegen einer Meinungsverschiedenheit mit de Gaulle und seinem Ministerkollegen Pleven über die künftige Wirtschaftspolitik bereits im April 1945 wieder zurück. In seinem damaligen Rücktrittsschreiben plädierte er für eine Politik der Härte und gegen eine Politik des geringsten Widerstandes. Nach neun Jahren fern der Macht wäre ein anderer vielleicht in Vergessenheit geraten; aber durch seine Haltung zum Indochina-Problem, die in deutlichem Gegensatz zur Position der Mehrheit stand, hatte er erneut auf sich aufmerksam gemacht. Hinzu kam, daß sich seit 1953 der einfallsreiche Journalist Jean-Jacques Servan-Schreiber mit seinem eigenwillig aufgemachten Wochenmagazin *»L'Express«* für Mendès-France (oder PMF, wie er ihn nach seinen Initialen zu bezeichnen pflegte) einsetzte. Dieser verfügte damit über ein Sprachrohr, das ihm unter den modernistisch eingestellten Eliten Resonanz verschaffte.

Als Mendès-France ins Hôtel Matignon und den Quai d'Orsay einzog – er hatte auch das Amt des Außenministers übernommen –, war er keineswegs ein Einzelkämpfer. Es machte einen seiner Vorzüge aus, daß er sich mit fähigen Mitarbeitern zu umgeben verstand, auf deren Loyalität Verlaß war. In den Stäben des Matignon und des Quai d'Orsay befand sich eine erstaunliche Anzahl junger und noch unbekannter Beamter, deren Namen in den folgenden dreißig Jahren zum »Gotha« der administrativen Eliten Frankreichs zählen sollten – es war eine regelrechte Pflanzschule, aus der die Präsidenten und Premierminister der Fünften Republik zahlreiche Spitzenfunktionäre rekrutierten. Die Mitarbeiter des neuen Ministerpräsidenten wurden in der Folgezeit zur Zielscheibe häufiger Kritik; man machte sie für fragwürdige Entscheidungen verantwortlich und polemisierte gegen den Einfluß, den sie hinter den Kulissen ausübten.

Pierre Mendès-France war ein Mann der Linken, wohlgemerkt einer Linken im klassischen Sinne, die sich durch Treue zur Republik und Vertrauen zur Demokratie definierte. Er war kein Antikommunist, sondern Nichtkommunist. Der Marxismus blieb ihm fremd. Er war ein Sohn der Aufklärung, ein Schüler Condorcets, und hatte vor dem Krieg einer Freimaurerloge angehört. Er glaubte an die Macht der Vernunft und an die Realisierbarkeit einer vernünftigen, wissenschaftlich fundierten Politik. Daß die Bürger sich argumentativ überzeugen und für die vernünftigste Lösung gewinnen lassen, stand für ihn außer Zweifel. Er benutzte den Rundfunk als Instrument der staatsbürgerlichen Erziehung und betrachtete die Verbreitung von Wissen als moralischen Imperativ, als politische Notwendigkeit und als Grundvoraussetzung der Demokratie.

In mancher Hinsicht blieb er ein Mann der Dritten Republik, vor allem durch sein entschiedenes Festhalten an den parlamentarischen Institutionen. Sein Radikalsozialismus entsprang tiefer Überzeugung. In Wahlrechtsfragen gab er dem früher geltenden Wahlverfahren auf Arrondissementebene den Vorzug. Zugleich aber scheute sich dieser Parlamentarier nicht, parlamentarische Bräuche umzustoßen, indem er sich über die Köpfe der Abgeordneten hinweg direkt an die Bürger wandte und damit Elemente des Gaullismus vorwegnahm. Derselbe Minister, der streng auf die Rechte des Parlaments achtete, war zugleich der einzige Regierungschef, der nach seinem Sturz noch einmal das Wort ergriff und im Namen des Volkes gegen seine parlamentarische Niederlage Einspruch erhob.

Mendès-France zählte ferner im Kreise der Politiker zu den besten Kennern finanz- und wirtschaftspolitischer Gegebenheiten. In seiner Dissertation hatte er sich mit der Sanierung der Staatsfinanzen unter Raymond Poincaré befaßt; zusammen mit Gabriel Ardant verfaßte er ein kleines Buch über die Wissenschaft und das Handeln. Sein Verständnis für wirtschaftliche Probleme trug ihm die Sympathie der hohen Beamtenschaft ein. Es war sein oberstes Ziel, die französische Wirtschaft von ihren Fesseln zu befreien und Frankreich zu einem modernen, mächtigen Staat zu entwickeln. Soweit er zu Kolonialfragen Stellung bezog, behandelte er die Lösung dieser Probleme nur als Vorstufe zu tiefergreifenden Reformen. Die Umstände haben es so gefügt, daß seine Regierung vor allem durch eine Reihe bedeutsamer Kolonial- und außenpolitischer Initiativen in der Erinnerung fortlebt – aber nur deshalb, weil parteipolitische Auseinandersetzungen seiner Regierung ein Ende machten, bevor er sich den für ihn wesentlichen Aufgaben zuwenden konnte.

In Pierre Mendès-France verbanden sich traditionelle Themen aus der Erbmasse der Dritten Republik auf originelle Weise mit neuartigen Ideen, mischten sich althergebrachte Gefühlswelten mit Zukunftsvisionen. Wenige Politiker waren derart prädestiniert zur Verständigung mit General de Gaulle, und keiner hat die Verfassung der Fünften Republik schroffer abgelehnt und hartnäckiger bekämpft als Mendès-France.

Seine Regierung stand im Zeichen personeller Erneuerung, nur vier Minister hatten schon dem vorhergehenden Kabinett angehört. Edgar Faure behielt das Finanzministerium, Mendès-France selbst übernahm auch das Außen- und François Mitterrand das Innenministerium. Die Zusammensetzung des Kabinetts entsprach nicht derjenigen der Investitur-Mehrheit: Die Sozialisten fehlten, nachdem Guy Mollet eine Mitarbeit in der Regierung abgelehnt hatte. Sie wollten aber die Regierung im Parlament unterstützen, ohne sich an ihr zu beteiligen – eine hinlänglich bekannte Konstellation. Entgegen der Legende bildete Mendès-France keine Linksregierung: Die Gaullisten waren darin mit General Koenig als Verteidigungsminister, Christian Fouchet als Minister für tunesische und marokkanische Angelegenheiten und Jacques Chaban-Delmas als Minister für öffentliche Arbeiten stark vertreten, ebenso die Unabhängigen. Später kamen noch zwei Abgeordnete des MRP hinzu, die sich über das Verbot ihrer Partei hinweggesetzt hatten: Robert Buron (er übernahm im Januar 1955 für zwei Wochen das Finanzministerium von Edgar Faure), der die ersten Schritte auf dem Wege tat, der ihn später in die Kabinette de Gaulles und schließlich zum Sozialismus führen sollte; und André Monteil, der im September 1954 Louis Aujoulat von den Unabhängigen als Gesundheitsminister ablöste.

Die Zeit drängte: Mendès-France war ja gewählt worden, um die Indochina-Frage zu lösen. Er eilte nach Genf, um dort in die Fußstapfen Georges Bidaults zu treten. Die Niederlage von Dien Bien Phu hatte die französische Verhandlungsposition nicht gerade verbessert. Mendès-France bot all seine Intelligenz auf, sekundiert von seinen Mitarbeitern und unterstützt von den Leitern der anderen Verhandlungsdelegationen: von dem Briten Anthony Eden, dem Amerikaner John Foster Dulles, dessen Vorbehalte er ausräumen konnte, sowie von dem Sowjetrussen Molotow und dem Chinesen Tschou En-Lai: Er erntete die ersten Früchte der Entspannung nach dem Tode Stalins und dem Ende des Koreakriegs.

Mendès-France gewann seine Wette mit knapper Not. Die Verhandlungen endeten in der Nacht vom 20. auf den 21. Juli 1954 mit der Unterzeichnung der Genfer Verträge. Die Bedingungen waren hart: Frankreich mußte sich aus Indochina zurückziehen. Doch hatte es sich nicht bereits seit 1948 verpflichtet, den Staaten Indochinas die Unabhängigkeit zu gewähren? Die französischen Truppen hatten Tongking innerhalb von dreihundert Tagen zu räumen. Vietnam wurde nach dem Vorbild Koreas in zwei Teile geteilt und der 17. Breitengrad als Grenze festgelegt. Über eine friedliche Wiedervereinigung sollten binnen zwei Jahren freie Wahlen entscheiden. Kambodscha und Laos wurden unabhängig.

Wären günstigere Bedingungen zu haben gewesen? Damals jedenfalls wagte niemand Mendès-France zu tadeln, weil er nicht mehr erreicht hatte. Nach einer denkwürdigen Rede des Regierungschefs vor der Nationalversammlung stimmte diese den Verträgen mit überwältigender Mehrheit zu; sie fiel mit 462 Ja-Stimmen und nur 13 Gegenstimmen bei 134 Enthaltungen (vor allem aus den Reihen des MRP) noch größer aus als bei seiner Investitur.

Damit war ein Krieg zu Ende, der siebeneinhalb Jahre gedauert hatte. Die Verluste an Menschenleben wogen schwer: insgesamt fast 100 000 Tote auf beiden Seiten, dazu über 100 000 Verwundete und 28 000 Gefangene. Noch niederschmetternder war möglicherweise die moralische Bilanz: Die Armee, verbittert über die Sinnlosigkeit ihrer Opfer und verletzt von der Gleichgültigkeit der Öffentlichkeit im Mutterland, fühlte sich von den Regierungen im Stich gelassen und sah sich unzulänglich definierten Zielen geopfert. Viele eingeborene Unteroffiziere aus den nordafrikanischen Kolonien berichteten nach ihrer Rückkehr von ihrer

Erfahrung, daß der Widerstand eines Volkes die Kolonialherrschaft überwinden könne. Was die Öffentlichkeit anlangt, so behielt sie diesen Krieg in schmerzhafter Erinnerung, und die Republik ging geschwächt daraus hervor.

Für den Ministerpräsidenten bedeutete die Beendigung des Indochinakriegs nur einen ersten Schritt, dem weitere folgen sollten. Kaum hatte er sich Südostasien vom Halse geschafft, wandte er sich Tunesien zu, das in Anarchie abzugleiten drohte. Allmählich nahm seine Strategie Gestalt an: Probleme anpacken, die mangels politischer Entschlossenheit liegengeblieben sind; immer nur eine Frage auf einmal aufwerfen, aber die Akte nicht eher schließen, als bis die Sache geregelt oder der Weg zu einer Regelung geebnet worden ist. Nach Indochina kam jetzt Tunesien an die Reihe. Zehn Tage nach Unterzeichnung der Genfer Verträge flog Mendès-France nach Tunis. Dort begab er sich direkt zum Palast des Bey und hielt eine Ansprache, die mit allen früheren Halbherzigkeiten brach und die großen Linien einer neuen Politik erkennen ließ: Er erkannte feierlich die Autonomie Tunesiens an und erklärte sich bereit, ihm die innere Souveränität zu übertragen. Um seiner Zusage größeres Gewicht zu verleihen, reiste er in Begleitung Marschall Juins und des Staatssekretärs für tunesische und marokkanische Angelegenheiten, des Gaullisten Christian Fouchet, der ihm für seine politischen Freunde bürgen sollte.

Von Unabhängigkeit war jedoch nicht die Rede: Mendès-France wollte die Bindungen zwischen dem Protektorat und Frankreich ebenso aufrechterhalten, wie de Gaulle im Jahre 1958 eine Zeitlang hoffte, eine französische Lösung für Algerien zu finden. In beiden Fällen blieb es nicht bei dieser Zwischenlösung. Tunesien erlangte schließlich am 15. Juni 1956 seine Unabhängigkeit. Indes hatte die Rede von Karthago den Teufelskreis der Gewalt durchbrochen, die Machtproben durch Verhandlungen ersetzt und die Grundlagen für vertragliche Beziehungen gelegt, die selbst den blutigen Zusammenstoß von Bizerta im Jahre 1961 überstanden. Am 10. August 1954 billigte die Nationalversammlung mit großer Mehrheit Praxis und Geist dieser Politik.

Obwohl die beiden Protektorate in die Zuständigkeit des gleichen Ministeriums fielen und ihre Entwicklung nahezu parallel verlief, nahm sich Mendès-France nicht gleich anschließend des marokkanischen Problems an – was man ihm später zum Vorwurf gemacht hat. Vielleicht fürchtete er das Schicksal herauszufordern, wenn er sich mit den französischen Siedlern in beiden Protektoraten gleichzeitig anlegte. Vielleicht trug er auch der unterschiedlichen rechtlichen und politischen Lage Rechnung: In Karthago hatte er es mit einem Bey zu tun, der das Vertrauen seiner Untertanen genoß; in Marokko dagegen beschwor die Anwesenheit eines Sultans, dessen Legitimität in Konkurrenz von seinem abgesetzten Rivalen angefochten wurde, prekäre Verwicklungen herauf. Jedenfalls hatte Mendès-France keine Zeit mehr, das Problem wiederaufzugreifen; erst seinem Nachfolger Edgar Faure gelang es auf weniger direktem Wege, eine Lösung nach tunesischem Vorbild durchzusetzen. Der wahre Grund lag jedoch wahrscheinlich darin, daß die Aufmerksamkeit von Mendès-France seit Anfang August von einem anderen, weit komplizierteren und emotionsträchtigeren Problem in Anspruch genommen wurde: vom Projekt der Europäischen Verteidigungsgemeinschaft.

DIE KRISE DER EUROPÄISCHEN VERTEIDIGUNGSGEMEINSCHAFT

Diese Frage hatte Mendès-France als Erbe von seinen Vorgängern übernommen. Sie wurde seit nahezu vier Jahren verhandelt und war das Vermächtnis einer langen Entwicklung, die auf die Anfänge des Kalten Krieges zurückreichte und im engeren Sinne vom Atlantikpakt ausging. Bei seiner Unterzeichnung hatten einige vorausschauende Beobachter, unter ihnen der Chefredakteur von *»Le Monde«*, darauf hingewiesen, daß er den Keim zur Wiederaufrüstung Deutschlands enthalte – eine Behauptung, die eine Flut von Dementis auslöste: Eine Wiederbewaffnung Deutschlands komme niemals in Frage. Kaum anderthalb Jahre später hatte sich die Prophezeiung erfüllt.

Als am Morgen des 25. Juni 1950 die Truppen der Volksrepublik Nordkorea in Südkorea einfielen, war das im Jahre 1945 festgelegte Gleichgewicht im Fernen Osten wieder in Frage gestellt. Niemand zweifelte, daß ein solcher Angriff ohne die Zustimmung Stalins nicht möglich gewesen wäre. In Westeuropa breitete sich Panik aus: Warum sollte, was in Asien geschah, sich nicht auch im Westen wiederholen? Westeuropa war noch immer nicht in der Lage, einer sowjetischen Invasion mehr als nur symbolischen Widerstand entgegenzusetzen. Die einzige einigermaßen funktionsfähige Armee, die französische, war in den Reisfeldern von Tongking gebunden. Die Lösung konnte somit nur in der Wiederbewaffnung Deutschlands bestehen.

Auf der Sitzung des Atlantikrates im September 1950 stellte Washington die Europäer vor die Wahl: Entweder akzeptierten sie die Wiederbewaffnung Deutschlands oder die Vereinigten Staaten würden die Europäer sich selbst überlassen. Mehr oder weniger bereitwillig schlossen sich daraufhin alle europäischen Bündnispartner dem Vorschlag an – mit Ausnahme Frankreichs, dessen Vertreter es für ausgeschlossen erklärten, kaum fünf Jahre nach der Befreiung die Wiederbewaffnung ausgerechnet jenes Volkes zu akzeptieren, das innerhalb von siebzig Jahren ihr Land dreimal überfallen, ausgeplündert und gemartert habe. Sie standen jedoch völlig allein. Die Bündnispartner warfen ihnen vor, die Sicherheit Westeuropas zu gefährden. Wollte man die Initiative wiedergewinnen, mußte um jeden Preis eine Ersatzlösung gefunden werden.

Sie fand sich in Gestalt des Pleven-Plans, dessen Grundgedanke sich vom Schuman-Plan herleitete und von Jean Monnet angeregt worden war. Ähnlich wie der Schuman-Plan die Zuständigkeit für die Kohle- und Stahlerzeugung im Rahmen einer Gemeinschaft einer Hohen Behörde übertrug, sollte die Europäische Verteidigungsgemeinschaft (EVG) die nationalen Truppenkontingente im Rahmen multinationaler Einheiten unter einem supranationalen Oberbefehl integrieren. Auf diese Weise wären zwar Deutsche bewaffnet, nicht aber Deutschland. Deutschland trüge zur Verteidigung Europas bei, ohne daß seine Regierung die Verfügungsgewalt über ein militärisches Instrument besäße. Durch diese klug ersonnene Formel war das Dilemma gelöst. Sie bedeutete zwar, daß auch die übrigen Partner, inklusive Frankreich, bereit sein mußten, in Verteidigungsfragen ein Stück ihrer Souveränität zu opfern. Aber damit wäre die EVG – nach der Montanunion – der zweite Schritt zur europäischen Einigung gewesen: zuerst der Industriesektor, dann die Verteidigung; nach den Erzvorkommen die Soldaten. Aus der Not, in die seine Verbündeten es brachten, hätte Frankreich eine europäische Tugend gemacht; es hätte den Eckstein zu einer grandiosen Konstruktion gelegt, die ein für allemal den letzten Keim des deutsch-französischen Antagonismus ausrotten sollte.

Das aber hieß die wahren Gegebenheiten zu verkennen. Es war nicht leicht, die Widerstände gegen den Schuman-Plan zu überwinden, aber die Montanunion tangierte nur eigene materielle Interessen – die EVG indessen rührte an Empfindlichkeiten. War es schon schwierig, Kohle- und Stahltonnen gemeinschaftlich zu verwalten, um wieviel heikler war es, Armeen mit all dem, was sie an Erinnerungen repräsentierten, einem gemeinsamen Oberbefehl zu unterstellen! Die Geschichte jedes einzelnen Volkes lehnte sich dagegen auf. Der Plan rührte an die nationale Identität einer Nation, die schwer verwundet aus der Tragödie der Jahre 1940–1945 hervorgegangen war. Daher das Zögern der Politiker und die Ausflüchte der Regierungen. Ihre Bedrängnis wuchs, je weiter das Projekt vorankam: Indem sich die französische Regierung grundsätzlich mit der Wiederbewaffnung der Deutschen einverstanden erklärte, hatte sie den Weg der Zugeständnisse eingeschlagen. Im Laufe der Verhandlungen über die technischen Fragen wurden die vorgesehenen homogenen Nationalkontingente aus operationellen Gründen in immer größeren Truppenverbänden zusammengefaßt; dachte man ursprünglich in der Größenordnung von Bataillonen, so rechnete man inzwischen in Divisionsstärken. Deutschland sollte also wieder über ganze Divisionen unter deutscher Fahne und deutschem Kommando verfügen.

Der Plan erregte die Öffentlichkeit und spaltete die politischen Lager. Keine Frage hat die gewohnten Fronten der politischen Diskussionen stärker verschoben als die Debatte über die EVG. Raymond Aron hat sie als die leidenschaftlichste ideologische Auseinandersetzung seit der Dreyfus-Affäre bezeichnet. Der Vergleich mag ein wenig übertrieben erscheinen, weil er andere Kontroversen vernachlässigt, die die Öffentlichkeit nicht minder gespalten haben. Aber es steht außer Zweifel, daß der Streit über die Europäische Verteidigungsgemeinschaft einen heftigen Meinungsstreit hervorgerufen und in mehreren Parteien Zwietracht gesät hat.

Drei Gruppierungen hatten keine internen Auseinandersetzungen: zwei, die den Plan fanatisch bekämpften, und eine, die ihn begeistert begrüßte. Die Kommunistische Partei, die der Sowjetunion und ihrer Außenpolitik bedingungslos folgte, war die geschworene Feindin einer Integration Westeuropas, die in ihren Augen gegen die UdSSR gerichtet war, und erst recht, wenn es um die Frage einer militärischen Integration ging. Für sie ging die Gefahr vom amerikanischen Imperialismus aus. Darüber hinaus mobilisierte die Partei den französischen Nationalismus gegen jede Einmischung von außen (amerikanische Truppenpräsenz auf französischem Boden, Wiederbewaffnung Deutschlands usw.) und bekämpfte sodann unter dem Banner des nationalen Interesses den Gemeinsamen Markt. De Gaulle wehrte sich kaum weniger heftig gegen die EVG, jedoch aus völlig anderen Motiven. Er hätte sich zwar – gegen bestimmte Garantien – mit der Wiederaufrüstung Deutschlands abgefunden, aber er widersetzte sich kategorisch einer Auflösung der französischen Armee in einem kosmopolitischen Konglomerat. Die Verteidigungsfähigkeit war für ihn Kennzeichen und Unterpfand der Souveränität. Eine unabhängige Nation ohne eine unabhängige Verteidigung war für ihn nicht denkbar; niemand konnte die Sorge um seine Sicherheit einem anderen überlassen. Zwölf Jahre später sollte de Gaulle getreu dieser Konzeption aus eben diesen Motiven Frankreichs Austritt aus der Militärstruktur der Nato beschließen. Die Ratifizierung des EVG-Vertrages hätte in seinen Augen die Einwilligung in die Auslöschung Frankreichs als eigenständige Nation, das Ende einer zweitausendjährigen Geschichte, ja kollektiven Selbstmord bedeutet.

Dagegen machte sich der MRP zum leidenschaftlich überzeugten Fürsprecher des Projekts. Die Eingliederung deutscher Soldaten in eine europäische Armee werde Westdeutschland definitiv im Westen verankern; damit entfiele für Bonn jede Möglichkeit, insgeheim auf einen Bündniswechsel hinzuarbeiten – und jede Versuchung, die Wiedervereinigung durch Neutralisierung zu erkaufen. Der jahrhundertealte Antagonismus der beiden Völker wäre endgültig überwunden, und ein Europa, das sich selber schützen könne, werde künftig nicht mehr vom Wohlwollen oder der Großzügigkeit der Vereinigten Staaten abhängen. Die europäische Streitmacht werde Garant und Fundament seiner wiedergewonnenen Unabhängigkeit und Größe sein. Zur Ausschmückung dieser Perspektive fanden die Volksrepublikaner allerlei lyrische Bilder.

Die anderen politischen Gruppierungen waren gespalten. Die Gemäßigten teilten sich in jene, deren Loyalität ausschließlich dem Vaterland galt, und in Befürworter der europäischen Idee. In der Radikalsozialistischen Partei lebten Europäer und Jakobiner nebeneinander. Doch der tiefste Riß ging durch die SFIO; dort saßen in einer täglich stürmischer werdenden Debatte einige der glühendsten Befürworter der EVG neben ihren unbeugsamsten Gegnern, wobei sich beide Seiten gleichermaßen auf den Sozialismus beriefen. Die einen sahen, mit Guy Mollet, in der

Abschaffung nationaler Armeen die Verwirklichung des alten internationalistischen Traums und einen entscheidenden Schritt auf dem Weg zu den Vereinigten Staaten von Europa; die anderen konnten sich nicht an den Gedanken der Wiederaufrüstung Deutschlands gewöhnen, gegen das sie in der Résistance gekämpft hatten. Zu ihnen gehörten Vincent Auriol und Daniel Mayer, der die Partei im Untergrund neu organisiert hatte, sowie Jean Bouhey, der einzige sozialistische Abgeordnete, der seinerzeit gegen das Münchner Abkommen gestimmt hatte, und Jules Moch, einer der achtzig Deputierten, die am 10. Juli 1940 die Vollmachten für Marschall Pétain abgelehnt hatten. Bei einigen kam noch die Befürchtung hinzu, daß das vereinte Europa unter der Fuchtel der Christdemokraten stehen werde, die in Italien und Deutschland bereits an der Macht waren – man beschwor das Schreckgespenst eines von der »schwarzen Internationale« regierten Vatikan-Europas.

Indem die Debatte über die Europäische Verteidigungsgemeinschaft nach und nach alle anderen Themen in den Hintergrund drängte, kam es quer durch die Parteien zu einer Annäherung jener Gruppen, die in dieser Frage ähnliche Positionen vertraten. So ergaben sich völlig unerwartete Koalitionen – für die Kommunisten eine willkommene Gelegenheit, aus ihrer Isolierung herauszutreten. Gaullisten und Kommunisten zogen in ihrem Kampf gegen die Preisgabe der nationalen Unabhängigkeit plötzlich am gleichen Strang. Gruppierungen unterschiedlichen Gewichts und unterschiedlicher Provenienz schlossen sich zu zwei heterogenen Zweckbündnissen zusammen: auf der einen Seite die vereinte Opposition gegen den EVG-Plan, bestehend aus der gesamten Kommunistischen Partei sowie sämtlichen Gaullisten (einschließlich der gaullistischen Dissidenten), einer Hälfte der SFIO, dem extrem jakobinisch gesinnten Teil der Radikalsozialisten unter ihren beiden großen historischen Führern Herriot und Daladier, die in dieser Frage ausnahmsweise einmal gemeinsam marschierten, und einem Teil der Gemäßigten; auf der anderen Seite die andere Hälfte der Sozialisten, die übrigen Radikalsozialisten, fast der ganze MRP und ein Teil der Gemäßigten.

Wo lag die Mehrheit? Ein Schlaukopf, wer es zu sagen wußte. Nach der ersten Debatte im Februar 1952 hatte das Parlament die Regierung mit einer knappen Mehrheit von 40 Stimmen zu weiteren Verhandlungen ermächtigt, jedoch gleichzeitig eine Reihe von Garantieklauseln formuliert und seine endgültige Zustimmung von deren Durchsetzung abhängig gemacht. Der Vertrag wurde am 27. Mai 1952 unterzeichnet, doch hatte es die Regierung mit der Ratifikation nicht sehr eilig: Sie war zu sehr auf die Unterstützung der Gaullisten angewiesen, die jedoch nur um diesen Preis zu haben war. Zudem hatte sich die Lage seit 1950 beträchtlich verändert, und die Entwicklung der internationalen Beziehungen war dem Projekt nicht förderlich. Stalin war tot, seine Nachfolger bekundeten friedliche Absichten. Die deutsche Wiederaufrüstung erschien längst nicht mehr so unentbehrlich, jedenfalls nicht mehr so dringend. Setzte ein solcher Schritt nicht die Chancen für eine Entspannung aufs Spiel? Wozu also die Eile? Und wozu sollte dann die unwiderrufliche Auflösung der französischen Armee noch gut sein? Aber Frankreichs Verhandlungspartner wurden ungeduldig; die Vereinigten Staaten zeigten sich höchst ungehalten über die französischen Winkelzüge und drohten Paris eine »einschneidende Revision« ihrer Militärstrategie an. Das war der Stand der Dinge, als Mendès-France ins Hôtel Matignon einzog.

Er war nicht der Mann, der die Probleme liegen ließ; er neigte sogar eher dazu, ihre Lösung zu forcieren. In seiner Regierungserklärung hatte er sich verpflichtet, in dieser Frage, die Frankreichs außenpolitische Handlungsfähigkeit lähmte, eine rasche Entscheidung herbeizuführen. Seine Gegner verdächtigten ihn als Feind des EVG-Projekts und machten ihn für dessen Scheitern persönlich verantwortlich. In Wahrheit war das Thema für ihn keine Glaubensfrage; die EVG weckte in ihm weder Begeisterung noch Ablehnung. In seinem Kabinett waren die Meinungen geteilt, wobei sich Mendès-France um eine Annäherung der Standpunkte bemühte. Freilich ohne Erfolg: Am 13. August 1954 verließen die gaullistischen Minister seine Regierung. Mendès-France erkannte rasch, daß er nur dann eine Mehrheit für die Ratifizierung finden würde, wenn Frankreichs Partnerstaaten einer Reihe von Änderungen zustimmten und damit die von der Nationalversammlung im Jahre 1952 gestellten Bedingungen erfüllten. Zu diesem Zweck entwarf er fünf Zusatzprotokolle, um deren Annahme er sich in einer Brüsseler Verhandlungsrunde vom 19. bis 24. August bemühte. Der Beginn der Gespräche stand unter einem ungünstigen Stern: Die anderen Verhandlungspartner waren ungeduldig und wollten nicht länger mit der Unterzeichnung warten; sie lehnten daher die Wiederaufnahme der Verhandlungen ab und bildeten eine gemeinsame Front. Druck kam vor allem von seiten der amerikanischen Regierung, die ein solches Maß an Indiskretion und Taktlosigkeit an den Tag legte, daß die Mitarbeiter des Ministerpräsidenten sich offen empörten. Seine Position wurde zudem noch dadurch geschwächt, daß die französischen Befürworter der EVG den übrigen Verhandlungspartnern eingeredet hatten, in der Nationalversammlung gebe es eine Mehrheit für die Ratifizierung. Warum also einem Mann Zugeständnisse machen, dem man ohnehin mißtraute und von dem manche vermuteten, daß er bereits heimlich über einen Bündniswechsel nachdenke? Mendès-France kehrte also mit leeren Händen zurück. Da er die Garantien nicht erhalten hatte, die ihm unerläßlich schienen, um die Zweifler zu bekehren, und da seine Minister in dieser Frage uneins waren, entschloß er sich, das Kabinett nicht an der Abstimmung teilnehmen zu lassen – eine Entscheidung, die ihm später vorgeworfen wurde.

Die Parlamentsdebatte begann am 29. August 1954 in einer von taktischen Erwägungen bestimmten und von gegenseitigen Verdächtigungen vergifteten Atmosphäre. Die Aussprache wurde praktisch gleich zu Beginn durch einen geschickten verfahrenstechnischen Schachzug abgewürgt: Die Gegner der EVG, Herriot an der Spitze, stellten den Antrag, diesen Tagesordnungspunkt überhaupt nicht zu behandeln. Der Antrag wurde mit 319 gegen 264 Stimmen angenommen. Die Gegner der EVG waren selbst am meisten von ihrem Sieg überrascht und stimmten die *»Marseillaise«* an. Die Befürworter des EVG-Plans schwankten zwischen Bestürzung und Wut, Trauer und Verbitterung gegen den Regierungschef, den sie für das »Verbrechen des 30. August«, wie sie es nannten, verantwortlich machten. Sie unterstellten ihm, er habe von Anfang an auf das Scheitern der EVG hingearbeitet, und machten ihm die Stimmenthaltung der Regierung zum Vorwurf, so als ob die Stimmen der Minister – vorausgesetzt, sie hätten sich alle für die EVG ausgesprochen – genügt hätten, das Resultat umzukehren. Das Abstimmungsergebnis machte deutlich, daß sich die Mehrheitsverhältnisse innerhalb von zweieinhalb Jahren verkehrt hatten: Aus einer Mehrheit von 40 Stimmen zugunsten der EVG im Februar 1952 war eine Mehrheit von 55 Stimmen gegen die EVG geworden – fast hundert Abgeordnete hatten die Front gewechselt. Das entscheidende Element bildeten dabei die Sozialisten, bei denen die Zahl der Gegenstimmen seit 1952 von 20 auf 53 angestiegen war, was der Hälfte der Fraktion entsprach. Die Parteigänger der EVG schworen sich, Mendès-France die Rechnung für das Scheitern des

Plans zu präsentieren. Sie brauchten nicht lange zu warten; bereits fünf Monate später halfen sie mit bei seinem Sturz.

Die drei gaullistischen Minister, die am 13. August zurückgetreten waren, kehrten anstelle von drei EVG-Befürwortern, die ihre Sessel räumten, in die Regierung zurück – ein Wechselspiel, das die ganze Schärfe des Zerwürfnisses und die Schwierigkeiten erkennen läßt, die dem Zusammenhalt einer geschlossenen Mehrheit entgegenstanden. Die breite Öffentlichkeit war Mendès-France eher dankbar dafür, daß er die allzulang schon schwelende Frage endlich gelöst hatte. Mendès-France seinerseits war bemüht, das durch die Abstimmung vom 30. August entstandene Vakuum möglichst rasch wieder auszufüllen. Er trat sogleich in neue Verhandlungen mit den westlichen Partnern ein, die dann mit den Pariser Verträgen und der Aufstellung einer deutschen Armee ihren Abschluß fanden. Damit wurden Befürworter und Gegner der EVG gleichermaßen zu Verlierern: Wer sie bekämpft hatte, weil er keine deutsche Wiederbewaffnung wollte, mußte sich nun damit abfinden, daß wieder deutsche Streitkräfte im Rahmen der erweiterten Westeuropäischen Union, die ursprünglich als Gegengewicht zu Deutschland konzipiert war, aufgestellt wurden. Die Nationalversammlung ratifizierte die Verträge entsprechend lustlos mit 287 gegen 260 Stimmen. Was jedoch die europäische Einigung anlangt, so wurde sie zwei Jahre später auf dem Gebiet der wirtschaftlichen Zusammenarbeit mit neuem Leben erfüllt und führte 1957 zur Unterzeichnung der römischen Verträge, die die Europäische Wirtschaftsgemeinschaft (EWG) und die Europäische Atomgemeinschaft (Euratom) begründeten.

Innerhalb von zehn Wochen hatte Mendès-France Schlag auf Schlag zunächst den Indochinakrieg beendet, danach die festgefahrene Situation in Tunesien entkrampft und schließlich die Hypothek der Europäischen Verteidigungsgemeinschaft abgelöst. Die Öffentlichkeit zeigte sich angenehm überrascht von der Energie, mit der er liegengebliebene Probleme anpackte und vorteilhaft vom Immobilismus der voraufgegangenen Regierungen abstach. Nachdem er die politischen Altlasten beseitigt und die Verbindlichkeiten liquidiert hatte, wandte sich Mendès-France umgehend den Zukunftsfragen zu: der Modernisierung der Wirtschaft, dem Ausbau des Bildungswesens und der Wissenschaftsförderung. Die Umstände, insbesondere die Verhandlungen über eine Ersatzlösung für die EVG, erlaubten ihm nicht, sich sofort mit ganzer Kraft diesen Aufgaben zu widmen. So konnte er erst am 20. Januar 1955, sieben Monate nach seinem Amtsantritt und knapp zwei Wochen vor seinem Sturz, mit Edgar Faure das Außenministerium gegen das Wirtschaftsministerium tauschen.

Dennoch brachte er seit September 1954 eine ganze Reihe von Reformen auf den Weg. In der Euphorie der ersten Erfolge hatte er vom Parlament spezielle Vollmachten erhalten und mit ihrer Hilfe innerhalb weniger Wochen hundertzwanzig Dekrete erlassen. Die Situation war günstig für Initiativen, nachdem die Beendigung des Indochinakriegs Mittel freigesetzt hatte, die nun in der Landwirtschaft und Industrie zur Erleichterung von Betriebsumstellungen, Zusammenlegungen und Investitionen verwendet werden konnten. Die Inflation hatte sich verlangsamt, die konjunkturelle Expansion war zum ersten Mal nicht mit einer Geldentwertung verbunden, und das Wachstum der Wirtschaft vollzog sich bei relativ stabilen Preisen. Die Franzosen waren aufgeschlossen für die Möglichkeiten der Modernisierung.

Die Regierung förderte den Wohnungsbau und begann mit der Durchführung eines Schulbauprogramms, um Platz für die erste Welle des Babybooms zu schaffen. Mutig nahm Mendès-France auch den Kampf gegen den Alkoholismus auf, dessen verheerende Wirkungen er in seinem Wahlkreis beobachtet hatte. Ohne Rücksicht auf den Zorn der Schnapsbrenner griff er in ihre Privilegien ein und hob per Dekret deren Vererbbarkeit auf. Um den Konsum nichtalkoholischer Getränke zu fördern, trank er demonstrativ in der Öffentlichkeit Milch. Außerdem kam er auf Kabinettsebene einem alten Wunsch der Jugendverbände nach, schuf ein dem Ministerpräsidenten direkt unterstehendes *Haut Comité de la jeunesse* und errang so die Sympathien eines Teils der jungen Generation. Sie wußte ihm Dank für eine Politik, die die Zukunft nicht dem Druck von Interessengruppen oder der Bewahrung einmal erworbener Privilegien opferte.

Seine Person und seine Politik riefen aber auch leidenschaftliche Aversionen und Widerstand hervor. Wenige Politiker wurden so gehaßt, geschmäht und verleumdet wie er. Jene Kreise, die man die Europäer nannte und die zum Teil eher atlantisch als wirklich europäisch gesinnt waren, haben ihm das Scheitern ihres großen Projekts nie verziehen und hatten ihn – wie zehn Jahre später den General de Gaulle – im Verdacht, den Bündniswechsel zu planen. Das Zerwürfnis mit dem MRP verschärfte sich noch durch den Ärger der Volksrepublikaner über die Erfolge des Regierungschefs in Fragen, an denen sie selbst gescheitert waren. Die Kommunisten, die Mendès-France nie gemocht hatten, qualifizierten seine Wirtschaftspolitik als neo-kapitalistisch ab. Maurice Thorez malträtierte gar die Statistiken, um mit ihrer Hilfe zu beweisen, daß die Arbeiterklasse ganz im Sinne der marxistischen Lehre unter absoluter Verelendung leide, während in Wirklichkeit sämtliche Daten auf eine Verbesserung ihres Lebensstandards hindeuteten.

Die Feindseligkeit gegen Mendès-France nährte sich auch aus antisemitischen Motiven, die freilich nicht immer offen eingestanden wurden. In der Animosität gegen ihn tauchten Spuren jenes Hasses wieder auf, der sich achtzehn Jahre zuvor gegen Léon Blum gerichtet hatte. Und schließlich nahm Mendès-France Schaden durch den Rummel und Personenkult, den seine Freunde um ihn entfachten und den das Publikum als unnatürlich empfand, aber auch durch ihre ungerechte Beurteilung seiner Vorgänger, deren positive Leistungen sie ignorierten. Je mehr sich der anfängliche Kredit erschöpfte, der einem neuen Ministerpräsidenten eingeräumt wird, desto dreister wurden die Angriffe der oppositionellen Parteien. Um ihn niederzumachen, war jedes Mittel recht. Eine geschickte Machenschaft in der sogenannten Verratsaffäre sollte glauben machen, daß es in der Regierung einen Minister gab, der Kabinettsgeheimnisse verriet und Informationen von höchster Wichtigkeit preisgegeben hatte. Als vermutlich schwächstes Glied in der Kette nahm man Innenminister François Mitterrand direkt ins Visier. Es brauchte mehrere Monate, um das Manöver zu durchkreuzen und die Drahtzieher zu überführen.

ALGERIEN IN FLAMMEN – DER STURZ VON MENDÈS-FRANCE

Im Herbst 1954 kam zu den genannten Problemen völlig unerwartet ein weiteres hinzu. In der Nacht von Allerheiligen (1. November) wurde ganz Algerien durch eine Serie von etwa zwanzig Attentaten – eine Bombenexplosion in der Hauptpost von Algier und Mordanschläge im Aurès-Gebirge – erschüttert. Plötzlich war es mit der Ruhe vorbei. Ihr zeitliches Zusammentreffen ließ keinen Zweifel an einer exakt geplanten Aktion: Dies waren die Vorboten eines gezielten Kampfes gegen die herrschende Ordnung. Man brauchte einige Zeit, um die Täter zu identifizieren und sie von den Messalisten (Anhängern von Messali Hadj) zu unterscheiden, von denen sie sich getrennt hatten. Diese wenigen begrenzten Aktionen wurden zum Ausgangspunkt eines Krieges, der lange nicht als Krieg bezeichnet wurde, der aber fast acht Jahre dauern sollte und über zwei Millionen junger Wehrpflichtiger in Marsch setzte. Er führte zum Exodus von über einer Million Franzosen aus Algerien, spaltete die Öffentlichkeit, brachte ein Regime zu Fall, führte zu bürgerkriegsähnlichen Verhältnissen und erscheint im Rückblick als eines der größten Dramen der französischen Gesellschaft in diesem Jahrhundert. Der Frieden, den Frankreich im Juli 1954 gefunden hatte, dauerte nur etwas mehr als drei Monate.

Diese Entwicklung konnte im November 1954 niemand vorausahnen. Die Regierung bekundete Härte und Entschlossenheit: Mit Mördern werde man nicht verhandeln. Zunächst galt es, die Ordnung wiederherzustellen, und die Regierung sparte nicht mit Mitteln. Innerhalb weniger Wochen verstärkte sie die in Algerien stationierten Truppen von 57 000 auf 83 000 Mann. »Man schließt keine Vergleiche, wenn es darum geht, den inneren Frieden der Nation und die Unversehrtheit der Republik zu verteidigen« – so Mendès-France am 12. November; und sein Innenminister François Mitterrand stand nicht hinter ihm zurück, als er sagte: »Algerien ist Frankreich. Von Flandern bis zum Kongo herrscht das Gesetz: eine Nation, ein Parlament.« So wurde von vorneherein die offizielle Doktrin festgelegt: Der Fall Algerien hat nichts mit dem Fall Tunesien gemein, dessen Verlangen nach – zumindest innerer – Souveränität der Ministerpräsident drei Monate zuvor als legitim anerkannt hatte. Was auf der anderen Seite der tunesisch-algerischen Grenze geschah, war damit nicht zu vergleichen. Algerien war ein Stück Frankreich; unvorstellbar, daß es sich jemals von Frankreich lösen oder auch nur auf unterschiedlicher Rechtsbasis organisieren könnte. Staatspräsident René Coty verglich es sogar mit dem Elsaß. Es vergingen nicht weniger als fünf Jahre, bevor de Gaulle mit dieser Doktrin zu brechen wagte, Algeriens Recht auf Selbstbestimmung anerkannte und die Formel vom »algerischen Algerien« riskierte. Die Verfechter eines französischen Algeriens hielten auch danach noch an der These von der territorialen

Integrität fest. 1954 aber war sich die ganze Nation darin einig. Noch lange sprach niemand, nicht einmal die Kommunistische Partei, von der Unabhängigkeit Algeriens.

Während die Regierung Maßnahmen zur Wiederherstellung der Ordnung ergriff, beschloß sie gleichzeitig die Einleitung von Reformen und verlangte die korrekte Anwendung des Algerien-Statuts aus dem Jahre 1947. Zum Generalgouverneur ernannte sie Jacques Soustelle, den ehemaligen Generalsekretär des RPF, der im Ruf eines Liberalen stand und der in Kolonialfragen als Verfechter föderalistischer Konzepte galt. Diese Ernennung und die Vorhaben der Regierung riefen große Unruhe unter den an der Aufrechterhaltung des *status quo* interessierten Abgeordneten hervor, die ehedem die Augen vor den dreisten Verletzungen des Algerien-Statuts verschlossen hatten. Andere befürchteten eine Kettenreaktion: Nach Indochina kam Tunesien, nach Tunesien nun Algerien – und morgen vielleicht ganz Afrika? Einige warfen Mendès-France die Abtretung der fünf Handelsniederlassungen an Indien vor, die seit ihrer Gründung durch Dupleix in französischem Besitz gewesen waren, und beschimpften ihn als Ausverkäufer des Kolonialreichs.

Die Debatte über die Algerien-Politik der Regierung bot – den einen als willkommener Vorwand, den anderen aus aufrichtigen Motiven heraus – Anlaß, eine geschlossene Front sämtlicher oppositioneller Gruppierungen zu bilden: von den enttäuschten Anhängern der EVG, die Mendès-France das »Verbrechen vom 30. August« nicht verzeihen konnten, bis zu den notorischen Lobbyisten der Schnapsbrenner und – nicht zu vergessen – zu den Kommunisten, die zur offenen Opposition übergegangen waren, nachdem die Regierung Mendès-France der Wiederbewaffnung Deutschlands zugestimmt hatte. Am Ende der Debatte, am Vormittag des 5. Februar 1955, wurde die Regierung durch eine absolute Mehrheit von 319 zu 272 Stimmen gestürzt; zu ihr gehörten neben den Kommunisten und den Volksrepublikanern der größte Teil der Rechten, eine Gruppe von Sozialrepublikanern sowie eine Reihe von Radikalsozialisten, die unter der Führung ihrer Abgeordneten aus Nordafrika mit René Mayer an der Spitze gegen einen der Ihren Front machten. Die Regierung Mendès-France war eine der ersten, die nach den Regeln der Verfassung gestürzt wurde. Fast alle ihre Vorgänger waren vor einer Vertrauensabstimmung zurückgetreten.

Die Reaktion des gestürzten Ministerpräsidenten kam überraschend.

Dieser antiparlamentarischer Neigungen gewiß unverdächtige Parlamentarier trat unter Mißachtung ehrwürdiger parlamentarischer Gepflogenheiten nochmals ans Rednerpult, um vor dem Land Berufung gegen die Abwahl durch seine Kollegen einzulegen: »Es hat etwas begonnen, das sich nicht mehr aufhalten läßt: Die Menschen gehen, aber die Notwendigkeiten bleiben.« Seine letzten Worte gingen unter in dem Tumult, den ein derart ungewöhnlicher Auftritt hervorrief. Es ist verständlich, daß Mendès-France die Unterbrechung eines Werkes, das nach seiner Überzeugung dem Wohl des Landes diente, mit Enttäuschung zur Kenntnis nahm und dieses Gefühl nur schwer verwinden konnte. Damit stand er nicht allein, denn die Enttäuschung im Lande war groß. Eine Umfrage ergab, daß 54 Prozent der Befragten seinen Sturz bedauerten und nur 12 Prozent ihn billigten oder begrüßten. In den darauffolgenden Tagen erhielt Mendès-France eine Flut von über zehntausend Briefen, zumeist von unbekannten Leuten, die ihm ihre Sympathie bekundeten und die Hoffnung ausdrückten, daß seine Rolle noch nicht beendet sei.

Dieser Einzelgänger, der sich stets von parlamentarischen Intrigen ferngehalten hatte und der weder die parlamentarischen Gebräuche noch seine Kollegen gut kannte, besann sich plötzlich auf die Unentbehrlichkeit einer politischen Hausmacht, und als alter Radikalsozialist konnte er sich unter einer solchen Hausmacht nur seine Partei vorstellen. Aber viele seiner politischen Freunde hatten gegen ihn gestimmt; also mußte er die Partei den Händen der Pfründenbesitzer entreißen, sie für sich erobern und zum Werkzeug einer reformistischen Politik machen. Das war der Sinn der Aktivität, die Mendès-France bald nach seinem Sturz entfaltete. Es war nicht der erste Versuch dieser Art; die Geschichte des Radikalsozialismus verzeichnet derlei Versuche in jeder Generation. Schon Joseph Caillaux hatte einen diesbezüglichen Ehrgeiz entwickelt (übrigens wurde Mendès-France später zum Vorsitzenden der *Société des amis de Joseph Caillaux* gewählt), und das Unternehmen der »Jungtürken«, an dem sich Mendès-France zu Beginn der dreißiger Jahre selbst beteiligt hatte, wies in die gleiche Richtung. Der »Mendesismus« war der letzte dieser Versuche, den Radikalsozialismus zu erneuern. Hier fand sich eine junge Generation zusammen, die nichts mit den Parteibonzen zu tun haben wollte. Zwischen derart heterogenen Elementen entspann sich ein heißer Kampf. PMF (Pierre Mendès-France) setzte sich schließlich durch, aber zu welchem Preis? Er überwarf sich mit Edgar Faure, seinem Nachfolger im Amt des Regierungschefs, und ein Teil der Radikalsozialisten unter André Morice trennte sich von der Partei und gründete das *Centre républicain*. Mendès-France hat zwar die Partei erneuert, aber nur um den Preis ihres Auseinanderbrechens: Das Werkzeug ist ihm unter den Händen zersprungen. Zweifellos war es für die tiefgreifende Erneuerung einer Partei, deren Niedergang nichts mehr aufzuhalten vermochte, bereits zu spät.

Wahr ist aber auch, daß der Mendesismus weder inner- noch außerhalb der Nationalversammlung eine Mehrheit finden konnte, solange die Kommunistische Partei gut ein Viertel der Stimmen blockierte, die SFIO eifersüchtig auf ihre Identität bedacht war und ein Teil der Reformkräfte seine Hoffnungen auf den Gaullismus setzte. Der Mendesismus konnte nur die Stimmen einer intellektuellen Minderheit für sich gewinnen, junger Franzosen in leitender Stellung, die auf der Suche waren nach einer Formel, die Demokratie, Modernität und Leistung gleichermaßen vereinte.

Mendès-France hat danach niemals wieder Gelegenheit gehabt, sein Werk fortzusetzen. Zwar wirkte er noch einige Monate lang in der Regierung Guy Mollet als Minister ohne Geschäftsbereich; als er jedoch erkannte, daß er nur eine Statistenrolle spielte und keinerlei Einfluß auf die Entscheidungen hatte, und da er den Kurs der Regierung insgeheim mißbilligte, trat er im Mai 1956 zurück. Am 1. Juni 1958 reihte er sich ohne zu zögern in das Lager derjenigen ein, die sich einer Investitur de Gaulles widersetzten, weil er keinesfalls absegnen wollte, was in seinen Augen einen Gewaltstreich gegen die Legalität darstellte. Eine Zeitlang schloß er sich der kleinen *Parti socialiste autonome* an, ohne darin eine aktive Rolle zu spielen. Er kehrte zum Wort zurück und begann wieder zu schreiben. 1962 veröffentlichte er die Schrift »*La République moderne*«, worin er darlegte, wie die Institutionen seiner Ansicht nach beschaffen sein müßten, um bei Wahrung aller demokratischen Garantien politische Effizienz und Handlungsfähigkeit zu gewährleisten. Doch da er sich weigerte, die Verfassung der Fünften Republik anzuerkennen, selbst nachdem das Volk diese gebilligt hatte, verdammte er sich selbst zur politischen Ohnmacht.

Gleichwohl kehrte er 1967 mit seiner Wahl zum Abgeordneten von Grenoble, das als leuchtendes Symbol der Modernität galt, in die Politik zurück. Im Mai 1968 nahm er an der Studentenversammlung im Stadion von Charléty teil, was man ihm noch lange zum Vorwurf gemacht hat; er rechtfertigte sich mit dem Hinweis, er habe durch seine Anwesenheit ein Blutvergießen verhindern wollen. Im Juni 1969 gehörte er zur Wahlkampfmannschaft von Gaston Defferre, der sich damals um das Amt des Staatspräsidenten bewarb; ein mißratenes Abenteuer, dem auch das persönliche Prestige eines Mendès-France nur zu kümmerlichen fünf Prozent verhalf.

Verwehrten die Umstände Mendès-France auch eine zweite Chance, seine politischen Ziele weiterzuverfolgen, so gewann er doch weiter an Ansehen. Durch eine zusammengewürfelte Koalition verletzter oder bedrohter Interessen von der Macht verjagt, wurde er zu einer der legendären Gestalten der Linken. Weit davon entfernt, sein Bild zu trüben, verklärte es sich durch den Abstand zur Macht – gleichsam als Kontrast zu Guy Mollet und dem »Mollettismus«. Mendès-France blieb in Erinnerung als klarer Kopf, als Mann von scharfem Verstand und strenger Gewissenhaftigkeit und als einer, der die Wahrheit sagte – und sei sie auch noch so unbequem. Als unerbittlicher Kritiker seiner Freunde war er zwanzig Jahre lang das Gewissen der Linken. Er wurde oft als Vorbild beschworen, und seine Erfahrung blieb gefragt.

Der Mendesismus – Mendès-France selbst hat diesen Ausdruck freilich immer abgelehnt – gehört untrennbar zur ideologischen Landschaft der folgenden Jahrzehnte. Als Ausdruck des Willens, die Probleme der modernen Gesellschaft zu bewältigen, ohne mit der Demokratie zu brechen, hat er das öffentliche Bewußtsein nicht weniger geprägt als der Gaullismus oder was an Wirkungen vom Sozialismus ausging. Der Mendesismus wurde für viele Aktivisten, Politiker, hohe Staatsbeamte und Gewerkschafter zur entscheidenden Etappe auf ihrem Lebensweg, bevor sie sich in andere Richtungen zerstreuten – die einen sahen in den Institutionen der Fünften Republik und im Programm General de Gaulles die Antwort auf ihre von der Vierten Republik enttäuschten Erwartungen; die anderen gingen in die Opposition und wandten sich dem reformierten Sozialismus zu. So wurde der Mendesismus eine der fruchtbarsten Diasporagemeinden der jüngeren französischen Geschichte.

DER POUJADISMUS

Zur gleichen Zeit entstand eine weitere Bewegung, deren Bezeichnung sich ebenfalls von dem Namen eines Mannes ableitete – doch nicht von dem eines Politikers, zumindest nicht am Anfang, sondern von dem eines Jedermann, um einen Ausdruck zu gebrauchen, der in Italien kurz zuvor ein ganz ähnliches Phänomen bezeichnet hatte: Pierre Poujade. Da Mendesismus und Poujadismus zeitgleiche Erscheinungen waren, haben sich manche Historiker gefragt, ob es sich nicht um zwei unterschiedliche Reaktionen auf die gleichen äußeren Anstöße gehandelt haben mag. Eigentlich gab es nichts, was die beiden verband, oder besser noch, sie waren in jeder Hinsicht das Gegenteil voneinander. Im Mendesismus artikulierte sich ein Frankreich, das nach Erneuerung strebte; der Poujadismus drückte Angst vor Veränderung aus. Der Mendesismus symbolisierte das Verlangen nach Modernität, der Poujadismus kultivierte die Nostalgie und archaische Lebensformen. Mendès-France wurde von den Technokraten geschätzt. Poujade hingegen geißelte sie.

Der Mann, dessen Familienname bald in aller Munde sein sollte, war dreiunddreißig Jahre alt, als er zum ersten Mal von sich reden machte. Er betrieb zusammen mit seiner Frau ein kleines Papiergeschäft in Saint-Céré, einem Marktflecken im Departement Lot, wo er auch im Gemeinderat saß. Als im Juli 1953 Finanzbeamte bei den örtlichen Handwerkern und Kaufleuten eine Steuerprüfung ansetzten, formierte sich spontaner Widerstand, an dessen Spitze sich Poujade stellte. Die Bewegung breitete sich erst in der näheren Umgebung aus, griff dann aber bald auf die benachbarten Departements über. Der Poujadismus war anfangs eine Antisteuerbewegung und stand damit in einer langen Tradition des Widerstandes gegen öffentliche Abgaben, die von den Bauernunruhen gegen die Salzsteuer *(gabelle)* bis zu den Aktionen der Vereinigung der Steuerpflichtigen *(Fédération des contribuables)* in den dreißiger Jahren reicht.

Die konjunkturellen Umstände waren wie geschaffen, um Kaufleute und Handwerker für diesen Protest empfänglich zu machen. Der Inflationsstopp des Jahres 1953, den die Einzelhändler als erste zu spüren bekamen, fegte plötzlich ihre Kassen leer. Die Rückkehr des Überflusses brachte den Handel in Schwierigkeiten, der kräftig aufgeblüht war, solange Mangel und Warenrationierung herrschten. Damals hatten sich die

Kunden bei den einzelnen Ladenbesitzern registrieren lassen, bei denen sie von nun an ihren Bedarf decken mußten, was diesen feste Einnahmen sicherte. Hinzu kam, daß die Behörden auf eine Reduzierung der Handelsstufen bedacht waren, da die übergroße Zahl der Zwischenhändler sich ungünstig auf die Verbraucherpreise auswirkte. Im Zuge der Modernisierung der Vertriebsorganisation tauchten die ersten Supermärkte auf – für die kleinen Einzelhändler der Erzfeind, gegen den sie unter dem Druck der Krise restriktive Bestimmungen durchsetzten. Schließlich hatte die Finanzverwaltung in ihrem Bemühen um Unterbindung des Steuerbetrugs und Erweiterung der Steuerbemessungsgrundlage ihre Fahndungsmethoden perfektioniert und sogenannte *polyvalents,* das heißt Betriebs- und Steuerprüfer ausgebildet, die die Buchhaltung prüfen und die verschiedenen Einnahmeposten miteinander zu vergleichen hatten. Angesichts ihrer Sachkompetenz reagierten die meisten Händler, die ja kaum regelmäßig Buch führten und sich erst recht nicht an den neuen Kontenrahmen hielten, mit ohnmächtiger Wut oder Verzweiflung. Die Steuerprüfer veranlagten sie nach Steuertarifen, die bereits auf eine vermutete Steuerhinterziehung berechnet waren; durch diese verschärften Kontrollen wurde der mögliche Spielraum für Steuerbetrug erheblich eingeschränkt. So hatten die Händler auf der einen Seite mit schwindenden Einnahmen und auf der anderen mit munter steigenden Steuersätzen zu kämpfen. Der Erfolg des Poujadismus war die fast mechanische Reaktion auf diese scherenartige Divergenz und Ausdruck der Hoffnungslosigkeit einer Gruppe, die sich vom Modernisierungsprozeß ausgeschlossen und als Opfer des Wandels fühlte.

Im Dezember 1953 legte Poujade den Grundstein für eine *Union de défense des commerçants et artisans,* die unter der Abkürzung UDCA bald überall bekannt wurde. Im ganzen Land, hauptsächlich in den Marktflecken und kleinen Städten Südfrankreichs, entstanden örtliche Komitees. Poujade reiste von Stadt zu Stadt und sprach zu den kleinen Ladenbesitzern, die er mit seiner unverblümten und zupackenden Redeweise zu begeistern verstand. Die Bewegung diente zunächst hauptsächlich dem Schutz berufsständischer Interessen, wenngleich ihre ersten Schritte von der Kommunistischen Partei gefördert worden waren, die nur darauf wartete, als Anwalt der kleinen, von den Trusts verdrängten Kaufleute aufzutreten. Aber danach nahm die Sache politische Züge an: Als die Regierung Mendès-France einem Antrag des Belforter Abgeordneten Dorey auf Novellierung des Steuergesetzes stattgab, wonach künftig jedem Bürger im Falle des Widerstands gegen eine Steuerrevision eine Gefängnisstrafe drohte, zog sie den Zorn Poujades und seiner Anhänger auf sich. Die Erlasse gegen Alkoholmißbrauch, die eine schrittweise Abschaffung der Schnapsbrennerprivilegien enthielten, führten der Poujade-Bewegung die Weinbauern aus dem Languedoc und Var sowie die Obstbauern aus dem Westen und die große Schar der Cafébesitzer zu.

Von an an trug die Bewegung einen politischen Charakter. Poujade stellte sie als die Reaktion des wahren Frankreich hin, als Gegenwehr der Kinder der französischen Volksschule, der ehemaligen Kämpfer von Verdun, der Bauern, die Frankreichs Erde bebauten, gegen die Abgeordneten und die Notabeln, die er als *»ensaucissonnés«* (die in enge Kleider Eingeschnürten) bezeichnete, gegen die Neufranzosen und die Metöken, die Ausländer aus dem Donauraum. Der Poujadismus reaktivierte die alten fremdenfeindlichen und antisemitischen Gefühle gegen Mendès-France und einige seiner Minister. Man beschimpfte ihn als Ausverkäufer des Kolonialreichs, als den Mann, der die Handelsniederlassungen in Indien, deren Namen jedes Kind als Abzählreim aufsagen konnte, preisgegeben hatte. Man rühmte den Wein als wahrhaft französisches Produkt gegenüber Milch und Coca Cola. Poujade, unermüdlicher Führer und schwungvoller Redner, glänzte mit zündenden Formulierungen und gelungenen Einfällen.

Zudem war er ein guter Organisator. Er verschärfte seinen Druck auf die Volksvertreter; die Aktivisten wurden aufgefordert, ihre Abgeordneten mit Drohtelegrammen zu bombardieren. Im März 1955 dirigierte er persönlich von der Zuschauertribüne des Parlaments herab die Abstimmung der mit ihm sympathisierenden Abgeordneten, als es darum ging, die Dorey-Novelle aufzuheben. Selten hatte sich der Druck einer Interessengruppe auf die parlamentarischen Beratungen so schamlos offenbart wie hier. Am 24. Januar waren auf seinen Aufruf hin nahezu 150 000 Kleinhändler und Handwerker aus ganz Frankreich auf das Gelände der Weltausstellung geströmt. Gegen Ende der Legislaturperiode verbreiterte Pierre Poujade mit Hinblick auf die Wahlen die Fundamente seiner Bewegung; die UDCA schuf eine neue Organisation, die *Union et fraternité française,* die allen »guten Franzosen« offenstand. Sie wandte sich vor allem an die Bauern und Freiberufler und führte ihren Wahlkampf mit Binsenweisheiten und der Beschwörung traditioneller Werte.

Die Gleichsetzung des Poujadismus mit dem Faschismus, die damals von einigen vorgenommen wurde, ist jedoch nicht begründeter, als es zwanzig Jahre früher die Identifikation des *Mouvement ancien combattant* mit den totalitären Ideologien gewesen war. Die Wahrheit ist einfacher: Der Poujadismus hatte seine Wurzeln in einem alten populistischen, autoritären und nationalistischen Milieu, das die Parlamentarier haßte, die Rassetugenden verherrlichte, sich in der Verehrung der Vergangenheit zusammenfand, fremde Einflüsse fürchtete und nach Ordnung verlangte. Einmal mehr landete damit eine Bewegung ursprünglich eher linker Provenienz im Lager der Rechten.

DAS ENDE DER LEGISLATURPERIODE

Die Leidenschaften, die beim Sturz von Mendès-France ihren Höhepunkt erreicht hatten, beruhigten sich bald. Nach einer dreiwöchigen Regierungskrise wurde Edgar Faure, ebenfalls Radikalsozialist, wenn auch von ganz anderer Art, Nachfolger des gescheiterten Radikalsozialisten Mendès-France. Seine Politik unterschied sich nicht wesentlich von der seines Vorgängers; auch er förderte das Wirtschaftswachstum und entwirrte das marokkanische Knäuel, so wie Mendès-France das tunesische Problem gelöst hatte. Er betrieb einen Mendesismus ohne Mendès, aber auf seine eigene Art. Der Kontrast hätte nicht schärfer sein können: ein anderer Ministerpräsident, ein anderer Stil. Mendès-France beeindruckte durch seine intellektuelle Überlegenheit; Edgar Faure stand ihm an Intelligenz nicht nach – er war einer der begabtesten und fähigsten Politiker –, aber er ging vollkommen anders vor. Mendès-France packte die Probleme unmittelbar beim Schopf, während Edgar Faure sie umkreiste; Mendès-France nahm den Stier bei den Hörnern, ohne Rücksicht auf das Risiko für sich selbst, während Edgar Faure die Widerstände allmählich abbaute und seine Widersacher geschickt dazu bewog, Lösungen zu akzeptieren, die er mit seinem findigen, scharfen und produktiven Verstand schon längst gefunden hatte.

Auf diese Weise verfuhr er auch in der Marokko-Frage. Zunächst hatte er die Absetzung des Sultans nicht gebilligt, war aber dennoch im Amt geblieben. Er war immer davon ausgegangen, daß eine Lösung des

Problems nur durch die Wiedereinsetzung des Sultans zu erreichen sei, wovon er freilich seine Minister erst noch überzeugen mußte. Die Konferenz von Aix-les-Bains sollte hauptsächlich dazu dienen, Antoine Pinay oder Raymond Triboulet für diese Schlußfolgerung zu gewinnen. Ein weiterer Unterschied zu der vorherigen Regierung bestand darin, daß sich Faures Mehrheit durch die Regierungsbeteiligung des MRP und den Austritt der SFIO stärker nach rechts orientierte. Tatsächlich hat Edgar Faure je nach Problemlage mit wechselnden Mehrheiten regiert, gemäß seiner Lieblingsformel von den »Projektmehrheiten« *(majorités d'idées)*.

Nach der Hochspannungsphase des Mendesismus herrschte in den ersten Monaten der Regierung Faure eher Windstille. Die wirtschaftliche Expansion brachte in allen sozialen Schichten der Gesellschaft erste Ansätze von Wohlstand hervor. Man feierte die Fertigstellung einiger großer Bauvorhaben, die in den schwierigen Zeiten beschlossen und begonnen worden waren. 1955 war das erste Jahr, wo die Handelsbilanz wieder einen positiven Saldo auswies. Das Nationaleinkommen war seit 1952, also innerhalb von vier Jahren, um 25 Prozent gestiegen. Der Zweite Plan hatte die strategischen Vorgaben des Monnet-Plans fortgeschrieben, aber zugleich eine Reihe von Projekten hinzugefügt, deren positive Auswirkungen in den einzelnen Haushalten zu registrieren waren: ein Programm für den Bau von sozialen Einrichtungen, Schulen, Krankenhäusern etc. Auch in der Landwirtschaft begann sich unter dem Einfluß junger Landwirte, die sich im *Cercle national des jeunes agriculteurs* zusammengeschlossen hatten und durch die Katholische Landjugend geprägt waren, die Modernisierung durchzusetzen. Der Umfang bezugsfertiger Neubauwohnungen erreichte die außergewöhnliche Zahl von 240 000. Die baldige Überwindung der Wohnungsnot zeichnete sich ab.

Auch in den Arbeitsbeziehungen begann trotz der verbissenen Polemik der Kommunistischen Partei, die die Arbeiterklasse als Opfer eines Prozesses absoluter Verelendung hinstellte, eine neue Ära relativer Entspannung. Die staatlichen Renault-Werke unterzeichneten getreu ihrer Wegweiser- und Vorreiterrolle am 15. September 1955 mit allen Gewerkschaften außer der CGT eine Betriebsvereinbarung über die Einführung einer dritten bezahlten Urlaubswoche und die Garantie einer jährlichen Anhebung der Reallöhne um vier Prozent.

Die Entspannung setzte sich auch in den internationalen Beziehungen durch. Die neuen sowjetischen Führer unternahmen immer häufiger Annäherungsversuche und zeigten Gesten des guten Willens. Es war die Zeit der »friedlichen Koexistenz«. Die Großen Vier, darunter Edgar Faure für Frankreich, trafen sich in Genf; der Staatsvertrag hob die Besetzung Österreichs auf; die Beziehungen mit dem Deutschland Adenauers verbesserten sich, nachdem die strittige Saarfrage auf den Weg einer Lösung gebracht und Frankreich in der Frage der Mosel-Regulierung zufriedengestellt worden war, der man in Paris große Bedeutung beimaß. Europa hatte sich vom Scheitern der EVG erholt; man begann die Errichtung eines gemeinsamen Marktes ins Auge zu fassen. Unterdessen traten die europäischen Partner in eine neue Etappe der Öffnung der Grenzen und des Abbaus der Zollschranken. Die französische Wirtschaft war stark genug, um das damit verbundene Risiko zu tragen.

In Marokko kehrte durch eine Regelung, die dem Protektorat die Unabhängigkeit im Rahmen der Interdependenz zugestand, wieder Ruhe ein. Dank der Initiativen von Mendès-France und Edgar Faure kehrten die Staatsmänner, die in beiden Protektoraten die Nation verkörperten, Burgiba und Sultan Mohammed V., im Triumphzug nach Tunis und Rabat zurück, und das ohne jeden Unterton von Herausforderung oder Revanche gegenüber der ehemaligen Schutzmacht.

In Algerien dagegen zeichnete sich keine Besserung der Lage ab. Der Aufstand brach nicht zusammen, sondern griff immer weiter um sich. Die bisherigen Maßnahmen hatten die Rebellion nicht ersticken können. Im April wurde der Ausnahmezustand verhängt. Die Regierung verstärkte die Truppen auf über hunderttausend Mann, auf Kosten der nach der Räumung Indochinas begonnenen Neustrukturierung der Armee. Die Verlegung nach Algerien riß die großen Einheiten, die sich gerade in der Aufstellung befanden, wieder auseinander und verzögerte dadurch die Modernisierung des Militärapparats um acht Jahre. Die Einberufung von Reservisten im Mutterland führte zu Ausschreitungen auf den Bahnhöfen und bei der Einschiffung. In Algerien bedrohte der Terrorismus die Sicherheit von Menschen und Besitz. Am 20. August 1955 kam es im Raum Constantine zu einer Eruption der Gewalt: In Philippeville und an anderen Orten metzelte die FLN unter oft grauenvollen Umständen über hundert Europäer nieder; die Bestrafung sollte exemplarisch sein und war schrecklich. Der Krieg wurde von jetzt an mit erbarmungsloser Härte geführt.

Die Regierung fand niemanden, mit dem sie verhandeln konnte, obgleich die FLN nur eine Minderheit in den bewaffneten Kampf mitriß: Die anderen übten sich in passiver Solidarität, und die gewählten moslemischen Vertreter blieben auf Distanz. Der Übertritt von Ferhat Abbas – der ehedem für eine Assoziierungslösung gekämpft hatte – zur FLN war ein deutliches Zeichen für die Radikalisierung der Forderungen.

In der Nationalversammlung gab es keine Mehrheit für eine klar definierte Politik; nach vier Jahren hatte sie ihre Möglichkeiten erschöpft. Edgar Faure war überzeugt, daß nur eine neue Nationalversammlung die Kraft und moralische Autorität aufbringen konnte, um einen klaren politischen Kurs zu steuern. So schlug er am 20. Oktober vor, die Wahlen um einige Monate vorzuziehen. Er hatte auch noch andere Gründe, eine Vorverlegung des Termins zu wünschen: Der Sieg seines Rivalen Mendès-France innerhalb der Radikalsozialistischen Partei drohte Faure seiner politischen Stütze zu berauben, der zudem bei einem weiteren Vordringen des Poujadismus die Entstehung einer Nationalversammlung fürchtete, die zur Mehrheits- und damit zur Regierungsbildung nicht mehr imstande war. Faure suchte daher beiden Bewegungen zuvorzukommen; Mendès-France erstrebte aus analogen Gründen genau das Gegenteil. In den Reihen der Radikalsozialisten kam es darüber zu heftigen Auseinandersetzungen. Die Diskussion über den Wahltermin überschnitt sich mit einer Debatte über die Wahlreform, da die Nationalversammlung gleichzeitig die Wiedereinführung des Mehrheitswahlrechts auf Arrondissementebene prüfte. Durch das Zusammentreffen beider Kontroversen brach die Mehrheit auseinander. Die Verwirrung erreichte ihren Höhepunkt. Die unerwartete Folge war der Sturz der Regierung mit 318 gegen 218 Stimmen.

Dessen Folgen wiederum hatte man noch weniger erwartet, sie waren das genaue Gegenteil dessen, was die Widersacher der Regierung beabsichtigten. Edgar Faure war nicht der letzte, dem auffiel, daß er von der konstitutionellen Mehrheit gestürzt worden war wie zehn Monate vor ihm Mendès-France. Damit war die von der Verfassung vorgeschriebene Bedingung für eine Auflösung der Nationalversammlung – der Sturz zweier Regierungen innerhalb von achtzehn Monaten durch die absolute Mehrheit der Abgeordneten – erfüllt. Seine Gegner hatten ihm ganz aus Versehen den Weg zu seinen Zielen geebnet. Ohne sich von den warnenden Hinweisen auf historische Präzedenzfälle beeindrucken zu lassen, ließ Edgar Faure ein Dekret über die Auflösung des Parlaments beschließen. Sein Vorgehen trug ihm Vergleiche mit Mac-Mahon und Louis-Napoleon ein, zumal dieses Dekret das Datum des 2. Dezember trug. Seit 1877 war das Recht zur Parlamentsauflösung außer Gebrauch gekommen, ja schlimmer noch: in Mißkredit geraten. Die Lehrmeinung hielt es für unvereinbar mit der Souveränität des Parlaments. Mit seinem Vorstoß durchbrach Edgar Faure das Tabu, das die Politiker achtzig Jahre lang vom Gebrauch dieser Waffe abgehalten hatte. Damit hatte er der Politik ein lästiges Vorurteil vom Halse geschafft und den Weg für General de Gaulle freigemacht, der später noch zweimal zu diesem Mittel greifen sollte.

KAPITEL IV

Die Regierung Guy Mollet

Der Donnerschlag vom 2. Dezember 1955, dem Tag der Parlamentsauflösung, beendete zunächst jede weitere politische Aktivität und trieb die Abgeordneten auseinander, die in ihre Departements zurückkehrten. Der Wahlkampf begann in einer ungewöhnlichen Jahreszeit, mitten im Winter, und der Wahltermin mußte auf einen Werktag gelegt werden, Montag den 2. Januar 1956, der zum arbeitsfreien Feiertag erklärt wurde. Nachdem sich die Nationalversammlung nicht auf eine Wahlreform hatte einigen können, fand die Wahl nach dem veränderten Verhältniswahlsystem mit Listenverbindungen statt. Da die Parteien von solchen Wahlbündnissen diesmal weniger Gebrauch machten als 1951, unterschieden sich die Resultate später kaum von dem, was ein Verhältniswahlrecht ohne Listenverbindungen ergeben hätte.

DER SIEG DER REPUBLIKANISCHEN FRONT

Seit 1951 hatten sich die politischen Kraftfelder beträchtlich verschoben. Statt dreier Gruppierungen wie noch 1951, als das Parteienbündnis der Mitte, von der SFIO bis zu den Unabhängigen, Front machte gegen die kommunistische und gaullistische Opposition, standen sich nun vier gegenüber. Während der vorangegangenen Legislaturperiode hatten die Regierungsparteien nach und nach die Gaullisten aufgesogen. Sie hatten zuerst die Dissidentenbewegung ARS *(Action Républicaine et Socialiste),* das labilste Element des Gaullismus, zur Sezession gebracht und danach Schritt für Schritt den Rest absorbiert, der zur Regierungsmehrheit übertrat und schließlich sogar Kabinettsposten übernahm. Der General hatte das Schlachtfeld verlassen; die Kommunistische Partei hielt sich weiterhin abseits und übte sich in bedingungsloser Opposition, die sie nur ein einziges Mal, bei der Investitur von Mendès-France, aufgegeben hatte; sie unterstrich ihre Orthodoxie, indem sie sich weiterhin auf Stalin berief. Neu war das Auftreten der Poujade-Bewegung, die unter der Bezeichnung *Union et fraternité française* (UFF) und der Parole »Hinaus mit den Ausgedienten!« überall Kandidaten aufstellte. Sie tendierte nun eindeutig nach rechts, verlegte sich auf das Thema der *Algérie française* und schlug nationalpopulistische Töne an. Die *Renseignements généraux* [vertrauliche Informationen der Sicherheitsorgane; Anm. d. Ü.] sagten ihr etwa zehn Mandate voraus.

Im Bereich zwischen diesen beiden Extremen kam es zu einer Spaltung der Kräfte – eine Nachwirkung der Ära Mendès-France. Die Koalition der Mitte wurde von zwei antagonistischen Blöcken abgelöst, die bereits die künftige Bipolarisierung ahnen ließen. Die Trennlinie verlief mitten durch die Radikalsozialisten, die sich wieder einmal entzweiten, wie sie es schon 1936 und 1945 getan hatten und 1973 abermals tun sollten: Es war das Schicksal dieser Partei, daß sie zwischen ihrer Vergangenheit und ihren Wählern hin- und hergerissen wurde.

Die Koalition der Linken vereinigte vier Gruppierungen von unterschiedlichem Gewicht: die SFIO mit ihrem Apparat, ihren Vereinigungen, die flächendeckend das ganze Land überzogen, und ihren 110 000 Mitgliedern unter der Zuchtrute Guy Mollets; den Mendesismus in Person jener Radikalsozialisten, die sich für Mendès-France entschieden hatten und nun für Schwung, Phantasie und frische Energien sorgten; die letzten noch verbliebenen gaullistischen Abgeordneten, die sich als Sozialrepublikaner hinter Jacques Chaban-Delmas formiert hatten; und schließlich die UDSR *(Union démocratique et socialiste de la Résistance)* unter der Führung von François Mitterrand, eine kleine parlamentarische Gruppierung, die zwar nicht viel Rückhalt in der Bevölkerung besaß, aber zur Bildung einer Mehrheit unentbehrlich war. Diese Koalition nannte sich, zur Erinnerung an die Gründung der Volksfront vor zwanzig Jahren, »Republikanische Front« *(Front républicain).* Ihr Programm deckte sich im wesentlichen mit den Zielen des Mendesismus; es versprach Frieden in Algerien, Fortführung der wirtschaftlichen Modernisierung und sozialen Fortschritt. Der *»Express«*, der für die Dauer des Wahlkampfes auf tägliches Erscheinen umgestellt hatte, nahm in seinem

Blatt eine Aufteilung der möglichen Ministerpräsidenten vor, indem er diejenigen Kandidaten, die er für würdig hielt, die Farben der Republikanischen Front zu tragen, mit einer Jakobinermütze versah.

Dieser Koalition standen jene Gruppen gegenüber, die nach dem Sturz von Mendès-France gemeinsam unter der Führung von Edgar Faure regiert hatten. Sie umfaßten jenen Teil der Radikalsozialisten unter der Führung von Edgar Faure (inzwischen selbst aus der Partei ausgeschlossen), und André Morice, der die Partei nach dem Sieg des Mendesismus verlassen hatte; den MRP, der in seinem eingefleischten Widerwillen gegen Person und Politik eines Mendès-France immer weiter nach rechts driftete, sowie sämtliche gemäßigten Gruppierungen im Umkreis des *Centre national des indépendants et paysans,* das den Gefolgsleuten Pinays und den Anhängern Laniels eine gemeinsame Plattform bot. Fand die Koalition der linken Mitte ihren gemeinsamen Bezugspunkt in Mendès-France, so berief sich das Gegenbündnis, das zur rechten Mitte tendierte, auf Antoine Pinay und dessen Politik. Mendès-France oder Pinay? Die Wahl bedeutete nicht zuletzt eine Entscheidung zwischen diesen beiden Männern.

Was dem Wahlkampf an Dauer fehlte, gewann er an Intensität. Erstmals spielte neben dem Rundfunk auch das Fernsehen eine Rolle, das damals noch in seinen Anfängen steckte. Nach Ankündigung der Wahlen eilten über 1,2 Millionen Bürger in ihre Rathäuser, um sich in die Wählerlisten eintragen zu lassen – ein Zeichen dafür, daß sie die Tragweite der Entscheidung ermaßen und wußten, was auf dem Spiel stand: Algerien, die Zukunft der Verfassungsorgane und das Funktionieren der Demokratie. Die Wahlbeteiligung lag hoch; sie betrug 82,8 Prozent. Algerien durfte nicht mitwählen. Es war nicht das geringste Paradox dieser Wahlen, daß gerade diejenigen ausgeschlossen blieben, um deren Schicksal es vor allem ging.

Entgegen den Erwartungen von Edgar Faure wie von Mendès-France brachten die Wahlergebnisse keine Klärung der Situation. Auch in der dritten Nationalversammlung war eine Mehrheit ebensowenig in Sicht wie in der vorhergehenden Kammer. Die Kommunistische Partei hatte sich in der Isolierung gut behauptet und ihre Wähler auch nach acht Jahren des Kalten Krieges bei der Stange gehalten; in absoluten Zahlen erreichte sie mit fünfeinhalb Millionen Stimmen sogar ein Rekordergebnis. Mit 25,6 Prozent der abgegebenen Stimmen hatte sie nach wie vor ein

Viertel der Wähler fest im Griff und ließ keine Linksmehrheit zustande kommen. Mit 146 Abgeordnetenmandaten glich sie die Verluste wieder aus, die sie bei der letzten Wahl durch Listenverbindungen erlitten hatte, und erreichte nahezu die gleiche Fraktionsstärke wie in der ersten Nationalversammlung.

Herrschte auf der extremen Linken Stabilität, so bot die extreme Rechte ein anderes Bild. Die größte Überraschung dieser Wahlen war der plötzliche Durchbruch der Poujade-Bewegung, deren Erfolg mit fast zweieinhalb Millionen Stimmen – das waren 12,5 Prozent der gesamten Wählerschaft – und 50 Mandaten weit größer als erwartet ausfiel. Ihre spektakulärsten Erfolge erzielte sie in Südfrankreich. Sie brachten den Verdruß einer ganzen Schicht von mittelständischen Gewerbetreibenden, Bauern und Kleinunternehmern zum Ausdruck, die gereizt auf das Treiben der Politiker reagierten und sich ebenso um die eigene berufliche Zukunft sorgten wie um die Zukunft Frankreichs. Ebenso wie das starke Abschneiden der Kommunistischen Partei die Bildung einer Linksmehrheit verhinderte, so blockierte nun auch der unerwartete Wahlerfolg der Poujadisten die Entstehung einer mehrheitsfähigen Rechtskoalition, da der Poujadismus seine Wählerschaft hauptsächlich auf Kosten der Rechten gewann. Kommunisten und Poujadisten vereinten zusammen etwa 38 Prozent der Wählerstimmen auf sich und errangen insgesamt an die 200 Sitze, was einem Drittel der Nationalversammlung entsprach. Obwohl die Situation diesmal nicht so problematisch war wie 1947, als die beiden Oppositionsgruppen zusammen die Mehrheit zu stellen drohten, gab das Kräfteverhältnis einigen Anlaß zur Besorgnis – denn eine stabile Regierungsmehrheit war in dieser Nationalversammlung nicht zu erwarten.

Die beiden Koalitionen hielten sich zahlenmäßig annähernd die Waage; allerdings war die Mitte-Links-Gruppierung diesmal die schwächere. Die Republikanische Front hatte etwas weniger als 30 Prozent der Stimmen erhalten und 170 Mandate errungen. Mit 4 Prozent der abgegebenen Stimmen waren die Gaullisten zur Splitterpartei herabgesunken. Die SFIO holte sich mit 89 Mandaten den Löwenanteil und stellte damit über die Hälfte aller Abgeordneten der Republikanischen Front. Der Mendesismus hatte einen beachtlichen Erfolg errungen; man schätzte, daß etwa eine Million Wähler sich wegen Mendès-France dem linken Lager zugewandt hatten, wohl die Hälfte davon Katholiken, die nach einer effizienten Demokratie und einer friedlichen Beilegung der kolonialen Konflikte verlangten und die Lösung im Mendesismus sahen. Neben dem Poujadismus war der Mendesismus der zweite neue Faktor im politischen Kräftespiel.

Demgegenüber hatte die Mitte-Rechts-Koalition fast zweihundert Sitze errungen, war aber dennoch unter ihren Erwartungen geblieben. Edgar Faures Spekulation, Poujadismus und Mendesismus durch Wahlen auszumanövrieren, hatte sich als Fehlschlag erwiesen. Zunächst sah es so aus, als habe die Republikanische Front gewonnen, weil die Rechte verloren hatte. Der Schwerpunkt hatte sich im Vergleich zu 1951 nach links verschoben und lag jetzt in der Mitte zwischen denen der beiden vorigen Parlamente – eine Folge der Ära Mendès-France.

GUY MOLLET UND ALGERIEN

Bei der Suche nach einem neuen Ministerpräsidenten wandte sich Staatspräsident Coty zuerst an die Führer der Republikanischen Front. Man rechnete mit Mendès-France, doch die Wahl fiel auf Guy Mollet. Es war eine logische Entscheidung: René Coty hielt sich an die alte Regel, wonach der Führer der stärksten Gruppe innerhalb der Mehrheit mit der Regierungsbildung zu beauftragen sei. Das war in diesem Fall der Generalsekretär der SFIO, Guy Mollet. Es ist oft behauptet worden, Coty habe einem persönlichen Vorurteil nachgegeben und Mendès-France aus Argwohn oder gar aus einem antisemitischen Affekt heraus übergangen – lauter haltlose Unterstellungen. Schließlich war es gerade René Coty, der 1954 Mendès-France zum Ministerpräsidenten vorgeschlagen hatte. In Wirklichkeit hat sich Mendès-France selbst, angesichts der leidenschaftlichen Auseinandersetzungen um seine Person, einer Kandidatur für das Amt des Regierungschefs entzogen. Er verzichtete auch auf das Außenministerium und begnügte sich mit dem wohlklingenden Titel eines Staatsministers ohne Geschäftsbereich. Doch trotz aller Folgerichtigkeit stieß die Nominierung Guy Mollets auf Unverständnis bei den Wählern, die ja nur deshalb für die Republikanische Front gestimmt hatten, um Mendès-France wieder an die Macht zu bringen, und sich von ihm die Fortsetzung seines unterbrochenen Werkes erhofften. Für sie war das Ganze ein abgekartetes Spiel. Die Enttäuschung wurde noch größer, als der Mann ihrer Wertschätzung vier Monate später zurücktrat, und gab der Staatsverdrossenheit weiteren Auftrieb.

Es war nicht die erste Enttäuschung dieser Art. 1951 war es um die Listenverbindungen gegangen: Daß sich Parteien, die Regierungsverantwortung miteinander teilten, auch gemeinsam dem Urteil der Wähler stellten, war grundsätzlich weder unvernünftig noch unmoralisch – dennoch blieb den Wählern ein Nachgeschmack von Manipulation. Beschämend wirkte auch die Unfähigkeit des Parlaments, sich im Dezember 1953 auf einen Nachfolger für Staatspräsident Vincent Auriol zu einigen. Die Öffentlichkeit zeigte sich von der dreizehn Wahlgänge langen Prozedur um so mehr schockiert, als sie dank der Fernsehübertragung das parlamentarische Ränkespiel erstmals aus nächster Nähe miterleben durfte. Und zu all dem kam nun im Januar 1956 noch hinzu, daß das Amt des Regierungschefs nicht demjenigen zufiel, für den man gestimmt hatte. Danach hatte die neue Nationalversammlung nichts Eiligeres zu tun, als aus Gründen, deren juristische Feinheiten den Bürgern verborgen blieben, die Mandate von elf poujadistischen Abgeordneten für ungültig erklären zu lassen und diese kurzerhand durch ihre unterlegenen Konkurrenten zu ersetzen. Diese Situation nutzte der rechtsextreme Abgeordnete Jean-Louis Tixier-Vignancour. Er machte sich zum Anwalt dieser elf Unglücklichen, die sich nicht selbst verteidigen konnten, und besiegelte damit die Allianz zwischen dem Poujadismus und der militanten nationalistischen Rechten.

Der Mann, dem nun die schwere Aufgabe zufiel, die verschwommenen Wünsche der Wähler in Politik umzusetzen und – was noch schwieriger war – einen Ausweg aus dem Algerienkrieg zu finden, den er selbst als Torheit bezeichnet hatte, hatte bereits Erfahrungen auf Regierungsebene gesammelt. Erst vor relativ kurzer Zeit hatte er anläßlich einer Regierungskrise im Auftrag des Staatspräsidenten parlamentarische Konsultationsgespräche geführt, und in der ersten Regierung Pleven war er Minister für Europäische Angelegenheiten gewesen. Doch kannte man ihn vor allem als Repräsentanten seiner Partei: Guy Mollet war ein Mann des Apparats. Wie viele seiner Altersgenossen war er durch die Résistance zur Politik gekommen und machte nach der Befreiung rasch Karriere. Als Abgeordneter in beiden Verfassunggebenden Versammlungen hatte er bedeutenden Anteil an der Ausarbeitung der Verfassung. Getragen vom Widerstand der Parteibasis gegen die von Léon Blum geplante Änderung der Parteisatzung, übernahm er im Sommer 1946 das Amt des Generalsekretärs der SFIO. Damals verkörperte Guy Mollet das kompromißlose Festhalten an der orthodoxen sozialistischen Lehre in der Tradition eines Jules Guesde, die vor allem in den Parteiverbänden der Departements Nord und Pas-de-Calais starken Rückhalt fand. Seine Wahl im Sommer 1946 bedeutete eine Wende nach links. Doch derselbe Mollet wandelte sich mit Beginn des Kalten Krieges zum Verteidiger der Dritten Kraft und wurde einer der energischsten Vorkämpfer des Antikommunismus. Er war ein Anhänger der europäischen Integration und ließ jene Abgeordneten seiner Partei, die nicht für die Europäische Verteidigungsgemeinschaft gestimmt hatten, aus der Partei ausschließen. Wie würde dieser Mann mit der Macht umgehen? Die Öffentlichkeit und – später – die Geschichte haben ihn letzten Endes hauptsächlich nach seiner Algerienpolitik beurteilt.

Guy Mollet fand für sein Kabinett – durch eine Verfassungsänderung hatte man das Staatsrecht der Praxis angeglichen und die Wahl des neuen Ministerpräsidenten mit der Abstimmung über seine Regierungsmannschaft zusammengelegt – eine ebenso breite Mehrheit wie zwanzig Monate zuvor Mendès-France: 420 Ja-, 71 Neinstimmen, 83 Enthaltungen. Den etwa 170 Abgeordneten der Republikanischen Front hatten sich, wie schon im Juni 1954, die Kommunisten angeschlossen und diesmal auch die Volksrepublikaner. Mit Nein stimmten die Poujadisten und einige Abgeordnete der extremen Rechten; die Enthaltungen kamen von einem Teil der Rechten. Sämtliche Gruppierungen dieser Mehrheit, mit Ausnahme der Kommunisten, waren auch in der Regierung vertreten. Pierre Mendès-France wurde zum Staatsminister und stellvertretenden Ministerpräsidenten ernannt, während François Mitterrand, unter Mendès-France noch Innenminister, das Justizministerium übernahm. Auch die Gaullisten und Volksrepublikaner saßen im Kabinett. Die Schlüsselpositionen lagen in den Händen der SFIO, die sich sämtliche Wirtschafts- und Sozialressorts (vor allem das Ministerium für Wirtschaft und Finanzen unter Robert Lacoste) gesichert hatte und mit Christian Pineau auch den Außenminister stellte.

In der Algerienfrage verfiel man auf einen neuartigen Lösungsansatz, der zum einen die Priorität unterstrich, die man diesem Problem beimaß, und zum anderen verhindern sollte, daß die Macht nach und nach in die

Hände der europäischen Minderheit überging: die Ernennung eines Minister-Residenten mit Sitz in Algier, der als vollberechtigtes Kabinettsmitglied an den Regierungsentscheidungen beteiligt war. Mollet übertrug dieses höchst verantwortungsvolle Amt keinem Politiker, sondern einer unabhängigen und angesehenen Persönlichkeit, dem General Catroux, der seit seiner Parteinahme für de Gaulle im Jahre 1940 die Sympathien der Gaullisten genoß und sich als Architekt einer liberalen Politik im östlichen Mittelmeerraum sowie als Generalgouverneur von Algerien im Jahre 1945 einen Namen gemacht hatte.

In seiner Regierungserklärung skizzierte Mollet die Grundzüge der Politik, von der sich seine Regierung die Lösung des Algerienproblems erhoffte: Anerkennung einer algerischen Identität, Wiederherstellung der Ordnung – er nannte es Befriedung – und Gespräche mit Verhandlungspartnern, die in einer regulären, freilich erst nach Beruhigung der Lage abzuhaltenden Wahl bestimmt werden sollten. Das Evangelium der Regierung Mollet ließ sich in drei Worten zusammenfassen: Waffenruhe, Wahlen und Verhandlungen. Die erste Amtshandlung des neuen Ministerpräsidenten galt Algerien: Er folgte bewußt den Spuren eines Mendès-France, der seinerzeit nach Tunis gereist war, und flog schon einen Tag nach seiner Investitur nach Algier. Dort gedachte er den Minister-Residenten in sein Amt einzusetzen und die Bereitschaft der Regierung zu einer liberalen Lösung zu bekunden. Doch Mollets Reise war improvisiert und geriet mangels Vorbereitung zum Fehlschlag. Am Ende bewirkte sie genau das Gegenteil dessen, was er erreichen wollte.

Als Guy Mollet am Morgen des 6. Februar auf dem Flughafen Maison-Carrée landete, wußte er wenig von den Verhältnissen im Lande und noch weniger von der Stimmung unter der europäischen Bevölkerung. Diese hatte erst vor wenigen Tagen den scheidenden Generalgouverneur Jacques Soustelle in einer großartigen und bewegenden Feier verabschiedet; sie war beunruhigt über den Sieg der Republikanischen Front und sah mit der Ernennung von Catroux ihre Befürchtungen bestätigt: War die Regierung nicht schon drauf und dran, mit den Aufrührern zu verhandeln? Die Ankunft des Regierungschefs bot somit willkommene Gelegenheit, sich Gehör zu verschaffen und Druck auf die Pariser Entscheidungsträger auszuüben. Zu diesem Anlaß hatte sich eine erregte Menge von Kriegsveteranen, Studenten und Gymnasiasten versammelt. Die

Ordnungskräfte ließen sich von der Menge überrennen, Guy Mollet wurde angerempelt und mit Tomaten beworfen. Überrascht von der Heftigkeit der Gefühle und völlig außer Fassung ob dieses unerwarteten Empfangs, erkannte der Regierungschef plötzlich die tiefe, urwüchsige Bindung dieser Algerienfranzosen an ihr Land und entdeckte die gefühlsmäßige Dimension des Algerienproblems. Erschüttert und verstört rief er General Catroux zu sich, erbat dessen Rücktritt und ersetzte ihn unverzüglich durch seinen Freund Robert Lacoste, einen altgedienten Gewerkschafter, dessen Posten als Wirtschaftsminister der frühere Ministerpräsident Ramadier übernahm.

Dieses personelle Zugeständnis zog weitere Zugeständnisse in Grundsatzfragen nach sich. Zehn Tage später wurde die erste Regierungserklärung durch eine neue korrigiert, die eine härtere Gangart verkündete. Von Reformen war keine Rede; die Befriedung hatte Vorrang. Noch folgenschwerer war Mollets Zurückweichen vor den Forderungen der Straße, das die Autorität der Regierung schwächte und sie für eine lange Zeit den Pressionen der Aktivisten auslieferte. Der 6. Februar 1956 stellte die Weichen für den 13. Mai 1958: Die Organisatoren des Gewaltstreichs vom 13. Mai wollten damals wiederholen, was ihnen zwei Jahre zuvor gelungen war, und es kostete den Nutznießer dieser Operation, General de Gaulle, monatelange beharrliche Bemühungen, die Autorität des Staates wiederherzustellen und die Bresche zu schließen.

Von nun an setzte die Regierung alles daran, eine militärische Entscheidung zu erzwingen. Sie forderte vom Parlament Sondervollmachten, die noch über das hinausgingen, was ihre Vorgänger in der Hand gehabt hatten; sie wurden ihr mit der überwältigenden Mehrheit von 455 zu 75 Stimmen bewilligt. Um sich der Öffentlichkeit nicht völlig zu entfremden und sich den anderen Linksparteien anzunähern, stimmten auch die Kommunisten zu – ein Votum, das man ihnen später noch oft zum Vorwurf gemacht hat. Doch damals konnte sich niemand eine andere Politik vorstellen. Die Nationalversammlung hatte ihre Verantwortung abgegeben und sie in die Hände der Regierung und insbesondere der Armee gelegt.

Die Regierung berief alle verfügbaren Rekrutenjahrgänge ein: 70 000 Mann im April, 50 000 Mann im Mai. Die Zahl der in Algerien stationierten Soldaten stieg von 200 000 auf 400 000. Hier, in der Entsendung der Wehrpflichtigen, lag der entscheidende Unterschied zum Indochinakrieg. Hatte man damals die eigentlichen Kampfeinsätze Freiwilligenverbänden übertragen, so wurden diesmal die Wehrpflichtigen zur Aufrechterhaltung der Ordnung eingesetzt. Die Wehrdienstzeit wurde schrittweise bis auf siebenundzwanzig Monate verlängert. In den sechs Jahren von 1956 bis 1962 kam somit jeder junge Franzose einmal nach Algerien; über zwei Millionen machten auf diese Weise Bekanntschaft mit diesem Volk und seinen Problemen, aber auch die Erfahrung des Guerillakrieges.

Diese Beteiligung am Algerienkrieg blieb nicht ohne Folgen für die Nation, doch wandelten sich die Folgen im Laufe der Zeit. Zunächst überwogen, wie zahlreiche Zwischenfälle und sogar Ausschreitungen bei der Abfahrt der Einberufenen deutlich machten, die ablehnenden Reaktionen. Die Gegner des Krieges wiegten sich in der Hoffnung, daß die Mobilmachung der jungen Franzosen die Suche nach einer Verhandlungslösung beschleunigen und den Krieg verkürzen werde. Statt dessen hat die Festigung der menschlichen Bande zwischen Algerien und dem Mutterland die Zustimmung zur Sezession eher gehemmt. Erst später, als ein Ende des Krieges in immer weitere Ferne zu rücken schien, fand sich die Öffentlichkeit mit der Unabhängigkeit Algeriens ab.

Wer am 2. Januar im Interesse einer friedlichen Lösung des Algerienkonflikts für die Republikanische Front gestimmt hatte und von dieser Regierung erwartete, sie werde die Kette der Gewalt durchbrechen, sah sich enttäuscht. Am tiefsten ging die Verbitterung bei so manchen Sozialisten, die Guy Mollet Renegatentum und Verrat an seinen eigenen Ideen vorwarfen. Die Verurteilung seiner Kehrtwendung und dieses Opportunismus erwies sich später als schwere Belastung für die SFIO. Hier liegen einige der Gründe für den unaufhaltsamen Niedergang der Partei, und so ist es auch zu erklären, daß die Renaissance des Sozialismus in Frankreich seit 1969–1971 Hand in Hand ging mit der Bekämpfung der Sozialdemokratie und des von manchen so genannten »National-Mollettismus«. Der Historiker freilich, der sich von anderen Motiven leiten läßt als die strengen Kritiker des langjährigen Generalsekretärs in den Reihen der SFIO und objektiv abzuwägen vermag, wird Begriffe wie Renegatentum und Verrat als unangemessen und allzu sehr von Leidenschaft entstellt zurückweisen. Er wird vielmehr zu der Einsicht kommen, daß sich die Standpunkte, die Guy Mollet notgedrungen vertreten hat, mit seiner Weltanschauung durchaus vertrugen: Sein Nein zur Unabhängigkeit

Algeriens stand im Einklang sowohl mit der republikanischen Tradition als auch mit der sozialistischen Ideologie.

Warum mit der republikanischen Tradition? Die demokratische und laizistische Linke hatte eine bestimmte Vorstellung von Frankreich, die diesem eine Mission universalen Ranges zuschrieb: Frankreich sollte die weniger entwickelten Völker auf den Weg des Fortschritts führen, die demokratischen Werte verbreiten und den Aberglauben aus den Köpfen der Menschen verbannen. Warum also sollten Republikaner sich zu einer Restauration des Islam hergeben? Dieser Glaube an die unvollendete Mission Frankreichs erklärt, warum die Politiker der Linken in ihrem berechtigten Stolz auf das zivilisatorische Werk ihres Landes bei der Verteidigung der *Algérie française* mit der nationalistischen Rechten gemeinsame Sache machten.

Was den Hinweis auf die sozialistische Ideologie anlangt, so hielt Guy Mollet, der als guter Marxist den dialektischen Materialismus quasi mit der Muttermilch eingesogen hatte und dessen Dogmen in den Satzungen der SFIO gegen jede Aufweichung verteidigte, den Nationalismus für illusionär und gefährlich. Die Bindung an eine Nation erschien ihm zweitrangig und obsolet gegenüber den sozio-ökonomischen Realitäten, wie sie durch Produktionsverhältnisse geschaffen wurden. Auf die Forderungen des algerischen Nationalismus einzugehen hätte in seinen Augen einen Rückschritt bedeutet. Warum sollte das Frankreich von 1789 ein archaisches Phänomen auch noch ermutigen? Die Zukunft lag für ihn bei den großen integrierten Gebilden von der Art der *Union française*, und die Stationen des algerischen Fortschritts hießen: Förderung des einzelnen Algeriers, um ihn zur Gleichberechtigung zu führen, Verbreitung von Wissen und Abbau von Ungleichheiten. Es war an Frankreich, dieses angefangene Werk, auf das es allen Grund hatte, stolz zu sein, zu Ende zu führen.

Da man im Nationalgefühl – zumindest in dem der Algerier – nichts Urwüchsiges sah, schrieb man das Auftreten eines algerischen Nationalismus äußeren Faktoren zu, ausländischer Propaganda oder imperialistischen Strategien: dem Panarabismus oder dem Kommunismus. Die Militärs zweifelten keinen Augenblick, daß sie es hier mit demselben Gegner zu tun hatten, der in Asien über sie triumphiert hatte, nämlich mit Moskau, das den algerischen Nationalismus geschürt und manipuliert habe, wobei es Kairo als Stützpunkt benutzen mochte. Ständig zitierten sie das berühmte Lenin-Wort, wonach Europas Weg über Asien und Afrika führen werde. Die Verteidigung der französischen Präsenz in Nordafrika (wie früher in Tongking) war gleichbedeutend mit der Verteidigung der westlichen Zivilisation.

Zahlreiche junge Offiziere zogen mit einer Kreuzzugsmentalität in den Krieg, allen voran diejenigen, die sich in ihrem Handeln an den Gewißheiten des Integralismus und einer Art National-Katholizismus orientierten. Wer in den Reisfeldern Indochinas oder in der Gefangenschaft die Effizienz der Gehirnwäsche und die verborgenen Mechanismen der psychologischen Kriegführung entdeckt hatte, schwor sich, den Feind diesmal mit seinen eigenen Waffen zu bekämpfen. Der französische Propagandaapparat setzte alle möglichen Mittel ein, um die moslemische Bevölkerung für seine Ziele zu gewinnen. Die Armee, die aufgrund der Sondervollmachten mit umfassenden Kompetenzen ausgestattet war, erblickte ihre Hauptaufgabe nicht im Schutz von Interessen, sondern in der Erfüllung einer Mission: in der Schaffung eines französischen Algerien. Sie kümmerte sich gleichermaßen um die Versorgung der Zivilbevölkerung (im Rahmen der neugeschaffenen *Sections administratives spéciales,* SAS), um psychologische Kriegführung und um Repression. Zur Isolierung der FLN veranstaltete sie Großrazzien und faßte die Bevölkerung in Lagern zusammen. Um den *fellagha* auf die Spur zu kommen, griff sie bei zahlreichen Anlässen zu Folterungen und zur Exekution verdächtiger Personen. Die FLN ihrerseits schreckte vor keiner Brutalität zurück, um die mit ihr rivalisierenden Messalisten auszuschalten und sich als alleinige Vertretung des algerischen Volkes zu etablieren. Tatsächlich schloß sich ihr ein Teil der Notabeln der islamischen Verwaltungseliten an. Zwischen einer im Hinterland immer stärker präsenten französischen Armee, die das ganze Land mit einem Kontrollnetz überzog und tagsüber ihre Patrouillen aussandte, und den *wilayas*, den Territorialeinheiten der FLN, die bei Nacht ihre Überfälle machten und niedermetzelten, wen sie der Zusammenarbeit mit den Franzosen verdächtigten, geriet die Masse der Bevölkerung in zunehmende Bedrängnis.

Im letzten Drittel des Jahres 1956 überstürzten sich die Ereignisse und rückten eine friedliche Lösung in noch weitere Ferne. Die in der südlichen Sahara entdeckten Erdölvorkommen verhießen Frankreich energiepolitische Unabhängigkeit und waren ein Unterpfand seiner Entwicklung – ein Grund mehr, in Algerien zu bleiben. Am 22. Oktober entschlossen sich einige Offiziere zum Handeln: Als sie erfuhren, daß sich die Führer der FLN auf dem Flug von Rabat nach Tunis befanden, ließen sie ihre Maschine außerhalb des algerischen Luftraums abfangen und bemächtigten sich der Politiker. Sie dachten auf diese Weise die Rebellenbewegung ihrer führenden Köpfe zu berauben und möglicherweise auch eventuelle Verhandlungspartner auszuschalten. Die Regierung, die vorher nicht konsultiert worden war, sah sich – wie seinerzeit im August 1953 das Kabinett Laniel bei der Absetzung des Sultans von Marokko – wieder einmal vor vollendete Tatsachen gestellt. Während der Staatssekretär Alain Savary dieses Vorgehen nicht decken mochte und ebenso wie der französische Botschafter in Tunis, de Leusse, lieber seinen Abschied nahm, erteilte die Regierung schließlich ihren Segen dazu. Sie bewies damit abermals, daß ihr die Kontrolle über die örtlichen Befehlshaber entglitten war. Eine ähnliche Aktion sollte zwei Jahre später indirekt zum Sturz der Vierten Republik führen.

SUEZKRISE UND UNGARNAUFSTAND

In der Umgebung des Ministerpräsidenten glaubten viele, daß der Schlüssel zur Lösung des Algerienproblems in Kairo liege. Hatte der Generalstab der Rebellen nicht seinen Sitz in der ägyptischen Hauptstadt? Als der eigentliche Aufwiegler und Waffenlieferant der *fellagha* galt Nasser, und daß die französische Marine am 16. Oktober vor der algerischen Küste ein Schiff aufbrachte, das aus Ägypten kam und mit Waffen für die algerischen Untergrundkämpfer vollgeladen war, kam als Bestätigung für diese These gerade recht. Eine Niederlage des ägyptischen Führers wäre demnach zugleich ein Schlag gegen die algerische Aufstandsbewegung.

Tatsächlich lieferte Nasser selbst einen Vorwand zur Intervention in Ägypten. Nachdem die Vereinigten Staaten sich geweigert hatten, den Bau des Assuan-Staudamms – ein Werk pharaonischen Ausmaßes, das den Wohlstand ins Niltal tragen sollte – mit Krediten zu unterstützen, verkündete der ägyptische Staatschef am 26. Juli die Nationalisierung des Suezkanals. Der Suezkanal war ein Werk Frankreichs und wurde von einer multinationalen Aktiengesellschaft betrieben; nach Ansicht der meisten Regierungen war es im Interesse einer freien Schiffahrt unerläßlich, daß er seinen internationalen Status behielt. Guy Mollet und die ehemaligen Résistance-Kämpfer hatten aus den Ereignissen der Vorkriegszeit die Lehre gezogen, daß es verfehlt sei, Diktatoren mit Zugeständnissen besänftigen zu wollen. Da man Nasser in höchst summarischer und fragwürdiger Weise mit Hitler gleichsetzte und den Fehler von München nicht wiederholen wollte, entschied man sich zu einer Militäraktion in Suez.

So entstand der Plan einer Expedition, die im Zusammenspiel mit einem israelischen Vorstoß den Kanal wieder unter internationale Kontrolle bringen sollte. In aller Stille bereiteten französische, britische und israelische Minister und Generäle die Expedition vor und versammelten ihre Eingreifverbände auf Zypern. Israel sollte Angriffshandlungen gegen Ägypten eröffnen und seine Truppen in Richtung Suezkanal in Marsch setzen. Daraufhin sollten Frankreich und Großbritannien, vorgeblich zum Schutz der Kanalanlagen und bei scheinbarer Wahrung der Unparteilichkeit gegenüber den Kriegführenden, beiden Parteien ihre Vermittlung aufzwingen. Da Israel bereitwillig darauf eingehen würde, sollten die britisch-französischen Truppen nach ihrer Landung in Suez auf Kairo marschieren und entweder Nasser stürzen oder ihm schmachvolle Bedingungen diktieren. Damit hätte Frankreich in Algerien freie Hand.

Dieses Drehbuch wurde Punkt für Punkt in die Tat umgesetzt, allerdings mit einigen Verzögerungen auf britischer Seite. Das französische Parlament stimmte schließlich unter dem Beifall der Öffentlichkeit mit 368 zu 182 Stimmen zu. Am 29. Oktober 1956 begann der israelische Angriff; am 30. forderten Paris und London beide kriegführenden Parteien ultimativ auf, die Kampfhandlungen einzustellen. Ägypten wies das Ultimatum zurück. Am 1. November wurden die ägyptischen Flughäfen aus der Luft bombardiert; am 5. sprangen die Fallschirmjäger über Port Said ab, brachten die Kanalzone in ihre Gewalt und marschierten auf Kairo, ohne auf nennenswerten Widerstand zu stoßen.

Die Schwierigkeiten kamen aus einer anderen Richtung. Es war bereits zu spät: Die Supermächte USA und UdSSR waren beide entschlossen, auf Paris und London Druck auszuüben. Eisenhower, der eine zweite Amtszeit anstrebte und mitten im Wahlkampf stand, förderte den Druck auf das britische Pfund. Was Chruschtschow, den man mit der blutigen Unterdrückung des Ungarnaufstands vollauf beschäftigt glaubte, betraf, so drohte er Frankreich mit dem Einsatz seiner Raketen, wenn es die Intervention nicht unverzüglich abbreche. Von Eden im Stich gelassen, der sich nicht erlauben konnte, die Weisungen aus Washington zu ignorieren, blieb der französischen Regierung nichts anderes übrig, als der Ablösung ihrer Truppen durch die Blauhelme der UNO zuzustimmen.

So endete die Operation, die nach dem Willen ihrer Planer die Entschlossenheit der französischen Regierung demonstrieren und ihr endlich freie Hand in Algerien verschaffen sollte, in einem peinlichen Fiasko. Dieses Manöver aus dem Geist eines kruden Machiavellismus bewies nachdrücklich, daß die Tage der Kanonenbootpolitik vorbei waren. Die beiden größten Kolonialmächte hatten gemeint, sich eine derartige Politik nach wie vor erlauben zu können; statt dessen mußten sie vor dem Machtwort der beiden außereuropäischen Weltmächte zurückweichen. In Frankreich lasteten weder die politische Klasse noch die Öffentlichkeit der Regierung die Niederlage an. Am 20. Dezember wurde das Kabinett Mollet durch ein Vertrauensvotum mit der immer noch absoluten Mehrheit von 325 zu 210 Stimmen entlastet. Der Ausgang der Suezkrise verstärkte die Ressentiments gegen das Ausland, gegen verbündete wie gegen feindliche Mächte; vor allem der Antiamerikanismus fand hier ein zusätzliches Motiv.

War 1956 für die sozialistische Linke ein enttäuschendes Jahr, so traf es die Kommunisten noch härter. Für die ganze kommunistische Weltbewegung war es eine Zeit der Prüfungen. Trotz ihrer Bemühungen, dem Sog dieser Entwicklung zu entgehen, wurden auch die französischen Kommunisten in Mitleidenschaft gezogen. Es begann am 25. Februar 1956, als Chruschtschow in seinem Rechenschaftsbericht auf dem XX. Parteitag der KPdSU die Verbrechen Stalins und den Personenkult anprangerte und damit am leninistischen Dogma von der Unfehlbarkeit der Parteiführung rüttelte. Die Führung der französischen KP ging mit keinem Wort darauf ein und bestritt lange Zeit die Existenz dieses Berichts, obwohl er im Juni in *»Le Monde«* veröffentlicht worden war. Die Partei ließ sich mit ihrer Entstalinisierung reichlich Zeit. Die Enthüllungen über die Kehrseite hinter dem strahlenden Äußeren des Sowjetparadieses und insbesondere das Eingeständnis der Existenz von Arbeits- und Umerziehungslagern in der Sowjetunion erschütterten den ehrfürchtigen Glauben an das sowjetische Experiment. Die Veröffentlichung von Solschenizyns »Ein Tag im Leben des Iwan Denissowitsch« bereitete den Weg für eine Schilderung des »Archipel Gulag« fünfzehn Jahre später.

Im Herbst 1956 wurden die Volksdemokratien als Folge der Entstalinisierung von einer Welle von Unruhen erschüttert. Die Ereignisse vom 17. Juni 1953 in Ost-Berlin, als die Rote Armee auf die revoltierenden Arbeiter geschossen hatte, waren seinerzeit im Westen ohne größeres Echo geblieben, wahrscheinlich weil es sich um Deutsche handelte, die nur bekamen, was sie verdient hatten. Einen stärkeren Eindruck hinterließen die Ereignisse in Polen, die Rückkehr Gomulkas, der »Warschauer Frühling« und die Hoffnungen, die sich an ihn knüpften. Der größte Schock aber war der Ungarnaufstand. Ein Teil der französischen Öffentlichkeit begeisterte sich für den Mut der Ungarn, in dem er den Geist der demokratischen Revolutionen des 19. Jahrhunderts wiedererstehen sah. Das Eingreifen der sowjetischen Armee, die eine Revolution der breiten Volksmassen niederschlug, rief vielerorts Empörung hervor. Zahlreiche Gewerkschafter zerrissen ihre CGT-Ausweise, und mehr als ein Intellektueller, allen voran Jean-Paul Sartre, hörte an diesem Tag auf, im Kommunismus die Zukunft der Welt zu sehen.

Die ersten Monate des Jahres 1957 waren geprägt von einer Verschärfung der Kämpfe in Algerien und von deutlichen Symptomen einer Spaltung im Bewußtsein der französischen Nation. Da die FLN im Unterschied zum Vietminh die Entscheidung nicht in offener Feldschlacht erzwingen konnte, trug sie den Krieg in die Städte, legte Bomben in öffentlichen Gebäuden und übte sich in blindem Terror. Es war das erste Mal, daß eine französische Regierung mit einer solchen Herausforderung konfrontiert wurde; denn dieser Terrorismus war von anderer Art als der vorwiegend selektive der Anarchisten oder politischen Geheimbünde, die ihre Opfer gezielt unter politischen Amtsträgern auszuwählen pflegten. Um diese Art Krieg im Keim zu ersticken, erteilte Minister-Resident Robert Lacoste am 7. Januar 1957 General Massu entsprechende Vollmachten und übertrug die Polizeigewalt der 10. Fallschirmjäger-Division, die nach dem Fiasko in Suez wieder aus Ägypten zurückgekehrt war.

Diese zeigte wenig Skrupel bei der Erfüllung ihres Auftrags. Wenn die Anwendung der Folter jene Informationen lieferte, die zur rechtzeitigen Entdeckung und Entschärfung einer Bombe oder zur Zerschlagung eines Untergrundnetzes führten – rechtfertigte der Zweck dann nicht die Mittel? Militärgeistliche wußten den Einsatz derartiger Mittel theologisch zu legitimieren. Jedenfalls hatten die Mittel Erfolg: Innerhalb weniger Monate hatte Massu die »Schlacht von Algier« gewonnen. Aber in Algerien selbst und in der französischen Armee gerieten einige in Unruhe, weil man zu Methoden zurückkehrte, für die man seinerzeit die deutschen Besatzer angeprangert hatte, und General de Bollardière erhob öffentlichen Protest. Ehemalige Widerstandskämpfer, die ihren Kampf als moralische Pflicht aufgefaßt hatten, katholische und protestantische Christen, Priester, Seminaristen, Aktivisten der *Action catholique* und alte Pfadfinder bezeugten öffentlich, was sie gesehen hatten. Die Regierung leugnete zunächst die Fakten, setzte dann aber im April 1957 eine Kommission zur Wahrung der individuellen Rechte und Freiheiten ein und beauftragte sie mit der Untersuchung der Vorwürfe. Damit wurde der spezifisch politische Gegenstand der Algeriendebatte – das Für und Wider der Dekolonisierung – um eine ethische Fragestellung erweitert, die unter den französischen Intellektuellen tiefe Gräben aufriß. Während einige kompromißlos gegen den Krieg Front machten, solidarisierten sich andere mit der Armee und bezichtigten die Intellektuellen der Komplizenschaft mit dem Feind. Es war der alte Streit, den Frankreich schon bei früheren Anlässen geführt hatte.

Die Verschlechterung der Situation in Algerien beeinträchtigte jedoch nicht den erfolgreichen Abschluß des Entkolonialisierungsprozesses in den beiden benachbarten Protektoraten – im Gegenteil. Paris war an der Herstellung freundschaftlicher Beziehungen um so mehr interessiert, als Frankreich vor der UNO wegen seiner Algerienpolitik auf der Anklagebank saß. Im März 1956 erkannte die Regierung die volle Unabhängigkeit Tunesiens und Marokkos an und setzte sich für die Aufnahme beider Staaten in die Vereinten Nationen ein. In ihrer Schwarzafrikapolitik griff sie ein Projekt des Kolonialministers der Regierung Faure, des Volksrepublikaners Pierre-Henri Teitgen, wieder auf; sein Nachfolger Gaston Defferre brachte mit großer Mehrheit von 477 zu 99 Stimmen ein Rahmengesetz durch, in dem die einzelnen Stufen eines schrittweisen Übergangs zur Autonomie festgelegt wurden; die in allgemeiner, gleicher und direkter Wahl bestimmten Volksvertreter sollten an der Verwaltung ihrer internen Angelegenheiten beteiligt werden. Dieses Gesetz hat Frankreich die Schrecken eines dritten Kolonialkriegs erspart und den Weg zur Unabhängigkeit geebnet. An Indochina war die Regierung Mollet, ebenso wie ihre Vorgänger, nicht mehr interessiert; sie überließ es den Vereinigten Staaten, das Erbe der ehemaligen Kolonialmacht anzutreten.

Wenngleich die Regierung ihre Aufmerksamkeit in erster Linie Algerien zuwandte, blieb dennoch Raum für andere Aktivitäten. In der Europapolitik setzte sie die letzte Unterschrift unter die Initiativen ihrer Vorgänger. Nach dem Scheitern der EVG hatten sich die Regierungen Mendès-France und vor allem Edgar Faure um neuen Schwung für die europäische Integration bemüht und ihre Anstrengungen auf das Gebiet der Wirtschaftspolitik verlagert. In den Sechser-Gesprächen (1955) von Venedig und Messina waren zwei Verträge ausgearbeitet worden, von denen der erste eine internationale Institution zur friedlichen Nutzung der Atomenergie (Euratom) vorsah, während der andere eine europäische Wirtschaftsgemeinschaft ins Leben rief, die nach einer Übergangszeit in einen gemeinsamen offenen Markt mit freiem Personen- und Güterverkehr münden sollte. Beide Verträge wurden am 25. März 1957 in Rom feierlich unterzeichnet und im Frühsommer des gleichen Jahres ratifiziert.

DIE SOZIALPOLITIK DER REPUBLIKANISCHEN FRONT

Die Koalitionsparteien der Republikanischen Front orientierten sich am Experiment der Volksfront, die durch ihre Reformen und ihre Sozialpolitik eine dauerhafte Spur im Gedächtnis der Franzosen hinterlassen hatte. Die Situation des Jahres 1956 wies freilich weniger Parallelen als Unterschiede zu jener des Jahres 1936 auf. Litt Frankreich damals unter einer langwierigen Depression, so erlebte es 1956 einen beispiellosen wirtschaftlichen Aufschwung und näherte sich einer Wachstumsrate von zehn Prozent. Auch die politische Konstellation war eine gänzlich andere, da die Kommunisten diesmal nicht an der Regierungsmehrheit beteiligt waren.

Dennoch nahm die Öffentlichkeit einige Ähnlichkeiten wahr, besonders hinsichtlich der intensiven gesetzgeberischen Tätigkeit, welche die

Regierung in den ersten Wochen entfaltete. So verlängerte das Parlament (nach dem Vorbild der betriebsinternen Regelung der Renault-Werke) die Dauer des bezahlten Jahresurlaubs für sämtliche Arbeitnehmer auf drei Wochen. Ein nationaler Solidaritätsfonds wurde eingerichtet, um einen angemessenen Ruhestand für ältere Arbeitnehmer zu gewährleisten, deren Bevölkerungsanteil allmählich in besorgniserregendem Maße anstieg – eine Folge der verbesserten Hygiene und medizinischen Versorgung, von der dank der Sozialversicherung immer mehr Menschen profitierten. Finanziert wurde dieser Fonds über den Verkauf einer Vignette an sämtliche Autofahrer. Ein Rahmengesetz sorgte für neue Impulse im sozialen Wohnungsbau. Alle diese Maßnahmen wurden im Schwung des Neubeginns verabschiedet.

Aber nach einigen Monaten traf die Regierung zunehmend auf Widerstand, und zwar in dem Maße, wie die Probleme sich häuften und die Regierung sich mit der Lösung immer schwerer tat. Guy Mollet stürzte nicht über Algerien; denn mit Ausnahme der äußersten Rechten, die sich eine noch härtere Gangart gewünscht hätte, fanden die Rechtsparteien nichts an seiner Politik auszusetzen. Widerstand gegen seine Algerienpolitik formierte sich in der SFIO, doch hatte Mollet, der sein Amt als Generalsekretär behalten hatte, die Partei sicher im Griff. In Frankreich gab es noch einen breiten Konsens zugunsten einer *Algérie française;* die Entsendung der Wehrpflichtigen hatte die Bande zwischen Algerien und dem Mutterland wieder enger geschnürt, und für die meisten Franzosen war es undenkbar, daß sie je zerreißen könnten. Raymond Aron, der für einen Rückzug eintrat und anhand von Statistiken nachwies, wie teuer Algerien Frankreich zu stehen kam, war ein einsamer Rufer.

Die Regierungsmehrheit entzweite sich vielmehr über die Finanz- und Sozialpolitik. Der Krieg in Algerien zog Mehrausgaben in Höhe von 300 Milliarden (alten) Francs nach sich; die Sozialreformen waren teuer, und ein extrem harter Winter mit einer vierwöchigen Frostperiode hatte verheerende Auswirkungen auf die Wirtschaft. Doch die Regierung wollte weder Algerien noch die Sozialreform aufgeben. Die Inflation wurde von neuem angeheizt, das Haushaltsdefizit geriet außer Kontrolle und die Zahlungsbilanz kam aus dem Gleichgewicht. Ramadier arbeitete daraufhin ein neues Steuerprogramm aus, das die Rechte auf den Plan rief. Guy Mollet, dem es um die Einheit seiner Partei zu tun war und der aus diesem Grund lieber dem Druck der Linken nachgab, tat nichts, um die Sympathie der Gemäßigten zu erringen. Am 22. Mai 1957 lehnte eine Mehrheit aus Kommunisten und Poujadisten – den Parteien der permanenten Opposition – sowie etwa 75 Gemäßigten und Radikalsozialisten die Vorschläge des Finanzministers ab und zwang damit die am längsten amtierende Regierung aller drei Legislaturperioden der Vierten Republik nach fünfzehn Monaten zum Rücktritt.

Nachdem die Beliebtheit Guy Mollets mit der Suezexpedition ihren Höhepunkt erreicht hatte, fiel er nun in Ungnade. Die Öffentlichkeit behielt ihn in schlechter Erinnerung – allerdings nicht ganz zu Recht, da man ihm die Hauptverantwortung für eine Politik (oder in manchen Fällen für das Fehlen einer Politik) anlastete, die im Grunde nur dem Willen der politischen Klasse und wahrscheinlich sogar dem der meisten Franzosen entsprach. Guy Mollet besaß, wie schon sein Vorgänger, nur sehr beschränkte Machtbefugnisse; er war nicht einmal der unangefochtene Chef seiner eigenen Partei, geschweige denn seiner Regierungskoalition, und besaß nur geringe Autorität über seine Ministerkollegen. Die Verfassung bot ihm keinerlei Rückhalt. Er selbst war in seiner Denkweise überaus typisch für das Führungspersonal der Vierten Republik. Vielleicht war er deshalb so unpopulär, weil er die Unpopularität des ganzen Systems auf sich nahm, dessen Schwächen, aber auch Tugenden und Stärken zugleich die seinen waren.

Allen Schwierigkeiten zum Trotz hat diese Regierung etwas bewegt. Ohne den Algerienkrieg wäre sie wahrscheinlich als eine hochherzig denkende Regierung in Erinnerung geblieben, die vernünftige Entscheidungen zu treffen wußte, und stünde wohl besser da als andere Kabinette, die heute in keinem so schlechten Ruf stehen. Außenpolitisch hat sie die Einigung Europas ein entscheidendes Stück vorangebracht und in Übersee der Zukunft den Weg gebahnt. Innenpolitisch hat Guy Mollet persönlich alles getan, um ein Wiederaufleben des Schulstreits zu verhindern. Da die Linke – unter Einschluß der Kommunisten, die in dieser Frage ihre Unterstützung schwerlich verweigert hätten – die Mehrheit stellte, hätte sie im Februar 1956 ihren Schwur wahrmachen und die Gesetze Marie und Barangé aufheben können, wie es die im *Cartel national d'action laique* zusammengeschlossenen Organisationen verlangten. Der Regierungschef hat sich einem solchen Vorgehen nicht nur versagt, er tat noch mehr: Da er erkannte, daß eine endgültige Lösung des Problems mit den höchsten Amtsträgern der Kirche zu erreichen war, hatte er mit Rom über alle zwischen dem Heiligen Stuhl und der Republik anhängigen Fragen wie das Statut der Ordenskongregationen, das Konkordatssystem, die Missionstätigkeit in Übersee und die Schulfrage diskrete Verhandlungen aufgenommen. Die Gespräche waren schon ziemlich weit gediehen, aber am Ende fehlte die Zeit, um ihre Ergebnisse in Gesetzestexte zu fassen und vom Parlament billigen zu lassen.

KRISEN OHNE ENDE

Die Regierung Guy Mollet war die letzte in der Geschichte der Vierten Republik, die einige Initiativen in die Wege zu leiten und Reformen durchzusetzen vermochte. Die beiden nachfolgenden Kabinette hielten sich jeweils nur wenige Monate und konnten sich allenfalls um eine Entschärfung der Lage in Algerien bemühen. Die Lösung der aus dem Sturz Guy Mollets resultierenden Krise wurde peinlich erschwert durch den Zerfall des Parteiensystems. Von den Poujadisten sprach man kaum noch, ihre Kraft reichte höchstens aus, um im Bunde mit anderen eine Regierung zu stürzen. Das Wiederaufleben der Inflation hatte die Liquidität der kleinen Ladenbesitzer verbessert und die Ängste des Kleinhandels beruhigt; Poujade selbst wurde im Januar 1957 bei einer Teilwahl in Paris geschlagen. Was der Mendesismus an Hoffnungen geweckt hatte, war zerronnen, Mendès-France selbst in seinem Bemühen, die Radikalsozialistische Partei zu erneuern, gescheitert; er hatte im Mai 1956 beinahe unbemerkt die Regierung verlassen und praktisch darauf verzichtet, seinen Ansichten Gehör zu verschaffen.

Nach einem dreiwöchigen Intrigenspiel, in dem jeder der Akteure peinlich genau die subtilen Riten eines kunstvollen Zeremoniells beachtete, das zwanzig Regierungskrisen bis zur Perfektion entwickelt hatten, verschob sich der Schwerpunkt der Mehrheit wieder etwas nach rechts. Das Amt des Regierungschefs fiel an einen Radikalsozialisten aus Südwestfrankreich namens Maurice Bourgès-Maunoury, der im Kabinett Mollet das Amt des Verteidigungsministers bekleidet hatte und mit der relativen Mehrheit von 240 gegen 194 Stimmen gewählt wurde, wobei er von der ungewöhnlich hohen Zahl von 150 Enthaltungen profitierte. Er verbrauchte seine Kräfte im Kampf um ein Algerienstatut, das den Liberalen zu wenig großzügig und den Verteidigern eines französischen Algerien zu nachgiebig erschien. Gemeinsam lehnten die beiden Oppositionsparteien den Entwurf am 30. September 1957 mit 279 zu 251 Stimmen ab und brachten die Regierung nach kaum vier Monaten zu Fall.

Als nächstes folgte nach schier endlos scheinenden fünfunddreißig Krisentagen ein weiterer jener jungen Politiker, die nach der Résistance zum Radikalsozialismus gestoßen waren: Félix Gaillard, der bis dahin jüngste Regierungschef der französischen Geschichte – er war am Tag vor seiner Wahl gerade achtunddreißig Jahre alt geworden –, zuletzt Finanzminister in der gestürzten Regierung Bourgès-Maunoury; er profitierte vom allgemeinen Verdruß über die anhaltende Krise und von der Unruhe, die sich unter den Abgeordneten breitmachte. Hinter ihm stand eine Sammlungsmehrheit breitesten Zuschnitts, in der bis auf Kommunisten und Poujadisten sämtliche Gruppierungen vertreten waren. Gaillard berief wieder Minister aus dem MRP in die Regierung und räumte auch den Gemäßigten etliche Posten ein. Erneut verschob sich die Mehrheit ein Stück weiter nach rechts. Es war wieder einmal soweit, daß eine Nationalversammlung, in der die Linke – fälschlicherweise – das Sagen zu haben glaubte, zur Halbzeit der Legislaturperiode eine Mitte-Rechts-Mehrheit aufwies, die von der Linken unterstützt wurde: früher von den Radikalsozialisten, 1957 von den Sozialisten. Die Mehrheit, auf die sich Félix Gaillard stützte, war eine Neuauflage der *Union nationale* der Zwischenkriegszeit: Das Algerienproblem zeitigte also ein ähnliches Ergebnis wie die Gefahren von damals.

Gaillard nutzte den Vertrauensvorschuß, den jede Regierung in den ersten Monaten genießt, um eben die Frage zu lösen, über die sein Vorgänger gestürzt war. Tatsächlich erreichte er am 31. Januar 1958 die Annahme (mit 296 zu 244 Stimmen) eines Rahmengesetzes für Algerien durch die Nationalversammlung. Es sollte allerdings erst drei Monate nach der völligen Wiederherstellung der Ordnung in Kraft treten. Man behandelte das Problem, um dessen Lösung es ging, als sei es bereits gelöst.

Innenpolitisch hatte die Regierung mit neuerlichen wirtschaftlichen und finanziellen Schwierigkeiten zu kämpfen. Die Euphorie der vergangenen Jahre verflog. Der Algerienkrieg belastete den Staat mit unproduktiven Ausgaben wachsenden Umfangs und entzog der Wirtschaft Hunderttausende junger Arbeitskräfte. Die Außenhandelsbilanz geriet bedenklich aus dem Gleichgewicht, der Franc unter Druck. Um das Preisgefälle zwischen Frankreich und dem Ausland auszugleichen, hatte Félix Gaillard ein Verfahren ausgeklügelt, das eine zwanzigprozentige Verteuerung der Importe bewirkte und den Exporteuren eine Subvention in gleicher Höhe verschaffte.

Inzwischen wurden aus allen Schichten der Bevölkerung Forderungen laut. Besonders nachteilig war jedoch der Eindruck, den eine Kundgebung von Polizeibeamten am 13. März 1958 vor dem Palais Bourbon in der Öffentlichkeit hinterließ. Der Vorfall enthüllte vor aller Augen die Unfähigkeit der Regierung, sich wenigstens bei denjenigen Gehorsam zu verschaffen, denen die Wahrung der öffentlichen Ordnung oblag. Würde die Republik im Falle der Bedrohung überhaupt noch Verteidiger finden? Zudem befand sich die Regierung vor dem Forum der UNO in einer heiklen Situation und benötigte dringend amerikanische Finanzhilfe.

Doch den stärksten Anlaß zur Besorgnis gab der Verfall des Parteiensystems. Die Algerienfrage hatte nach und nach die meisten politischen Gruppierungen entzweit. Die Kommunistische Partei hatte zwar wie immer die Fassade der Geschlossenheit gewahrt, aber nur um den Preis einer Zurückhaltung, die allzu eindeutige Stellungnahmen ausschloß: Sie war für den Frieden – aber wer war das nicht? –, vermied jedoch, von Unabhängigkeit zu sprechen. Alle anderen Parteien waren gespalten: In der SFIO kämpfte eine Minderheit gegen den »National-Mollettismus«, worauf ihre Wortführer amtsenthoben oder aus der Partei ausgeschlossen wurden. Bei den Volksrepublikanern (MRP) machte sich deren ehemaliger Vorsitzender Georges Bidault zum Fürsprecher einer unnachgiebigen Politik, und die Radikalsozialisten waren nach allen Richtungen auseinandergefallen.

Was die Rechte anlangt, so neigte sie zwar mehrheitlich einer militärischen Lösung zu und vertrat das Konzept der algerischen Integration, doch gab es auch Männer wie Pinay oder Reynaud, die für andere Lösungsmöglichkeiten aufgeschlossen waren – und sogar einige Einzelgänger, die völlig abweichende Ansichten vertraten. Ein Blick auf den Werdegang der sogenannten »Großen Vier« des französischen Algerien macht deutlich, daß sich überraschende Koalitionen bildeten: Georges Bidault, der ehemalige Vorsitzende des MRP, der früher den Nationalismus bekämpft hatte; Roger Duchet, der die Gemäßigten im Rahmen des *Centre national des indépendants* neu organisiert hatte; André Morice, der die Radikalsozialistische Partei verlassen hatte; und Jacques Soustelle, Linksintellektueller von 1936 und ehemaliger Generalsekretär des *Rassemblement du peuple française*. Die Parteigänger der *Algérie française* waren überwiegend Männer der Rechten, aber einige kamen auch aus dem linken Lager, Laizisten, die unerschütterlich an die zivilisatorische Mission Frankreichs und an die Errungenschaften des laizistischen Schulwesens glaubten, oder Gewerkschafter; sie alle marschierten Seite an Seite mit Fallschirmjägern und *pieds-noirs* (Algerienfranzosen). Die äußerste Rechte – ein Bündnis aus katholischen Integrationisten, die überzeugt waren, daß sie in Algerien einen Kreuzzug gegen den Kommunismus führten, Militärs, die fest entschlossen waren, diesen Krieg nicht zu verlieren, und Fanatikern, die vom Sturz der Demokratie träumten – übte wie stets in Krisenzeiten mit ihrem Appell an den Patriotismus einen immer stärkeren Druck auf die übrigen Rechtsparteien aus.

KAPITEL V

Eine Republik geht unter

Das Funktionieren der Staatsorgane ließ zu wünschen übrig, das Parteiensystem verhinderte jede langfristig angelegte Politik, die Instabilität der Regierungen enervierte die Öffentlichkeit und gab dem Antiparlamentarismus neue Nahrung, und die chronische Inflation machte die Erfolge der Wirtschaft zunichte. Aber keines dieser Übel war tödlich und hätte für sich allein der Vierten Republik den Tod bringen können. Wenn das 1946 errichtete Regime im zwölften Jahr seines Bestehens unterging, so lag die *»cause prochaine«*, wie die Historiker früher zu sagen pflegten, in Algerien.

DIE KRISE NIMMT IHREN VERLAUF

Alles begann am 8. Februar 1958, einem Samstagvormittag, an der algerisch-tunesischen Grenze. Nach dem Überfall eines Kommandotrupps der *Armée de libération nationale* (ALN), der aus tunesischen Stützpunkten operierte, starteten an diesem Tag elf Bomber vom Typ B 26 und sechs Jagdbomber in Begleitung von acht Jagdflugzeugen zu einem Vergeltungsschlag auf das Lager der ALN am Rande des Dorfes Sakhiet Sidi Yussef. Ob Mißgeschick oder gezielter Terrorakt, jedenfalls bombardierten und beschossen sie das Dorf – und dies an einem Markttag, an dem die Bauern aus der Umgebung die Straßen füllten. Man zählte an die 70 Tote, darunter viele Frauen und Kinder. In Tunesien und überall in der Welt schlugen die Wogen der Erregung hoch. Es war der Auftakt zu einer Folge von Ereignissen, die knapp vier Monate später mit dem Untergang der Vierten Republik enden sollten. Wieder einmal hatte, wie schon 1953 bei der Absetzung Sultan Mohammeds V. oder 1956 bei der erzwungenen Landung des Flugzeugs mit den Führern der FLN, eine eigenmächtige Initiative örtlicher Dienststellen die Regierung in eine mißliche Lage gebracht, deren Konsequenzen sie nun zu tragen hatte.

Burgiba reagierte mit äußerster Schärfe. Er rief seinen Botschafter aus Paris zurück, blockierte die Zufahrtsstraßen zur französischen Garnison in Bizerta und brachte den Fall vor die UNO. Die französische Regierung, die bis dahin den Standpunkt vertreten hatte, daß die Algerienfrage eine rein innerfranzösische Angelegenheit sei, konnte sich ihrer Internationalisierung nicht mehr widersetzen. Die Entwicklung der außenpolitischen Lage und der Konjunktureinbruch, der die Regierung von amerikanischer Hilfe abhängig machte, erlaubten ihr keinen ernsthaften Widerstand. Um den Schaden zu begrenzen, fand sich Paris mit der anglo-amerikanischen Vermittlung ab. Waren die Minister schon über die Grundsatzfrage selbst zerstritten, so herrschte noch weniger Einigkeit darüber, ob man den Vorschlägen der Vermittler folgen solle, die wesentlich von den französischen Wünschen abwichen. Die Regierung verlangte Zusicherungen über die Abriegelung der Grenze auf tunesischer Seite, die Burgiba jedoch verweigerte. Wie sollte man sich in einer solchen Situation zu den Empfehlungen der Vermittlungskommission stellen? Um die Kontroverse zu schlichten, entschloß sich die Regierung zu einer Stellungnahme vor der Nationalversammlung, die eigens aus den Parlamentsferien zurückgerufen wurde.

Die Parlamentsdebatte versprach problematisch zu werden. Viele Abgeordnete empfanden die Einmischung der Bündnispartner als Affront; der Antiamerikanismus machte sich kräftig Luft. Die Diskussion nahm einen ungünstigen Verlauf, da fast nur die Opposition zu Wort kam. Man hatte den Eindruck, daß der Ministerpräsident nichts unternahm, um eine Niederlage seiner Regierung abzuwenden. Suchte er nur einen Anlaß zum Sturz? Gaillard trachtete jene Abgeordneten umzustimmen, die Vorbehalte gegen den Inhalt der Empfehlungen äußerten, sich jedoch aus Furcht vor einer Regierungskrise der Stimme enthalten wollten: »Ich hoffe«, mahnte er, »daß niemand so feige sein wird, sich der Stimme zu enthalten.« Es kam, wie es kommen mußte: 321 Stimmen gegen, 255 für die Regierung. Der Mehrheit, die sich bei dieser Abstimmung ergab, fehlte jeder Zusammenhalt; sie vereinte zwei Oppositionsgruppen, die zahlenmäßig etwa gleich stark, ansonsten aber durch keine gemeinsame Idee verbunden waren. Die linke Opposition bestand aus den 148 Abgeordneten der Kommunisten und Progressisten, etwa 20 Abgeordneten der Linken, die für den Frieden in Algerien eintraten, sowie einigen Mendesisten um Mendès-France und der UDSR unter François Mitterrand. Die Opposition von rechts zählte 151 Stimmen und umfaßte zwei Drittel der Unabhängigen (61 von 91 Abgeordneten), obwohl sie mit fünf Ministern in der Regierung vertreten waren, 30 Poujadisten, 17 Sozialrepublikaner – das war alles, was vom parlamentarischen Gaullismus übriggeblieben war – und gut dreißig Abgeordnete aus Gruppierungen, die sich in Auflösung befanden, radikalsozialistische Dissidenten, Bauern der *Action sociale,* Volksrepublikaner und Parteilose. Es war offenkundig, daß es in dieser Nationalversammlung weder eine Mehrheit noch eine mehrheitsfähige Politik mehr gab.

Obwohl die Regierung nicht gestürzt worden war, da sie die Abstimmung nicht mit der in der Verfassung vorgesehenen Vertrauensfrage verbunden hatte, trat sie am 15. April 1958 zurück. Wieder einmal erlebte Frankreich eine Regierungskrise, die dritte innerhalb von elf Monaten. Nach den Erfahrungen mit den vorangegangenen Krisen und im Hinblick auf die Zusammensetzung der Zufallsmehrheit, die diese jüngste Krise ausgelöst hatte, zweifelte niemand, daß eine Lösung schwerfallen würde. Da man sich kaum eine andere Mehrheit vorstellen konnte als die, der Félix Gaillard seine Investitur verdankt hatte, mußte man zu den 255 Abgeordneten, die ihm treu geblieben waren, einen Teil derer hinzugewinnen, die die Vorschläge der Vermittlungskommission abgelehnt hatten. Fand man sie im Lager der Rechten, so deutete alles auf Antoine Pinay als neuen Regierungschef; kamen sie von der Linken, so drängte sich der Name Guy Mollet auf. Pinay oder Mollet, das war die Alternative: entweder eine Mehrheit, die sich um die rechte Mitte gruppierte und alle Gemäßigten wiedervereinte, oder eine Mehrheit der linken Mitte unter Einschluß der Sozialisten.

Der schleppende Verlauf der Krise hatte mehrere Gründe. In solchen Augenblicken, da das parlamentarische Leben ein Höchstmaß an Intensität gewann, galt die peinlich genaue Befolgung der vorgeschriebenen Verfahrensregeln allen Beteiligten als Ehrensache. Hinzu kam, daß die Parteistrategen und die Kandidaten auf die Kantonalwahlen starrten, in denen die Hälfte der Mitglieder der *conseils généraux,* der zweiten Kammer, neu gewählt werden sollten. Durch die Sondersitzung des Parlaments aus ihren Wahlkreisen herausgerissen, kehrten die Abgeordneten anschließend sofort nach Hause zurück und vertagten die Lösung der Regierungskrise. Bis zum zweiten Wahlgang am 27. April kam man nur im Schrittempo voran. Der eigentliche Grund für diesen zähen Fortgang lag jedoch in den internen Zwistigkeiten der einzelnen Parteien. Ein Versuch Georges Bidaults, der als erster befragt wurde und im Handumdrehen eine Ministerliste erstellt hatte, scheiterte schon am Widerstand seiner eigenen Partei, die befürchtete, eine Politik mittragen zu müssen, deren Unversöhnlichkeit sie nicht billigen konnte. Die Sozialisten verweigerten René Pleven ihre Unterstützung, weil sie ihren Parteigenossen Robert Lacoste vom Posten des Minister-Residenten entfernen wollten, da er eine Politik betrieb, die seine Partei entzweite; die Radikalsozialisten verweigerten sich ebenfalls, als sie erfuhren, daß André Morice, der ihre Partei verlassen hatte, das Verteidigungsministerium übernehmen sollte. René Pleven, der sein Bestes getan hatte, um Minen zu entschärfen und Vorurteile abzubauen, und beharrlich bemüht war, die großen Linien einer möglichen Übereinkunft zu entwickeln, warf am 8. Mai das Handtuch. Am dreiundzwanzigsten Tag der Krise hatte noch immer kein Kandidat den Gang vor die Nationalversammlung gewagt; das hatte es bis dahin noch nicht gegeben. Die Situation komplizierte sich dadurch noch mehr. Bei früheren Krisen hatten die Abstimmungsniederlagen der verschiedenen Kandidaten in der Nationalversammlung dazu beigetragen, Spekulationen auszuräumen und die Situation zu klären.

Nachdem Staatspräsident Coty der Reihe nach zunächst mit Bidault eine Lösung der harten Hand »ohne Zugeständnisse an den Geist des Verzichts« versucht und danach mit Pleven der Suche nach einem Kompromiß eine Chance gegeben hatte, zauberte er nun einen neuen Kandidaten hervor: Pierre Pflimlin, den amtierenden Vorsitzenden des MRP. Pflimlin war kein politischer Anfänger; er hatte bereits fünfzehnmal ein Ministeramt verwaltet und sich den Ruf eines kompetenten, integren und couragierten Politikers erworben. Er gehörte zu jenen wenigen Ministern, die lieber zurücktraten, als zum Schein eine Politik mitzutragen, die sie mißbilligten. François Mitterrand hatte 1953, nach der Absetzung des Sultans, diesen Schritt getan, und Alain Savary nach der erzwungenen Landung des Flugzeugs, in dem Ben Bella saß. Pflimlin war seinerzeit aus weniger bedeutendem Anlaß zurückgetreten; es ging damals, in seiner Amtszeit als Landwirtschaftsminister (Dezember 1949), um die

Festsetzung der landwirtschaftlichen Erzeugerpreise. Der neue Mann verweigerte sich dem Auftrag zur Regierungsbildung nicht. Unverzüglich stellte er sein Kabinett zusammen und forderte den Präsidenten der Nationalversammlung auf, das Parlament für Dienstag, den 13. Mai, einzuberufen. War das das Ende der Krise?

Unterdessen herrschte im Lande eine ausgesprochene Mißstimmung. Diese dritte Regierungskrise in weniger als zwölf Monaten und der ständige Sinneswandel der Parteien hinterließen in der Öffentlichkeit den denkbar schlechtesten Eindruck. Noch schlimmer war die Lage auf der anderen Seite des Mittelmeers. Die psychologische Situation wurde mit jedem Tag explosiver. Die militanten Vorkämpfer der *Algérie française* waren besorgt. Die Designierung Bidaults hatte sie zunächst beruhigt, nachdem dieser die wichtigen Ministerposten mit Männern ihrer Couleur besetzen wollte. Dagegen hatten die ersten Schritte Plevens für Aufregung gesorgt; man vermutete irgendeine Intrige dahinter.

Die Nominierung Pflimlins aber ließ alle Alarmglocken schrillen. Eine Erklärung aus dem Jahre 1956 und ein erst kurz zuvor in einer elsässischen Zeitung erschienener Artikel, worin er die Alternative »Verzicht oder Verhärtung« verwarf, hatte ihm den Ruf eines Liberalen eingetragen, der auf Verhandlungen mit dem Feind erpicht war. Minister-Resident Robert Lacoste, der schon vor einer möglichen Ablösung Anstalten zur Rückkehr nach Paris traf – auch auf die Gefahr hin, ein bedrohliches Vakuum zu hinterlassen –, tat nichts, um diese Ängste zu zerstreuen. Als er am 8. Mai aus den Händen des französischen Oberkommandierenden in Algerien das Ehrenkreuz für militärische Tapferkeit *(Croix de la Valeur militaire)* empfing, warnte er die anwesenden Generäle vor der Möglichkeit eines »diplomatischen Dien Bien Phu«. Keine Anspielung hätte eine verheerendere Wirkung auf seine Zuhörer ausüben können, die auf den Tag genau vier Jahre nach dem Fall der Festung weder die Kapitulation vergessen noch den Politikern verziehen hatten, die sie damals in eine solche Lage gebracht hatten.

Die Armee hatte in Algerien immer größere Zuständigkeiten übernommen, die sie nicht aus der Hand geben wollte. Ihre Generäle, die über die Stimmung ihrer Untergebenen, der Obersten und jungen Hauptleute, genau Bescheid wußten, beschlossen, die höchsten Staatsorgane zu alarmieren. Am 9. Mai richtete der Oberkommandierende in Algerien, General Salan, über den Generalstabschef der französischen Armee ein Telegramm an den Staatspräsidenten, das von sämtlichen kommandierenden Generälen der in Algerien stationierten Truppen unterzeichnet wurde und auf Gerüchte über eventuelle Verhandlungen mit den Rebellen mit dem Ziel einer Feuereinstellung Bezug nahm. Die Unterzeichner hielten es für ihre Pflicht, das Staatsoberhaupt von den Gewissenskonflikten innerhalb der Armee in Kenntnis zu setzen und seine Aufmerksamkeit auf die Folgen zu lenken, die aus einer Politik der Verhandlungen resultieren könnten. »Die gesamte französische Armee empfände die Preisgabe dieses nationalen Erbes einmütig als einen Frevel«, hieß es in dem Telegramm, dessen letzter Satz wie eine Drohung klang: »Wie sie in ihrer Verzweiflung reagieren würde, steht dahin.«

Diese Worte waren ebenso unverschämt wie ungewöhnlich. Praktisch zum ersten Mal in ihrer Geschichte brach die französische Armee mit ihrer Tradition des – zumindest formalen – Respekts vor der zivilen Macht und mit der loyalen Unterordnung der Generalität unter die Autorität des Staates. Die Linke, die von jeher das Militär wie ein Damoklesschwert über der Demokratie schweben sah und in jedem General einen potentiellen Diktator vermutete, hatte nie zur Kenntnis genommen, daß sich jene Militärs, deren Name man mit Diktatur-Abenteuern in Verbindung gebracht hatte, zumeist im Ruhestand befunden und weder Kommandogewalt noch Truppen unter ihrem Befehl stehen hatten. Die einzige Beteiligung der Armee an einem Staatsstreich – im Jahre 1851 – ging zurück auf den Befehl des damaligen Präsidenten der Zweiten Republik in seiner Eigenschaft als Oberbefehlshaber der Streitkräfte. Doch am 9. Mai 1958 schien es, als wage die Armee den Sprung. Statt weiterhin williges Werkzeug der Politik zu sein, erhob sie sich zum Richter und maßte sich sogar das Recht an, eine bestimmte Politik zu diktieren. Dieser Streich warf ein grelles Licht auf die Verschlechterung der Beziehungen zwischen der Regierung und der Armee und auf den Autoritätsverfall des Staates. Es bedurfte mehrerer Jahre, um die Armee wieder auf den Weg des Gehorsams zurückzuführen – aber nach welch dramatischen Ereignissen! Von dem Moment der Abfassung und Absendung dieses Drohtelegramms an war diese Krise keine gewöhnliche Regierungskrise mehr, sondern schlug in eine Krise des Regimes um. Das Telegramm klang wie eine Herausforderung und zählte all die Motive auf, die den weiteren Ablauf der Krise bestimmen sollten: die Überzeugung, daß der Sieg auf dem Schlachtfeld zum Greifen nahe war; die Furcht, durch den Verrat oder die Schwachheit der Politiker um den Sieg betrogen zu werden. Mit einem Wort: »Die Sorgen des kämpfenden Heeres«.

Die Zivilbevölkerung in Algier und Algerien fühlte sich zwei Jahre zurückversetzt, an den Vorabend des 6. Februar 1956. Warum nicht erneut zu den Mitteln greifen, mit denen man damals die Situation wieder in den Griff bekommen hatte, als man mit Straßendemonstrationen den Willen der Algerienfranzosen zum Ausdruck gebracht und dadurch Druck auf die Regierung ausgeübt hatte? Die politischen Aktivisten, die berufsmäßigen wie die Amateure, trafen entsprechende Vorbereitungen. Ein Wachsamkeitskomitee *(Comité de vigilance)*, das Vereinigungen ehemaliger Frontkämpfer, patriotische Gruppen, Studentenorganisationen und politische Parteien vereinte, organisierte am 26. April, dem Tag nach dem Kandidaturverzicht Bidaults, eine erste Kundgebung, an der fünfzehn- bis dreißigtausend Menschen teilnahmen. Sie bekundeten ihre Entschlossenheit, Algerien für Frankreich zu bewahren, und forderten die Bildung einer »Wohlfahrtsregierung«. Diese Anspielung auf die Französische Revolution – die meisten dieser Algerienfranzosen hatten früher die Linksparteien gewählt – vermittelte eine Vorahnung von dem, was zwei Wochen später geschehen sollte.

DER 13. MAI 1958

Als der designierte Ministerpräsident die Vorstellung seines Kabinetts in der Nationalversammlung für Dienstag, den 13. Mai, ansetzte, hatte er damit zugleich einen jener Tage im Kalender der französischen Geschichte bestimmt, die so denkwürdig sind, daß sie keine Jahreszahl brauchen. Er sollte zu einem jener geschichtlichen Augenblicke werden, in denen sich mehrere Schicksalslinien miteinander verflechten. Während die Abgeordneten nach vier Wochen der Krise wieder nach Paris zurückkehrten, um ein Votum abzugeben, das diese Krise vielleicht beenden mochte, hatten jenseits des Mittelmeers die Führer der europäischen Minderheit diesen Tag für eine Demonstration ausersehen, mit der sie die Abgeordneten beeindrucken und das Scheitern des Kabinetts Pflimlin herbeiführen wollten. In Colombey-les-deux-Églises wartete derweil General de Gaulle auf seine Stunde.

Die Sitzung der Nationalversammlung wurde um 15 Uhr eröffnet. Einziger Tagesordnungspunkt war die Vorstellung des Regierungsprogramms und der Ministerliste durch Pierre Pflimlin. Der Ausgang der Abstimmung war völlig ungewiß; es war keineswegs ausgemacht, daß er eine Mehrheit finden würde, und eben darauf gründeten auch die Hoffnungen der Aktivisten, die die Bevölkerung von Algier zu einer Massenversammlung aufgerufen hatten. In der Regierung hatte die Rechte das Übergewicht; zum ersten Mal seit 1956 saß kein Sozialist im Kabinett. Ein Unabhängiger aus dem rechten Lager, André Mutter, wurde Algerienminister, und das Verteidigungsministerium wurde Pierre de Chevigné vom rechten Flügel der Volksrepublikaner anvertraut. Die Zusammensetzung dieser Regierung hätte eigentlich die Besorgnisse besänftigen müssen, wenn man auf beiden Seiten bereit gewesen wäre, seine Urteile auf andere als nur emotionale Reaktionen zu gründen. Pflimlins Regierungserklärung kündigte eine wirksame Anwendung des unter der Vorgängerregierung verabschiedeten Rahmengesetzes an.

Auf der anderen Seite dieses Meeres, das Mutterland und Algerien gleichzeitig verband und trennte, bereitete sich zur selben Stunde eine große Demonstration vor. Der offizielle Anlaß war die feierliche Ehrung dreier französischer Soldaten, die in die Hände der *fellagha* gefallen waren und deren Erschießung die FLN vier Tage zuvor bekanntgegeben hatte. Diese Provokation der Rebellen spielte in der Ereigniskette dieses Tages ebenfalls eine Rolle. Aber vor allem ging es darum, den unbeugsamen Widerstand der Bevölkerung von Algier gegen die Investitur Pflimlins zu demonstrieren. Das Komitee, das die verschiedenen Teilnehmergruppen koordinierte und bei der Kundgebung am 26. April bereits Erfahrungen gesammelt hatte, gab eine Reihe von Weisungen aus, die von der Bevölkerung befolgt wurden. Die angeordnete Schließung sämtlicher Läden verwandelte Algier, mit Ausnahme des Zentrums, in eine tote Stadt. Die Bevölkerung, die von jeder Berufstätigkeit befreit war, wurde aufgefordert, sich am späten Nachmittag auf dem Forum zu versammeln, der riesigen Esplanade vor dem imposanten Amtssitz des Generalgouverneurs (dem sogenannten GG), einem Platz, der in die französische Geschichte eingehen sollte.

Als die offizielle Zeremonie zur festgesetzten Stunde begann, fand sich ganz Algier ein. Die Menge war beträchtlich, etwa hunderttausend Menschen, zumeist Jugendliche, Studenten und Gymnasiasten – eine nervös gespannte, unruhige, erhitzte Menge, die verbunden war durch die Liebe zu dieser Erde und dem Land, in dem sie alle geboren waren. Die Spannung stieg. Nach der kurzen offiziellen Zeremonie zogen sich die Amtsträger zurück, und die Menge begann sich widerwillig zu zerstreuen. Doch keineswegs alle gingen. Die Agitatoren nutzten die Situation, um dieses vage Gefühlsgemisch in Aktion umzusetzen. Von der Spitze des Gefallenendenkmals herab hielt der Studentenführer Pierre Lagaillarde in der Uniform eines Fallschirmjägers eine Rede an die Menge. Daraufhin begaben sich einige tausend Demonstranten zum Regierungsgebäude und drückten mit einem Armeelastwagen den Gitterzaun ein. Die Schutzmannschaften der Fallschirmjäger reagierten nicht. Die Aufrührer – wie anders sollte man sie bezeichnen? – drangen in die Büros ein und warfen die Akten aus den Fenstern. Der Vorgang bedeutete eine Herausforderung der Staatsgewalt und die Aneignung eines Faustpfandes: Die Aufrührer hatten, ohne auf Widerstand zu stoßen, den Sitz der Macht in ihre Hand gebracht – ein Akt von großer symbolischer Bedeutung. Es war, *mutatis mutandis,* in etwa so, als ob die Pariser Menge 1934 das Palais Bourbon gestürmt und die Abgeordneten auseinandergejagt hätte.

Während dieser Tumulte konstituierte sich gleichsam aus dem Stand ein sogenannter Wohlfahrtsausschuß aus Zivilisten und Militärs. Seine in der allgemeinen Verwirrung erstellte Mitgliederliste enthielt die Namen von Vertretern sämtlicher Aktivistengruppen und einiger Obersten, die zu ihnen in enger Verbindung standen. Um die Ordnung wenigstens dem Schein nach wiederherzustellen und die Bewegung einzudämmen, erklärte sich der Oberkommandierende der Division von Algier, General Massu, mit Zustimmung seiner Kollegen bereit, den Vorsitz zu übernehmen. Umgehend gab er Paris Kenntnis von der Bildung dieser improvisierten Körperschaft, deren Befugnisse niemand genau kannte und von der niemand so recht zu sagen vermochte, in welchem Verhältnis sie zu den legalen Behörden stand; doch stellte sie jedenfalls eine Herausforderung der Staatsgewalt dar. Daneben sandte er als erstes ein Drohtelegramm an Staatspräsident Coty, in dem es hieß: »Fordern Bildung einer Wohlfahrtsregierung in Paris, da nur sie in der Lage ist, Algerien als integrierenden Bestandteil des Mutterlandes zu erhalten.« Paris sollte sich nach Algier richten! In den vier Tagen seit Salans Telegramm hatte die Meuterei faktisch und psychologisch bemerkenswerte Fortschritte gemacht – eine nachträgliche Konsequenz der Kapitulation der französischen Regierung vor den Forderungen Algiers am 6. Februar 1956, die der dortigen Öffentlichkeit den Eindruck vermittelt hatte, man könne die Pariser Entscheidungen nach Belieben verändern.

Wenn die Drahtzieher der Erstürmung des Gouverneurspalastes mit ihrer Aktion die Investitur Pflimlins verhindern wollten, so hatten sie einen strategischen Fehler begangen, indem sie die Mentalität der Parlamentarier falsch einschätzten. Vor der Abstimmung billigte man der Regierung bestenfalls eine Mehrheit von ein paar Stimmen zu; tatsächlich betrug sie dann mehr als 150 Stimmen. Nach dem Bekanntwerden der Ereignisse in Algier hatten die Sozialisten beschlossen, anstelle der ursprünglich geplanten Stimmenthaltung mit Ja zu votieren, während die Kommunisten sich für Stimmenthaltung entschieden. Algier hat daraus später die Behauptung abgeleitet, die Regierung verdanke ihre Einsetzung dem heimlichen Einverständnis der Kommunisten. Doch die Rechnung war falsch: Die Differenz zwischen den Ja-Stimmen (274) und den Nein-Stimmen aus dem Lager der Rechten (120) war größer als die Gesamtzahl der Enthaltungen (137). Selbst wenn die Kommunisten gegen Pflimlin gestimmt hätten, wäre er dennoch gewählt worden – zum Teil aber auch dank der Rebellen in Algier; denn es war nicht das erste Mal und sollte auch nicht das letzte Mal bleiben, daß eine Strategie des Gewaltstreichs oder der Ausschreitungen als Bumerang wirkte. Hatten seinerzeit die Demonstranten vom 6. Februar 1934 entgegen ihrer Absicht Daladier zu einer Mehrheit verholfen, so begingen nun die Anhänger der *Algérie française* den gleichen psychologischen Fehler, als sie zu terroristischen Mitteln griffen. Die späteren Aktionen der *Organisation de l'armée secrète* (OAS) haben dazu geführt, daß sich das Land wieder stärker um die Regierung scharte und zwischen den Parteigängern des französischen Algerien und der Nation ein immer tieferer Graben auftat.

Aus rein parlamentarischer Perspektive war die einen Monat zuvor ausgebrochene Regierungskrise gelöst. Frankreich besaß wieder eine Regierung, die sich auf eine unerwartet breite Mehrheit stützen konnte und unverzüglich die in dieser Situation erforderlichen Maßnahmen ergriff. Sie unterbrach sofort sämtliche Verbindungen zu Algerien, verbot alle Reisen dorthin, erteilte den Flugzeugen Startverbot und ließ Politiker, die sie der Konspiration mit den Algerienfranzosen verdächtigte, in ihren Wohnungen überwachen. Aber am Mittwochmorgen, dem 14. Mai, ahnte jedermann, daß die Situation außergewöhnlich war und jeden Moment in eine Kraftprobe umschlagen konnte – eine Situation, wie sie niemand gewollt oder auch nur vorausgesehen hatte. Die Aufrührer in Algerien hatten nicht mit der Bildung einer regulären Regierung gerechnet; einige verspürten nach dem Überschwang des Vortages mittlerweile Ernüchterung und fragten sich, wohin das alles führen werde. Ein Oberst rechnete bereits mit seiner Zitierung vor ein Kriegsgericht. Nichts war entschieden, alles war möglich, sowohl das Schlimmste als auch ein gütlicher Ausgang. Die Ungewißheit sollte noch drei Wochen anhalten, bis zur Lösung der Krise; drei Wochen, die allen furchtbar lange vorkamen.

Würde es der Regierung gelingen, ihre Autorität in Algerien wiederherzustellen? Jedenfalls deutete manches auf ihre Entschlossenheit hin. Pflimlin stellte sein Kabinett auf eine breitere Basis und gewann die Unterstützung der SFIO; Guy Mollet übernahm das Amt des stellvertretenden Ministerpräsidenten, und Jules Moch, der seit der Niederschlagung der Streiks im Jahre 1947 als ein Mann der harten Faust galt, das Innenministerium. Die Armee, die sich noch nicht eindeutig »erklärt« hatte, konnte ohne Gesichtsverlust behaupten, sie habe den Aufruhr unter Kontrolle gebracht. In den Morgenstunden des 14. Mai beschwor Staatspräsident Coty die Armee in einem eindringlichen Appell, »weiterhin ihre Pflicht gegenüber der Regierung der Republik zu erfüllen« – womit der 13. Mai nur ein etwas handfesterer 6. Februar gewesen sein sollte.

Alles hing von der Armee ab, die den Ereignissen vom 13. Mai in Algier durch ihre Passivität zumindest Vorschub geleistet hatte. Ohne ihre aktive Mithilfe war die Regierung außerstande, sich in Algerien wieder Gehorsam zu verschaffen. Daß der Ministerpräsident am Abend des 13. Mai zu einer Notmaßnahme griff und General Salan die ganze zivile und militärische Gewalt in Algerien übertrug, besiegelte vollends die Ohnmacht der Regierung und versetzte die Armee in die Rolle eines Schiedsrichters. Der Appell des Staatspräsidenten implizierte das Eingeständnis, daß die Armee ihre Pflichten verletzt hatte. Dieser Appell war trotz der Ausrufung des Notstandes wirkungslos verhallt. Dem Algerienminister gelang es in den darauffolgenden Tagen nicht, nach Algier zu reisen, ebensowenig wie dem Saharaminister, dem der Aufenthalt dort verboten wurde, und die Armee ignorierte rundweg die Weisungen des Verteidigungsministers. Algerien und die dort stationierten Truppen befanden sich praktisch im Zustand der Rebellion. Das Wohlfahrtskomitee folgte nur den Weisungen General Salans; in den meisten algerischen Städten bildeten sich weitere Komitees. Die Regierung besaß keine Mittel, um die Sezession niederzuschlagen. In Paris verweigerte ihr ein Teil der Rechten die Unterstützung; Antoine Pinay hatte es abgelehnt, einer Regierung beizutreten, in der er als Gegengewicht zu den Sozialisten fungiert hätte.

Von nun an gab es zwei konkurrierende Gewalten: in Paris die einzig legale Macht, die zwar rechtmäßig gewählt worden war, aber keinerlei Kontrolle über Algerien besaß, und in Algerien eine faktische, wenn auch aufständische Macht, die völlig illegalen Charakter trug, aber die *ultima ratio,* die aktive Sympathie der Armee, für sich hatte. Keine von beiden verfügte über die Mittel, um die andere zum Einlenken oder zur reuigen Umkehr zu bewegen. Beide Lager belauerten sich und richteten sich im Zustand der faktischen Sezession ein. Noch nie seit der Libération stand Frankreich so nahe am Abgrund eines Bürgerkriegs: Spaltung, Aufruhr, Sezession, Gewaltstreich gegen die Verfassungsorgane, Errichtung einer Militärdiktatur – lauter Möglichkeiten, die plötzlich dramatische Gestalt annahmen. Sollte Frankreich dasselbe Drama erleben wie Spanien 1936? Alles war zu befürchten, alles war möglich, solange die Krise andauerte.

Einrenken des Bruches oder Kraftprobe? Weder der eine noch der andere Fall trat ein, sondern ein dritter, mit dem man nicht gerechnet hatte: das Eingreifen General de Gaulles.

GENERAL DE GAULLE BETRITT DIE BÜHNE

De Gaulle hatte sich 1953 aus der aktiven Politik zurückgezogen. Den meisten Abgeordneten, die ihre Wahl seinem Namen verdankten, war es nicht schwergefallen, nach dem Abgang des Generals ihren Frieden mit dem System zu machen. In der Nationalversammlung gab es kaum mehr als zwanzig Abgeordnete, die sich noch auf ihn beriefen, und diese nahmen Ministerposten an. Ein kleines Häuflein Getreuer zweifelte jedoch nicht an de Gaulles Rückkehr an die Macht und lauerte auf jede Gelegenheit, die sich aus der Verschärfung der Lage in Algerien und dem kontinuierlichen Verfall der Staatsautorität ergeben mochte. Jacques

Chaban-Delmas hatte als Verteidigungsminister in Algier eine kleine Außenstelle errichtet, aber die Gaullisten waren in Algerien nur eine sehr kleine Minderheit und standen bei den Aufrührern in keinem guten Ruf. Ende 1957 waren zwar einige Verbindungen zwischen ehemaligen Mitgliedern des Freien Frankreich neu geknüpft worden, aber in politischen Kreisen glaubte niemand ernsthaft an ein Comeback des ehemaligen Chefs der Provisorischen Regierung: Man gab ihm keine Chancen. Nur drei Tage vor der Investitur Pflimlins veröffentlichte die Zeitung »*Paris-Presse*« die Antworten von vierunddreißig politischen Persönlichkeiten auf die Frage, ob sie einen Appell an de Gaulle zur Lösung der Krise für wünschenswert hielten. Nur einer der Befragten, der Führer der kleinen rechtsgerichteten Bauernpartei, Paul Antier, der kurz zuvor noch mit Poujade und Dorgères ein Bündnis geschlossen hatte, antwortete mit Ja.

Später gab es einige scharfsinnige Beobachter, die im Rückblick sehr wohl Hinweise zu erkennen glaubten, die im nachhinein den Charakter von Vorzeichen annahmen: So hatten Jacques Soustelle und Michel Debré zu Beginn der Krise am 16. April den Namen des Einsiedlers von Colombey ins Spiel gebracht; aber beide waren bekannt als unverbesserliche Gaullisten und Verächter der Vierten Republik. Eine größere Überraschung bedeutete am darauffolgenden Tag eine Anspielung Edgar Faures auf eine mögliche Rückkehr de Gaulles, aber der Phantasiereichtum des ehemaligen Ministerpräsidenten hatte seine Kollegen daran gewöhnt, daß er seine Geistesblitze nach allen Richtungen versprühte.

Glaubte der General selbst daran? Gab er sich selbst noch eine Chance, eines Tages an die Macht zurückzukehren? Nichts ist ungewisser. Aus all den widersprüchlichen Äußerungen, die er gerne fallen ließ und aus denen seine Gesprächspartner eine Bestätigung ihrer eigenen Besorgnisse herauszuhören glaubten, klangen eher Zweifel und Ernüchterung. De Gaulle besaß ein besonders waches Bewußtsein für die Flüchtigkeit der Zeit. Er wußte, daß jedes Jahr, das verstrich, seine Chancen auf eine Rückkehr an die Macht verringerte, und er spürte voller Groll, wie ihm die Fähigkeit, die Dinge zu wenden, entglitt.

Erst später wurde bekannt, daß Staatspräsident Coty schon seit langem an eine Lösung mit de Gaulle gedacht hatte und auch entschlossen war, ihm gegebenenfalls die Rückkehr zu erleichtern; er hatte bereits bei dem General vorfühlen lassen. Erstaunlicher und besonders aufschlußreich war die Tatsache, daß der Chefredakteur der Tageszeitung *»L'Écho d'Alger«*, Alain de Sérigny, ehemals ein überzeugter Anhänger Pétains, am 11. Mai einen drängenden Appell an de Gaulle richtete: »Ich beschwöre Sie, *mon général,* sprechen Sie, sprechen Sie schnell...« Waren die Verfechter einer französischen Präsenz in Algerien inzwischen soweit, sich ihm anzuschließen?

De Gaulle betrat die Bühne schon am zweiten Tag der Krise, und seine Rolle wurde von Tag zu Tag bestimmender. Er näherte sich der Macht in drei großen Schritten. Er bewahrte sich völlige Handlungsfreiheit, indem er es zum einen ablehnte, das Geschehen in Algier zu mißbilligen, womit er der Regierung seine Unterstützung entzog und sie weiter schwächte, andererseits aber eine Rückkehr zur Macht an der Spitze einer Erhebung ausschloß. Am Donnerstag, den 15. Mai, hielt Salan gegen Mittag vom Balkon des Gouverneurspalastes eine Rede an die auf dem Forum versammelte Menge; er schloß mit dem Ruf: *»Vive de Gaulle!«* Der Mann, der in Algerien die ganze Staatsmacht in Händen hielt und das Privileg genoß, sowohl von der Regierung im Mutterland als auch von der tatsächlichen Macht in Algier anerkannt zu sein, schloß sich einer »Lösung de Gaulle« an.

Um 17 Uhr verbreitete die Rue de Solferino ein Kommuniqué des Generals, das die Lage vollständig veränderte. Er sprach darin von den »Sorgen des kämpfenden Heeres«. Für die katastrophale Entwicklung, in der das Land versinke und der Staat verkomme, sei das Parteiensystem verantwortlich. Der Kaste der Berufspolitiker stellte er Frankreichs innere Größe gegenüber und nahm Bezug auf die historische Rolle, die er für die Rettung des Landes gespielt hatte: Es solle wissen, daß er sich bereithalte, die Verantwortung für die Republik zu übernehmen.

In zehn Zeilen war alles gesagt. Die Regierung hatte es jetzt nicht mehr nur mit den Wohlfahrtskomitees zu tun. Von nun an gab es nicht zwei konkurrierende Machtzentren, sondern drei: die legale Macht in Gestalt der Regierung Pflimlin, eine tatsächliche Macht, die über Gewaltmittel verfügte, und eine Macht, die zwar keine Zwangsmittel besaß, aber dafür die moralische Autorität. Die Zersplitterung der Macht nahm topographisch die Gestalt eines Dreiecks an, dessen Spitzen von Paris, Algier und Colombey-les-deux-Églises gebildet wurden. Zwischen diesen drei Orten vollzog sich das Machtspiel, bei dem es nicht nur um Algerien, sondern um die Zukunft des Staates und den inneren

Frieden ging. Drei Legitimitäten stritten um die Anerkennung der Franzosen.

Am 15. Mai galt der Rückgriff auf de Gaulle allgemein als höchst unwahrscheinlich. Begegnete er auf der Rechten auch einigen Sympathien, so lehnte ihn die Mehrheit der Politiker kategorisch ab. Der spektakuläre Auftritt des Generals hatte die alten Vorbehalte von neuem geweckt; daß er kein Wort des Tadels für die Aufrührer hatte, empörte alle, die über den 13. Mai tief betroffen waren, und hatte die alten Phantasiebilder von den Machtgelüsten des Generals und seinem Griff nach der Präsidialdiktatur wiederbelebt. In der Nationalversammlung gab es keine Mehrheit, die ihn gewählt hätte; folglich hätte er nur an der Spitze eines Aufstands an die Macht gelangen können. Verschloß er sich dieser Möglichkeit, bestand nicht die geringste Chance für eine »Lösung de Gaulle«. Es brauchte nicht weniger als siebzehn Tage und eine ganze Reihe unerwarteter Zwischenfälle, bis die Stimmung von einer mehrheitlich kategorischen Ablehnung in ein ebenfalls mehrheitliches Ja zu de Gaulle umschlug und die Politiker sich entschlossen, den General zu rufen, um das Wesentliche zu retten. Das Geschehen war so wechselhaft und verworren, daß es unerläßlich ist, den genauen Ablauf der Ereignisse nachzuzeichnen.

Bei einer parlamentarischen Lösung der Krise fiel der SFIO die Schlüsselrolle zu. Die Kommunisten würden ganz gewiß nicht für eine Investitur de Gaulles stimmen. Er hatte zwar die gesamte Rechte auf seiner Seite, doch die allein reichte nicht zur Mehrheit. Das Ergebnis hing deshalb entscheidend von den Sozialisten ab, insbesondere von Guy Mollet, der sowohl Generalsekretär seiner Partei als auch stellvertretender Ministerpräsident war. Sein Einfluß war ausschlaggebend und fast ebenso groß wie der des Staatspräsidenten Coty und jener de Gaulles. Mollet wollte eine Militärdiktatur um jeden Preis verhindern, aber fast ebensosehr fürchtete er die Entstehung einer Volksfrontmehrheit, weil sie die Kommunisten wieder an die Macht bringen und die echten Demokraten unter kommunistische Kuratel stellen würde. Er kam deshalb sehr rasch zu der Überzeugung, daß die Überwindung der Krise wahrscheinlich von der Investitur des Generals durch die Nationalversammlung abhing. Aber dazu war es nötig, daß dieser die verfassungsmäßigen Formen respektierte und die Rolle des Kandidaten akzeptierte. An eine Selbstentmachtung des Parlaments war nicht zu denken. In dieser Hinsicht verlangte Guy Mollet Garantien. Das war der Sinn jener drei Fragen, die der neue stellvertretende Ministerpräsident über die Medien an General de Gaulle richtete. Der indirekte Austausch von Fragen und Antworten bildete eines der Grundmuster im Mosaik der Ereignisse.

De Gaulle tat nun den zweiten Schritt, indem er für Montag, den 19. Mai, eine Pressekonferenz ankündigte; es war die erste, seitdem er den Vorsitz des *Rassemblement du peuple français* niedergelegt hatte. Sein Comeback nach mehreren Jahren des Schweigens war ein Ereignis, dem unter diesen Umständen noch größere Bedeutung zukam; man hatte fast schon vergessen, wie gut er sich auf dergleichen verstand und welches Talent er dafür besaß. So drängte sich an diesem Tag eine große Menge von Politikern, Journalisten und bekannten Persönlichkeiten unter den Kristallüstern des Palais d'Orsay und ließ sich von seiner Schlagfertigkeit faszinieren. Er bemühte sich zunächst, Vorbehalte auszuräumen. Obwohl er sich weigerte, das Verhalten der Generäle zu mißbilligen – warum solle er es tun, wenn die Regierung es auch nicht getan hatte? –, ließ er doch keinen Zweifel daran, daß er die Macht nicht aus den Händen von Aufrührern empfangen wolle: »Wer die Macht der Republik übernimmt, kann sie nur von ihr selbst erhalten.« Da es sich aber bei ihm um den *Premier Résistant* handle, der einst die Entscheidung wieder in die Hände des Volkes gelegt hatte, könne die Investitur nicht so ablaufen wie bei jedem beliebigen Politiker. Mit anderen Worten: Der General war nicht bereit, persönlich als Bewerber vor der Nationalversammlung zu erscheinen. Obwohl seine Worte beruhigend klangen, blieb das Hindernis allem Anschein nach unüberwindlich. Erst durch eine Reihe von Initiativen, durch Bemühungen verschiedener Politiker und durch den mehrmaligen Wandel der Situation konnte es schließlich abgebaut und überwunden werden.

Nicht nur in Algerien war die Regierung bei dem Versuch gescheitert, die Macht wieder an sich zu reißen. Auch im Mutterland glitt sie ihr allmählich aus den Händen, trotz der Anwendung der Zensur. Mochte die Regierung für die dazu notwendige Verfassungsänderung auch eine der eindrucksvollsten Mehrheiten in der Geschichte der Vierten Republik zustande bringen – mehr als 400 gegen 169 Stimmen –, so hatten die maßgeblichen Politiker dennoch den Glauben an die Zukunft der Republik verloren und suchten nach anderen Lösungen. Heimlich richteten sie Briefe an General de Gaulle oder besuchten ihn in Colombey, wie

Antoine Pinay und Guy Mollet. Auch Vincent Auriol schrieb ihm einen Brief, und Georges Bidault gab schon am 21. Mai in der rechten Wochenzeitung »*Carrefour*« seine Parteinahme für de Gaulle öffentlich bekannt.

Auch Hinweise auf eine militärische Operation der Streitkräfte in Algerien gegen das Mutterland verdichteten sich von Tag zu Tag. Eine solche Aktion mochte bei den in Südwestfrankreich stationierten Fallschirmjägereinheiten auf aktive Unterstützung, beim Großteil der übrigen Truppen auf passive Duldung stoßen. Der Rücktritt des Generalstabschefs Ély, der als das Gewissen der Armee galt, war ein beunruhigendes Signal. Auch auf die Loyalität der Polizeikräfte konnte sich die Regierung nicht mehr verlassen. Mit einemmal nahmen die Dinge eine alarmierende Wendung: Am Samstag, den 24. Mai, sprangen Fallschirmjäger über Korsika ab und brachten die Insel binnen weniger Stunden unter ihre Kontrolle – das erste Departement, das sich vom Mutterland abspaltete und ins Lager Algiers überging. Allen stand noch vor Augen, was sich fünfzehn Jahre zuvor an gleicher Stelle ereignet hatte: Die Befreiung des Mutterlandes, die vom Boden Nordafrikas ausging, hatte auf Korsika ihren Anfang genommen. Von da war es nur ein Schritt bis zu dem Gedanken, daß die Aufrührer dieselbe Strategie anwenden mochten, um die Regierung zu stürzen, und dieser Schritt fiel den Verantwortlichen leicht.

Die Zeit drängte, die Ereignisse überschlugen sich. Es begann ein Wettlauf zwischen einer gesetzeskonformen Krisenbewältigung und außerparlamentarischen Initiativen; es herrschte Notstand, für Skrupel war kein Platz mehr. De Gaulle schlug jetzt ein schärferes Tempo ein. Nach einer nächtlichen Unterredung mit Ministerpräsident Pflimlin, die auf dessen Wunsch zustande kam, jedoch ohne Ergebnis blieb, veröffentlichte der General am 27. Mai um 17 Uhr eine Verlautbarung, die seine Version des Gespräches enthielt und wie eine Bombe einschlug: »Ich habe das reguläre und notwendige Verfahren zur Bildung einer republikanischen Regierung eingeleitet ...« – kühne Worte, wenn man bedenkt, daß das Gespräch zwischen den beiden Männern mit der Feststellung ihrer Uneinigkeit endete. Der Text der Verlautbarung zielte vor allem auf die Militärführung, die aufgefordert wurde, alle Aktionen zu unterlassen, die die öffentliche Ordnung gefährden könnten. De Gaulle wandte sich an sie mit der Autorität eines Mannes, der die Macht bereits in Händen hat. Seine Erklärung setzte nicht nur Pierre Pflimlin in peinliche Verlegenheit, sie brachte auch zahlreiche Abgeordnete gegen ihn auf. Anstatt ihn der Macht näherzubringen, verminderte dieser Schritt seine Chancen, sie je zu erlangen. Die sozialistische Fraktion verpflichtete sich feierlich und nahezu einstimmig (bei nur drei Gegenstimmen), »in keinem Fall die Kandidatur des Generals de Gaulle, der eine Herausforderung für die republikanische Ordnung ist und bleiben wird«, zu unterstützen.

Damit waren die Brücken abgebrochen. Nie schien eine »Lösung de Gaulle« in weiterer Ferne zu liegen. Am darauffolgenden Tag, dem 28. Mai, marschierte alles, was politische Klasse und Gewerkschaften an Verteidigern der Republik, an loyalen, demokratischer Loyalität ergebenen Staatsbürgern aufzubieten hatten – insgesamt an die 200 000 Pariser –, hinter den Partei- und Gewerkschaftsführern von der Place de la Nation zur Place de la République, um seine Entschlossenheit zum Widerstand gegen die Aufrührer (und damit indirekt gegen de Gaulle) zu bekunden. Es war die erste Antwort der Straße auf das, was sich fünfzehn Tage zuvor in Algier abgespielt hatte.

Am Morgen des 29. Mai trat der Ministerpräsident zurück. Es gab kein Mehrheitsbündnis und keine Regierung mehr. Die Regierungskrise war wieder einmal dramatische Realität. Schließlich brachte der Präsident der Republik mit einem reichlich ungewöhnlichen Schritt wieder Bewegung in die verfahrene Situation: Er richtete eine Botschaft an das Parlament und tat darin seine Absicht kund, den »erlauchtesten der Franzosen« mit der Regierungsbildung zu beauftragen. Falls die Nationalversammlung seinen Standpunkt nicht teile und General de Gaulle das Vertrauen versage, sei er selbst zum Rücktritt entschlossen. Damit drohte das totale Vakuum. Noch am gleichen Abend begab sich de Gaulle auf Einladung des Präsidenten in den Élysée-Palast und stimmte seiner Nominierung zu.

Im Hotel Lapérouse, wo er sein Quartier aufgeschlagen hatte, empfing de Gaulle die Führer sämtlicher politischer Gruppierungen mit Ausnahme der Kommunisten und Poujadisten. Er informierte sie über die Leitlinien des Programms, das er im Falle seiner Investitur zu verwirklichen gedachte, und fand sich, gut gelaunt, wie er war, zu einer Konzession bereit, welche auch die skrupulösesten Parlamentarier umstimmen sollte: Er erklärte sich bereit, persönlich vor der Nationalversammlung zu erscheinen.

Der General entsprach auch darin der bisher geübten, durch die Verfassungsänderung von 1954 (Zusammenlegung der beiden Vertrauensabstimmungen über die Person des designierten Ministerpräsidenten und über seine Regierungsmannschaft) bekräftigten Praxis, daß er am darauffolgenden Tag die Namen der Minister bekanntgab, die er in sein Kabinett zu berufen gedachte. Die Kabinettsliste war geeignet, auch die letzten Befürchtungen zu zerstreuen. Es war eine Regierung von ganz und gar konventionellem Zuschnitt, die den Parteien jede Sicherheit bot. Alles in allem gehörten ihr nur zwei gestandene Gaullisten an: der Senator Michel Debré, ein leidenschaftlicher Verfechter eines französischen Algerien, der als Justizminister vor allem mit der Ausarbeitung einer neuen Verfassung zu tun hatte, und André Malraux an der Spitze eines großen, neu geschaffenen Ministeriums für kulturelle Angelegenheiten, doch ohne wirklich politische Kompetenz. Die übrigen Ressorts wurden unter hohen Beamten und erfahrenen Politikern aufgeteilt. Jene Ministerien, denen de Gaulle, wie man seit November 1945 wußte, wegen ihrer Bedeutung für die Außenpolitik besonderes Gewicht beimaß – das Außen-, Innen- und Verteidigungsministerium sowie das Ministerium für die überseeischen Gebiete –, wurden einem Botschafter, einem Präfekten, einem hohen Staatsbeamten und einem Kolonialgouverneur anvertraut. Den ehemaligen Chef des *Rassemblement du peuple français* umgaben zahlreiche Spitzenpolitiker der Vierten Republik, darunter nicht weniger als drei ehemalige Ministerpräsidenten: Antoine Pinay, der als Finanzminister für Vertrauen sorgte, und – als Zeichen der Kontinuität – Guy Mollet und de Gaulles unmittelbarer Vorgänger Pierre Pflimlin, beide im Rang von Staatsministern, den sie mit Louis Jacquinot, dem Vertreter der Gemäßigten, und Félix Houphouet-Boigny, der die Abgeordneten aus den Kolonien repräsentierte, teilten.

Nicht minder aufschlußreich war die Liste der Übergangenen: Von den »Vier Musketieren« des französischen Algerien saß keiner in der neuen Regierung, nicht einmal der langjährige Mitarbeiter de Gaulles und ehemalige Generalsekretär des RPF, Jacques Soustelle, der seit seiner Amtszeit als Generalgouverneur zum Liebling der Algerienfranzosen avanciert war. Für Algier bedeutete dieses Kabinett eine Enttäuschung.

De Gaulle erwies sich als gewiefter Taktiker, der die ungeschriebenen Regeln des parlamentarischen Spiels beherrschte und anwandte. Er übertrug das Arbeitsministerium einem Volksrepublikaner, und an die Spitze des Unterrichtsministeriums berief er einen Radikalsozialisten, an dem auch die *Fédération de l'éducation nationale* (FEN) mit ihrem reizbaren Laizismus keinen Anstoß nehmen konnte – alles in allem eine Regierung von ganz und gar traditioneller Machart, eine Art erweiterte Dritte Kraft, die – unter Ausschluß der extremen Linken und Rechten – das ganze politische Spektrum von den Sozialisten unter Generalsekretär Guy Mollet bis zu den Gemäßigten unter der Führung Antoine Pinays repräsentierte. Ihre Zusammensetzung sollte die Vorbehalte gegen de Gaulle abbauen, und tatsächlich ergab noch am gleichen Tag eine gemeinsame Sitzung der beiden sozialistischen Fraktionen in Nationalversammlung und Senat dank der Stimmen der Senatoren eine – freilich äußerst knappe – Mehrheit von 77 zu 74 Stimmen zugunsten der Investitur de Gaulles.

DE GAULLE ALS MINISTERPRÄSIDENT

Am Sonntag, dem 1. Juni 1958 um 15 Uhr begann die Aussprache über die Investitur des Ministerpräsidenten – die erste von drei entscheidenden Debatten der Nationalversammlung. De Gaulle saß allein auf der Regierungsbank; das Hohe Haus war vollzählig erschienen, das Halbrund bis auf den letzten Platz besetzt. Auf Einladung des Parlamentspräsidenten bestieg der General die Rednertribüne und verlas eine kurze Erklärung, die kürzeste in der Geschichte der Vierten Republik. Aus seinen Worten klang keinerlei Entgegenkommen: Er verlangte Sondervollmachten in Algerien, forderte eine Verfassungsänderung und kündigte eine mehrmonatige Beurlaubung des Parlaments an. Nachdem er so dem parlamentarischen Brauch Genüge getan hatte, verließ er den Sitzungssaal und überließ es dem stellvertretenden Ministerpräsidenten Guy Mollet, die Fragen der Abgeordneten zu beantworten. Siebzehn Deputierte ergriffen das Wort, überwiegend Vertreter der Opposition, die sowohl von rechts (Jacques Isorni) als auch – und vor allem – aus dem Lager der Linken kamen: Jacques Duclos für die Kommunisten, Tanguy Prigent für jene Sozialisten, die gegen de Gaulle votierten, sodann Pierre Cot und zwei Persönlichkeiten, die nur in eigenem Namen sprachen, deren Nein zu de Gaulle jedoch historisches Gewicht besaß: Pierre

Mendès-France und François Mitterrand. Beiden ging es ums Prinzip, beide weigerten sich, den Gewaltstreich vom 13. Mai zu sanktionieren, ohne den de Gaulle nicht zum Zuge gekommen wäre und von dem der General sich nie distanziert hatte. Ähnlich legalistisch argumentierte der MRP-Abgeordnete François de Menthon, der 1945 im ersten Kabinett de Gaulle das Amt des Justizministers bekleidet hatte.

Die Gegenposition vertrat unter den Sozialisten Maurice Deixonne, der Guy Mollet nach Colombey begleitet hatte und nun auf Tanguy Prigent antwortete, während für den MRP Pierre-Henri Teitgen gegenüber seinem Parteifreund François de Menthon das Wort ergriff. Die Aufzählung dieser Namen verdeutlicht den Riß, der quer durch die meisten politischen Gruppierungen ging: Sozialisten, Radikalsozialisten und Volksrepublikaner konnten sich parteiintern weder zu einer einheitlichen Beurteilung des Geschehens durchringen noch über die richtige Lösung einigen. Es kennzeichnet die Schwere der Krise, daß die Parteiapparate nicht mehr in der Lage waren, ihre Parlamentarier auf eine gemeinsame Linie festzulegen. Die SFIO beschloß, die Abstimmung freizugeben; jeder sollte nur seiner Überzeugung folgen und so entscheiden, wie es ihm unter taktischen und moralischen Gesichtspunkten richtig erschien. Damit blieb der Ausgang der Abstimmung bis zuletzt ungewiß.

Diese begann am frühen Abend und endete mit der Verkündung des Ergebnisses um 21.15 Uhr. Für die Investitur de Gaulles stimmten 329 Abgeordnete, 224 dagegen. Der General besaß eine Mehrheit von über hundert Stimmen, fast drei Fünftel der 553 anwesenden Abgeordneten hatten ihm das Vertrauen ausgesprochen – ein Ergebnis, das noch drei Tage zuvor als höchst unwahrscheinlich gegolten hätte. Diese neue Mehrheit reichte von den Sozialisten bis zur äußersten Rechten und überbrückte, wie seinerzeit die Mehrheit hinter Mendès-France, die herkömmliche Trennlinie zwischen Rechts und Links. Von ein paar eingefleischten Antigaullisten wie Jacques Isorni abgesehen, hatte die Rechte – Unabhängige, Poujadisten, Sozialrepublikaner – nahezu geschlossen, die Mitte mehrheitlich (70 Volksrepublikaner, 24 Radikalsozialisten, 14 Abgeordnete des *Rassemblement des gauches républicaines* und 10 von der UDSR) für de Gaulle gestimmt. Die SFIO war in zwei Teile gespalten; die Kommunisten stimmten geschlossen mit Nein.

Damit war die Regierungskrise, die sieben Wochen zuvor mit dem Rücktritt des Kabinetts Gaillard begonnen hatte, nach einer Serie außergewöhnlicher Ereignisse beigelegt. Der Ausgang war für alle überraschend, auch für die Drahtzieher des 13. Mai. Aber er beendete nicht die Krise des Regimes.

Die Nationalversammmlung hatte ihre Arbeit noch nicht abgeschlossen: Sie mußte noch über drei Gesetzesvorlagen entscheiden, die allesamt die neu eingesetzte Regierung mit Sondervollmachten unterschiedlicher Reichweite ausstatteten. Jede verwies auf einen der drei Bereiche, in denen die Regierung Handlungsbedarf gegeben sah. Die Anträge wurden in drei Debatten behandelt und anschließend durch Abstimmungen gebilligt.

Die Zustimmung zur ersten Vorlage verstand sich von selbst. Sie erneuerte alle Sondervollmachten, welche die Nationalversammlung den verschiedenen Regierungen seit März 1956 bewilligt hatte. Es wäre widersinnig gewesen, ausgerechnet de Gaulle – dessen Rückkehr man vor allem darum akzeptierte, weil man sich von ihm die Lösung des Algerienproblems erhoffte – die Vollmachten zu verweigern, die man seinen Vorgängern zugestanden hatte. Am 2. Juni gab die Nationalversammlung mit 322 zu 199 Stimmen ihr Plazet, im Beisein des Generals, der zuvorkommend auf die Fragen der Parlamentarier geantwortet hatte.

Die zweite Vorlage war von anderer Tragweite. Sie übertrug der Regierung für die Dauer von sechs Monaten das Recht, auf dem Verordnungswege alle »für den Wiederaufstieg der Nation als notwendig erachteten« Vorkehrungen zu treffen. Die gesetzgeberische Arbeit sollte also auch während der Beurlaubung des Parlaments keine Unterbrechung erfahren. Das Parlament gab damit sein legislatives Monopol preis. Um die Skrupel einiger Abgeordneter zu beruhigen, akzeptierte de Gaulle gewisse Einschränkungen; daraufhin wurde der Antrag mit 322 zu 232 Stimmen angenommen.

Die dritte Vorlage war sowohl wegen ihres absoluten Ausnahmecharakters als auch wegen ihrer Konsequenzen die weitaus bedeutsamste von allen dreien: Sie erteilte der Regierung das Mandat zur Ausarbeitung einer neuen Verfassung. Auf dieses Gesetz kam es de Gaulle vor allem an; von seiner Verabschiedung hatte er seine Rückkehr abhängig gemacht. In diesem Punkt hatte er vollkommen andere Vorstellungen als die meisten Parlamentarier, die ihm soeben das Vertrauen ausgesprochen hatten. Wenn sie ihm schließlich notgedrungen die Macht für eine bestimmte Zeit überlassen hatten, dann nur in der Absicht, eine Lösung jenes Problems zu finden – und in Algerien selbst zu erproben –, an dem bisher alle Regierungen gescheitert waren. Mehr als ein Abgeordneter teilte im stillen die Überlegungen, die ein Kollege aus dem Lager der Rechten in aller Offenheit ausgesprochen hatte: Entweder machte de Gaulle seine Sache genauso schlecht wie die anderen, dann würde er im Herbst stürzen und das alte Spiel von neuem beginnen; oder er entledigte sich seiner Aufgabe mit Erfolg, dann wäre die Politik endlich von der algerischen Hypothek befreit und könnte sich gleichfalls wieder in normalen Bahnen bewegen. In beiden Fällen würden die Parteien die abgetretene Macht wiedererlangen. Es wäre die gleiche Methode, der man sich seinerzeit bedient hatte, um mit Hilfe von Pierre Mendès-France den Indochinakrieg zu beenden.

De Gaulle gab sich über die Hintergedanken der Parteien keinen Illusionen hin. Er war fest entschlossen, sein Ziel mit Nachdruck zu verfolgen und sich die Macht nicht wieder nehmen zu lassen. Zudem hielt er, im Unterschied zur politischen Klasse Frankreichs, die Verfassungsfrage für wichtiger als das Algerienproblem, das es im übrigen nach seiner Überzeugung nur gab, weil die Staatsorgane nichts taugten. Man mußte also gerade in umgekehrter Reihenfolge vorgehen: Als erstes galt es, die Staatsorgane zu reformieren und ein starkes und geachtetes Staatswesen zu schaffen. Einem solchen Staat würde es dann nicht schwer fallen, Gesprächspartner zu finden, die ihm vertrauten.

So erklärt es sich, daß de Gaulle die Verabschiedung des Textes über die Verfassungsreform mit Vorrang behandelte. Er wußte um die Vorbehalte vieler Abgeordneter und verstand ihre Bedenken. Er war nach Kräften bemüht, jede Ähnlichkeit zwischen dem Parlamentsbeschluß vom 10. Juli 1940 und dem von ihm geforderten zu vermeiden, setzte sich persönlich für die Vorlage ein, nahm zahlreiche Präzisierungen vor und akzeptierte alle möglichen Abstriche von Prozedur und Substanz seines Vorhabens. Das Dokument ermächtigte die Regierung zur Ausarbeitung eines Verfassungsentwurfs, der anschließend einem Beratenden Ausschuß für Verfassungsfragen, der zu zwei Dritteln aus Delegierten der beiden Kammern bestand, zur Begutachtung vorgelegt werden sollte. Schließlich – und man könnte sagen: vor allem – sollte der Entwurf einer Volksabstimmung unterworfen werden und erst in Kraft treten, wenn eine Mehrheit der Franzosen ihn gebilligt hatte. Es war das gleiche Verfahren, das de Gaulle im Jahre 1945 angewandt hatte. Was den Inhalt betraf, so hatte das Parlament fünf Leitlinien formuliert, die dem Entwurf zur Grundlage dienen und seine Übereinstimmung mit den Prinzipien des französischen Staatsrechts und der Demokratie gewährleisten sollten. Am Abend des 3. Juni 1958 wurde die Vorlage mit 350 Ja-Stimmen bei nur 161 Gegenstimmen verabschiedet. Die Abstimmungsserie hatte die Opposition zersetzt und die Mehrheit gestärkt; der Stimmenvorsprung hatte sich innerhalb von zwei Tagen nahezu verdoppelt.

Nach diesen drei außergewöhnlichen Tagen ging die Nationalversammlung auseinander. Würde sie noch einmal zusammenkommen? Sie wurde bis zum turnusgemäßen Beginn der Herbstsession, das heißt bis Anfang Oktober, vertagt, allerdings nur unter der Voraussetzung, daß es der Regierung bis Ende September nicht gelang, die Arbeiten am Verfassungsentwurf erfolgreich abzuschließen und die Zustimmung des französischen Volkes einzuholen. Doch war die Frist für eine derartige Aufgabe so kurz bemessen, daß diese Möglichkeit als wenig wahrscheinlich galt. Und doch blieb es die letzte Sitzung. Die dritte und letzte Nationalversammlung der Vierten Republik hatte kaum die Hälfte der Legislaturperiode überdauert.

Formal gesehen lebte Frankreich immer noch unter der Vierten Republik: Staatspräsident Coty residierte weiterhin im Élysée-Palast und leitete die Ministerratssitzungen; General de Gaulle regierte in seiner Eigenschaft als Ministerpräsident nach den Bestimmungen der Verfassung von 1946. Aber die Tür für die Nachfolgerin stand offen. Nachdem die Regierung das Mandat zur Ausarbeitung einer neuen Verfassung erhalten hatte, war das Schicksal der Vierten Republik praktisch besiegelt.

Die meisten Franzosen atmeten auf. Das Schlimmste war verhütet worden; kein Blut war geflossen, sie waren knapp der Gefahr eines Bürgerkriegs oder einer Obristenherrschaft entronnen. Nur wenige trauerten der todkranken Republik nach. Allen gegenteiligen Behauptungen zum Trotz deutet nichts darauf hin, daß die Intrigen und das politische Verwirrspiel auf Gleichgültigkeit stießen. Daß jedermann seiner Beschäftigung nachging und das Alltagsleben weitgehend unberührt blieb, hatte nichts mit Gleichgültigkeit zu tun – man mußte schließlich leben. Im Gegenteil deutet alles darauf hin, daß die meisten Franzosen die Eskalation der Krise mit Beklommenheit und dem Gefühl der Ohnmacht verfolgten. Ob sie den schließlich gefundenen Ausweg begrüßten oder darin nur einen Notbehelf sahen – jedenfalls waren sie erleichtert, daß ihnen eine Entwicklung erspart geblieben war, wie sie Spanien zweiundzwanzig Jahre zuvor in den Abgrund geführt hatte. Die Erinnerung daran trug mit zu diesem Ausgang der Krise bei.

UNFALL, SELBSTMORD ODER MORD?

Somit hat die Vierte Republik etwas mehr als elf Jahre gedauert, von Mitte Januar 1947 bis Frühjahr 1958, genaugenommen sogar zwölf Jahre, wenn man bedenkt, daß sie endgültig erst an jenem Januartag des Jahres 1959 erlosch, an dem sich sämtliche Staatsorgane der Fünften Republik konstituiert hatten. Ihre Lebenszeit war damit kürzer als die der meisten Regime seit 1815, die – von der Zweiten und Dritten Republik einmal abgesehen – im Durchschnitt etwa anderthalb Mal so lange bestanden haben. Angesichts einer so kurzen Lebensdauer stellt sich die Frage: War der Untergang der Vierten Republik unvermeidlich? Ging sie an taktischen Fehlern zugrunde? War ihr Verfall bereits in ihrem Erbgut angelegt, wie de Gaulle nicht müde wurde zu behaupten? Oder wurde sie von ihren Feinden gestürzt? Handelte es sich beim Ende der Vierten Republik um Unfall, Selbstmord oder Mord?

Die Antwort hängt wesentlich davon ab, wie man das System und seine Leistungen bewertet. Fällt das Urteil günstig aus, so wird man zu dem Ergebnis kommen, daß die Vierte Republik den Anschlägen ihrer Feinde erlegen, daß sie einem Komplott zum Opfer gefallen ist. Fällt die Bewertung negativ aus, wird auch der Richterspruch gegen die Vierte Republik so ausfallen.

Tatsache ist, daß sie bis heute in schlechtem Rufe steht. Sie hat sich noch immer nicht von dem Mißkredit erholt, in den sie durch die Umstände ihres Sturzes geraten war. Und die Erben der Vierten Republik haben nichts zu deren Rehabilitierung unternommen. Alle Regime finden es zweckmäßig, den Vorgänger in Verruf zu bringen und seinen schlechten Leumund gleichsam zur Stärkung der eigenen Legitimität zu nutzen. De Gaulle gefiel sich in kontrastierenden Vergleichen zwischen der Stabilität seiner Regierung und den kurzlebigen Kabinetten der Vierten Republik, zwischen der Autorität des von ihm restaurierten Staatswesens und der angeborenen Schwäche des Parteienregiments.

Die Wirklichkeit bietet wohl ein differenzierteres Bild. Ohne dem Urteil vorgreifen zu wollen, das zu gegebener Zeit über die Fünfte Republik und die Leistungsfähigkeit ihrer Institutionen zu fällen sein wird: Bei nüchterner Würdigung jener zwölf Jahre, die wir hier in großen Zügen nachgezeichnet haben, ergeben sich doch eine Reihe von Feststellungen, welche das zumeist strenge Urteil über die Vierte Republik etwas mildern.

Analysiert man die unmittelbaren Anlässe ihres Sturzes, so wird man zunächst sagen müssen, daß die Vierte Republik Gefahren erlegen ist, die von außen kamen. Man kann das Übel benennen, das ihr zum Verhängnis geworden ist: es heißt Algerienkrieg. Die Vierte Republik wurde durch einen Kolonialkrieg hinweggefegt, den sie weder vorausgesehen noch verhindert hatte, noch zu beenden vermochte – ebenso wie seinerzeit die Dritte Republik die Tradition des Zweiten Kaiserreichs fortsetzte, dessen Erbe sie angetreten hatte, und an der militärischen Niederlage zugrunde ging. Keines dieser drei Staatswesen starb eines natürlichen Todes – falls es für ein Regime ein natürlicher Tod ist, wenn es durch innenpolitische Widersacher gestürzt oder verdrängt wird. Hätte die Vierte Republik ohne Algerien länger existiert, hätte sie ihre Schwächephasen überwunden? Wer vermag es zu sagen? Doch die Vermutung ist keineswegs absurd: Vielleicht hätte Frankreich dann einen ähnlichen Weg eingeschlagen wie die italienische Republik, deren Verfassung in wesentlichen Punkten mit jener der Vierten Republik übereinstimmte.

Halten wir zunächst fest, daß die Vierte Republik keineswegs vom Schicksal verdammt war, in der Blüte ihrer Jahre zu sterben. Sie hatte mehr als eine Krise überwunden, hatte eine Reihe von Oppositionsbewegungen verkraften müssen und war mit ihnen fertig geworden. Sie besaß die gleiche erstaunliche Fähigkeit, ihre Gegner für sich zu gewinnen, wie die Dritte Republik. Hatte ihr letzter Präsident nicht seinerzeit gegen ihre Verfassung gestimmt?

Was zu ihrem Niedergang führte, war das Mißverhältnis zwischen der Schwere der Probleme und dem, was die Institutionen an Krisenbewältigung zu leisten vermochten. Es war das Unglück der Vierten Republik, daß sie in eine Welt hineingeboren wurde, die im Banne zweier globaler Konflikte stand – des Kalten Krieges und der kolonialen Befreiungskriege –, und daß beide mitten im politischen Leben Frankreichs mit verschärfter Wucht aufeinandertrafen. Frankreich lag am Schnittpunkt der Ost-West-Achse zwischen den beiden ideologisch verfeindeten Blöcken und der Nord-Süd-Achse (damals hieß sie noch nicht so) zwischen den Kolonialmächten und den Völkern der Dritten Welt, die um ihre Befreiung kämpften. Man könnte sich ohne weiteres vorstellen, daß die Institutionen der Vierten Republik stark genug gewesen wären, um das Staatsschiff problemlos durch ruhige Zeiten zu lenken und normale Schwierigkeiten zu bewältigen, doch in der Zerreißprobe der dramatischen Ereignisse, die die Welt nach dem Zweiten Weltkrieg erschütterten, offenbarte sich ihr Unvermögen in tragischer Weise. Die Diskrepanz zwischen der Zahl und Schwere der Probleme und der Unfähigkeit der Staatsmacht war zu kraß.

Hier wiederholte sich die Erfahrung der dreißiger Jahre, die seinerzeit wesentlich zum Zusammenbruch der Dritten Republik beigetragen hatte: Die Instabilität und die Kurzlebigkeit der Regierungen, die immer länger währenden Krisen und das Eingeständnis der klügsten und aufrichtigsten Staatsmänner, daß sie die Kontrolle über ihre Untergebenen in den Kolonien verloren hatten, diskreditierten das System in den Augen der Bevölkerung und machen begreiflich, warum es zuletzt nicht mehr viele Verteidiger gefunden hatte. Nicht einmal diejenigen, die am 1. Juni gegen die Investitur de Gaulles gestimmt hatten, waren bereit, die Republik um jeden Preis zu verteidigen, wie übrigens andererseits auch jene, die damals zu de Gaulle stießen, keine unversöhnlichen Feinde der Republik gewesen sind.

Aber ist es gerecht, in abstrakter Argumentation den Staatsorganen die Schuld zuzuschieben und sie gleichsam als autarke Größe zu behandeln? Hat es einen Sinn, ihnen die alleinige Verantwortung für das ganze Geschehen anzulasten? Das liefe auf einen radikalen Trennstrich hinaus: Hier eine mit allen Fehlern behaftete politische Krise, dort ein angeblich vollkommen unschuldiges Wählervolk – als ob die Funktionstüchtigkeit der Staatsorgane nichts mit der Konsensfähigkeit der Öffentlichkeit zu tun hätte. Die Herrschaft der Parteien spiegelte nur den Zustand eines Landes wider, das in gegensätzliche politische und weltanschauliche Gruppierungen gespalten war, die sich allenfalls über eine oder zwei Fragen verständigen konnten – und auch das nur für eine begrenzte Zeit. Sämtliche Mehrheiten basierten auf Koalitionen und trugen von Anfang an den Keim des baldigen Zerwürfnisses in sich; hier und nur hier lag der Grund dafür, daß sich keine Regierung länger als einige Monate im Amt halten konnte. Mit den Fähigkeiten der einzelnen Politiker, von denen im übrigen viele während der Fünften Republik eine ehrenvolle Rolle spielten, hatte das nichts zu tun.

Und dennoch fiel die Bilanz nicht gänzlich negativ aus: Dieses verhöhnte System war besser als sein Ruf. Die Vierte Republik hinterließ der Fünften ein Erbe, dessen sich ihre Führer nicht zu schämen brauchten. Sie hatte ein erschöpftes, zerstörtes und ausgeblutetes Land übernommen, die ärgste Not gewendet und den dringendsten Bedürfnissen abgeholfen. Sie hatte die Ruinen beseitigt, den Wiederaufbau auf eine solide Basis gestellt und Frankreich mutig auf den Weg des Wirtschaftswachstums geführt. Nach und nach hatte der Geist der Modernisierung über die alten Gewohnheiten gesiegt und allmählich die meisten Wirtschaftssektoren erobert: Industrie, Landwirtschaft, Transportwesen und Vertriebsorganisation. Mutige Entscheidungen trugen erste Früchte; die Wirtschaft erlebte ein anhaltendes Wachstum, die Vollbeschäftigung war gesichert, der Lebensstandard besserte sich kontinuierlich.

Wenn die Beilegung des Indochinaproblems um den Preis einer Katastrophe erkauft wurde, so fand man in Tunesien und Marokko schließlich eine Lösung, die einen Weg in die Zukunft wies und die Bindungen zu Frankreich intakt hielt, und in Schwarzafrika wurden die Grundlagen für eine friedliche Entwicklung gelegt. Die Vierte Republik hatte eine eigenständige Außenpolitik verfolgt, die frei war von den Ängsten der Vergangenheit, die Frankreich mit Deutschland aussöhnte und maßgeblich zur Einigung Europas beitrug.

Wer weiß, ob diese positiven Leistungen nicht einen fast ebenso großen Anteil am Sturz der Vierten Republik gehabt haben wie die Niederlagen und Fehlgriffe? Der wirtschaftliche Fortschritt und die Modernisierung der Gesellschaft vergrößerten noch die Kluft zu den archaisch strukturierten Staatsorganen. Man sollte sich zwar davor hüten, der Gesellschaft einen höheren, überindividuellen Willen zuzuschreiben, eine Art weiser Vernunft, die insgeheim die Geschicke der Menschen lenkt. Aber die Entwicklung verlief tatsächlich so, als habe ein verbrauchtes System einem anderen Platz gemacht, das leistungsfähiger und einer neuen Gesellschaft angemessener schien.

Mit der Zeit wird sich – die Wette sei gewagt – die Erkenntnis durchsetzen, daß die Franzosen sich jener Jahre nicht zu schämen brauchen. Denn die Erfolge der Vierten Republik sind, nicht anders als ihre Fehlleistungen, letztendlich die der Franzosen selbst. Ihrer Arbeit, ihrem Einfallsreichtum, ihren natürlichen Fähigkeiten, ihrer Entschlossenheit, Frankreich wieder den ihm gebührenden Rang zu verschaffen, ihrer steigenden Geburtenzahl und ihrem Erfindergeist war es zu danken, daß diese zwölf Jahre zu einer Phase des Aufstiegs wurden, in der Frankreich seine Rückstände aufholte und das Stigma der Überalterung loswurde. Die Vierte Republik war auch eine Zeit der Erneuerung, der Verjüngung und der Modernisierung gewesen. Die Fünfte hat dieses Erbe übernommen und die Saat zur Reife gebracht.

KAPITEL VI

Kriegs- und Nachkriegskultur 1940–1958

Im verschwommenen Dämmerlicht der ausgehenden dreißiger Jahre blieb Frankreich trotz eines gewissen Substanzverlustes einer der Brennpunkte der künstlerischen und wissenschaftlichen Entwicklung. Fest verwurzelt im Gefilde seiner angestammten Kultur, wurde es von den ersten Ausläufern des *american way of life* noch kaum berührt. Vorübergehend hatte es sich hinter einer intellektuellen Maginotlinie verschanzt. Der Aufstieg Hitlerdeutschlands hatte ihm politisch und militärisch zwar einen furchtbaren Gegner erstehen lassen, es aber seltsamerweise auf kultureller Ebene von seinem nächsten und bedrohlichsten Konkurrenten befreit, da das neue Regime eine bis dahin in vollem Aufschwung befindliche Kultur abgewürgt hatte.

Die weitere Entwicklung ist bekannt. Die andere, echte Maginotlinie wurde umgangen, und Frankreich versank in der Besatzung. Es wäre indes verfehlt, sich das Frankreich der Okkupationsjahre als ein Land im intellektuellen Dornröschenschlaf vorzustellen.

BLIEB DIE ZEIT STEHEN?

Die französische Kultur litt zwangsläufig unter dem Druck der Besatzung. Dies galt sowohl für das kulturelle Schaffen als auch für die Kulturschaffenden selbst. Kunst und Geisteswelt hatten einen hohen Blutzoll zu entrichten, und die Aufzählung der Toten ergibt rasch ein langes Märtyrerverzeichnis. Zu den Opfern zählten eine Reihe von Institutionen und einzelnen Gelehrten des akademischen Lebens wie etwa das Untergrundnetz des *Musée de l'Homme,* das von der Gestapo rasch zerschlagen wurde, oder der 1944 erschossene Historiker und Mitbegründer der »Annales-Schule« Marc Bloch. Nicht minder hart traf es auch die Literatur; zu ihren Blutzeugen gehören, neben vielen anderen, Jean Prévost, der mit der Waffe in der Hand in den Kämpfen im Vercors fiel, der Dichter und Widerstandskämpfer Robert Desnos, der in der Deportation, oder Max Jacob, der 1944 im Lager von Drancy ums Leben kam. Und, auf der anderen Seite, Robert Brasillach, der im Februar 1945 als Kollaborateur hingerichtet wurde, oder Drieu la Rochelle, der im Frühjahr des gleichen Jahres Selbstmord beging.

Zog der Pariser »Kollaborationismus« auch nur wenige Künstler und Denker an, so waren das Vichy-Regime und die Nationale Revolution keineswegs jener Ort der Unkultur, als der sie nach der Befreiung hingestellt wurden. Einige Schriftsteller und Künstler der Linken begegneten – aus Pazifismus – Marschall Pétain mit wohlwollender Neutralität. Vor allem konservative Rechtsintellektuelle liehen ihm oft ihre Unterstützung; bezeichnend dafür ist Paul Claudels »Ode an Marschall Pétain«. Das heißt jedoch nicht, daß Frankreichs Kunst und Geisteswelt im Untergrundkampf abseits gestanden hätten. Nur vollzog sich dieser Kampf in verschiedenen Formen. André Malraux, Chef der Brigade Elsaß-Lothringen, oder René Char alias »Hauptmann Alexandre« nahmen unmittelbar an den Kämpfen gegen die Besatzungsmacht teil, ohne sich daneben schriftstellerisch zu engagieren.

Manche Autoren entschieden sich dagegen für den Kampf auf ihrem eigenen Gebiet. Im September 1942 erschien die erste Nummer der *»Lettres françaises«*, des Organs jener Untergrundorganisation, die sich im Februar 1943 die Bezeichnung *Comité national des écrivains* (CNE) zulegte. Im gleichen Herbst 1942 veröffentlichten die *Éditions de Minuit* Vercors' Erzählung *»Le Silence de la mer«* in einer Erstauflage von 350 Exemplaren. Im darauffolgenden Sommer erschienen im selben Verlag der Band *»L'Honneur des poètes«*, in dem Paul Éluard anonyme Gedichte – namentlich von Louis Aragon, Robert Desnos, Francis Ponge und Pierre Seghers – versammelte, und das *»Cahier noir«* von François Mauriac unter dem Pseudonym »Forez«.

Parallel zu dieser Kampagne im Schutz von Pseudonymen oder der Anonymität publizierten Dichter und Romanciers auch als Untergrundkämpfer weiterhin unter eigenem Namen. So gelang es Paul Éluard, die Zensur zu überlisten und auf einem Flugblatt das Gedicht *»Liberté«* zu veröffentlichen, das neben der *»Ballade de celui qui chanta les supplices«* und *»La Rose et le réséda«*, die Aragon in Untergrundmagazinen abdrucken ließ, zum Symbol für den Kampfeswillen der französischen Literatur und zum Hochgesang ihrer Märtyrer wurde. Diese anonyme oder namentlich gezeichnete Poesie schöpfte, jenseits unterschiedlicher Stilrichtungen und Empfindungen, aus einer Art schmerzbewegtem Pathos, das sich als Grundton durch die ganze Dichtung zu ziehen scheint.

Neben dem Problem der Parteinahme für eines der Lager des zerstückelten Frankreich stellte sich manchmal noch eine andere Frage, welche in direktem Zusammenhang mit der französischen Kultur stand: Sollten die Kulturschaffenden während der Besatzungszeit ihre Arbeit aus freien Stücken unterbrechen und im Sinne einer Politik der verbrannten Erde Frankreich zur geistigen Wüste machen, um so gegen die Versklavung des Landes zu protestieren und die Unterwerfung unter die deutsche Zensur zu verweigern? Oder bestand ihre Pflicht vielmehr darin, das Banner französischer Kunst und Geisteskultur hochzuhalten? Gewiß eine schwierige Frage, die später im Zusammenhang mit der Säuberungspolitik diskutiert wurde. Tatsächlich ist sie weitgehend retrospektiver Natur. Ihre ausführliche Erörterung könnte im übrigen den Historiker leicht vom Wesentlichen ablenken: Denn es hat in diesen dunklen Jahren nicht nur ein französisches Kulturschaffen gegeben, sondern eines, das sogar in vieler Hinsicht glanzvolle und zukunftsweisende Perspektiven aufwies.

Die Besatzungsmacht war sich durchaus im klaren, um was es dabei ging. Dem deutschen Botschafter in Paris, Otto Abetz, wurde folgende Bemerkung zugeschrieben: »In Frankreich gibt es drei große Mächte: den Kommunismus, die Großbanken und die *›Nouvelle Revue française‹«* – mit einer Variante, die den Kommunismus durch die Freimaurerei ersetzte. Von daher stammen auch die »Otto-Listen«: Der französische Verlegerverband mußte einer Vereinbarung zustimmen, wonach die Veröffentlichung von Werken, die für »lügnerisch und tendenziös« erachtet wurden, verboten war.

Doch trotz seines Gemäldes *»Guernica«* konnte Picasso malen, und auch die Theatersäle blieben gut gefüllt. 1943 wurde in der Comédie Française Paul Claudels *»Le Soulier de satin«* (»Der seidene Schuh oder Das Schlimmste trifft nicht immer zu«) unter der Regie des Dullin-Schülers Jean-Louis Barrault aufgeführt. Das Werk war bereits 1929 veröffentlicht worden, als Jean-Paul Sartre noch ein junger Mann war. Dessen Stück *»Les Mouches«* (»Die Fliegen«) kam ebenfalls 1943, von Charles Dullin selbst inszeniert, auf die Bühne. Spontane Fülle der Stilformen quer durch die Generationen – in der Kunst ein Zeichen für glanzvolle Zeiten! Und im darauffolgenden Jahr brachte zudem André Barsacq im Théâtre de l'Atelier Jean Anouilhs *»Antigone«* auf die Bühne, wurden im Théâtre du Vieux-Colombier Sartres *»Huis clos«* (»Geschlossene Gesellschaft«) und Henry de Montherlants *»La Reine morte«* (»Die tote Königin«) mit Michel Vitold und Gaby Sylvia aufgeführt.

Glanzvolle Zeiten auch für den Film. Betrachtet man die Filmproduktion unvoreingenommen, ohne sich von verlogenen Querelen und doppelzüngigen Vorwürfen beeindrucken zu lassen – so wurde zum Beispiel *»Le Corbeau«* (»Der Rabe«) von Henri-Georges Clouzot gleich mehrfach denunziert, zuerst von Vichy als moralisch zersetzend, dann nach der Befreiung wegen seiner Finanzierung durch die deutsche Firma Continental –, so erblickt man ein Kino voller Kraft und Schwung. Es fand ein Publikum nach seinem Maß. Das Verbot öffentlicher Tanzveranstaltungen, die verkürzten Öffnungszeiten der Cafés und die Ausdünnung der Speisekarten in den Restaurants führten noch mehr Besucher in die Kinosäle als zu den goldenen Zeiten Ende der dreißiger Jahre: Wurden im Jahre 1938 250 Millionen Platzkarten verkauft, so waren es während der Besatzungszeit im Durchschnitt 310 Millionen Karten pro Jahr. Die Jahre 1940–1944 brachten trotz der Unbilden des Krieges eine wahrhaft rauschende Ernte von zumeist großartigen Filmen – insgesamt 220 an der Zahl. Und dies nicht zuletzt deshalb, weil eine neue Generation von Regisseuren – deren Karriere zugegebenermaßen durch die Rassengesetze und/oder die Emigration einiger Filmschaffender erleichtert wurde – damals mit ihren ersten Dreharbeiten begann wie Robert Bresson, Henri-Georges Clouzot und Jacques Becker.

Fügt man zu diesen Namen noch einige schon damals bekannte hinzu wie zum Beispiel die von Marcel Pagnol oder Marcel Carné, kann man das ungefähre Ausmaß eines Filmschaffens ermessen, das gleichwohl nach der Befreiung nicht selten auf Ablehnung stieß. In einigen Fällen lautete der Vorwurf, daß bestimmte Filme von den Deutschen finanziert worden seien und einige Regisseure sich von der Besatzungsmacht hätten dingen lassen. Aber vor allem bezichtigte man viele dieser Produktionen des »Pétainismus«. Tatsächlich knüpften jedoch zahlreiche Werke in ihren Motiven an die Tradition der dreißiger Jahre an. Im übrigen haben eine Reihe sorgfältiger Untersuchungen ergeben, daß nur etwa ein Zehntel der damals produzierten Filme bewußte Verherrlichungen der Nationalen Revolution bzw. ihrer Ideologie darstellten. Das Kino der Kriegszeit stand – trotz der Zäsur des Jahres 1940 und den Zwängen der Besatzung – weitgehend in der Kontinuität des vorangegangenen Jahrzehnts. Die Kinobesucher der Jahre 1940 bis 1944 erlebten die volle Entfaltung dieser Form des cineastischen Klassizismus, deren Wurzeln im Filmschaffen der Vorkriegszeit lagen. Wahr ist freilich auch, daß zur selben Zeit – man mag es als mehr oder weniger bewußten Eskapismus deuten – in der Thematik mancher Werke ein Bruch mit dem poetischen Realismus der großen Vorgänger festzustellen ist und daß ihre Poesie zeitloser wurde (wie in dem 1943 entstandenen Opus *»Les Visiteurs du soir«* von Marcel Carné), sich in einen lyrischen Grundton flüchtete (wie der im Frühjahr 1944 begonnene Film *»Les Enfants du paradis«* desselben Regisseurs) oder zu surrealistischen Formen Zuflucht nahm (wie *»Goupi-Mains rouges«* von Jacques Becker aus dem Jahre 1943). In der Tat dominierte eine Filmkunst, die sich bewußt von der Realität entfernte: das Kino als Fluchtversuch eines gefangenen Frankreich.

Ebensowenig wie im Kino die Leinwand blieb auch die Leinwand des Malers weiß. Zwar hatte der Sturm der Mai- und Junitage des Jahres 1940 auch die Maler, ebenso wie viele andere Franzosen, in alle Winde zerstreut. Chagall, Léger und Max Ernst zum Beispiel hatten Paris verlassen. Viele Galerien waren geschlossen. Aber im Süden des Landes, vor allem in Toulouse und Marseille, hatte das künstlerische Schaffen eine Zuflucht gefunden. Und sogar in Paris zeigte die Galerie Braun seit Mai 1941 in ihren Räumen eine Ausstellung »Junges Frankreich«, die »zwanzig junge Maler der französischen Schule« vorstellte, darunter Pignon, Bazaine, Manessier, Fougeron und Dubuffet; die Kollaborationspresse zeigte sich schockiert über die grellen Farben und sprach von »Gecken der Malerei«. Bis 1944 wurde noch eine ganze Reihe weiterer Ausstellungen veranstaltet, die – wie schon das »Junge Frankreich« – zweierlei erkennen ließen: das Auftreten einer neuen Generation und den Einfluß, den das Erbe des Kubismus und des Fauvismus auf sie ausübte.

Angesichts der »Otto-Listen« stellte sich die Frage des freiwilligen Schweigens nirgendwo mit solcher Schärfe wie gerade im Bereich der

Literatur. Hätten die Schriftsteller unter diesen Umständen bewußt die Feder beiseite legen sollen? Der Historiker wird sich mit der Feststellung begnügen müssen, daß nichts dergleichen geschah. Die Liste der damals erschienenen Werke ist lang, und das Theater, von dem bereits die Rede war, liefert reichlich Beispiele.

Es hieße freilich das Bild verfälschen, wollte man diese Besatzungsperiode als eine Phase unabhängig sprudelnder künstlerischer Aktivitäten und ungezügelter Schaffenskraft beschreiben. Denn zur gleichen Zeit stand das intellektuelle und künstlerische Schaffen – wie es im Titel *»J'attendrai«* (»Ich warte auf dich«) eines der erfolgreichsten Chansons dieser Kriegsjahre zum Ausdruck kam – vor allem im Banne gespannter Erwartung, wenngleich seine eigentlichen Antriebe anderswo liegen mochten. Es war eine Kultur im Wartestand, die einen Kreuzweg der Generationen und Stilarten erreicht hatte. Wie das ganze Land, das damals den Atem anhielt, wirkte auch sie im Verborgenen und vermochte sich erst nach der Befreiung zu entfalten.

Ein Wirken im Verborgenen also, aber keine Politik der verbrannten Erde. Darum lag die französische Kultur 1944 keineswegs in Schutt und Asche – im Gegenteil, sie sollte bald reiche Frucht tragen.

DIE NACHKRIEGSZEIT

Läutete die Befreiung eine neue Kulturepoche ein? Und als der Vorhang sich hob, enthüllte er da eine neue Szenerie? In Wirklichkeit hatte sich wohl eher die Beleuchtung geändert. Dem Schattenspiel der Besatzungszeit folgte ein in lebhafte, aber nicht unbedingt neue Farben gekleidetes Theaterstück. Man hüte sich vor einer trügerischen Symbolik, die etwa dazu verleiten könnte, das Staatsbegräbnis für Paul Valéry – keiner vom Schlage jener »Spitzenfunktionäre der französischen Literatur«, die Paul Nizan 1939 treffend charakterisiert hat, aber auf seine Weise ein typischer Repräsentant bestimmter kultureller Strömungen im Frankreich der Zwischenkriegsjahre – im Sommer 1945 dem erstmaligen Erscheinen der von Jean-Paul Sartre gegründeten *»Temps modernes«* im Herbst des gleichen Jahres kontrapunktisch gegenüberzustellen. Die Wirklichkeit dieser Nachkriegszeit war weitaus komplexer.

Das Ende der Besatzungszeit hatte das kulturelle Frankreich zunächst mehr in seiner bürgerlichen Existenz als in seinem künstlerischen Schaffen berührt. Einige seiner Vertreter wie Paul Morand, Jean Giono, Louis Céline, Henry de Montherlant oder Jacques Chardonne wurden aus unterschiedlichen Gründen belästigt, eingesperrt, mitunter auch verurteilt; andere dagegen traten aus dem Schatten ihrer Pseudonyme hervor oder griffen wieder zur Feder, die sie mit Beginn der Okkupation beiseite gelegt hatten. Man ginge allerdings fehl in der Annahme, die Befreiung habe sich damit begnügt, das Paternosterwerk der Generationen wieder in Gang zu setzen und durch Förderung neuer Talente für Ablösung zu sorgen. Es handelte sich viel eher um einen Verschmelzungsprozeß. Die etablierten Größen der Vorkriegszeit behaupteten nach wie vor ihren Platz, sofern sie nicht durch die Auswirkungen des Krieges an Glanz verloren hatten, und die Neulinge hatten die Dreißiger bereits überschritten oder näherten sich bereits den Vierzigern. Camus war damals zweiunddreißig und Sartre neununddreißig Jahre alt. Ihre literarische Karriere hatte schon vor der Befreiung begonnen: Albert Camus hatte einige Monate zuvor seinen Roman *»L'Etranger«* (»Der Fremde«) veröffentlicht und sein Stück *»Le Malentendu«* zur Aufführung gebracht; und Sartres Theaterstücke wurden schon während der Okkupation gespielt, wie auch seine philosophische Schrift *»L'Être et le néant«* (»Das Sein und das Nichts«) bereits 1943 erschienen war. Aber der literarische Erfolg und vor allem die Berühmtheit stellten sich nun schneller ein. Camus polemisierte öffentlich im *»Combat«* gegen François Mauriac, Sartre schloß 1945 die Arbeit an seinem Roman *»Les Chemins de la liberté«* (»Die Wege der Freiheit«) ab und gründete die Zeitschrift *»Les Temps modernes«*.

Verschmelzung also auf der einen Seite und daneben sowohl Kontinuität als auch Wandel. Die Kontinuität zeigte sich im posthumen Triumph von Jean Giraudoux' *»La Folle de Chaillot«* (»Die Irre von Chaillot«) im Jahre 1945 – dem ersten großen Theatererfolg der Nachkriegszeit – mit Louis Jouvet und Marguerite Moreno in den Hauptrollen, und in der Ehrung, die den Autoren der früheren *»Nouvelle Revue française«* mit der Verleihung des Literaturnobelpreises an André Gide im Jahre 1947 zuteil wurde; der Wandel manifestierte sich im Aufstieg Sartres. Die »Kathedrale von Sartre« – die Kirche Saint-Germain-des-Prés – wurde zum Epizentrum der »existentialistischen« Welle, auch wenn die Mehrzahl der jungen Leute, die sich damals im Tabou in der Rue Dauphine oder im Lorientais in der Rue des Carmes trafen, wo Claude Luter spielte, außer der Bezeichnung nichts von einem »Existentialisten« an sich hatten. Dieser Ruhm, der bis zu schwärmerischer Verehrung reichte, speiste sich aus mindestens zwei Quellen: Zum einen formulierte und personifizierte Sartre nach der Libération die »Pflicht« des Schriftstellers zum Engagement; zum anderen erhob seine literarische Herrschaft die Philosophie in den Rang einer Königsdisziplin.

In der Tat gab sich die Literatur von nun an als *littérature engagée* und forderte einen engen Bezug zur Gegenwart – ein Bezug im doppelten Sinne: Die Literatur ist fest in ihre Zeit eingebunden und somit ihr Spiegel; der Schriftsteller ist engagiert und somit Akteur. Darüber hinaus deutete sich eine neue Hierarchie der intellektuellen Disziplinen an. Zweifellos tritt eine derartige Verschiebung erst im Laufe von Jahrzehnten zutage, und es wäre gekünstelt, aus der Rückschau sämtliche Vorzeichen aufzuzählen, die im Laufe der Nachkriegsjahre auf diese Veränderung hingedeutet haben. Aber das Phänomen selbst bleibt unbestreitbar: In diesen Jahren verdrängte die Philosophie nach und nach die Literatur von ihrem Thron.

Es entsprach dem Zeitgeist, daß die erstere bisweilen die zweite geradezu kolonisierte. So diente der Roman zu wiederholten Malen als Vehikel für philosophische Theorien wie etwa in Sartres Vorkriegswerk *»La Naussée«* (»Der Ekel«) und in seinem Roman *»Le Chemins de la liberté«* oder in Camus' *»L'Étranger«*. Ebenso wählten diese beiden Autoren häufig die Bühne als Forum zur Verkündung und Popularisierung ihrer Weltanschauung. Nach seinen Theaterstücken aus den Jahren der Okkupation brachte Sartre vor allem *»La Putain respectueuse«* (»Die ehrbare Dirne«, 1946) und *»Les Mains sales«* (»Die schmutzigen Hände, 1948) auf die Bühne, während Camus im September 1945 mit seinem Stück *»Caligula«* mit Gérard Philipe in der Hauptrolle großen Erfolg erntete.

So wurde dem Theater eine Rolle zugewiesen, die bis dahin dem Gedruckten oder dem Lehrstuhl vorbehalten war, und daraus erwuchsen ihm Ruhm und gesteigertes Ansehen. Parallel zu dieser direkten Imprägnierung des Theaters durch die Philosophie verlief im selben Zeitraum eine innere Entwicklung des Theaters, die in dieselbe Richtung wies. Neben jenem Typus des klassizistischen Theaters, den in der Zwischenkriegszeit ein Autor wie Jean Giraudoux oder ein Schauspieler und Regisseur wie Louis Jouvet verkörperten – und der im Erfolg der Werke Claudels und Montherlants seine Fortsetzung fand –, entwickelte sich das »absurde Theater« um das Dreigestirn Ionesco – Beckett – Adamov, drei bis dahin unbekannte Autoren, die ihre Stücke auf den kleinen Bühnen der *rive gauche* zur Aufführung brachten.

Es wäre zweifellos unangebracht, den Einfluß des »absurden Theaters« an seiner Lebensdauer zu messen. Gewiß hat Ionescos Stück *»La Cantatrice chauve«* (»Die kahle Sängerin«), das 1950 in den Noctambules uraufgeführt und 1957 im Théâtre de la Huchette von neuem auf die Bühne gebracht worden war, im Laufe des Sommers 1987 seine zehntausendste Aufführung in diesem Theater in derselben Inszenierung und mit demselben Bühnenbild erlebt, aber die Gegner des »absurden Theaters« könnten einwenden, daß es sich hier nur um ein nostalgisches Relikt, ein letztes Überbleibsel, handelte. Umgekehrt wäre es genauso verfehlt, wollte man die Ratlosigkeit, mit der man diesem Stück anfänglich begegnete, zum Indikator für die Intensität seiner Wirkung machen. Der Kritiker des *»Figaro«* vom 14. Mai 1950 hat nach eigenem Bekunden bei der Aufführung der *»Cantatrice chauve«* »eine Stunde der Langeweile« verbracht, aber dieselbe Zeitung bewunderte im Januar 1953 die »ungewöhnliche Schönheit« von Becketts »Warten auf Godot«.

Aufschlußreicher ist die Gruppenwirkung. Mit Beginn der fünfziger Jahre wurde ein Durchbruch zu neuen Formen sichtbar, und zwar in doppelter Hinsicht, sowohl im Einsatz der dramaturgischen Mittel wie im Umgang mit der Sprache. Der Zuschauer sah sich von Ionesco einem »Anti-Stück« ausgesetzt: scheinbar seelenlose Personen, belanglose und daher uninteressante Dialoge, eine Handlung, die es nicht gab – die Hauptsäulen des theatralischen Ausdrucks schienen unwiderruflich zum Einsturz gebracht. Arthur Adamov (»Die Parodie« und »Die Invasion«) und Samuel Beckett (»Warten auf Godot« und »Endspiel«, 1953 und 1957 von Roger Blin inszeniert) loteten, jeder mit seinen Mitteln, ebenfalls die Möglichkeiten des »absurden Theaters« aus. Zu einer Zeit, da die Abstraktion in der Malerei eine bedeutende Rolle spielte und in der Bildhauerei die Skulpturen mehr und mehr ihre anthropomorphe Gestalt verloren, besaß auch das Theater eine Fülle von Ausdrucksformen, die alles Menschliche ausmerzten. Der *nouveau roman* – auch er zeigte sich verächtlich gegenüber der Handlung und der Persönlichkeitsstruktur – und einige Sozialwissenschaften schlugen in die gleiche Kerbe.

Doch das für das Theater eigentlich Entscheidende lag zweifellos anderswo. Denn unabhängig von der Entwicklung der dramatischen Genres – von der klassizistischen Verfeinerung der Theaterkunst der Vorkriegszeit durch Giraudoux über das Situationstheater der Nachkriegszeit bis zum »Anti-Theater« der fünfziger Jahre – ergab sich eine glänzende Bilanz: Trotz der Konkurrenz des Films vermochte das Theater seine Stellung als privilegierte Ausdrucksform über die Mitte des Jahrhunderts hinaus zu bewahren.

Dies um so mehr, als die Erwähnung dieser drei Formebenen den Reichtum des französischen Theaters jener Jahre keineswegs erschöpfend wiedergibt. Es war ebenso die große Zeit Jean Anouilhs, auch der Moment, in dem aus der symbolträchtigen Bewegung eines Regisseurs, Louis Jouvet, der als Inkarnation des Klassizismus galt, und eines Autors, Jean Genet, der nach Schwefel roch, die Inszenierung von *»Les Bonnes«* (»Die Zofen«, 1947) entstand. Diese Lebenskraft und Ausdrucksvielfalt machten das Theater zu einem anerkannten Kulturträger. Aus der Zahl der Belege seien hier nur zwei genannt: Durch Jean Vilar und das »nationale Volkstheater« spielte es eine wesentliche Rolle bei der »Popularisierung der Kultur«, die allgemeine Anerkennung fand, wenngleich die Ergebnisse in diesem Bereich eher zweideutig ausfielen. Und im Vorfeld der politischen Auseinandersetzungen war die Theaterbühne präsent – auch ein typisches Merkmal der Zeit. Ganz abgesehen von dem Echo, das damals verschiedene Werke Jean-Paul Sartres fanden, wurde gegen ein Stück von Roger Vailland über den Koreakrieg, *»Le colonel Foster plaidera coupable«* (»Oberst Foster ist schuldig«), durch den Polizeipräfekten im Mai 1952 nach zwei Vorstellungen ein Aufführungsverbot verhängt, nachdem Anhänger der extremen Rechten gegen das Stück demonstriert hatten, das die amerikanische Armee in die Nähe der Nazis rückte.

Die fünfzehn Jahre, die auf den Zweiten Weltkrieg folgten, waren mithin eine große Zeit für das französische Theater – aber waren sie es auch für die anderen Formen künstlerischen Ausdrucks? Die Bilanz ist mehr oder weniger Empfindungssache, was eine Bewertung erschwert. Mit Sicherheit läßt sich sagen, daß in der Musik und Malerei neue ästhetische Maßstäbe zum Durchbruch gelangten und daß die Bildhauerei und Architektur ein schärferes Profil gewannen.

Im musikalischen Bereich, so hatten wir gezeigt, wurden die Wege der Atonalität und der seriellen Musik bis 1939 nur von einigen wenigen Komponisten erkundet, aber die Resonanz war, soweit sich das sagen läßt, schwach ausgefallen. Dagegen fand diese neue Form musikalischer Ästhetik nach dem Zweiten Weltkrieg rasche Verbreitung. Die Zwölftontechnik und die daran anschließende serielle Musik beeinflußten arrivierte Komponisten wie Olivier Messiaen oder solche, die damals entdeckt wurden wie Pierre Boulez. Ein Durchbruch gelang auch der »konkreten«, aus Alltagsgeräuschen bestehenden, und elektronischen Musik eines Pierre Schaeffer. Die Franzosen waren freilich nicht die einzigen, die ihre Partituren auf diese Weise spielten; das erste Studio für elektronische Musik wurde 1951 in Köln von Karl-Heinz Stockhausen gegründet. Diese neue Musik war in der Tat eine internationale Erscheinung, und zu ihren Schöpfern zählten Franzosen ebenso wie Deutsche, Italiener oder Argentinier.

In der Malerei diagnostizierte 1945 ein Kritiker eine Art »Kriegszustand zwischen der gegenständlichen Kunst und der anderen, die man subjektiv genannt hat«. Dieser Krieg soll, wie seitdem häufig behauptet worden ist, mit einer schnellen Niederlage für die Verfechter der figurativen Kunst geendet haben: In den Monaten und Jahren nach dem Ende des Krieges habe es der »Subjektivismus«, das heißt die abstrakte Kunst, zu allgemeiner Anerkennung gebracht. In Wirklichkeit war die Entwicklung jedoch viel komplexer.

Erstens fand eine derartige Entwicklung keineswegs ungeteilten Beifall. Selbst Picassos Werk kam nicht immer an; als im Oktober 1944 anläßlich einer *»Hommage à Picasso«* im Salon de la Libération vierundsiebzig Gemälde und fünf Skulpturen des Künstlers ausgestellt wurden, sagten die *»Lettres françaises«* voraus, es werde zu »Dramen« kommen. Geradezu tragikomische Züge nahm ein Protest junger Leute an, die mehrere Bilder von den Wänden nahmen und dabei ausriefen: »Herunter damit! Wir wollen unser Geld zurück! Erklärt sie!«

Zweitens fällt die schnell wachsende Zahl von Künstlergruppen und die Vielfalt der Initiativen ins Auge: Das vorherrschende Merkmal dieser Nachkriegsjahre bestand in der Tat in einer Vermischung der Stilarten quer durch die Generationen hindurch, was diesen Jahren einen besonderen Glanz verlieh – die vielen neuen Galerien, Ursache und Folge in einem, machten es deutlich –, zugleich aber ihre Einordnung erschwert. Blieb der über sechzig Jahre anhaltende Einfluß der »Pariser Schule«

(Matisse, Braque, Picasso, Derain u. a.) auch für viele weiterhin maßgebend – etwa für Bazaine, der 1945 öffentlich bekannte, was er Matisse zu verdanken hatte –, so hielten andere junge Maler Ausschau nach neuen Wegen. Einige experimentierten zum Beispiel mit Farbe und Ausdruck (Gruber, Marchand, Pignon); andere wie Nicolas de Staël setzten sich problemlos über den scheinbaren Gegensatz zwischen gegenständlicher und abstrakter Malerei hinweg und schufen eigenständige Werke, die sich der Klassifizierung entziehen. Und innerhalb der gegenständlichen Kunst entwickelten sich zwei Richtungen: der »sozialistische Realismus«, der von der Kommunistischen Partei gefördert wurde und seinen wichtigsten Vertreter in Fougeron fand – ein Stil, den Pignon, Léger oder Picasso jedoch ablehnten –, und der »Expressionismus« Bernard Buffets, wobei sowohl die eine wie die andere Richtung eine Art Neo-Realismus darstellten.

Schließlich muß noch ein weiterer Umstand hervorgehoben werden, der die Tragweite der Pariser Kunstdebatte zwangsläufig relativiert: Paris mußte in diesen Nachkriegsjahrzehnten seine Stellung nach und nach an andere Kunstmetropolen abtreten, namentlich an New York, das zur Effektenbörse der internationalen Malerei aufstieg. Als 1964 auf der Biennale von Venedig einige Werke des *american art painting* preisgekrönt wurden, war die Schwerpunktsverlagerung längst eine vollzogene Tatsache.

Es dürfte hinlänglich klar geworden sein, daß die abstrakte Kunst in dieser zweiten Nachkriegszeit zwar eine dominierende, aber nie eine hegemoniale Rolle gespielt hat. Sie bildete nur eine der künstlerischen Ausdrucksformen, die damals Gegenständliches und Abstraktes miteinander verschmolzen. Immerhin besaß sie gegen Ende der fünfziger Jahre zahlreiche Anhänger, und ihre beiden Richtungen – die geometrische und die »lyrische« – fanden weitere Nachahmer.

Namentlich die geometrische Abstraktion prägte über die moderne Raumkunst und Heimgestaltung auch das Alltagsleben dieses Jahrzehnts und fand in gewisser Weise ihre Fortsetzung in der kinetischen Kunst. Tatsächlich hat sich eine Richtung der französischen Bildhauerei nach und nach auf die abstrakte Form zubewegt, eine allmähliche Entwicklung, die schließlich in den Kinetismus der sechziger Jahre mündete. Im großen und ganzen hatte die französische Bildhauerei nach 1945 ihren langen Dämmerschlaf fortgesetzt, wenngleich auch innerhalb dieser stagnierenden Kunstform eine gewisse Entwicklung erkennbar wird. Der Niedergang des Anthropomorphismus trat hier im Verlauf der Nachkriegsjahrzehnte sehr deutlich zutage, doch war es nicht die abstrakte Kunst allein, die sein Erbe antrat; denn in den fünfziger Jahren erblühte mit César, Arman und Tinguely ein Neo-Realismus, der sich der Zweckentfremdung von Objekten verschrieb.

Auch die Architektur hatte den künstlerischen Aufbruch weitgehend verschlafen. Die Zwischenkriegszeit hatte den Triumph eines modernen Akademismus erlebt, der in Auguste Perret einen herausragenden Vertreter fand und seinen Höhepunkt auf der Internationalen Wohnbauausstellung von 1937 erreichte. Im November 1944 war ein Ministerium für Wiederaufbau und Städteplanung (*Ministère de la Reconstruction et de l'Urbanisme,* MRU) geschaffen worden. Kann man seitdem von einem MRU-Stil sprechen? Der vorherrschende Eindruck, der aus den Jahren 1945 bis 1955 zurückbleibt, ist jedenfalls der einer mittelmäßigen Architektur. Man muß freilich berücksichtigen, daß damals, wie Le Corbusier im Juni 1945 schrieb, »die Schnecke Frankreich kein Haus besaß«, und daß der Wiederaufbau zwar Tabula rasa machen konnte, was die Städteplanung begünstigte, aber angesichts der Wohnungsnot zumeist wenig Raum für Innovationen blieb. Man wird daher dem Problem des Wiederaufbaus nicht gerecht, wenn man es allein unter dem Gesichtspunkt der verpaßten Gelegenheiten sieht, zumal schon damals viel über diesen Gegenstand nachgedacht und geschrieben worden ist. So erscheint dieser Zeitraum, von heute aus gesehen, wohl eher als eine Phase des Übergangs. Jedenfalls kündigte sich Ende der fünfziger Jahre eine neue Architektur an, deren strenge Linien und Strukturen während der Brüsseler Weltausstellung 1958 erstmals der Öffentlichkeit vorgestellt wurden. Im gleichen Jahr entstand der Palast des *Centre national des Industries et Techniques* (CNIT) im Pariser Stadtteil La Défense. Damit wurde eine neue Seite in der Geschichte der französischen Architektur aufgeschlagen.

EINE KULTURELLE IDENTITÄTSKRISE?

Seitdem eine Reihe intellektueller Gallionsfiguren die Pflicht zum politischen Engagement verkündeten, wurden auch Kunst und Geisteswelt, wenigstens zum Teil, von den großen politischen Auseinandersetzungen der Zeit geprägt. Dies wurde besonders spürbar, als die Welt seit 1957 in den Kalten Krieg eintrat. Die Schockwellen des »großen Schismas« erfaßten damals auch die französische Kultur.

So wurden die von Schdanow verkündeten Prinzipien, wonach das intellektuelle und künstlerische Schaffen sich »in den Dienst der Partei« zu stellen habe, in den ersten Jahren des Kalten Krieges zur Generallinie der westlichen kommunistischen Parteien. Den Künstlern und Schriftstellern wurde ein Platz an der Front zugewiesen, wo ein jeder »an seiner Schießscharte« zur Verteidigung und zum Ruhme der Arbeiterklasse wirken sollte. Dieser »sozialistische Realismus« fand seinen Ausdruck namentlich in der Malerei und Literatur. Dieses Kunstverständnis der Partei veranschaulichen treffend die Gemälde André Fougerons, ebenso wie die literarischen Werke eines Louis Aragon (etwa sein fünfbändiger, zwischen 1949 und 1951 erschienener Romanzyklus *»Les Communistes«*), eines Pierre Courtade (*»Jimmy«*, 1951) oder André Stil, der 1951 für sein Werk *»Le Premier Choc«* den Stalin-Preis erhielt. Diese »kommunistische Gegenkultur« machte in einer Gesellschaft wie der französischen, die wenig Bereitschaft zur Übernahme fremden Kulturguts erkennen ließ, keine Schule. Daß die Schockwelle aus dem Osten zeitweise eine gewisse Erschütterung hervorgerufen hat, hing letzten Endes mehr mit den zahlreichen Intellektuellen zusammen, die der Verführung durch den Kommunismus erlegen waren, als mit den Hervorbringungen des »sozialistischen Realismus« *à la française*.

Dagegen gewann die »Amerikanisierung«, die bereits vor dem Krieg Fuß gefaßt hatte, in diesen Jahren immer mehr an Boden. Der Historiker wird sich hüten, diese teilweise polemisch gebrauchte Vokabel zum Leitbegriff aufzuwerten, und im übrigen bestrebt sein, das tatsächliche Ausmaß des Phänomens im Rückblick nicht zu übertreiben. Dennoch bleibt festzuhalten, daß der amerikanische Einfluß bei den Comics, die durch das Jugendliteraturgesetz von 1949 geschützt waren, im Vergleich zur Vorkriegszeit zwar zurückging, aber in anderen Bereichen um so spürbarer wurde, zumal er in einer Reihe von Fällen durch Ausdrucksmittel der Massenkommunikation Verbreitung fand: durch Musik, Kriminalroman (der sich allerdings auch nach England orientierte, wie Marcel Duhamel, der 1945 mit seiner *»Série Noire«* die Figur des Peter Cheyney einführte), Science-Fiction-Literatur und Filmindustrie. Die »Keller« von Saint-Germain hallten wider von Jazzrhythmen, und die jungen »Existentialisten« tanzten *Bebop*. Allerdings haben die Blum-Byrnes-Vereinbarungen vom Mai 1946 – im Gegensatz zu dem, was seinerzeit geschrieben, gesagt und manchmal lauthals verkündet worden ist – auf dem Filmsektor keineswegs die unkontrollierte Überflutung der Kinos mit amerikanischen Produktionen gestattet.

Auch im Bereich der Wissenschaft gingen von Amerika nachhaltige Einflüsse aus. Namentlich in den Sozialwissenschaften, die damals einen solchen Aufschwung erlebten, daß sie schon bald die Philosophie an Ausstrahlung und Wirkung übertrafen, genoß es großen Kredit – im doppelten Sinne des Wortes: Zum einen übten die amerikanischen Universitäten einen beträchtlichen Reiz auf Disziplinen aus, die damals an den französischen Hochschulen ein kümmerliches Dasein fristeten; namentlich die Soziologie war in den philosophischen Fakultäten mit ganzen vier Lehrstühlen vertreten, so daß junge Soziologen lieber nach Westen aufbrachen. Zum anderen hat die finanzielle Unterstützung durch amerikanische Stiftungen des öfteren eine entscheidende Rolle bei der Gründung neuer Institute gespielt, so zum Beispiel bei der Einrichtung der VI. Sektion der *École pratique des hautes études* im Jahre 1948.

Bei näherer Betrachtung wird jedoch deutlich, daß die Faszination, die von der anderen Seite des Atlantiks ausging, mit der bloßen Frage nach der »Amerikanisierung« nicht zu erfassen ist. Auf mittlere und lange Sicht – wir werden später darauf zurückkommen – erweist sich die Begegnung zwischen den zunehmend uniformer werdenden westlichen Gesellschaften und einer Medien-»Kultur« mit weltweitem Auslauf als der eigentliche Kern des Phänomens. Kurzfristig, also aus der Perspektive der Nachkriegsjahre, ging es auch um die Frage nach der nationalen Identität. Frankreich, das während der Besatzungszeit völlig auf sich selbst zurückgeworfen war, fand sich plötzlich mit der Außenwelt konfrontiert – und sah es mit gemischten Gefühlen. Einerseits genoß es weiterhin eine gewisse Hochachtung und profitierte von einer gewissen Anteilnahme; andererseits war seine Stellung nicht mehr unangefochten:

Das Kolonialreich hing an ihm wie ein zu großes Kleidungsstück; Frankreich selbst wirkte unschlüssig, dem Wind des Wandels ausgesetzt. Es war eine versteckte Bewußtseins- und Identitätskrise, deren Aspekte es nur undeutlich nach und nach begriff. Von seiner früheren Stellung in der Welt hatte es sich noch die Vorstellung einer Mission bewahrt, zu der es berufen sei; das hatte wenigstens den Vorteil, daß es wie in der Vergangenheit genötigt war, in universalen Perspektiven zu denken. Von den Vereinigten Staaten war ihm zunächst nur ein Bild des *American way of life* haften geblieben, eines Lebens im Überfluß, wenn nicht gar in der Verschwendung. Während der dunklen Jahre hatten die Franzosen in der Tat viel von diesem Schlaraffenland geträumt, dem Symbol für Reichtum, Fülle und freie Räume, dem genauen Gegenteil zum verarmten, sparsamen, seine verletzten Grenzen ängstlich hütenden Frankreich. Eine ganze Generation junger Menschen stürzte sich auf alles, was aus Amerika kam, fasziniert vom Tanz, den Zigaretten und dem Whisky. Von einzelnen Beobachtern und politisch motivierten antiamerikanischen Kampagnen abgesehen, wurde den allermeisten Franzosen erst mit der Zeit bewußt, daß hinter der fremden Lebensart auch ein eigenes weltanschaulich-kulturelles Modell stand.

Zunächst jedoch, um es nochmals zu betonen, sah sich Frankreich, allem äußeren Anschein zum Trotz, immer noch selbst als Modell. Und gerade der kulturelle Bereich lieferte ihm einige Argumente, um an dieser Vorstellung festzuhalten. Die Literatur zum Beispiel hatte nichts von ihrer Ausstrahlung verloren; in den zwanzig Jahren von 1944 bis 1964 erhielten fünf Franzosen den Literaturnobelpreis: André Gide (1947), François Mauriac (1952), Albert Camus (1957), Saint-John Perse (1960) und Jean-Paul Sartre (1964), der ihn ablehnte. Dagegen wurde er im gleichen Zeitraum jeweils nur drei Briten (Thomas Stearns Eliot, Bertrand Russell, Winston Churchill) und drei Amerikanern (William Faulkner, Ernest Hemingway, John Steinbeck) verliehen.

Denn die Vormachtstellung der Philosophie und die Welle des *Nouveau roman* seit Mitte der fünfziger Jahre dürfen nicht den Blick auf eine französische Literatur verstellen, die den Fortbestand einer bestimmten Tradition des französischen Klassizismus verkörperte, sei es unter Berufung auf ihn, sei es in bewußter Abgrenzung gegen ihn. Diese Literatur konnte die Rückkehr zu den Quellen bedeuten, wie in der zweiten Schaffensphase eines Jean Giono, oder aus dem traditionellen

Roman schöpfen wie Jean Dutourd oder Marguerite Duras in ihren ersten Romanen; sie konnte sich verstehen als Reaktion auf eine akademisch gewordene Feindschaft gegen den Roman, so bei den »Husaren« (Nimier, Blondin, Laurent und andere), die sich kühn über die Verbote der herrschenden Ideologie hinwegsetzten und deutlich ihre Ungeduld bekundeten, oder sich darstellen als bewußten Bruch mit den psychologisch-sozialen Grundregeln des Romans der Zwischenkriegsjahre, was dann zur Literatur aus dem Geist der Sinnlosigkeit führte, für die der Name Françoise Sagan steht. Das Ganze ergibt mehr eine gemeinsame Tonlage als eine Schule. Aber es läßt sich jedenfalls erkennen, daß es weder den Bannflüchen des *Nouveau roman* noch den »Ukassen« der *Nouvelle critique* gelang, eine Literatur, die sich nicht der Forderung der *Nouveauté* unterwarf, zum Schweigen zu bringen – gleichviel, ob dies nun zum Guten oder zum Schlechten führte. Zur gleichen Zeit knüpfte übrigens die französische Poesie mit Pierre Emmanuel und Yves Bonnefoy an eine bestimmte vorsurrealistische Tradition an; beherrscht wurde die Dichtung der Nachkriegszeit von den Werken zweier Einzelgänger: von Francis Ponge und René Char.

DIE ENTWICKLUNG EINER MASSENKULTUR

Zuletzt geht es ein weiteres Mal darum – unabhängig von der immer noch starken Ausstrahlungskraft solcher Autoren –, die kulturellen Sehnsüchte und Gebräuche der breiten Masse der Bevölkerung zu erfassen, wobei ebenso auf die unvermeidliche zeitliche Diskrepanz zwischen beiden Kulturebenen einzugehen ist wie auf die verschiedenen Träger der Massenkultur. Die zeitliche Diskrepanz ist offenkundig: Mochte Sartre noch so sehr das intellektuelle Hauptereignis in den Jahren nach der Libération gewesen sein, so blieb laut einer Umfrage des *Institut français d'opinion publique* (Französisches Institut für Meinungsforschung, IOFP) noch im Jahre 1946 Victor Hugo der beliebteste Schriftsteller. Elf Jahre später, 1957, nannten zwar junge Franzosen anläßlich der berühmten Untersuchung über die »neue Welle« auf die Frage des *»Express«:* »Wenn Sie entscheiden sollten, welcher der folgenden Autoren das Bewußtsein junger Menschen Ihres Alters am meisten geprägt hat, wen würden Sie wählen?«, Sartre an erster Stelle, mit großem Vorsprung vor André Gide und François Mauriac, doch hatte zwei Jahre zuvor dasselbe Magazin anhand einer Untersuchung der *»Nouvelles littéraires«* gezeigt, daß die französischen Verlage ihre größten Verkaufserfolge zwischen 1945 und 1955 – inklusive Übersetzungen – mit anderen Autoren erzielten. Während Albert Camus mit seinem Roman *»La Peste«* mit 360 000 verkauften Exemplaren den siebten Platz und Jean-Paul Sartre mit seinem ersten Titel *»Les mains sales«* mit 140 000 Exemplaren nur den einundfünfzigsten Platz belegten, erreichte jeder der Bände von André Soubirans *»L'Homme en blanc«* für sich schon eine doppelt so große Auflage. Den ersten Platz auf dieser Bestsellerliste nahm jedoch mit weitem Abstand Giovanni Guareschis »Don Camillo und Peppone« mit 798 000 Exemplaren ein, gefolgt von Pierre Clostermanns *»Le Grand Cirque«* mit 527 000.

Wichtiger noch als der Hinweis auf diese Diskrepanz ist die Analyse zweier anderer Phänomene: der Ausbreitung der Massenkultur, die im Laufe der ersten Jahrzehnte des zwanzigsten Jahrhunderts allmählich eigene Formen und Farben ausgebildet hatte; und der Beschleunigung ihres Siegeszugs durch den Rundfunk, der sie einem immer breiteren Publikum nahebrachte.

Die fünfziger Jahre waren in gewisser Weise das goldene Zeitalter des Rundfunks. Während der Vierten Republik verdoppelte sich die Zahl der Rundfunkempfänger. Noch zu Beginn des Zweiten Weltkriegs waren es nicht mehr als 5 Millionen gewesen, und in den Notjahren der Kriegs- und Nachkriegszeit stieg die Zahl nur geringfügig an (auf 5 345 000 Ende 1945). Danach setzte ein rascher Aufschwung ein: 1951 zählte man bereits 7 Millionen und 1958 10,5 Millionen Rundfunkgeräte. Innerhalb dieses Jahrzehnts brachte es der Rundfunk zum Massenphänomen, und sein Einfluß auf die kulturelle Entwicklung, der sich schon in den dreißiger Jahren bemerkbar gemacht hatte, wurde fundamental. Parallel dazu veränderten sich die rechtlichen Rahmenbedingungen. Das in der Zwischenkriegszeit stillschweigend umgangene Monopol wurde nach 1945 durch ein tatsächliches Staatsmonopol ersetzt. Die *Radio-Diffusion française* (RDF) – wenig später zur *Radiodiffusion-Télévision française* (RTF) erweitert und seit 1964 unter der offiziellen Bezeichnung ORTF *(Office de radiodiffusion-télévion française)* – beherrschte fortan das gesamte Rundfunkwesen des Landes. In der Praxis wurde dieses

Monopol jedoch durch grenznahe Sendestationen ausländischer Rundfunkanstalten unterlaufen, etwa seit November 1945 von *Radio-Luxembourg*, von *Europe 1*, das 1955 auf Sendung ging, oder von *Radio-Monte-Carlo* und *Andorradio*.

Übrigens verkörperte gerade *Radio-Luxembourg*, aus dem wenig später *Radio-Télé-Luxembourg* (RTL) hervorging, auf seine Weise dieses goldene Zeitalter. Der Sender erreichte 1958 bis zu 14 Millionen Hörer, und sein Programm erfreute sich großer Beliebtheit beim Publikum: Die Sendereihen wie *»Quitte ou double«* von Zappy Max oder *»Famille Duraton«* (die bereits vor dem Zweiten Weltkrieg von *Radio-Cité* gesendet wurde und im RTL bis 1966 fortlebte) bestimmten neben anderen Programmen den Arbeits- und Freizeitrhythmus der Zuhörer. *Europe 1* wiederum kreierte einen neuen Stil, der sich an den Bedürfnissen und Gewohnheiten eines buntgemischten Publikums orientierte, dessen Vielfalt durch eine Reihe von Untersuchungen nachgewiesen ist. Die Sendezeiten wurden nach und nach den Wünschen der verschiedenen Altersgruppen angepaßt, und die einige Jahre später gestartete Sendefolge *»Salut les copains«* entsprach ganz dem Konzept des Schöpfers von *Europe 1*, Louis Merlin. Er setzte innerhalb weniger Jahre eine Programmgestaltung durch, in der Information und Musik eine wesentliche Rolle spielten. Nimmt man noch den Beginn der UKW-Sendungen hinzu, mit denen seit 1950 experimentiert worden war und die seit März 1954 täglich vier Stunden lang ausgestrahlt wurden, so wird deutlich, daß sich der Rundfunk zum flexiblen Massenmedium entwickelt hatte – anpassungsfähig in seiner Technik wie in seinen Ausdrucksformen.

Seine Position war um so stärker, als das Fernsehen damals noch keine ernsthafte Konkurrenz darstellte. Als im Juni 1953 die Krönung Elisabeths II. von England live in fünf Länder übertragen wurde – gewissermaßen der Auftakt zum Beginn der Eurovisionssendungen im darauffolgenden Jahr –, besaßen in Frankreich gerade 50000 Haushalte einen Fernsehempfänger gegenüber 1,5 Millionen in den Vereinigten Staaten. Zwar gab es seit Juni 1949 eine Fernsehzeitschrift, die seit Oktober des gleichen Jahres sogar täglich erschien, und flimmerten seit 1952 drei Sendungen über die Bildschirme (*»Trente-six Chandelles«* von Jean Nohain, *»La Joie de vivre«* von Henri Spade und *»La Piste aux étoiles«* von Gilles Margaritis), denen das Publikum regelrecht verfallen war – aber das ändert nichts daran, daß die Fernsehrevolution in einem Land, in dem 1951 nur fünfundzwanzig Stunden pro Woche gesendet wurde, noch nicht auf der Tagesordnung stand. Redaktionen entstanden, und nach und nach bildete sich so etwas wie ein eigener Fernsehstil heraus, doch das Ganze steckte vorerst noch sehr in den Kinderschuhen und brauchte noch einige Jahre, um richtig laufen zu lernen. Zwar übertrug das Fernsehen im Dezember 1953 die Wahl des Staatspräsidenten aus Versailles und drang damit erstmals mit seinen Kameras in die parlamentarische Festung ein, aber es war typisch für die Zeit, daß der Rundfunk zunächst noch die bedeutsamere Rolle in der Politik spielte.

Zu dieser Rolle war er allerdings relativ spät gekommen. Gewiß wurde der Rundfunk in den dreißiger Jahren, als die Gefahren zunahmen, dank der wachsenden Zahl von Empfängern zum Resonanzboden des weltpolitischen Geschehens, doch bis dahin hatte die politische Klasse Frankreichs eher zwiespältige Beziehungen zu dem neuen Medium unterhalten: Poincaré betrachtete ihn 1928 mit Mißtrauen, Tardieu und Doumergue machten ihn sich zunutze, Léon Blum hielt auf Distanz und war doch zugleich fasziniert. Paradoxerweise – denn die Sende- und Empfangsbedingungen waren nicht die besten – hat ausgerechnet der Krieg dem Rundfunk zu seiner überragenden Rolle verholfen, die in der Kollaborationspropaganda von Radio Paris ebenso zum Ausdruck kam wie in der täglichen Sendezeit, die Radio London den Gaullisten zu Verfügung stellte. Die rasche Verbreitung der Rundfunkgeräte sorgte schließlich dafür, daß sich das Radio als politisches Medium etablierte. Im übrigen sollte es nur wenige Jahre dauern, bis der Rundfunk und danach das Fernsehen fast allein die politische Bühne beherrschten; sie ersetzten den Schulhof als kommunales Forum und lösten die parlamentarische Bühne ab.

Daß das Fernsehen zunächst nur eine Nische innerhalb des französischen Kulturlebens besetzte, kam natürlich dem Kino zugute, das sich allerdings während der ganzen Dauer der Vierten Republik in einer widersprüchlichen Situation befand. Gewiß, es bewahrte sich seine beneidenswerte Stellung als der Franzosen liebstes Spektakel, und die Filmindustrie nahm einen kontinuierlichen Aufschwung (wobei das letztere das erstere erklärt). Was schon für die Zwischenkriegszeit galt, schien auch nach dem Zweiten Weltkrieg zu gelten: Das Medium Film hatte sein Publikum gefunden und lebte mit ihm in gewinnbringender Harmonie. Dies um so mehr, als der Film ebenso wie der Rundfunk sich den technischen Fortschritt nutzbar zu machen verstand: vor allem die Breitleinwand und in einigen Kinosälen das 70 mm Filmformat sowie die Stereophonie. Und dennoch hat es nachträglich den Anschein, daß die Glanzzeit des Kinos vorbei war. Fraglos war nach der Befreiung das Bemühen, den künstlerischen Standard der vergangenen zehn Jahre beizubehalten, deutlich erkennbar, und der französische Film schien zunächst mit oftmals brillanten Verfilmungen literarischer Stoffe wie *»Boule-de-Suif«*, *»La Symphonie pastorale«*, *»Le Diable au corps«* und *»La Chartreuse de Parme«* auf dem richtigen Weg – lauter Produktionen aus dem Geist des psychologischen Realismus, der den poetischen Realismus ablöste. Diese Weichenstellung war der Hauptgrund dafür, daß der Einfluß des italienischen Neo-Realismus, der – wenn man die Filmproduktion der späten dreißiger Jahre als Hintergrund nimmt – eigentlich in Frankreich hätte gedeihen müssen, letzten Endes bescheiden blieb. Sie erklärt auch, warum die Zeitgeschichte in den französischen Produktionen keine allzu große Rolle spielte. Es gab zwar einige Filme über die Besatzungszeit wie *»Un ami viendra ce soir«*, *»Bataillons du ciel«* und *»Jéricho«*, die aber zumeist hinter Réné Cléments *»La Bataille du rail«* zurückblieben. Ebenso geringe Beachtung wie die Zeitgeschichte fand die zeitgenössische Gesellschaft; Jacques Beckers 1949 mit dem *Prix Delluc* ausgezeichnetes Werk *»Rendez-vous de juillet«*, das sich als Porträt eines Teils der jungen Generation durch einen damals dreiundvierzigjährigen Regisseur verstand, war auf seine Weise eher untypisch.

So dominierte zu Beginn der fünfziger Jahre eine kommerziell einträgliche Filmproduktion – jährlich strömten 380 Millionen Besucher in die Kinos und wurden 130 Filme produziert –, die sich jedoch mehr in eingefahrenen Gleisen bewegte als durch Neuerungen hervortat. Noch konnte man von einem goldenen Zeitalter sprechen, aber es ging zur Neige. Dieses Jahrzehnt brachte das Debut oder den künstlerischen Durchbruch einiger Regisseure – Robert Bresson, Jacques Tati (*»Jour de fête«*, 1949), René Clément und Henri-Georges Clouzot –, aber im übrigen variierte der französische Film die herkömmlichen Themen und erzielte damit oft einen großen Publikumserfolg. Das Spektrum des französischen Films der fünfziger Jahre enthielt neben den bereits erwähnten literarischen Verfilmungen im wesentlichen eine Mischung aus Kriminalfilmen und Gesellschaftsdramen. 1954 entstanden zum Beispiel Jacques Beckers *»Touchez pas au grisbi«* und *»Le Rouge et le noir«* von Claude

Autant-Lara. Diese Filmkunst wuchs sich rasch zu einer klassizistischen Stilrichtung aus, und wenn es ihr auch an Talent nicht mangelte, so war sie doch unfähig, neue Wege zu erkunden, und wurde zudem gegen Ende der fünfziger Jahre zur Zielscheibe heftiger Angriffe der Verfechter der *Nouvelle vague.* Sicherlich handelte es sich bei der *Nouvelle vague* nicht um eine revolutionäre Eruption, aber der Streit zwischen Traditionellen und Modernen hat im Rückblick doch oft die Leistungen der ersteren verdunkelt.

So waren Ton und Bild in den beiden Nachkriegsepochen die wichtigsten Träger einer Standardisierung der Geschmacks- und Darstellungsformen. Und am Schnittpunkt beider Phänomene stellte sich die Frage nach der Rolle der Werbung innerhalb dieses Nivellierungsprozesses. Bereits vor der Ära des »Clip« der achtziger Jahre und des seit 1968 gebräuchlichen »Fernsehspots« gab es bereits Werbesendungen im Rundfunk und vor allem das Werbeplakat, dessen graphische Eigenart inzwischen historisch geworden ist. Das Werbeplakat, das während der Zwischenkriegszeit ein unbestreitbarer Faktor der soziokulturellen Homogenisierung gewesen ist, erlebte nach dem Zweiten Weltkrieg noch einmal eine Blütezeit. Ein Beispiel dafür ist die Geschichte eines Plakates von Savignac aus dem Jahre 1953, das innerhalb von fünfzehn Tagen das Wort *»G.A.R.A.P.«* in den Sprachgebrauch einführte, das sich als reines Phantasieprodukt herausstellte: *»le bonhomme G.A.R.A.P.«*, der Herr mit Zigarre und weißen Handschuhen, sollte zeigen, daß die Werbung »schlechtweg allem zur Berühmtheit verhelfen konnte, auch der eigenen Macht«.

Doch weder Film noch Rundfunk vermochten das gedruckte Wort aus seiner Schlüsselposition zu verdrängen. Durch die zunehmende Verbreitung von Taschenbuchausgaben verlor das Buch den Charakter eines Luxusartikels. Den Anfang machte die von Henri Filipacchi gegründete Taschenbuchreihe *Livre de Poche,* die schon bald von anderen nachgeahmt wurde. Natürlich gab es bereits vor dem Zweiten Weltkrieg preiswerte Ausgaben – man denke nur an die *»Collection pourpre«* –, aber seit 1953 nahm diese Publikationsform einen bis dahin unbekannten Umfang an, wobei viele Werke um zwei Drittel billiger waren als ihre Originalausgaben und zudem in einer wesentlich höheren Auflage erschienen.

Eine mindestens ebenso große, ja noch größere Rolle bei der Entwicklung der Massenkultur spielten – Ursache und Folge zugleich – die

Zeitschriften. So erschien bei den Frauenjournalen im November 1945 die erste Nummer der Zeitschrift *»Elle«*, die »Wochenzeitschrift für die Frau«, die zu ihren Glanzzeiten eine Auflage von 700 000 Exemplaren erreichte. Der neue Typus der Frauenzeitschrift war zwar, wie erwähnt, schon in der Zwischenkriegszeit aufgetreten (mit der Gründung der *»Marie-Claire«* im Jahre 1937), erlebte aber seine Blütezeit erst nach dem Krieg: Einige Monate vor *»Elle«* erschienen die Zeitschriften *»Marie-France«* (die 1956 auf monatliches Erscheinen umstellte), sowie *»Claudine«*, die später in *»Elle«* aufging, und 1954 wurde *»Marie-Claire«*, die 1942 ihr Erscheinen eingestellt hatte, zu neuem Leben erweckt. Daneben gab es noch eine ganze Reihe weiterer Periodika, die ebenfalls ein breites Publikum fanden. Gegen Ende der Vierten Republik belief sich die Leserschaft der Zeitschrift *»L'Écho de la mode«* – im Unterschied zur Auflage, die weit darunter lag – auf ungefähr vier Millionen, ebenso wie die der Zeitschrift *»Nous deux«*, während *»Elle«* und *»Bonnes Soirées«* drei Millionen und *»Confidences«* über 1,5 Millionen Leser erreichten.

Diese Zahlen machen deutlich, welche Rolle die Frauenpresse bei der kulturellen Vereinheitlichung spielte. Einerseits überwand sie, wie der Blick auf die Zahlen beweist, soziale Gräben und erleichterte einen sozialen Nivellierungsprozeß, der jenem kaum nachstand, den das Radio mit seinem Einzug in die Haushalte ausgelöst hatte, wo es seitdem die Hausfrauen bei ihren täglichen Arbeiten begleitete. Andererseits vermittelten diese Magazine unterschiedlichen Bevölkerungsschichten eine gemeinsame Ästhetik, die schnell über Kochrezepte oder Bekleidungstips hinausging, wie sie bereits vor dem Krieg in *»L'Écho de la mode«* zu lesen waren. Der Einsatz der Photographie und die Entwicklung immer neuer Kosmetika als Folge des Fortschritts der chemischen Industrie sorgten tatsächlich für die Verbreitung eines weiblichen Schönheitsideals, und *»Elle«* wurde dafür zum Symbol. Vor allem verbreiteten diese Zeitschriften – über die Schönheits- und Modediktate hinaus, die ebenfalls ein Faktor der Standardisierung waren – mit ihrer »Herzenspost« (*»courrier du cœur«*, eine Bezeichnung, die 1946 von Marcelle Ségal in *»Elle«* eingeführt wurde) oder den »Photoromanen« ein Bild von Sozial- und Liebesbeziehungen und von der Stellung der Frau, das die Distanz zwischen Stadt und Land, zwischen Werkbank und Schreibtisch nivellierte.

Eine in mancher Hinsicht analoge Rolle bei der Einebnung sozialer Unterschiede spielte die Sportpresse, die es ebenfalls schon vor dem Zweiten Weltkrieg gegeben hatte, indem sie Menschen aus oftmals sehr unterschiedlichen Milieus zu gemeinsamer Begeisterung für die Tour de France, die Fußballmeisterschaft oder für Neuerungen im Automobilsport hinriß. Die Schlagzeilen der Sportzeitung *»L'Équipe«* wurden von den Arbeitern in ihren »Blaumännern« ebenso gelesen wie von den Angestellten in ihren Anzügen, und sie alle fieberten gemeinsam in den Stadien oder vor dem Radio.

Auch das *Magazine illustré* gab es schon vor dem Krieg. Die seinerzeit von Jean Prouvost mit *»Match«* entwickelte Konzeption wurde 1949 vom *»Paris-Match«* wiederaufgegriffen, der in den fünfziger und frühen sechziger Jahren mit acht Millionen Lesern (1960) bei einer Druckauflage von annähernd zwei Millionen Exemplaren den spektakulärsten Erfolg in der französischen Presselandschaft verzeichnen konnte. Seine Schwierigkeiten begannen erst, als das Fernsehen tatsächlich in den meisten französischen Haushalten Einzug hielt.

Alles in allem hat *»Paris-Match«* das Weltbild seiner Mitbürger vermutlich stärker geprägt als die politischen Wochenzeitungen im engeren Sinne. Diese erreichten praktisch nur einen eher begrenzten Leserkreis, zumindest bis zur Umwandlung von *»L'Express«* (mit 60 000 Exemplaren im Jahre 1953) in ein Nachrichtenmagazin (1964) mit einer Auflage von 500 000 Exemplaren im Jahre 1967 und der des *»France Observateur«* (ebenfalls 1964), der im April 1950 mit 20 000 Exemplaren gestartet war und nach seiner Neugestaltung als *»Nouvel Observateur«* 1968 eine Auflage von 200 000 Exemplaren erreichte.

Immerhin nahmen sich diese Wochenzeitungen neben ihrer eigentlichen politischen Rolle (zum Beispiel in der Phase der Entkolonialisierung) auch in beträchtlichem Umfang – und mit einigem Erfolg – kultureller Themen an. Sie lagen übrigens ganz auf der Linie des bereits erwähnten intellektuellen Wandels: Hatten noch vor dem Zweiten Weltkrieg so unterschiedliche Journale wie *»Marianne«* und *»Candide«* ihre Spalten – in seltener Übereinstimmung – großzügig der Literatur und vor allem dem Roman und der Novelle geöffnet, so enthielten die Wochenzeitungen der fünfziger Jahre zwar nach wie vor einen umfangreichen Kulturteil, doch traten dort nach und nach zunächst philosophische und später gesellschaftswissenschaftliche Themen an die

Stelle der Schönen Literatur. Und diese Popularisierung des intellektuellen Zeitgeistes erreichte mit steigender Auflage ein immer breiteres Publikum.

Zur Palette der Printmedien gehörten ferner – wenn auch in einer anderen Sparte – die Comics, die im Unterschied zur Vorkriegszeit durch das Jugendschriftengesetz von 1949 vor der englischsprachigen Konkurrenz geschützt wurden. Die französischsprachigen Comics entwickelten sich vor allem im Umkreis der sogenannten »belgischen Schule«: Zwei Wochenzeitschriften, *»Tintin«* und *»Spirou«*, brachten verschiedene Comic-Serien von Hergé, Franquin, Morris und Edgar P. Jacobs, deren jeweilige Helden Tintin, Spirou, Lucky Luke, Blake und Mortimer mit ihren Abenteuern die Gefühls- und Vorstellungswelt von Millionen junger Franzosen nährten; sie stellten damals – anders als in Amerika, wo die meisten Leser Erwachsene waren – den größten Teil des Lesepublikums der *illustrés.* Auch diese Form der Periodika hat unbestreitbar zu einer Vermischung der sozialen Milieus beigetragen. 1959 kam zu den beiden Vorgängern noch ein dritter Titel nach »belgischem« Muster hinzu, die Zeitschrift *»Pilote«* mit ihren Serienstars Astérix von Goscinny und Uderzo sowie Achille Talon von Greg. Doch schon bald deutete die Entwicklung dieser Wochenzeitschrift auf einen erneuten Wandel im Bereich der Comic-Literatur hin, die sich seit Beginn der sechziger Jahre ebenso an Erwachsene wie an Jugendliche richtete.

Druckerzeugnisse, von denen in diesem Zusammenhang als Träger kultureller Standardisierung auch noch der Kriminal- und der Groschenroman zu nennen wären, spielten also nach wie vor eine dominierende Rolle in einem Frankreich, das noch 1960 eher im Zeitalter Gutenbergs als McLuhans lebte. Wenn sich seine Welt allmählich zum »globalen Dorf« erweiterte, dann in erster Linie durch den Einfluß der Illustrierten und des Transistorradios und sehr viel weniger durch den des Fernsehens.

Aber ob nun durch das gedruckte oder das gesendete Wort und wenig später auch durch das gesendete Bild – diese Erweiterung des Horizonts zählt zu den kardinalen kulturellen Ereignissen der fünfziger Jahre. Flucht aus der Realität und Öffnung zur Welt in einem, Zerstreuung mit kulturellen Motiven verbindend, waren Lesen und Radiohören von eminenter Bedeutung in einem Frankreich, in dem zum Beispiel 1956 fünf von sieben Franzosen in den Ferien zu Hause blieben und die wenigen Glücklichen sich im Durchschnitt nicht mehr als 250 Kilometer von ihrem Heimatort entfernten.

Dennoch muß der Blick am Schluß noch einmal zurückgehen zu den Schöpfungen von Geist und Kunst im engeren Sinn. Denn hier bildeten die fünfziger Jahre und überhaupt die beiden Jahrzehnte nach 1939 den Zeitraum, in dem die Entscheidungen fielen. Früher eingeleitete Entwicklungen hatten sich beschleunigt, neue Strömungen waren aufgetaucht, und da, wo Kontinuität und Wandel zusammenflossen, änderte der Strom der Kreativität seinen Lauf und bewässerte einen kulturellen Boden, der mit jenem des Jahres 1919 nicht mehr viel gemein hatte. Aber auch das Jahr 1939 und selbst das Jahr 1945 waren in weite Ferne gerückt. Mit dem Ende der fünfziger Jahre ging in Wahrheit die lange Nachkriegsepoche der französischen Kultur zu Ende.

ENDE DES ERSTEN TEILBANDES

Der Anhang mit Zeittafel, Bibliographie und Register
folgt am Ende des zweiten Teilbandes.